Beck'sche Elementarbücher

HORST KERN

Empirische Sozialforschung

Ursprünge, Ansätze, Entwicklungslinien

VERLAG C. H. BECK MÜNCHEN

Mit sechs Abbildungen im Text

CIP-Kurztitelaufnahme der Deutschen Bibliothek

Kern, Horst:
Empirische Sozialforschung: Ursprünge, Ansätze, Entwicklungslinien / Horst Kern. – München: Beck, 1982.
(Beck'sche Elementarbücher)
ISBN 3 406 08704 3

ISBN 3 406 08704 3

Umschlagentwurf: Walter Kraus, München

Satz und Druck: Georg Appl, Wemding
Printed in Germany

FÜR BÄRBEL

Inhalt

Vorbemerkung

Als ich vor einigen Jahren vor der Aufgabe stand, in einer Vorlesung eine Einführung in die empirische Sozialforschung zu geben, suchte ich eine Vermittlungsform, die den Mangel vermied, den viele Handbücher und Kompendien leider aufweisen: durch zu trockene, technizistische Präsentation empirischer Verfahren von der empirischen Sozialforschung eher abzuschrecken als für die empirische Analyse sozialer Phänomene zu interessieren und zu sensibilisieren. Versuchsweise wählte ich einen historischen Problemzugriff – in der Hoffnung, daß durch das Zurückführen empirisch-soziologischer Ansätze auf ihre Entstehungsbedingungen eine lebendige Information und Problematisierung möglich sein würde. Zu meiner Freude machte die Sache nicht nur mir selbst, sondern offenbar auch meinen Hörern Spaß. Dadurch angeregt, arbeitete ich den Ansatz weiter aus und faßte die Ergebnisse schließlich im vorliegenden Buch zusammen. Dieser Text soll Lernenden aller Art eine informierende und inspirierende Einführung in Grundprobleme empirischer Sozialforschung bieten, und ich denke, daß er darüber hinaus auch für ausgewachsene Sozialforscher Gesichtspunkte enthält, die diese als interessant und weiterführend verstehen können.

Mehr oder weniger umfangreiche Partien des Rohtextes sind von einigen Kollegen und Freunden gelesen und in einer Weise kommentiert worden, die mir nicht nur wichtige Ratschläge vermittelte, sondern mich vor allem auch ermutigte, das Manuskript trotz widriger Umstände weiter zu bearbeiten. Zu Dank verpflichtet bin ich Nestor D'Alessio, Michael Neumann, Martin Osterland, Helmut Schauer, Gerd Weiberg, Jürgen Wilhelm und ganz besonders Friedrich Weltz. Danken muß ich auch den Mitarbeiterinnen des Sekretariats unseres Seminars, vor allem Katharina Nitzschmann und Monika Vollbrecht-Slomka, für ihre Bereitschaft, sich auf meine manchmal etwas unkalkulierbaren Schreibbedürfnisse einzurichten und – neben vielen anderen Verpflichtungen – das umfangreiche Manuskript schnell und sorgfältig zu bearbeiten.

Besondere Anerkennung gebührt Reent Würdemann, der mir – finanziert aus Hilfskraftmitteln der Universität Göttingen und, als diese nicht mehr reichten, über die Kleinprojekte-Förderung der Deutschen Forschungsgemeinschaft – bei der Literatursammlung und Materialzusammenstellung behilflich war und der das Register erstellt hat. Wenn der Text, wie ich hoffe, eine solide Literaturbasis hat und benutzerfreundlich organisiert ist, so ist dies nicht zuletzt sein Verdienst.

Bärbel Kern hat das Werk auf Herz und Nieren geprüft. Durch ihre geduldige Kritik und ihren sachverständigen Rat hat sie mir geholfen, die Qualität der Arbeit – ich glaube entscheidend – zu verbessern. Als Zeichen meiner Dankbarkeit widme ich ihr dieses Buch.

Göttingen, im Juli 1981 H. K.

I. Der Blickwinkel, aus dem die empirische Sozialforschung hier gesehen wird

Läßt man die vereinzelten Ansätze empirischer Betrachtung sozialer Phänomene, die man mit August Meitzen als „Periode unbewußter Empirie" bezeichnen kann,[1] unberücksichtigt, so bietet es sich an, die Anfänge empirischer Sozialforschung im 17. oder 18. Jahrhundert zu suchen: in der ‚Statistik', die sich damals als wissenschaftliches Hilfsmittel der merkantilistischen Staatsverwaltung verstand und profilierte. Ich werde im folgenden zu diesen Anfängen empirischer Sozialforschung zurückkehren.

Dies mag überraschen, wenn man eine lehrbuchartige Einführung in die empirische Sozialforschung erwartet, in der eine Übersicht über die gängigen empirischen Methoden, die verfahrenstechnischen Probleme usw. gegeben wird. Doch sind solche Lehrbücher in ausreichender Zahl auf dem Markt, so daß es wenig Sinn gehabt hätte, noch ein weiteres hinzuzufügen. Überdies hatte ich persönlich immer das Empfinden, daß lehrbuchartige Übersichten selten jene Orientierung vermitteln, die sie versprechen. Meist hinterläßt das gängige Lehrbuch, der Baedecker der Wissenschaft, bei seinen Lesern ein verzerrtes Bild vom Gegenstand, den zu durchdringen es vorgibt. Gewiß wird alles, was aus heutiger Sicht wichtig sein könnte, irgendwie angesprochen, doch oft in versteinerter Form, ohne rechtes Verständnis für die sozialen Erfahrungen, die in die beschriebenen Verhältnisse eingegangen sind und die sie geprägt haben.

Um diesen Effekt zu vermeiden, wähle ich einen geschichtlichen Einstieg. Dieser hat den Vorzug, daß die gesellschaftlichen Konstellationen transparent werden können, in denen der keineswegs selbstverständliche Gedanke reifte, soziale Sachverhalte mit den Mitteln der Empirie zu erfassen, darzustellen und zu erklären. Da es hierbei nie um die empirische Methode an sich, sondern immer nur um spezifische empirische Vorgehensweisen gehen kann, vermittelt die historisch gehaltene Problempräsentation genauer gesagt die Chance, *verschiedenartige Ansätze* zur empirischen Analyse gesellschaftlicher Sachverhalte unter Berücksichtigung ihrer *jeweiligen Entstehungsbedingungen* zu behandeln. Dieser Zusammenhang, der zwischen bestimmten empirischen Methoden und bestimmten sozialen Problemkonstellationen besteht und der hier auf historischem Wege aufgehellt werden soll, interessiert uns nicht aus schlichten facharchivarischen Gründen. Ihn zu kennen ist vor allem für das Verständnis der verschiedenen Methoden selber von großem Wert. Durch die Entstehungsbedingungen der Methoden erfährt man Wichtiges auch hinsichtlich ihrer Übertragbarkeit, und das heißt auch: über die Voraussetzungen und Schranken ihrer Anwendung im Rahmen gegenwärtiger Analysen. Gerade ein Text, der auch eine Einführung in die empirische Sozialforschung sein will, müßte in seinem notwendigen Bemühen, die Anwendungsprobleme spezifischer empirischer Verfahren klarzumachen, durch den historischen Zugriff gewinnen.

Doch wenn die historische Dimension ins Spiel gebracht werden soll: wie? Mit einer Genealogie von Lehrmeinungen, wie sie eine ‚kurzgefaßte' Wissenschaftsgeschichte kompendienhaft präsentierte, wäre wenig gewonnen. Sie würde unausweichlich zur Überhöhung der im heutigen wissenschaftlichen Normalbetrieb vorherrschenden Sichtweisen führen: jener theoretischen und methodischen Positionen, die sich gegen andere Positionen fachgeschichtlich in den Vordergrund geschoben haben, die also in der konkreten Fachwelt, in der wir uns heute bewegen, das meiste Sagen haben. Der Schablone des gängigen Wissenschaftsbetriebs folgend, würde Wissenschaftsgeschichte zur Beschreibung eines vermeintlichen Selektionsvorgangs, in dem Mythen verdrängt und Irrtümer ausgeschieden werden, bis sich eine Art ‚Normalverständnis' des wissenschaftlichen Alltagsbetriebs herausgemendelt hat: jene Lehrmeinung, auf die sich viele Fachkollegen vereidigen ließen, in der aber trotzdem nicht alle wertvollen Erfahrungen der Fachgeschichte aufgehoben sind. Mit einem Wort von Thomas Kuhn: Wenn man historisches Vorgehen so verstünde, übernähme man die Rolle des „Chronisten eines (wissenschaftlichen) Zuwachsprozesses", der den komplexen Vorgang der wissenschaftlichen Entwicklung unzulässigerweise begradigt, der die Entwicklungssprünge in ein Kontinuum einpaßt und die Verdrängungen, die in jeder wissenschaftlichen Entwicklung enthalten sind, als Ausscheidung des wissenschaftlich Minderwertigen mißversteht.[2] Daß Ansätze, die in der Geschichte eines Fachs einmal ausrangiert worden sind, ein für allemal als un- oder weniger wissenschaftlich zu gelten haben, ist ein Irrtum, den man nicht oft genug bloßstellen kann. Natürlich gibt es einen wissenschaftlichen Fortschritt, aber vielfach handelt es sich dabei um einen äußerst einseitigen Vorgang, in dem bestimmte Elemente des Erkenntnisprozesses treibhausartig weiterentwickelt und andere massiv vernachlässigt worden sind.

Gerade bei einer Angelegenheit wie der empirischen Sozialforschung, einem Teil der ohnehin fachlich wenig konturierten Soziologie, bei der man erst relativ spät überhaupt von einem Fach im Sinn eines halbwegs funktionierenden Diskussions-, Evaluierungs- und Tradierungszusammenhangs sprechen kann, ist es wichtig, solchen Diskontinuitäten und Einseitigkeiten nachzugehen. Die Frühformen empirischer Sozialforschung waren, wie in diesem Buch immer wieder zu zeigen sein wird, besonders stark kontextgebunden. Eine bestimmte historisch-gesellschaftliche Lage legte ein bestimmtes empirisches Herangehen an konkrete soziale Probleme nahe oder war doch wenigstens ein guter Humus für die Anwendung gewisser sozialforscherischer Ideen, die aus welchen Gründen auch immer in einigen Köpfen herumspukten; die Sache fand Imitatoren und Komplettierer, konnte sich so entfalten – und ging dann möglicherweise im Wechsel der Geschichte wieder unter. In ein Fach jedenfalls mündeten diese verschiedenen Ansätze erst einmal nicht ein. Mit einer erheblichen Verspätung gegenüber anderen Disziplinen – für Deutschland würde man erste Ansätze vielleicht in der Jüngeren historischen Schule bzw. im Verein für Sozialpolitik sehen und von einer regelrechten fachspezifischen Profilierung eigentlich erst nach 1945 sprechen wollen – bildete sich schließlich aber doch eine scientific community, die dann allerdings nicht die Gesamtheit bedeutsamer Konzepte und Erfahrungen repräsentierte, die in der Geschichte der Sozialforschung aufbewahrt sind, sondern die auf die Perfektionierung und Stabilisierung bestimmter empirischer Zugangsweisen zur Gesellschaft beruhte. Daraus ist dann zwar kein vollintegriertes Fach entstanden. Doch ist wichtig, daß manch beachtenswerter Gedanke, der in früheren Zusammenhängen einmal eine Rolle gespielt hat, zum Zeitpunkt der Fachbildung längst verschüttet war und daß von den Hauptströmungen abweichende Ansätze, die trotzdem noch präsent waren, durch den Druck der Überprofilierung, der wissenschaftliche Disziplinen in statu nascendi oft kennzeichnet, nun erst recht beiseite gedrängt zu werden drohten: das Neue stellte sich selbst unter Beweis, indem es in Form einer Überkritik das Bisherige zu überwinden suchte.

Für einen historischen Zugang zur Sozialforschung bedeutet dies aber, daß er den Reichtum an Ideen und Erfahrungen, den die Fachgeschichte enthält, nur erschließen kann, wenn er sensibel bleibt für solche Selektionen, Brüche und Zuspitzungen. Die Vereinseitigungen der Fachentwicklung dürfen nicht auch noch durch eine Fachgeschichtsschreibung bekräftigt werden, die alles Vergangene durch die Brille des heute Selbstverständlichen oder zumindest Konsensfähigen sieht. Dieses an sich vernünftige Postulat ist freilich leichter hingeschrieben als praktiziert. Alles, was in der Fachgeschichte vorgekommen ist, läßt sich nun einmal nicht in der gebotenen Genauigkeit auf vielleicht verborgene Schätze hin abklopfen. Es muß also selektiert werden – aber wie auswählen, wenn nicht aus dem Blickwinkel des fachlichen Normalbetriebs?

Im vorliegenden Fall ist die Auswahl dadurch erleichtert worden, daß die empirische Sozialforschung noch nicht den Verdichtungsgrad eines hermetisch abgeschlossenen Fachverständnisses erreicht hat und daß in letzter Zeit eher Auflockerungen denn Verfestigungen des Fachkonsenses zu beobachten waren. Es gab in der Fachentwicklung zwar Dominanzen, aber es hielten sich auch Konflikte. Und fast noch wichtiger: Speziell seit Beginn der siebziger Jahre ist das Problembewußtsein für die Gefahren, die in den Einseitigkeiten eines eingespielten fachlichen Normalbetriebes liegen könnten, wieder größer, jedenfalls nicht kleiner geworden.

Was diese eher kritischere Einstellung gegenüber der eigenen Entwicklung anbelangt, so kann man vielleicht nicht gerade von einer wissenschaftlichen Krise sprechen, in die das nach dem Zweiten Weltkrieg eben frisch etablierte Fach alsbald geraten ist. Doch war in den letzten Jahren in bezug auf empirische Sozialforschung eine erstaunliche Verunsicherung zu beobachten – eine

Entwicklung, die wohl vor allem durch den noch darzustellenden Widerspruch hervorgetrieben wurde, daß einerseits die Sozialforschung insbesondere seit der zweiten Hälfte der sechziger Jahre eine stattliche Expansion verbuchen konnte und daß andererseits vermehrte Zweifel an dem Erkenntniszuwachs aufkamen, der durch diese Expansion letztenendes erzielt worden ist. Bei den Repräsentanten der empirischen Sozialforschung selbst haben sich gelegentlich Zweifel am Sinn ihres Tuns festgesetzt, die zu selbstkritischen Fragen führten: Sind die ehrwürdigen Objektivitätskriterien empirischer Sozialforschung – Quantifizierung, Reproduzierbarkeit usw. – tatsächlich uneingeschränkt brauchbar, oder übernehmen sie in bestimmten Zusammenhängen nicht gar die Funktion von Wahrnehmungsblockaden? Ist ein Verständnis sozialstruktureller Probleme der Gegenwart, um das es der Sozialforschung in Abgrenzung von Geschichte hauptsächlich geht, ohne historisch-prozessuale Betrachtung überhaupt möglich? Kann sich Sozialforschung wirklich vom politischen Alltagsgeschäft abkoppeln, wie man dies in einer vereinfachenden Rückerinnerung an Max Weber oft verlangt hat, oder gehört zu reflektiert betriebener Sozialforschung nicht auch die direkte Einflußnahme auf die politisch-praktische Anwendung der Forschungsresultate? Trifft man mit den gängigen Erhebungstechniken – Interview, Repräsentativerhebung usw. – tatsächlich wichtige Ausschnitte gesellschaftlicher Realität und wie groß ist der ‚Bias' der mit diesen Verfahren ermittelten Daten? Solche Fragen haben in der neueren Soziologie eine Reihe methodologischer Kontroversen ausgelöst, die nicht auf die Probleme der Erhebungstechnik beschränkt blieben, sondern zwangsläufig Grundfragen der Wissenschaftstheorie und Wissenschaftssoziologie berührten. Im Zusammenhang dieser methodenbezogenen Diskussionen wurde schnell auch die Frage nach Alternativen zum gar nicht einmal schon vollständig hergestellten Normalbetrieb empirischer Sozialforschung aktuell.

Diese heute so interessante Suche nach methodischen Alternativen enthält eine zusätzliche Rechtfertigung für eine historisch orientierte Darstellung der Probleme empirischer Sozialforschung. Es ist nämlich auffällig, daß in der aktuellen Methodendiskussion vieles nur reaktiviert wird, was in der Geschichte des Fachs schon einmal vorgekommen ist und was – vorschnell oder zu Recht? – als – scheinbare oder tatsächliche? – Marginalie, wenn nicht gar Verschrobenheit ausgesondert worden war. So ist z.B. der Gedanke einer qualitativen Empirie alles andere als neu. Er wurde speziell an der Göttinger Universität schon zur Zeit der kameralistischen Universitätsstatistiker gepflegt, die aufs heftigste gegen die „Tabellenknechte" wetterten. Der qualitativ-beschreibende Ansatz der Kameralisten geriet jedoch auch in Deutschland so sehr in Vergessenheit, daß Ferdinand Tönnies im Hinblick auf den Begriff der Statistik von einer „Neubildung des Sprachgebrauchs" reden konnte, nach dem Statistik eine Methode darstellt, „durch Zählungen und Vergleichung von Zahlen, Zustände, Ereignisse, Handlungen, sowie deren Häufigkeit in gegebenem Raum und gegebener Zeit, festzustellen und aneinander zu messen".[3] Um ein weiteres Beispiel zu geben: Auch zu der heute kontroversen Forderung eines stärkeren Praxisbezugs empirischer Sozialforschung kann man einiges aus der Geschichte der empirischen Sozialforschung erfahren. Hier wäre vor allem hervorzuheben, daß die empirische Sozialforschung von allem Anfang an im strengen Sinn politische Aktionsforschung war, die aus veränderten politisch-praktischen Problemkonstellationen entscheidende Entwicklungsimpulse erhielt. Gerade in solchen praktisch orientierten Untersuchungen wurden trotz einer unverkennbaren parteilichen Begrenztheit und Einseitigkeit ganz entscheidende Erkenntnisse über gesellschaftliche Verhältnisse und die Methoden ihrer Ermittlung zutage gefördert – und dennoch bestand ein wesentliches Merkmal der weiteren Entwicklung des Methodenverständnisses empirischer Sozialforschung in dem Versuch, die Vermengung von politischer Praxis und Untersuchungstätigkeit aufzulösen. Ich will diese Beispiele später genauer verfolgen und erwähne sie hier nur, um zu verdeutlichen, daß wir in einer Situation, in der angesichts der Probleme und Schwierigkeiten der heutigen empirischen Sozialforschung nach neuen Wegen gesucht wird, gut daran tun, auch einen Blick nach hinten zu werfen. Eventuell stoßen wir in der Geschichte der empirischen Sozialforschung auf Ansätze zur Analyse gesellschaftlicher Erscheinungen, die im Verlauf der Entwicklung des Fachs verdrängt worden sind, auf die man aber bei der Lösung der aktuellen Probleme zurückgreifen könnte. Vielleicht werden allerdings in den historischen Erfahrungen auch Grenzen sichtbar, an die methodische Veränderungen stoßen müssen, die heute ohne Kenntnis der geschichtlichen Erfahrungen als das Gelbe vom Ei präsentiert werden.

Über diese zusätzliche Begründung unseres historischen Einstiegs hinaus geben uns die methodischen Diskussionen in der neueren empirischen Sozialforschung vor allem aber auch einige Kriterien an die Hand, um das schwierige Problem der inhaltlichen Beschränkung unseres Problemaufrisses vernünftig angehen zu können. Anstatt die Fachgeschichte in legitimatorischer Weise auf Ereignisse hin durchzumustern, die das inzwischen arg angekratzte und aufgeweichte fachliche Normalverständnis vielleicht doch noch absichern helfen könnten, wird die Geschichte der empirischen Sozialforschung hier mehr *vom Standpunkt der aktuellen methodischen Kontroversen* aus betrachtet: Welche fachgeschichtlichen Ereignisse stützen die Kritik an den Verfahren etablierter Sozialforschung? Welche Erfahrungen ließen sich in konkrete Maßnahmen der Verbesserung moderner empirischer Sozialforschung ummünzen? Wo liegen nach den Kenntnissen, die uns die Geschichte vermittelt, die Grenzen solcher Innovationen?

Wenn nun also im folgenden der Versuch gemacht wird, aus der Kenntnis der heutigen methodischen Kontroversen heraus an die Erfahrungen anzuschließen, die uns die Geschichte der empirischen Sozialforschung vermitteln kann, so ließe sich diese Absicht auf zwei Wegen einlösen: Man könnte einerseits eine problemorientierte Darstellungsform wählen, indem man die thematischen Schwerpunkte der aktuellen Methodendiskussion aufgriffe und ein strittiges Problem nach dem andern im Lichte der Fachgeschichte erörterte. Die Fragen, auf die die Abhandlung einzugehen hätte, ließen sich dann etwa wie folgt formulieren: Welche Erkenntnisse vermittelt uns die Geschichte der empirischen Sozialforschung hinsichtlich folgender methodischer Kontroversen:

- Quantifizierung vs. qualitative Verfahren?
- Repräsentativerhebungen vs. Fallstudien?
- Grundlagenforschung vs. Praxisorientierung?
- Wertfreiheit vs. Parteilichkeit?
- Professionelle Absonderung vs. Integration ins Alltagsleben?
- Ermittlung statistischer Gesetzmäßigkeiten vs. Existentialurteile?

Eine Alternative zur problemorientierten böte die ereignisorientierte Darstellungsweise. Diese wäre dadurch gekennzeichnet, daß man Knotenpunkte in der Entwicklung der sozialwissenschaftlichen Empirie ins Zentrum der Darstellung rückte, d.h. Phasen wichtiger Entwicklungsschübe, in denen neue Ansätze zur empirischen Analyse gesellschaftlicher Sachverhalte entwickelt, ausprobiert und eventuell in Auseinandersetzung mit anderen Konzeptionen durchgesetzt worden sind. Da solche fachgeschichtlichen Knotenpunkte dadurch gekennzeichnet sind, daß das Handlungsrepertoire empirischer Sozialforschung erweitert worden ist und die Entscheidung anstand, welche der vorhandenen Möglichkeiten empirisch-soziologischer Analyse weiter praktiziert und welche vielleicht vernachlässigt werden sollte, handelt es sich immer um Situationen zugespitzter methodischer Kritik und Gegenkritik. Man käme also auch auf diesem Weg zu den genannten methodischen Problemen, doch würde man bei der ereignisorientierten Darstellung nicht der Logik der einzelnen Problemstränge folgen, sondern diese wären in ihrer situationsspezifischen Ausprägung und in ihrer Verknüpfung mit anderen Problemsträngen belassen.

Im vorliegenden Text halte ich mich an das Prinzip ereignisorientierter Darstellung, weil ich auf diese Weise eine analytische Zergliederung der Methodenprobleme in isolierte Einzeldimensionen umgehen kann, die ihrerseits zu fragwürdigen Vereinseitigungen führen könnten. Ferner scheint mir diese ganzheitliche Darstellungsform der beste Weg zu sein, die hier ebenfalls wichtige Absicht zu verwirklichen, sozialwissenschaftliche Methodenfragen auch im Hinblick auf den sozialen Kontext zu erörtern, aus dem sie erwachsen und an den sie in einem gewissen Umfang auch gebunden sind; der Zusammenhang zwischen neuen soziologischen Forschungskonzepten und dem sozialen Leben, auf das sie reagieren, wäre anders schwerer herzustellen.

Ich erörtere also *Knotenpunkte* in der Herausbildung empirischer Ansätze gesellschaftlicher Analyse, und zwar solche, die *aus der Perspektive der aktuellen methodischen Diskussion* im Fach besonders interessant erscheinen. Ausdrücklich sei darauf hingewiesen, daß ich mich dabei an der Entwicklung in Deutschland orientiere – Österreich aus Gründen enger fachlicher Kommunikation (und natürlich nicht aus Deutschtümelei) gelegentlich einfach mit eingeschlossen. Bezüge zur ausländischen Entwicklung werden allerdings hergestellt, sofern kaum auflösbare Zusammenhänge bestehen oder doch wenigstens das Verständnis der deutschen Entwicklung durch einen Blick über den Zaun erleichtert wird.

Im einzelnen werden folgende Knotenpunkte behandelt:

- die Grundlegung der empirischen Sozialforschung in der Statistik, wobei verschiedene Konzeptionen sozialstatistischer und soziographischer Analyse zur Sprache kommen (Kapitel II);
- Ansatzpunkte einer ‚materialistischen' Empirie bei Marx/Engels einschließlich ihres Verhältnisses zur ‚bürgerlichen' Sozialforschung im damaligen England (Kapitel III, 1);
- die Sozialforschung im Rahmen des Vereins für Sozialpolitik unter Berücksichtigung von Aktivitäten einiger Außenseiter (Kapitel III, 2);
- die Anfänge institutionalisierter Sozialforschung zur Zeit der Weimarer Republik, die in ihrer Verbindung zu diversen Versuchen der fachlichen Verfestigung der Soziologie besprochen werden (Kapitel IV);
- schließlich die Etablierung der empirischen Soziologie nach 1945 unter Beschränkung auf die Entwicklung in der Bundesrepublik (Kapitel V).

Forschungsmethodische Einzelfragen werden immer nur kontextgebunden dargestellt und diskutiert. Das bedeutet, daß methodische Grundprobleme, die in freilich je spezifischer Weise in fast allen behandelten Phasen der empirischen Sozialforschung eine Rolle gespielt haben, an ganz verschiedenen Stellen auftauchen. Das gilt z. B. für die alte Streitfrage, ob soziale Phänomene überhaupt quantifizierbar sind. Sie wird zum ersten Mal bei den kameralistischen Universitätsstatistikern (Achenwall/Schlözer) angesprochen, die einer qualitativ-beschreibenden Staatenkunde das Wort redeten und sich so von den schon munter quantifizierenden politischen Arithmetikern (Petty/Graunt) absetzten (Kapitel II, 1); bildet dann ein zentrales Thema bei der Behandlung der Moralstatistik (Quetelet), die ganz auf das Prinzip der großen Zahl setzte und gerade deshalb viele Kritiker (z. B. LePlay) gefunden hat, die nach anderen Lösungen suchten (Kapitel II, 2); sie klingt im Zusammenhang des historisch-qualitativen Methodenverständnisses der Jüngeren historischen Schule an (Kapitel III, 2) und wird schließlich immer wieder im Rahmen der modernen Sozialforschung behandelt, die teils von der Idee der Quantifizierbarkeit fasziniert war (z. B. Lazarsfeld), ihr teils aber auch sehr skeptisch gegenüberstand (z. B. Adorno) (Kapitel IV, 3; V, 1). Andere Grundfragen, die entweder forschungspraktische Fragen betrafen (breitflächige Erhebungen oder Monographien? Primär- oder Sekundärerhebungen? usw.) oder aber in den Bereich der Wissenschaftstheorie hineinragten (‚angewandte' oder ‚reine' Wissenschaft? wissenschaftliche Neutralität oder Parteilichkeit? usw.), durchziehen ebenfalls in der einen oder anderen Form fast den ganzen Text. Ein Thema freilich ist an den Typus moderner Sozialforschung gebunden, insoweit ganz und gar zeitabhängig und nur für die gegenwartsbezogenen Teile der vorliegenden Arbeit relevant: das Problem, daß Sozialforschung zu einer Institution geworden ist und von einem Stab von Fachleuten professionell betrieben wird; die erkenntnisfördernden und auch erkenntnishemmenden Momente dieser Organisationsform von Sozialforschung bilden das Generalthema der beiden letzten Kapitel (Kapitel IV, V), das allerdings nicht behandelt werden kann, ohne daß die alten methodischen Grundprobleme wieder anklingen. – Aus der Perspektive eines speziellen Interesses für einzelne Methodenfragen mag die gewählte Gliederung etwas verwirrend sein. Jedenfalls läßt sich dieses Interesse nicht durch einen schnellen Blick in den vorliegenden Text befriedigen (obwohl ich durch ein Stichwortverzeichnis diesem Informationsbedürfnis entgegenkommen will). Doch ist dies ein Preis, den man für die Vorteile der ergebnisorientierten Darstellungsweise vielleicht in Kauf nehmen kann.

Auf Vollständigkeit in der historischen Darstellung konnte es in diesem Text überhaupt nicht ankommen. Eine Auswahl war nötig, und ich hoffe, in der nachfolgenden Problempräsentation die Akzente richtig gesetzt zu haben. Professionellen Wissenschaftshistorikern mag der Text in seiner Lükkenhaftigkeit dilletantisch erscheinen, zumal ich nicht einmal in den Einzelanalysen der hier ausgewählten Problemkomplexe den Anspruch erheben kann, den in der Historiographie erreichten Forschungsstand auch nur annähernd aufzunehmen. Doch unter dem speziellen Blickwinkel, die Geschichte der empirischen Soziologie mit den aktuellen methodischen Problemen des Fachs zu verknüpfen, kann es auch ein Vorzug sein, wenn ein historischer Amateur, dessen Interesse durch die im eigenen Forschungsprozeß erfahrenen methodischen Schwierigkeiten heutiger Empirie geweckt wurde, einmal in die Vergangenheit zurückblickt. Wissenschaftshistorische Materialien, auf die sich ein solcher Ausflug beziehen kann, stehen heute im notwendigen Umfang zur Verfügung, wenn auch Lazarsfelds Feststellung immer noch zutrifft, daß die Wissenschaftshistoriker den Sozialwissenschaften wenig Aufmerksamkeit zukommen lassen.[4] Im übrigen scheint die deutsche Soziologie selbst in den letzten Jahren ihre Geschichte entdeckt zu haben (seit Beginn meiner Vorarbeiten zu diesem Buch im Sommer 1978 ist vielleicht ein Dutzend einschlägiger Texte publiziert worden), so daß sich inzwischen manches auch ohne langwierige Archivstudien relativ klar beurteilen läßt.[5]

II. Grundlegung der empirischen Sozialforschung in der Statistik

1. Statistik als Stütze merkantilistischer Staatsverwaltung

a) Kameralistische Universitätsstatistik (1750–1800) als qualitativ-beschreibende Wissenschaft

Dieser Abschnitt bezieht sich auf eine Zeit, in der noch in keiner Sprache der Begriff der Sozialwissenschaften oder gar der der empirischen Soziologie gebräuchlich war, in der aber die Sache selbst allmählich in Gang kam. In Deutschland entwickelte sich eine neue Wissenschaft, die kameralistische Universitätsstatistik: ein Fach, in dem demographische, geographische und ökonomische Deskription, Verwaltungs- und Staatsrecht sowie politische Herrschaftslehre auf eigenwillige Weise miteinander verknüpft waren. Man muß diese ‚Statistik' – diesen Begriff haben wir den Kameralisten zu verdanken – als ein spezifisches Phänomen des deutschen Universitätsbetriebs im Übergang vom 18. zum 19. Jahrhundert betrachten.

In der Tradition der Kameralisten wuchs eine Fülle von Einzeldarstellungen heran, die sich mit allerlei ‚Staatsmerkwürdigkeiten' beschäftigten. Die Autoren waren oft zu sehr mit den staatlichen Verfassungen und Einrichtungen bis herunter zu den Orden und Wappen beschäftigt, um überhaupt dem Gedanken einer empirischen Erfassung sozialer Tatbestände nähertreten zu können. Doch gab es auch empirisch-beschreibende Darstellungen, in denen die Ökonomie und die Sozialstruktur mehr Aufmerksamkeit fanden.

Als Beispiel sei Georg Hansens ‚Statistische Monographie' des Amtes Bordesholm in Holstein von 1842 angeführt. Sie enthält „Kapitel über die Erwerbszweige, die volkswirtschaftlichen Zustände, die Organisation der Verwaltung, das Justiz- und Polizeiwesen, die Steuern und dgl., die Dienste, die Wegesachen, das Brandversicherungs-, das Medizinal-, das Kirchenwesen, Schulwesen, Armen- und Amtskommunalwesen auf 256 Seiten, aber in den früheren 2 Kapiteln, die uns mit ‚Zahlenverhältnissen in betreff der Bevölkerung des Amtes' und mit ‚Charakteristik der Bewohner des Amtes' – zusammen auf 26 Seiten – bekannt machen, ist wohl von der geistigen Bildung, von Sitten und Gebräuchen, als Hochzeiten, Taufen, Geburtstags- und Weihnachtsfeiern und von Leichenbegängnissen, aber nicht von so seltenen Begebenheiten wie Selbstmorden, Verbrechen, Ehescheidungen die Rede, von unehelichen Geburten nur in 5 Zeilen".[1]

Ich kann diese vielfältigen empirischen Materialien hier nicht im Detail ausbreiten, sondern muß mich auf die Konzeption beschränken, die hinter diesen Einzeldarstellungen stand. Man könnte hier bis auf Hermann Conring, einen Professor, der Mitte des 17. Jahrhunderts an der Braunschweigischen Universität Helmstedt tätig war, zurückgehen, auf den die deutsche Universitätsstatistik zurückgeführt wird.[2] Richtig durchgesetzt hat sich der Ansatz aber erst 100 Jahre später, im Zusammenhang mit den Aktivitäten des Göttinger Professors Gottfried Achenwall, des „Vaters der Statistik" (Knies). Überhaupt war die recht pragmatisch ausgerichtete Georgia Augusta – ganz nach der Devise des Schöpfers dieser Universität, des Hannoverschen Ministers Münchhausen, der gesagt hatte, daß die Studenten hier so „präpariert" werden sollten, „daß sie für ‚die Welt der Affairen' draußen gerüstet seien"[3] – *das* Zentrum der deutschen Universitätsstatistiker. Hier ist nun einzusetzen.

Achenwall, der 1748 des höheren Gehalts und der Hoffnung weiterer Beförderung wegen eine Professur in Göttingen übernahm,[4] hielt hier kontinuierlich eine Vorlesung über, man kann wohl am ehesten sagen, ‚Staatenkunde' – einen Gegenstand, den er auch als ‚Statistik' bezeichnete. Der Begriff der Statistik wird Achenwall seither zugeschrieben.[5] Auch als Buch in diversen Auflagen veröffentlicht,[6] bildet diese Arbeit eine Art „Codex der deutschen Universitätsstatistik" (John).

Bei Achenwall wurde die ‚Statistik' als „Staatswissenschaft einzelner Reiche" definiert (§ 1, S. 1), ‚Staatswissenschaft' aber nicht einfach im Sinne des Staats- oder Verwaltungsrechts oder auch der Finanzwissenschaft; denn: „Die Staatswissenschaft eines Reiches enthält eine gründliche Kenntniß der würklichen Merkwürdigkeiten einer bürgerlichen Gesellschaft." (§ 4, S. 4) Der Begriff der ‚Staatsmerkwürdigkeit' bezog sich bei Achenwall auf alle realen Gegebenheiten des Staats, die dessen Entwicklungschancen beeinflussen, auf seine Entwicklungspotenzen und -sperren.

„Es bemüht sich [...] jemand, aus dem unzählbaren Haufen derer Sachen, die man in einem Staatscörper antrifft, dasjenige sorgfältig herauszusuchen, was die Vorzüge oder Mängel eines Landes anzeigt, die Stärke oder Schwäche eines Staates darstellt, den Glanz einer Crone verherrlicht oder verdunkelt, den Unterthan reich oder arm, vergnügt oder mißvergnügt; die Regierung beliebt oder verhaßt; das Ansehen der Majestät in- und außerhalb des Reichs furchtbar oder verächtlich macht, was einen Staat in die Höhe bringt, den andern erschüttert, den dritten zu Grunde richtet, einem die Dauer, dem anderen den Umsturtz prophezeyet, kurtz alles, was zu gründlicher Einsicht eines Reichs, und zu vortheilhafter Anwendung im Dienste seiner Landesherrn etwas beytragen kann: was erlangt ein solcher? die Staatswissenschaft eines Reiches." (§ 5, S. 4)

Dabei empfahl Achenwall eine Beschränkung auf das Wichtigste. „Merkwürdig" sei nur, „was das Wohl eines Reichs in einem mercklichen Grade angehet" (§ 6, S. 5). Als Staatswissenschaftler habe man sich daher auf die „notwendigsten" Merkwürdigkeiten zu beschränken, und dies seien jene, „ohne welche die wahre Beschaffenheit der Wohlfahrt einer Nation nicht begriffen werden kann" (§ 7, S. 5).

Auf diesem Wege, also über die Konzentration auf die notwendigsten Staatsmerkwürdigkeiten, gelangte Achenwall zu einer genaueren Kennzeichnung der nach seiner

Einschätzung wichtigsten Wissensbestände der Statistik. Gut nachvollziehbar beschreibt er, wie es vielen Erforschern von Staatsmerkwürdigkeiten auch heute noch gelegentlich geht, um dann gleich einen praktischen Ratschlag anzubringen: „Der erste Anblick der vielen Merkwürdigkeiten eines Reiches, wenn man es an sich selbst betrachtet, kommt mir wie ein Irrgarten vor. Ein jeder, der den rechten Gang nicht weiß, nimmt seine besondere Wege. Herein kommt man leicht: aber wie findet man sich heraus? Man muß alles in zwo Classen absondern. Ein Reich bestehet aus Land und Leuten. Unter diese beyde Begriffe lässet sich alles bringen." (§ 10, S. 7) Land und Leute seien demgemäß die wichtigsten Wissensbestände der Statistik.

Zur Charakterisierung des Landes erschienen Achenwall verschiedene Daten wichtig: Geographische Angaben aller Art, soweit sie für politische Betrachtungen, das heißt zur Einschätzung des „Überflusses oder Mangels des ganzen Staates", zu gebrauchen sind. Besonderen Wert legte er auf die Darstellung der Bevölkerung: „Die Menschen sind in allen Staatsbetrachtungen das Hauptziel. Wir müssen nichts Merkwürdiges von Ihnen auslassen." (§ 16, S. 10) Die Bevölkerung, die Einwohner, die Menschen faßte Achenwall dabei in zwei Rollen: als „natürliche Menschen" einerseits, als Glieder des Staats, als „Bürger" andererseits (§ 16, S. 10).

Zur Darstellung der Einwohner in der Dimension des natürlichen Menschen riet Achenwall zunächst, Angaben über die Größenordnung der Bevölkerung zu machen, denn ganz merkantilistisch war für ihn die Bevölkerung die „erste Grundsäule eines Reichs" (§ 18, S. 11). Doch solle sich der Statistiker auf solche mengenmäßigen Angaben nicht beschränken. Er müsse viel Aufmerksamkeit auf die Darstellung der „natürlichen Gaben" einer Nation wenden – eine Sache, die sich umgangssprachlich am besten als Volkscharakter umschreiben läßt (§ 19, S. 11). Achenwall machte dazu folgende Angaben: „Die natürliche Gaben äußern sich in ihrem Cörper und in ihrem Gemüthe. Eine jede Nation hat hierinnen etwas eigenes. Man untersucht dasjenige, worinnen die meisten einander ähnlich sind, und drücket es in allgemeinen Sätzen aus" (§ 20, S. 11 f.). Zur Charakterisierung der natürlichen Eigenschaften gehörten nach Achenwall auch Angaben über körperliche Merkmale: Schönheit und Vollkommenheit des Leibes, Darstellung der Völker nach Farbe, Länge und Stärke, ätiologische Angaben (Darstellung von Krankheiten, die als Ergebnis des Klimas, der Ernährung, aber auch der Lebensgewohnheiten – harte oder zärtliche Lebensart – verstanden werden) (§ 21, S. 12). Weiter sei an Angaben über das „Gemüt" eines Volkes zu denken: Temperament, Witz und Tiefsinnigkeit, Geschwindigkeit des Denkens, Redens und Handelns; Affekte, zu denen Achenwall Neigungen der Wollust, des Ehrgeizes, der Geldbegierde oder Sorglosigkeit rechnet und aus denen nach seiner Einschätzung Tugend oder Laster erwachsen. Konkretisierend hieß es: „Man sehe nur ihre Lebensart bey Tische, in der Kleidung und in ihren Lustbarkeiten an. Man bemerke, wie sie sich im Ehestande und der Kinderzucht verhalten, wie sie sich gegen ihre Obern und Untern und gegen Fremde aufführen" (§ 22, S. 13).

Neben solchen eher volkskundlichen Betrachtungen lenkte Achenwall aber schon die Aufmerksamkeit auf sozio-ökonomische Fragen, wobei insbesondere Faktoren interessierten, die auf die Produktivkraftentwicklung Einfluß haben – wieder Ausdruck der merkantilistischen Orientierung der Universitätsstatistik. Im einzelnen solle in die Beschreibung aufgenommen werden, ob und was für eine Wissenschaft ein Land habe, wie es um die Handwerke und Kommerzien stehe (auch daran könne man die „Sorgfalt oder Schläfrigkeit einer Nation erkennen"), wie es um die Landwirtschaft bestellt sei, ob Manufakturen vorhanden seien und wie sie arbeiten (§§ 24–27, S. 13–16).

Wenn man all diese Achenwallschen Ratschläge zur Erfassung von ‚Staatsmerkwürdigkeiten' Revue passieren läßt, so wird man bemerken, daß der Datenkranz nicht auf den Bereich einer juristisch geprägten Verwaltungslehre zugespitzt war. Der Themenkatalog moderner, interdisziplinär betriebener Sozialwissenschaften war, natürlich in einer für die merkantilistische Zeit charakteristischen Einfärbung, schon vorgezeichnet.

Allerdings gehörte zur Charakterisierung der Bevölkerung nach Achenwall nicht nur eine genauere Darstellung des Einwohners in seiner Rolle als natürlicher Mensch. Gleichzeitig müsse er als Bürger, als Mitglied des Staatskörpers charakterisiert werden. Hier ging es Achenwall insgesamt um die Grund- und Regierungsverfassung eines Staates: um die Grundordnung (wir würden heute sagen Verfassung), um das Regierungssystem und die Administration. Achenwall empfahl genaueste Darstellungen der Repräsentation des Staates, seiner Regierung, seiner Verwaltungseinrichtungen und schließlich auch der Mittel der Verwaltung (bis hin zu Titeln und Wappen, Hofstaat und Ritterorden) (§§ 28–30, S. 16–17).

Diese Darstellung der Staatsmerkwürdigkeiten – also des Landes und der Bevölkerung; Bevölkerung differenziert in Faktoren, die den ‚natürlichen Menschen' und den ‚Staatsbürger' betreffen – sollte nach Achenwall einmünden in eine Darstellung dessen, was er ‚Staatsinteressen' nannte und worunter er die staatlichen Handlungsmaximen verstand. Interessant sind vor allem die inneren Staatsinteressen (§§ 51–53, S. 16–29), weil hier das merkantilistisch-kameralistische Staatsverständnis der Universitätsstatistiker deutlich zum Ausdruck kam. Inneres Staatsinteresse – das ist nach Achenwall eine Orientierungsmarke, welche den

„innerlichen Ruhestand und das Wohl nicht nur seines [des Volkes, H. K.] einzelnen Bürgers, sondern des ganzen gemeinen Wesens zu erhalten und zu befördern suche, dem Mangel abhelfe, den Überfluß verschaffe, die Einwohner vermehre und bereichere, die Wissenschaft in Flor bringe, den Manufacturen und Commercien aufhelfe, die Gebrechen der Staatsverfassung heile, den Factionen vorbeuge, die Justiz beschleunige, das Cammerwesen in Ordnung halte, den Kriegsstaat auf guten Fuß setze" (§ 57, S. 31).[7]

Beim Versuch, die Achenwallsche Statistik, die Universitätsstatistik überhaupt, in ihren wesentlichen Grundüberlegungen und methodischen Prinzipien pointiert zu charakterisieren, wäre zunächst hervorzuheben, daß es dieser Wissenschaft um die Beschaffung verläßlicher Informationen für die Träger und Erfüllungsgehilfen eines merkantilistisch verstandenen Staatsinteresses ging. Daß ‚Statistik' explizit diesem praktischen Nutzen untergeordnet war, kommt schon in der Widmung Achenwalls an den Minister und Universitätskurator Münchhausen zum Ausdruck, wurde aber auch explizit formuliert:

„Daher ist die Staatswissenschaft allen Gelehrten nützlich, und allen Juristen nötig; hauptsächlich aber, wer die jetzigen Welthändel gründlich beurteilen, wer seine Reisen in fremde Länder mit Nutzen unternehmen, wer in Manufactur-, Handels- und

Cameralsachen oder in Gesandschaften sich gebrauchen lassen will, dem ist ihre Erlernung unentbehrlich" (§ 60, S. 32 f.).

Der Regierung und ihren Beamten sollte das Geschäft erleichtert werden. Die Statistik befähigte ihre Kenner, ihre Tätigkeiten als Funktionär des merkantilistischen Staats optimal auszuführen. Hinsichtlich der Zielrichtung lag, wie wir noch sehen werden, eine bemerkenswerte Übereinstimmung mit der in England schon früher gepflegten politischen Arithmetik von Petty und Graunt vor: Beide – deutsche Universitätsstatistik und englische politische Arithmetik – orientierten sich an den herrschaftlich-administrativen Interessen, beide waren Wissenschaft im ausdrücklichen Dienste des merkantilistischen Staates.

Doch anders als Petty und Graunt verstand Achenwall seine Wissenschaft als rein deskriptive Disziplin. Was jeder gebildete Mensch, der mit offenen Augen hinschaut, „jeder privatus, der kein Idiote sein will" (Achenwall), Merkwürdiges am Staat erblicken kann, ist Gegenstand der Achenwallschen Statistik – ein Gedanke, der sich in der Institution der statistischen Reise niederschlug, die dem Studiosus zur Komplettierung seiner universitären Ausbildung angeraten wurde. Daß unter der erscheinenden Oberfläche überindividuelle Regelhaftigkeiten verborgen sein können, die der äußeren, ‚oberflächlichen' Beobachtung nicht zugänglich sind – dafür bestand noch kein Verständnis. Ans Konkret-Anschauliche gebunden, hatte die Achenwallsche Statistik auch mit mathematisch-quantifizierenden Verfahren nichts im Sinn. Sie war qualitative Deskription; ziffernmäßige Daten wurden allenfalls sekundär, eher illustrierend eingeführt. Die deutsche Universitätsstatistik ist also als eine empirische Disziplin mit sozialwissenschaftlichen Bezügen zu charakterisieren, die neben vielem anderen auch soziale Tatbestände beschreibend aufnahm; sie war dabei eine geisteswissenschaftliche Lehre, die vor allem bevölkerungswissenschaftliche, rechtswissenschaftliche und geographische Komponenten aufwies.

Die Wissenschaft der Universitätsstatistiker fand in der zweiten Hälfte des 18. Jahrhunderts in Deutschland günstige Rezeptionsbedingungen. Seit Achenwall wurde – wie sein Schüler und Nachfolger Schlözer einmal sagte – „der Geschmack an diesem vortrefflichen Studium in Deutschland allgemeiner".[8] Konzeptionell kam aber nichts Entscheidendes mehr hinzu. Auch August Ludwig Schlözer selbst – der zwar ein so beeindruckender Mann gewesen sein muß, daß sich nach zeitgenössischer Aussage zu seinen Vorlesungen in Göttingen die Menge „drängte [...], daß man glaubte, es sei eine Feuersbrunst zu sehen"[9] – hat keine wirklich neuen Ideen hinzugefügt.

In seiner Schrift ‚Theorie der Statistik'[10] verstand Schlözer Statistik wie Achenwall als Wissenschaft der Staatsmerkwürdigkeiten. Auch hier wurde der politisch-administrative Bezug der Statistik betont, was bei Schlözer im Begriff der Staatsmerkwürdigkeiten unmittelbar zum Ausdruck kam (S. 37), zu denen er jene Sachverhalte rechnete, die vom Standpunkt des Politikers wichtig sind (vgl. S. 34). Statistik stehe dabei zur

Politik wie die Kenntnis des menschlichen Körpers zur Heilkunst (vgl. S. 17). Auch in methodischer Hinsicht bestand große Übereinstimmung. Schlözer faßte die Statistik als eine geisteswissenschaftliche Disziplin, als eine historische Wissenschaft neuer Art, und er charakterisierte sie unter anderem mit dem berühmten Aphorismus: „Geschichte ist eine fortlaufende Statistik; und Statistik ist eine stillstehende Geschichte" (S. 86). Statistik blieb bei Schlözer eine eher beschreibende Wissenschaft, wenn er sagte: „Eigentlich fordert man dem Statistiker nur Facta ab; Ursachen und Folgen anzugeben, ist er nicht schuldig." (S. 85).

Wenn man Schlözer trotzdem im Zusammenhang mit der Entstehung empirischer Sozialforschung besonders erwähnen muß, dann aus anderen als aus konzeptionellen Gründen. Zunächst einmal war er methodenbewußter als manche seiner Kollegen. Er erkannte und betonte die Bedeutung einer guten „amtlichen Statistik" als unerläßliches Quellenmaterial wissenschaftlicher Analysen (vgl. etwa S. 41 f.) und richtete entsprechende Forderungen an die amtliche Dokumentation. Er kritisierte phrasenhafte Beschreibungen (wie „blühende Manufacturen" (S. 44)) und verlangte bestimmte Daten (S. 43 f.). Der Benutzung von Zahlen ist er daher geneigter gewesen, was ihm gelegentlich den Vorwurf eines verkappten politischen Arithmetikers eingetragen hat,[11] gewiß zu Unrecht, denn Zahlen bleiben auch für Schlözer sekundär. Vor allem – und hierin liegt seine eigentliche Bedeutung im Zusammenhang unseres Problems – hat Schlözer aber den Durchbruch der Universitätsstatistik zur praktisch-politisch einflußreichen Disziplin wesentlich befördert. Er konnte eine äußerst rege Herausgebertätigkeit entfalten und die Erörterung von Staatsangelegenheiten in auflagenstarken Zeitschriften vorantreiben, deren Beiträge bis in die höchsten Kreise hinein zur Kenntnis genommen wurden. Von Maria Theresia wird z. B. berichtet, daß sie eine Entscheidung ihres Staatsrates mit den Worten zurückwies: „Was würde Schlözer dazu sagen?"[12]

Insgesamt, das dürfte deutlich geworden sein, bestand bei den deutschen Universitätsstatistikern überhaupt und letztlich auch bei Schlözer eine sehr große Distanz gegenüber der Verwendung quantitativer Methoden in der Statistik – ein am heutigen Statistikbegriff gemessenen etwas eigenartiges Verständnis. Besonders klar offenbarte sich diese Distanz gegenüber quantitativen Verfahren in einer wilden polemischen Auseinandersetzung der Anhänger der Achenwall-Schlözerschen Statistik mit den Tabellenstatistikern, wegen ihrer Forderung nach in Zahlen ausdrückbaren Daten auch Zahlenmänner genannt. Die Verfechter der universitätsstatistischen Doktrin setzten diese Statistiker mit den englischen politischen Arithemtikern gleich, die schon früher quantifizierend gearbeitet hatten (eine etwas vereinfachende Gleichsetzung übrigens, weil die politischen Arithmetiker – wie noch zu besprechen sein wird – die quantitativen Daten bereits mathematisch verarbeiteten, während bei den Tabellenstatistikern das mathematische Kalkül schwächer entwickelt war).

Den Hintergrund dieser Auseinandersetzungen bildete das gewachsene Informationsbedürfnis der politischen Administration, das nicht nur für die Ausbildung und Weiterführung des qualitativen Ansatzes der Universitätsstatistiker einen Resonanzboden abgegeben hatte. Es wurde auch damit begonnen, dem größeren Wissensbedarf auf dem Wege besserer tabellarischer Übersichten Rechnung zu tragen – in Deutschland später als anderwärts, aber seit Mitte des 18. Jahrhunderts doch immer stärker (Indiz: Gründung des Preußischen Statistischen Büros 1805). Diese Bestrebungen erhielten unter dem Einfluß des Napoleonischen Kaisertums – das trotz aller historischen Reminiszensen eine moderne Herrschaftsform repräsentierte, die in Frankreich eine rationelle Form der Verwaltung mit einem modernen Recht, effektiven Organisationsstrukturen, schnellen Straßen und eben auch einer genauen, verläßlichen, quantifizierenden Statistik geschaffen hatte – auch mächtigen Auftrieb. „Die Statistik ist das Budget der Sachen, und ohne Budget keinerlei Staatswohl", hatte Napoleon einmal gesagt, und der Export dieses Gedankens war ein Element jenes Bestrebens, die eroberten oder abhängigen Staaten und Gebiete nach französischem Vorbild im ‚Grand Empire' organisatorisch und gesellschaftlich zu vereinheitlichen.

Mehr und mehr konnten sich in diesen Zusammenhängen Aktivisten breitmachen, die in ihrem Eifer, alle möglichen Sachverhalte in Zahlen zu fassen, manchmal kaum noch zu überbieten waren; eine wahre Fliegenbeinzählerei muß gelegentlich ausgebrochen sein – jedenfalls gewannen die Zahlenmänner aber Einfluß auf die staatliche Bürokratie selbst, die in ihrem Orientierungsbedürfnis immer stärker auf die tabellarischen Übersichten zurückgriff.[13]

Diese Entwicklung löste auf Seiten der alten Schule der Universitätsstatistiker scharfe Kritiken und wütende Attacken aus. Durch Schuld der „politischen Arithmetiker", weniger vornehm auch „Tabellenknechte und Tabellenfabrikanten" genannt, sei die Statistik zu einem „hirnlosen Machwerk" geworden, von geistlosen, wahnwitzigen Menschen in Gang gesetzt und von verantwortungslosen Politikern aufgegriffen. Allerschlimmstes stünde zu befürchten. Die ‚Göttingischen gelehrten Anzeigen' namentlich der Jahrgänge 1806/1807 enthalten zahlreiche solcher Angriffe, wobei in die wissenschaftskonzeptionelle Kritik erkennbar politische Aspekte eingeflochten sind. Der Sieg Napoleons über Preußen hatte manches verändert. Mit der Gründung des Königreichs Westphalen – für Deutschland Napoleons Modellstaat mit dem in Kassel residierenden Jérôme Bonaparte an der Spitze –, dem alsbald auch Hannover einverleibt werden sollte, war die neue Zeit ganz hautnah an die Göttinger Gelehrtenstuben herangerückt; Erlebnisse, die unsere Statistiker vielleicht zu einer besonders spitzen Feder greifen ließen. Jedenfalls stand in den ‚Göttinger gelehrten Anzeigen' unter anderem zu lesen:

> Verbreitet habe sich das Bedürfnis der Regierungen, „alles wissen zu müssen". „Man wollte [...] genau den Zustand [...] oder die Kräfte des Landes kennen. Aber was nannte man Zustand und Kräfte des Landes? Das Materielle, das sich zählen und verzeichnen ließ [...]. Aber hier war der Punct, wo die Statistiker und die practischen Politiker zusammentrafen. Die erstern lehrten die letztern Tabellen machen; und damit war der Stein der Weisen gefunden! Nun konnte man Alles in Zahlen angeben; nun war Alles so klar und so deutlich! Man konnte, wie man sich rühmte, den Staat auf

einem Kartenblatt übersehen! Daß aber diese so genannten Staatskräfte an und für sich noch gar nichts sind; daß es darauf ankomme, wie sie genutzt werden; daß die wahren Staatskräfte daher geistig, nicht materiell sind; daß zwar diesen allerdings eine gewisse materielle Masse zu Gebote stehen müsse; daß sich aber schlechterdings hier kein Zahlenverhältniß bestimmen lasse; daß es also ein eitler Wahn sey, zu glauben, mit den materiellen Kräften wachse die Kraft eines Staats überhaupt in gleichem Verhältniß, – dieß wurde vergessen [...]. Alles Streben und Trachten der Politik ging nur dahin, die materiellen Kräfte zu vermehren; nicht, die freye geistige Bildung zu befördern, wodurch allein jene lebendig werden. Die ganze neuere Geschichte liefert den Commentar dazu! Mag man es aber läugnen, daß es hier die Statistiker waren, [...] die [...] redlich dazu beygetragen haben, [...] die practische Politik zu verderben? Ihre politische Rechnerey, voll des erbärmlich-elendesten Kleinigkeitsgeistes, oft wahre Schüler-Exercitien, wurde die Basis, worauf jene gegründet ward. Indem sie den Cabinetten den vermeinten Gewinn oder Verlust an Quadratmeilen, an Menschen und Vieh, vorrechneten, gingen diese Grundsätze in die practische Staatskunst über; [...] Aber ist nicht zugleich auf diese Weise die ganze Wissenschaft der Statistik [...] zu einem Skelet, zu einem wahren Cadaver, herabgewürdigt worden, auf das man nicht ohne Widerwillen blicken kann? Wenn jeder Staat etwas Edleres als eine Maschine ist, wenn er eine moralische Person bildet, die ihre Grundsätze, ihre Handelsweise, überhaupt ihre eigne individuelle Existenz hat, die bey jedem anders ist, und seyn muß: so gehört zur Kunde eines Staats etwas mehr und etwas Höheres, als unsre Statistiker darunter zu begreifen pflegen. Sein Charakter, seine Handelsweise, die Einrichtung seines Geschäftsganges im Innern, seine Grundsätze bey der auswärtigen Politik; die Organisation und die Verhältnisse derjenigen Behörden, in deren Hände die Administration ist; die herrschenden Grundsätze dieser Administration; das sind Gegenstände der wahren, der höheren Staatenkunde; wovon aber in unsern Statistiken gewöhnlich kein Wort zu lesen ist. Die ewigen Wiederholungen von Flächeninhalt und Volksmenge, von Einkünften und Truppenzahl, geben gerade einen solchen Begriff von einem Staate, als die Angaben der Statur, des Maaßes der Arme und Beine, von einem Menschen geben können. Und doch glauben unsre Tabellenmacher große Statistiker zu heißen, wenn sie jene Rubriken mit Zahlen anfüllen können! So ist aller Geist, alles Leben aus dieser edlen Wissenschaft verbannt; und das, was einige vortreffliche Männer vor einigen Decennien als sehr untergeordnete Hülfsmittel empohlen, zur Hauptsache gemacht. Gerade wie ein Kaufmann, der sich ein großer Geschäftsmann dünkt, wenn er das Buchhalten versteht!"[14]

Lassen wir die politisch-zeitgeschichtlichen Konnotationen einmal beiseite, so treffen diese Erörterungen durchaus einen methodisch wichtigen Punkt. Sie verweisen auf die Grenzen einer rein quantifizierenden Erfassung sozialer und politischer Tatbestände. In der Tat ist nicht alles in das abstrakte Maß der Zahl umzubilden. Als Warnung vor einer übertriebenen Quantifizierung – speziell vor der Fliegenbeinzählerei, die darin besteht, munter alles aufzunehmen, was sich in Zahlen ausdrücken läßt, und kleinmütig alles wegzulassen, was nicht auf den zahlenmäßigen Ausdruck zugerichtet werden kann – sind diese Überlegungen auch heute noch ernst zu nehmen.

Allerdings schwingt in der Kritik an der Quantifizierung, so wie sie von der Achenwall-Schlözer-Konzeption einer qualitativ beschreibenden Statistik her formuliert wurde, auch eine spezifische historische Beschränktheit mit. Sie ist durch ein Gesellschaftsverständnis geprägt, das im Deutschland des 18. Jahrhunderts noch eine ganz reale Basis gehabt hatte, dem dann aber durch die Entwicklungen seit Beginn des 19. Jahrhunderts mehr und mehr die Voraussetzungen entzogen wurden. In anderen Ländern, allen voran England, aber auch in Frankreich, hatten sich die neuen Verhältnisse schon früher angekündigt.

Es ist kein blanker Zufall, daß in England bereits im 17. Jahrhundert – also vor den deutschen Universitätsstatistikern – in der Form jener politischen Arithmetik eine Sozialforschung entstanden ist, die modern in dem Sinn war, daß sie nicht nur quantitative Daten benutzte, sondern diese sogar mit mathematischen Mitteln bearbeitete. Man kann sich die historischen Schranken, die dem Ansatz von Achenwall/Schlözer eigen sind, besonders gut durch Vergleich mit den politischen Arithmetikern und die Frage verdeutlichen, warum deutsche Statistiker mit deren Ansatz zunächst so wenig anzufangen wußten.

b) Warum die ‚politische Arithmetik' (Petty/Graunt um 1660/70) in Deutschland zunächst wenig Resonanz fand

Anders als in Deutschland konnte sich in England früh der Gedanke entfalten, soziale Sachverhalte mit erfahrungswissenschaftlichen Methoden zu studieren; dabei wurde auf die inzwischen schon bewährten Verfahren der Physik zurückgegriffen, die man für das Studium sozialer Phänomene nutzbar zu machen suchte. Für diese neue Wissenschaft bürgerte sich bald der Begriff der ‚politischen Arithmetik' ein, der auf Sir William Petty zurückgeht.

Petty – nach Marx übrigens „einer der genialsten und originellsten ökonomischen Forscher" – war eine schillernde Erscheinung. 1623 in kleine Verhältnisse hineingeboren, erfuhr er eine sprunghafte, universelle Ausbildung, die er als Doktor der Medizin abschloß. 1652 wurde Petty Generalarzt der englischen Armee in Irland, die unter Cromwells Leitung den irischen Aufstand von 1641 niedergeschlagen hatte. Petty erhielt bald die Position des Sekretärs des Armeeführers und kam in dieser Eigenschaft mit dem Problem der konfiszierten Güter in Berührung, die irischen Rebellen gehört hatten und aus denen nun die Ansprüche der Soldaten sowie der Finanziers der Militäraktion befriedigt werden sollten. Diese Verteilung der Güter setzte genauere Kenntnisse über die Situation und die Lage der beschlagnahmten Gebiete voraus, und eben diese Informationen wurden in einem Survey beschafft, dessen Leitung Petty übernommen hatte. Den dabei gewonnenen Informationsvorsprung und seine spätere Mitarbeit in der Verteilungskommission konnte Petty auch dazu nutzen, sich selbst zu bereichern. Ökonomisch saturiert, verlagerte Petty seine Aktivitäten stärker nach London. Dort war er politisch tätig (zunächst als parlamentarischer Gefolgsmann Cromwells), machte sich aber auch durch Aktivitäten in wissenschaftlichen Clubs – zunächst privaten Zusammenschlüssen gebildeter Männer zur Förderung naturwissenschaftlicher Zwecke, aus denen später die Royal Society hervorging – einen Namen. Die 1658 einsetzende Restauration bedeutete für Petty kein Unglück; vor allem behielt er seine Ländereien in Irland. Später – insbesondere in den 1670er Jahren – entwickelte Petty Konzepte für eine Verwaltungsreform in Irland, die er in wissenschaftlichen Schriften zu begründen suchte, so in ‚Die politische Anatomie von Irland' (1672 entstanden, 1691 posthum veröffentlicht) und in ‚Politische Arithmetik' (1676 geschrieben, 1690 posthum veröffentlicht).[15]

„Die Nachricht von der Thronbesteigung Jakobs II. veranlaßte Petty, im Frühsommer 1685 nach London zurückzukehren. Der neue Herrscher war ihm gegenüber nicht weniger gnädig als sein Vorgänger, und Petty hatte den Eindruck, daß die Zeit reif sei, für Irland die Verwaltungsreformen, die ihm am Herzen lagen, abzusichern. Seine Pläne für die Neuregelung der Bewirtschaftung und die Errichtung eines irischen Statistischen Büros unter seiner eigenen Aufsicht schienen für einige Zeit gut voranzukommen, und er schrieb den Unterredungen, die der König ihm zu diesen und anderen irischen Angelegenheiten gewährte, übermäßige Bedeutung zu. Erst später schätzte er das Ausmaß, in dem ihm seine eigenen persönlichen Interessen unter dem neuen Regime im Rahmen umfassenderer Strömungen der öffentlichen Angelegenheiten zum Nachteil gereichten, richtig ein. Innerhalb der politischen Zielsetzungen, die von Zeit zu Zeit durch die Schwankungen Jakobs II. undeutlich zum Ausdruck kamen, wirkte die Aussicht auf die Unabhängigkeit von Ludwig XIV. und Englands Wiedererlangen einer führenden Stellung in den europäischen Angelegenheiten mit einer eigentümlichen Macht auf Petty. Zehn Jahre zuvor, in der ‚politischen Arithmetik', hatte er Englands materielle Eignung für eine solche Stellung dargelegt und zumindest für sich zufriedenstellend bewiesen, daß es hinsichtlich seines Reichtums und seiner Stärke potentiell, wenn nicht tatsächlich, ebenso bedeutend sei wie Frankreich. Er kehrte nun zu demselben Thema zurück und verfaßte eine Reihe von Abhandlungen, um mit den Methoden seiner politischen Arithmetik zur Genugtuung des Königs zu zeigen, daß London die größte Stadt der Welt sei. Diese Bemühungen erregten unter den neugierigen Beobachtern des In- und Auslandes einige Aufmerksamkeit, hatten jedoch keine nachweisbare Wirkung auf die Politik Jakobs II."[16]

Pettys Schriften kann man also als Versuch einer argumentativen Unterstützung der auf Weltmachtgeltung und nationalen Reichtum abzielenden Politik der englischen Krone ansehen – und zwar als eine Unterstützung mit neuen Mitteln, wenn man den Begriff schon verwenden will: mit sozialwissenschaftlich begründeten Argumenten. In der ‚Politischen Anatomie Irlands' bezog er sich auf Bacon, der in seinem Konzept der Universalwissenschaft auf empirischer Grundlage den ‚Body Natural' und den ‚Body Politick' parallelisiert und die Einheit der Methoden, die beim Studium beider Teile anzuwenden seien, betont hatte; die Anatomie sei das beste Fundament beider Teile.

Der programmatische Ausgangspunkt von Pettys Überlegungen wird deutlich, wenn er darauf abhebt, daß seine politische Praxis, die den politischen Körper gesund und stark machen will, ohne Kenntnis der Symmetrie, Konstruktionsweise und Gliederung der Gesellschaft „so zufällig [ist] wie die Praxis eines alten Weibes und Quacksalbers".[17] Sein methodisches Konzept konkretisierte Petty in seiner ‚Politischen Arithmetik', wo er seine Vorgehensweise wie folgt beschreibt:

„Die Methode, welche ich hier einschlage, ist noch nicht sehr gebräuchlich, denn anstatt nur vergleichende und überschwängliche Worte und Argumente des eigenen Geistes zu gebrauchen, wähle ich als einen Versuch der politischen Arithmetik, auf die ich schon lange hinstrebe, den Weg, mich in Zahl-, Gewichts- oder Maßbezeichnungen auszudrücken; mich nur sinnfälliger Beweise zu bedienen; nur solche Ursachen in Betracht zu ziehen, welche ersichtlich in der Natur der Dinge selbst ruhen; jene Ursachen dagegen, welche von den wechselnden Meinungen, Neigungen, Leidenschaften einzelner Menschen abhängen, andern zu überlassen."[18]

Petty wollte also quantifizieren, weil ihm die zahlenmäßige Darstellung gesellschaftlicher Verhältnisse als objektiv, überindividuell gültig und reproduzierbar erschien. Die Orientierung am naturwissenschaftlichen Erkenntnisverfahren wird sichtbar.

Auch dem politischen Arithmetiker muß sich dabei jedoch das Problem gestellt haben, daß sich die Verfahren des Zählens und Messens anders als etwa in der Physik bei der Erfassung sozialer Variablen allenfalls auf Umwegen realisieren lassen: sei es, weil experimentelle Untersuchungen im gesellschaftlichen Bereich schwer durchzuführen sind, sei es weil ‚natürliche' soziale Verhältnisse manchmal gar nicht direkt beobachtet werden können. Zur Lösung dieser Schwierigkeiten, die dem ‚politischen Arithmetiker' sofort entgegentreten mußten, hatte Petty, jedenfalls in den Schriften, die seinen Namen tragen, nicht viel beizutragen. Es gibt aber eine Untersuchung, die unter dem Namen eines Freundes von Petty veröffentlicht wurde und die gerade im Versuch, die angedeuteten Prinzipien umfassend zu praktizieren, einen Markstein darstellt: die ‚Natural und Political Observations upon the Bills of Mortality' von John Graunt (1662).[19]

Graunt, als Sohn eines Tuchhändlers 1620 geboren, erhielt im Unterschied zu Petty nur eine notdürftige Ausbildung und wurde selbst Händler. Er erwarb aber Reichtum und öffentlichen Einfluß; im Laufe seines Lebens bekleidete er verschiedene Stellen in der Londoner Verwaltung, so war er Ratsmitglied und Hauptmann der Bürgermiliz. Graunt soll ein solider Mann, ein vorsichtiger, kritischer Arbeiter gewesen sein, dem man den sorgfältigen Umgang mit Zahlen eher zutrauen würde als dem recht sprunghaften Petty, der in den Schriften, die seinen Namen tragen, zwar fast jede Zahl benutzte, die ihm in die Finger kam, dort aber nicht die Fähigkeit zur geduldigen und sorgfältigen Aufbereitung quantitativer Daten unter Beweis stellte. Andererseits kann man bezweifeln, daß ein reicher Londoner Händler mit vielfältigen öffentlichen Verpflichtungen, der sonst kaum etwas geschrieben hat, tatsächlich der Autor einer Schrift ist, die nach allgemeiner Übereinkunft die erste bedeutsame sozialstatistische Untersuchung darstellt. Aus solchen Überlegungen hat sich die vieldiskutierte Streitfrage entwickelt, ob Graunt tatsächlich die ‚Observations' geschrieben habe oder ob ihm die Schrift nicht eventuell von Petty untergeschoben worden sei.[20] Das Problem ist ziemlich unwichtig, da Graunt und Petty mit Sicherheit in enger Verbindung standen und daher als eine produktive Einheit verstanden werden können. Der Einfachheit halber zitiere ich die ‚Observations' unter Graunts Namen, unter dem sie ja auch veröffentlicht worden sind.

Die ‚Observations' sind eine große empirische Studie, in der Schlußfolgerungen vorgetragen werden, die auf einer sorgfältigen Aufbereitung und Interpretation numerischer Daten aufbauen. Das Erhebungsmaterial der Untersuchung bilden die „bills of mortality", die Geburts- und Totenlisten Londons, die seit 1603 regelmäßig wöchentlich aus Kirchenbüchern zusammengestellt und veröffentlicht wurden und die gegen Gebühr von jedermann erworben werden konnten. Diese Publikation stellte eigentlich eine Art Informationssystem dar, das als schnell und periodisch präsentierte Todesfallstatistik die Gefahr von Pestausbrüchen effektiv anzeigen sollte.[21] Graunt zog das Material jedoch für bevölkerungswissenschaftliche Studien heran und machte damit eine Sekundäranalyse – ein Ermittlungsverfahren, das in den Sozialwissenschaften, in denen Experiment und direkte Beobachtung oft schwer realisierbar sind, später große Bedeutung gewann.

Durch fleißiges Studium und Umrechnen der Zahlen aus Geburten- und Totenlisten stieß Graunt auf den Tatbestand der Regelhaftigkeit gewisser sozialer Phänomene, d. h. er erkannte und konnte belegen, daß Ereignisse, die von der einzelnen Person her gesehen als zufällig erscheinen, im Normalfall nach einem festen Muster ablaufen. Er stellte z. B. dar, daß zwar die männlichen Geburten die weiblichen leicht übersteigen, daß sich die Geschlechter dennoch numerisch annähernd im Gleichgewicht halten (woraus er übrigens ableitet, daß die Monogamie eine göttliche Einrichtung sei);[22] er kennzeichnete die besonders hohe Mortalität während der ersten Lebensjahre und konnte die altersspezifischen Lebenswahrscheinlichkeiten abschätzen;[23] er beschrieb schließlich, daß die Sterberaten lokal variieren und führte dies auf unterschiedliche Lebensverhältnisse zurück, konnte allerdings hierzu nur sehr ungenaue Angaben machen.[24]

Einige dieser Sachverhalte waren schon vor Graunt bekannt, andere nicht. Das Originelle der ‚Observations' liegt also eigentlich nicht im Ausdruck des Gefühls oder der Erkenntnis, daß hinter den individuellen Lebensschicksalen allgemeine Ablaufmuster liegen, sondern in dem Versuch, die Regelhaftigkeiten sozialer Prozesse nicht nur zu postulieren, sondern an quantitativem empirischen Material tatsächlich zu demonstrieren. „Beweis" – bemerkte Hull[25] – „ist in der Tat das charakteristische Merkmal dieses Buches." Graunt versuchte durch statistische Analysen eines umfänglichen Zahlenmaterials in quantitativer Form Belege für seine Aussagen zu geben. Die Einsicht in die Regelmäßigkeit sozialer Erscheinungen und die Methode der Auswertung umfangreicher quantitativer Daten wurden hier zum ersten Mal konsequent aufeinander bezogen.

Obschon sich Graunt im Umgang mit seinen Zahlen manches einfallen ließ,[26] konnte er – in einer Zeit lebend, in der die Rechenbretter gerade erst aus der Mode gekommen waren – natürlich noch kein Meister der statistischen Analyse umfangreichen Zahlenmaterials sein. Er machte statistische Fehler, vor allem hatte er noch ein sehr unvollkommenes Verständnis vom Gesetz der großen Zahl; der Tatbestand, daß sich die Regelhaftigkeiten sozialen Lebens nur bei Stichproben durchsetzen und nachweisen lassen, die eine gewisse Größenordnung erreichen, war ihm beispielsweise nicht richtig klar.[27] Gleichwohl: der entscheidende Schritt hin zur Verknüpfung zwischen sozialwissenschaftlichen Fragestellungen, die auf die Erforschung sozialer Regelmäßigkeiten abzielen, und einer Methode, die auf die Aufbereitung quantitativer Massen abhebt, ist mit den ‚Observations' getan worden.

Versucht man die Entstehungsbedingungen der politischen Arithmetik im Sinne von Petty und Graunt nachzuzeichnen, so wäre zunächst zu fragen: Woher kommt das Interesse an der Entdeckung von Regelhaftigkeiten, von Grundmustern sozialen Verhaltens? Woraus entwickelte sich die Neugier für solche Probleme?

Hier ist sicher der Verfall der traditionellen sozialen Selbstverständlichkeiten wichtig, der im England des 17. Jahrhunderts schon besonders weit vorangeschritten war. Die Zerstörung der ständisch-feudalen Strukturen des Mittelalters, in denen jeder seinen festen gesellschaftlichen Ort hatte, wo die sozialen Prozesse ein hohes Maß an Kontinuität, an selbstverständlicher Bestimmtheit aufwiesen, war im 17. Jahrhundert speziell in England eine handgreifliche Sache geworden. Der Prozeß der ursprünglichen Akkumulation war bereits in vollem Gange – die Trennung der agrarischen Produzenten von ihren Produktionsmitteln schritt voran, die Arbeitsteilung zwischen Stadt und Land nahm Form an. Die äußerlich markanten politischen Umbrüche (die Konflikte zwischen den Königshäusern, zwischen Königen und Parlament, Cromwells Militärdiktatur, die glorious revolution) signalisierten tieferliegende ökonomisch-soziale Erschütterungen. Diese allgemeine Verunsicherung der Lebensorientierung und Lebensperspektive mußte die Frage nahelegen, ob es hinter diesem Oberflächen‚chaos' Gesetzmäßigkeiten, nachvollziehbare Zusammenhänge gibt. Die Antworten waren vor allem für die Regierung, die Administrationen, interessant und wichtig. Ohne Kenntnis der sozialen Zusammenhänge konnte der Versuch, in die offenkundig komplizierten sozialen Strukturen und Abläufe steuernd einzugreifen, nicht gelingen. Die politische Arithmetik, die als ein systematisches Verfahren der Ermittlung handlungsrelevanter Informationen über gesellschaftliche Sachverhalte zu verstehen ist, bezog sich speziell auf diesen Zusammenhang – eine Verbindung, die von Graunt selbst direkt hergestellt wurde: Graunt widmete den Teil seines Buches, der sich auf ‚Government and Trade' bezog,[28] ausdrücklich John Lord Roberts, einem königlichen Minister, und er begründete dies mit folgenden Worten:

> Er müsse tief beklagen, „daß anstelle der wahren Politik und Regierungskunst, welche darauf ausgeht, wie die Untertanen in Frieden und Überfluß erhalten werden können, einzig das Studium getreten ist, wie einer den anderen auszustechen und zu unterdrücken vermag und nicht durch nützlichere Leistung, sondern durch Niedertreten des anderen den Preis gewinnt. Die Grundlage und die Bestandteile einer [...] ehrlichen unschädlichen Politik sind nun aber, daß man den Boden und die Nahrung des Landes versteht, damit man dasselbe nach allen seinen wesentlichen und zufälligen Eigenschaften regiert."[29]

Nun muß aber der Versuch, der Regierung bessere Informationen über soziale Sachverhalte an die Hand zu geben, nicht notwendig die Form quantifizierender Abhandlungen annehmen. Wie wir gehört haben, orientierten sich die deutschen Universitätsstatistiker an einem durchaus vergleichbaren Problem, und dennoch suchten sie eine andere Lösung. So stoßen wir auf die Frage, wieso es im einen Fall schon zum Gedanken der Quantifizierung kam und im anderen nicht. Wie erklärt sich die Idee der politischen Arithmetik, soziale Daten und Zusammenhänge zahlenmäßig darzustellen? In Anlehnung an Clark könnte man sagen, der sich im England des 17. Jahrhunderts verfestigende Glaube an die Meßbarkeit aller Dinge, an die Vorherrschaft der Mathematik, anders formuliert: der Glaube an die Realisierbarkeit der Baconschen Vorstellung einer universalen Wissenschaft auf dem Wege einer methodisch einheitlichen Empirie mußte den Versuch, auch soziale Fakten mit quantifizierenden Verfahren zu erfassen, nach sich ziehen.[30] Diese Überlegung ist fürs erste durchaus plausibel, zumal hier auch die Selbstzeugnisse der Autoren als Beleg angeführt werden können.

So widmete Graunt seine ‚Observations' interessanterweise eben nicht nur einem königlichen Minister und damit der Regierung, sondern zugleich auch Sir Robert Moray, dem Präsidenten der Royal Society of Philosophers: jener wissenschaftlichen Gesellschaft, die sich zur Pflege einer universalen Experimentalwissenschaft im Sinne Bacons gebildet hatte. Zur Begründung nahm Graunt Bacons Begriff der ‚natural history' auf und sagte: Jenen Teil der Schrift, der die Wissenschaft angehe und der trotz der Krämerrechnung des Verfassers in die Mathematik gehöre, habe er dem hohen Kollegium der Royal Society gewidmet, denn dieses sei in der Philosophie nicht nur des Königs großer und geheimer Rat, geteilt in die drei Stände der Mathematiker, Mechaniker und Physiker, sondern auch das Parlament der Natur.[31]

Diese Bezüge deuten an, daß zu Graunts und Pettys Zeit der Versuch einer quantifizierenden Betrachtung sozialer Bedingungen für einen wissenschaftlich Interessierten gleichsam in der Luft lag; er entsprach einer Tendenz des wissenschaftlichen Denkens, mathematische Methoden auch bei der Behandlung nicht-naturwissenschaftlicher Sachverhalte ins Spiel zu bringen – übrigens nicht nur bei der Analyse gesellschaftlicher Probleme; ein Freund Newtons soll beispielsweise auch eine mathematische Theologie kreiert haben,[32] nur dürften sich hier dem Gedanken der Quantifizierung noch größere Hindernisse in den Weg gestellt haben als auf dem Gebiete der Soziologie.

Daß ein wissenschaftlicher Denker im 17. Jahrhundert in England auf die Idee einer versuchsweisen Ausweitung des Anwendungsbereichs quantifizierender Methoden kam, ist also alles in allem verständlich. Daß die Idee anders als im Fall der Theologie im sozialwissenschaftlichen Bereich jedoch nicht einfach scheiterte, daß sich vielmehr der Gegenstand der Gesellschaft und die Methode der Quantifizierung immerhin so sehr entsprachen, daß mit der Quantifizierung realitätshaltige Informationen über die Gesellschaft zutage gefördert werden konnten – das verlangt nun aber nach weiteren Erklärungen.

Um das Problem indirekt anzugehen: An der mittelalterlichen Gesellschaft wäre der Versuch einer Quantifizierung mehr oder weniger abgeprallt; die numerische Kalkulation hätte sich hier auf ganz wenige Sachverhalte beschränken müssen und wäre zur Darstellung wesentlicher Strukturmerkmale ungeeignet gewesen. Der Grund liegt in dem Umstand, daß die bestimmenden gesellschaftlichen Strukturen selbst wenig quantitative Elemente enthielten. Die Produktion war auf Subsistenz ausgerichtet: Der Produzent unterhielt sich selbst – ohne Einschaltung des Marktes –, und der Herr wurde unterhalten – wiederum ohne Marktverkehr: durch Dienste, durch Naturalabgaben. Produktion und Reproduktion einschließlich der Produktion und Aneignung des Mehrproduktes waren in dieser Zeit noch sinnlich wahrnehmbare Bestandteile eines Sozialverhältnisses, in dem der qualitative Charakter der Abhängigkeitsbeziehung vor ihrem mengenmäßigen Ausdruck rangierte. Mit der Entwicklung der Tauschwirtschaft, der marktvermittelten Ökonomie, ergaben sich ganz neue Bedingungen. Leistungen und Pflichten wurden in quantitative Größen – in Geld – übergeführt. Qualitativ unterschiedliche Gegebenheiten wurden durch die Bewertung in Geld in kommensurable Größen verwandelt, qualitative Eigenschaften wurden mit dem Einheitsmaß der Zahl ausgedrückt: Der Abhängige zahlte nun Steuern oder andere Abgaben in Geld und erbrachte weniger konkrete Leistungen; der Herr kaufte nun auf dem Markt, was er wünschte und brauchte, Luxusgüter, Waffen, Soldaten usw. Die veränderten Bedingungen fanden ihren Ausdruck in den exakten Kalkulationen, die die Renaissancefürsten des 16. Jahrhunderts über ihre Einkünfte anfertigen ließen.[33]

Wir haben es hier also zu tun mit einem realgeschichtlichen Prozeß der zunehmenden geldmäßigen Bewertung von Rechten und Pflichten, allgemeiner: mit einem realgeschichtlichen Prozeß der wachsenden quantitativen Fassung sozialer Beziehungen und der zunehmenden Abstraktion von ihren konkreten Werten – ein Vorgang, der sich in dem Maße beschleunigte, in dem sich kapitalistische Elemente im Schoß der alten Gesellschaft festsetzen und ausbreiten konnten. Zwischen dieser Quantifizierung sozialer Beziehungen in der realen Gesellschaft und der quantitativen Behandlung sozialer Sachverhalte in den Wissenschaften besteht ein sehr enger Zusammenhang. Nicht nur weil das stärker quantitativ dimensionierte Alltagsleben den Wissenschaftlern das Denken in quantitativen Größen nahelegte, sondern vor allem auch deshalb, weil die nunmehr in der Gesellschaft gegebenen Realabstraktionen (im Sinn von Realquantifizierungen) mit dem Mittel der Zahl gegenstandsgerecht erfaßt werden konnten, bot sich auch bei der wissenschaftlichen Analyse gesellschaftlicher Probleme die Methode der Quantifizierung an. Wir stoßen hier also auf eine enge Verbindung zwischen gesellschaftlichen Realabstraktionen und wissenschaftlichen Quantifizierungen: Weil die englische Gesellschaft selbst zur Zeit Pettys und Graunts stärker mit quantitativen Elementen durchsetzt war, war eine im Schwerpunkt zahlenmäßige Analyse alles andere als aufgesetzt. Um ein Wort Adornos abzuwandeln: Die quantitative Analyse trifft, wo sie die Dinge mit ihrem eigenen Maß mißt.

Aus dieser historischen Erfahrung läßt sich ein methodisches Prinzip gewinnen, das hier zunächst einmal festzuhalten ist, die Überlegung nämlich, daß sich in der sozialwissenschaftlichen Analyse quantitative Verfahren speziell dort anbieten, wo es um die Erfassung von Realabstraktionen – oder eingeschränkter: von Sachverhalten, die sich wie Realabstraktionen behandeln lassen – geht. Umgekehrt muß man aber auch sagen: Je mehr es sich in sozialwissenschaftlichen Analysen um die Behandlung qualitativer Sachverhalte dreht, die ohne entscheidenden inhaltlichen Verlust nicht im Maß der Zahl operationalisiert werden können, desto schwieriger ist die Anwendung quantifizierender Verfahren. Wie wir noch sehen werden, verbietet sich im zweiten Fall sogar oft die Anwendung quantitativer Techniken.

Freilich darf der skizzierte Gedanke, daß die ‚politische Arithmetik' von Petty und Graunt keine zufällige Erscheinung war, sondern in charakteristischen Merkmalen der englischen Gesellschaft des ausgehenden 17. Jahrhunderts gründete, nicht überzogen werden. Ohne Zweifel war für alternative Konzepte noch genügend Platz. So setzte sich auch der Ansatz der politischen Arithmetiker nicht bruchlos durch. Nachdem sich ihre Art quantifizierender Sozialwissenschaft in England zu Beginn des 18. Jahrhunderts schon etabliert zu haben schien, blieben nicht nur weitere Verbesserungen aus. Die Manier der politischen Arithmetik verlor im Laufe des Jahrhunderts sogar so sehr an Faszination und Farbe, daß Cullen geradezu von einem Scheitern Pettys sprechen konnte.[34] In einem wirklich konstruktiven und umfassenden Sinn ist die Idee der Quantifizierung und Mathematisierung gesellschaftlicher Analyse dann erst wieder gut 150 Jahre nach Petty und Graunt von dem belgischen Statistiker Quetelet aufgegriffen und weitergeführt worden.

Eine weitere Einschränkung ist bereits hier zu dem Gedanken des Zusammenhangs von geschichtlichen Realabstraktionen und der Möglichkeit quantifizierender Erfassung gesellschaftlicher Sachverhalte zu machen: Zum Wesen des gesellschaftlichen Zusammenhangs stößt die quantifizierende Betrachtung auch nach dem historischen Eintreten der Realabstraktionen nicht vor. Entsprechend war es kein Zufall, daß die klassische englische Ökonomie, die sich im 18. Jahrhundert entwickelte und der es auf die Ergründung ökonomisch-gesellschaftlicher Gesamtzusammenhänge ankam, vom Problem der quantitativen bzw. qualitativen Erfassung sozialer Phänomene wenig Aufhebens machte. Ein Beispiel dafür war ‚Wealth of Nations' von Adam Smith.[35]

Daß Smith mit quantitativen Daten im Unterschied zu den politischen Arithmetikern relativ sparsam umging, dürfte nichts mit einer geringen Wertschätzung der Empirie zu tun haben. Man braucht nur an den berühmten Fall der Stecknadelfabrikation im 1. Buch von ‚Wealth of Nations' zu denken, den Smith freilich nicht selbst beobachtete, sondern aus der französischen Enzyklopädie übernommen hatte.[36] Auch sonst finden sich bei Smith viele Passagen, in denen der Verfasser unmittelbar auf konkrete Zeitumstände einging, aus deren sensibler Darstellung er seine theoretisch-praktischen Schlußfolgerungen zog. Smith hat also empirisch argumentiert, nur hielt er anscheinend nicht viel von Zahlen. Er kam in ‚Wealth of Nations' überhaupt nur zweimal auf die politische Arithmetik zu sprechen, die ausführlichere Stelle lautet lapidar: „Ich habe zur politischen Arithmetik kein großes Vertrauen und will die Richtigkeit dieser Berechnung nicht verbürgen. Ich führe sie nur an, um zu zeigen, um wieviel in den Augen der einsichtsvollsten und erfahrensten Leute der auswärtige Getreidehandel unbedeutender ist als der inländische."[37] Man weiß nicht genau, ob sich hinter dieser Feststellung nur ein Mißtrauen gegenüber der Zuverlässigkeit konkreter Zahlen oder aber eine allgemeinere Skepsis gegenüber der Aussagekraft quantitativer Angaben verbirgt. Jedenfalls wird aber deutlich, daß Smith den zahlenmäßigen Angaben innerhalb seiner Gesamtargumentation nur instrumentellen Stellenwert zumißt.

Als Zwischenfazit ist also hervorzuheben, daß wichtige Merkmale der aufkommenden bürgerlichen Gesellschaft dem Gedanken einer quantitativen Betrachtung sozialer Verhältnisse entgegenkamen, daß man sich aber gleichwohl davor hüten muß, die Treffsicherheit der quantifizierenden Methode zu überschätzen. Wo sich die gesellschaftlichen Phänomene dem Prinzip zahlenmäßiger Abstraktion fügen, kann quantifiziert werden – sonst nicht. Hierin liegt bis heute die Chance, aber auch die Grenze für die Anwendung quantitativer Verfahren in der Soziologie. Der Umstand, daß die politischen Arithmetiker selbst für diese im 18. Jahrhundert erst recht relevante Grenze offenbar zu wenig Sinn hatten, mag mit eine Ursache für den zeitweiligen Niedergang ihres Ansatzes gewesen sein.

In Deutschland waren im 17. und 18. Jahrhundert die gesellschaftlichen Voraussetzungen für eine sozialwissenschaftliche Quantifizierung noch viel schwächer entfaltet als in England. Kein Wunder, daß unsere kameralistischen Universitätsstatistiker – wie Petty und Graunt Zeitgenossen des Merkantilismus, dessen deutsche Variante der Kameralismus war – von selbst nicht auf die Idee einer Quantifizierung kamen. Ihre gesellschaftlichen Erfahrungen sperrten sich gegen dieses Verfahren. Der politisch-ökonomisch zurückgebliebene Charakter der deutschen Gesellschaft des 18. Jahrhunderts, vor allem die Zergliederung des Landes in eine Vielzahl absolutistischer Kleinstaaten und die im Vergleich zu England schwachen Ansatzpunkte für eine kapitalistische Organisation der agrarischen und gwerblichen Produktion, legten eher ein Verständnis von Wissenschaft nahe, nach dem der Gelehrte seine Aufgabe, zur politisch-administrativen Praxis beizutragen, durch die Beschaffung konkret-nützlicher Informationen erledigte. Es scheint, als ob die Bindung ans Konkrete und unmittelbar Nachvollziehbare bei der Betrachtung sozialer Phänomene den in Deutschland bestehenden Verhältnissen zunächst besser entsprach als die auf Vergleichung und Generalisierung gerichtete Quantifizierung. In den Gesellschaftswissenschaften repräsentierten die politischen Arithmetiker sozusagen das historisch fortgeschrittenere und die kameralistischen Statistiker das eher retardierende Element der politisch-ökonomischen Übergangsperiode. Der deutsche Geist, der die Achenwall-Schlözer-Schule durchwehte, war in seiner geschichtlichen Eigenart Ausdruck der nationalen Verspätung bei der Herausbildung der bürgerlich-kapitalistischen Gesellschaft.

Im Verlauf der fortschreitenden ursprünglichen Akkumulation und der mit ihr verknüpften politischen Umschichtungen wandelte sich dann allerdings auch in Deutschland die materielle Basis der Sozialwissenschaften. Nicht nur stellten sich neue Probleme, die neue Methoden ermöglichten oder gar nach ihnen verlangten. Vor allem änderte sich auch das soziale Bezugsfeld der Wissenschaften: das Informationsbedürfnis wurde allgemeiner und verlor seine kleinstaatlich-öffentliche Fixierung. Die national (ja international) agierende bürgerliche Klasse, nicht hervorgehobene Einzelne wie die absolutistischen Regenten, wurde zur letztlich herrschenden, lenkenden Instanz; der Kleinstaat erschien nicht mehr als das Agens, sondern ging in den Nationalstaat über, der nunmehr Förderer, Gehilfe dieser neuen herrschenden Klasse wurde. Das mußte Rückwirkungen auf die Form haben, in der Sozialforschung betrieben wurde. Problemstellung, Methodik und soziale Verortung der Sozialwissenschaften mußten sich ändern.

Die Vertreter der Achenwall-Schlözer-Doktrin – Anfang des 19. Jahrhunderts mit Napoleons Versuch konfrontiert, „den deutschen Geist von seiner geschichtlich gewordenen Eigenart zu entfremden" (so Napoleon an Bruder Jérôme), d. h. die Einführung der Moderne gleichsam auf einen Gewaltakt zu verdichten – spürten den neuen Geist, der ihr tradiertes Selbstverständnis bedrohte. Sie wehrten sich, indem sie ihrerseits die gegen eine Quantifizierung sich sperrenden qualitativen Momente der Gesellschaft besonders betonten – und sie trafen mit diesem an sich rückwärts gerichteten Bemühen sogar eine wichtige Sache, weil auch im fortgeschrittensten Kapitalismus nicht alle Dinge mit Hilfe von Abstraktion und Quantifizierung zu erfassen sind.

Allerdings war die Abwehrhaltung der kameralistischen Statistiker zu rigoros und zu schematisch, als daß sie zu einer differenzierten Einschätzung der Möglichkeiten wie der Schranken der Quantifizierung hätte beitragen können. Zahlen sind – das wußten die Kameralisten noch nicht – dort, wo es um die Erfassung realabstrakter sozialer Verhältnisse geht (oder um die Analyse von Verhältnissen, die sich untersuchungstechnisch ohne relevante Reduktion wie realabstrakte behandeln lassen), durchaus sinnvoll, ja sie erweitern sogar die Möglichkeiten gesellschaftswissenschaftlicher Analyse. Die politischen Arithmetiker hatten ein Gespür für diese Zusammenhänge, wenn sie sie auch noch nicht voll durchschauten. Sie behandelten soziale Sachverhalte als quantitative Größen, weil ihnen diese Ausdrucksform etwas Sinnvolles über die Gesellschaft selbst, über ihre Strukturen und über ihre innere Entwicklung auszusagen schien, obschon sie selbst keineswegs bereits so weit waren, ihre zahlenmäßigen Feststellungen auf ein theoretisches Gesamtverständnis der bürgerlichen Gesellschaft zu beziehen. Insofern war der Versuch, angesichts bestehender Realabstraktionen das Instrument der Quantifizierung zu ergreifen, mehr als Fliegenbeinzählerei – und eben dieses ‚Mehr' wurde von den Universitätsstatistikern überhaupt nicht gesehen, die in ihrer Polemik die politischen Arithmetiker als reine Zahlenarchivare behandelten. Erst wenn die Voraussetzung der realabstrakten Verhältnisse nicht vorliegt, wandelt sich der Sinn der Quantifizierung in Unsinn.

2. ‚Moralstatistik': Vom Sinn und Unsinn einer Empirie der großen Zahl

a) Anknüpfungspunkt: ‚Soziale Physik' (Quetelet 1835)

‚Moralstatistik' ist heute kein gebräuchlicher Begriff mehr, doch gruppierte sich in Deutschland um 1850 – ein bis zwei Generationen nach Achenwall-Schlözer – um diese Formel herum geradezu eine Modewissenschaft. Hinter dieser Erscheinung standen jene grundlegenden gesellschaftlichen Umschichtungen, die wir in der englischen Entwicklung schon kennengelernt haben und die sich etwas später auch in Deutschland immer mehr durchsetzten. Die industrie-kapitalistische Gesellschaft gewann Kontur: eine konfliktträchtige und zugleich undurchsichtige, von anonymen Kräften beherrschte Sozialstruktur, die zu durchleuchten und zu verstehen zu einem sozialen Bedürfnis wurde. Die Moralstatistik schien hier eine Lösung zu versprechen.

Im Gefolge der naturwissenschaftlichen Erfolge des 19. Jahrhunderts hatte sich die Überzeugung verfestigt, daß nicht nur die natürlichen und die technischen, sondern auch die historisch-gesellschaftlichen Gegebenheiten menschlicher Existenz durch ein Gefüge von Gesetzmäßigkeiten geregelt werden. Die Moralstatistik, die der kausalen Abhängigkeit des gesellschaftlichen Menschen von bestimmten allgemeinen Faktoren nachgehen wollte, versprach genaueren Einblick in die Entwicklungsgesetze der Gesellschaft. Dabei stellte die Moralstatistik einen Versuch dar, das Funktionsgefüge der Gesellschaft mit quantifizierenden Methoden transparent zu machen – insoweit eine Wiederaufnahme der Intentionen, die zuerst von den politischen Arithmetikern im 17. Jahrhundert verfolgt worden waren und die dann vorübergehend ihre Attraktivität eingebüßt hatten: einer der Kontinuitätsbrüche in der Geschichte der empirischen Forschung, von denen eingangs die Rede war.

Der Begriff der Moral hat von den Forschern, die der Moralstatistik zuzurechnen sind, keine eindeutige Bestimmung erhalten. Der Gegenstand der wissenschaftlichen Interessen konnte von Autor zu Autor variieren. Klar ist nur, daß die Moralstatistik nicht auf die Ermittlung oder gar Entwicklung neuer Normen abzielte, sondern daß es ihr vielmehr um das Aufzeigen realer gesellschaftlicher Vorgänge ging. Erfaßt und analysiert wurden im einzelnen bevölkerungsstatistische Daten (z. B. Eheschließungen, uneheliche Geburten, Selbstmorde), kriminal-, religions-, auch wirtschaftsstatistische Zahlen. Moralstatistische Darstellungen konnten sich auf schier alle Handlungsweisen des Menschen beziehen, in denen eine soziale Dimension vermutet wurde. Der Begriff ‚Moral' stand somit synonym für ‚sozial'. Er war keine ethische Kategorie, sondern bezeichnete einfach den Umstand, daß es – im Gegensatz zur Naturwissenschaft – darum ging, soziale Zustände und Vorgänge zu beobachten.[38] – Später hat dann allerdings eine Einengung des Begriffs der Moralstatistik stattgefunden. So behandelte Schnapper-Arndt Anfang unseres Jahrhunderts den Begriff der Moralstatistik und der Sozialstatistik nicht mehr gleichsinnig. Die Moralstatistik war für ihn nur noch ein Teil der Sozialstatistik – neben der Bevölkerungslehre und der Wirtschaftsstatistik. Das Besondere moralstatistischer Erhebungen schien ihm darin zu liegen, daß es um die zahlenmäßige Darstellung von Erscheinungen gehe, aus denen sich auf den intellektuellen und sittlichen Status der Gesellschaft schließen lasse.[39]

Eine Art Begründer der Moralstatistik war der Belgier Adolphe Quetelet. Alle späteren moralstatistischen Arbeiten orientierten sich an seinem Werk, wenn auch oft nur auf indirekte Weise, indem bestimmte Aspekte seiner Auffassungen kritisiert wurden. Zunächst daher ein Wort zur Queteletschen ‚Sozialen Physik'.

Adophe Quetelet (1796–1874) war ein echter wissenschaftlicher Multifunktionär; neben seiner Tätigkeit als Direktor des Königlichen Observatoriums in Brüssel verwies er in seiner Hauptveröffentlichung auf allein 32 zum Teil führende Mitgliedschaften in wissenschaftlichen Gesellschaften in aller Welt. Er unternahm zahlreiche Auslandsreisen, u. a. lernte er auch Goethe kennen, der sehr von der Persönlichkeit des Belgiers beeindruckt gewesen sein soll und bis zu seinem Tode mit ihm korrespondierte. Auch bestanden sehr rege Kontakte mit den englischen Statistikern, insbesondere mit den Gründungsmitgliedern der Statistical Society of London (vgl. Kap. III, 1).

Quetelet muß ein tatkräftiger Mann gewesen sein. Seinen Aktivitäten ist zu danken, daß die Statistik auf administrativer und wissenschaftlicher Ebene ein gutes Stück vorankam. Er gab Anregung für den ersten Internationalen Statistischen Kongress; er organisierte die amtliche Statistik in Belgien in einer Weise, die für andere Länder vorbildlich war; er wirkte auf internationaler Ebene auf eine gewisse Standardisierung der statistischen Erhebungen hin, um bessere internationale Vergleiche zu ermöglichen.[40]

In konzeptioneller Hinsicht verfocht Quetelet die Idee, soziale Sachverhalte mit Hilfe mathematischer Methoden zu analysieren; in seiner begeisterten Überzeugung, den Menschen mit naturwissenschaftlichen Verfahren erforschen zu können, war er kaum zu bremsen. Zunächst kam er auf den Gedanken, quantifizierende anthropometrische Messungen durchzuführen und deren Ergebnisse wahrscheinlichkeitstheoretisch zu fassen – Anregungen dazu erhielt er durch eigene künstlerische Betätigungen, durch die sein Blick für die Regelmäßigkeiten im Wuchs der Menschen geschärft wurde. Durch die anthropometrischen Forschungen ermutigt, versuchte Quetelet auch soziale Probleme mit Hilfe der Wahrscheinlichkeitstheorie überschaubar zu machen. Angestoßen durch das Erlebnis der revolutionären Eruption seiner Zeit, wuchs sein Interesse, soziale Strukturen und Entwicklungen mit den anderwärts bewährten Methoden zu analysieren. Die Verbindung zur bürgerlichen Sozialreform war dabei weniger deutlich als bei den englischen Statistikern des 19. Jahrhunderts, mit denen wir uns noch zu beschäftigen haben werden. Doch betonte auch Quetelet den praktisch-politischen Nutzen seiner Wissenschaft, den er darin sah, daß der Gesetzgeber aufgrund eines besseren Einblicks in gesellschaftliche Zusammenhänge unerwünschten sozialen Zuständen vorbeugen könne, anstatt kurativ handeln zu müssen.

Quetelets wissenschaftlicher Ruf als Statistiker beruht insbesondere auf seinem 1835 erschienenen Buch über die ‚physique sociale'.[41] Dieses Buch war gleichsam eine Zusammenfassung von Quetelets gesamten sozialstatistischen Intentionen. Der Eifer, mit dem hier quantifiziert wurde, ist beachtlich. Um ein Wort Rümelins aufzugreifen: Hier wurde den Zahlen der Mund geöffnet, und zwar ließ Quetelet die Zahlen so laut reden, daß bald die ganze wissenschaftliche Welt seiner Zeit darauf aufmerksam wurde.[42] Dies war dann sozusagen die Geburtsstunde jener Modeerscheinung, die uns hier interessiert: der Moralstatistik. Weite Teile der ‚Sozialen Physik', vor allem die Anthropologie und die Bevölkerungsstatistik, sind soziologisch irrelevant. In den Passagen über die Erfassung der Gesetzmäßigkeiten der menschlichen Gesellschaft, in denen das konzeptionelle Design der Queteletschen Wissenschaft entwickelt wird, ist jedoch eine bestimmte Art empirischer Analyse gesellschaftlicher Sachverhalte exemplarisch zu fassen, deren Diskussion noch heute relevant ist. Auf dieses Kernstück der ‚Sozialen Physik' werde ich mich im weiteren konzentrieren.

Quetelet ging von der Idee aus, daß bestimmte Gesetzmäßigkeiten die Entwicklung des Menschen – seine Geburt, sein Leben, seinen Tod – strukturieren. Ihm war bekannt, daß in der Geburts- und Mortalitätsstatistik bereits seit längerem solche Regelmäßigkeiten erkannt worden waren. Nach Quetelets Auffassung fehlte es aber an einer genauen Kenntnis der Grundformen der körperlichen Entwicklung des Menschen sowie ferner, und das war ihm wichtiger, der Regeln, denen die moralische und intellektuelle Entwicklung (der „moralische und intellektuelle Mensch") möglicherweise folgte (Bd. I, S. 102). Die Frage der Entwicklung des „geistigen Menschen" (der „intellektuellen Fähigkeiten") wollte Quetelet nicht spekulativ, sondern aus der Erfahrung heraus beantworten (I, S. 10).

Zur Untersuchung wählte er zunächst ein Beispiel: das der Verbrechen, insbesondere der Morde. Der gängigen Alltagsauffassung entsprechend müßten gerade solche Erscheinungen, die man als pathologische, allenfalls aus der individuellen Psyche heraus erklärbare Handlungen zu sehen geneigt war, einer generellen Charakterisierung entzogen sein. Die Erfahrung zeige aber, so Quetelet, Gleichläufigkeiten in der Entwicklung der Morde sowohl hinsichtlich ihrer Anzahl wie auch ihrer technischen Ausführung. Aus der Statistik könne man folgende Angaben entnehmen (I, S. 106, Anm. 1):

„Folgende sind die Ergebnisse der allgemeinen Berichte über Kriminalrechtspflege in Frankreich während der ersten Jahre ihrer Veröffentlichung. Man kann die Ergebnisse nachlesen, welche seitdem regelmäßig veröffentlicht worden sind." Quetelet brachte sodann die auf der nächsten Seite abgedruckte Tabelle. Aus diesen Angaben folgerte er (I, S. 107): „Ich habe Jahr für Jahr aufs neue wiederholt: Es gibt ein Budget, das mit erschreckender Regelmäßigkeit bezahlt wird, nämlich das der Gefängnisse, Galeeren und Schafotte; hier vor allem sollte man auf Einschränkung bedacht sein; und Jahr für Jahr haben die Zahlen meine Voraussagen dergestalt bestätigt, daß ich vielleicht noch zutreffender gesagt hätte: Es gibt einen Tribut, den der Mensch regelmäßiger bezahlt als denjenigen, welchen er der Natur oder dem Staatsschatze entrichtet; es ist derjenige, den er dem Verbrechen zollt! – Trauriger Zustand des Menschen-

		1826	1827	1828	1829	1830	1831
Morde im allgemeinen		241	234	227	230	205	266
mittels	Gewehr und Pistole	56	64	60	61	57	88
"	Säbel, Degen, Stilett, Dolch usw.	15	7	8	6	12	30
"	Messer	39	40	34	46	44	34
"	Stock, Rohr usw.	23	28	31	24	12	21
"	Steine	20	20	21	21	11	9
"	schneidender, stechender und zerschmetternder Instrumente	35	40	42	45	46	49
Erdrosselungen		2	5	2	2	2	4
durch in die Tiefe stürzen und ertränken		6	16	6	1	4	3
durch Fuß- und Fauststöße		28	12	21	25	17	26
durch Feuer		28	1	21	1	17	26
auf unbekannte Art und Weise		17	1	2	1	2	2

geschlechtes! Wir können im voraus aufzählen, wieviele ihre Hände mit dem Blute ihrer Mitmenschen besudeln werden, wieviele Fälscher, wieviele Giftmischer es geben wird, fast so, wie man im voraus die Geburten und Todesfälle angeben kann, die einander folgen müssen."

Wenn aber diese so gefaßte Erfahrung zeigt, daß es allgemeinere Gesetzmäßigkeiten im Verhalten der Menschen gibt: Woraus lassen sich dann diese Gleichläufigkeiten im menschlichen Verhalten erklären? Quetelet sah die Ursache für die Gleichläufigkeiten in den konkreten gesellschaftlichen Bedingungen. Um es auf sein Beispiel zu beziehen: Jeder soziale Zustand bedingt nach Quetelet eine gewisse Zahl und eine gewisse inhaltliche Ordnung der Verbrechen; Zahl und Ordnung der Verbrechen sind eine notwendige Folge der gesellschaftlichen Organisation, sind durch diese gesellschaftliche Organisation gleichsam vorprogrammiert (I, S. 107).

Aus solchen Überlegungen ergab sich die Fragerichtung der Queteletschen Analyse. Er suchte nach Gesetzen, die für die „ganze menschliche Gesellschaft" charakteristisch sind. Ihn interessierten nicht die individuellen Besonderheiten, die je spezifischen Ausprägungen der Lebensgeschichte und der Persönlichkeit des Einzelmenschen (I, S. 142). Er suchte nach dem „mittleren Menschen" (I, S. 162) – nach typischen menschlichen Verhaltensweisen, soweit sie für eine bestimmte Gesellschaftsformation Geltung besitzen.[43] Vereinfacht: Quetelet suchte nach dem sozialen Typus, der in der Gesellschaft als konkret-historisches Phänomen verstanden vorherrscht und der das Gepräge dieser Gesellschaft ausmacht.

Diese Betonung sozialtypischer Erscheinungen, gesellschaftlicher Regelhaftigkeit, insgesamt die Abstraktion vom individuell Besonderen ist oft so verstanden worden, als habe Quetelet die Möglichkeit einer Beeinflussung gesellschaftlicher Verhältnisse geleugnet. Die Rezeption Quetelets speziell in Deutschland war ganz wesentlich auf die Frage nach der Willensfreiheit ausgerichtet, die dem Menschen angesichts der obwaltenden gesellschaftlichen Mechanismen verbleibt. Wo ist Spielraum für menschliche Initiative und Einfluß, wenn überall Gesetzmäßigkeiten vorherrschen?[44] Quetelet hat durch manch forsche Formulierung solche Fragen provoziert, so durch das Wort, der individuelle Einfluß des Menschen sei gleich null (I. S. 111). Doch letztlich leugnete er nicht die Beeinflußbarkeit gesellschaftlicher Verhältnisse, wie eine Passage zeigt, in der er sich mit der Frage der historischen Bedeutung „großer Persönlichkeiten" auseinandersetzte:

„Man wird vielleicht sagen, daß der Geist eines eroberungslustigen Fürsten ungeheure Landplagen verursachen kann; niemand kann daran zweifeln, wie ja auch Überschwemmungen, Erdbeben, Seuchen, Teuerungen usw. sie während ihres Bestehens hervorrufen können. Das sind vorübergehende Modifkationen, Unglücksjahre, welche die Statistik verzeichnen muß, wie es die Meteorologie und die Geschichte im allgemeinen machen. Auch ist zu bemerken, daß ein Fürst nicht als Individuum handelt, sondern als Vertreter einer ganzen Nation, die ihn in den Stand setzt in mehr oder weniger weiten Grenzen zu handeln" (I, S. 119 f., Anm. 2).

Klar wird hier, was Quetelet meinte: daß die gesellschaftliche Entwicklung durchaus beeinflußt werden kann, aber eben nicht durch individuelle Aktion, sondern nur auf dem Wege kollektiver Veränderungen, durch die in die gesellschaftliche Grundstruktur eingegriffen wird.

Was die Methoden der Untersuchung anlangt, so unterschied Quetelet zwischen „spekulativen Wissenschaften", die auf eine numerische Erörterung der sozialen Tatsachen verzichteten und damit nicht die Methoden anwendeten, die sich bei der Erforschung von Natursachverhalten bewährt hätten, und „Erfahrungswissenschaften", denen diese Methoden auch zur Untersuchung sozialer Sachverhalte geeignet erschienen. Quetelet plädierte für eine stärkere Anwendung der mathematischen Theorien, denn erst dadurch könnten die „Phantasien" der alten Statistiker überwunden werden und die „wahren Prinzipien der exakten Wissenschaft" zum Durchbruch kommen (I, S. 114).

Dieses methodische Postulat korrespondierte wohlgemerkt mit den Erkenntnisinteressen Quetelets. Quetelet suchte nach den allgemeinen Mustern sozialen Verkehrs, die hinter der Vielfalt individueller Erscheinungen liegen, nach sozialen Regelmäßigkeiten. Dazu mußte er sich notwendig von der individuellen Lebensgeschichte und den individuellen Lebensverhältnissen, vom „einzelnen Menschen", lösen. Der Mensch wurde von ihm als „Bruchteil der ganzen Gattung betrachtet". Die individuellen, zufälligen Merkmale, die keinen Einfluß auf die statistische Masse haben, erschienen ihm als unwichtig, so daß von ihnen abstrahiert werden konnte. Als Beispiel verwies er auf die Betrachtung einer Kreislinie, deren Form sich nur bei einer Gesamtbetrachtung und eben nicht im kleinen Ausschnitt erschließe (S. 103 ff.). Dieser Gedanke, die Regelmäßigkeiten menschlicher Gesellschaft durch Abstraktion von den zahllosen individuellen Besonderheiten zu erkennen, mündete nun bei Quetelet klar in die Forderung ein, die Beobachtung an einer hinreichend großen Zahl von Fällen durchzuführen, denn erst unter dieser Voraussetzung lasse sich das rein Zufällige und Individuelle vom Allgemeinen und damit Sozialtypischen unterscheiden (I, S. 105).

Was Quetelet hier ansprach, war nichts anderes als das Gesetz der großen Zahl – jene mathematisch-statistische Erkenntnis, die wohl erstmals im 17. Jahrhundert formuliert worden ist: daß nämlich typische Erscheinungen bei einer Vergrößerung der Zahl der Beobachtungen um so klarer hervortreten, individuelle Besonderheiten sich dagegen weit verstreuen. Quetelet nahm dieses Gesetz exakt auf:

„Durch ein fortgesetztes Studium kann man diese Ursachen und ihre Wirkungsweise, ebenso wie die Gesetze, deren Grundlage sie bilden, ausfindig machen; man muß aber zu diesem Ende die Massen studieren, um aus den Beobachtungen alles Zufällige oder Individuelle auszuschneiden. Die Wahrscheinlichkeitsrechnung zeigt, daß man sich, unter sonst gleichen Umständen, um so mehr der Wahrheit oder den Gesetzen nähert, die man ergründen will, eine je größere Anzahl von Individuen den Beobachtungen zur Stütze dienen" (I, S. 141). An anderer Stelle sagte er, die Erkenntnis der allgemeinen Tatsachen, auf denen eine bestimmte Gesellschaft beruhe und die die Gesetze der physischen, moralischen und intellektuellen Entwicklung der Menschen steuerten, sei umso eher möglich, „je größer die Zahl der beobachteten Individuen ist" (I, S. 109).

Möglich ist die Berücksichtigung einer großen Zahl von Beobachtungsfällen allerdings nur unter der Voraussetzung einer gewissen Quantifizierung. Ohne Quantifizierung, ohne die „Sprache der Zahlen" (I, S. 112), sind große statistische Massen weder zu erfassen noch analytisch zu bewältigen. Die Queteletsche soziale Physik steuerte somit in die Richtung einer quantifizierenden Sozialwissenschaft – ein Schritt, der angesichts ihres Startpunkts konsequent war.

Diese durch die Sache durchaus gebotene Quantifizierung vermittelte – auch das erkannte Quetelet deutlich – gleichzeitig Chancen für eine weitere Mathematisierung. Wenn es tatsächlich gesetzmäßige Entwicklungen im gesellschaftlichen Bereich gibt und wenn die sozialen Erscheinungen in quantitativen Größen erfaßt werden können und im zahlenmäßigen Ausdruck vorliegen, dann muß auch eine Berechnung von Wahrscheinlichkeiten möglich sein (I, S. 119). Auf diesem Hintergrund lieferte Quetelet bereits eine genaue Beschreibung der Funktion und der Einsatzmöglichkeiten der mathematischen Wahrscheinlichkeitsrechnung in den Sozialwissenschaften.

„Die Wahrscheinlichkeitsrechnung ist nur das Werkzeug, das zur Regulierung der Ausnutzungsarbeiten dienen muß; doch wird sie unentbehrlich bei den Forschungen, denen wir uns widmen wollen. In der Tat dient sie dazu, die Reihe unserer Beobachtungen mit Nutzen zu verteilen, den Wert der von uns benutzten Dokumente abzuschätzen, diejenigen zu unterscheiden, die den meisten Einfluß ausüben, sie hierauf so zu kombinieren, daß sie der Wahrheit so nahe als möglich kommen, und endlich den Grad von Vertrauen zu berechnen, den man den erhaltenen Resultaten schenken kann. Die Wahrscheinlichkeitstheorie lehrt uns im Grunde nur, regelmäßiger und mit mehr Präzision das zu tun, was bis jetzt die klügsten Geister in einer mehr oder weniger vagen Weise getan haben. Sie tendiert vor allem dahin, bei den Erscheinungen, mit denen wir uns beschäftigen, die Wissenschaft an Stelle dessen zu setzen, was man die Praxis oder die Erfahrung zu nennen überein gekommen ist, und was in den meisten Fällen nur eine blinde Routine ist" (I, S. 151 f.).

Zur Konkretisierung zwei Beispiele:

1. Der Arzt, der nach seinem individuellen Eindruck eine Aussage über die Verteilung der Geburten nach Geschlecht macht und dabei nicht die reale statistische Verteilung trifft: Quetelet nahm die Alltagsbeobachtungen dieses Arztes auseinander und hielt dann zusammenfassend fest: „Sein Irrtum würde davon hergerührt haben, daß er Schlüsse aus Zahlen gezogen hatte, die zu gering sind, um die Tatsache, welche er feststellen wollte, klarzulegen: Sein Ergebnis hatte nicht den Grad von Wahrscheinlichkeit, der nötig ist, damit es mit Vertrauen entgegengenommen werde" (I, S. 153). Also: Anwendung der Wahrscheinlichkeitsrechnung mit dem Ziel der Prüfung der Zuverlässigkeit empirischer Aussagen.

2. Die Verteilung der Größenmaße männlicher Jugendlicher (vgl. Abb. 1): Anhand einer sehr großen Stichprobe (zweite Spalte der Tabelle = n' im folgenden) stellte Quetelet die reale Verteilung der Größenmaße in einer stichprobenmäßig erfaßten Population dar. Das dabei zutage tretende Muster benutzte er zur Prognose der Verteilungen in einer anderen Stichprobe, die derselben Grundgesamtheit N angehört (vierte Spalte = V). Die Befunde dieser Stichprobe wurden dann durch Beobachtung überprüft (dritte Spalte = n"). Dabei zeigte sich eine sehr große Übereinstimmung (fünfte Spalte). Für Quetelet eine der „glänzendsten Proben", die die Statistik abzulegen hatte und die sie bravourös bestanden habe (I, S. 144). Seine Folgerungen:

- Aus der Kenntnis der Struktur in einer Stichprobe n lassen sich Rückschlüsse auf die Grundgesamtheit N ziehen.
- Aus einer Stichprobe n' lassen sich Rückschlüsse (V) auf eine zweite Stichprobe n" ziehen, sofern die zweite Stichprobe ebenfalls eine Zufallsauswahl aus der Grundgesamtheit N darstellt.[45]

Dies mag genügen, um zu demonstrieren, daß Quetelet durchaus einen wichtigen Beitrag zur Weiterentwicklung der Verfahren empirischer Sozialforschung lieferte – einer quantifizierenden Sozialforschung, die, wie wir schon sahen, freilich nur dort praktiziert werden kann, wo es um die Untersuchung von Variablen geht, die ohne Substanzverlust zahlenmäßig faßbar sind (Problem der Realabstraktion). Zu kritisieren ist allerdings, daß Quetelet bei einem rein statistischen Gesetzesverständnis hängenblieb. Als soziale Gesetzmäßigkeit behandelte Quetelet alles, was eine statistische Gleichläufigkeit aufweist – punktum. Diese Fixierung Quetelets auf ein bloß statistisches Gesetzesverständnis, welches das Gesetz der großen Zahl als Gesetzmäßigkeit der gesellschaftlichen Entwicklung mißversteht, wurde vor allem an zwei Sachverhalten deutlich:

- Quetelet arbeitete letztlich ohne Augenmaß. Er sammelte Material über alle möglichen Faktoren – über körperliche Eigenschaften und demographische Sachverhalte (Fruchtbarkeit/Geburt/Totgeburten, Eheschließungen, Sterbefälle, Bevölkerung, Kraft der Bevölkerung, Einatmung und Pulsschläge, Gewicht des Bluts, Schnellig-

Größenmaße nach Metern	Zahl der Gezählten nach dem Größenunterschied von 0,0255 m	Verhältnis der Größe von 1000 gemessenen Eingeschriebenen		Unterschied zwischen den beobachteten u. berechneten Werten
		beobachtet	gemessen	
1,397 und darunter	4			
1,422 " "	1			
1,448 " "	3	1	2	— 1
1,473 " "	7			
1,499 " "	6			
1,524 " "	10			
1,549 " "	15	1	3	— 2
1,575 " "	50	2	9	— 7
1,600 " "	526	20	21	— 1
1,626 " "	1237	48	42	+ 6
1,651 " "	1947	75	72	+ 3
1,676 " "	3019	117	107	+ 10
1,702 " "	3475	134	137	— 3
1,727 " "	4054	157	153	+ 4
1,753 " "	3631	140	146	— 6
1,778 " "	3133	121	121	0
1,803 " "	2075	80	86	— 6
1,829 " "	1485	57	53	+ 4
1,854 " "	680	26	28	— 2
1,880 " "	343	13	13	0
1,905 " "	118	5	5	0
1,930 " "	42	2	2	0
1,956 " "	9			
1,981 " "	6	1	0	+ 1
2,007 " "	2			
Zusammen	25878	1000	1000	— 28 — 28

Abb. 1: Beispiel für die Anwendung der Stichprobentechnik bei Quetelet

Quelle: A. Quetelet, Soziale Physik, Bd. 1, Jena 1914, S. 145

keit und Beweglichkeit der Menschen) sowie über die sittlichen und geistigen Eigenschaften der Menschen (intellektuelle Fähigkeiten, Geisteskrankheiten, moralische Eigenschaften) – und registrierte eifrig Regelmäßigkeiten, wo immer sie im Material auftraten. Nicht jedes Muster, das in statistischem Material erkennbar ist, sagt nun aber Wesentliches über die Gesellschaft aus, auf die sich die statistischen Daten beziehen. Um ein banales Beispiel zu nehmen: Die Tatsache, daß im Regelfall bei Großbränden eine größere Anzahl von Feuerwehrleuten eingesetzt wird als bei Kleinbränden, sagt weniger über unsere Gesellschaft als die Feststellung, daß Frühinvalidität bei Fabrikarbeitern im Schnitt häufiger vorkommt als in anderen Bevölkerungsgruppen. Über die Feststellung statistischer Regelmäßigkeiten allein stößt man nicht auf die *typischen* Strukturen einer bestimmten Gesellschaftsformation, wenn der Begriff des Gesellschaftstypischen auf die Erkenntnis relevanter gesellschaftlicher Momente abzielt. Welche Regelhaftigkeiten sind letztendlich für die Struktur und Entwicklungsdynamik der bürgerlichen Gesellschaft in der zweiten Hälfte des 19. Jahrhunderts bedeutsam? Auf diese Frage kann Quetelet, von einem rein statistischen Gesetzesverständnis herkommend, keine Antwort geben. In dem, was er zusammenträgt, landet er gelegentlich einen Treffer. Doch muß man diese aus einer Lostrommel ziehen, die reich an Nieten ist.

– Ebenso klar wird das Manko der Queteletschen Moralstatistik bei der Frage nach den Ursachen, die hinter den ermittelten Gleichförmigkeiten stecken. Nehmen wir das Beispiel der Todesursachen, die Quetelet ausführlich studierte. Hier wurde seine analytische Kurzatmigkeit schon in den Kategorien deutlich, die er ins Spiel brachte. Quetelet erkannte ein bestimmtes Muster und fragte, inwieweit Beruf, das Ausmaß sittlicher Lebensgewohnheiten, eine bestimmte Religion oder politische Überzeugung auf die Sterbequoten Einfluß genommen haben könnten (I, S. 171 ff.) – mehr nicht. Dabei verarbeitete Quetelet u. a. Material über die Verbreitung der Schwindsucht, einer typischen Arbeiterkrankheit jener Zeit. Zu den Einflußursachen gab er dann folgende Angaben:
„1. Diejenigen Umstände, welche die Schwindsucht befördern, sind: große Armut, sitzende Lebensweise und Mangel an Muskelübung, die Erschütterungen des Körpers in den Werkstätten, gebückte Körperhaltung, die unreine Luft der Werkstätten, das Einatmen gewisser mineralischer oder vegetabilischer Dünste und endlich einer mit grobem oder nicht fühlbarem Staub, oder mit leichten, elastischen und fadenartigen Körpern geschwängerten Luft.
2. Diejenigen Umstände, welche einen schützenden Einfluß ausüben, sind: Reichtum, Bewegung in freier Luft, regelmäßige Übung aller Teile des Körpers, das Einatmen wässeriger Dünste und animalischer oder vegetabilischer Emanationen" (I, S. 385).
Zu den gesellschaftlichen Faktoren, die das Auftreten bestimmter Krankheiten beeinflussen und die auch soziale Unterschiede in den Lebenserwartungen begründen können, konnte Quetelet als voraussetzungsloser Datensammler kaum vorstoßen. Hier wie an anderen Punkten seiner Untersuchung wäre eine Ahnung der hauptsächlichen Triebkräfte der Gesellschaft wichtig gewesen, hätten die Bedingungen, unter denen produziert wurde und die Interessen, die in diesen Bedingungen wirksam wurden, ins Blickfeld gerückt werden müssen. Eine Ätiologie der Mitte des 19. Jahrhunderts in Westeuropa vorkommenden Krankheiten konnte nun einmal ohne Kenntnis und Berücksichtigung des kapitalistischen Produktionsprozesses und seiner Bedeutung für die Lebens- und Arbeitsbedingungen der Unterklassen nicht gelingen.

Allgemeiner: Die Ursachen der Regelhaftigkeiten, die an den statistischen Daten ablesbar sind, lassen sich durchweg aus den statistischen Erscheinungen selbst heraus nicht erklären. Sie müssen durch Interpretation ermittelt werden, d. h. durch die Herstellung einer plausiblen Verknüpfung zwischen der statistischen Erscheinung und gesellschaftlichen Ursachen – erst wenn dies geschieht, spricht das statistische Gesetz eine lebendige Sprache. Allerdings gilt auch umgekehrt, daß Gleichförmigkeit, die im sozialstatistischen Material sichtbar werden, von theoretischen Ansätzen her plausibel erklärbar sein müssen; sozialstatistische Erscheinungen, die nicht erklärbar sind, die theoretisch gleichsam in der Luft hängen, müssen Anlaß sein, den Interpretationsrahmen der Theorie seinerseits einer Überprüfung zu unterwerfen.

Diese Gesichtspunkte lassen sich am Beispiel des großen Gegenspielers Quetelets, Auguste Comte, erörtern, was im folgenden Exkurs geschehen soll.

b) ‚Soziologie' versus ‚Soziale Physik' (Comte 1830/46)

Auch Comte war der Auffassung, die Gesellschaft müsse wissenschaftlich wie die Natur analysiert werden. ‚Soziologie',[46] ein erst von Comte eingeführter Begriff, bestimmte er deshalb als „soziale Naturwissenschaft". Im Ansatz verfolgte die Comtesche Soziologie ein aufklärerisches, fortschrittsorientiertes, anti-spekulatives Konzept, das in den methodischen Ratschlag einmündete, daß die Soziologie die Beobachtung, das Experiment und die vergleichende Methode anzuwenden habe.

Das alles ist nicht weit von Quetelet entfernt, nur: mit der Statistik hatte Comte nichts im Sinn. Comte reklamierte für sich den Begriff der ‚sozialen Physik' und grenzte sich von Quetelet wie folgt ab:

> Dieser Begriff der sozialen Physik „und der nicht minder unentbehrliche Ausdruck positive Philosphie sind vor 17 Jahren in meinen ersten Werken über politische Philosophie geschaffen worden. Obschon so neu, sind diese beiden wichtigen Bezeichnungen doch schon durch die fehlerhaften Aneignungsversuche verschiedener Schriftsteller sozusagen verdorben worden, welche ihre eigentliche Bestimmung keineswegs verstanden hatten, trotzdem ich von Anfang an durch einen peinlich unveränderlichen Gebrauch ihre Grundbedeutung sorgfältig gekennzeichnet hatte. Ich muß vor allem diesen Mißbrauch in betreff der ersten Bezeichnung bei einem belgischen Gelehrten erwähnen, der sie in den letzten Jahren zum Titel einer Arbeit wählte, worin es sich im höchsten Falle um einfache Statistik handelt" (S. 5).

Gegen die Anwendung der Wahrscheinlichkeitstheorie zog Comte mit folgenden Worten zu Feld:

> „Einige Mathematiker haben die Gefälligkeit oder die Naivität sogar so weit getrieben, daß sie gemäß ihrer trügerischen Theorie der Wahrscheinlichkeiten schwerfällige und lächerliche Berechnungen über das notwendige Wachsen dieser angeblichen Ungewißheit durch den bloßen Verlauf der Zeit versucht haben; was außer der ernsten sozialen Gefahr, äußerst schädliche Irrtümer zu unterstützen, indem man sie so mit einem imposanten Anschein von Vernünftigkeit umgibt, außerdem mehr als einmal den unangenehmen Nachteil gehabt, bei vielen verständigen Menschen den mathematischen Geist durchaus in Mißkredit zu bringen, weil sie für ein direktes Urteil nicht aufgeklärt genug sind, sich aber mit Recht gegen solche Mißbräuche auflehnen" (S. 301).

Und über den Empirismus Queteletischer Art fällte Comte das Verdikt, daß ohne Theorie sinnvolle Empirie nicht möglich sei:

> „Bei jeder Art von Erscheinungen, selbst den einfachsten gegenüber, ist eine wahrhafte Beobachtung nur insoweit möglich, als sie durch irgendeine Theorie zuerst ge-

leitet und schließlich erläutert wird. Das ist in der Tat das logische Bedürfnis, das während der Kindheit der menschlichen Vernunft die erste Entwicklung der theologischen Philosophie bestimmt hat [...] Die positive Philosophie will von dieser wesentlichen Verpflichtung keineswegs befreien, sondern entwickelt sie und erfüllt sie im Gegenteil nur immer mehr in dem Maße, als sie die Beziehungen der Erscheinung vervielfältigt und vervollkommnet. Es ist demnach vom wirklich wissenschaftlichen Standpunkte aus klar, daß jede isolierte, völlig empirische Beobachtung wesentlich müßig und sogar von Grund aus unzuverlässig ist" (S. 304 f.).

Theorie und Empirie werden dabei ganz zu Recht in einem reziproken Verhältnis gesehen; „denn auf der einen Seite muß jede positive Theorie sich auf Beobachtungen stützen und auf der anderen Seite bedarf unser Geist einer Theorie, um sich der Beobachtung hingeben zu können. Wenn wir die Erscheinungen nicht an ein Prinzip heften können, so können wir unsere Beobachtungen nicht miteinander verbinden, ja sie nicht einmal festhalten."[47]

Allerdings hat Comte diese richtigen methodischen Überlegungen selbst nicht immer sehr ernst genommen. Wo es auf ihre Einlösung angekommen wäre, hat er sie beiseite geschoben und die Soziologie als abstrakte Geschichtsphilosophie gefaßt, die sich mit Grundgesetzen im Sinne von Prinzipien sozialer Statik und sozialer Dynamik zu beschäftigen habe. Die Entwicklung der Menschheit faßte er im Schema des Dreistadiengesetzes, das vor-empirisch gehalten war und das Comte so verstand, „daß sich die Beobachtung der Tatsachen und die Tatsachen selbst nach dem Dreistadiengesetz zu richten hätten, das ein für allemal den Gang der Geschichte geordnet habe."[48]

Die ‚Soziale Physik' im Sinne von Quetelet und die ‚Soziologie' im Sinne von Comte – das sind somit letztlich Startpunkte für das Auseinanderklaffen einer empirischen Sozialforschung, die theorielos ansetzt und damit blind bleibt, und einer Soziologie, die sich anti-empirisch gibt und in die geisteswissenschaftliche Spekulation entschwindet.

c) Die amtliche soziale Statistik in Deutschland im 19. Jahrhundert[49]

Im 19. Jahrhundert, vor allem in der zweiten Hälfte, machte der Ausbau der staatlichen Verwaltungsstatistik große Fortschritte. Es wurde der Grundstein gelegt für ein wertvolles statistisches Datensystem, ohne das inzwischen – trotz auch heute noch unverkennbarer Lücken und Einseitigkeiten – empirisch-sozialwissenschaftliche Analysen undenkbar wären. Für die Soziologie ist dabei vor allen die amtliche Sozialstatistik von Bedeutung, die einen Teilbereich der staatlichen Verwaltungsstatistik darstellt. Der Aufschwung der deutschen Verwaltungsstatistik stand stark unter dem Einfluß von Quetelet, der sich nicht nur im Hinblick auf die Einführung wissenschaftlicher Gesichtspunkte um die Verwaltungsstatistik Verdienste erworben hat, sondern der insbesondere durch die Organisation der belgischen amtlichen Statistik, die er als Präsident der Belgischen Statistischen Kommission leitete, ein praktisches Vorbild für eine moderne Organisation der amtlichen Statistik geliefert hat.

Der Fortschritt der Verwaltungsstatistik fand seinen Ausdruck zunächst in der Errichtung von statistischen Büros. Im Hintergrund dieser Neuerung stand der im Staatsapparat steigende Bedarf an statistischen Informationen, wie er sich zuerst im Rahmen der merkantilistisch-kameralistischen Politik entwickelt hatte und der infolge der auf den ersten Blick undurchsichtigen politischen und ökonomischen Erschütterungen in der ersten Jahrhunderthälfte einen beträchtlichen Auftrieb erfuhr. Diese staatlichen statistischen Büros hatten die Funktion, statistisches Material zu sammeln, zu ordnen und für administrative Zwecke bereitzuhalten. Die Sammlung dieses Materials folgte anfänglich weitgehend der administrativen Alltagspraxis, im Laufe der Zeit wurden dann allerdings immer stärker auch kontinuierliche Sondererhebungen durchgeführt. Die Funktion der Bereithaltung des statistischen Materials wurde zunächst stärker verwaltungsintern wahrgenommen, doch war ein Trend zu einer fortlaufenden statistischen Berichterstattung, die auch der Öffentlichkeit zugänglich war, zu beobachten. Die statistischen Büros stellten also staatliche Sammel- und Veröffentlichungsstellen für statistisches Material dar.

Entstehung und Funktionsweise dieser statistischen Büros lassen sich für Deutschland am Beispiel des Preußischen Statistischen Büros verdeutlichen, das 1805 gegründet wurde und das seit 1905 unter dem Namen ‚Statistisches Landesamt' bis zur Auflösung des Landes Preußen fortbestand. Es war in der Entwicklung der ganzen amtlichen Statistik in Deutschland führend.

Das Preußische Statistische Büro wurde durch königliche Order 1805 errichtet. Es unterstand dem Minister von Stein und hatte die Funktion, regelmäßig (zunächst war an jährliche Abstände gedacht) die sogenannte ‚statistische Tabelle' anzufertigen. In dieser statistischen Tabelle sollten die von den verschiedenen Verwaltungsbereichen geführten statistischen Übersichten vereinigt und zu einem Ganzen verarbeitet werden. Rege wie vorbildliche Statistiker nun einmal sind, machten sich die preußischen statistischen Beamten schnell an die Arbeit, und so lag bereits 1806 er erste Jahresbericht vor, der auf 24 Tabellen genaue Aufschlüsse über „Bevölkerung, Topographie, Landwirtschaft, Gewerbe und Handel, Verkehr, Akzise, Konsum, Moral und Kultur"[50] gab; nur die Eingänge über Kirchen- und Gemeindewesen, Post und Steuerverwaltung fehlten noch. Die Veröffentlichung dieser Daten bereitete aber dem Beamtenapparat, der in Deutschland immer auf einen möglichst extensiven Geheimnisschutz bedacht war, einige Sorge und brachte den statistischen Experten im Steinschen Ministerium beträchtlichen Ärger. Auf Beschwerde mehrerer Behörden und deren Forderung, daß ihre eigenen Mitteilungen geheimzuhalten seien, wurde 1806 eine neue Kabinettsorder erlassen, die bestimmte, daß die Veröffentlichung der Daten über Population, Produktion, Fabrikation, Kultur, Handel, Schiffahrt und bürgerliche Verfassung der Untertanen mit Genehmigung des Chefs des Büros gestattet sein solle, nicht aber die Veröffentlichung der statistischen Daten über Privateigentum, Geldinstitute, Kreditsystem, Staatsschulden und öffentliches Einkommen. Hier wurde ein Zug zu einer am ‚Geheimnisschutz' orientierten Restriktion in der Ermittlung und vor allem Veröffentlichung amtlicher statistischer Daten deutlich, der uns auch heute noch unser Geschäft beträchtlich erschwert.

Freilich ließ sich schon zu Zeiten des Preußischen Statistischen Büros diese ganz enge restriktive Veröffentlichungspraxis nicht voll durchhalten. Das Prinzip der Geheimhaltung ist zwar bis heute in der amtlichen Statistik nicht ganz überwunden, doch gewann das Prinzip der Veröffentlichung schon in der Mitte des vorigen Jahrhunderts Raum. Dieterici, der seinerzeitige Direktor des Preußischen Statistischen Büros, gab 1845 ein umfassendes Tabellenwerk ‚Die statistischen Tabellen des preußischen Staates nach amtlichen Aufnahmen des Jahres 1843' heraus, in dem er die ‚statistische Tabelle': die Bevölkerungsliste, die Sanitäts-, Kirchen- und Schultabellen und die Gewerbetabelle nach Regierungsbezirken abdruckte. 1850 wurde dann mit der amtlichen Veröffentlichung der ‚Tabellen und amtlichen Nachrichten über den preußischen Staat, herausgegeben von dem Statistischen Büro zu Berlin', begonnen – ein Startpunkt für die periodischen Publikationen der staatlichen statistischen Ämter.

Neben einer umfassenderen Veröffentlichung gelang es in der zweiten Jahrhunderthälfte, die Techniken der Statistik wesentlich zu verbessern. Auch hier ist der Einfluß Quetelets unverkennbar. Man entwickelte ausgefeiltere Verfahren zur Aufbereitung des Materials und erkannte die Notwendigkeit einer stärkeren Zentralisierung der Aufbereitung in den statistischen Büros; auch bemühte man sich um stärkere wissenschaftliche Durchdringung der in der amtlichen Statistik vorhandenen Daten. Mit den Worten Georg von Mayrs, eines Altmeisters der deutschen Statistik, kann die Entwicklung der modernen amtlichen Statistik folgendermaßen gekennzeichnet werden: „Geregelte reichliche Veröffentlichung aufgrund verbesserter Erhebungs- und Ausbeutungstechnik unter Beigabe wissenschaftlicher Meinungsäußerungen".[51]

Dieser beachtliche Aufschwung der Verwaltungsstatistik hat manchen statistischen Fachmann freilich etwas unbescheiden werden lassen. Gelegentlich machte sich die Meinung breit, daß man den Leistungen der Statistik nicht gerecht würde, wenn man sie nur in der Verbesserung des Datensystems der amtlichen Statistik sah; mancher strebte nach Höherem. Eine Art statistischer Imperialismus breitete sich aus, der darauf abzielte, die Statistik in den Stand einer Art Fundamentalwissenschaft zu hieven. Charakteristisch für diese Bemühungen ist Ernst Engel, als Leiter des Preußischen Statistischen Büros von 1860–1882 ein gewiß verdienstvoller Mann, auf den ich noch zurückkommen muß, der sich gleichwohl manch seltsamen Gedanken einfallen ließ.[52]

Soziale Sachverhalte waren für Engel „in gewisser Hinsicht" Naturerscheinungen. Seine Begründung macht deutlich, daß wir es mit einem Adepten Quetelets zu tun haben: Auch in der Gesellschaft herrschten Gesetze. „Das menschliche Geschlecht und die menschliche Gesellschaft" seien sich nicht „blind überlassen", auch sie besäßen ein „Prinzip der Erhaltung". Statistik wurde von Engel nun als „Erforschung des Gesetzmäßigen in dieser Sphäre", als „Ermittlung des Kausalzusammenhangs" verstanden. Wie Quetelet ging es ihm um statistische Regelmäßigkeiten, wie bei Quetelet wurden statistische Regelmäßigkeiten mit Kausalitäten verwechselt.

Statistik verstand Ernst Engel insgesamt als „Physik und Physiologie der Gesellschaft". Es versteht sich, daß sich nach seiner Auffassung Statistik – als eine Art Quasi-Naturwissenschaft – entsprechender naturwissenschaftlicher Methoden zu bedienen hatte. Dabei unterschied Engel drei Stufen der statistischen Arbeit: die Beobachtung, die Ermittlung von Zusammenhängen (Verkettungen) im Beobachteten, schließlich die Analyse von Zusammenhängen und Verursachungen (Feststellung der Intensität). Engel erkannte, daß die praktischen Statistiker bisher im wesentlichen nur den ersten Arbeitsschritt hatten realisieren können. Er forderte nun die verstärkte Hinwendung zu den anderen Aufgaben, insbesondere solle eine Ursachenanalyse erfolgen. Erst wenn alle drei Aufgaben angegangen würden, sei der umfassende Sinn der Statistik eingelöst.

Diese Gedanken hat Engel auch durch ein neues Begriffssystem zu verdeutlichen versucht. Er trennte die Demographie von der sogenannten ‚Demologie'. Demographie war für ihn die schlichte Beschreibung sozialer Sachverhalte durch Präsentation von Beobachtungsmaterial, die „wissenschaftliche Beschreibung der menschlichen Gemeinschaft". Das habe die Statistik bisher zuwege gebracht. Woran nunmehr zu arbeiten sei, das sei die ‚Demologie'. Darunter verstand Engel „die Lehre von der Veränderung der menschlichen Gemeinschaft und den Gesetzen, nach denen sie erfolgen". Die Demologie baue auf der Demographie auf.

d) Die Monographie als Versuch, den Dingen auf den Grund zu gehen (Le Play 1855)

Die ‚physique sociale' und die von Quetelet geprägte amtliche Statistik waren eine Empirie nach dem Prinzip der großen Zahl. Durch Beobachtung großer Massen quantitativer Daten wurden statistische Gleichförmigkeiten erforscht. Es wurde schon hervorgehoben, daß diese Empirie der großen Zahl unter gewissen methodischen Gesichtspunkten einen historischen Fortschritt darstellte. In dem Maße, in dem die gesellschaftlichen Sachverhalte mehr und mehr eine Form annahmen, derentsprechend sie ohne wesentlichen Substanzverlust in der abstrakten Größe der Zahl ausgedrückt werden konnten, gewann auch der quantitative Ansatz gesellschaftlicher Analyse eine materielle Basis, und die mathematisch-statistischen Verfahren wurden zu einem rationalen Instrument sozialwissenschaftlicher Erkenntnisgewinnung.

Von ihren theoretischen Schwächen abgesehen lag jedoch die Achillesferse der Queteletschen Statistik in der Verfügbarkeit geeigneter quantitativer Daten. Quetelet machte Sekundäranalysen – er griff das Material auf, das in der sozialen Buchhaltung seiner Zeit anfiel, und bearbeitete es auf neue Weise. Aus dieser Beschränkung aufs ohnehin vorhandene Material resultierte eine datentechnische Verengung des Denk- und Analysehorizonts, die nur auf dem Wege sozialwissenschaftlicher Primärerhebung aufzusprengen war. Für den Gedanken nun, sich nicht von den vorhandenen Daten einengen zu lassen und die dem eigenen Forschungsansatz entsprechend benötigten Informationen erforderlichenfalls in der Untersuchung selbst zu ‚produzieren', waren die Arbeiten eines anderen Mannes von großer Bedeutung, des Franzosen Frédéric Le Play.

Le Play[53] (1806–1882) war Zeitgenosse Quetelets und Comtes. Sein Geburtshaus stand in der Normandie, einem Teil der französischen Provinz, der sich auch nach der französischen Revolution in hartnäckiger Loyalität an die alte Ordnung hielt. Le Plays Vater war ein kleiner Zollbeamter, die Mutter soll eine unnachgiebige, einfache, religiöse Frau gewesen sein. Die Herkunft aus diesem sozialen Klima stellte wohl eine ziemlich sichere Immunisierung gegen den Bazillus der Revolution her. Le Play kennzeichnete Zeit seines Lebens ein deutlich konservatives Denken.

Nach dem Tode seines Vaters kam Le Play unter die Fittiche eines wohlhabenden Onkels nach Paris, blieb aber immer in sehr engem Kontakt mit seinem Geburtsort. Le Play genoß ein technisches Studium im Berg- und Hüttenfach, vor allem durch Besuch der Ecole Polytechnique und der Ecole des Mines in Paris. Durch sein Leben in Paris lernte er die sozialkritischen Gedanken Saint-Simons und die radikaleren Vorstellungen des Saint-Simonismus, der um die Revolution von 1830 herum seinen Haupteinfluß hatte, kennen. Diese Vorstellungen standen absolut quer zu Le Plays konservativem Weltbild und verunsicherten ihn beträchtlich.

Le Play löste diese intellektuelle und moralische Spannung, die sich in ihm aufbaute, in denkwürdiger Weise – durch Empirie: „Als ich nach der Revolution von 1830 die Schulen verließ, fand ich mich mitten in der Bewegung, die die Geister zum Studium der sozialen Fragen anregte. Ich bemerkte besonders den Eifer, mit dem mehrere meiner Mitschüler damals die Lehre des Saint-Simonismus verbreiteten. Da ich weder die Meinung meiner Freunde teilen noch den Irrtum, in dem sie sich befanden, nachweisen konnte, begriff ich, daß in der Sozialwissenschaft unsere Schulen keine Methode bieten, die es ermöglicht, das Wahre vom Falschen zu unterscheiden, die der Unerfahrenheit der Jugend zu Hilfe kommt. Im Gefühl meiner Ohnmacht und ohne jede Leitung von seiten unserer Lehrer suchte ich bei diesem Stande der Erkenntnis mit Eifer nach Mitteln, um zur Gewißheit zu gelangen."[54] Dabei kam ihm die damalige Organisation des technischen Studium in Paris sehr entgegen, das neben den Vorlesungen lange Bildungsreisen vorsah, die der Besichtigung von Betrieben, technischen Einrichtungen usw. dienten und deren Ergebnisse in Erfahrungsberichten (auch Dissertationen) verarbeitet wurden. Auch Le Play machte solche Reisen, die erste (7000 km, meist zu Fuß zurückgelegt) führte ihn an die Saar, in den Harz, nach Niedersachsen, Berlin, in die Niederlande. Er benutzte diese Reise nicht nur zur Verbesserung seiner technischen Kenntnisse, sondern auch für die Beobachtung sozialer Zusammenhänge in den Betrieben, vor allem aber auch in Familien, durch die er seine sozialen Ideen testen wollte. Durch diese Beobachtungen fühlte er sich in seiner konservativen Grundhaltung bestätigt. Auch unter industriellen Bedingungen seien stabile Sozialverhältnisse möglich, glaubte er insbesondere seinen Beobachtungen im Harz-Bergbau in Clausthal entnehmen zu können: „Im Angesicht des Blutbads der Juli-Revolution widmete ich mein Leben der Wiederherstellung des sozialen Friedens in meinem Land. Ich habe diesen Eid nie vergessen, und ich biete der Öffentlichkeit nun Studien an, die ich vor einem halben Jahrhundert in Niedersachsen und in den Bergen des Harzes begonnen habe."[55]

Le Play avancierte schnell. Er wurde Professor an der Ecole des Mines und Berater einflußreicher Persönlichkeiten in Politik und Wirtschaft. Gleichzeitig konnte er seine

Untersuchungsreisen fortführen, auf denen er insgesamt von 1831 bis 1848 England, Spanien, Italien, Deutschland, Österreich, Ungarn, Rußland, Skandinavien bereiste. Dies gab ihm die Gelegenheit, seine Beobachtungen zu perfektionieren, zu komplettieren und Zug um Zug sein Konzept einer sozialwissenschaftlichen Familienmonographie zu entwickeln.

Unter dem Eindruck der Revolution von 1848 nahmen Le Plays konservative Vorstellungen geradezu messianische Züge an. Er zog sich aus seinen beruflichen Verpflichtungen zurück, um sich ausschließlich seinen sozialen Studien zu widmen, die für ihn als Fundierung und Propagierung seiner konservativen Ideen wichtig waren. „Ich habe ein wissenschaftliches System geschaffen; oder mit anderen Worten, ich habe eine Methode hervorgebracht, die es mir persönlich erlaubt hat, alle Prozesse zu verstehen, die hinter dem Frieden und der Disharmonie, der Prosperität und dem Leiden stehen, die in den gegenwärtigen Gesellschaften in Europa existent sind. Insgesamt ist eine Gesellschaft glücklich, wenn jedes Individuum sein ‚täglich Brot' besitzt und das ‚Gesetz der Moral' praktiziert. Ich habe durch das vergleichende Studium von vier Typen von Gesellschaften gelernt, wie eine Rasse diese zwei wesentlichen Merkmale der Menschheit erwerben, erhalten, verlieren und eventuell wiedergewinnen kann."[56]

Seinen politisch-wissenschaftlichen Interessen hat sich Le Play in der Zeit zwischen 1850 und 1870, von Zwischenepisoden abgesehen (vor allem war er 1855 Generalkommissar der Pariser Weltausstellung, 1862 der französischen Abteilung der Weltausstellung in London, 1867 wiederum Generalkommissar zu Paris), hauptsächlich gewidmet, und zwar durch weitere Studien, durch Gründung wissenschaftlicher und politischer Gesellschaften und durch praktische Politik (vor allem durch die Mitgliedschaft im Staatsrat und im Senat unter Napoleon III.).

Eine umfassende Dokumentation seiner politischen Vorstellungen und wissenschaftlichen Untersuchungen stellt Le Plays erstmals 1855 veröffentlichtes Buch ‚Les ouvriers européens' dar.[57]

Le Play hat vor allem in Frankreich eine große Anhängerschaft gefunden, die seinen Ansatz pflegen und weiterführen wollte und deren Nachfahren Le Play auch heute noch mit einer Art Heldenverehrung entgegentreten. So schreibt P. Périer, der Präsident der noch von Le Play gegründeten ‚Société d'Economie et Science Sociale' im Jahre 1970:[58] „In der Tat ist unsere Gesellschaft der Auffassung, daß man Le Play gerechterweise als die Persönlichkeit anerkennen muß, die als erste eine wissenschaftliche Methode der Beobachtung sozialer Sachverhalte entwickelt hat und die diese Methode 25 Jahre lang persönlich in fast jedem Land Europas angewendet hat. Er war ohne Zweifel der Erfinder einer wahren Sozialwissenschaft, der es um das Studium der menschlichen Gruppen und der Phänomene, die sie auslösen, geht." Aber auch in weniger einseitigen Stellungnahmen ist Le Play manche Eloge gewidmet worden, so von Sorokin in seiner Darlegung über moderne soziologische Theorien.[59]

In seinen konzeptionellen Überlegungen verwarf Le Play den Gedanken, seine Probleme mit den Methoden der Statistik anzugehen. Seine Skepsis gegen die Statistik begründete er teilweise technisch – die Daten, die dem Statistiker zur Verfügung ständen, entstammten nicht wissenschaftlichen Zusammenhängen und seien daher notwendig lückenhaft (S. 11, l. Spalte) –, doch waren Le Plays Zweifel an der Aussagefähigkeit statistischer Größen bei der Darstellung gesellschaftlicher Verhältnisse letztlich eher grundsätzlicher Art. Die Komplexität der individuellen und zwischenmenschlichen Verhältnisse gehe in statistischen Daten verloren, so daß die Statistik nur ein beschränktes und verzerrtes, letztlich willkürliches Bild des Menschen und der Beziehungen zwischen Menschen zeichnen könne.

„Noch weniger glücklich sind die Statistiker bei solchen Untersuchungen gewesen, die sich speziell auf die innere Natur des Menschen beziehen, auf die Einschätzung der sozialen Verhältnisse, auf den Vergleich der moralischen und intellektuellen Eigenschaften und, allgemeiner, auf die Elemente, die man betrachten muß, wenn man die Lage der arbeitenden Bevölkerung ermitteln will. Die Ursachen dieser Unfähigkeit sind klar: Die offiziellen Resultate, die sich auf die Gesamtheit eines Landes erstrekken, beziehen sich auf gewisse Punkte, welche die Staatsgewalt als solche interessieren, abstrahieren aber von allen Punkten, die diese Frage nur berühren; sie rechnen weder mit der besonderen Natur des Individuums, noch mit dem Milieu, in dem es lebt; die offiziellen Angaben vernachlässigen also die wesentlichen Tatsachen, die die Wissenschaft beachten muß, wenn es auf Schlußfolgerungen ankommt, die die Einzelexistenzen oder die verschiedenen Kategorien betreffen" (S. 11, l. Spalte). „Zusammengefaßt, die Methode der Statistiker ist nicht die der Beobachtung direkter Tatsachen; sie ist die der mehr oder weniger plausiblen Zusammenfassung und Interpretation von Tatsachen, die aus unterschiedlichen Blickwinkeln zusammengestellt wurden, von denen die meisten mit wissenschaftlichen Interessen nichts zu tun haben" (S. 11, r. Spalte).

Um den Dingen auf den Grund zu gehen, wendete sich Le Play der Methode der direkten Beobachtung zu – einem Verfahren der Primärerhebung, bei dem „man nicht mehr darauf angewiesen [ist], zur Kenntnis der speziellen Tatsachen durch mehr oder weniger gezwungene Induktionen zu gelangen; man konstatiert sie direkt an den Quellen der Beobachtung" (S. 11, r. Spalte). Auf diese Methode der direkten Beobachtung war man ungefähr zur selben Zeit auch an anderer Stelle gekommen, und zwar in den noch darzustellenden englischen Enqueten, von denen Le Play wußte und in die er große Hoffnungen setzte (S. 11, r. Spalte). Le Play war also nicht der ‚Erfinder' der Methode, doch muß man ihm zugute halten, daß er einen originellen und trotz mancher Verschrobenheit produktiven Weg eingeschlagen hat, das Verfahren der direkten Beobachtung zu praktizieren.

Sozialwissenschaftliche Primärerhebungen, die ein komplexes Set von Variablen aufnehmen wollen, verursachen einen beträchtlichen Erhebungsaufwand. Die Zahl der Erhebungsfälle muß daher beim Verfahren direkter Beobachtung radikal eingeengt werden. Die Notwendigkeit dieser Einschränkung war Le Play klar. Sein Verfahren zielte auf monographische Erhebungen. Doch je kleiner die Zahl der Erhebungsfälle, desto schärfer stellt sich die Frage nach den Kriterien der Fallauswahl: Wo soll die Monographie durchgeführt werden und wie wird diese Auswahl begründet und konkretisiert? Dies führt zu charakteristischen Merkmalen der Le Playschen Untersuchungen, in denen sich konstruktiver Verstand und ideologisches Vorurteil auf merkwürdige Weise kreuzten.

Le Play wollte sich auf die elementare soziale Basiseinheit konzentrieren, und das war für ihn die Familie. In der Familie sah er die Grundinstitution der Gesellschaft: Familie als gesellschaftlicher Zentralbereich. „Alle Völker betrachten letztlich die Familie als Basis der sozialen Verfassung und der individuellen Existenzen, d.h. daß sie mit dem Mittel von Gesetz und Sitte eine enge Solidarität zwischen blutsverwandten Personen schaffen, indem man diese z.B. verpflichtet, ihre Subsistenzmittel gemeinsam zu erwerben, nach gewissen Regeln, die im einzelnen sehr verschiedenartig sein können. Die Unterschiede, die in dieser Beziehung bestehen und über die noch zu berichten sein wird, beziehen sich auf die diversen sozialen Systeme" (S. 18, l. Spalte).

Le Play unterschied dabei drei soziale Systeme in Europa:[60] die einfache und glückliche Gesellschaft (I); die komplizierte, aber immer noch glückliche Gesellschaft (II); die komplizierte und geplagte, leidende Gesellschaft (III). Für diese drei Gesellschaftsformationen erschienen ihm jeweils andere Familientypen bestimmend:[61] die patriarchalische Familie, die einen kollektiven Lebenszusammenhang darstelle und eine hohe, über den Vater vermittelte Kontinuität aufweise (I); die ‚Stamm'-Familie („la famille-souche"), wo das Eigentum der Familie an den Erstgeborenen vererbt werde und die übrigen Kinder aus dem tradierten kollektiven Lebenszusammenhang herausfallen könnten (II); die instabile Familie, der Typ der Kleinfamilie, die keine generationenübergreifende Kontinuität mehr sichern könne und bei der die tradierten Institutionen und normativen Orientierungen vom Verfall bedroht seien (III).

Diese naiv-konservative Gesellschaftsvorstellung (wenn man so will: Theorie), die Le Play von Anfang an vor Augen stand, wenn sie auch erst im Laufe der Zeit endgültig ausformuliert worden ist, benutzte er als Orientierungsmuster bei der Auswahl seiner Untersuchungsfälle. Seine Monographien waren Familien-Monographien, wobei er in seinen Studien Familien berücksichtigte, die ihm für die verschiedenen Stufen der gesellschaftlichen Etnwicklung charakteristisch erschienen. Entsprechend der These von der Familie als gesellschaftlicher Grundinstitution glaubte Le Play, aus der Kenntnis der Lebensumstände der beobachteten Familien auf die gesellschaftlichen Gesamtverhältnisse schließen zu können, für die die jeweiligen Familien seines Erachtens repräsentativ waren: Erforschung der Gesellschaft über das Studium der ‚gesellschaftstypischen' Familie.

Untersuchungspraktisch führten solche Überlegungen Le Play zu folgendem Vorgehen: In einem Gebiet, das er auf Reisen als soziale Einheit im Sinn seiner Gesellschaftsstufen glaubte identifizieren zu können, suchte er sich eine Familie, die nach seinem Eindruck im Hinblick auf die Erwerbstätigkeit, Kinderzahl, Wohnverhältnisse usw. dem lokalen Durchschnitt entsprach (z.B. am Rhein in der Nähe von Bonn die Familie eines Webers aus der halbländlichen Verlagsindustrie (S. 159ff.); in Solingen einen Waffenschmied unter dem Verlagssystem (S. 151 ff.); im Hunsrück den Gießer eines Stahlwerkes (S. 146 ff.); im Oberharz einen Bergarbeiter einer Blei- und Silberminengewerkschaft (S. 140 ff.)). Die ausgesuchte Familie wurde dann genauer studiert.[62] In der ersten Ausgabe der ‚Ouvriers européens' hat Le Play 36 solcher Familien-Monographien beschreibend nebeneinandergestellt, in der 2. Auflage sind 21 weitere hinzugekommen – eine Auswahl aus insgesamt 300 Monographien, die Le Play zur Verfügung standen.

Was die Auswahl der Variablen anbelangt, nach denen diese Familien erfaßt wurden, so ging Le Play nach einem Analyse-Schema vor, dessen Herzstück das sogenannte Familienbudget – untergliedert in das „Budget der Jahreseinnahmen" und das „Budget der Jahresausgaben" – bildete und das durch erläuternde Beschreibungen zur lokalen und sozialen Verankerung (I), den Existenzmitteln (II), der Lebensweise (III) und der Geschichte der Familie (IV) ergänzt wurde. Die Budgets selbst waren rein quantitative Kalkulationen, die die Einnahmen und Ausgaben aufs Jahr bezogen in Geldbeträgen ausdrückten; Naturaleinnahmen bzw. direkte Konsumtion wurden umgerechnet.

In der Le Playschen Familienmonographie kamen die Details zu ihrem Recht, weshalb Zeisel Le Play auch attestiert, er habe „als erster die Bedeutung des ausführlichen Inventars, des Details, für die Soziographie erkannt".[63] Le Play beschrieb so penibel wie es ihm nur möglich war die gesamten Lebensverhältnisse der erfaßten Familien. Haustiere, Gartenarbeit, Essensgewohnheiten, Mobiliar und Kleidung – dies und vieles mehr wurde mit viel Sinn für Einzelheiten festgehalten. Im Vergleich zu den Zahlen der Statistiker geben diese Beschreibungen noch heute in intimes Bild der jeweiligen Lebensverhältnisse.

Unter der Rubrik ‚Erholung' wurde z. B. im Fall des Solinger Waffenschmieds festgehalten: „Das Rauchen, sowohl während der Arbeit wie während der Pausen, ist die Haupterholung der 3 Arbeiter der Familie. Jeder Mann verbraucht durchschnittlich am Tag 67 g Tabak. Eine andere Erholung, der sie alle großen Wert beilegen, ist der Branntweingenuß morgens und abends. In der hier beschriebenen Familie trinken die beiden Arbeiter täglich 0,14 l Branntwein im Hause und ebensoviel im Wirtshaus. Samstags gibt es außerdem noch eine Extragabe Branntwein in der Werkstatt, an der der Meister und seine drei Arbeiter teilnehmen. Die Frauen genießen weder Spirituosen noch Narkotika. Es ist sehr selten, daß die Familie während der Mahlzeit Branntwein, Bier oder gar Wein trinkt. Jedes Jahr beteiligen sich die Männer an einem Scheibenschießen, das man als die Hauptlustbarkeit der Gegend betrachten kann. Die vier Märkte, die jedes Jahr in Solingen stattfinden, und einige Feste in den benachbarten Dörfern sind fast die einzige Erholung, an der alle Familienmitglieder gemeinsam teilnehmen. Eine Mahlzeit im Wirtshaus, Tanz, seltener kleine theatralische Vorführungen, sind bei dieser Gelegenheit die begehrtesten Vergnügungen. Viele Arbeiter indessen bleiben auch diesen letzteren Vergnügungen fern, und man kann sagen, daß die einzigen unerläßlichen Vergnügungen dieses Landes der Tabak und der Branntwein sind, wenigstens für die Männer; für die Frauen die Unterhaltung mit den Nachbarinnen."[64]

Le Plays besondere Leistung für die Entwicklung der empirischen Sozialforschung liegt darin, daß er die Idee der monographischen Detailanalyse entwickeln und ihre Anwendungen demonstrieren konnte, wenn auch die Ausführung seiner Studien selbst viele Mängel aufwies – teils solche, die bei einer überspitzten Anwendung der Methode nahezu zwangsläufig sind; teils aber auch Fehler, die eher als Unzulänglichkeiten des Verfassers bis hin zu seinen politischen Fixierungen verstanden werden müssen. Jedenfalls sind seit Le Play die statistischen Globalanalysen und das monographische Detailverfahren als zwei unterschiedliche und, bei richtiger Anwendung, einander komplettierende Vorgehensweisen anerkannt.

Der besondere Vorzug der Monographie ist dabei ihre Lebensnähe. Die oft sehr komplexen sozialen Phänomene, die vielfältige Schattierungen und Widerspruchsmomente aufweisen, ja deren Wesen in ihrer Ambivalenz und Widersprüchlichkeit liegen kann, brauchen nicht begradigt und damit verfälschend vereinfacht zu werden, sondern können in der Monographie in ihrer ganzen Differenziertheit aufgenommen werden. Gerade in den letzten Jahren hat man z. B. bei der Analyse von Lebenssituationen und Verhaltensweisen sozialer Gruppen wieder ein stärkeres Problembewußtsein für eine solche ‚sensible' Vorgehensweise entwickelt, weil man die Erfahrung machen mußte, daß dem Verfahren rein statistisch-quantifizierender Untersuchung ein fragwürdiger Zug zur analytischen Zergliederung der komplexen Lebenssituationen der erfaßten Personen und Gruppen anhaftet. Für solche Probleme hatte Le Play bereits ein deutliches Gespür.

Freilich täuschen die Familienmonographien Le Plays gelegentlich mehr Offenheit und Liebe fürs Detail vor, als sie tatsächlich aufweisen. Manches Detail, das Le Play liefert, muß er sich selbst zurechtgelegt haben, wenn man berücksichtigt, daß er seine Monographien jeweils in einem Zeitraum von etwa einer Woche bis vier Wochen aufgenommen hat und sich dabei auf die mündliche Erfragung der Daten beschränkte.[65] Kein Wunder, daß Reuß 1913 bei der Überprüfung der Monographien des Solinger Waffenschmieds Lücken feststellte:

> „Aber in dem gewählten Einzelfalle waren die Beobachtungen Le Plays nach den Angaben einer jetzt noch lebenden Tochter, unvollständig. Der Aufschläger war Mitglied eines Schützenvereins, in dem er gesellschaftliche Anregung fand. Er hatte eine starke Passion für Politik, und zwar war er entgegen der Strömung der Zeit (1851) konservativ gesonnen. (Natürlich hielt er sich auch seine Zeitung.) Durch diese Mängel in der Berichterstattung Le Plays, der sonst Bruchteile von Pfennigen angibt, wo es nicht nötig ist, wird doch das Bild wesentlich geändert. Aus dem unsoliden Manne, der seine Zeit zwischen der Arbeitsstätte und dem Wirtshaus teilt, wird eine andere Persönlichkeit: der kleine Handwerksmeister aus der Mitte des vorigen Jahrhunderts, der zugleich ‚Bierbankpolitiker' ist, einem Verein angehört und durch sein politisches Interesse und seine der allgemeinen Anschauung zuwiderlaufenden Ansichten zeigt, daß seine Gedanken über seine vier Wände und die materiellen Genüsse hinausgehen. Daß solche kleinen, aber wie uns scheint, sehr wesentlichen Züge, vergessen werden konnten, liegt an der Art der Aufnahme."[66]

Im übrigen dürfte Le Play bei der Datenaufnahme immer wieder auch seine ideologische Vorprogrammiertheit einen Streich gespielt haben. Bei allem Bemühen um Genauigkeit, das gewiß vorhanden war, konnte er durch die Brille seiner Familienideologie, in der Sparsamkeit und Ordnung als oberste Tugenden rangierten, manches gar nicht oder nur verzerrt wahrnehmen. Um beim Solinger Waffenschmied zu bleiben: Für Le Play war dieser Mann ein Trunkenbold, der sein Geld für Alkohol und Rauchtabak hinauswarf, statt es auf die hohe Kante zu legen. Peinlich genau rechnete Le Play vor: „Von dieser Epoche an [gemeint ist der Zeitpunkt der Heirat, H. K.] entwickeln sich die Haushaltungen, in denen Ordnung und Sparsinn herrschen, schrittweise zur Wohlhabenheit. Unglücklicherweise fehlen diese Eigenschaften der größten Anzahl, und so bleiben die Familien dauernd in den hier beschriebenen mittleren Verhältnissen. Sie streben danach, sich sogleich allen physischen Genuß zu verschaffen, den die industrielle Tätigkeit abwirft, und ertragen mit Resignation alle Entbehrungen, die aus dem Fehlen jeder Reserve in Zeiten der Not hervorgeht."[67] Daß starker Alkoholkonsum bei einfachen Leuten früher ein Massenphänomen war und daß darin eine situationsspezifische Form der Kompensation schlechter, oft trostloser Lebensverhältnisse liegen könnte: dafür hatte der konservative Bürger Le Play wenig Sinn.

Ein weiteres Problem der Familienmonographien, das mehr die Art der Methode und weniger die Form ihrer Ausführung anlangt, stellte Le Plays Bemühen dar, die Existenzbedingungen und die Lebensweise der erfaßten Familien im Rahmen der Budgets in Geldbeträgen zu bewerten und rein quantitativ auszudrücken. Hier muß der Ingenieur mit Le Play durchgegangen sein, der in den Familienmonographien ein „Präzisionsinstrument" der Sozialforschung glaubte gefunden zu haben und der sich der Faszination des zahlenmäßigen Ausdrucks doch nicht entziehen konnte. Viele der qualitativen Kennzeichnungen verlieren nun aber ihren konkreten Sinn, wenn man sie in die Form der Zahl hineinzwängt – auch dafür liefern die Monographien Le Plays viele Beispiele: Wie kann man die Effekte der Erziehungsarbeit, die in einer Familie geleistet wird, in quantitative Größen (gar in Form von Geldbeträgen) ausdrücken? Wie ist der Fall zu behandeln, daß Kinder eine Ausbildung erfahren, die die Familie gar nichts kostet? Läßt sich eine Variable wie die religiöse Überzeugung durch Angaben unter der Rubrik ‚Kultus' vernünftig indizieren und so fort. Die Größe der Zahlen sagt in solchen Fällen nichts über die soziale Bedeutung der jeweiligen Familienaktivität, so daß der zahlenmäßige Ausdruck zu einer bloß scheinhaften Abstraktion führt. Erneut zeigt sich: Soweit eine soziale Größe nicht in sich selbst das Element der Quantifizierung enthält – und das war auch bei Le Play um so weniger der Fall, je stärker er auf vorkapitalistische Verhältnisse einging –, kann sie im Maß der Zahl nur um den Preis von Verzerrungen und Vereinfachungen ausgedrückt werden. Es mag sein, daß man diesen Preis in Kauf nehmen will – z. B. wenn es um den Vergleich größerer Grundgesamtheiten unter speziellen Gesichtspunkten geht. Doch eben dies war bei Le Play nicht der Fall, der auf den systematischen quantitativen Vergleich zwischen seinen Familienmonographien verzichtete. Daher klaffte bei Le Play eine Lücke zwischen dem Bemühen um Quantifizierung in den einzelnen Budgets und der Verwertung der so mühsam gewonnenen Zahlen – ein Widerspruch, der dem preußischen Statistiker Ernst Engel gleich auffiel, der in Le Plays Budgets „Perlen ohne Schnur" sah (und den Versuch unternahm, daraus eine Kette zu machen, was uns gleich noch beschäftigen wird).

Doch trotz all dieser Schwächen war mit Le Plays Untersuchungen ein wichtiger Schritt hin zu einem erweiterten Repertoire der Methoden empirischer Sozialforschung getan worden. Dabei sollte allerdings nicht verkannt werden, daß die Monographie kein Verfahren darstellt, das sich von selbst trägt. Die Monographie ist eine Methode der ‚Empirie der kleinen Zahl'. Die durch den großen Erhebungsaufwand zwingend gebotene Geringhaltung der Beobachtungsfälle verlangt besondere Sorgfalt bei der Auswahl der Untersuchungsobjekte und bei der verallgemeinernden Interpretation monographisch gewonnener Ergebnisse. Gerade bei der Monographie kommt es darauf an, abschätzen zu können, wofür die Monographie steht und ob das ausgewählte Exempel tatsächlich typische Momente des Gesamtzusammenhangs aufweist, dem es zuzurechnen ist. Bei der Monographie ist man daher in besonderer Weise auf übergreifende, nicht in der Monographie selbst vermittelte Kenntnisse über den gesellschaftlichen Zusammenhang angewiesen, aus dem das Objekt der Monographie entnommen worden ist. Diese quasi außermonographischen Kenntnisse können sowohl gesellschaftstheoretischer als auch empirischer – z. B. globalstatistischer – Natur sein. Und hier liegt nun ein Hauptmangel Le Plays, der zwar erkannte, daß sich die Monographie auf gesellschaftstypische Erscheinungen beziehen muß, der aber bei der Auswahl ‚typischer' Familien keine glückliche Hand hatte. Der theoretisch – oder bei ihm besser: politisch-programmatisch – gelenkte Griff in die soziale Realität führte zu oft zur zwanghaften Einordnung ins falsche Kästchen. Seine ‚Gesellschaftstheorie' in Form einer erzkonservativen Weltvereinfachung war nicht offen gegenüber Deutungsmustern der Realität selbst, die aufzunehmen eine Modifikation der eigenen Ausgangsauffassung bedeutet hätte. Hinzu kam, daß Le Play durch seinen generösen Verzicht, die Auswahl und Interpretation seiner Monographien durch andere empirische Materialien zu konkretisieren und abzusichern, unnötigerweise Möglichkeiten verspielte, die man wahrnehmen sollte. Letzteres ist übrigens auch schon von Zeitgenossen kritisiert worden, z. B. von Lavergne, der sagte: „Darin liegt der Hauptübelstand der Monographien, daß sie nicht durch die Ergebnisse der allgemeinen Statistik gestützt sind. Man kann zweifellos Durchschnitte leicht mißbrauchen, und man hat sie oft mißbraucht, aber es ist unmöglich, irgendeinen Schluß zu ziehen ohne diese Grundlage."[68]

e) Synthese mit der Sozialstatistik (zwei Varianten: Schnapper-Arndt 1883, Ernst Engel 1857)

Le Plays Untersuchungen waren nicht nur als sozialkonservative Propaganda politisch folgenreich. Sie wirkten sich, was hier mehr interessiert, nachhaltig auf das Methodenbewußtsein in der empirischen Sozialforschung aus. Le Play wurde dabei unterschiedlich verarbeitet. Dies sei an zwei Autoren verdeutlicht, die die wissenschaftliche Innovation, die in Le Plays Darstellungen steckte, erkannten und auf eine je spezifische Weise aufgriffen: Gottlieb Schnapper-Arndt und Ernst Engel. Beiden war gemeinsam, daß sie die methodischen Verabsolutierungen Le Plays ablehnten und eine Verknüpfung von Monographie und Sozialstatistik suchten.

Gottlieb Schnapper-Arndt,[69] als Sohn einer wohlhabenden jüdischen Kaufmannsfamilie, die mit den Rothschilds verwandt war, in Frankfurt/M. 1846 geboren, wuchs in einem politisch liberalen Klima auf. Der kränkliche Knabe erfuhr eine umfassende Bildung durch Privatlehrer. Später volontierte Schnapper-Arndt im preußischen Statistischen Büro, damals von Ernst Engel geleitet, und studierte Sozialwissenschaften u.a. bei Schmoller und Rümelin. Als Privatgelehrter trieb er lange Jahre weiterführende statistische, ökonomische und historische Studien, in denen seine umfassende Bildung zur Geltung kommen konnte. Erst in seinen letzten Lebensjahren (er starb 1904) wurde Schnapper-Arndt Dozent an der neu errichteten Akademie für Sozial- und Handelswissenschaften in Frankfurt.

Als Dreißigjähriger hielt sich Schnapper-Arndt in dem damals kleinen Badeort Königstein im Taunus auf, um sein Fußleiden zu kurieren. Zu seiner Reiselektüre gehörte das Marxsche ‚Kapital' – ein Buch, das seinen Leser massiv beunruhigte und zu eigenen Untersuchungen über die Lage der hausindustriellen Bevölkerung anhielt.

„Es war um die Mitte der siebziger Jahre, als ich zum ersten Mal die Dörfer, welche in vorliegender Schrift geschildert werden sollen, betreten habe. Mitteilungen über die Lage hausindustrieller Bevölkerungen, namentlich bei Karl Marx, hatten in mir den Wunsch wachgerufen, selbst einmal einen Blick in die Wirklichkeit zu tun; es traf sich, daß der kleine Badeort, an welchem ich mich gerade damals befand, unfern eines von einer solchen Bevölkerung bewohnten Hochtales gelegen war. [...] Bald über diesen, bald über jenen Zusammenhang mir Aufklärung zu verschaffen, reizte mich".[70]

Es entstand eine immer noch lesenswerte Monographie über ‚Fünf Dorfgemeinden auf dem Hohen Taunus' (1883). Von dieser Studie und methodischen Erläuterungen, die Schnapper-Arndt in einer Vielzahl kleinerer Arbeiten gegeben hat, soll nun die Rede sein.[71]

Für Schnapper-Arndt, einen nüchternen und gewissenhaften Mann, der sich „in das soziale Milieu einbohrt" (E.P. Neumann), war Le Plays monographisches Verfahren in gewisser Weise Vorbild.

„Hierin: in dem auf einen Schlag Hervorbringen einer den schließenden Verstand ebenso sehr beschäftigenden, wie das Gemüt anregenden Methode, namentlich aber in dem großen moralischen Mute, in Details auf das Liebevollste einzugehen, die man noch Jahrzehnte später solcher minutiösen Beachtung zu würdigen für kleinlich hielt, hierin liegt Le Plays Verdienst, das ist seine geniale Tat. Er steht für die Sozialschilderung etwa so epochemachend da, wie Zola für den Realismus in der Literatur, und wer heute Familien-Monographien entwirft, ist direkt oder indirekt im wesentlichen von der Schule Le Plays, möge er auch noch so sehr in seiner Weltanschauung von ihm abweichen – ich stehe ihm hierin keineswegs nahe – oder noch so viel an seinem Schematismus, ja an dem Verfahren, vermittelst dessen zu den Daten gelangt ist, auszusetzen, bzw. zu verbessern haben. Wahrlich nicht in der Art und Weise, *wie* ermittelt und berechnet wird, was eine Familie für Nahrung, Kleidung, Mobiliar u.s.f. im einzelnen gebraucht habe, besteht die Le Play'sche Methode, wenn man von einer solchen im großen und ganzen spricht. Sondern darin besteht sie zunächst, *daß* überhaupt nach solchen Details gefragt worden ist, um durch deren zahlenmäßige und gleichzeitig durch das Wort ausgiebig kommentierte Darstellung das Lebensbild eines wirtschaftlichen Mikroorganismus zu gewinnen."[72]

Von den politischen Auffassungen Le Plays hielt Schnapper-Arndt nicht viel. Die konservative Familienmythologie, das schlichte Loblied auf Ordnung, Anstelligkeit und Sparsamkeit war nicht seine Sache. Daß alle individuelle Anstrengung dem Armen oft nicht aus seiner verzweifelten Lage heraushelfen konnte, war Schnapper-Arndt im Gegenteil nicht entgangen[73] – ein Hinweis auf seinen aufgeklärten, vorurteilsfreien Verstand, der mit Le Plays politisch engstirnigem und unbeweglichem Konservatismus wenig gemein hatte. In methodischer Hinsicht respektierte Schnapper-Arndt jedoch Le Plays Idee: die Monographie, die Miniaturschilderung und -statistik galt ihm als wichtiges Erkenntnisverfahren der empirischen Sozialforschung, das sich mit der Massenbeobachtung, der Statistik der großen Zahl, gut ergänzen könne. Im Vorwort zu ‚Fünf Dorfgemeinden' sagt er:

„Hier trat an das ursprüngliche Interesse ein theoretisches heran: es schien mir, als ob die genaue Durchforschung engumgrenzter Objekte in manchen Fällen die Wirksamkeit sozialer Faktoren mindestens ebenso sicher wie die Massenbeobachtung erkennen lasse. Denn wenn es eine wesentliche Funktion dieses letzteren ist, den Einfluß unbekannter Ursachen zu eliminieren, kann eben solches nicht auch häufig dadurch erreicht werden, daß man bei kleinem Objekte sich aller Antecedentien möglichst zu bemächtigen sucht? Besorgt nicht die Massenbeobachtung ihr Geschäft häufig um hohen Preis, so daß man die Masse, welche man rief, nicht mehr los wird, und mit Mühe den Weg nach rückwärts suchen muß, um auf das Detail zu gelangen, von welchem man ausgegangen ist?"[74]

Charakteristisch für diese Position war, daß sie an Methodenfragen nicht dogmatisch heranging. Die Monographie wurde als wichtige Ergänzung und Erweiterung der Sozialstatistik präsentiert und nicht als Allheilmittel gegen die Mängel früherer Empirie. Daß es auch der Massenbeobachtung bedarf, und zwar allein schon um die Repräsentativität der monographischen Einzelforschung abschätzen zu können, war fast selbstverständlich.

Schnapper-Arndts undogmatische und produktive Sicht der Methodenfragen empirischer Sozialforschung wurde auch in der Ausführung seiner monographischen Arbeiten selbst deutlich. In ‚Fünf Dorfgemeinden', seiner größten monographischen Leistung, legte Schnapper-Arndt eine umfassende und äußerst sensible Beschreibung einer ländlichen Sozialstruktur um 1880 in

Deutschland vor, die kaum etwas ausspart: „der Erwerb und seine Grundlagen" (das Land, die Verteilung des Grundeigentums, die Nagelschmiedeindustrie, die Frauen- und Kinderarbeit, die Drahtwarenfabrikation) und „die Menschen und ihr Leben" (Wohnverhältnisse, Kleidung, Ernährung, physisches Gedeihen, moralische Zustände, Gebräuche, Feste, Erholungen) wurden ausführlich behandelt.[75] Alle Informationsmöglichkeiten, die diesem Ziel dienen könnten und dem Autor einfielen, wurden ausgenutzt: Budgetanalysen (wobei Schnapper-Arndt Le Plays Ansatz verbessert und z. T. auch schon mit Zeitbudgets arbeitete); Dokumentenanalysen (Zeitungen, Akten usw.); Analyse statistischer Daten; eigene Beobachtungen und Befragungen.

Der Verfasser war durch und durch Empiriker. Er ging mit offenen Augen durch seine Welt, unvoreingenommen und lernfähig – Tugenden, ohne die kein wirklicher Empiriker auskommt.[76] Auch wenn festzuhalten ist, daß sich die gesellschaftliche Realität selbst bei sensibelstem Methodenverständnis durch Empirie allein nicht richtig erschließt, sondern der ständigen Verschränkung mit Gesellschaftstheorie bedarf, wenn man insoweit also auch Schnapper-Arndt eine spezifische Beschränktheit vorhalten kann, so ist seine methodeninnovatorische Leistung immer noch beachtenswert. Von Schnapper-Arndt kann man vor allem lernen, daß man Methodenfragen nicht dogmatisieren darf und daß der beste Weg der ist, sich mit verschiedenen Methoden unterschiedliche Daten zu erschließen, die sich gegenseitig ergänzen und kontrollieren können – ein Vorgehen, das Schnapper-Arndt das des „contradiktorischen Verfahrens" nannte.

Ernst Engel, mit dem wir schon zu tun gehabt haben, hat sich der Le Playschen Familienmonographien unter dem Blickwinkel des Statistikers angenommen. Bei Le Play interessierte ihn vor allem die Technik der quantitativen Budgetanalyse, d. h. das Verfahren der Feststellung von Haushaltsbudgets. In einer Untersuchung über ‚Productions- und Consumtionsverhältnisse des Königreichs Sachsen' (1857)[77] versuchte er zu klären, wie sich Produktion und Konsumtion zueinander verhielten. Um die Konsumtion abschätzen zu können, griff er u. a. auf die von Le Play gefundenen Ausgabenposten zurück. Dabei stieß Engel auf eine statistische Gleichförmigkeit (ein „Gesetz"), das als Engelsches Gesetz berühmt geworden ist: „den auf dem Wege ächter Induction gefundenen Satz, daß, je ärmer eine Familie ist, einen desto grösseren Antheil von der Gesammtausgabe muss zur Beschaffung der Nahrung aufgewendet werden".[78] Abstrakter formuliert: die Elastizität der monetären Nachfrage nach Nahrungsmitteln in bezug auf das Einkommen privater Haushalte ist kleiner als 1.[79]

Engel gewann diese Einsicht auf folgendem Wege:

1. Die Verteilung der Haushaltsaufgaben, die Le Play und andere Quellen (er verarbeitete noch „belgische Statistiken") in ihren Budgets mitteilten, ordnete er nach Arbeitergruppen, die nach dem Kriterium des Haushaltseinkommens graduiert waren.

2. Diese Daten benutzte er zur Schätzung durchschnittlicher Ausgabenrelationen (vgl. Abb. 2).

Wenn das gesammte jährliche Einkommen einer Familie beträgt Francs:	so nehmen die Ausgaben für Nahrung davon in Anspruch Procent:
200	72,96
300	71,48
400	70,11
500	68,85
600	67,70
700	66,65
800	65,69
900	64,81
1 000	64,00
1 100	63,25
1 200	62,55
1 300	61,90
1 400	61,30
1 500	60,75
1 600	60,25
1 700	59,79
1 800	59,37
1 900	58,99
2 000	58,65
2 100	58,35
2 200	58,08
2 300	57,84
2 400	57,63
2 500	57,45
2 600	57,30
2 700	57,17
2 800	57,06
2 900	56,97
3 000	56,90

Abb. 2: Haushaltseinkommen und Ausgaben für Nahrungsmittel nach Engel

Quelle: Engel, Die Productions- und Consumtionsverhältnisse des Königreichs Sachsen (1857), in: ders., Die Lebenskosten belgischer Arbeiter-Familien früher und jetzt, Dresden 1895, S. 30 f.

Mit diesen Auswertungen griff Engel jenen Teil der Familienmonographien Le Plays auf, mit denen Le Play selbst nicht viel hatte anfangen können: die quantitativen Familienbudgets. Die Vielfalt und Anschaulichkeit der Monographien ging bei Engels Art von Verarbeitung zwar verloren. Aber Engel erfaßte den rationalen Kern der quantitativen Budgetermittlung besser als Le Play selbst, der ja mit seinen mühsam ermittelten Zahlen gar nichts anzustellen wußte. Die Überführung der qualitativen Monographie ins quantitative Budget ist ein sinnvoller Schritt, wenn man auf eine statistische Datenaufbereitung hinsteuert, die durch die Gruppierung und den Vergleich weniger Variabler – im Falle von Engel figuriert die Höhe der Haushaltseinkommen als unabhängige und der Anteil der Ausgaben für Nahrungsmittel als abhängige Variable – quantitative Zusammenhänge prüfen und präzisieren will. Sinnvollerweise wird man bei einer solchen Erkenntnisabsicht freilich die qualitativ-beschreibenden Schritte der Datenermittlung, die hier nur noch den Charakter von Vorklärungen haben, kürzer halten und die Zahl der erfaßten Familien wesentlich größer ansetzen als dies bei Le Play der Fall gewesen war.

f) Verknüpfung von Sozialstatistik und Soziologie: Demographie als empirische Soziologie (Tönnies 1910)

Die behandelten Episoden aus der Geschichte der Sozialforschung illustrieren, daß im 19. Jahrhundert durch die Statistik ein ganzes Repertoire an Methoden zur empirischen Erfassung sozialer Phänomene erschlossen worden ist. Wer gegen Ende des Säkulums mit klarem Verstand und ohne ideologische Verbohrtheit zu Werke ging, konnte für die Abwicklung gesellschaftswissenschaftlicher Studien aus der Statistik manches übernehmen. Ihm stand durch die Statistik insbesondere ein Satz empirischer Techniken zur Verfügung, mit dem viel anzufangen war: Wo man mit quantitativen Daten arbeitet und wo man es besser sein läßt; wie man bei quantitativen Analysen Stichproben anlegt und welche Rückschlüsse man aus diesen auf die Grundgesamtheit ziehen kann; wann man Massenbeobachtungen durchführt und unter welchen Voraussetzungen Fallstudien geboten erscheinen; was man durch Sekundäranalysen herausbekommen kann und wann Primärerhebungen gemacht werden sollten – solche Grundfragen empirischen Vorgehens ließen sich bereits mit einer gewissen Sicherheit entscheiden, wenn man nur auf die Erfahrungen zurückgriff, welche die Entwicklung der Sozialstatistik vermittelte. Damit war es fürderhin durchaus möglich, sozialwissenschaftliche Forschungsprobleme mit brauchbaren empirischen Analyseverfahren anzugehen; und dies umso eher, je mehr man den Ratschlag des feinfühligen Schnapper-Arndt zu beherzigen bereit war, Methodenfragen ja nicht zu dogmatisieren, d. h. aus dem Gesamtrepertoire der empirischen Techniken jeweils diejenigen Verfahren auszuwählen, die dem Untersuchungsgegenstand am besten entsprechen, und dabei möglichst elastisch und variantenreich vorzugehen, damit das Thema aus verschiedenen Perspektiven beleuchtet werden kann: kontradiktorisches Verfahren.

Doch wie bedeutsam auch immer der Beitrag der Sozialstatistik des 19. Jahrhunderts zur Methodologie der empirischen Sozialforschung war: der Ertrag blieb im wesentlichen auf die *Techniken* empirischer Sozialforschung begrenzt. Das darüberliegende Grundsatzproblem des Status der Empirie im sozialwissenschaftlichen Erkenntnisprozeß – die erstmals von Comte konsequent gestellte, aber, wie wir sahen, noch nicht befriedigend beantwortete Frage nach dem Zusammenhang von Empirie und Theorie in der Soziologie – gewann zwar mit der Ausweitung praktischer Empirie im 19. Jahrhundert objektiv an Bedeutung, konnte jedoch von den Statistikern selbst nicht aufgenommen werden. Sozialstatistik war soziologisch relevante Aktivität, welche die Recherchierkunst bereicherte, aber eben nicht gesellschaftswissenschaftliche Methodenlehre, geschweige denn Gesellschaftsanalyse.

Um die Jahrhundertwende meldeten sich freilich auch in Deutschland vermehrt Gelehrte zu Wort, die Soziologie zu treiben in Anspruch nahmen. Wie sahen sie die Zusammenhänge zwischen Soziologie, Sozialstatistik und empirischer Sozialforschung? Das Theorie-Empirie-Verständnis der frühen deutschen Soziologie wird uns später noch ausführlicher beschäftigen (Kap. IV). Begnügen wir uns an dieser Stelle mit einer personenbezogenen Bemerkung, die nicht mehr sein kann als ein Merkpunkt: Welche Verbindungen sah Ferdinand Tönnies, ein Nestor der deutschen Soziologie, zwischen der Sozialstatistik, deren Entwicklung im 19. Jahrhundert er genau verfolgt hatte, und der Soziologie, die zu entfalten ihm wichtig war.

Tönnies, den man heute eher wohl nur noch als Verfasser des theoretischen Opus ‚Gemeinschaft und Gesellschaft' kennt,[80] ist im vorliegenden Zusammenhang wegen seiner kritisch-abwägenden Kommentare zur Entwicklung der Sozialstatistik und zum wissenschaftlichen Selbstverständnis der modernen Statistik interessant.[81] Er erkannte den methodischen Fortschritt, der in der Sozialstatistik lag, doch warnte er vor einer Überschätzung der statistischen Verfahren. Drei immer noch beachtenswerte Gesichtspunkte wurden dabei vorgetragen:

1. Tönnies sah in der quantitativen Erfassung sozialer Sachverhalte, im „Messen und Zählen", ein wichtiges Merkmal „streng wissenschaftlichen, rationalen Denkens".[82] Doch könne sich dieses Positivum in der Statistik nicht richtig bewähren, weil diese – wie er in einer allerdings etwas idealisierenden Rückerinnerung an die deutsche Universitätsstatistik meinte – ihren alten ‚echten' Sinn eingebüßt habe und nicht nach der sozialen Bedeutung der ermittelten Daten frage. Die moderne Statistik geriere sich als bloße Methode der tabellarischen Zusammenstellung quantitativer Größen und habe deshalb jedes analytische Eigengewicht verloren.

> Man „nennt nun alles Statistik, was [auch nur] mehr oder weniger tabellarisch in Zahlen über irgendeine Erscheinung ausgedrückt wird, z. B. feuchte Niederschläge, Häufigkeit der Zangengeburt in einer Klinik, Vorkommen einer Präposition bei einem griechischen Schriftsteller usw. usw. Natürlich kann die Statistik dieses Sinnes auch auf Volkszahl, Eheschließungen, Geburten und Sterbefälle, und auf die 1 000 anderen Dinge des sozialen Lebens, die in Zahlen darstellbar sind, erstreckt werden. In Wahrheit ist dies die einzige Vorstellung von Statistik, die im allgemeinen Bewußtsein lebendig ist, und viele Gelehrte seit Mitte des vorigen Jahrhunderts bis auf diesen Tag veranlaßt hat, Statistik für eine bloße ‚Methode' zu achten, wenn auch scheinbar wieder die ‚statistische Methode' von ihr unterschieden wird, so daß schließlich Statistik weniger als eine Methode, nämlich nichts als ein anderer Ausdruck für eine Zusammenstellung auf irgendwelchen Gegenstand sich beziehender Zahlen wird."[83]

2. Tönnies sah die Notwendigkeit, daß empirische Sozialforschung nicht auf ein bloß quantitatives Methodenverständnis eingeengt werden darf. Die Grenzen einer quantitativen Erfassung sozialer Sachverhalte wurde angesprochen, wenn auch Tönnies' Begründung selbst einigermaßen blaß blieb.

„Zahlen sind immer nur Erkenntnismittel: ein ungemein wichtiges, sofern die Zahlen glaubwürdig sind; aber wie sie der Kontrolle durch andere Erkenntnismittel bedürfen, so können überhaupt von keinem Gegenstande der Erkenntnis solche andere ausgeschlossen werden; sie gehören zur Erfüllung des zumeist lückenhaften und leicht fehlerhaften Bildes, das sonst die Zahlen gewähren. Wenn Statistik eine Wissenschaft sein will, so darf sie sich nicht gegen irgendein Mittel der Erkenntnis ihres Gegenstandes versperren, sie kann mit anderen Worten keine Wissenschaft von bloß zählbaren Massen sein."[84]

Positiv zog Tönnies aus dieser Kritik den Schluß, daß die empirische Soziologie quantitative und qualitative Größen zu berücksichtigen habe, wolle sie ihrem Gegenstand gerecht werden. Um diese Position klarzustellen, konfrontierte er dem Begriff der Statistik im Sinne von Methode bzw. Technik den Begriff der Demo- bzw. Soziographie, für ihn eine wesentliche Grundlage der empirischen Soziologie.[85]

„[...] gerade die sogenannte statistische Massenbeobachtung [führt] gar leicht in die Irre, wenn ihr nicht anderweitige Kenntnis des Gegenstandes, besonders auch von Land und Leuten, zur Seite steht. So gewinnen z. B. die Zahlen über die Größenverteilung landwirtschaftlicher Betriebe ein ganz verschiedenes Gesicht, wenn man weiß, daß es sich in dem einen Kreise um lauter fetten Marschboden, im anderen um magersten Heideboden handelt, und um dies zu wissen, braucht man keine Massenbeobachtung, ja der bloße Zahlenstatistiker weiß es als solcher nicht, wenn er nicht zufällig auch mit der Bonität des Bodens sich beschäftigt hat und Feststellungen darüber in den Akten oder Publikationen findet. Jedenfalls sind alle statistischen ‚Erhebungen' schon durch ihren Schematismus mangelhaft und bedürfen fortwährend der Ergänzung wie der Kritik, um zu richtiger Erkenntnis verwertet zu werden."[86]

3. Tönnies betonte daher die Notwendigkeit soziologischer („soziographischer") Primärerhebungen; neben der Verwendung des Materials der amtlichen Statistik müsse die Soziographie eigene Erhebungen durchführen.

„Die Soziographie wird ihren Platz als eine besondere Erfahrungswissenschaft nur gewinnen und behaupten können, wenn sie in die Lage kommt, ihre Materialien sich selber zu beschaffen und darüber frei zu verfügen, während bisher die sogenannte Wissenschaft der Statistik, in Sonderheit die Moralstatistik, fast ausschließlich angewiesen ist auf den Stoff, den ihr die amtliche Statistik bietet, und so groß und bedeutsam auch die Aufgabe ist, aus diesen Zahlenfriedhöfen lebendige Erkenntnis hervorzuzaubern, so bleibt doch die Lage einer Wissenschaft erbärmlich, die nicht vermag, nach ihren eigenen Bedürfnissen und Gesichtspunkten ihre Tatsachen festzustellen und zu sammeln, also auch feststellen und sammeln zu lassen."[87]

Daß solche Primärerhebungen ohne Reibungsverluste und mit fortschreitendem Informationswert nur durch kontinuierliche, betrieblich organisierte

Forschung realisiert werden können, wurde Tönnies ziemlich früh klar. Er hat gelegentlich den Gedanken der Einrichtung „soziographisch-moralischer Observatorien" ins Gespräch gebracht – eine Art von dezentralisiertem soziologischem Forschungsinstitut, das in engem Feldkontakt und regelmäßig über die soziographische Entwicklung seines Untersuchungsgebietes berichten sollte.[88]

In einigen soziographischen Einzelarbeiten, die uns Tönnies hinterlassen hat,[89] wird sichtbar, wie differenziert die Materialbasis von Studien sein kann, die die genannten Punkte beachten – obschon seine soziographischen Beschreibungen für Tönnies selber kaum mehr waren als Gelegenheitsarbeiten und Fingerübungen. Zugleich offenbart sich aber auch eine problematische Kurzatmigkeit in theoretischer Hinsicht. Die Soziographie Tönniesscher Prägung verblieb auf einem ganz und gar deskriptiven Niveau – ihr fehlte es an Verknüpfung mit soziologischer Theoriebildung, ohne die empirische Soziologie immer dazu neigt, blind zu bleiben. Tönnies' Soziographie war im Vergleich zur Sozialstatistik handwerklich verbesserte Sozialforschung. Ihr bleibender Wert liegt im Bereich der Untersuchungstechniken. An das Theorie-Empirie-Problem gesellschaftswisschenschaftlicher Forschung konnte sie aber allenfalls in dem Sinn heranreichen, daß auch vom technischen Reifegrad der Sozialforschung deren Chance abhängt, spekulativer Theoriebildung Gegenpart zu bieten und die Suche nach realitätsgerechterer Gesellschaftstheorie zu provozieren.

III. Bürgerliche Sozialreform und Sozialforschung

1. ‚Bürgerliche' und ‚kritische' Sozialforschung beispielhaft

a) Die englischen ‚social surveys' und die Ideologie des ‚improvement' (1830–1850)

Die Herausbildung der bürgerlich-kapitalistischen Gesellschaft war mit einer grundlegenden Umwälzung der Sozialstruktur auf dem Lande – der agrarischen Produktionsverfassung und der ländlichen Lebensverhältnisse – verbunden. Der Prozeß der ursprünglichen Akkumulation spielte sich auch und gerade auf dem Lande ab, wo er die Form der Trennung der agrarischen Produzenten von Grund und Boden annahm. Diese Umschichtung geht in England bis aufs Ende des 15. Jahrhunderts zurück, sie beschleunigte sich in der zweiten Hälfte des 17. Jahrhunderts und kam im 18. Jahrhundert mit der endgültigen Vernichtung der Selbständigkeit großer Bauernmassen zu einem gewissen Abschluß. Es versteht sich, daß diese Strukturverschiebungen in der englischen Landwirtschaft zeitweilig viel Interesse auf sich gezogen haben. Entsprechend entstanden Ende des 18. Jahrhunderts eine Reihe konkreter Untersuchungen, die am Beispiel der Lage der britischen Bauern und Landarbeiter bereits das Untersuchungsthema vorwegnehmen, auf das sich dann die ‚sozialen Wissenschaften' des 19. Jahrhunderts konzentrieren sollten: ‚die soziale Frage'. Diese Vorläufer – die ‚rural surveys' – will ich nur erwähnen.[1] Zu vollerer Entfaltung kam der neue Typus von empirischer Sozialforschung erst eine knappe Generation später: in den vielfältigen statistischen Aktivitäten des frühen viktorianischen Zeitalters in England, der Zeit von 1830 bis 1850, auf die sich die folgenden Betrachtungen beziehen.

In unser Blickfeld rücken damit Ereignisse, welche auch der statistisch-empirischen Erfassung sozialer Sachverhalte wichtige Impulse gaben: eine Zeit mit einer beachtlichen ‚statistischen Bewegung' (‚statistical movement'), in der sich die bürgerlich-empirische Sozialwissenschaft herausbildete, weshalb Cullen auch von der „Grundlegung der empirischen Sozialforschung" sprechen kann.[2]

Sprachliche Entwicklungen sind Indiz dieser Veränderungen. So wurde der Terminus ‚statistics', der bis zum Ende des 18. Jahrhunderts in England nicht bekannt gewesen war, nun ziemlich schnell gebräuchlich. Man übernahm ihn von den deutschen Kameralisten, ohne sich freilich an deren Methodenverständnis zu halten: Schon um 1830/40 hatte sich in England allgemein der Gedanke durchgesetzt, daß statistisches Vorgehen zumindest ein

Element von Quantifizierung enthalten müsse.[3] Auch der Begriff der Sozial- oder Gesellschaftswissenschaften, den man zu Zeiten der politischen Arithmetiker noch nicht gekannt hatte, obwohl die Disziplin selbst sich seinerzeit zu entwickeln begann, wurde im Verlauf des 19. Jahrhunderts in England so selbstverständlich, daß sich 1857 eine Nationale Gesellschaft zur Förderung der Sozialwissenschaften bilden konnte. Einer ihrer ersten Repräsentanten sagte denn auch auf einem Vereinsmeeting: „Unsere Anwesenheit hier läßt die Existenz oder wenigstens die anerkannte Möglichkeit einer Wissenschaft der Gesellschaft vermuten."[4]

Wir beziehen uns hier also auf eine Phase schubartiger Herausbildung der empirisch-statistischen Gesellschaftsforschung – ein Vorgang, der aufs engste mit der sozialen Problematik der neuen Gesellschaft verflochten war. Die ursprüngliche Akkumulation war in England in den dreißiger und vierziger Jahren des 19. Jahrhunderts im großen und ganzen abgeschlossen, die bürgerliche Gesellschaft war etabliert, das Kapital war zur „alles beherrschenden ökonomischen Macht" (Marx) geworden. Erst einmal die gesellschaftlich vorherrschenden Kraft, gab das Kapital, noch durch keine Gegenkräfte gehemmt, seinen ökonomischen Interessen freien Lauf. Auf barbarische Weise wurden die menschlichen Arbeitskräfte ausgenutzt: maßlose Verlängerung des Arbeitstags, Kinderarbeit, Nachtarbeit, Verweigerung von Pausen, miserabelste klimatische Bedingungen, große Unfallgefahren usw. – alles in allem eine blinde Ausbeutung, die die Reproduktion der Arbeiterklasse gefährden mußte. Eine Reihe von Entwicklungen wie periodische Epidemien, deutliche Verminderung der Körpermaße usw. signalisierten diesen zerstörerischen Umgang mit den produktiven Kräften, auf denen die bürgerliche Gesellschaft selbst ruhte.

Diese Veränderungen wurden bald auch von Teilen der englischen Bourgeoisie selber als problematisch wahrgenommen, zumal sich die Arbeiterklasse zur Wehr zu setzen begann, sei es in den Maschinensturm-Bewegungen von 1811/12, mehr wütende, ziemlich perspektivlose Abwehrkämpfe; sei es in Organisationsformen, die mehr Kontinuität und Perspektive vermittelten und sicherstellten. Insbesondere um 1838 trat eine spürbare politische Aktivierung der englischen Arbeiterklasse ein – eine Bewegung, die in der gesetzlichen Arbeitszeitbeschränkung (Kampf um die gesetzliche Beschränkung des Arbeitstages auf 10 Stunden) und in der Garantie der allgemeinen freien und geheimen Wahl (Kampf um die ‚peoples charter' = Chartismus) die ökonomischen und politischen Interessen der Arbeiter zuspitzte und konkretisierte.[5]

Die Personengruppe, von der im folgenden die Rede sein wird, gehört zu der Fraktion der englischen Bourgeoisie, die auf diese Entwicklungen vergleichsweise sensibel und elastisch reagierte. Ihre Antwort war nicht die offene, direkte Repression, sondern die Suche nach Möglichkeiten, die zerstörerischen Begleiterscheinungen der kapitalistischen Produktionsweise abzufangen und so die langfristige Stabilität der bürgerlichen Gesellschaft zu sichern. Es handelt sich also um die ‚Reform-Fraktion‘ des englischen Bürgertums. Diese Gruppe bewegte die Frage: Wie lassen sich die sozialen Folgeerscheinungen der ‚industriellen Revolution‘ angehen, ohne daß der Teufel mit dem Beelzebub vertrieben und der von ihnen geschätzte Kapitalsimus selbst zerstört wird? Um Antworten zu finden – oft auch nur um praktische Maßnahmen, die in ihren Köpfen bereits Gestalt angenommen hatten, besser begründen und durchsetzen zu können –, entfalteten Angehörige dieser Gruppe unter anderem auch rege sozialforscherische Aktivitäten.

Über diese Wende der bürgerlichen Sozialpolitik zur Sozialforschung hin, an der sich eine wichtige Entstehungsbedingung unseres Fachs exemplifizieren läßt, soll im weiteren berichtet werden. Dabei möchte ich zwei Varianten empirisch-statistischer Aktivitäten darstellen, zwischen denen vielfältige Zusammenhänge bestanden: (1) die Forschungsaktivitäten von Privatleuten, meist sozialreformerisch orientierten Industriellen, die sich im frühviktorianischen England in der Gründung privater statistischer Gesellschaften, der ‚statistical societies‘, niederschlugen; (2) die Untersuchungsaktivitäten staatlicher Einrichtungen, die mit der Sozialgesetzgebung des House of Commons zusammenhingen und die in den Untersuchungen von Parlamentsausschüssen, von königlichen Kommissionen, schließlich aber auch in Berichten der Exekutive zum Ausdruck kamen.

(1) Forschungsaktivitäten von privaten ‚reformer-investigators‘

In den 1830er Jahren schossen in England zahlreiche lokale statistische Gesellschaften aus dem Boden, Vereinigungen, von Privatleuten mit dem Ziel gegründet, Informationen über die Bevölkerung ihres Gebietes zu sammeln, zu analysieren und zu verbreiten. Ein Auslöser bestand in der Gründung der Manchester Statistical Society (MSS) 1833; schnell folgte 1834 die Statistical Society of London (SSL; jetzt Royal Statistical Society, RSS) – beides Vereinigungen, die heute noch existieren, während ihre zahlreichen Schwesterorganisationen das Zeitliche gesegnet haben.

Das politische Selbstverständnis dieser Forschungsvereine war bürgerlich-reformistisch. „Humanismus, Klasseninteressen und Statistik bildeten ein mächtiges Reformgebräu.“[6] Doch so eindeutig ihre politische Grundorientierung auch war, in ihren Details blieb die Position der reformerisch gesonnenen Sozialforscher einigermaßen schillernd.

Das ‚Feindbild‘ der Gruppe läßt sich noch relativ leicht kennzeichnen. Ihre Mitglieder waren mit Sicherheit gegen jede Form organisierter Arbeiterbewegung mit sozialistischer Zielsetzung, der sie das Phantom der Klassenharmonie entgegensetzten.

So wollte z. B. Benjamin Haywood, ein Mitbegründer der MSS, die Arbeiterklasse und natürlich auch sich selbst vor den „wilden Schematismen der politischen Agitatoren“ retten,[7] und ein Untersuchungskomitee der SSL bastelte einen Fragebogen für eine Streik-Studie zusammen, der einen massiven Anti-Streik-Bias aufwies. Viele Fragen hatten einen Zug zum Suggestiven und begünstigten die von den Fragern wohl gewünschten Einschätzungen: daß außenstehende Kräfte mit Streiks ihr Süppchen kochten; daß Streiks zu mehr Bettelei, Krankheit, Sterblichkeit, Alkoholismus, Gewalttätigkeiten, Kriminalität führten; daß entwürdigende Lebensgewohnheiten um sich griffen und der Schulbesuch der Kinder abnehme usw.

Allerdings war es nicht nur die Ablehnung der Organisations- und Kampfformen der Arbeiterklasse, was die Politik der bürgerlichen Statistiker kennzeichnete. Natürlich war man in den statistischen Gesellschaften letztlich gegen alles, was nach Revolution roch. Manches Mitglied ging aber viel weiter und verhielt sich auch gegenüber ‚immanenten' Zwangseingriffen in das Fabriksystem recht restriktiv. Nicht einmal mit den bestimmt nicht revolutionär angelegten Eingriffen in den Produktionsprozeß, wie sie im englischen Parlament im Rahmen der Arbeiterschutzgesetzgebung seinerzeit erörtert und unter dem Druck der gesellschaftlichen Widersprüche dann auch nach und nach beschlossen wurden, konnten sich die privaten Statistiker uneingeschränkt anfreunden. Kritik am Fabriksystem war trotz einer gewissen Bereitschaft zur Sozialreform kleingeschrieben.

Auch hier ein Beispiel. Die MSS diskutierte in ihren ersten Jahren verschiedene Berichte und Papiere zum gesetzlichen Arbeitsschutz.[9] Dazu gehörte ein Papier der Gründungsmitglieder Samuel und William Rathbone Greg, zweier Textilfabrikanten. Dieses bezog sich auf den Factory Act von 1833[10] und enthielt eine Sekundäranalyse der empirischen Daten, die von einer Parlamentskommission 1832 erhoben worden waren. Die Textilfabrikanten waren gegen den Act, und sie attackierten in ihrem Text hauptsächlich die Begründung, auf die die parlamentarische Kommission ihre Argumentation wesentlich gestütz hatte, daß nämlich die Kinderarbeit zur Zerstörung der Lebenskraft der Kinder führe, weshalb die Kinder vor dem Fabriksystem zu schützen seien. Elesh beschreibt die traurige Episode wie folgt:[11]

„Die Autoren stellten fest, daß eine große Menge von Daten über die Gesundheit der Arbeiter vorhanden ist, viele davon ‚verschiedenartig und nicht übereinstimmend', und daß sie es vorziehen, sich auf die Studie des damaligen medizinischen Kommissionärs Dr. Hawkins zu verlassen. Sie präsentieren zunächst [... eine] Tabelle von Hawkins [...], welche die erbärmlichen Auswirkungen der Bedingungen in den Fabriken anzeigt – eine Tatsache, die von den Gregs nicht explizit hervorgehoben wird. Vielmehr setzen sie an Hawkins' Beweisführung aus, daß dieser sich auf zu wenig Fälle [in Wahrheit sind es pro Gruppe 400, H. K.] stütze und ‚zu unbestimmt und allgemein' sei und gehen in ihrer Argumentation von einer analytisch schwächeren Tabelle aus [...], die keine überzeugende Schlußfolgerung über die Auswirkungen von Fabrikarbeit zuläßt, da kein wirklicher Vergleich mit nicht in der Fabrik Beschäftigten durchgeführt werden kann. Die Gregs behaupten, daß die beiden Tabellen im Widerspruch zueinander stehen, da ‚in der ersten Tabelle ... für ein Fünftel und in der zweiten nur für ein Zwölftel der in den Fabriken arbeitenden Kinder ein schlechter Gesundheitszustand ausgewiesen wird'. Dieselbe Beweisführung durchdringt auch den Rest ihrer Analyse. Bei ihrer Zusammenfassung der Befunde Hawkins' stellen sie fest: ‚... Dr. Hawkins scheint darzulegen, daß ein mangelhafter Gesundheitszustand nach seinem Verständnis generell unter der Fabrikbevölkerung besteht, der aber nicht eine notwendige Folge ihrer Beschäftigung darstellt; denn er gibt an, daß er in einigen Fabriken weder ein Verlangen nach noch die Notwendigkeit für gesetzgeberische Maßnahmen und auch keine starke Beeinträchtigung des Befindens der Leute sehen konnte.'" – Fürwahr eine ideologieverdächtige Argumentation, die vom Prinzip durchströmt ist, daß nicht sein kann, was nicht sein darf.

Aber wenn nicht Arbeitsschutz: welches waren dann die Reformvorstellungen, die den bürgerlichen englischen Statistikern am Herzen lagen? Man trieb Statistik ja nur – wie Rawson, ein führendes Mitglied der SSL, einmal sagte – um des „besten aller Zwecke" willen, „nämlich die Bedingungen zu verbessern, indem die Gesundheit erhöht und das Leiden und die Sterblichkeit unserer Landsleute vermindert wird".[12] Um ‚improvement' ging es also schon. Wie aber sollten die Verbesserungen aussehen?

Im Konzept der Sozialreform, das von den privaten englischen Statistikern verfochten wurde, spielte der Gesichtspunkt besserer Bildung, ‚education', eine große Rolle. Die Untersuchungen der MSS und SSL belegten den schlechten Bildungsstand der Kinder und Jugendlichen und die Mängel des Schulunterrichts. Sie korrigierten in dieser Hinsicht nicht nur fehlerhafte Daten in Parlamentsberichten, sondern konnten durch die Publizität, die sie der Bildungsmisere gaben, das ‚soziale Gewissen' der Nation wecken.[13] Verbesserung des Bildungswesens wurde unter dem Einfluß der englischen Statistiker zu einem Zentralpunkt bürgerlicher Sozialreform. Die Unwissenden sollten zu „klügeren und besseren und damit glücklicheren Wesen", um Porter, einen anderen Repräsentanten der SSL, zu Wort kommen zu lassen, gemacht werden.[14]

Sprach schon dieser Bildungsoptimismus nicht für ein wirklich zu Ende gedachtes Programm der Sozialreform, so offenbarten sich erst recht Schwächen im Reformkonzept der englischen Statistiker, sobald es um praktische Maßnahmen zur Anhebung des ihnen am Herzen liegenden Bildungsstands ging. Dem naheliegenden Gedanken gegenüber, daß die Möglichkeiten der Ausbildung auch von den Bedingungen der Produktion abhängen und daß das damals miserable Bildungsniveau mit der betrieblichen Vernutzung der Arbeitskräfte schon im Jungendalter zu tun hatte, waren viele Statistiker nicht wirklich offen. Entsprechend hielten sie von Versuchen, der Bildungsmisere durch Beschränkung der Ausbeutung im Betrieb beizukommen, nicht viel. Eher schon sah man in der Verstädterung die Wurzel allen Übels – und diese sollte zum Beispiel durch Fabrikgründungen auf dem Lande ausgerottet werden.[15] Doch konnte dies nicht mehr sein als ein Kurieren an Symptomen.

Der Gedanke des ‚improvement' war also eine etwas flache Reform-Ideologie, die trotz guter Absichten interessenbedingte Denkblockaden aufwies und die aus diesem Grund entscheidende Ursachen der gesellschaftlichen Mißstände nicht erkennen konnte. ‚Education' erschien dieser beschränkten Reformpolitik als Heilmittel, der unrealistische Rückzug auf ländlich-kleinstädtische Lebensverhältnisse als Voraussetzung von Verbesserungen.

Muß man insoweit von einem interessenbestimmten, politischen Geburtsfehler der privaten Statistik ausgehen, so ist andererseits zu betonen, daß die englischen Statistiker der 1830er und 40er Jahre bei ihren bürgerlichen Zeitgenossen durchaus das Problembewußtsein dafür förderten, daß irgendeine Art von Reform nötig sei, und sie erreichten diesen Effekt durch bessere Information über bestimmte Aspekte der sozialen Frage. Zum Zwecke der Beschaffung der entsprechenden Daten ließen sie sich eine Vielzahl effektiver Erhebungsmethoden einfallen – ein Ensemble von Methoden, das uns immer noch Respekt abnötigen kann. Erneut stoßen wir auf jenes Phänomen unserer Fachgeschichte, das uns schon im Zusammenhang der ‚Moralstatistik' begegnet war: daß ein unzulänglicher analytischer Rahmen nicht notwendig den Weg zu inhaltlichen und methodischen Innovationen versperrt. Dieser Sachverhalt wird uns später noch in forcierter Form entgegentreten: in dem Faktum, daß die aus einem bürgerlichen Wissenschaftsverständnis heraus ermittelten Erkenntnisse der englischen Statistiker sogar geeignet waren, gegen die Ziele, für die sie ursprünglich erstellt worden waren, gewendet zu werden.

Details der Fragestellung und der methodischen Vorgehensweise der englischen Statistiker lassen sich anhand der Interview-Raster verdeutlichen, mit denen in der MSS gearbeitet worden ist (vgl. das Beispiel in Abb. 3). Wie diese Erhebungsinstrumente zeigen, interessierten sich die englischen Statistiker für eine genaue Aufnahme der fabrikexternen Lebensbedingungen der Arbeiterklasse: der Familiengröße und der Zusammensetzung der Familien, der Wohnverhältnisse, der Ausbildung und des Bildungsstandes der Erwachsenen und der Kinder, der ‚kulturellen' Aktivitäten usw. – alles mit einem recht präzisen Fragenkatalog angegangen.

Methodisch waren solche Untersuchungen, die in dieser Form und in diesem Umfang erstmals von den statistischen Gesellschaften durchgeführt worden sind, als *Primärerhebungen* angelegt. Darin lag insoweit eine beachtliche Neuerung, als mit dem Mittel der Primärerhebung die Zahl der möglichen Untersuchungsvariablen über die in den vorhandenen Dokumenten enthaltenen Größen hinaus erweitert werden konnte. Freilich stellen sich bei Primärerhebungen neue Probleme, doch sind diese von den privaten englischen Statistikern bereits mit viel praktischem Verstand und Problembewußtsein angegangen worden. Einige Beispiele:

– Dem bei Primärerhebungen deutlich steigenden Aufwand für Sammlung und Aufbereitung der Daten begegnete man durch den Einsatz professioneller Datenermittler, sogenannter ‚Agenten'. Zum ersten Mal war dies wohl 1833 in einer Untersuchung der MSS über Handwebereien der Fall, wo ein „intelligenter Ire, der selbst Handweber gewesen war", als Agent 4 102 Familien erfassen konnte.[16] Bei einer erweiterten Studie wurden vier Agenten für 17 Monate eingesetzt. Mit diesem Arbeitsetat konnten 64% der Bevölkerung von Manchester und zum Teil noch größere Samples in fünf anderen Vergleichsstädten erfaßt werden.[17] Die Schwelle zur professionellen Sozialforschung war erreicht.[18]
– Die Frage der Zuverlässigkeit der einzelnen Auskunftspersonen wurde in einzelnen Surveys durch die Entwicklung von Prüftechniken angegangen.
  Zum Beispiel legte der Bürgermeister von Manchester vor der British Association for the Advancement of Science dar, wie er in seiner Untersuchung über ‚Einkommen und Ausgaben bestimmter Arbeiterfamilien' exakte Angaben der Befragten er-

Field	Group
Can Read.	Attainments of both Adults and Minors.
Can Write.	
Can Cipher.	
Can Sew.	
Mark if Tested.	
Adults or Minors, A. or M.	
Having Seats.	Denomination of Sect.
Not having Seats.	
Attendance Regular or Irregular, or not at all.	
Are there any Books in the House.	
Dwelling Comfortable, Middling, or Uncomfortable.	
Dwelling Clean, Middling, or Dirty.	
Dwelling Well, Moderately, or Ill-furnished.	
Total Weekly Payment for Schooling of Children.	
Weekly Rent.	
Number of Rooms in the Dwelling.	
Number of Sleeping Rooms.	
Number of Beds.	
Sufficient or Insufficient Supply of Water.	
State of Drainage.	
How long has the Family been resident in the Town or Parish.	
Does the head of the Family belong to any Benefit Society.	
Rate of Earnings now.	
Rate of Earnings 7 to 10 years ago.	
	Remarks.

Field	Subgroup	Group
Street or District.		
Number of each distinct Entrance.		
Cellar, House, or Room.		
Name of Parent, or of any Independent Individual.		
Country.		
Occupation of Adults, viz., 21 and upwards.		
Partly or wholly out of Work.		
Never have been at School.		Resident Population.
Males.	Of Adults, the Sex *only* to be marked. — Of Minors the Age also.	
Females.		
Males.	Age of Non-Resident Minors.	Under Twenty-One Years of Age.
Females.		
Day or Evening, and Sunday School.	Now under Instruction.	
Day or Evening School only.		
Sunday School only.		
Regularly instructed at home.		
Attendance Regular or Irregular.		
Occupation of Minors.		
Now in Receipt of Wages.		
Day or Evening, and Sunday School.	Formerly Instructed.	
Day or Evening School only.		
Sunday School only.		
Regularly instructed at home.		
Age of leaving School.		
Attendance Regular or Irregular.		

Abb. 3: Interview-Raster der Manchester Statistical Society zur Erhebung der fabrikexternen Lebensbedingungen der Arbeiterklasse, 1839

Quelle: Report on the Conditions of the Working Classes in the Town of Kingston-upon-Hull. By the Statistical Society of Manchester, in: Journal of the Statistical Society of London, Vol. V, London 1842, S. 214

halten konnte: „Um sich bei solchen Aussagen der größtmöglichen Genauigkeit zu vergewissern, sind einige Vorsichtsmaßnahmen beim Zusammentragen der Informationen nötig. Der Ehemann kann nur selten detaillierte Angaben machen; in nahezu allen Fällen ist es besser, sich an die Ehefrau zu wenden. Sie hat jedoch die Eigenart eines sparsamen Managers, für den alles auf dem Spiel steht, und es macht die Durchführung eines Kreuzverhörs notwendig, um ihr die genauen Ausgaben zu entlocken. Ohnedies neigt auch sie zu Irrtümern, nicht etwa mit der Absicht, irrezuführen, sondern aus dem bloßen Bedürfnis nach Vorsicht und ausreichender Überlegung heraus. In solchen Fällen wurden die Bücher der Ladeninhaber geprüft und mit den Aussagen der Befragten selbst verglichen."[19]

– Das Problem der begrenzten Zugänglichkeit von Untersuchungsvariablen, das sich aus praktischen (zeitlichen, räumlichen, sozialen Sperren) wie aus theoretischen (Definition der Variablen) Gründen stellen kann, wurde schon aufgegriffen und in Erörterungen zur Aussagefähigkeit von Indikatoren behandelt. Zur Diskussion stand etwa, ob man ‚crime rates' als Indikator für den ‚moral character' der Bevölkerung heranziehen kann und welcher Typ von Kriminalitätsstatistik am meisten aussagt; ob man die Tatsache, daß jemand seine Heiratsurkunde unterschreibt oder aber mit einem Zeichen versieht, als Indikator für das Bildungsniveau verwenden soll oder nicht.[20]

Schließlich wurden auch die *Techniken der Datenaufbereitung* perfekter. So hat man zwar noch viel mit ungeeigneten Untersuchungsgruppen und absoluten Zahlen gearbeitet, doch kamen Stimmen auf, die darauf hinwiesen, daß vermutete Zusammenhänge zwischen Variablen nur dann richtig überprüft werden können, wenn man Vergleichsgruppen bildet, die nach der abhängigen Variablen differenziert werden und die intern entsprechend der unabhängigen Variablen aufgegliedert sind, und wenn man diese Gruppen unter Verwendung von Anteilswerten miteinander vergleicht. So kritisierte Fletcher, daß Kay die Aussage, Bildungsmangel sei die Ursache von Kriminalität, aus der Beobachtung ableitete, in der Gruppe der Straffälligen gäbe es mehr Personen ohne als mit Bildung: „Keinerlei Beweis für den stärkeren Zusammenhang von Kriminalität und Unwissenheit gegenüber dem von Kriminalität und Bildung wird durch diese Daten erbracht, es sei denn, daß gezeigt wird, daß die Unwissenheit unter den Strafgefangenen größer ist als die in der gesamten Gesellschaft, eine Ansicht, die immer stillschweigend als Tatsache angesehen wird."[21]

Bei genauerem Hinsehen zeigt sich also, daß die Mitglieder der englischen statistischen Gesellschaften in erhebungs- und darstellungstechnischer Hinsicht viel konstruktiven Verstand haben walten lassen, eine Leistung, die unabhängig von ihrer politisch-praktischen Einseitigkeit Anerkennung verdient.

(2) Untersuchungsaktivitäten parlamentarischer und administrativer Einrichtungen

Wenn man vom Ausbau der allgemeinen amtlichen Statistik in England absieht,[22] so ist hier hauptsächlich von den berühmten sozialpolitischen Enqueten des britischen Parlaments und anderer staatlicher Einrichtungen zu sprechen, die in den 1830er Jahren aufkamen und die Hans Zeisel zu dem bewundernden Ausruf veranlaßten: „Die Technik dieser Enqueten ist vielfältig und in manchem von ungewöhnlicher Kühnheit gewesen.“[23]

Im einzelnen waren im damaligen England, dem ‚Vaterlande der Enqueten‘ (Fallati), durchaus unterschiedliche Einrichtungen mit der Durchführung solcher Untersuchungen befaßt.

- Parlamentausschüsse (‚Select Committees of Inquiry‘) des Unterhauses. Diese Parlamentsausschüsse hatten ein erzwingbares Recht auf Vorladung sowie Akten- und Urkundeneinsicht; Aussagen, die vor ihnen gemacht wurden, durften nicht gerichtlich verfolgt werden. Die Zeugen wurden in einem Kreuzverhör vernommen, das dem richterlichen Verfahren nachgeahmt war. Die Sitzungen wurden protokolliert und waren in der Regel öffentlich.[24]
- Parlamentsbeauftrgate (‚Commissioners of Inquiry‘). Hier handelt es sich um königliche Kommissionen, die von König Wilhelm IV., später von Königin Victoria auf Wunsch des Parlamentes eingerichtet wurden. Mit dem Akt der Bestellung wurde das Recht zur Vorladung von Personen und zur Abnahme von Eiden verliehen; allen Beamten und sonstigen Untertanen wurde befohlen, den Kommissionären Hilfe zu leisten.
- Fabrikinspektoren (‚Inspectors of Factories‘). Sie wurden mit dem Factory Act von 1833 eingeführt. Die Fabrikinspektoren waren staatliche Beamte, die halbjährlich Berichte über die Zustände in den Fabriken ihres Bereichs verfaßten und veröffentlichten – nach Marx „eine fortlaufende und offizielle Statistik über den Kapitalistenheißhunger nach Mehrarbeit“.[26]

Die Tätigkeit dieser staatlichen Einrichtungen ist vor allem deshalb immer wieder auf Bewunderung gestoßen, weil sie sich alles in allem redlich bemüht haben, objektiv und differenziert über die soziale Lage der arbeitenden Klasse zu berichten. Entsprechend hieß es zum Beispiel in Anweisungen für Kommissionäre: „Es sollte klargestellt sein, daß die Untersuchung in keinerlei Hinsicht auf die Ansichten einer Klasse oder der beteiligten Personen oder auf Interessen verengt werden darf.“[27] Und in der Tat: Das Bemühen, dem Druck interessierter Kreise nicht nachzugeben, sondern die Lebensverhältnisse der Arbeiter so darzustellen, wie sie im Manchester-Kapitalismus nun einmal waren, ist bemerkenswert. So ist durch unabhängige Datenaufnahme eine Art „sociales Catasterwerk [entstanden], das niemals fertig ist und an dem immerfort gearbeitet wird, um der Wandlung der Tatsachen zu folgen“.[28]

Von Marx übernehme ich ein Beispiel, das sich auf den Widerstand vieler Unternehmer gegen den Factory Act von 1847, die sogenannte 10-Stunden-Bill[29] und die Haltung der Fabrikinspektoren bezieht:

Die Unternehmer zeigten „den Inspektoren in der kühlsten Weise an, daß sie sich über den Buchstaben des Gesetzes hinwegsetzen und das alte System auf eigene Faust wieder einführen würden. Es geschehe im Interesse der übelberatnen Arbeiter selbst, ‚um ihnen höhre Löhne zahlen zu können‘. ‚Es sei der einzig mögliche Plan, um unter dem Zehnstundengesetz die industrielle Suprematie Großbritanniens zu erhalten.‘ ‚Es möge etwas schwer sein, Unregelmäßigkeiten unter dem Relaissystem zu entdecken, aber was heiße das? [what of that?] Soll das große Fabrikinteresse dieses Landes als ein sekundäres Ding behandelt werden, um den Fabrikinspektoren und Subinspektoren ein bißchen Mühe [some little trouble] zu sparen?'

Alle diese Flausen halfen natürlich nichts. Die Fabrikinspektoren schritten gerichtlich ein. Bald aber überschüttete eine solche Staubwolke von Fabrikantenpetitionen den Minister des Innern, Sir George Grey, daß er in einem Zirkular vom 5. August 1848 die Inspektoren anwies, ‚im allgemeinen nicht einzuschreiten wegen Verletzung des Buchstaben des Akts, sooft das Relaissystem nicht erwiesenermaßen mißbraucht werde, um junge Personen und Frauenzimmer über 10 Stunden arbeiten zu lassen'.

Hierauf erlaubte Fabrikinspektor J. Stuart das sogenannte Ablösungssystem während der fünfzehnstündigen Periode des Fabriktags in ganz Schottland, wo es bald wieder in alter Weise aufblühte. Die englischen Fabrikinspektoren dagegen erklärten, der Minister besitze keine diktatorische Gewalt zur Suspension der Gesetze, und fuhren mit gerichtlicher Prozedur wider die Proslavery-Rebellen fort."[30]

In methodischer Hinsicht ist an diesen Recherchen vor allem das Prinzip der cross-examination interessant – ein Ansatz, der zu differenzierten Informationen verhalf und dazu beitrug, daß die Enqueten ein wahrheitsgetreues Bild der Verhältnisse zeichnen konnten. Die Ermittlungsverfahren waren bei den englischen Enqueten keineswegs fix und unveränderlich, sondern wurden den jeweiligen Bedingungen entsprechend variiert. „Gerade bei den großen Untersuchungen, denjenigen der Königlichen Commissionen, schwanken sie am meisten, weil diese am ungebundensten sich an die Mannigfaltigkeit des Materials anzuschmiegen trachten, das sie untersuchen wollen, und weil sie von Fall zu Fall nach dem wechselnden Befinden der jedesmaligen Commissionen das Eine oder Andere verbessern".[31] Dabei kamen in ein und derselben Erhebung oft unterschiedliche Recherchiertechniken zum Zuge, deren Ergebnisse miteinander verglichen werden konnten, so daß eine interne Kontrolle des erhobenen Materials möglich wurde.[32]

So wurden z. B. mündliche Verfahren als Kreuzverhör angelegt, indem Befragte durch geschickte Konfrontation mit den Ergebnissen anderer Ermittlungen auf Widersprüche aufmerksam gemacht und auf diese Weise zu Erläuterungen gezwungen wurden.

„Niemals [...] wird man" – sagt Cohn, der die englische Enquete-Technik im Auftrag des Vereins für Sozialpolitik studiert hat – „die Leute zur Wahrheit zwingen können, selbst wenn man sie für Verweigerung des Zeugnisses straft und wenn man [...] die Vereidigung der Zeugen einführt. Aber in der Mehrzahl der Fälle besteht ein hauptsächliches Mittel zur Erlangung der Wahrheit in der geschickten Verbindung und Confrontation entgegengesetzter Interessen und Meinungen, sofern dies nur in lebendiger Wechselrede und mit der nöthigen Übung geschieht. Ein sachkundiger Fragesteller versteht aus dem lediglich das eigene Interesse vertretenden Zeugen eine Wahrheit herauszulocken, die objektiver ist als jene einseitige Ansicht der Dinge es versteht."[33]

Auch hat man sich verschiedentlich nicht gescheut, Aussagen interessierter Beteiligter durch umfangreiche Befragungen an anderer Stelle zu überprüfen. Als z. B. nach der Zehn-Stunden-Bill von 1847 einige Fabrikanten Petitionen einreichten, in denen

Arbeiter zu Wort kamen, die sich kritisch zu dem Gesetz äußerten, wurde eine umfangreiche Befragung in den Fabriken selbst durchgeführt, so in einem Distrikt, wo 10270 erwachsene männliche Arbeiter in 181 Fabriken verhört wurden. Ergebnis: „Ungefähr 70% der verhörten Arbeiter erklärten sich für die 10 Stunden, eine viel geringere Prozentzahl für 11 und eine ganz unbedeutende Minorität für die alten 12 Stunden.“[34] Die Arbeiter fühlten sich unterdrückt, stellte der Fabrikinspektor fest, „aber nicht gerade durch den Fabrikakt“, und zitiert aus einer Vernehmung: „Als ich die Petition unterzeichnete, erklärte ich sogleich, ich tue damit etwas Schlechtes. – Warum habt ihr sie denn unterzeichnet? – Weil man mich im Weigerungsfalle auf das Pflaster geworfen hätte.“[35]

Überhaupt war für die Enqueten kennzeichnend, daß immer wieder unterschiedliche Daten aufgenommen und gegeneinandergestellt wurden: Befragungen und Verhöre, also mündliche Ermittlungen, wurden durchgeführt; schriftliche Unterlagen, z.B. Akten, Gutachten usw. wurden gesammelt und ausgewertet; wenn nötig, griff man auch zum Mittel der direkten Beobachtung vor Ort, um die Verhältnisse klarzustellen. Widersprüche konnten dadurch aufgehellt, mangelhafte oder falsche Aussagen identifiziert, Materiallücken konnten geschlossen werden – dem Bestreben, ein „allseitiges Bild der Thatsachen zu schaffen“ (Cohn), wurde auf diese Weise durchaus entsprochen.

Auch damals war allerdings nicht alles Gold, was glänzte. Gänzlich freimachen von der Anbindung an die bestehenden gesellschaftlichen Verhältnisse konnten sich die parlamentarischen und administrativen Untersuchungseinrichtungen, die uns hier interessieren, nicht. „Es fehlt auch in England viel daran, daß dies Ideal [einer wirklich umfassenden und objektiven Untersuchung, H.K.] immer oder selbst in den meisten Fällen erreicht werde […]“.[36] So wurden Klagen darüber geführt, daß die Fabrikanten trotz allem manchmal in den Enqueten noch zu gut wegkamen.[37] Vor allem wurden aber Beschränkungen in den politischen Interpretationen sichtbar, die aus den Untersuchungen gezogen wurden. Hier blieben sozial bedingte Scheuklappen bestehen. So wurden klar konstatierte Mißstände häufig mit dem bloßen Appell an den guten Willen der Beteiligten beantwortet – eine ziemlich hilflose Reaktion, welche eine realistische Einschätzung der Interessenverflechtungen in einer kapitalistischen Gesellschaft vermissen läßt.[38] Doch trotz dieser Einschränkung: Insgesamt legten die geschilderten Untersuchungsaktivitäten staatlicher Einrichtungen in den 1830er/40er Jahren recht schonungslos die zerstörerischen Arbeitsbedingungen im frühkapitalistischen England offen – eine Leistung, die in der Auseinandersetzung um die englische Arbeitsschutzpolitik das Reformbewußtsein weckte und stärkte und die die zur praktischen Vorbereitung und Absicherung der gesetzlichen Regulierung des Arbeitstages erforderliche Transparenz herstellte.

Die hier geschilderten Forschungsarbeiten von Privatleuten und die Untersuchungsaktivitäten staatlicher Einrichtungen bildeten einen sachlichen und personellen Zusammenhang. Sie sind insgesamt Ausdruck der Bemühungen der Reformfraktion der britischen Bourgeoisie, mit den Bedrohungen fertig zu werden, die die kapitalistische Gesellschaft sich selbst zunehmend schuf: Die Auspowerung der lebendigen Arbeit sollte eingegrenzt und die politischen Gefährdungen, die sich am Wachstum der Arbeiterbewegung abzeichneten, sollten abgefangen werden. Dabei gab es zwischen den privaten und staatlichen Aktivitäten eine gewisse Arbeitsteilung. Die Funktion der privaten Statistiker und der statistischen Gesellschaft war eher die, staatliche Maßnahmen anzuregen, zu kontrollieren und auch zu kritisieren. Die staatlichen Enqueten dienten dagegen eher der direkten Vorbereitung und dem Flankenschutz für konkrete gesetzgeberische Eingriffe, die Factory Acts von 1833, 1844, 1847 und 1850.

Daß wir es insgesamt mit einem in sich freilich komplizierten Ganzen zu tun haben, kommt auch in personellen Verflechtungen zum Ausdruck. Zahlreiche Mitglieder der statistischen Gesellschaften waren oder wurden selbst Mitglieder des Parlaments, meist als Whig-Liberals, die die parlamentarischen Untersuchungen dieser Zeit dominierten. Dies gilt z. B. allein für fünf Mitglieder der relativ kleinen Gruppe, die die frühen Surveys der MSS durchgeführt hatte.[39] Andere Aktivisten der statistischen Gesellschaften kamen aus der staatlichen Verwaltung oder wechselten in sie über; in der Administration waren sie durchweg irgendwie mit staatlichen Erhebungen beschäftigt, die mit der Fabrikgesetzgebung zu tun hatten.

Zwei Beispiele:

George Richardson Porter, übrigens ein Schwager Ricardos, war Leiter des Statistical Department des Board of Trade (seit 1834); gleichzeitig hatte er führenden Anteil an der Arbeit der Statistical Society of London, zu deren Gründungsmitgliedern er gehörte. Von 1841 bis 1852 war Porter Joint Secretary des Board of Trade. Er hielt vielfältige Kontakte mit anderen Reformen, die an parlamentarischen Kommissionen und Komitees beteiligt waren und galt als glühender Verfechter der Ideologie des Improvement.[40]

James Phillip Kay, als Sohn eines Textilfabrikanten geboren, war Arzt. Er gehörte zu den Gründungsmitgliedern der MSS, wurde später Kommissionär und auch Sekretär parlamentarischer Untersuchungskommissionen. Kay war ein besonders einflußreicher Vordenker des Konzepts des Improvement.[41]

Nach 1850 verlor der Ansatz dieser Gruppe der Reformer-Forscher an Bedeutung. Die Fabrikgesetzgebung begann einige Wirkungen zu zeitigen. Im übrigen traten in den ökonomisch-politischen Rahmenbedingungen Veränderungen ein – das Industriekapital war durch die Einführung des Freihandels (Widerruf der Korngesetze usw.) gefestigt; die Arbeiterbewegung verlor durch die Niederlage der Chartisten, aber auch durch die internationale Entwicklung (Scheitern der 1848er Revolutionen) an Boden – so daß Veränderungen im Sinn des ‚Improvement‘ weniger dringlich erscheinen mochten. Doch ging der Ansatz bürgerlich-reformerischer Sozialforschung in England im 19. Jahrhundert nie ganz verloren. Es sei allein auf die Untersuchungen verwiesen, die der Reeder, Sozialreformer und Statistiker Charles Booth 1889 ff.[42] in London durchführte und die zu den umfassendsten Enqueten zur Arbeiterfrage im 19. Jahrhundert zu rechnen sind.

b) Subversive Verarbeitung des Materials bei Marx und Engels 1845/80

Engels übergoß die liberalen englischen Reformer, deren Arbeiten er bei einem Aufenthalt in Manchester (1842 bis 1844) kennengelernt hatte und die er teils wohl auch persönlich kannte, mit beißendem Spott:

„Ihr kommt nach Manchester, ihr wollt die englischen Zustände kennenlernen. Ihr habt gute Empfehlungen an ‚respektable' Leute, natürlich. Ihr laßt einige Äußerungen über die Lage der Arbeiter fallen. Man macht euch mit ein paar der ersten liberalen Fabrikanten bekannt, etwa Robert Hyde Greg, Edmund Ashworth, Thomas Ashton [alle drei waren wichtige Mitglieder der MSS, H. K.], oder so. Ihr erzählt ihm von euren Absichten. Der Fabrikant versteht euch, er weiß, was er zu tun hat. Er fährt mit euch auf seine Fabrik auf dem Lande – Herr Greg nach Quarry-Bank in Cheshire, Herr Ashworth nach Turton bei Bolton, Herr Ashton nach Hyde. Er führt euch durch ein prächtiges, wohleingerichtetes, vielleicht mit Ventilatoren versehenes Gebäude, er macht euch auf die hohen, luftigen Räume, die schönen Maschinen, hier und da auf gesundaussehende Arbeiter aufmerksam. Er gibt euch ein gutes Frühstück und schlägt euch vor, die Wohnungen der Arbeiter zu besuchen – er führt euch an die Cottages, die neu, reinlich und nett aussehen, und geht mit euch in diese und jene selbst hinein. Natürlich nur zu den Aufsehern, Mechanikern usw., damit ihr ‚Familien seht, die ganz von der Fabrik leben'. Bei den andern dürftet ihr ja finden, daß nur Frau und Kinder arbeiten und der Mann Strümpfe stopft. Die Gegenwart des Fabrikanten hindert euch, indiskrete Fragen zu tun; ihr findet die Leute alle gut bezahlt, komfortabel, von wegen der Landluft verhältnismäßig gesund, ihr fangt an, euch von euren überspannten Ideen von Elend und Hungersnot zu bekehren. Daß aber das Cottagesystem die Arbeiter zu Sklaven macht, daß vielleicht ein Truckladen in der Nähe ist, das erfahrt ihr nicht, daß die Leute den Fabrikanten hassen, das zeigen sie euch nicht, weil er dabei ist. Er hat wohl gar auch Schule, Kirche, Lesezimmer etc. errichtet. Daß er die Schule dazu gebraucht, die Kinder an die Subordination zu gewöhnen, daß er im Lesezimmer nur solche Sachen duldet, in denen das Interesse der Bourgeoisie vertreten wird, daß er seine Leute wegschickt, wenn sie chartistische und sozialistische Blätter und Bücher lesen – das ist euch alles verborgen. Ihr seht ein behagliches, patriarchalisches Verhältnis, ihr seht das Leben der Aufseher, ihr seht, was die Bourgeoisie den Arbeitern verspricht, wenn sie auch geistig ihre Sklaven werden wollen. Diese ‚ländliche Fabrikation' ist von jeher das Steckenpferd der Fabrikanten gewesen, weil hier die Nachteile des Fabriksystems, besonders die sanitären, teilweise durch die freie Luft und Umgebung aufgehoben werden und weil hier die patriarchalische Knechtschaft der Arbeiter sich am längsten erhält. Dr. Ure singt einen Dithyrambus darauf. Aber wehe, wenn die Arbeiter sich einfallen lassen, selbst zu denken und Chartisten zu werden – da hört die väterliche Zuneigung des Fabrikanten mit einem Male auf. Übrigens, wollt ihr etwa durch die Arbeiterviertel von Manchester geführt werden, wollt ihr die Ausbildung des Fabriksystems in einer Fabrikstadt sehen – ja, da könnt ihr lange warten, bis euch diese reichen Bourgeois dabei behilflich sind! Die Herren wissen nicht, was ihre Arbeiter wollen und in welcher Lage sie sind, und sie wollen, sie dürfen es nicht wissen, weil sie immer fürchten müssen, Dinge zu erfahren, bei denen sie unruhig werden oder gar ihrem Interesse zuwiderhandeln müßten. Ist auch höchst gleichgültig – was die Arbeiter durchzuführen haben, setzen sie schon allein durch."[43]

„Die englischen Schriftsteller der Bourgeoisie schreien Zeter über die entsittlichenden Wirkungen der großen Städte – diese umgekehrten Jeremiasse weinen Klagelieder nicht über die Zerstörung, sondern über den Flor derselben [...] Bei den übrigen Ursachen, die auf Körper und Geist der Arbeiter zerstörend wirken, kommt das Interesse der besitzenden Klasse zu direkt ins Spiel. Sagten sie: die Armut, die Unsicherheit der Stellung, die Überarbeitung und Zwangsarbeit sei die Hauptursache – so würde jeder, so würden sie sich selbst antworten müssen: Also geben wir den Armen Eigentum, garantieren wir ihnen ihre Existenz, erlassen wir Gesetze gegen Überarbeitung – und das darf die Bourgeoisie nicht zugeben. Aber die großen Städte sind so ganz von selbst herangewachsen, die Leute sind ganz freiwillig hineingezogen, und der Schluß, daß einzig die Industrie und die von ihr profitierende Mittelklasse diese großen Städte geschaffen habe, liegt so fern, daß es der herrschenden Klasse gar zu leicht einfallen muß, alles Unheil auf diese anscheinend unvermeidliche Ursache zu wälzen – wo doch die großen Städte nur dem wenigstens im Keime schon existierenden Unheil eine schnellere und reifere Entwicklung geben können."[44]

Die Ideologie des Improvement wurde, wie diese Zitate zeigen, scharf kritisiert – und dennoch scheuten sich weder Engels noch Marx, ihre eigene Argumentation wesentlich durch Material abzustützen, das von eben diesen kritisierten Reformer-Forschern zutage gefördert worden ist.

Schaut man sich die Materialbasis von Engels ‚Lage der arbeitenden Klasse in England' und dann auch von Marx' ‚Kapital', Bd. 1 (insbes. 8. Kapitel) an, so stellt man fest, daß viel mit Belegen gearbeitet wird, die aus den Recherchen der privaten Statistiker und amtlichen Einrichtungen der dreißiger bis fünfziger Jahre übernommen worden sind. Gewiß kommen auch andere Quellen zur Geltung: eigene Anschauung, Berichte aus Zeitungen unterschiedlichster Provenienz, wissenschaftliche Literatur; der Anteil ‚liberaler' Belege aus dem Kreis der Verfechter der Ideologie des Improvement und der bürgerlichen Sozialreform ist jedoch erheblich.

Bei Engels stößt man z. B. immer wieder auf einen Zeugen: jenen schon genannten James Phillip Kay, dessen Buch: ‚The Moral and Physical Condition of the Working Classes' (1832) in allen möglichen Zusammenhängen herangezogen wurde: zur Beschreibung der miserablen Wohnverhältnisse, zur Darstellung der demoralisierenden Effekte der Fabrikarbeit usw. Engels bezeichnete dieses Buch als „vortrefflich".[45] Gleichzeitig muß man aber wissen, daß Kays Buch eine Art Bibel der MSS darstellte. Die Idee des Improvement wurde hier zum ersten Mal umfassend dargestellt und übte über Kays Text großen Einfluß auf die Zeitgenossen aus.

Ein anderer Autor, auf den sich Engels häufig stützte, war der ebenfalls erwähnte George Richardson Porter, dessen Buch ‚Progress of the Nation' (1836ff.) Engels gern zitierte, auch wenn er es in der 2. Auflage seiner Schrift (1892) als im einzelnen ungenau bezeichnete.[46] Auch dieser Mann – wie gesagt ein führendes Mitglied der Statistical Society of London – förderte und teilte voll und ganz die Ideologie des Improvement.

Die Tatsache, daß sich Engels in seiner gut belegten Schrift,[47] in der er Aufklärung in dem Doppelsinn einer rücksichtslos offenen Beschreibung der Inhumanität der bürgerlichen Gesellschaft wie auch der Möglichkeiten gesellschaftlicher Emanzipation betrieb, in starkem Umfang auf Resultate ‚bürgerlicher' Sozialforschung stützen konnte, daß ‚bürgerliches' Material also offenbar auch geeignet war, eine antibürgerliche Emanzipationsschrift zu untermauern, ist wert, festgehalten zu werden. In ihr drückt sich der Umstand aus, daß auch in bürgerlich-ideologisch verformten Versuchen einer forschenden Erfassung und Darstellung sozialer Phänomene beabsichtigt oder unbeabsichtigt ein aufklärerisches Moment stecken kann. In dem Maße, in dem die Resultate sozialwissenschaftlicher Forschung die Funktion wissensmäßiger Voraussetzungen für die Stabilisierung und Steuerung der bürgerlichen Gesellschaft gewinnen – eine Rolle, die sie bei den englischen Enqueten bereits erhalten hatten –, in dem Maße muß bürgerliche Sozialforschung *auch* Richtiges über ihren Gegenstand, die bürgerliche Gesellschaft, sagen. Die Sozialforschung wird in den praktischen Zweck eingekoppelt, an der Reproduktion der bürgerlichen Gesellschaft mitzuwirken; in der Erfüllung dieses Zwecks liegt ihre gesellschaftliche Legitimation und ihre Bestandsvoraussetzung. Gemäß der Notwendigkeit, auch Richtiges über ihren Gegenstand zu sagen, ist bürgerliche Sozialwissenschaft überdies gezwungen, ihre Methode dem Gegenstand anzupassen, und durch diesen Zwang enthalten die Methoden sozialwissenschaftlicher Forschung in gleicher Weise wie ihre Einzelergebnisse Momente des Fortschritts in der sozialwissenschaftlichen Erfassung der gesellschaftlichen Wirklichkeit. Nicht alle empirisch-soziologischen Erhebungen – bemerkt Adorno – erfüllen eine kritische Funktion; aber selbst die einseitigsten Erhebungen müssen etwas vom „aufklärerischen, unideologischen Geist in sich tragen [...], wenn sie wirklich leisten, was sie versprechen."[48]

Solchem Erkenntnisfortschritt, den trotz ideologischer Verbiegungen auch die durch herrschende Interessen kanalisierte Sozialforschung aufweist, weil sie ohne ihn auch den herrschenden Interessen nicht dienen könnte, sollte man sich auch dann nicht verschließen, wenn man sich von anderen Erkenntnisinteressen leiten läßt. Wie das Marx-Engels-Beispiel zeigt, konnte eine Forschungsarbeit, die auf die politischen Interessen der Arbeiterklasse bezogen war, durchaus auf die Ergebnisse ‚bürgerlicher' Empirie zurückgreifen. Es war möglich, diese Ergebnisse gleichsam subversiv, gegen die praktischen Interessen zu wenden, aus denen heraus sie entstanden waren.

Die Aufgabe, die gesellschaftliche Wirklichkeit zu erfassen, läßt sich andererseits aber auch nicht voll an die von bürgerlichen Interessen angeleitete Sozialforschung delegieren, da diese durch ihre soziale Einbindung und Funktionalisierung ideologische Vereinseitigungen und inhaltliche Lücken aufweisen muß. Kritische Sozialwissenschaft kann sich nicht in theoretischer Kritik erschöpfen. Zu ihr muß immer auch ein Element von kritischer Sozialforschung, Sozialforschung mit den Mitteln der Empirie, gehören, weil ohne sie weder eine durch unverrückbare Tatsachen untermauerte Kritik der bürgerlichen Wissenschaften noch eine spekulationsfreie Weiterentwicklung kritischer Gesellschaftstheorie möglich wäre. Worin sich ‚kritische' Empirie im Ansatz von ‚bürgerlicher' Empirie unterscheidet, läßt sich verdeutlichen, wenn man die Ansätze der Enqueten der bürgerlichen englischen Sozialreformer mit der Stoßrichtung einer Enquete vergleicht, die Marx einige Zeit später in Frankreich initiierte: der sogenannten ‚enquête ouvrière'.

Zum äußeren Ablauf dieser Enquete: 1880 veröffentlichte die französische Zeitschrift ‚Revue Socialiste' einen Fragebogen mit hundert Fragen sowie einem Begleitschreiben – beides, wie Hilde Weiß später nachwies,[49] von Marx verfaßt. Der Fragebogen enthielt eine Aufforderung an die französischen Arbeiter, über ihre eigene Lage zu berichten und Antworten an die Redaktion der Zeitschrift zu schicken. Daraus ist dann wohl nicht viel geworden – zum Teil sicher aus einer etwas naiven Überschätzung der Schreib- und Protokollfähigkeit ‚durchschnittlicher' Arbeiter in jener Zeit, zum Teil vielleicht auch aus politisch-psychologischen Gründen, die in den demoralisierenden Wirkungen der Niederlage der französischen Kommune auf die französische Arbeiterklasse gelegen haben mögen. Trotz ihres unrühmlichen Ausgangs verdient diese Aktion wegen des Ansatzes, der in ihr enthalten ist, unsere Aufmerksamkeit.

Die enquête ouvrière ist Ausdruck der Auffassung, daß man als kritischer Gesellschaftsanalytiker die Kärrnerarbeit empirischer Tatsachenermittlung dort selbst übernehmen muß, wo die ideologischen Scheuklappen bürgerlicher Empirie besonders viel verdecken. Im damaligen Frankreich war dies stärker als in England der Fall. Die für Frankreich vorliegenden Untersuchungen waren, wie Marx wußte, erheblich schlechter als die englischen Enqueten; deshalb stellte sich in Frankreich dringlicher das Problem eigener Erhebungen der Arbeiter.

„Bis wir die republikanische Regierung veranlassen können, die monarchische Regierung Englands nachzuahmen und eine ausgedehnte Erhebung über die Taten und Übeltaten der kapitalistischen Ausbeutung zu eröffnen, machen wir inzwischen mit den schwachen uns zur Verfügung stehenden Mitteln den Versuch, eine solche Erhebung zu beginnen".[50]

Doch zielte die enquête ouvrière nicht nur auf das Schließen einer Wissenslücke ab. Unter drei Gesichtspunkten unterschied sich der *Anspruch* der Marxschen Untersuchung von dem der Enqueten, die vor ihr unternommen worden waren:

– Durch das Interesse an einer besonders genauen und umfassenden Schilderung der wirklichen sozialen Verhältnisse, die nichts Wichtiges ausblendet. Die enquête ouvrière sollte „eine genaue und positive Kenntnis der Bedingungen [erreichen ...], unter denen die Arbeiterklasse arbeitet und lebt".[51] Diese Zielsetzung schlug sich in dem Fragenkatalog selbst nieder, der die Probleme der betrieblichen Verhältnisse und des Arbeitsschutzes, der Arbeitszeit, der Entlohnung und der Arbeitslosigkeit ebenso ausführlich thematisierte wie die Fragen der Klassenorganisation und des Klassenkampfes.

- Durch die Aufforderung zur Dokumentierung an die Arbeiter selbst. Zur entscheidenden Größe wurden die Erfahrungen der Arbeiter und nicht die Einschätzungen von ‚Experten', die in anderen Enqueten oft die Hauptrolle spielten und von deren Sensibilität und Offenheit abhing, wie die Auffassungen der Arbeiter zu Wort kommen konnten. An die Arbeiter erging der Appell, zu „begreifen, daß sie allein sachverständig die Übel zu beschreiben wissen, unter denen sie leiden".[52] Die Arbeiter wurden ermutigt, ihre Erfahrungen in aller Breite und Ausführlichkeit auszudrücken, ohne sich auf die Einengungen und Zuspitzungen eines engen Fragerasters einzulassen.
- Durch die bewußtseinsbildende Intention der Untersuchung. Die Enquete sollte nicht nur durch sachgerechte Information den Horizont des ‚Publikums', der politischen Öffentlichkeit, erweitern. Auf dem Wege sorgfältiger und umfassender Selbstdokumentation sollten sich die Befragten selber über ihre Lage Rechenschaft ablegen. Deshalb wurden die Leser des Fragebogens aufgefordert, mit Hilfe des Fragenkatalogs „cahiers du travail" zu erstellen, eine Art Eigenprotokoll, über die sie festhalten und auch bewußt machen konnten, was im alltäglichen Kampf um die Existenz sonst vielleicht verloren gegangen wäre – für Marx „die erste Aufgabe, welche der sozialistischen Demokratie zur Vorbereitung der gesellschaftlichen Erneuerung obliegt".[53]

Hier wurden die Umrisse eines Konzepts von Sozialforschung aufgezeigt, das vom Arbeiterinteresse ausging und das den Arbeitern, in der bürgerlichen Empirie ‚Objekte' der Erkenntnis und der Manipulation, die Chance vermitteln wollte, sich im Medium der Untersuchung zu entfalten: ein erster Ansatz gesellschaftskritischer empirischer Sozialforschung.

2. Sozialpolitik und Sozialreform in Deutschland: Die Enqueten der Vereins für Sozialpolitik

a) Wissenschaften von der ‚sozialen Frage': Gesellschaftswissenschaftliche Forschung als Erkenntnisgrundlage und soziale Rechtfertigung staatlicher Sozialpolitik (Jüngere historische Schule)

Mit einer erheblichen Zeitverzögerung gegenüber England begann in den fünfziger Jahren des 19. Jahrhunderts auch in Deutschland die ‚industrielle Revolution' unter kapitalistischem Vorzeichen. Die strategischen Industrien – der Bergbau, die eisenschaffende Industrie, der Maschinenbau – entwickelten sich sprunghaft. Im letzten Viertel des 19. Jahrhunderts, in weniger als einer Generation, vollzog sich dann die Umbildung zur kapitalistischen Industriegesellschaft. Mit dem Industriekapitalismus wurde aber auch die ‚soziale Frage' zu *dem* politischen Problem der deutschen Gesellschaft. Wachsende Bevölkerungsgruppen gerieten in den Strudel des Lohnarbeiterdaseins – einer Lage, die durch große Existenzunsicherheit und Abhängigkeit gekennzeichnet war und die in jenen Industrien, die mehr und mehr auf die Methoden der industriellen Massenfertigung umschalteten, besonders bedrohliche Züge annahm. Andererseits begann die ausgebeutete Klasse der Lohnarbeiter aus ihrer Not heraus aber auch, sich selbst zu organisieren und für bessere Lebensbedingungen zu kämpfen: Klassenkampf mit der Möglichkeit einer revolutionären Umwälzung. Die Reaktion des Bürgertums auf diese neue Lage war unterschiedlich, doch mehrten sich bald innerhalb des bürgerlichen Lagers Stimmen, die den ‚nationalen Unfrieden' durch soziale Reformen abfangen wollten.

In diesem politischen Kontext wurde das Verhältnis von ‚Wirtschaft und Gesellschaft', besser: der Zusammenhang von Industriekapitalismus, Klassenstruktur und Politik zu einem zentralen Gegenstand wissenschaftlicher Analyse. Beginnend in den sechziger Jahren bildeten sich die früheren ‚Staats'-wissenschaften in Wissenschaften von der sozialen Frage um, die in mancher Hinsicht Inhalt und Methode der modernen Soziologie vorwegnahmen.[54]

Charakteristisch für diesen Prozeß war die Herausbildung und Dominanz der sogenannten ‚Jüngeren historischen Schule der Nationalökonomie', einer sozialwissenschaftlichen Konzeption, die ‚historisch' war, weil sie wirtschaftliche Abläufe unter Berücksichtigung ihres Entstehens erfassen wollte und die man als die ‚jüngere' bezeichnete, weil sie sich von der älteren historischen Schule[55] darin unterschied, daß sie den historischen Ansatz nicht nur als methodologisches Prinzip verfocht, sondern tatsächlich auch in Einzelanalysen zu praktizieren suchte. Zur Jüngeren historischen Schule um Gustav Schmoller (1838–1917) und Lujo Brentano (1844–1931) bekannte sich bald eine große Gruppe deutscher Gelehrter, die viele interne Differenzen aufwies, jedoch zwei grundlegende Übereinstimmungen teilte: daß die soziale Frage mit dem Mittel staatlicher Sozialpolitik angegangen werden müsse (1) und daß Sozialforschung solcher Sozialpolitik als Erkenntnisgrundlage und Rechtfertigung dienen könne (2).

(1) Arbeiterfrage und Sozialpolitik

Der kapitalistische Prozeß, das „Streben nach dem größten Gewinn", hatte nach Einschätzung der Jüngeren historischen Schule eine Güterverteilung bewirkt und verfestigt, die den Arbeitern elementare Lebenschancen verweigerte und die deren Abwehrkampf provozierte: „die arbeitenden Klassen [sind] in den Verzweiflungskampf gegen die Kulturentwicklung getrieben" worden.[56] Dieser Zustand der Gesellschaft widerspreche dem Gebot humaner Organisation gesellschaftlicher Verhältnisse. Betont wurde der Gedanke, daß jeder Mensch Selbstzweck sei, berufen, alle seine Fähigkeiten zur größtmöglichen Entfaltung zu bringen, und daß eben diese Möglichkeit zur Selbstentfaltung den Arbeitern verweigert werde. Hier nun sollte nach Auffassung von Brentano, Schmoller usw. die staatliche Sozialpolitik korrigierend einspringen. Sie habe den Arbeitern zu den Mitteln zu verhelfen, die sie zur Entfaltung ihrer Fähigkeiten benötigten. Sie müsse in die ökonomischen Abläufe eingreifen, „um unter Ersparnis von Schmerz und Erbitterung die Entwicklung ihrem natürlichen Ziele entgegenzuführen".[57] Diese Idee des bürgerlichen ,Sozialstaats' teilten alle Vertreter der Jüngeren historischen Schule, trotz vielfältiger Differenzen in anderen Punkten. So sagte beispielsweise Schmoller einmal über sich und Brentano: „Wir haben uns immer wieder in dem entscheidenden sozialpolitischen Reformgedanken zusammengefunden, wenn ich auch mehr in den Traditionen des deutschen monarchischen Beamtenstaates bleiben wollte, Brentano mehr in die Bahnen westeuropäisch-demokratischer Ideale einmündete."[58]

Dieser sozialreformerische Ansatz hat der Jüngeren historischen Schule bei Teilen der herrschenden Klasse den Vorwurf übertriebener Arbeiterfreundlichkeit eingetragen. Und schnell – das hat hierzulande offenkundig Tradition – waren auch die intellektuellen und publizistischen Wasserträger zur Hand, die das Geschäft der Denunziation betrieben. Heinrich Bernhard Oppenheim, ein Ideologe des Wirtschaftsliberalismus, erfand das Schlagwort vom ,Kathedersozialismus', das in nationalliberalen Zeitungen eifrig verbreitet wurde. Man wollte damit die scheinbar staatsgefährdenden Ansichten der Professoren der besonderen Aufmerksamkeit der Staatsanwälte und Kultusminister anempfehlen. Entsprechend stand in der Breslauer Zeitung damals zu lesen: „Aber wenn den jungen Leuten, aus denen der Staatsdienst sich rekrutieren soll, in den statistischen Seminaren und auf den Universitäten statt wissenschaftlicher Wahrheiten blendende Irrtümer über die Natur der Gesellschaft und der Wissenschaft vorgetragen werden, so ist das allerdings eine Gefahr; ist doch die Jugend ohnehin geneigter, Phantasiebildern zu lauschen, als der nüchternen Wissenschaft, und dieser Neigung soll die Universität nicht frönen, sondern entgegenarbeiten."[59] Doch trotz solcher Warnungen war die letztlich gesellschaftsbewahrende Absicht der Jüngeren historischen Schule deutlich genug, so daß sie sich an den deutschen Universitäten verbreiten und in den Sozialwissenschaften zur zeitweilig herrschenden Lehrmeinung durchsetzen konnte.

(2) Sozialpolitik und sozialwissenschaftliche Tatsachenerkenntnis

Die Vorstellung, daß durch staatliche Sozialpolitik die Arbeiterfrage angegangen werden könne und müsse, zog die Frage nach möglichen Ansatzpunkten und Vorgehensweisen nach sich. Das war ein Problem, zu dem abstrakte ökonomische Modellbetrachtungen, die möglicherweise gerade das praktisch Entscheidende in die ceteris-paribus-Klausel abdrängen, keine

Antwort geben konnten. Diese Erkenntnis wurde den Vertretern der historischen Schule durch das Beispiel der ‚Freihandelspartei', der sogenannten Manchester-Schule, vor Augen geführt, die – im übrigen unter ungerechtfertigter Berufung auf Adam Smith, dessen ‚Wealth of Nations' man wohl nicht bis zum 5. Buch studiert hatte – innerhalb der damaligen ökonomischen Lehre einen Vulgär-Liberalismus vertrat. Ihre Vorstellung, daß im ‚laissez-faire' das effizienteste Mittel zum allgemeinen gesellschaftlichen Reichtum und damit auch zur Lösung der sozialen Frage liege, war für die Vertreter der historischen Schule reine Gedankenspielerei – „als Abstraction äußerst verdienstlich [...] Nur darf man eben nicht vergessen, daß diese Betrachtungsweise der Dinge Abstraction ist".[60] Oder wie Brentano im Rückblick sagte: „Dabei erschienen die Folgerungen aus Bedingungen, die in Wirklichkeit nicht zutrafen, als ein jeu d'esprit, das als Geistesgymnastik ganz interessant sein konnte, angesichts des Notstands der arbeitenden Klassen aber völlig versagte."[61]

Die Alternative wurde in einer empirischen Durchforschung des Wirtschaftslebens „auch vom Standpunkt des Hungernden" (Brentano) gesehen: in der statistischen und historischen Analyse der Lebens- und Arbeitsbedingungen der arbeitenden Klasse. An die Stelle der abstrakten Modellkonstruktion „trat daher die historische und statistische Durchforschung der Verhältnisse der Arbeiter, die Untersuchung des Wirkens ihrer Organisationen und der zu ihren Gunsten wirksamen Arbeiterschutzgesetzgebung".[62]

Die Statistik im Sinn einer Methode der systematischen Massenbeobachtung erschien dabei als Erkenntnisfortschritt, dem aber Grenzen gesetzt sind. Schmoller verwies in diesem Zusammenhang in einem repräsentativen Aufsatz über inhaltliche und methodische Probleme der Volkswirtschaftslehre unter anderem auf die Schwierigkeit, mit statistischen Verfahren längerfristige Prozesse und komplexe qualitative Sachverhalte zu erfassen.

Die Statistik „kann immer nur Quantitätsverhältnisse ergeben: die Qualitäten, die jenseits dieser Grenze liegen, also vor allem die wichtigsten sittlichen und geistigen Vorkommnisse, sind ihr unerreichbar, soweit es sich nicht in zählbaren Ereignissen, wie in Selbstmorden oder Strafen, darstellen. Von den zählbaren Dingen können wir häufig das eigentlich Interessante nicht erfahren, weil die Fragestellungen zu kompliziert, die Antworten zu falsch werden, zu schwierig summierbar sind."[63]

Geschichte wird demgegenüber als adäquates Verfahren zur Analyse längerfristiger und komplexer Prozesse verstanden. Die Wirtschaftsgeschichte liefere ein „Erfahrungsmaterial ohnegleichen, das den Forscher aus einem Bettler zu einem reichen Manne macht, was die Kenntnisse der Wirklichkeit betrifft. Und dieses historische Erfahrungsmaterial dient nun, wie jede gute Beobachtung und Beschreibung, dazu, theoretische Sätze zu illustrieren und zu verifizieren, die Grenzen nachzuweisen, innerhalb deren bestimmte Wahrheiten gültig sind, noch mehr aber neue Wahrheiten induktiv zu gewinnen. Zumal in den komplizierteren Gebieten der Volkswirtschaftslehre ist nur auf dem Boden historischer Forschung voranzukommen; z. B. über die Wirkung der Maschineneinführung auf die Löhne, der Edelmetallproduktion auf den Geldwert ist jedes bloß abstrakte Argumentieren wertlos. Noch mehr gilt dies in bezug auf die Entwicklung der volkswirtschaftlichen Institutionen und Theorien sowie auf die Frage des allgemeinen wirtschaftlichen Fortschrittes. [...] Und wenn das vom Geld und Kredit gilt, so ist es noch wahrer, von der Familienwirtschaft, von der Arbeitsteilung, von der sozialen Klassenbildung, von den Unternehmungsformen, von dem Marktwesen, den sonstigen Handelseinrichtungen, dem Zunftwesen, der Gewerbefreiheit, von den Formen des agrarischen Lebens, kurz von allen jenen typischen Formen und partiellen Ordnungen, die als volkswirtschaftliche Institutionen bezeichnet werden, die in bestimmter Ausprägung von Sitte und Recht teils dauernd, teils jahrhundertelang in gleicher Weise den Ablauf des wirtschaftlichen Lebens beherrschen."[64]

Unter dem Einfluß dieser politischen und wissenschaftstheoretisch-methodischen Vorstellungen, die aufeinander aufbauten, haben die Vertreter der historischen Schule eine Vielzahl empirischer Untersuchungen zu sozialen Problemen verfaßt – „nicht Lehrbücher, sondern volkswirtschaftliche Monographien über die großen Fragen der Gegenwart oder die wichtigsten Entwicklungsreihen der Vergangenheit bis zur Gegenwart [...] historische und modern realistische Detailforschung".[65]

Viele dieser Studien waren das Ergebnis der Arbeit einzelner Professoren und ihrer Schüler, doch gab es Ansätze für eine stärkere Institutionalisierung des Forschungsprozesses. Wichtig war in diesem Zusammenhang vor allem der Verein für Sozialpolitik.

b) Enqueten des Vereins für Sozialpolitik (1873–1903)

Der Verein für Sozialpolitik, ein Zentrum der historischen Schule, wurde 1873 gegründet. Bereits ein Jahr zuvor hatte in Eisenach eine ‚private Besprechung' zur ‚sozialen Frage' stattgefunden, durch die die konzeptionellen und organisatorischen Voraussetzungen für die eigentliche Vereinsgründung geschaffen werden konnten. Ausgangspunkt des Vereins war die sozialreformerische Konzeption der historischen Schule; dem in den sechziger Jahren noch vorherrschenden Liberalismus in der Volkswirtschaft sollte ein Gegengewicht entgegengesetzt werden.

Entsprechend hieß es im Einladungsschreiben zur Eisenacher Versammlung von 1872:

„Durchdrungen von der Überzeugung, daß die Zukunft des Deutschen Reiches, wie die Zukunft unserer Kultur überhaupt wesentlich davon beeinflußt sein wird, wie unsere sozialen Zustände in allernächster Zeit sich gestalten, durchdrungen von der Überzeugung, daß diese Gestaltung wiederum ganz wesentlich davon abhängen wird, wie die Gebildeten und Besitzenden, wie die öffentliche Meinung, die Presse und die Regierungen sich zu der sozialen Frage stellen, haben die Unterzeichneten, Männer aller politischen Parteien, von denen sie annehmen zu können glaubten, daß sie Interesse und sittliches Pathos für die Frage haben und daß sie das absolute laissez faire passer in der sozialen Frage nicht für das Richtige halten, zu der Besprechung aufgefordert. Sie geben jedem der Eingeladenen anheim, noch ein oder zwei gleichgesinnte

Männer aus dem Kreise seiner Bekannten und Gesinnungsgenossen zu der Besprechung aufzufordern."[66]

Und im Aufruf zur Gründung des Vereins von 1873 wurde festgestellt:

„Aus der Gesamtheit der mehr oder weniger berechtigten Versuche zur Weiterbildung der heutigen Erwerbsgesellschaft tritt zur Zeit der Streit zwischen Kapital und Arbeit gefahrdrohend hervor. Wir sind daher der Ansicht, daß hier für Staat und Gesellschaft dringende Aufgaben der friedlichen Reform vorliegen.

Zunächst wird es darauf kommen, die Verhältnisse der Arbeiter und deren Beziehungen zu den Arbeitgebern aufzuklären, die Erfordernisse genossenschaftlicher Bildungen festzustellen, ihre gedeihliche Entwicklung zu unterstützen und jede Verständigung der streitenden Parteien zu fördern.

In gleicher Weise sollen die übrigen sozialen und ökonomischen Probleme der Zeit, wie Gesundheits- und Unterrichtswesen, Verkehrs-, Aktien- und Steuerwesen, in Betracht gezogen werden.

Wir sind der Überzeugung, daß das unbeschränkte Walten teilweise entgegengesetzter und ungleich starker Einzelinteressen das Wohl der Gesamtheit nicht verbürgt, daß vielmehr die Forderungen des Gemeinsinns und der Humanität auch im wirtschaftlichen Leben ihre Geltung behaupten müssen, und daß das wohlerwogene Eingreifen des Staates zum Schutze der berechtigten Interessen aller Beteiligten zeitig wachzurufen ist.

Diese staatliche Fürsorge sehen wir nicht als Notbehelf oder als unvermeidliches Übel an, sondern als Erfüllung einer der höchsten Aufgaben unserer Zeit und unserer Nation. In ernster Durchführung dieser Aufgaben wird sich der Egoismus des Einzelnen und das nächste Interesse der Klassen der dauernden und höheren Bestimmung des Ganzen unterordnen."[67]

Faktisch trat allerdings schnell die Werbung für diese politische Konzeption in den Hintergrund, und die Anregung und Durchführung sozialwissenschaftlicher Untersuchungen über sozialpolitisch bedeutsame Fragen wurde zum Schwerpunkt der Vereinstätigkeit. Man darf annehmen, daß bei dieser Akzentverschiebung innenpolitische Rücksichtnahmen im Spiel gewesen sind; das konservativ-repressive Klima der 1880er Jahre, wie es sich im Sozialistengesetz zeigte, mag eine gewisse Zurückhaltung in praktisch-politischen Äußerungen nahegelegt haben.[68]

Zunächst – bis 1881[69] – begnügte man sich bei den Studien mit Gutachten von Vereinsmitgliedern. Mit der Zeit entwickelte der Verein aber ein differenziertes Erhebungsverfahren, das für seine weiteren Untersuchungen bezeichnend wurde: die Enquete. „[...] die Enquête ist das spezifische Mittel gewesen, das der Verein für Socialpolitik eingesetzt hat, um sich über die befremdlichen gesellschaftlichen Prozesse einer noch jungen Industrienation Aufschluß zu verschaffen."[70]

Ganz in der Tradition der Erhebungen der englischen Sozialreformer der dreißiger und vierziger Jahre, an die der Verein sehr bewußt anschloß,[71] verstand man dabei unter einer Enquete eine einmalige Untersuchung eines Problemkomplexes, dessen Erörterung als Vorbereitung für die Sozialgesetzgebung wichtig erschien. Die Enquete war auf Wirkung bedacht. Sie verstand sich als wissenschaftliche Vorarbeit für gesetzgeberische Akte, die im Sinne des Sozialpolitik-Verständnisses des Vereins in den gesellschaftlichen Ablauf eingriffen, und sie zielte auf eine sachliche und engagierte Unterrichtung der politischen und administrativen Instanzen sowie der Öffentlichkeit. Durchaus war dabei ein Stück bewußten politischen Drucks mit im Spiel:

> „Der Typus der vollständigen Enquête ist dagegen politisch ein Kind des *Parlamentarismus.* In ihm fragt nicht ein wohlwollender Regent, wo seine getreuen Untergebenen der Schuh drückt, sondern der Staatsbürger sieht zu, ob Gesetze, Verwaltungseinrichtungen, Behörden und Beamte der Rectification bedürfen. Die vollständige Enquête ist mit einem Worte eines der Controll-, Agitations- und Machtmittel des *modernen* Staates."[72]

Erhebungstechnisch gesehen war die Enquete ein komplexes Gebilde, in das Informationen aus statistischen Aufarbeitungen, monographischen Studien, Befragungen ausgewählter Personen (Experten, Interessenten) und Gutachten wissenschaftlicher Autoritäten eingingen. Wenn die Enquete gut gemacht war, handelte es sich um eine sachverständige Analyse auf umfassender Materialbasis. Das Prinzip der cross-examination kam auch hier zu seinem Recht. Daß die historische Schule vom Enquete-Verfahren auch unter erhebungstechnischen Gesichtspunkten fasziniert war, liegt auf der Hand: Abstrakte Deduktionen und tote Zahlenkolonnen waren ihr suspekt, sie suchte nach den „Äußerungen frischer Lebenswahrheit" (Stieda), nach „brauchbaren und wahrheitsgetreuen Ergebnissen" (Schmoller).

Der Verein für Sozialpolitik hat in den ersten 20 bis 30 Jahren seines Bestehens eine Fülle von Untersuchungen – zunächst wie gesagt nur in Gutachtenform, dann bald in Form umfassenderer Enqueten – durchgeführt, die ich hier nur andeuten kann:

> „1873 beginnt die Tätigkeit des Vereins für Socialpolitik mit der Enquete über die Fabrikgesetzgebung, 1875 folgte die Enquete über das Lehrlingswesen in engem Zusammenhang mit der von 1879 über die gewerbliche Fortbildung. 1883 beginnt eine neue Serie von Spezialuntersuchungen mit einer Enquete über die Zustände in der Landwirtschaft, drei Jahre später, 1886 wird die Wohnungsnot untersucht, 1887 der Wucher, was verständlich wird, wenn man den Einfluß des ländlichen Privatkredits z. B. auf die kleinbäuerliche Bevölkerung kennt, wovon die Amtsakten der Länderbehörden jener Zeit voll sind. 1889 folgt die berühmte Untersuchung der Hausindustrie, die unentbehrlich ist zur Kenntnis des 19. Jhs. bis zum heutigen Tage und die 1899 noch einmal wiederholt und nun auch der Heimarbeit gewidmet wurde. 1892 erforschte man die Verhältnisse der Landarbeiter."[73]

Die Ansprüche an Genauigkeit und Objektivität, die in der Idee der Enquete enthalten sind, konnten dabei nicht in jedem Fall eingelöst werden. Der penible Schnapper-Arndt, selbst Mitglied des Vereins, hat sich auch hier als sachkundiger Kritiker hervorgetan, der die Enquete über den Wucher unter methodischen Gesichtspunkten auseinanderpflückte, indem er eine unkritische Übernahme von Aussagen interessierter Personen und einen Zug zur unzulässigen Verallgemeinerung von Einzelfallbeobachtungen monierte.[74] Solche Kritik führte zur Verbesserung des Enquete-Verfahrens des Vereins für Sozialpolitik.

Insgesamt ist es dem Verein für Sozialpolitik in seinen Enqueten gelungen, eine Vielzahl sozialpolitisch relevanter Themen recht umfassend zu bearbeiten. Auf diesem Wege konnte der Gedanke der Sozialreform im Sinn des ‚Kathedersozialismus' gepflegt und entwickelt werden. Für die Sozialgesetzgebung des Deutschen Reichs in den achtziger und neunziger Jahren war dies von großer Bedeutung,[75] auch wenn bei solchen politischen Entscheidungen natürlich weiterreichende Kräfte im Spiel sind als die Ideen einer wissenschaftlichen Gesellschaft. Im Bewußtsein dieser Leistungen konnte Schmoller denn auch zum fünfundzwanzigjährigen Bestehen des Vereins 1897 sagen:

> „Wir haben, da wir keine politische Partei sein wollen, natürlich auch keinen Gesetzentwurf ausgearbeitet, wie die Geheimen Räte und Parlamentarier. Aber die geistig soziale Bewegung, die von uns ausging, hat als Sauerteig die weitesten Kreise beeinflußt. Wir können ohne Überhebung sagen, daß wenn heute eine andere soziale Gedankenwelt Deutschland durch alle Schichten hindurch beherrscht, als 1866 bis 1872, wenn heute niemand mehr Manchestermann heißen will, jedermann über die sozialen Pflichten und Rechte des Staates anders denkt als damals, wenn die Grundzüge unserer Arbeiterversicherung, unserer Arbeitsschutzgebung, unseres ganzen modernen sozialen Rechtes doch eigentlich von keiner Partei mehr ernstlich bestritten werden –, dies zwar nicht Folge unseres Vereins, aber der großen geistigen und wissenschaftlichen Bewegung sei, deren Fäden am meisten in unserem Verein zusammenlaufen."[76]

Im folgenden soll nun die unter soziologischen Gesichtspunkten vielleicht bedeutendste Enquete genauer erörtert werden. Diese Studie fällt in eine etwas spätere Entwicklungsphase des Vereins für Sozialpolitik, in der zwar an die geschilderten Entwicklungen angeknüpft wurde – dies aber von einem Politik- und Wissenschaftsverständnis her, das in manchen Punkten von dem der klassischen Vertreter der Jüngeren historischen Schule abwich.

c) Max Weber und die ‚Untersuchungen über Auslese und Anpassung (Berufswahl und Berufsschicksal) der Arbeiter in den verschiedenen Zweigen der Großindustrie' (1909–1912)

Diese Enquete wurde von einflußreichen Teilen der zweiten Generation der Mitglieder des Vereins für Sozialpolitik getragen, die 20 bis 30 Jahre jünger als die Gründergeneration waren. Zu ihnen gehörten Max Weber (1864–1920), dessen Bruder Alfred (1868–1958) und Heinrich Herkner (1863–1932).

Zur Geschichte der Enquete:[77] 1907 schlug Alfred Weber dem Verein eine Enquete zu der Frage vor: Welche Ansprüche stellt der industrielle Großbetrieb an die intellektuellen und psychischen Qualitäten der Arbeiter? Insbesondere: Wie wird die Persönlichkeit des Arbeiters selbst durch die Eigenart der modernen Fabrikorganisation beeinflußt? Der Vorschlag fiel auf fruchtbaren Boden, ein Vorbereitungskomitee wurde eingesetzt, in dem insbesondere Alfred Weber und Karl Bücher Papiere zur Fragestellung und zur Methodik der Erhebung vorlegten. (Von Bücher stammte übrigens der Titel ‚Erhebungen über Auslese und Anpassung der Arbeiterschaft‘.) Max Weber hatte ebenfalls Interesse gewonnen und seine Gedanken in einem Memorandum über ‚Erhebungen über Berufseignung und Berufsschicksale der Arbeiterschaft in der geschlossenen Großindustrie‘ (1908)[78] zum Ausdruck gebracht. 1908 beschloß der Verein dann definitiv die Durchführung der Enquete und bewilligte für die Erhebungen einen Betrag von 10000 Reichsmark. Ein Leitungskomitee wurde gebildet, dem der alte Schmoller, Heinrich Herkner und Alfred Weber angehörten (Bücher hatte sich aus persönlichen Gründen zurückgezogen). Max Weber war nicht formell Mitglied dieser Leitungsgruppe, übte jedoch einen entscheidenden Einfluß auf die Konzeption und Ausführung der Erhebung aus, nicht nur durch das schon genannte Memorandum, sondern auch durch Vorstudien (‚Zur Psychophysik der industriellen Arbeit‘)[79], die er 1908 durch empirische Arbeiten in der Textilfabrik eines Verwandten vorbereitet und dann zu Papier gebracht hatte.

In einem Rundschreiben an die Leiter der volkswirtschaftlichen Seminare wurde auf die Erhebung aufmerksam gemacht. Auch sind „mit vielen älteren volkswirtschaftlichen Gelehrten“ gezielte Verhandlungen geführt worden, um sie zur persönlichen Mitarbeit zu gewinnen. Dabei wurden „nicht unbeträchtliche Honorare“ aus Vereinsmitteln (Mitgliedsbeiträge, öffentliche Zuwendungen, private Spenden) in Aussicht gestellt. Mitarbeiter sollten dem Vereinsbeschluß entsprechend bei ihren Erhebungen folgende Papiere berücksichtigen: 1. das schon erwähnte Memorandum Max Webers; 2. einen ‚Arbeitsplan‘ (eine Art detaillierter Fragenkatalog); 3. einen Fragebogen (als konkretes Erhebungsinstrument) (vgl. Abb. 4).[80]

Versucht man einen genaueren Einblick in Fragestellung und Erkenntnisinteresse der Enquete zu gewinnen, so wird man sich vor allem an Max und Alfred Weber orientieren, denn die beiden Brüder waren letztlich die führenden Köpfe der ganzen Sache.

Entscheidend für die *inhaltliche Stoßrichtung* der Erhebungen war die Beobachtung, daß zwar viel über die Arbeiterfrage geforscht worden war, daß man aber nur die Rahmenbedingungen der Arbeiterexistenz (Arbeitslohn, Arbeitszeit, Lohnverhältnisse, Ernährungsverhältnisse usw.) genauer kannte, während die subjektive Verarbeitung dieser Bedingungen durch die Industriearbeiter unbekannt geblieben war. Bereits im Titel der Enquete drückte sich diese ‚subjektive‘ Stoßrichtung der Studie aus. Alfred Weber selbst sagte:

„Als ich diese Enquete mit anregte, war mein ganz persönliches Interesse – es sind dann zweifellos wichtigere Gesichtspunkte in die Enquete von anderer Seite hineingetragen worden – nach der Seite der Aufklärung des Berufsschicksals der Industriearbeiter gerichtet. Ich hatte die Empfindung, daß wir gewissermaßen nur Rahmenhaftes über dieses Berufsschicksal wußten [...] Für meine Person wußte ich im ganzen aus dem mir zur Verfügung stehenden Material nur Rahmenhaftes darüber. Man wußte

Fragebogen Nr. ....

(Bei den mit dem Zeichen * versehenen Stellen sind die jedesmal zutreffenden Worte zu unterstreichen.)

---

1. **Vor- und Zuname des Arbeiters:** ....
(kann ev. unausgefüllt bleiben)
beschäftigt als .... bei der Firma ....
2. **Geburtsjahr:** .... **Geburtsort:** .... **Staat:** ....
3. **Geschlecht und Familienstand:** { männlich* — weiblich* ledig* — verheiratet* — verwitwet* — geschieden*.
4. **Konfession:** ....
5. **Beruf und Geburtsort:** { des Vaters .... der Mutter ....
6. **Beruf der Großväter:** ....
7. **Militärdienst:** noch nicht militärpflichtig* — gedient* — militäruntauglich* — bedingt tauglich*. Hat Ihr Vater gedient? ....
8. **Schulbildung:** .... Wo? ....
9. **Berufslehre:** { als was und wo? .... wie lange haben Sie gelernt? .... Haben Sie Lehrgeld bezahlt? .... wie viel? .... oder haben Sie Lohn erhalten? .... und von wann an? ....
10. **Aus welchem Grunde haben Sie diesen Beruf ergriffen?** ....
11. Was für Arbeiten machen Sie in Ihrer jetzigen Stellung? ....
....
12. Besitzen Sie außer der jetzt von Ihnen ausgeübten noch **andere Berufsgeschicklichkeiten?** .... Welche sind dies? ....
13. Ist Ihre **Arbeit etwa besonders anstrengend?** ....
Wodurch? ....
14. **Von welchem Alter** an finden Leute Ihrer Arbeitsstellung nicht mehr leicht Beschäftigung? ....
15. Waren Sie etwa **früher in anderen Berufsstellungen?** Wo? wie lange? als was?
(Genaue Angabe des Arbeitsortes, des Arbeitgebers, der Arbeitsstellungen. Angabe, ob selbständig oder unselbständig.) Reicht der Raum nicht aus, so ist ein Zusatzbogen zu benutzen.
....
....
16. **Gründe des Wechsels der Stellungen:** ....
....
17. Stehen Sie in **Zeit-** oder in **Akkordlohn?** .... Ungefährer Wochenverdienst .... *M*. Ziehen Sie Zeitlohn oder Akkordlohn vor? ....
....
18. **Tägliche Arbeitsdauer:** von .... Uhr bis .... Uhr. Pausen: ....
Überstunden? .... Zu welcher Stunde nehmen Sie die Hauptmahlzeit?
....

19. Nach welcher täglichen **Arbeitsdauer** tritt bei Ihnen erfahrungsgemäß **Ermüdung ein?** ....

20. Was sind Ihre **Haupterholungen?** ....

....

21. Womit beschäftigen Sie sich am liebsten außerhalb Ihres Berufes? ....

....

22. **Wohnung:** Eigenes Haus* — Wohnung vom Arbeitgeber* — Mietwohnung* — Schlafstelle*. Entfernung der Wohnung von der Arbeitsstätte .... km. Fahren Sie? ....

    Feld oder Garten* — eigen* — gepachtet*.

23. Halten Sie **Schlafgänger*** — oder **Kostgänger***? Wie viele?

24. Haben Sie sonst **Nebenerwerb?** .... Welchen? ....

....

25. Wann haben Sie sich **verheiratet?** .... Verdient Ihre **Frau** Geld? .... Womit? ....

26. Zahl der **Kinder:** .... Davon leben noch: .... männlich: .... weiblich: ....

Verzeichnis der lebenden Kinder:

Nr.	Vorname	Alter	Beruf oder Beschäftigung	Bereits ausgelernt oder noch in der Lehre	Warum gerade diese Berufe	Militärverhältnis

Warum gerade diese Berufe? ....

....

Etwaiger Gelderwerb der Kinder: ....

27. **Welches Lebensziel hoffen Sie zu erreichen?** ....

    Welches Ziel hatten Sie sich früher gesteckt? ....

    Wovon gedenken Sie im Alter zu leben? ....

    (Antwort eventuell auf der Rückseite des Zusatzbogens.)

Abb. 4: Fragebogen der Erhebung zur Enquete über ‚Auslese und Anpassung' des Vereins für Sozialpolitik (1908)

Quelle: M. Bernays, Auslese und Anpassung der Arbeiterschaft der geschlossenen Großindustrie, dargestellt an den Verhältnissen der „Gladbacher Spinnerei und Weberei" A.-G. zu Mönchen-Gladbach im Rheinland, in: Schriften des Vereins für Socialpolitik, Bd. 133. 1, Leipzig 1910, S. VIII ff.

Bescheid über die Arbeitszeiten, über Lohn, über die Verhältnisse der Wohnungen, diese äußerlichsten Einrahmungen, auch über die Verhältnisse der Ernährung usw. Seither sind uns die Inhalte des Arbeiterberufsschicksals in sehr starkem Maße aufgeklärt worden, vor allen Dingen durch die Arbeiter selbst und ihre Biographien; – dann aber doch auch durch diese Enquete.

Was die Vereinsenquete geleistet hat, liegt, soweit mein Interesse nach einer Belehrung durch sie in Frage kommt, in der Richtung der Konkretisierung eben des Inhalts dieses Berufsschicksals."[81]

„Was ist der reale Inhalt des Lebens dieser Klasse? Nach welchen Richtungen tendiert ihr Eingestelltsein, die in ihr vorhandenen Lebenskräfte zu treiben, die Möglichkeiten, die sie in sich trägt, lösend oder bindend? Was sucht das Schicksal aus ihr als *Lebenssubstanz* zu machen?"[82]

Im Prinzip müßten – so Alfred Weber – bei Erhebungen zu solchen Problemen, die in die subjektive Dimension hineingehen, zwei Erfahrungsbereiche unterschieden werden, die beide Einfluß auf die Orientierung der Industriearbeiter ausübten: der Erfahrungsbereich des Berufs und der Erfahrungsbereich der Familie und des Privatlebens. Doch sei der Erstgenannte unter den gegebenen Umständen dominant und prägend. Daher das bevorzugte Interesse für die Analyse des ‚Berufsschicksals'.[83]

Max Weber erweiterte nun diese Fragestellung um eine andere wichtige Dimension: die Bedeutung subjektiver Voraussetzungen für die Entwicklung der kapitalistischen Großindustrie selbst. Dieser Gesichtspunkt erklärt sich sicher aus Max Webers Grundthese von der Bedeutung subjektiver Momente für den Geschichtsprozeß – ein Gedanke, der für die gesamte Kapitalismus-Analyse Webers zentral ist. Der Gedanke wird in der Enquete als Fragestellung aufgenommen und in der Weise konkretisiert, daß in der Erhebung auch dem Problem nachgegangen werden soll, wie die von der Industrie selbst beeinflußte Subjektivität des Arbeiters auf den kapitalistischen Produktionsprozeß zurückwirkt.

Somit hatte die Enquete letztlich zwei Dimensionen, die Max Weber wie folgt umschrieb:

„Die gegenwärtige Erhebung versucht festzustellen: einerseits, welche Einwirkung die *geschlossene Großindustrie* auf persönliche Eigenart, berufliches Schicksal und außerberuflichen ‚Lebensstil' ihrer Arbeiterschaft ausübt, welche physischen und psychischen Qualitäten sie in ihnen entwickelt, und wie sich diese in der gesamten Lebensführung der Arbeiterschaft äußern, – andererseits: inwieweit die Großindustrie ihrerseits in ihrer Entwicklungsfähigkeit und Entwicklungsrichtung an gegebene, durch ethnische, soziale, kulturelle Provenienz, Tradition und Lebensbedingungen der Arbeiterschaft erzeugte Qualitäten derselben gebunden ist."[84]

Neben dieser inhaltlichen Ausrichtung ist für die Enquete über ‚Auslese und Anpassung' eine *wissenschaftstheoretische Orientierung* wichtig, die von einem anderen Verständnis des Verhältnisses von Sozialwissenschaft und Sozialpolitik ausgeht als es für die Gründergeneration im Verein für Sozialpolitik charakteristisch war. Alfred Weber:

„Was wir Jüngeren wollen, wenn wir uns überhaupt irgendwie zusammenfassen wollen, kann man vielleicht dahin bezeichnen, daß wir eine etwas klarere Scheidung zwischen Zielsetzung und Untersuchung wünschen, daß wir ein größeres Maß von Bewußtheit in der Trennung dieser Dinge wünschen, vor allem, daß wir wollen, daß man sich bei der Untersuchung selber klar ist, daß man objektiv, wie man das früher trivial ausgedrückt hat, vorzugehen hat. Was ich aber durchaus aufrechterhalten möchte – sonst würde ich so, wie ich es möchte, nicht mitreden können – ist, daß man hier auch über Zielsetzung diskutiert, über Ideale diskutiert und sich auseinanderzusetzen hat. Ich bin der Meinung, daß Ideale nicht vom Himmel fallen, sondern aus dem Leben herauswachsen, und daß wir auch darüber streiten können, in welchen Beziehungen sie zu anderen Lebensteilen stehen, welche allgemeine Bedeutung, welche relative Bedeutung sie haben, daß wir uns die Bedeutung der verschiedenen Zielsetzungen klar machen, und ich halte das für eine der wesentlichsten, vielleicht für die zentralste Aufgabe, die der Verein hat, derartige Zielsetzungsdiskussionen zu führen.“[85]

Hier scheint der Werturteilsstreit durch, der Anfang des Jahrhunderts im Verein für Sozialpolitik wütete. In der Rezeption dieser Auseinandersetzung ist insbesondere die Position, die Max Weber dabei eingenommen hat, immer wieder als schlichter Versuch der ‚Entpolitisierung‘ der Wissenschaft interpretiert worden (und sicherlich hat sich Max Weber durch den Zungenschlag mancher Äußerungen gelegentlich für eine solche Rezeption angeboten). Doch letztlich ging es Weber nicht um ein Plädoyer für den unpolitischen Wissenschaftler. Max Weber war ein hochkarätiger politischer Kopf, der in geschichtlichen Perspektiven dachte und handelte: ein bewußter Repräsentant des deutschen Bürgertums, der sich mit der ‚eigenen Klasse‘ identifizierte. „Ich bin“, sagte er einmal, „ein Mitglied der bürgerlichen Klassen, fühle mich als solches und bin erzogen in ihren Anschauungen und Idealen.“[86] Politisch bekannte er sich als „ökonomischer Nationalist“, der die historische Rolle der gesellschaftlichen Klassen an ihrer Fähigkeit messen wollte, „die dauernden ökonomischen und politischen Machtinteressen der Nation über alle anderen Erwägungen zu stellen“[87] – eine Qualifikation, die er der deutschen Bourgeoisie, seiner eigenen Klasse, noch nicht attestieren zu können glaubte, zu der er ihr aber als Wissenschaftler verhelfen wollte: Wissenschaft als ‚politische Erziehungsarbeit‘, durch die die bürgerliche Klasse von der subjektiven Seite her auf die historische Rolle vorbereitet wird, die objektiv nur sie erfüllen könne.[88]

Das ist nicht die Sprache eines politikfernen Sozialforschers. Der Bezug zur Politik galt Weber als selbstverständlich. Werturteile erschienen ihm unabweisbar – auch in dem Sinn, daß vom Wissenschaftler die Leistung der Beurteilung der ökonomisch-sozialen Erscheinungen ‚verlangt‘ werde. Nur war Weber eben der Meinung, daß diese Wertorientierungen expliziert werden müßten und daß sie aus wissenschaftlichen Analysen selbst nicht ableitbar seien.[89] Mit dieser Position repräsentiert Weber eine neue Periode im Methodenverständnis bürgerlicher Sozialwissenschaft. Waren Politik und Forschung den englischen Amateurstatistikern der 1830/40er Jahre wie auch noch der Gründergeneration des Vereins für Sozialpolitik, die Wissenschaft allerdings schon von Berufs wegen betrieb, eine unproblematische Einheit, so sah Weber in dieser selbstverständlichen Verschmelzung beider Sphären eine Gefährdung der Objektivität sozialwissenschaftlicher Aussagen: Weder seien sich die Wissenschaftler selber der politisch-sozialen Schranken ihrer Aussagen bewußt noch könnten diese der wissenschaftlichen Öffentlichkeit transparent gemacht werden. Wenn Weber diese Erscheinungen beklagte und mit seiner Forderung der Offenlegung vorgängiger Werturteile in den Sozialwissenschaften überzogene Geltungsansprüche vermeiden und die Chancen intersubjektiver Überprüfbarkeit erhöhen wollte, so drückte sich hierin das Bedürfnis aus, Sozialwissenschaft als kontrolliert vollzogene Erkenntnisarbeit ernstzunehmen. Dieses Bestreben entsprach einer Phase in der Entwicklung der Sozialwissenschaften, in der sich diese als Wissenschaftssystem gegenüber dem Alltagsleben verselbständigten. Sie veränderten sich von einer vielleicht anregenden Nebentätigkeit gebildeter Laien zur Lebenstätigkeit von Berufswissenschaftlern, die ihre Arbeit immer mehr mit einem professionellen Selbstverständnis betrieben und entsprechende berufliche Normen ausbildeten. In Webers Wissenschaftskonzept – in dem es weniger um die Lösung erkenntnistheoretischer Grundsatzfragen und mehr um die Durchsetzung solcher ‚codes of ethics' in einer zur Profession gewordenen Disziplin ging[90] – drückt sich gerade diese Umschichtung aus.

Zugleich enthielten seine Überlegungen eine deutliche Spitze gegen einen Zug zur politischen Intoleranz, der den von der Jüngeren historischen Schule dominierten Wissenschaftsbetrieb kennzeichnete. Der Gedanke, daß Werturteile letztlich wissenschaftlich nicht begründet werden können, bedeutete für Weber auch Freiheit der Werturteile in der Wissenschaft. An der Jüngeren historischen Schule, deren Auffassungen Weber in vielen Fragen – insbesondere in ihrer Kritik am wirtschaftlichen Liberalismus – beipflichtete und deren Leistungen für das Hervorkommen der modernen Sozialwissenschaften er vorbehaltlos anerkannte, kritisierte er die Hypostasierung der eigenen politischen Präferenzen. Die Verabsolutierung ihres Politikverständnisses sei die ‚Sünde' der Gründergeneration im Verein für Sozialpolitik gewesen:

„Immer wieder geschah es, daß man geglaubt hat, ein Mensch sei deshalb *wissenschaftlich* erledigt, weil er unsere *ethischen* Urteile nicht teilt. Das ist unmöglich, das können wir bei allem Respekt für die Generation, die die großen Kämpfe der Vergangenheit geführt hat und deren Epigonen wir heute sind, und ohne deren mächtigen Unterbau unsere Arbeiten gar nicht möglich wären, nicht mitmachen. Das ist der Punkt, wo wir den Versuch machen müssen, auf einen anderen Boden zu kommen, und ich stimme mit Professor Sombart vollkommen darin überein, daß wir sowohl der Wissenschaft wie auch *gerade* dem *praktischen* Wollen nur einen Dienst erweisen, wenn wir beides reinlich scheiden."[91] Weiter: „Der Grund, weshalb ich so außerordentlich scharf bei jeder Gelelenheit, mit einer gewissen Pedanterie meinetwegen, mich wende gegen die Verquickung des Seinsollens mit dem Seienden, ist nicht der, daß ich die Fragen des Sollens unterschätze, sondern gerade umgekehrt: weil ich es nicht ertragen kann, wenn Probleme von weltbewegender Bedeutung, von größter ideeller Tragweite, in gewissem Sinne höchste Probleme, die eine Menschenbrust bewegen können, zu einem Gegenstand der Diskussion einer *Fach*disziplin, wie es die Nationalökonomie ist, gemacht werden.“[92]

Dieses Bemühen, Wissenschaft in einen politischen Gesamtrahmen hineinzustellen, im wissenschaftlichen Arbeitsprozeß selbst aber nicht ständig ‚Wissenschaft und Werturteil‘ miteinander zu vermengen, war auch in der Enquete über ‚Auslese und Anpassung‘ erkennbar. Die Fragestellung wurde im Kontext einer politisch orientierter Theorie der gesellschaftlichen Entwicklung bestimmt, die von einem bürgerlichen Weltbild ausging und auf den subjektiven Faktor im Geschichtsprozeß abhob; in der Erhebung selbst wurden politische Bezüge kaum mehr hergestellt – bürgerliche Sozialforschung als Versuch ‚objektiver‘ Wissenschaft.

Von 1909 bis 1911 fanden die Erhebungen zur Enquete statt. Erfahrene Wissenschaftler, „ältere volkswirtschaftliche Gelehrte“, konnten für diese Beinarbeit zum Leidwesen der Untersuchungsleitung nicht gewonnen werden, so daß man auf Forschungsanfänger zurückgreifen mußte, die sich noch zu qualifizieren hatten – „jüngere Kräfte, wie sie sich in den Seminaren betätigen“.[93] Insgesamt war es ein Dutzend mehr oder weniger reger Feldarbeiter, das sich schließlich an die Arbeit machte: betriebliche Unterlagen sammelte, Expertengespräche durchführte, Arbeiter befragte.

Die Befragung der Arbeiter bereitete Schwierigkeiten. Teils sicher, weil die Erhebungen – gegen den Arbeitsplan, der besonders betont hatte, die Eintragungen sollten „in der Regel nicht durch die Arbeiter selbst, sondern nach deren Einvernahme durch die Verfasser bewirkt werden“[94] – von vielen der Bearbeiter als schriftliche Erhebungen organisiert worden waren. Bei schriftlichen Befragungen ist immer mit einer begrenzten Rücklaufquote zu rechnen, zumal bei komplizierteren Fragen, wie sie auch in der Enquete gestellt wurden. Vor allem scheiterte die Befragung aber am Mißtrauen der Arbeiter und ihrer Gewerkschaften, die vom Nutzen der Erhebung nicht überzeugt werden konnten. Die Bearbeiter führen in ihren Einleitungen hierzu zum Teil wortreich Klage, so Dr. Heiß, der Erhebungen in der Berliner Feinmechanik durchführte:

„Nach dem Angriff der Berliner Ortsverwaltung des Deutschen Metallarbeiterverbandes auf den Verfasser wegen einer allerdings scharfen, aber durchaus sachlichen Kritik eines im Jahre 1905 verlorenen Streiks und angesichts der Widerstände, die hier zu überwinden waren, bis die Verteilung der Fragebogen überhaupt von der Berliner Ortsverwaltung übernommen worden ist, kann ich mir das klägliche Resultat der Beteiligung nicht anders denn dadurch erklären, daß meine Erhebung von dieser Stelle aus in keiner Weise gefördert worden ist. Es ist mir zwar gestattet worden, in einer Vertrauensmänner-Versammlung der Feinmechaniker und in einer Vertrauensmänner-Versammlung der Vertrauensleute der bei Siemens & Halske beschäftigten Arbeiter einen Vortrag über Art und Zweck der Erhebung zu halten, weiterhin aber war es mir unmöglich, im Konnex mit den Vertrauensleuten des Deutschen Metallarbeiterverbandes zu bleiben. Die Ablieferung der eingegangenen Fragebogen an mich wurde so lange verzögert, daß allein schon durch das späte Einsammeln der Fragebogen ein starker Materialverlust erklärt wird. Das ganze Verfahren macht auf mich den Eindruck, als ob die Berliner Ortsverwaltung dieser Professorenerhebung eine Art passiven Widerstand entgegengesetzt hätte. Denn nach der Qualität der beantworteten Fragen hätte eine auch nur schwache Unterstützung der Erhebung durch die Ortsverwaltung des Deutschen Metallarbeiterverbandes, während sie im Gange war, auch quantitativ ein weit besseres Resultat liefern müssen.

In der Diskussion über meinen Vortrag zeigte sich, daß die Sozialdemokratie gegen die bürgerliche Wissenschaft bei vielen Arbeitern ein starkes Mißtrauen hervorgerufen hat. Mehrere Redner erklärten, daß man eine derartige Erhebung überhaupt nicht unterstützen dürfe. Bei beiden Vorträgen war der Geschäftsführer der Berliner Ortsverwaltung nicht anwesend. Beim ersten Vortrag erschien er, nachdem die Sitzung bereits geschlossen war. Ich weiß nun allerdings selber am besten, daß der Geschäftsführer einer Gewerkschaft tagsüber sehr angestrengt zu arbeiten hat und daß er an den Abenden durchweg stark in Anspruch genommen ist; es wäre aber jedenfalls meiner Erhebung außerordentlich förderlich gewesen, wenn er sie, auch nachdem er nach Schluß der Versammlung erschienen war, mit einigen kurzen Worten empfohlen hätte.“[95]

Es muß hier nicht im einzelnen erörtert werden, ob die Skepsis der Belegschaften und Gewerkschaften berechtigt war oder nicht. Gerade weil die Position des Vereins für Sozialpolitik bei allem Wohlwollen gegenüber den Arbeitern eine bürgerliche war, kann man sich aber lebhaft vorstellen, daß es kaum einem der dazu noch unerfahrenen Jungwissenschaftler gelungen sein dürfte, den Arbeitern die praktische Nützlichkeit der Forschungen für die Durchsetzung ‚alltäglicher‘ Arbeiterinteressen zu demonstrieren. Warum aber sollten Arbeiter, die von dem persönlichen Nutzen der Erhebungen nicht überzeugt waren, Zeit für eine ihnen fremd bleibende Sache aufwenden? Wie auch immer, für die Forscher war die Befragungsaktion jedenfalls deprimierend: Dr. Heiß verteilte 3 500 Fragebogen und erhielt 181 Antworten; Dr. Schumann 1 800 Bogen, 173 Antworten; Dr. Deutsch 2 500/283; Dr. Darmstedter 4 000/100 (letzterer hat dann aus Verzweiflung das Handtuch geworfen).[96]

Nur die einfallsreichere und besonders fleißige Marie Bernays, die von den anleitenden Professoren immer lobend erwähnt wird, konnte das Programm wenigstens in erhebungstechnischer Hinsicht voll durchziehen. Sie war aber anders als die meisten ihrer Kollegen vorgegangen: Bernays führte zunächst eine mehrmonatige teilnehmende Beobachtung in ihrem Untersuchungsbetrieb durch, bevor sie ihre Forschungsabsichten gegenüber Unternehmensleitung und Belegschaft offenlegte. Danach folgte eine Phase offener Erhebungen im Betrieb, die ohne Mißtrauen durchgeführt werden konnten und bei denen die Verfasserin sehr von ihren Primärerfahrungen als Fabrikarbeiterin profitierte.[97]

Gelegentlich ist nun gesagt worden,[98] die Schwierigkeiten bei der Arbeiterbefragung hätten wesentlich dazu beigetragen, daß die Enquete insgesamt zu keinem allzu glücklichen Ergebnis kam. Das ist sicher auch insoweit richtig, als durch die starken Ausfälle bei den Befragungen gerade die subjektiven Probleme, die für den Ansatz der Enquete besonders wichtig waren, nicht in der ursprünglich geplanten Form aufgenommen werden konnte. Doch lagen die eigentlichen Gründe dafür, daß die Ziele der Enquete in der Tat nur ganz begrenzt erreicht werden konnten, tiefer, wie sich noch zeigen wird.

An der Zahl der Veröffentlichungen gemessen, hat die Enquete einen durchaus reichhaltigen Niederschlag erfahren. Die Ergebnisse wurden im Band 133 der Schriften des Vereins für Sozialpolitik (1910–1912) veröffentlicht;[99] insgesamt eine mehrteilige voluminöse Publikation, die vielfältiges Material von recht unterschiedlicher Breite und verschiedenem Tiefgang enthält. Am weitesten in der Realisierung des Erhebungsprogramms ist sicher Marie Bernays gekommen. Aber selbst diese im Rahmen der vorgelegten Arbeiten vorbildliche Studie zeigte die Schwächen der ganzen Aktion, die vor allem in folgenden Problemen lagen:

– Die Enquete lieferte hauptsächlich mehr oder weniger gute Diskriptionen in (betriebs-) monographischer Form, eine Art ‚Totalübersichten‘ (Zeisel), d.h. ziemlich weitgehende Beschreibungen der Zusammensetzung und der Entwicklung der Belegschaften (nach Alter, Herkunft, Lohnhöhe, Arbeitsleistung usw.). Diese Informationen waren sicher wichtig und stellen ein heute noch immer nicht voll ausgeschöpftes historisches Material dar. Doch fehlte es völlig an einer konsequenten Interpretation dieses Materials im Hinblick auf die Fragestellungen der Enquete: Die Tendenzen in der Entwicklung der Arbeits- und Lebensverhältnisse der Arbeiter, die Formen subjektiver Verarbeitung dieser objektiven Bedingungen durch die Arbeiter sowie die Bedeutung der Persönlichkeitseigenschaften und Verhaltensweisen der Arbeiter für die Entwicklung des Kapitals – das alles wurde an keiner Stelle unter Berücksichtigung des Gesamtmaterials zusammenhängend angegangen und erörtert. Die wichtigen Fragen, die Alfred und Max Weber entwickelt und begründet hatten, blieben ohne bündige Antworten – und man hat den Eindruck, daß dies zu einem Gutteil allein darin seinen Grund gehabt hat, daß sich keiner der Beteiligten der Mühe unterziehen wollte, das erhobene Material auf die ja recht klaren Ausgangsfragestellungen zurückzubringen. Die veröffentlichten Berichte lassen den abschließenden Schritt einer zusammenfassenden Analyse aus und sind insoweit ein Torso.
– Doch wies die Enquete auch ein methodisches Defizit auf, das ein Zurückbinden auf die Ausgangsfragestellungen behindern mußte. Den Erhebungen mangelte es an einer überzeugenden methodischen Erfassung der subjektiven Dimension: der Einstellungen, Orientierungen und Verhaltensweisen, die die Arbeiter in der Konfrontation mit den objektiven Lebensverhältnissen ausbilden. Die Vorstellung von den Mechanismen, über die sich objektive Lebensumstände in Bewußtsein und Verhalten umsetzen, waren noch ganz unklar – angesichts der bis heute noch ungelösten Schwierigkeiten dieses Problems an sich keine erstaunliche Sache. Merkwürdig bleibt aber trotzdem, daß Indikatoren, die hier, gerade auch nach den Vorarbeiten Max Webers, ziemlich nahegelegen hätten, allenfalls durchscheinen konnten: das Leistungsverhalten der Arbeiter, das Leben außerhalb des Betriebs, das Organisations- und Kampfverhalten, meinetwegen auch Meinungsäußerungen; all das hätte sich aufnehmen und be-

schreiben lassen, und aus solchem Material wären sicher Schlußfolgerungen zum Problem der subjektiven Verarbeitung zu ziehen gewesen. Wenn solche Dinge nicht oder nur unzulänglich ermittelt worden sind, so ist dies ein Indiz für eine noch ziemlich unterentwickelte Phantasie im Umgang mit den Fragen, die wir heute der Bewußtseins- und Verhaltensforschung zurechnen.

Der Verein für Sozialpolitik selbst hat auf seiner Sitzung vom 10. Oktober 1911 über die Enquete gesprochen.[100] Eine richtige Diskussion, die wirklich zu den Ausgangsfragestellungen zurückgegangen wäre, kam dabei nicht auf, so daß man sich schwerlich vorstellen kann, daß „die Teilnehmer [...] durchweg von dem Verlauf der Tagung sehr befriedigt“ gewesen seien, wie Boese behauptet.[101] Kritische Anmerkungen finden sich eigentlich nur in dem Diskussionsbeitrag des Statistikers Bortkiewicz, der auf einige erhebungstechnische Fehler hinwies (Schlußfolgerungen aus einer kleinen und nicht repräsentativen Fallzahl, Prozentuierungen auf falsche Bezugszahlen, Mängel im Fragebogen) – Fehler, die von Max Weber sofort zugegeben wurden.[102] Insgesamt kam bei den Erörterungen heraus, wie wenig die Forscher selbst und die sie betreuenden Professoren letztlich mit dem erhobenen Material anfangen konnten. Niemand gab eine zusammenfassende, auf die Grundprobleme der Enquete zurückführende Interpretation der erhobenen Daten: weder Herkner (ein Mitglied des Leitungsgremiums), der mehr in der Form einer tour d'horizon ein Einleitungsreferat hielt, noch Marie Bernays (die vorbildliche Feldarbeiterin), die mit schönen Graphiken ein paar ihrer Daten ausbreitete, noch Alfred Weber (der intellektuelle Urheber der Enquete), der wortgewaltig auf ein wichtiges, aber insgesamt für die Untersuchung doch recht spezielles Problem einging (die Gefährdungen, denen ältere Arbeiter ausgesetzt sind, und mögliche sozialpolitische Vorkehrungen).[103]

Auch Max Weber hatte auf dieser Sitzung nicht seinen stärksten Tag. Er äußerte sich ziemlich widerwillig und launisch zu der ganzen Sache. Anstatt die Daten nun endlich zusammenzubinden – aus dem Material, das zutage gefördert worden war, hätte man durchaus etwas machen können –, sagte er schlicht:

> „Herausgekommen, meine Herren, ist bisher an endgültigen Resultaten noch *gar nichts,* nichts anderes wenigstens als einige Zahlen, die geeignet sind, einige Hypothesen zu stützen, andere Hypothesen neu aufzustellen, die Fragestellung zu korrigieren und – dies ist das bei weitestem Wichtigste – zu *beweisen,* daß an dem Material, das hier in Angriff genommen worden ist, und mit Hilfe des weiter zu gewinnenden ähnlichen Materials sich im Laufe der Zeit und zwar einer sehr langen Zeit mit *sehr hoher Wahrscheinlichkeit* wertvolle und durchschlagende Ergebnisse werden gewinnen lassen. [...] Meine Damen und Herren, mit dem größten Nachdruck sei gesagt: der Verein steht mit dieser Erhebung heute am *Anfang* dessen, was er will, und nicht am Ende, und er wird Jahrzehnte an dieser Sache langsam und ruhig weiter zu arbeiten haben. Das ist keine einfache Sache. Glänzende und bequeme Themata für Doktorarbeiten sind Dinge nicht, bei denen man unter Umständen, wie auch ich es getan habe, zirka

30 000 Rechenexempel – bei einigen Mitarbeitern werden es 100 000 gewesen sein – im Kopfe zu machen hat, um dann vielleicht zu finden, daß bei neun Zehntel von ihnen nichts herauskam. Wir hoffen auf eine Elite von Ideologen als Mitarbeiter, die diese schwere Last einer rein mechanischen und auf keine Weise auf bezahlte Kräfte abzuwälzenden Arbeit auf sich nehmen wollen – nicht abwälzbar auf bezahlte Kräfte deshalb, weil *nur während* der eigenen persönlichen Rechenarbeit –, darin unterscheidet sich diese statistische Arbeit von der Art eines Produzierens, wie es im allgemeinen bei der offiziellen Statistik der Fall ist –, weil, sage ich, nur während des eigenen persönlichen fortwährenden Errechnens von Zahlen dem Bearbeiter die Einfälle kommen, die er braucht, um diese Zahlen zu deuten und neue Fragestellungen zu finden.“[104]

Das sind gewiß Ratschläge, die man beherzigen sollte, aber der tatsächlichen Bedeutung der ganzen Untersuchung wird das nicht gerecht.

So bleibt zu fragen, warum die Enquete, die eine präzise Fragestellung hatte und die trotz mancher Mängel auch über interessantes Erhebungsmaterial verfügte, letztendlich ihren eigenen Zielen und Absichten so wenig Rechnung tragen konnte. War die Arbeit zu sehr von einzelnen Personen abhängig, die durch andere Verpflichtungen absorbiert wurden oder andere Forschungsfragen inzwischen als wichtiger ansahen? Lag es daran, daß die Last der Forschungsarbeit zu sehr auf Anfängern ruhte, die letztlich nur an einer Qualifikationsarbeit interessiert waren? War die Professionalität der Forschung noch zu schwach ausgebildet? Die Umstände im einzelnen müßten noch aufgearbeitet werden.

Doch scheint es ziemlich wahrscheinlich, daß die immer noch unzureichende Institutionalisierung der empirischen Forschung in Deutschland zum Scheitern der Untersuchung wesentlich beitrug. Schließlich war auch der Verein für Sozialpolitik nur eine Vereinigung von Wissenschaftlern wie wissenschaftlich interessierten Personen und Einrichtungen,[105] die zwar Untersuchungen anregen, verfolgen und verbreiten konnte (auch war eine finanzielle Unterstützung möglich, obgleich die Forschungsmittel sehr knapp gewesen sein sollen). Eine eigene kontinuierlich einsetzbare Forschungskapazität stand dem Verein jedoch nicht zur Verfügung. Zur Durchführung war man auf die Universitätsprofessoren angewiesen, die selbst oft nur noch anregend und kontrollierend am Forschungsprozeß teilnahmen und die Hauptarbeit Teilnehmern ihrer Seminare, also Forschungsanfängern, überließen.[106] Koordination und Kontinuität ist bei einer solchen Forschungsorganisation weitgehend eine Sache des Zufalls – beides wird aber bei einer Enquete von der Art der Erhebungen über ‚Auslese und Anpassung‘ dringend benötigt.

Die insgesamt geringe Leistungsfähigkeit dieser ‚halbinstitutionalisierten‘ Forschungsweise soll in den folgenden Exkursen noch von einem anderen Blickpunkt her beleuchtet werden: von der Tatsache aus, daß damals beachtenswerte inhaltliche und methodische Innovationen auch durch ‚wissenschaftliche Außenseiter‘ und nicht durch professionelle Sozialforscher zustandekamen.

d) Exkurs: Inhaltliche und methodische Innovationen durch Außenseiter (Autobiographien: Göhre 1891, Fischer 1904 u.a.; Befragungen zum Arbeiterbewußtsein: Levenstein 1912 u.a.)

(1) Sammlung und Anregung von ‚Arbeitermemoiren'

Um die Jahrhundertwende und danach sind in Deutschland eine Reihe von Arbeitermemoiren bekannt geworden.[107] Nun ist die Arbeiterkultur an sich kein sozialer Zusammenhang, der aus sich heraus literarische Produkte dieser Gattung erzeugt. Die Ausdrucksformen für Überlieferungen sind im Arbeitermilieu eher andere: Geschichten, kleine Verse, Lieder, oft auch nur tradierte Topoi, die bestimmte Erfahrungen in vermittelbarer Form festhalten. Die literarische Verarbeitung von lebensgeschichtlichen Erfahrungen als Arbeitermemoiren bedarf in der Regel des besonderen Impulses und der Förderung. Wenn nun um die Jahrhundertwende eine Reihe von Arbeitermemoiren erscheinen konnten, so ist dies sicher auch das Verdienst entsprechender Initiativen, wobei Paul Göhre eine wichtige Rolle gespielt hat.

Göhre (1864–1928) war von Haus aus Theologe. Er interessierte sich für die ‚Arbeiterfrage', mußte dabei aber feststellen, daß wenig Kenntnisse über das reale Bewußtsein der Arbeiterklasse greifbar waren.

„Und eben das war es, was ich vor allem wissen wollte, um darauf mein weiteres Studium und meine spätere Arbeit bauen zu können: *die volle Wahrheit über die Gesinnung der arbeitenden Klassen, ihre materiellen Wünsche, ihren geistigen, seelischen, religiösen Charakter.*

Wie aber ergründen, was sich so gerne dem forschenden Auge entzieht? Das beste, geradeste, wenn auch nicht eben bequemste war, wenn ich selbst unerkannt unter die Leute ging, mit eignen Ohren hörte und mit eignen Augen sah, wie es unter ihnen steht, ihre Nöte, ihre Sorgen, ihre Freuden, ihr tägliches einförmiges Leben selbst miterlebte, die Sehnsucht ihrer Seele, ihren Drang nach Freiheit, Besitz, Genuß belauschte und selbständig nach den innersten Triebfedern ihrer Handlungen suchte. Wie malt sich eigentlich die Welt in den Köpfen dieser Leute, die nun schon seit Jahrzehnten vielleicht unter dem Einflusse der sozialdemokratischen Führer stehen? Welches sind, eine Frucht jener Agitation, ihre sozialen und politischen Vorstellungen, welches ist ihr sittlicher Charakter, ihr innerstes religiöses Empfinden, die Stellung der Einzelnen zur Kirche? Haben sie überhaupt noch religiöse Bedürfnisse? Und wenn, auf welchem Wege können sie ihnen am besten befriedigt werden? Wie ist den Verhetzten und – zum großen Teil mit Recht – Verbitterten überhaupt erst wieder nahe zu kommen? Das alles konnte ich nur an der Quelle, selbst Arbeiter unter Arbeitern, erfahren. Also – heran an die Quelle!"[108]

Göhre verkleidete sich für einige Zeit als Fabrikarbeiter. Die Ergebnisse seiner teilnehmenden Beobachtung veröffentlichte er 1891 in dem eben zitierten Buch mit dem Titel ‚Drei Monate Fabrikarbeiter und Handwerksbursche', das viel Aufsehen erregte, zum Teil wegen seiner mitreißenden Beschreibungen, durchaus aber auch wegen der weitsichtigen Schlußfolgerungen, die Göhre zog. Göhre erkannte vor allem, daß die Hoffnungen vieler Arbeiter auf eine bessere gesellschaftliche Ordnung nicht eine stumpfe Reaktion auf die jämmerliche Lage des Proleatriats darstellten, sondern oft in eine historische Perspektive einmündeten, und daß die Sozialdemokratie als organisierter Ausdruck dieser Perspektive zu verstehen war. Die Sozialdemokratie erschien ihm als historische Notwendigkeit, und er plädierte daher für die Versöhnung zwischen Christentum und Sozialdemokratie. Das ganze war mit viel Sympathie für die politischen Forderungen der Sozialdemokratie durchsetzt, wenn auch Göhre die materialistische Weltanschauung ablehnte (das ‚materialistische Rückgrat', das der Sozialdemokratie ausgebrochen werden müsse).

Göhre ist nach dieser Veröffentlichung sehr bekannt geworden. Er übernahm als erster das Amt des Generalsekretärs des Evangelisch-sozialen Kongresses, einer 1890 gegründeten Vereinigung, welche die Bemühungen des deutschen Protestantismus um die soziale Frage voranzubringen versuchte, dabei aber eine ‚versöhnende Arbeiterpolitik' mit stark patriarchalischen Zügen verfolgte und gegen die organisierte Arbeiterbewegung stand. Göhre gehörte zum linken Flügel dieser Vereinigung. Er trat später der sozialdemokratischen Partei bei und brach alsbald mit der Kirche. Für die SPD saß er im Reichstag und war nach der Revolution Staatssekretär in preußischen Ministerien.

Göhres vielgelesenes Buch und teilweise auch die zusätzliche persönliche Aufforderung des Verfassers regten auch Arbeiter an, über ihre Lebensgeschichte zu schreiben. So konnte Göhre verschiedene Arbeitermemoiren sammeln und herausgeben. Am Anfang standen dabei die Memoiren von Karl Fischer (1903/04), eines einfachen Arbeiters der ersten Fabrikarbeitergeneration, der über sein Leben in der Zeit von 1841 bis 1885 berichtete. Göhre selbst beschrieb den Autor wie folgt:

„Er heißt Karl Fischer, ist heute 61 Jahre alt, Junggeselle, und wohnt seit einigen Jahren, halbinvalide, ohne Invalidengeld zu beziehen, im Anhaltischen bei armen Verwandten, bei denen er, dazwischen ihr Gärtchen und das kleine Feld bestellend, sein Buch in den letzten zwei Jahren geschrieben hat, ohne Anregung von außen, aus eignem Drang und Wunsch. Er ist auch heute noch kein Sozialdemokrat, nimmt noch heute eine starke religiöse Gesinnung für sich in Anspruch, und ist noch heute voller Ehrfurcht für den Kaiser. Mit andern Worten: er ist einer jener deutschen Arbeiter ältesten Schlags, die aus dem versinkenden Mittelstand hergekommen, ihre beste Kraft in der ersten Industrieepoche Deutschlands verbraucht haben, dabei stark unter dem Einfluß der Kriegszeit von 1864–1871 geblieben sind, und so den Schritt zur modernen Arbeiterbewegung herüber nicht mehr zu tun vermocht haben. Für die vorliegenden Lebenserinnerungen ist das alles nur ein Vorteil: denn um so glaubwürdiger wird auch in den Augen politisch Rechtsstehender ihr Inhalt erscheinen, und um so schwerer wiegt er mit seinem düstern Ernst und seinen oft ergreifenden Anklagen."[109]

Später kamen weitere Memoiren dazu, vor allem die von Moritz Bromme (1905), der schon der zweiten Fabrikarbeitergeneration zuzurechnen ist. Göhre verglich ihn mit Fischer:

„Im Gegensatz dazu Bromme, erst ein mittlerer Dreißiger, mitten im Fluß des proletarischen Lebens stehend, täglich im bittern Kampfe um die Existenz ringend, von früh bis abends in der Fabrik, mit mancherlei sozialistischen Ämtern betraut, lungenkrank, nur karg genährt, nur die Nachtstunden als Arbeitszeit für die Schriftstellerei zur Verfügung, in engster Wohnung, während die Frau noch bei ihrer erbärmlichen Hausarbeit frondete, müde und abgespannt – so hat er wenigstens die erste größere Hälfte seiner Arbeit niederschreiben können, also nur unter Bedingungen, die die denkbar ungünstigsten waren. Und wenn er für die Abfassung der zweiten Hälfte auch die Zeit in der Lungenheilanstalt hatte, so mußte er doch auch da die Kraft dazu seiner geschwächten, so sehr der Pflege bedürftigen Gesundheit abringen. Unter diesen Gesichtspunkten betrachtet ist sein Buch eine geradezu staunenswerte Leistung, die sich sehr wohl neben der Fischerschen sehen lassen kann. Dabei muß noch hervorgehoben werden, daß auch sie in ihrer Darstellung einen durchaus einheitlichen und eigenartigen Charakter aufweist. Zwar wird ganz schlicht nur Bild neben Bild, Erlebnis neben Erlebnis, Stimmung neben Stimmung gereiht, aber diese Zusammenreihung selbst ergibt als Ganzes ein Mosaikbild großen und tiefwirkenden Inhalts, von bleibender kulturgeschichtlicher, wenn auch nicht, wie zugleich bei Fischer, ästhetischer Bedeutung."[110]

Solche Arbeitermemoiren sind wissenschaftlich bedeutsame Dokumente. Sie geben ein anschauliches und äußerst differenziertes Bild der Lebensverhältnisse, in denen der Autor stand, einschließlich ihrer Veränderungen. Insoweit bilden sie ein Stück erzählter Soziologie und Geschichte. Nimmt man die Biographie als ‚historisches Dokument', so lassen sich die objektiven Lebensverhältnisse einer Person und – soweit der Erzähler für das größere Ganze steht – vielleicht sogar einer ganzen Klasse über die Memoiren rekonstruieren und en detail darstellen. Die Arbeitermemoiren enthalten jedoch mehr. In die Darstellung der Verhältnisse, die der Erzähler gibt, ist immer auch eine subjektive Sichtweise eingebunden, die teils direkt in Kommentaren, teils aber auch nur indirekt in der Auswahl und Präsentation des Stoffs zum Ausdruck gelangt. In die Memoiren geht ein, wie der Autor die soziale Welt, in der er steht, und seinen eigenen Ort in dieser Welt sieht; welches Bild er davon hat; an welchen Werten und Normen er sich bei der Interpretation von sozialen Sachverhalten orientiert; welche Gesichtspunkte sein Verhalten steuern usw. Kurz: die Lebenserinnerung ist auch ein ‚subjektives Dokument', das über die Sichtweisen und Verhaltensformen des Autors und – soweit er für andere spricht – einer ganzen Gruppe, vielleicht Klasse, Aufschluß geben kann. Als ‚subjektives Dokument' haben Memoiren sogar eine besondere Bedeutung, indem sie den Arbeiter als wahrnehmende, interpretierende und handelnde Instanz, als Subjekt, ins Zentrum rücken; denn diese subjektiven Dimensionen sind nur über die Person zu rekonstruieren – im Unterschied zu den objektiven Dimensionen, die man auch (oft sogar besser) von ‚außen' fassen kann: über die Beschreibung der Lebensverhältnisse mithilfe nicht direkt subjektgebundener Daten (Lohnhöhen, Arbeitszeiten, Wohnflächen, Haushaltsausstattungen usw.) Die Arbeiterbiographie bietet die Möglichkeit, die Person des Arbeiters ins Zentrum zu stellen, und das bedeutet, über die objektiven Lebensumstände hinaus zur subjektiven Seite des Arbeiters vorzustoßen. Zu einem Problem also, das, wie das Beispiel der Enquete des Vereins für Sozialpolitik zeigt, in seiner Relevanz Anfang des 20. Jahrhunderts mehr oder weniger erkannt wurde, für dessen wissenschaftliche Behandlung – auch dies macht die Vereins-Enquete deutlich – die Sozialwissenschaften aber noch keine adäquaten Verfahrensweisen bereit hielten. Die Arbeitermemoiren eröffneten hier neue und fruchtbare Ansatzpunkte.

Hier müssen allerdings ein paar Einschränkungen gemacht werden, die zwar nicht das methodisch Neue der Sammlung und Auswertung von Memoiren in Frage stellen, die aber doch demjenigen das Leben schwermachen können, der mit Memoiren wissenschaftlich arbeitet. An erster Stelle steht das Repräsentativitätsproblem: Inwieweit bildet die individuelle Lebensgeschichte allgemeine Momente der Klassenexistenz ab? Wo handelt es sich um gruppenspezifische oder sogar individuelle Verhältnisse? Solche Fragen liegen speziell bei Arbeitermemoiren auf der Hand: daß ein Arbeiter Memoiren schreibt, ist ja an sich schon untypisch. Ein zweites schwieriges Problem kommt hinzu: das Rekonstruktionsproblem. Die subjektiven Probleme: Wahrnehmung, Sichtweisen, Interpretationen usw. lassen sich aus der Lebenserinnerung oft nur rekonstruieren und im Hinblick auf die Erfahrungen, die in sie eingehen, nur erkennen, wenn die objektiven Dimensionen – die tatsächlichen Lebensumstände usw. – auch aus anderen Quellen als der Biographie bekannt sind. Das Besondere der subjektiven Verarbeitung, die sich in einer Diskrepanz zwischen dem Objektiven und dem Subjektiven offenbart, ist schwerlich erkennbar, wenn das Objektive selbst nur über die Autobiographie zu fassen ist. Es muß deshalb beim wissenschaftlichen Umgang mit Autobiographien immer der Versuch gemacht werden, die Lebenserinnerung mit anderen, ‚objektiven' Daten zu konfrontieren. Nur unter dieser relativ schwer realisierbaren Voraussetzung wird der ‚Geist' einer Biographie wirklich zu fassen sein.

Trotz dieser Schwierigkeiten sind die Arbeitermemoiren bei Sozialforschern auf großes Interesse gestoßen. Die Auswertung der Erinnerungen der Arbeiter versprach eben eine intimere Kenntnis von Problemen, deren Relevanz erkannt war, die aber die alten empirischen Verfahren nicht richtig aufnehmen konnten. Arbeitermemoiren sind deshalb immer wieder als Quelle empirischer Aussagen zur Arbeiterfrage herangezogen worden, so z. B. von Alfred Weber, der sich in seinem 1912 veröffentlichten Aufsatz über ‚Das Berufsschicksal der Industriearbeiter' ausdrücklich nicht nur auf die Vereinsenquete stützte, sondern ebenso auf die „zahlreichen Autobiographien der letzten Zeit".[111]

Während bei einer solchen Verwendung die Memoiren noch so stehen blieben, wie sie entstanden waren, gleichsam nur als ‚Stoff' wissenschaftlicher Analysen herangezogen wurden, hat es später dann sogar den Versuch einer direkten Verknüpfung von Arbeiterbiographie und wissenschaftlicher Arbeit gegeben, und zwar in Rosenstocks Untersuchungen zur ‚Werkstattaussiedlung' (1922).[112] Hier wurde die Biographie des Drehers Eugen May unmittelbar zum empirischen Wegweiser einer wissenschaftlichen Argumentation, die die Folgen einer tayloristischen Rationalisierung aufzeigen und Möglichkeiten einer arbeiterdienlichen Problemlösung erörtern wollte. Obwohl der Wissenschaftler Rosenstock die genannten Repräsentativitäts- und Rekonstruktionsprobleme, die sich beim wissenschaftlichen Umgang mit Biographien stellen, nicht richtig anging (soweit er sich dazu äußerte, wich er den Problemen eher aus[113]), handelte es sich hier um den ersten Versuch einer Anwendung der soziobiographischen Methode, die man dann lange Zeit fast vergessen hat und die in den letzten Jahren – übrigens weitgehend ohne Bezugnahme auf diese Vorläufer – in der empirischen Soziologie wieder neu entdeckt wurde.

(2) Befragungen zum ‚Arbeiterbewußtsein'

Das seinerzeit starke Interesse der deutschen Sozialwissenschaftler und Sozialpolitiker an der subjektiven Lage der Arbeiterklasse drückte sich nicht nur in der Beachtung und Verwertung von Arbeiterbiographien aus. Auch erste regelrechte Befragungen zum Arbeiterbewußtsein wurden durchgeführt. Wegweisend traten dabei wiederum wissenschaftliche Außenseiter auf, so der Pfarrer Max Rade, der mit Göhre und dem Evangelisch-sozialen Kongreß zu tun hatte und der eine Befragung von 48 Industriearbeitern durchführte, in der es um die Einstellung zu Religion und Moral ging.[114] Besonderen Eindruck machte aber eine andere Studie: Adolf Levensteins ‚Die Arbeiterfrage'.

Levenstein,[115] der sich auch als Herausgeber von Arbeiterbriefen und Gedichten einen Namen gemacht hatte, muß eine schillernde Persönlichkeit gewesen sein. Er stammte selbst aus proletarischem Milieu, versuchte aber durch Lektüre, später auch durch das Hören zahlreicher Universitätsvorlesungen, seine Bildung zu verbessern. Politisch gesehen verstand er sich als Sozialdemokrat, wobei er sich freilich nicht so sehr am Marxismus als an Idealen orientierte, die er in nicht allzu klaren Gedanken auf Nietzsche bezog. Wovon er sich ernährte, weiß ich nicht. Jedenfalls führte Levenstein jahrelang in seiner Wohnung wöchentlich sogenannte Arbeiterabende durch, zu denen er (frühere?) Klassengenossen einlud und auf denen wohl über Gott und die Welt geredet wurde. Hier kam Levenstein der Gedanke, genauere Befragungen zu Problemen durchzuführen, die wir heute als Probleme des Arbeiterbewußtseins bezeichnen würden (ein Begriff, der damals noch nicht geläufig war).

Levenstein organisierte zuerst eine Fragebogenerhebung über Probleme des Generalstreiks und dann (durch diese Erhebung ermutigt) eine zweite zum Problemkomplex: Fabrikarbeit – Arbeitseinstellung – allgemeine Lebensorientierungen, oder wie er selbst sagte: zum „ursächlichen Zusammenhang zwischen Technik und Seelenleben". Die ihm wichtigen Fragen kennzeichnete Levenstein wie folgt: „a) was für Menschen prägt die moderne Großindustrie unter dem Drucke privatwirtschaftlicher Ökonomie? b) welche Kräfte bilden das Gegengewicht einer etwaigen psychischen und physischen Entartung?" Dieser zweiten Erhebung lag ein Fragebogen zugrunde, der insgesamt 25 Fragen umfaßte.[116]

Die Erhebungen wurden zwischen 1907 und 1911 durchgeführt. Zum Ablauf: Das Fragenformular wurde vermutlich über Kontaktpersonen, die Levenstein persönlich kannte, in insgesamt 8 000 Exemplaren an Arbeiter versandt, je tausend an jede von insgesamt acht Gruppen von Berg-, Textil- und Metallarbeitern. Nach vielen schriftlichen Anmahnungen erhielt Levenstein den erstaunlich hohen Rücklauf von 63% (= 5 040 ausgefüllte Bögen). Diese hohe Rücklaufquote spricht nicht nur für die eifrige Mahnarbeit Levensteins, sondern auch dafür, daß Levenstein die Arbeiter als Klassengenosse ansprechen und motivieren konnte. Dadurch hatte er offenkundig mehr Erfolg als die professionellen Forscher des Vereins für Sozialpolitik. Allerdings ging das nur so lange gut, wie die sozialdemokratische Partei die Sache tolerierte. Im Mai 1910 erschien dann in der ‚Bergischen Arbeiterstimme' folgende Warnung vor Levenstein: „Solche Wichtigmacher, die in den Arbeitern lediglich Objekte für ihre Schrullen und Marotten sehen und sie nur benutzen, um sich mit irgendeiner sensationellen Verschrobenheit einen Namen zu machen, sollte die Partei in Berlin sich vom Halse halten".[117] Diese Kritik wurde bald von anderen Blättern übernommen, woraufhin die Unterstützungsbereitschaft unter den Arbeitern erheblich zurückging und die Feldarbeit abgeschlossen werden mußte.

Während der Erhebung gewährte Levenstein einigen Professoren Einblick in sein Material, unter anderem Max Weber. Die Kontakte zwischen dem offenbar schrulligen und eitel-ängstlichen Levenstein und den wissenschaftlichen Autoritäten gestalteten sich jedoch für beide Seiten frustrierend. Max Weber stellte jedenfalls recht resignierend fest: „Ich habe, nachdem ich immerhin manche Mühe an die Verhandlungen mit L. gewendet habe, es anderer Arbeiten halber aufgeben müssen, den offenbar aussichtlosen Versuch fortzusetzen, ihn zu einem solchen Verhalten zu bestimmen, wie es nun einmal unumgänglich ist, soll das Material nicht in seinen Händen eine sich allmählich zur Makulatur entwertende tote Anhäufung von Schreibwerk bleiben. Und ich veröffentliche diese Zeilen nur, damit andere, die etwa künftig mit dem Material in Berührung kommen, alsbald wissen, woran sie sind."[118]

Immerhin erschien aber Levensteins Material für die Kennzeichnung der subjektiven Lage der Arbeiter so wertvoll, daß sich Weber die Mühe machte, einen kleinen Aufsatz zur ‚Methodik sozialpsychologischer Enqueten und ihrer Bearbeitung' zu veröffentlichen, der sich ausschließlich auf Levenstein bezog und der Levenstein zur wissenschaftlichen Bearbeitung seines Materials und zur Publikation anregen wollte. Zu einer Veröffentlichung kam es schließlich auch – in Form eben jener Studie über ‚Die Arbeiterfrage'; Webers methodische Ratschläge hat Levenstein aber leider fast vollständig in den Wind geschlagen.

Der veröffentlichte Text gliedert sich in vier Hauptpunkte: „das seelische Verhältnis der Arbeiter zu ihrer berufsmäßigen Arbeit und ihren Arbeitsbedingungen" (B); „die positiven Wünsche der Arbeiter in bezug auf die Umgestaltung ihrer ökonomischen Lage" (C); „die Beziehungen der Arbeiter zu den sozialen Gemeinschaften" (D); „die Stellung der Arbeiter zu den außerberuflichen Kultur- und Lebensproblemen" (E). Levenstein ordnete die Fragen seines Fragebogens diesen Hauptpunkten zu. Aus jeder Frage machte er dann ein Unterkapitel, in dem er jeweils nach einer kurzen Einleitung eine Auflistung qualitativer Angaben (Antworten) brachte, die ihm aus vom Text her nicht nachvollziehbaren Gründen wichtig erschienen; dann folgten ein paar tabellarische Übersichten, die in den einzelnen Unterkapiteln zum Teil unterschiedlich angelegt und auf falsche Bezugszahlen prozentuiert wurden. Das war alles. Das komplexe Material konnte so unmöglich auf den Punkt gebracht werden. Das Buch blieb strukturlos, die einzelnen Passagen liefen auseinander.

Dem konnte Levenstein auch durch einen kurzen einleitenden Versuch der Unterscheidung von Orientierungstypen innerhalb der Arbeiterklasse nicht abhelfen. Diese ‚Typologie' war mehr als problematisch: Sie war arrogant und schematisch definiert und hing empirisch vollkommen in der Luft.[119]

Erst recht half hier auch nicht eine kurze Abschlußbilanz weiter, in der der Verfasser seine Ausgangsfragen – welche Menschen prägt die kapitalistische Großindustrie, welche Gegengewichte gegen physische und psychische Zerstörungen gibt es? – aufgreifen wollte. In einer grotesken Abrechnung zählte Levenstein hierin auf der Debitseite alle Unlustäußerungen (oder was er dafür hielt) und auf der Kreditseite alle Äußerungen mit positiver Besetzung (an denen sich die „heilsame Wirkung der Gefühlswerte" zeige) zusammen, die in seinen Befragungen aufgetreten waren (vgl. Abb. 5) – unverständlicher Gesamtbefund: „krankhafte Disharmonie".[120]

Diese Mängel sind nicht nur der Naivität und der wissenschaftlichen Halbbildung des Verfassers zuzuschreiben. Sie liegen ein Stück weit auch in den besonderen Schwierigkeiten begründet, die die Methode des Bewußtseinsinterviews mit sich bringt und aufgrund derer später auch manch respektabler Soziologe Federn lassen mußte:

– Das Einzelinterview enthält die Gefahr einer Beschneidung und analytischen Zergliederung komplexer Bewußtseinsstrukturen. Es engt den Befragten auf einen beschränkten Fragenkatalog ein, in den die vielschichtigen und oft in sich widersprüchlichen Orientierungen, Empfindungen und Urteile unter Umständen nur noch als Fragment eingebracht werden können. Und es zwingt den Befragten, Sachverhalte, die in seinem Bewußtsein zusammengehören – egal ob diese Elemente im Bewußtsein nun unvermittelt nebeneinanderstehen oder mehr oder weniger nachvollziehbar aufeinander bezogen sind –, auf isolierte ‚Einstellungsdimensionen' aufzuteilen und damit zu zergliedern. Damit wird durch die Methode des Interviews selbst leicht die Komplexität des Bewußtseins der Befragten beschnitten und künstlich aufgelöst. Durch diese Zerfallserscheinungen hindurch, die dem Forscher in der Form einzelner Antworten entgegentreten, zum Gesamten des Arbeiterbewußtseins zurückzufinden, kann ein Weg ohne Ende sein. Bei Levenstein speziell kam hinzu, daß er von all diesen Dingen noch nichts wußte. Deshalb hat er auf Widerspruchsmomente und Ambivalenzen auch dort keine Rücksicht genommen, wo sie in den Stellungnahmen der Arbeiter zu Levensteins Fragen gleichsam gegen den Druck

Debet	Anzahl	Kredit	Anzahl
Unlust bei der berufsmäßigen Arbeit	3154	Lust an der berufsmäßigen Arbeit	707
Die Abhängigkeit empfanden drückend	1834	Die Abhängigkeit empfanden nicht drückend	814
Denkprozeß bei der berufsmäßigen Arbeit	3737	Vergnügen in der Familie	1867
Kein Vergnügen in der Familie	243	Einfluß und Hoffnung auf die politische und Gewerkschaftsbewegung	2530
Keinen Einfluß und keine Hoffnung auf die politische und Gewerkschaftsbewegung	968	An Gott glaubten	668
An Gott glaubten nicht	2530	Ethisierende Auslösung im Walde	3298
Keine ethisierende Auslösung im Walde	1396	Einwirkung durch Literatur	3615
Keine Einwirkung durch Literatur	780	Saldo — Vortrag	3801
Gleichgültig verhielten sich folgenden Fragen gegenüber:			
Macht Ihnen Ihre Arbeit Vergnügen?	831		
Was drückt Sie mehr: der geringe Lohn oder daß Sie vom Arbeitgeber abhängig sind?	524		
Denken Sie bei Ihrer Arbeit?	1303		
	17300		17300

Abb. 5: Levensteins Endabrechnung (1912)

Quelle: Levenstein, Die Arbeiterfrage, mit besonderer Berücksichtigung der sozialpsycholgischen Seite des modernen Großbetriebs und der psycho-physischen Einwirkungen auf die Arbeiter, München 1912, S. 3 f.

des Befragungsinstruments dennoch hervorkamen. Daher die ‚glatten' Bewußtseinstypen, daher die Hilflosigkeit gegenüber Antworten, die im konkreten Fall trotz allem etwas hätten hergeben können. In diesen Dingen würde man heute problembewußter vorgehen können. Doch sind durch die Befragungsmethode immer Grenzen gesetzt.

– Das Bewußtseinsinterview erfaßt den Befragten als isolierten Einzelnen, als Individuum. Levenstein zielte sogar ausdrücklich darauf ab, den Arbeiter in dieser Isoliertheit zu erfassen, weil sonst nur gleichförmige ‚Massenphantasien' herauskämen.[121] Davon abgesehen, daß sich in diesem Satz wieder die oberflächliche und überhebliche Sichtweise offenbart, mit der der Autor an seine Befragtengruppe heranging, wird hier auch eine verkürzte ‚Bewußtseins'-Konzeption sichtbar, zu deren inhaltlichen Reduktionen die Methode des Einzelinterviews paßt wie der Deckel auf den Topf. Bewußtsein ist richtig gesehen immer Ausdruck von kollektiven wie auch individuellen lebensgeschichtlichen Erfahrungen, und dies gilt erst recht im Fall von Fabrikarbeitern, die in einer relativ eindeutigen Klassensituation, die als kollektives Schicksal in Erscheinung tritt, stehen. Das Einzelinterview, das meist in einer sozialen Situation stattfindet, aus der diese kollektiven Elemente verschwunden sind (zu Hause am Küchentisch, allein mit einem Fragebogen; in einem abgeschlossenen Betriebsraum, Interviewer und Interviewter unter sich) begünstigt aber die individuellen Komponenten des Arbeiterbewußtseins, während die kollektiven Elemente in der Atmosphäre des Bewußtseinsinterviews eher abgedrängt werden. Auch aus diesem Grund ist das Ganze des Arbeiterbewußtseins in den Antworten bei Einzelinterviews oft nicht wiederzufinden.

  Man kann sich hier behelfen, indem man z. B. die Einzelinterviews durch Gruppendiskussionen ergänzt, in denen stärker die Bewußtseinselemente zum Ausdruck kommen, die an Kollektivsituationen gebunden sind. Levenstein hätte hier durchaus auch Möglichkeiten gehabt. Er kam ja selbst aus der Arbeiterklasse, und an seinen wöchentlichen Arbeiterabenden konnte er überdies Arbeiter im Gruppenkontext beobachten. Hier hätten Chancen gelegen, die übrigens der Sozialpsychologe Willy Hellpach geahnt hat, der Levenstein 1913 in einer insgesamt zu unkritischen Rezension aufforderte, sein „gesamtes Brief- und Antwortmaterial" auszuwerten[122] – nur hat Levenstein mit solchen Hinweisen nicht viel anzufangen gewußt.

Letztlich wird man Levensteins Buch als interessantes „‚klassenpsychologisches' Material" (Max Weber) bezeichnen können, das bei vorsichtiger und problembewußter Auswertung einen Eindruck davon vermittelt, wie deutsche Fabrikarbeiter Anfang des Jahrhunderts empfanden und dachten. Diese Auswertungsleistung muß der Leser dabei selbst vollbringen (so wie dies z. B. Hellpach im Ansatz nicht schlecht, aber insgesamt zu wohlwollend versucht hat). Die eigentliche Bedeutung der Levensteinschen Untersuchungen für die Entwicklung der empirischen Sozialforschung liegt in einem anderen Punkt. Mit Levenstein wurde für die Untersuchung der subjektiven Lage der Arbeiter neues Material erschlossen: das durch Befragung herausgebrachte ‚subjektive Dokument' (Hellpach), die in Antwortform vorliegende Äußerung darüber, was ein Arbeiter in bezug auf seine Situation denkt, fühlt und wünscht, also subjektiv erlebt. Diese Vorgehensweise ist trotz ihrer Schwächen und Probleme, die man in den letzten Jahren wieder kritischer gesehen hat, aus der empirischen Sozialforschung nicht mehr wegzudenken. Levensteins Versuche illustrieren insofern, daß in der Wissenschaftsentwicklung auch ein Außenseiter und Dilettant innovatorische Leistungen vollbringen kann (gelegentlich mehr als mancher ‚professional').

e) Exkurs: Kontrollerhebungen der Gewerkschaften (Holzarbeiterverband 1903 u.a.)

Um die Jahrhundertwende gab es neben den Universitäten und wissenschaftlichen Vereinigungen (vor allem dem Verein für Sozialpolitik) auch verschiedene kulturelle und politische Verbände, die sich um Datensammlungen speziell zur Arbeiterfrage kümmerten. Beachtlich sind hier insbesondere die Erhebungen der Gewerkschaften.[123]

Diese Erhebungen sollten der genaueren Beschreibung der Lohn- und Arbeitsverhältnisse der Arbeiter dienen. Ihr Ziel war es, Daten zu ermitteln, die ein sicheres Bild über die Lebensbedingungen der Arbeiter und die Tendenzen ihrer Veränderungen gaben. Konkret ging es um die Beschaffung von Material, mit dem man gegnerische Vorurteile und Propagandaformeln besser kritisieren, unschlüssige Arbeiter leichter von der eigenen Linie überzeugen, die Forderungen und Konzeptionen des Verbandes wirksamer begründen konnte. In einer gewissen Überschätzung der Möglichkeiten der Statistik hieß es z.B. in einem Aufruf des Deutschen Holzarbeiterverbandes an die „Holzarbeiter Deutschlands":

> „Der Zweck einer Erhebung ist Euch nicht mehr unbekannt. Denn wer hätte wohl nicht Kenntniß von dem Wert und der hohen Bedeutung der Statistik! Man nennt vielfach die Zeit, in der wir leben, das Zeitalter der Statistik. Aber auch schon Goethe spricht an einer Stelle aus: ‚Man sagt oft, Zahlen regieren die Welt. Das aber ist gewiß, Zahlen zeigen, wie sie regiert wird.'
>
> Und in der Tat, welche Summe von Erkenntnis, von Aufklärung und Wissenschaft verdanken wir der Statistik, welche Unmasse von Unkenntnis, von Einbildung und Vorurteilen ist durch sie schon vertrieben worden.
>
> Die Statistik lehrt uns die Tatsachen in ihrer wahren Gestalt erkennen und bewahrt uns vor Täuschungen, sie läßt uns die Regel von der Ausnahme unterscheiden und hält uns davor zurück, Ausnahmen für die Regel zu halten. Alle Veränderungen und Wandlungen im sozialen Leben lassen sich leicht und genau feststellen mit Hilfe der Statistik, welche es uns deshalb ermöglicht, die Dinge nicht nur zu beobachten, sondern auch sie zu lenken, zu beherrschen und nach unseren Wünschen einzurichten.
>
> Wieviel Irrtümer laufen auch über die Lohn- und Arbeitsverhältnisse der Arbeiter noch in der Welt. Wie häufig wird auch hier die Ausnahme für die Regel gehalten. Wie oft wird von den Arbeitgebern behauptet, daß namentlich in den letzten Jahren die Löhne so sehr gestiegen seien. Aber auch wieviele Kollegen selbst leben in völliger Unklarheit über die wirkliche Lage der Dinge und täuschen sich deshalb selbst, zu ihrem eigenen Schaden, aber auch zum Nachteil der Allgemeinheit. Diesen Schaden abzu-

Werkstattfragebogen.

Erhebung über die Lohn- und Arbeitsverhältnisse usw.

der Tischler, Drechsler, Bürstenmacher, Stellmacher, Korbmacher, Korkschneider und aller in diesen Berufen beschäftigten Maschinen- und Hilfsarbeiter und Arbeiterinnen.

Kollegen! Unter Hinweis auf das im Personenfragebogen Gesagte ersuchen wir Euch, die nachstehenden Fragen nach bestem Wissen zu beantworten. Für **jede Werkstatt** ist **ein** Exemplar dieses Fragebogens auszufüllen. Die richtige Beantwortung der Fragen setzt voraus, daß ein Kollege damit beauftragt wird, welcher mit den Verhältnissen in der Werkstatt völlig vertraut ist. Eventuell möge derselbe sich zuvor durch Befragung der Nebenkollegen genau informieren. Wenn nötig, kann die Ausfüllung auf Grund mündlicher Befragung der in der Werkstatt arbeitenden Kollegen auch durch die Lokalverwaltung erfolgen. Der ausgefüllte Fragebogen ist spätestens bis **10. Januar 1903** an die örtliche Ausgabestelle oder an den Unterzeichneten zurückzuliefern.

Der Vorstand des Deutschen Holzarbeiter-Verbandes.

1	Werkstatt .... in .... (Name des Arbeitgebers) (Ort)
2	Gewerbe (auch Spezialfach) ....
3	Zahl der beschäftigten Gehilfen; Verheiratete? .... Ledige? .... " " " Arbeiterinnen; Verheiratete? .... Ledige? .... " " " Hilfsarbeiter; Verheiratete? .... Ledige? .... " " jugendl. Arbeiter (unter 16 Jahren); Männliche? .... Weibliche? .... " " Lehrlinge? .... Wie lange währt die Lehrzeit? .... Jahre.
4	Wie viel von den insgesamt Beschäftigten sind gewerkschaftlich organisiert: a) im Holzarbeiter-Verband? .... Arbeiter, ... Arbeiterinnen. b) in anderen Verbänden? .... Arbeiter, ... Arbeiterinnen.
5	Wird mit Kraftmaschinen gearbeitet? .... Im eigenen Betrieb? .... Mit wie viel Pferdekräften? .... Oder wird die Maschinenarbeit in einem fremden Maschinenbetrieb gefertigt? ....
6	Werden Maschinen mit Hand- oder Fußbetrieb verwendet? ....
7	Werden die Maschinen von besonderen Maschinenarbeitern bedient? .... Oder arbeitet jeder Arbeiter bei Bedarf selbst an der Maschine? ....
8	Wird in Lohn gearbeitet? .... Oder in Akkord? .... Oder bei Kost und Logis? ....

Abb. 6: Erhebungsinstrument des Holzarbeiterverbandes von 1903

Quelle: T. Leipart, Die Lage der Arbeiter in der Holzindustrie, nach statistischen Erhebungen des Deutschen Holzarbeiterverbandes für das Jahr 1902, Stuttgart 1904, S. 92 ff.

wenden, durch Aufklärung der tatsächlichen Verhältnisse, ist wiederum nur möglich durch das Mittel der statistischen Erhebung."[124]

Überhaupt war damals der Holzarbeiterverband unter der Leitung von Theodor Leipart (den späteren Vorsitzenden des ADGB, des Dachverbandes der ‚freien' Gewerkschaften) bei Erhebungen besonders rege. Er veranstaltete 1893, 1897 und 1903 statistische Erhebungen zur ‚Lage der Arbeiter in der Holzindustrie', und auch schon die Vorläufer des Verbandes (Berufsverbände der Tischler, Drechsler, Bürstenmacher usw.) hatten in den 1880er Jahren ähnliche statistische Untersuchungen durchgeführt. Diese Tradition sollte gewahrt werden. So hieß es im Aufruf zur Erhebung von 1903 denn auch: „Das ist Veranlassung genug, nach Verlauf dieser 5 Jahre unsere Statistik zu wiederholen, um zur eigenen Belehrung und zur Aufklärung aller genau festzustellen, welche Veränderungen in der Lage der Holzarbeiter eingetreten, ob die Löhne wirklich gestiegen, welche Verbesserungen sonst zu verzeichnen sind, oder aber ob diese Annahme sich nicht bestätigt, Verbesserungen nicht stattgefunden haben."[125]

Zur Vorgehensweise der Erhebung von 1903: Die Zahlstellen des Verbandes leisteten die Organisationsarbeit. Sie selbst füllten den ‚Ortsfragebogen' aus und sorgten dafür, daß der ‚Werkstattfragebogen' an die zuständigen betrieblichen Funktionäre und die ‚Personenfragebogen' an die Holzarbeiter selbst kamen, dort ausgefüllt und rechtzeitig zurückgegeben wurden (vgl. Abb. 6).

In der Erhebung wurde ein ziemlich guter Rücklauf erreicht: Der Verband hatte seinerzeit 70 000 Mitglieder, 71 054 Fragebogen wurden ausgefüllt und konnten verarbeitet werden (man hatte auch Nichtmitglieder angesprochen).

Sieht man hier von der erwähnten unkritischen ‚Statistikgläubikeit' der gewerkschaftlichen Rechercheure ab, die ein an sich interessantes Schlaglicht auf das Politikverständnis der damaligen Gewerkschaftsbewegung wirft, so machen diese Materialsammlungen vor allem folgendes deutlich: Sie zeigen, daß Arbeiter und Gewerkschaften durchaus Sinn für empirische Erhebungen hatten, wenn sie diese Recherchen mit ihren eigenen Problemen und Interessen sinnvoll verknüpfen konnten (insofern lagen die Gründe für die anderen Erfahrungen bei der Enquete des Vereins für Sozialpolitik in der Tat im Ansatz dieser Studie selbst). Ferner werden die Möglichkeiten deutlich, über die die Arbeiterorganisationen verfügten (und verfügen), sich für ihre Zwecke ein eigenes empirisches Informationssystem aufzubauen. – Daß in den gewerkschaftlichen Erhebungen, die bis 1933 auch in anderen Organisationsbereichen immer wieder veranstaltet wurden, vielfältiges Material schlummert, das in sozialhistorischen Untersuchungen noch umfassend aufzuarbeiten wäre, ist hier nur anzumerken.

IV. Ringen um Gestalt und Standort: Ansätze institutionalisierter Sozialforschung zur Zeit der Weimarer Republik

Vergleicht man die heutige Organisationsform der empirischen Sozialforschung in Deutschland mit der Art und Weise, mit der zu Zeiten der Enqueten des Vereins für Sozialpolitik geforscht worden ist, so ist eine Tendenz zur Institutionalisierung unverkennbar. Empirische Sozialforschung ist nicht nur zu einem festen Bestandteil der akademischen Lehre in der als Universitätsdisziplin inzwischen etablierten Soziologie geworden. Der Forschungsprozeß selbst hat sich verändert: An die Stelle sporadischer Einzelprojekte, die von Forschungsanfängern unter Anleitung eines großen Gelehrten durchgeführt wurden, sind – in einem gewissen Maß jedenfalls – systematisch aufgebaute Arbeitsprogramme getreten, die von Stäben halb- oder vollprofessioneller Sozialforscher relativ kontinuierlich verfolgt werden.

In diesem und im folgenden Kapitel (IV, V) geht es darum festzustellen, wie sich in Deutschland der Prozeß der Institutionalisierung der Sozialforschung vollzogen hat. Auch wird zu prüfen sein, wie sich die Organisationsform institutionalisierter Sozialforschung auf Inhalte und Methoden der empirischen Erkenntnisarbeit auswirkt. Es wird sich herausstellen, daß die Institutionalisierung empirischer Sozialforschung einen irreversiblen Prozeß darstellt; unter den Bedingungen einer hochentwickelten arbeitsteiligen Gesellschaft wie der unsrigen ist ohne besonders institutionalisierte Erfahrungswissenschaften als realitätserschließendem Hilfsmittel einfach nicht mehr auszukommen. Andererseits müssen aber auch die spezifischen Verengungen angesprochen werden, die mit der Verbetrieblichung und professionellen Abwicklung der empirischen Sozialforschung zusammenhängen und zu deren Beseitigung neue Ansätze entwickelt werden müssen.

Die Sorge, daß die im Interesse kognitiver Fortschritte betriebene Institutionalisierung empirischer Sozialforschung zu einem erkenntnishemmenden Faktor werden könnte, der letztlich den ganzen Betrieb empirischer Sozialforschung ad absurdum führt, steht hinter dem folgenden Versuch, empirische Sozialforschung auch von ihrer produktionsprozeßlichen Seite her zu behandeln. Die Darstellung mündet deshalb auch in einen Abschnitt ein, in dem die Institutionalisierung als Voraussetzung wie als Grenze gesellschaftlich relevanter Empirie behandelt wird. Dieser Schlußteil (Kap. V/3) bietet Gelegenheit zu überlegen, welche Konzepte innerhalb der neueren empirischen Sozialforschung entstanden sind, um der Gefahr inhaltlicher Belanglosigkeit und praktischer Nutzlosigkeit zu begegnen.

1. Soziologie als Universitätsdisziplin

Die Soziologie verfügt in Deutschland über eine einigermaßen lange literarische Tradition. Auch gab es, wie wir sahen, schon früh eine Reihe wichtiger Forschungsarbeiten, die man als empirisch-soziologisch bezeichnen kann. Schließlich wäre darauf hinzuweisen, daß bereits vor dem Ersten Weltkrieg an verschiedenen deutschen Universitäten Lehrveranstaltungen zu soziologischen Problemen angeboten worden sind.

Allerdings ist es vor 1914 nicht gelungen, auch nur an einer einzigen deutschen Universität oder Hochschule einen speziellen Lehrstuhl für Soziologie einzurichten. Die heroischen Größen aus der Geschichte der deutschen Soziologie – Max Weber, Ferdinand Tönnies, Georg Simmel, Werner Sombart usw. – hatten Ordinariate anderer Ausrichtung inne: für Nationalökonomie, Rechtswissenschaften, Philosophie usw. Zwar publizierten sie über soziologische Fragen, waren aber dennoch keine Soziologen im akademischen Sinne; soziologische Lehre wurde von ihnen eher nebenbei angeboten. Erst in der Weimarer Zeit konnten in Deutschland einige spezielle soziologische Lehrstühle eingerichtet werden, freilich auch dies nur in spärlicher Zahl und oft in Verkopplung mit einem anderen Fach. Leopold von Wiese schrieb in seinen Erinnerungen:

> „Als die Universität [Köln 1919] gegründet und mir an ihr eine Doppelprofessur für wirtschaftliche Staatswissenschaften und für Soziologie übertragen wurde, sah ich vorwiegend zwei Lehraufgaben vor mir: die Pflege der Wirtschaftstheorie und die Schaffung einer klar umreißbaren Einzelwissenschaft und des entsprechenden Lehrfaches der Soziologie. Da die Wirtschafts- und Sozialwissenschaftliche Fakultät in den Jahren 1920 bis 1926 in einem kaum vorher geahnten Grade anwuchs und (leider) mit einem drückenden, komplizierten und umfangreichen Prüfungsapparat belastet werden mußte, erforderte auch jetzt die erstgenannte Funktion den Hauptteil meiner Zeit und Kraft. Immerhin konnte ich doch jetzt in jedem Semester außer den Veranstaltungen auf dem Gebiete der Nationalökonomie zwei soziologische Seminare leiten und meine in zwei Jahrzehnten in mir gereiften Gedanken über die Zusammenhänge des Lebens wenigstens teilweise in Buch und Zeitschrift aussprechen. Dreißig Jahre lang verband ich seitdem den Unterricht in den Wirtschaftswissenschaften mit der Lehre der Soziologie. Ich ‚las' in dieser Zeit auch Wirtschaftstheorie (abwechselnd mit Wirtschaftssoziologie). Ferner trug ich regelmäßig die Geschichte der leitenden volkswirtschaftlichen Ideen (in einem Zyklus von drei aufeinander folgenden Vorlesungen) vor."[1]

Der Umstand, daß es auch in der Weimarer Republik immer noch schwierig war, die Soziologie als volles Universitätsfach zu etablieren, hat vielfältige Ursachen. Hemmend hat sich sicherlich ausgewirkt, daß aus dem Kreis der eingeführten Disziplinen und ihrer konservativen Förderer viel Widerstand kam. Charakteristisch sind zum Beispiel die Bemühungen des bekannten

Wirtschaftshistorikers Georg von Below (1858–1927), der der Soziologie mit dem Einwand entgegentrat, sie sei überflüssig, da es ihr am eigenen Gegenstand mangele. „Erforschung der Gemeinschaftsbeziehungen der Menschen" sei längst Aufgabe der Spezialwissenschaften (wie Philosophie, Geschichte, Nationalökonomie etc.). Soziologie könne demgegenüber nur Dilettantismus, aber keine Erkenntnis hervorbringen. Ihre Vertreter würden in ihren Schriften „mit bloßem Wortgeklingel, bestenfalls mit schnell verflakkerndem Begriffsfeuerwerk, mit den Waren eines ‚Wortmaskenverleihinstituts' aufwarten".[2] Die Soziologie als Universalwissenschaft werde vom ernsten Gelehrten als „Sammelsurium" abgelehnt.[3] Belows Polemik gegen das junge Fach traf sicher die Stimmung vieler alteingesessener Gelehrter, die in den traditionellen Universitäten das Sagen hatten.

Von ihrer inneren Verfassung her gesehen kam die damalige Soziologie solchen Etikettierungen allerdings entgegen. Überhaupt muß die Art und Weise, in der sich die Soziologie selbst präsentierte, zu den Faktoren gerechnet werden, die ihrer Entfaltung nachhaltig im Wege standen. In der Gruppe derjenigen, die damals Soziologie betrieben, gab es massive Differenzen, die fast alle Fragen des wissenschaftlichen Selbstverständnisses betrafen: Was ist eigentlich Soziologie? Wie soll sie gelehrt werden? – Dazu hatte fast jeder, der als Soziologe etwas auf sich hielt, seine eigene Auffassung, die er nicht selten in einem eigenen soziologischen System zum Ausdruck zu bringen suchte.

Für Leopold von Wiese, der sein Hauptwerk System der Allgemeinen Soziologie (1924ff.) nannte, war Soziologie eine Einzelwissenschaft, die ihren spezifischen Erkenntnisgegenstand in den zwischenmenschlichen Beziehungen findet. Ausgehend von einigen formal bestimmten Grundkategorien (sozialer Prozeß, soziale Distanz, sozialer Raum, soziale Gebilde usw.) versuchte Wiese systematisch die Struktur einer Soziologie zu entwickeln, die als ungeschichtliche und in diesem Sinn formale Beziehungslehre angelegt war. Franz Oppenheimer, der ebenfalls ein System der Soziologie (1922ff.) veröffentlichte, ging demgegenüber nicht von den Beziehungen zwischen Individuen aus, denn er konnte sich soziale Prozesse nur als Aktionen gesellschaftlicher Gruppen – „Betätigung menschlicher Massen" – vorstellen. Auch erschien ihm die Soziologie nicht als Einzelwissenschaft neben anderen Fachdisziplinen, sondern als geschichtsphilosophische Universalwissenschaft, die sich mit dem historischen Prozeß in seiner Ganzheit und in seinem gesetzlichen Verlauf zu beschäftigen hatte. Ernst Troeltsch schließlich, der ein Buch über den Historismus (1922) verfaßte, verstand Soziologie mehr als Hilfswissenschaft für die Geschichts- und Kulturphilosophie, die die Formen und Bedingungen der Vergesellschaftung vergleichend analysiere.[4]

In den Protokollen der Soziologentage der zwanziger Jahre sind – für uns heute kaum noch nachvollziehbar – die Kontroversen nachzulesen, zu denen diese verschiedenen Positionen führten. Die Auffassungsunterschiede waren dabei keineswegs nur ein Ausdruck professoraler Eitelkeit, wenn auch gekränktes Geltungsbewußtsein und Eifersucht sich in manch überflüssigem

Streit Luft gemacht haben mögen. Im Fall eines Faches, das noch keinen festen Platz im Kreis der akademischen Disziplinen hatte, sondern seine Position erst erringen mußte, kann es ja keinen breiten Fachkonsens geben, ebensowenig eine kontinuierliche und konstruktive innerfachliche Kommunikation, die auf einem solchen Konsens aufbaut und ihn ständig wieder neu befestigt. Entsprechend ihrer eigenen Herkunft und ihrer Verankerung innerhalb des Universitätssystems betrieben die immer noch wenigen Wissenschaftler, die sich damals als Soziologen verstanden, ihr Fach in jeweils eigenwilliger und oft einzigartiger Form: durch Ausnutzung des argumentativen Potentials, über das sie aufgrund ihrer spezifischen wissenschaftlichen Biographie verfügten, und unter Abgrenzung von jener Herkunftsdisziplin, aus der sie sich abgesetzt hatten.

Außerwissenschaftliche Kräfte, die in der Wissenschaftsgeschichte so häufig – gleichsam als Nachfrager wissenschaftlich erzeugter Informationen – zur Herausbildung fachlicher Einheiten beigetragen und die Einheitlichkeit und Geschlossenheit wissenschaftlicher Disziplinen durch einen Praxisdruck gefördert haben, gab es im Fall der Soziologie nur in einem ganz begrenzten Umfang. Natürlich bestand auch in der Weimarer Gesellschaft wie in allen entwickelten kapitalistischen Gesellschaften ein Interesse an wissenschaftlichen Analysen sozialer Prozesse. Dieses Interesse richtete sich aber eben, wie wir noch sehen werden (Kap. IV/5), nur ganz begrenzt an die akademische Soziologie. Auf der Unternehmerseite und bei deren politischen Repräsentanten bestand kaum Veranlassung, sich überhaupt mit soziologischen Problemen zu beschäftigen. Viel Schaden konnte das noch nicht profilierte Fach kaum anrichten, und soweit der Wissenschaftsbetrieb als Produzent von Herrschaftswissen gefragt war, mit dessen Hilfe man besser in die betrieblichen und politischen Konflikte eingreifen konnte, standen etablierte Disziplinen mit bewährteren Methoden und Ergebnissen zur Verfügung. Durch die Organisationen der Arbeiterbewegung wurde dieses Nachfragedefizit nicht ausgeglichen. Die Arbeiterbewegung befand sich in Distanz zum gesamten Wissenschaftsbetrieb – ein Umstand, der auch das Verhältnis zwischen der Sozialdemokratie und der aufkeimenden akademischen Soziologie bestimmte. Die Herkunft und das politische Selbstverständnis vieler Soziologen dürfte dieses Distanzempfinden verstärkt haben. Keiner der Professoren, die als erste Soziologie lehrten oder über Soziologie schrieben, stand in der Tradition der Arbeiterbewegung; keiner fühlte sich ihr intellektuell, politisch oder moralisch irgendwie verpflichtet. Auch wenn man relativ viele frühe Soziologen zu den eher progressiven Elementen des Hochschullebens rechnen mußte, die mit den in der deutschen Universität vorherrschenden Kräften des Konservatismus in Konflikt standen, so waren doch die Distanzen zur Sozialdemokratie so groß, daß weder die politische Bewegung etwas mit den Professoren noch die Professoren viel mit der Partei hätten anfangen können.

So stand die Soziologie in Deutschland – ganz im Unterschied zur Entwicklung in Amerika – in einem Zirkel, der ihre Entfaltung als Universitätsdisziplin hemmte. Sie verfügte über keine gesellschaftlich relevante Lobby. Sie wurde daher von wissenschaftspolitisch einflußreichen Kräften weder gefördert noch gefordert – eine Konstellation, die intellektueller Sandkastenspielerei viel Raum ließ. Die Soziologie tat sich dementsprechend schwer, ihre Einsichten in Form praktisch verwertbaren Wissens zu präsentieren, und dies mußte dazu beitragen, daß stützende gesellschaftliche Kräfte, die an einer zielstrebigen Entfaltung der Soziologie Interesse hätten haben können, auch längerfristig nicht auftraten.[5]

Jedenfalls kann von einer systematischen Entfaltung der Soziologie als Universitätsdisziplin in der Weimarer Republik noch keine Rede sein. Die Ansätze waren so spärlich und die Verhältnisse an den einzelnen Hochschulen lagen so unterschiedlich, daß es z. B. nicht möglich war, die Antworten auf eine Umfrage der Deutschen Gesellschaft für Soziologie zum Stand der Soziologie als Lehrfach an deutschen Hochschulen im Wintersemester 1924/25 in eine positive Bilanz einmünden zu lassen. Wenn auf die präzisen Fragen überhaupt geantwortet wurde, so in so unterschiedlicher Form, daß Leopold von Wiese als Berichterstatter auf eine systematische Bearbeitung der Antworten verzichtete und kommentarlos die Einzelantworten veröffentlichte.[6] Diese Antworten geben ein plastisches Bild von der diffusen Lage der Soziologie an den deutschen Universitäten in dieser Zeit.

Allein Ende der zwanziger Jahre schienen sich die Verhältnisse etwas zu verbessern. 1929 empfahl der preußische Landtag auf Anregung der Deutschen Gesellschaft für Soziologie (DGS), an allen preußischen Hochschulen Lehrstühle für Soziologie zu errichten. Doch scheiterte dieses Vorhaben bald an einer Reihe von Schwierigkeiten, die zum Teil in zeitbedingten Finanzierungsengpässen der öffentlichen Haushalte, aber auch in der Obstruktion der Kultusverwaltung und in inneruniversitären Widerständen bestanden.[7] Die DGS wollte die Sache auf dem 8. Soziologentag 1932 weiterverfolgen. Dieser wurde aber wegen der unsicheren politischen Lage zunächst vertagt und konnte dann aufgrund der Machtergreifung durch die Nationalsozialisten überhaupt nicht mehr durchgeführt werden. Lediglich eine Tagung von Soziologiedozenten, die 1932 in Frankfurt stattfand (der Kreis der Eingeladenen belief sich interessanterweise auf nicht mehr als 33 Personen), nahm sich der Sache noch einmal an und formulierte eine Eingabe. Allerdings wurde der Antrag auf Errichtung neuer Lehrstühle für Soziologie angesichts der Finanzlage der Länder nicht mehr wiederholt. Stattdessen beschränkte man sich auf Vorschläge zur Auswahl der Dozenten im Fach Soziologie (nach Möglichkeit nur habilitierte Soziologen) sowie zu den akademischen Prüfungen in Soziologie (Soziologie als selbständiges Promotionsfach, ferner als obligatorisches Wahlfach in wirtschaftswissenschaftlichen Diplomprüfungen, ferner als Bestandteil des erziehungswissenschaftlichen Teils der Lehrerprüfungen), schließlich zum Umfang der als notwendig erachteten soziologischen Lehre (Lehre sowohl in theoretischen wie auch empirischen Fragen).[8] Diese Eingabe von 1932 drückt in der Stoßrichtung ihrer Forderungen aus, wie wenig erfolgreich alles in allem in der Weimarer Zeit die Bemühungen waren, die Soziologie als Universitätsfach einzurichten.

Faßt man zusammen, so war die Lage der Soziologie an den Universitäten bis zum Jahre 1933 durch folgende Merkmale gekennzeichnet:

– geringe Lehrkapazität, kaum spezielle Lehrstühle für Soziologie; dadurch

ein begrenztes Ausbildungs- und Prüfungsangebot und vergleichsweise wenig Nachwuchs
- kein gemeinsames fachliches Grundverständnis, zahlreiche interne Differenzen in Fachfragen; dadurch ein großer Verschleiß der ohnehin geringen Arbeitskapazität in Abgrenzungskämpfen
- wenig Bezugspunkte im Kreis gesellschaftlich relevanter Kräfte, dadurch wenig Förderung.

Es versteht sich, daß ein Fach mit diesen Merkmalen keinen Rahmen darstellt, in dem sich empirische Sozialforschung entwickeln und kontinuierlich entfalten kann. Die Universitätssoziologie war zu schwach und in sich zu sehr zersplittert, als daß sie das für die Durchführung umfangreicherer empirischer Projekte notwendige Maß an Stabilität und Kontinuität hätte sicherstellen können. Dies führt zu der Frage, ob andere Einrichtungen als Träger empirischer Sozialforschung haben wirksam werden können.

2. Die Deutsche Gesellschaft für Soziologie

Die heute noch bestehende Deutsche Gesellschaft für Soziologie wurde 1909 gegründet – mit zwei- bis dreihundert Mitgliedern[9] (Wissenschaftler und Praktiker) anfangs ein kleiner Verband. Die Anregung zur Gründung der Gesellschaft kam aus sozialpolitischen Kreisen, die das Bedürfnis hatten, sozialpolitische Probleme systematischer zu durchdringen.

Unter dem Einfluß Max Webers, der sich in die Entwicklung des Vereins anfangs sehr aktiv einschaltete, wurde der Verein auf strikte Werturteilsfreiheit im Sinn des Verzichts auf praktisch-politische Erwägungen und Aktivitäten festgelegt: „Ausschließung der Werturteile", wie seinerzeit gesagt wurde. In § 1 des Statuts von 1909 heißt es dazu: Die Gesellschaft „gibt allen wissenschaftlichen Richtungen und Methoden der Soziologie gleichmäßig Raum und lehnt die Vertretung irgendwelcher praktischen (ethischen, religiösen, politischen, ästhetischen usw.) Ziele ab".[10] Weber begründete diese Auffassung auf dem ersten Soziologentag, der 1910 in Frankfurt stattfand, wie folgt:

> Ein entscheidender Grundsatz des Statuts sei, „daß die Gesellschaft jede Propaganda *praktischer* Ideen in ihrer Mitte grundsätzlich und definitiv ablehnt. Die Gesellschaft ist nicht etwa ‚unparteiisch' nur in dem Sinne, daß sie jedem gerecht zu werden, jeden zu verstehen oder daß sie die beliebte ‚Mittellinie' zu ziehen suchen möchte zwischen Parteiauffassungen, zwischen politischen, sozialpolitischen, ethischen oder ästhetischen oder anderen Wertungen irgendwelcher Art, sondern daß sie mit diesen Stellungnahmen überhaupt ihrerseits gar nichts zu tun hat, daß sie auf allen Gebieten schlechthin parteien*los* ist. [...] Niemals, das besagt der jetzige § 1 unseres Statuts, kann in unserer Gesellschaft das Für und Wider, der Wert oder Unwert einer [...] Meinung Gegenstand der Erörterung werden."[11]

Dies war eine deutliche und bewußte Abgrenzung gegenüber dem ehrwürdigen Verein für Sozialpolitik, dessen Sinn, um ein Wort Max Webers aufzugreifen, „ja gerade in der Propagierung bestimmter Ideale“[12] bestand und dem Weber wie viele andere Mitglieder der neuen Soziologengesellschaft ebenfalls weiter angehörte. Weber und seine Gefolgschaft anerkannten durchaus die historischen Leistungen des Vereins für Sozialpolitik, doch kritisierten sie die nach ihrer Einschätzung unreflektierte und dogmatische Unterordnung der Vereinsarbeit unter die sozialreformerische Konzeption der Jüngeren Schule der deutschen Nationalökonomie. Sie konnten mit dieser Kritik zwar dem Verein für Sozialpolitik den sogenannten Werturteilsstreit aufzwingen, doch war es ihnen nicht möglich, sich mit ihrer Position in der alten Vereinigung voll zu behaupten. Die Gründung der Deutschen Gesellschaft für Soziologie stand noch unter dem Zeichen dieses Konflikts. In Abgrenzung zum Verein für Sozialpolitik sollte jetzt die – wie es in § 1 des Statuts heißt – „rein wissenschaftliche“ Diskussion gepflegt werden, was immer man sich im einzelnen darunter vorgestellt haben mag. Die neue Gesellschaft wurde gleichsam als eine Ergänzung des Vereins für Sozialpolitik „nach der Seite der rein wissenschaftlichen Erörterungen“ hin verstanden.[13]

In inhaltlicher Hinsicht wurde der Zweck der Deutschen Gesellschaft für Soziologie wie folgt definiert:

> „Ihr Zweck ist die Förderung der soziologischen Erkenntnis durch Veranstaltung rein wissenschaftlicher Untersuchungen und Erhebungen, durch Veröffentlichung und Unterstützung rein wissenschaftlicher Arbeiten und durch Organisation von periodisch stattfindenden Deutschen Soziologentagen.“ (§ 1 des Statuts)

Auffällig ist, daß der Durchführung von Forschungsarbeiten großer Stellenwert eingeräumt wurde. Die Deutsche Gesellschaft für Soziologie war anfänglich auch und gerade als Institution zur Veranstaltung sozialwissenschaftlicher Forschung gedacht, wobei den Gründungsvätern vor allem auch größere empirische Erhebungen vor Augen standen.

Auf die Bedeutung empirischer Studien für die Gesellschaft verwies bereits Ferdinand Tönnies, eines der Vorstandsmitglieder der neuen Vereinigung, in seiner Eröffnungsrede zum ersten Soziologentag: Der „hochansehnlichen Versammlung“ teilte er unter anderem mit: „Ob wir aber Statistik treiben oder ob wir uns mit anderen Formen der Untersuchung, mit außerstatistischer Orientierung wie Mayr sie nennt, begnügen müssen, respektive jene dadurch ergänzen wollen – immer wird unser Sinn auf die reine Tatsächlichkeit und ihre so sehr als möglich vollständige Beschreibung, welche die Erklärung in sich einschließt, gerichtet sein. Hierdurch gedenken wir mit allem Ernste beflissen zu sein, das Studium des sozialen Lebens über den Streit der Parteien hinauszuheben, es von der lähmenden Last der Werturteile zu befreien, ihm so viel als möglich von der Gewißheit der Mathematik, von der Treffsicherheit der Astronomie zu verleihen.“[14]

Man sieht: empirische Forschung galt als vorurteilsfrei, objektiv, beweiskräftig, treffsicher. Durch Anwendung dieser überzeugend erscheinenden

Beweismethode sollte die neue Gesellschaft zur Durchsetzung der Soziologie beitragen.

Daß die Deutsche Gesellschaft für Soziologie von vielen anfänglich als eine Art Zentrum für empirische Sozialforschung verstanden worden war und daß diese Zweckbestimmung ernst gemeint war, ergibt sich vor allem aus einer Rede Max Webers auf dem ersten Soziologentag. Weber, seinerzeit in der Gesellschaft sehr einflußreich, gab als Rechner den Geschäftsbericht. Im Zentrum seiner keineswegs nur vereinsorganisatorisch angelegten Ausführungen stand ein attraktives Programm für empirische Projekte.

Ausführlich vorgestellt wurde zunächst eine Untersuchung zur Soziologie des Zeitungswesens, die eine ökonomische Branchenanalyse, eine Untersuchung der Arbeitsweise der Branche einschließlich der Herkunft und der Qualifikation der Arbeitskräfte und schließlich eine Analyse der gesellschaftlichen Wirkungen der Zeitungsproduktion umfassen sollte. Zum methodischen Vorgehen bei der Erhebung hieß es:

„Sie werden nun fragen: Wo ist das Material für die Inangriffnahme solcher Arbeiten. Dies Material sind ja die Zeitungen selbst, und wir werden nun, deutlicher gesprochen, ganz banausisch anzufangen haben damit, zu messen, mit der Schere und mit dem Zirkel, wie sich denn der Inhalt der Zeitungen in quantitativer Hinsicht verschoben hat im Laufe der letzten Generation, nicht am letzten im Inseratenteil, im Feuilleton, zwischen Feuilleton und Leitartikel, zwischen Leitartikel und Nachricht, zwischen dem, was überhaupt an Nachrichten gebracht wird und was heute nicht mehr gebracht wird. [...] Und von diesen quantitativen Bestimmungen aus werden wir dann zu dem Qualitativen übergehen. Wir werden die Art der Stilisierung der Zeitung, die Art, wie die gleichen Probleme innerhalb und außerhalb der Zeitungen erörtert werden, die scheinbare Zurückbringung des Emotionalen in der Zeitung, welches doch immer wieder die Grundlage ihrer eigenen Existenzfähigkeit bildet, und ähnliche Dinge zu verfolgen haben und darnach schließlich in sehr weiter Annäherung die Hoffnung haben dürfen, der weittragenden Frage langsam näher zu kommen, welche wir zu beantworten uns als Ziel stecken.“[15]

An diese Skizze eines empirischen Projekts zum Zeitungswesen schloß Weber eine freilich kürzere Übersicht über zwei weitere empirische Projekte an: eine Studie zur Soziologie des Vereinswesens, „eine Arbeit vieler Jahre“;[16] ferner eine Untersuchung zur sozialen Schichtung (Rekrutierung führender Berufe), eine „Aufgabe, die wiederum erst durch sehr umfassende Erhebungen im Laufe der Zeit vielleicht gelöst werden kann“.[17] Insgesamt machen diese Ausführungen Max Webers deutlich, daß der Verein anfänglich als Träger empirischer Sozialforschung gedacht war.

Hinter diesem Vorhaben stand die Einsicht, daß der normale Universitätsbetrieb zur Durchführung des zeitraubenden und arbeitsintensiven Geschäfts empirischer Sozialforschung – zur Ermittlung, Aufbereitung und Durcharbeit umfangreicher Datenmassen – nicht besonders gut geeignet ist. Solche Tätigkeit setzt organisatorische und materielle Grundlagen voraus, die in dem stärker auf Wissensvermittlung ausgerichteten Universitätsseminar nicht existierten, selbst wenn es sich darum bemüht, auch ein Platz für Forschung zu sein. Von der Deutschen Gesellschaft für Soziologie erhoffte man sich, daß in ihr die Voraussetzungen für kontinuierliche Forschung besser sichergestellt werden könnten. Die Gesellschaft stellte insoweit einen Versuch der institutionellen Absicherung empirischer Sozialforschung dar.

Konsequent kam Weber am Schluß seines Geschäftsberichtes auf dem ersten Soziologentag dann auch auf die finanzielle Seite der Sache zu sprechen:

„Sie sehen aber, daß schon diese konkreten Aufgaben, die ich hier erwähnt habe, nicht solche sind, daß sie darauf rechnen könnten, im nächsten Jahre läge schon irgendein brillantes Resultat vor. Die Gesellschaft wird Geduld haben müssen, das Publikum auch. Diese Arbeiten erfordern nicht nur eine Selbstlosigkeit der Hingabe [...], sie erfordern *sehr erhebliche pekuniäre Mittel.* Meine Herren, für die Zwecke der Preßenquete allein sind die Kosten auf ungefähr 25 000 M für die Vorarbeiten geschätzt. Von diesen 25 000 M stehen uns jetzt rund 20 000 zur Verfügung durch eine Vereinbarung mit der Heidelberger Akademie der Wissenschaften und mit dem Institut für Gemeinwohl hier in Frankfurt und durch private Stiftungen von innerhalb und außerhalb unserer Gesellschaft. Es ist zu hoffen, daß der noch notwendige Rest ebenfalls in irgendeiner Weise von privater Seite gestiftet wird, da wir unter keinen Umständen mit unserer Arbeit beginnen werden, ehe wir sicher sind, daß die Mittel, die wir jetzt für erforderlich halten müssen, und die hoffentlich reichen, wenigstens vorhanden sind. Für die anderen Untersuchungen steht heute noch nichts an Geldern zur Verfügung außer den laufenden Mitteln der Gesellschaft, und diese fallen für solche Arbeiten nicht ins Gewicht bei einem Mitgliederbestand von vorläufig nicht wesentlich über 200 [...]. Wir sind also, das gestehen wir offen, auf Mäzenatentum angewiesen [...]“.[18]

Aus diesen weitreichenden Plänen, die man als Schritt hin zur stärkeren Institutionalisierung empirischer Sozialforschung bezeichnen kann, ist letztlich nicht viel geworden. Im Rahmen der Zeitungsenquete sind ein paar beschränkte Einzelstudien zustande gekommen – mehr hat sich nicht ergeben.

„Von den Unternehmungen, welche die Deutsche Gesellschaft für Soziologie geplant hat, habe ich leider bisher nur Anfänge und Ansätze zu registrieren. Das liegt an durchaus zufälligen und persönlichen Umständen. Ein ganz besonderer Unstern hat über demjenigen Unternehmen gewaltet, welches die Deutsche Gesellschaft für Soziologie als erstes ins Leben rufen wollte: der Erhebung über das Zeitungswesen.“[19]

Man kann die Dinge hier personalisieren. Es überstieg die Arbeitskapazität auch eines Max Weber, die Kleinarbeit der Organisation einer großen empirischen Studie selbst auszuführen. Weber hatte damals noch eine andere empirische Studie am Hals – nämlich die Enquete über Auslese und Anpassung des Vereins für Sozialpolitik 1909 bis 1912; und er saß zudem noch an seinem monumentalen Beitrag zum ‚Grundriß der Sozialökonomik‘, der später als ‚Wirtschaft und Gesellschaft‘ veröffentlicht wurde. Daraus ergab sich eine akute Arbeitsüberlastung, die Webers Ehefrau anläßlich seines Geburtstages 1910 wünschen ließ: „Eigentlich konzentrieren sich meine Wünsche in dem einen gottlosen: der Teufel hole die soziologische Gesellschaft, für die du dich in kleiner Münze verausgabst, denn außer den hübschen Tagungen wird sie ein leerlaufender Apparat bleiben.“[20] Trotz guter Vorsätze blieb die Organisation der Zeitungsenquete aber an Weber hängen.

Marianne Weber: „Vor allem stellte sich heraus, daß keine der Größen [der DGS] die Kollektivarbeiten eigentätig fördern möchte. Die Organisation der Zeitungsenquete blieb deshalb an Weber hängen. Er gab sich monatelang große Mühe, die Arbeit in Gang zu bringen, war aber dabei im wesentlichen auf wissenschaftliche Anfänger angewiesen. Einige wertvolle Untersuchungen wurden auch schließlich geliefert, aber bei der Schwierigkeit des Stoffs doch nur über Teilgebiete. Ebenso ging es mit der Vereinssoziologie. Nach anderthalbjährigem Bemühen sieht Weber, daß er seine Kraft unangemessen verschwendet."[21]

Zur Arbeitsüberlastung kam das Handikap einer Verstrickung in einen langwierigen Presseprozeß mit persönlichem Hintergrund,[22] den Weber selbst als Hemmnis für die Presseuntersuchung erkannte.

Entscheidender als diese persönlichen Dinge war aber der Umstand, daß eine wissenschaftliche Vereinigung wie die Deutsche Gesellschaft für Soziologie keine wirklich forschungsadäquate Infrastruktur ausbilden kann; daran mangelte es schon dem eingeführten und gut ausgestatteten Verein für Sozialpolitik, daran fehlte es erst recht in der jungen soziologischen Gesellschaft, die zunächst nur einen kleinen Kreis tatsächlich eingeführter Wissenschaftler organisieren konnte. Wie auch immer die Verhältnisse im einzelnen gelegen haben mögen: Die Erfahrung lehrt, daß sich ein wissenschaftlicher Verein in jedem Fall schwer tut, die Bedingungen zu verwirklichen, die für die Entfaltung empirischer Untersuchungsarbeit nun einmal notwendig sind. Normalerweise vermittelt ein Verein keine wirklich kalkulierbaren Kooperationszusammenhänge. Ein Verein tritt punktuell zusammen, und er erfaßt seine Mitglieder meist nur von einem bestimmten Interesse her. Die Integrationskraft eines Vereins wird dadurch beeinträchtigt, Kontinuität in der Kooperation der Vereinsmitglieder ist erschwert. Dies alles sind Bedingungen, die den arbeitsprozeßlichen Voraussetzungen empirischer Untersuchungsarbeit wenig Rechnung tragen. Der wissenschaftliche Verein ist eher ein Forum der Information und des Gedankenaustausches, auch des Wettstreits der Ideen, er hält aber nicht die Struktur bereit, in der die notwendig kooperative Arbeit empirischer Recherche gedeihen kann.

Wie wenig das Klima einer wissenschaftlichen Gesellschaft den Bedingungen des Forschungsbetriebes entgegenkommt, wurde von Marianne Weber, zum Teil Max selbst zitierend, am Beispiel der Deutschen Gesellschaft für Soziologie plastisch beschrieben:

„Für den lernbegierigen Laien, dem die allgemeine Anregung und geistige Bewegtheit solcher Zusammenkünfte wichtiger sind als Resultate, werden die Tage [gemeint sind die Soziologentage] doch wieder zum Fest. – Die geistigen Persönlichkeiten interessieren ja mindestens so sehr wie das von ihnen dargebotene Wissen. Und nichts veranschaulicht sie lebendiger als die freie Rede, bei der Gebärde und Tonfall noch mehr von den Menschen mitteilen als ihre Worte. Und mag auch dieser Kreis nicht frei sein von den besonderen Berufsfehlern des Gelehrten, das wird gut gemacht durch die Würde einer durch lange mühsame Denkarbeit erworbenen Geistigkeit. Das Fluidum ihres Austauschs ist berauschend, es macht glücklich, wenigstens alles zu verstehen. – Aber Weber legt andere Maßstäbe an und hatte sich zu viel geärgert: ‚Nachträglich die Bitte um Entschuldigung, daß ich in unsrer Unterhaltung schließlich nicht mehr up to date war. Ich war zu degoutiert von diesem ‚Salon des Réfusés', von denen keiner den anderen anerkennt, keiner dem anderen etwas gönnt, keiner das geringste Opfer seiner wissenschaftlichen Individualinteressen auch nur für die kürzeste Zeitspanne bringt – [...] Diese Gekränktheiten unserer ‚großen Herren', die sind es, welche einem die Arbeit verleiden, wenn man als einfacher Kärrner seine verdammte Pflicht und Schuldigkeit tun möchte.'"[23]

Kein Wunder also, daß sich die Deutsche Gesellschaft für Soziologie, ganz entgegen den ursprünglich verfolgten Intentionen, nicht zu einem institutionellen Träger empirischer Sozialforschung entwickelte. Als wissenschaftlicher Verein war sie für eine solche Aufgabe schlechterdings ungeeignet.

Im weiteren verlagerten sich die Aktivitäten der DGS denn auch stärker auf das Bemühen, der Soziologie Anerkennung als Universitätsfach zu verschaffen. Darüber hinaus bildete der Verein insbesondere über die regelmäßige Ausrichtung von Soziologentagen ein Forum zur Darstellung der verschiedenen theoretischen und methodischen Positionen in der akademischen Soziologie und der Auseinandersetzung zwischen ihnen. Das Wegrücken von selbstbetriebener Forschung kam auch in einer Satzungsänderung von 1922 klar zum Ausdruck. Hatte der Verein früher – gerade im Hinblick auf die beabsichtigte Forschung – den Versuch unternommen, in seiner Mitgliedschaft auch Praktiker und Mäzene zu versammeln, so verstand er sich nun stärker als abgeschlossene Gelehrtenvereinigung, die neue Mitglieder nach dem Patensystem rekrutierte.[24]

Vor allem als Forum der Präsentation wissenschaftlicher Ideen, der Kritik und der Gegenkritik gewann der Verein mit seinen Soziologentagen eine wichtige Kommunikationsfunktion. Die Soziologentage gaben den verschiedenen Strömungen im Verein die Möglichkeit, sich darzustellen und in der Diskussion zu bewähren. Die DGS konnte sich dadurch als Stelle aktiver wissenschaftlicher Diskussion und Auseinandersetzung profilieren. Allerdings ist es in der kurzen Zeit der zwanziger Jahre nicht gelungen, die Diskussion in gemeinsame Lernprozesse einmünden zu lassen und ein größeres Maß an fachlicher Integration zu erreichen. Mehr durch Äußerlichkeiten denn durch ein gemeinsames Verständnis des Gegenstands und der Methode wurde die Soziologie der Weimarer Zeit zusammengehalten. Dem Inhalte nach zerfiel sie in verschiedene Strömungen, die letztlich wenig miteinander anzufangen wußten.

Die erste große Kontroverse in der Deutschen Gesellschaft für Soziologie bezog sich noch auf die Werturteilsfrage. Hier hatte sich die Vereinigung zunächst auf Webers Auffassung festgelegt. Diese Position, die – daran sei erinnert – im Zusammenhang mit der Entwicklung im Verein für Sozialpolitik durchaus einen vernünftigen und fortschrittlichen Kern enthielt, indem sie die Freiheit der Werturteile in der Wissenschaft, nicht aber die politische Blindheit des Wissenschaftlers als Maxime hervorhob, wurde in der neuen Gesellschaft nun von Weber selbst recht rigoros und schematisch vertreten. Die Absicht, normative Elemente um jeden Preis aus der wissenschaftlichen Diskussion zu verbannen, führte bereits auf dem zweiten Soziologentag 1912 zu unfruchtbaren Auseinandersetzungen.

Weber und seine Anhänger gaben sich ziemlich formal. In immer neuen Diskussionsbeiträgen machten sie sich zu peinlich genauen Wächtern des § 1 des Statuts. Um ein Beispiel zu geben, eine Passage aus einem Diskussionsbeitrag Webers zur Nationalitätenproblematik:

„Erwägen Sie, wohin es geführt hätte, wenn wir heute etwa den Wert der Nationalität und den Wert des nationalen Staates mit in die Diskussion gezogen hätten, wie dies der erste Herr Redner immerhin bis zu einem gewissen Grade getan hat. Wir hätten ein allgemeines Chaos gegenseitiger nationaler Rekriminationen, etwa der Polen gegen die Deutschen und umgekehrt, heraufbeschworen, bei dem eine Förderung sachlicher Erkenntnis auf keine Weise herausgesprungen wäre. Vorläufig haben wir den Statutenparagraph, welcher derartiges verbietet, und solange er besteht, werden wir auf unserem Rechte, seine Durchführung zu verlangen, bestehen."[25]

Verschiedentlich bekam der Versuch, den anderen ihre Werturteile auszutreiben, fast etwas Zwanghaftes. Leopold von Wiese schrieb später einmal: „Besonders die Diskussionen [auf dem zweiten Soziologentag] wurden zu einer wahren Jagd auf die vermeintlichen oder wirklichen Soll-Forderungen der Redner. Bisweilen schien der sonstige Inhalt der Reden weniger belangreich, verglichen mit der Einschätzung nach dem Grade, in dem sie von persönlichen Interessen frei waren."[26]

Daraus resultierten vereinsinterne Spannungen und Auseinandersetzungen, in denen Weber mit seinem messianischen Rigorismus wesentlich an Einfluß verlor. Die Gegner Webers (vor allem Rudolf Goldscheid) konnten sich im Vorstand durchsetzen. Weber gab seine Position als ‚Rechner' daraufhin auf und zog sich 1913 verärgert aus der Deutschen Gesellschaft für Soziologie zurück. In einem Schreiben erklärt er dies wie folgt:

„Ich kann also nicht mit einem Vorstande zusammenarbeiten, dessen einer Vorsitzender, Herr G. auf der Frankfurter Tagung den entsprechenden Statutengrundsatz *vor dem Publikum* anzugreifen für richtig hielt und dies Verhalten auch später auf briefliches Vorhalten, als inkorrekt anzuerkennen, sich *weigerte.* Auf der Berliner Tagung des Jahres 1912 haben mit einer einzigen Ausnahme *sämtliche* offiziellen Referenten dem gleichen Statutengrundsatz zuwidergehandelt – was *mir* als Beweis seiner Undurchführbarkeit dauernd entgegengehalten wird. *Wie* ich mich verhalten würde, wenn der Vorstand *keine* Garantie für die Nichtwiederkehr dieser Statutenwidrigkeiten schaffe, habe ich s. Z. in Berlin ausdrücklich gesagt. *Keins* der Mitglieder, welche nunmehr insbesondere Herrn G. zum Vorsitzenden wählten, konnte darüber in Zweifel sein, daß ich die Konsequenzen ziehen und dadurch für mich ‚reinliche' Verhältnisse schaffen würde. Denn eine solche Personenfrage wäre herzlich gleichgültig, *wenn* Herr G. nur den Ehrgeiz besäße, die Gesellschaft rein äußerlich zu repräsentieren. Unseligerweise aber verfügt er über eine sogenannte Weltanschauung und erhebt im Zusammenhang damit wissenschaftliche Prätensionen, deren Natur jede Arbeit mit ihm für mich ausschließen. – Wie es sich von selbst versteht, mute ich schlechthin niemand zu, ebenso zu handeln. – Mögen nun diese Herren, von denen *keiner* es sich mal verkneifen kann (denn das ist es!), einen mit ihren mir unendlich gleichgültigen subjektiven ‚Wertungen' zu behelligen, gefälligst unter sich bleiben; ich habe es absolut satt, stets erneut als Don Quixote eines angeblich undurchführbaren Prinzips aufzutreten und peinliche Szenen herbeizuführen."[27]

Andere Auseinandersetzungen innerhalb der Deutschen Gesellschaft für Soziologie erscheinen mir heute alles in allem lehrreicher und wichtiger als die Werturteilsfrage, so etwa die Kontroverse zwischen der formalen und der marxistischen Soziologie, die in den Debatten nach dem Ersten Weltkrieg gelegentlich zutage trat. Daß marxistische Positionen in den akademischen Diskussionen authentisch vertreten wurden, war ein Novum der Weimarer Zeit. Ein Beispiel lieferte der 3. Soziologentag 1922, auf dem über das ‚Wesen der Revolution' diskutiert wurde. Das Hauptreferat hielt Leopold von Wiese, der eine beziehungswissenschaftliche Betrachtung von Revolution vortrug: Der Gesamtprozeß einer Revolution wurde in Einzelprozesse zergliedert und dabei enthistorisiert und individualisiert.[28] Dies löste die Kritik Max Adlers, des führenden philosophischen und soziologischen Repräsentanten des Austromarxismus aus, der die Erklärung von Revolutionen auf die gesellschaftlichen Grundverhältnisse in ihrer geschichtlichen Ausprägung beziehen wollte; Revolutionen seien Ausdruck des Klassenkampfes, dessen spezifische sozioökonomische Grundlagen klarzustellen seien. Eine Soziologie ohne Marx, „d. h. ohne die von diesem aufgedeckte ökonomische Grundlegung des sozialen Lebens [...] und insbesondere eine Soziologie der Revolution ohne die Kategorien des Klassengegensatzes und Klassenkampfes als ihre Fundamentalbegriffe" gehe am wesentlichen vorbei.[29]

Beschränkt man sich hier auf unseren speziellen Gegenstand, die empirische Sozialforschung, so waren die Erörterungen auf den Soziologentagen der 20er Jahre freilich wenig ertragreich. Zu der für jede Soziologie entscheidenden Grundfrage nach dem Zusammenhang von soziologischer Theorie und empirischer Sozialforschung fiel in den theoretischen und methodischen Debatten der DGS nicht viel ab. Man gewinnt aus den Protokollen nicht den Eindruck, daß die Gelehrten damals hier überhaupt ein relevantes Problem sahen.

1922, beim Neubeginn nach dem Kriege, hielt wiederum Tönnies, der schon auf dem 1. Soziologentage 1910 am Anfang gesprochen hatte, eine Eröffnungsrede. Anders als 1910, wo er die Soziologie als eine Wissenschaft behandelte, in der theoretische und empirische Erkenntnisweisen miteinander verzahnt sein sollten, redete er nun einer schematischen Arbeitsteilung das Wort. Lapidar stellte er fest, daß er „die Unterscheidung der reinen Soziologie von der angewandten und empirischen für unerläßlich halte",[30] wobei er zur empirischen Soziologie sagte:

„Als *empirische* Soziologie endlich verstehe ich die auf induktive Erforschung sozialer Zustände, also auch der sozialen Verhältnisse usw. aufgebaute Lehre von den wirklichen Erscheinungen des sozialen Lebens zu irgendeiner Zeit und in irgendeinem Lande; eine Lehre, bei deren Pflege man immer sich des Umstandes erinnern sollte, daß der Beobachtung nur die von uns erlebte Zeit und das Land, in welchem wir leben, zunächst und unmittelbar zugänglich sind, so daß man hier, wenn irgendwo, vor Verallgemeinerungen auf der Hut sein muß, die nicht hinlänglich durch Erfahrungen gedeckt sind."

In einer Vereinfachung früherer Äußerungen von Tönnies lief dies eindeutig auf einen schlichten Mehr-Ebenen-Schematismus hinaus, der das verzwickte Verhältnis zwischen der soziologischen Theorie und der empirischen Sozialforschung vernachlässigte. Angesichts der Tatsache, daß empirische Untersuchungen weitgehend fehlten, hieß dies faktisch, die reine Soziologie als Möglichkeit zu legitimieren. Entsprach das vielleicht auch den Produktionsbedingungen der damaligen Soziologen, denen für umfassendere empirische Studien noch nicht die richtigen Arbeitsmöglichkeiten zur Verfügung standen, so war es doch unter wissenschaftskonzeptionellen Gesichtspunkten höchst probleproblematisch. Der erkenntnistheoretische Status empirischer Forschung war kein Punkt, an dem sich die Geister schieden – nicht, weil hier keine Probleme gelegen hätten, sondern vielmehr, weil man die Probleme einfach nicht wahrnahm.

Allein an einer Stelle wurde die Frage des Zusammenhangs von Soziologie und empirischer Sozialforschung ausführlicher aufgenommen: in zwei Aussprachen über Soziographie, die auf den Soziologentagen 1926 und 1930 stattfanden.

1926 trug der holländische Sozialforscher Steinmetz ein Referat über Soziographie vor. Diese verstand er als selbständige empirische Wissenschaft, die im sozialen Feld Tatsachenforschung betreibt. Sie ziele auf die Erkenntnis der Individualität sozialer Erscheinungen, seien es ganze Völker oder kleinere soziale Einheiten wie Familien, Dörfer, Städte. Als Objekte der Soziographie bezeichnete er „die Völker und ihre Teile in ihrer konkreten Eigenheit".[31] Methodisch stütze sich die Soziographie auf Beobachtung und Beschreibung der Tatsachen auf allen nur denkbaren Wegen. Ging es der Soziographie nach der Auffassung von Steinmetz um das Erkennen der komplexen Individualität konkreter sozialer Erscheinungen, so galt ihm die Soziologie demgegenüber als Wissenschaft des Allgemeinen. Abstrakte Allgemeinheit gegenüber konkreter Individualität – das unterscheide Soziologie von der Soziographie. Daß das Allgemeine im Konkreten enthalten ist, wenn auch das Konkrete nicht im Allgemeinen aufgeht, daß sich der gesellschaftliche Gesamtzusammenhang in konkreten sozialen Einheiten ausdrückt, die allerdings nicht einfach das Abbild des gesellschaftlichen Ganzen darstellen, war Steinmetz noch nicht klar. Entsprechend sah er Soziologie und Soziographie (oder sagen wir besser Soziologie und empirische Sozialforschung) nicht als Einheit, sondern als zwei unterschiedliche Erkenntnisweisen und Wissenschaften:

„Ich denke mir das Verhältnis [zwischen Soziographie und Soziologie] folgendermaßen. Die große und sehr eigentümliche Schwierigkeit und Gefahr für die Soziologie ist wohl die Beschaffung des Materials [...] Die Soziologie läuft Gefahr den Kontakt mit der Wirklichkeit zu verlieren [...] Die Soziographie bietet solche Materialsammlung und ihre charakteristischen Eigenschaften, welche sie zu dem machen, was sie ist und welche sie eben deshalb nicht so leicht verliert, versprechen und verbürgen der Soziologie nicht alles, aber doch sehr viel, was sie im Punkte der Materialbeschaffung braucht [...] Mögen die Soziologen künftig immer mit beiden Füßen auf diesem festen und zugleich fruchtbaren Boden der Soziographie stehen!"[32]

Hier stoßen wir wieder auf den Zwei-Ebenen-Schematismus: theorielose Empirie, hier Soziographie genannt, und abstrakt entwickelte Sozialtheorie, hier Soziologie genannt, werden einander schematisch entgegengesetzt. Daß ohne theoretische Anleitung und Durchdringung keine griffsichere Empirie und ohne Abarbeitung am empirischen Material keine realitätsgerechte Gesellschaftstheorie möglich ist, daß sich theoretische Soziologie und empirische Soziologie durchdringen und eine Einheit bilden müssen, für diesen alten Gedanken Comtes bestand immer noch kein Verständnis.

Tönnies, von dem früher gewiß schon Aufschlußreicheres zur empirischen

Forschung zu hören gewesen war, der nunmehr aber auch – wie seine Eröffnungsrede 1922 bereits andeutete – einer schlichten Parallelität von empirischer Soziologie und reiner Soziologie das Wort redete, griff den Ansatz von Steinmetz zustimmend auf. In einer Rede auf dem Soziologentag von 1930 über ‚Soziographie'[33] riet er der Soziographie zwar zu stärkerer begrifflicher Eindringlichkeit und Klarheit – ohne idealtypisch gewonnene Begriffe seien Gegenstandsbenennung und -kennzeichnung in der Soziologie unbestimmt und schwammig; im übrigen fand er für die Vorgehensweise von Steinmetz aber nur lobende Worte. Widerspruch aus dem Auditorium erntete er kaum: Das Denken auf den zwei Schienen der reinen Soziologie und der empirischen Soziologie war noch zu selbstverständlich.

Nur in einem Diskussionsbeitrag deuteten sich neue Perspektiven an. Rudolf Häberle, übrigens der Schwiegersohn von Tönnies, zeigte sich stärker sensibilisiert für die Gefahren einer sich selbst überlassenen Empirie. Häberle hatte sich von 1926 bis 1929 als Research-Fellow der Rockefeller Foundation in den USA aufgehalten und hatte dort eine empirische Studie über soziale Mobilität verfaßt. Seine amerikanischen Erfahrungen ließen ihn nun die Möglichkeiten einer theorielosen Empirie recht skeptisch einschätzen.

„Die Amerikaner haben keinen Begriff der Soziologie. Sie treiben alles Mögliche unter dem Namen Soziologie. Sie haben Gutes geleistet; sie zeigen seit einigen Jahren gerade eine Tendenz zur induktiven soziologischen Forschung, also zur Soziographie. Diese Richtung hat so stark überhand genommen, daß uns die gegenwärtige amerikanische Soziologie als ein rein empirisches Studium des sozialen Lebens erscheint. Wir können von der amerikanischen Soziologie lernen, in bezug auf die Problemstellungen und die Frische, mit der an brennende aktuelle Fragen herangegangen wird. Wir sehen aber zugleich, was dabei herauskommt, wenn man sich weder über das Erkenntnisobjekt noch über das Verhältnis von Theorie und Empirie klar ist."[34]

Konkretisiert und entwickelt hat Häberle diese Überlegungen freilich noch nicht. Es wird sich später noch zeigen, daß es in der Weimarer Zeit in Deutschland eigentlich nur an einer Stelle zu einer produktiven Sichtweise des Zusammenhangs von Theorie und Empirie gekommen ist: im Institut für Sozialforschung in Frankfurt. In die Debatten der deutschen Soziologie vor 1933 gingen diese Ansätze aber noch nicht ein.

Der 7. Soziologentag von 1930, auf den sich meine letzten Ausführungen bezogen haben, fand für lange Zeit keinen Nachfolger. Eine 8. Versammlung war zunächst für 1931 geplant worden, sie wurde dann wegen der politischen Verhältnisse auf 1932 verschoben und konnte schließlich erst 1946 stattfinden. Bereits auf der schon erwähnten Frankfurter Dozententagung von 1932, die die Eingabe zur Stellung der Soziologie an den Universitäten erararbeitet hatte, zeichnete sich ein Klimawechsel ab: „Freyer und Ipsen wittern Morgenluft", soll ein Teilnehmer gesagt haben.[35] Paul Honigsheim gibt in einem Beitrag aus dem Jahre 1959 eine Impression vom Klima der damaligen Zeit:

„Ahasverische Gestalten traten auf. Jede von ihnen war ein Proteus in den Gefilden der Philosophie, Sozialwissenschaft und Politik: *Scheler,* der sich unter anderem eine zeitlang suggeriert hatte, katholisch zu sein, und dann entrüstet fragte: Kann man denn verstehen, wie diese Katholiken dazu kommen, mich als früheren Katholiken anzusehen? Ich bin doch niemals gläubiger Katholik gewesen. So *Roberto Michels,* nacheinander Kölner Bürgersohn, preußischer Offizier, Sozialist, Propagandist für Italiens Eintritt in den Krieg gegen Deutschland, um schließlich mit einem faschistischen Orden geschmückt auf den Kongressen zu erscheinen. So schließlich *Sombart*, dessen Sozialismusbuch in jeder Auflage einen veränderten Standpunkt aufwies, bis er dann auch in geistiger Nähe des Hitlerianismus endete."[36]

Der allgemeine Zug zur Gleichschaltung verschaffte sich auch in der Deutschen Gesellschaft für Soziologie Geltung. Die kritischsten Köpfe mußten emigrieren. Wer blieb, paßte sich oft an oder machte doch wenigstens Kompromisse. Zunächst wurde ein aus Sombart, Wiese und Freyer bestehendes Drei-Männer-Kollegium als Leitungsgremium eingesetzt, wobei Freyer wohl als eine Art Vertrauensmann der Nationalsozialisten fungierte. Doch war selbst diese Kompromißlösung nicht lange zu halten. Im Dezember 1933 wurde Freyer zum ‚Führer' der Gesellschaft erklärt, wie es dem Wunsch des preußischen Kultusministeriums entsprach.[37]

Im Januar 1934 traf dann die verbliebene Soziologenschaft nochmals in Jena zusammen, nunmehr unter der Führung von Ernst Krieck, dem Obmann des neuen Amtes für Nationalsozialistische Wissenschaft und Erziehung im deutschen Hochschulverband und Neu-Rektor der Universität Frankfurt. Über dieses Treffen „deutscher Soziologen" berichtete H. Lorenz Stoltenberg 1934:

„Von der Soziologie im besonderen verlangte man eine eingehendere Beschäftigung mit den heute wieder lebendiger gewordenen und deshalb auch wieder leichter zu erforschenden *Gemeinschaften* und ein pflichtbewußteres Eingehen auf die Fragen und Forderungen der neuen *Volkserziehung*. Jede wirkliche Wissenschaft verdankt ihr Dasein einem Volk und ist ihm entsprechend verpflichtet. Dies Volk ist aber nicht nur das Volk von heute, sondern *immer zugleich* das Volk von *morgen*. Eine Wissenschaft, die *allein* dem Volk von *heute* dient, *versäumt* ihre Pflicht. Sie muß *immer zugleich* in Vorsorge auch Antworten auf noch nicht gestellte, aber *mögliche* Fragen suchen [...]"[38]

Trotz solch frommer Berichterstattung waren die Kölner Vierteljahreshefte für Soziologie, in deren letztem Heft der zitierte Beitrag veröffentlicht worden war, noch zu sehr von unangepaßten Beiträgen durchsetzt, so daß die Zeitschrift ihr Erscheinen einstellen mußte. Die Deutsche Gesellschaft für Soziologie wurde 1934 stillgelegt – übrigens von Freyer selbst, der zurückhaltend und liberal genug gewesen sein muß, um nicht alle Attacken gegen das nunmehr schwer bedrängte Fach zu sanktionieren.[39] Wir werden auf diese Ereignisse noch zurückkommen müssen (vgl. Kap. IV/6).

3. Ansätze kontinuierlicher Sozialforschung

Im Anschluß an Clark[40] kann man fünf Formen der Institutionalisierung von Wissenschaft unterscheiden. Vorformen organisierter Wissenschaft sind danach der Einzelforscher – man denke hier zum Beispiel an die Art und Weise, in der Petty und Graunt ihre Studien betrieben – und die Amateurwissenschaft, für die in unserem Fach Frederic Le Play ein gutes Beispiel liefert.

Gewisse institutionelle Verfestigungen zeigen sich dann bei der akademischen Wissenschaft. Hier hat sich bereits eine scientific community herausgebildet, die aus Institutionen besteht, welche den einzelnen Wissenschaftler übergreifen. Die Forschungsarbeit selbst verbleibt noch weitgehend Einzelarbeit. Kennzeichnend für die Institutionalisierungsform der akademischen Wissenschaft ist die Vereinzelung des Forschungsprozesses einerseits und die professionelle Vergesellschaftung der fachlichen Kommunikation andererseits. Für die kommunikative Seite der Wissenschaft sind dabei verschiedene Organisationsformen gefunden worden: die Akademien des 17. und 18. Jahrhunderts und die wissenschaftlichen Gesellschaften des 19. Jahrhunderts, die beide in ihren Verhandlungen und Veröffentlichungen die Möglichkeit der Präsentation und Diskussion von Forschungsergebnissen boten und durch ihre Ehrungen und Preise zur Verfestigung von Qualitätsstandards beitrugen. Der Unterschied zwischen den Akademien und den wissenschaftlichen Gesellschaften lag nicht in ihrer Wirkungsweise, sondern in ihrem politischen Charakter. Die Akademien basierten auf staatlicher Anerkennung und Förderung durch den Landesherrn. Ihre Rekrutierung erfolgte nach dem Prinzip elitärer Auswahl. Die wissenschaftlichen Gesellschaften waren demgegenüber demokratischer: Sie standen im Prinzip jedem Fachmann offen und wiesen ein hohes Maß an Selbstverwaltung auf. In unserem Zusammenhang ist beachtenswert, daß sich weder die Akademien noch die wissenschaftlichen Gesellschaften besonders gut als Träger kontinuierlicher kooperativer Forschung eignen. Das Beispiel der Deutschen Gesellschaft für Soziologie dürfte dies deutlich gemacht haben.

Von einer Vergesellschaftung des Forschungsprozesses selbst konnte erst bei den Forschungsinstituten die Rede sein. Wir werden sehen, daß diese Vergesellschaftungsform des Forschungsinstituts ein spezifischer Beitrag der deutschen Universität zur Entwicklung des Wissenschaftssystems im Ausgang des 19. Jahrhunderts gewesen ist. Eine Vergesellschaftung auf erweiterter Stufenleiter stellte dann das Großforschungsinstitut dar (‚Big Science' – nach Clark die fünfte Stufe der Wissenschaftsinstitutionalisierung). Hier handelt es sich um einen Großbetrieb für wissenschaftliche Arbeit, der meist um große technische Apparaturen herum gebildet ist – eine Organisationsform, die sich eigentlich nur im Bereich der hochtechnisierten naturwissenschaftlichen Forschung findet.

Folgt man diesem vereinfachenden, aber brauchbaren Clarkschen Schema, so bewegen wir uns bei unserem Versuch einer Rekonstruktion der Entwicklung empirischer Sozialforschung im folgenden im Bereich der vierten Vergesellschaftungsform: Sozialforschung im Rahmen von Forschungsinstituten.

Die Sozialwissenschaften – oder, um den damals in Deutschland gebräuchlicheren Begriff zu benutzen, die Staatswissenschaften – standen natürlich nicht im Zentrum der Herausbildung von Forschungsinstituten. Entscheidend war hier die Entwicklung der experimentellen Wissenschaften. Zunächst kam es gerade an deutschen Universitäten in der zweiten Hälfte des 19. Jahrhunderts zur Errichtung einzelner Institute und Labors, wobei der Umstand, daß die Verbetrieblichung der naturwissenschaftlichen Forschung speziell in Deutschland schnell voranschritt, anzeigt, welche Bedeutung die deutschen Naturwissenschaften für die Wissenschaftsentwicklung zwischen 1870 und 1920 eingenommen haben. Dieser Verbetrieblichungsprozeß lief zunächst etwa so ab, daß ein bedeutender Gelehrter die Annahme eines Lehrstuhls von der Errichtung eines Labors abhängig machte (so Liebig in Gießen, woraus das Institut für Agriculturchemie entstand; so Wund in Leipzig, woraus sich das Psychologische Laboratorium entwickelte). In dieser Frühphase der Entwicklung von Instituten war Forschung also noch aufs engste mit der universitären Lehre verkoppelt. Humboldts Mahnung an die Universität, „immer im Forschen zu bleiben" und nicht zur bloßen Ausbildungsstätte zu vereinseitigen, konnte noch entsprochen werden.

In den beiden letzten Jahrzehnten des 19. Jahrhunderts begann die Verkoppelung von Forschung und Universität aber brüchig zu werden. Die Ursachen sind vielfältig, zu nennen wären:

- Ein starker Studentenzuwachs, der zu ersten Vermassungserscheinungen führte; die Hochschullehrer wurden dadurch stärker durch ihre Lehrverpflichtungen absorbiert, während der Spielraum für Forschung abnahm.
- Eine stärkere Spezialisierung in der Forschung; die Ausbildungsbedürfnisse und die Forschungsinteressen liefen auseinander; die in der universitären Ausbildung gewünschte Polyvalenz und die in der Forschung gebotene Spezialisierung reduzierten die Möglichkeiten einer unmittelbaren Verzahnung von Ausbildung und Forschung.
- Schließlich deutlich höhere Anforderungen der Forschung an Zeit und Organisation; die Tendenzen zur Technisierung (aufwendigere und spezialisiertere Forschungsinstrumente) sowie zur Professionalisierung der Forschung (eingespielte Arbeitsstäbe) ließen sich im Rahmen der kleinen Universitätsinstitute allenfalls mit großen Schwierigkeiten auffangen.

Solche Umstände lösten in Deutschland Ende des 19. Jahrhunderts eine Diskussion über die zeitgerechte Organisation der Forschung aus. In diesem Zusammenhang schälte sich dann ein neuer Typus der Forschungsorganisation heraus: das reine Forschungsinstitut mit allenfalls lockeren Verbindungen zur Universität. Exemplarisch für diese Entwicklung war die Gründung der Kaiser-Wilhelm-Gesellschaft 1911, deren zentrale Aufgabe im Bau und in der Unterhaltung naturwissenschaftlicher Forschungsinstitute lag. Damit war ein entscheidender Schritt zur weiteren Vergesellschaftung der Forschung getan: Forschung fand nunmehr stärker im speziellen Forschungsbetrieb statt.

Merkmale dieser Betriebsform sind:

- ausschließliche oder überwiegende Zweckbindung in der Forschung (keine Lehre); in der Forschung selbst Konzentration auf ein bestimmtes Gebiet
- ein relativ großer Arbeitsstab (arbeitsteilige Erfüllung des Betriebszwecks; Arbeitsteilung/Kooperation)
- eine aufwendige technische Ausstattung
- eine gewisse Bestandsicherheit und Kontinuität, die sich aus den genannten Merkmalen ergibt, wobei aber die Bindung an den ‚großen Gelehrten' (Direktorialprinzip) durchweg aufrechterhalten wurde
- ein hoher Finanzbedarf, der ebenfalls aus den genannten Merkmalen resultiert; damit verbunden eine stärker Effizienzkontrolle mit möglicherweise größeren Abhängigkeiten gegenüber dem Geldgeber.

Mit einer erheblichen Zeitverzögerung ließen sich auch im Bereich der empirischen Sozialforschung Initiativen zur Bildung reiner Forschungsinstitute beobachten. Die Anfänge liegen dabei in den zwanziger Jahren, in denen es in freilich recht bescheidener Form zur Gründung einiger soziologischer Forschungsinstitute gekommen ist. Über die wichtigsten Beispiele soll im folgenden gesprochen werden.[41]

a) Forschungsinstitut für Sozialwissenschaften an der Universität Köln (1919–1934)

Das Kölner Institut war die erste sozialwissenschaftliche Einrichtung in Deutschland, die Forschungsinstitut genannt wurde. Bei seiner Gründung wurde die für die Institute der Kaiser-Wilhelm-Gesellschaft gewählte Organisationsform ausdrücklich als vorbildlich angesehen; vom traditionellen Universitätsseminar, das stärker auf die Lehre ausgerichtet ist, hat man sich demgegenüber ausdrücklich abgegrenzt.

In einer Vorstellung des Forschungsinstituts für Sozialwissenschaften schrieb dessen Verwaltungsdirektor Christian Eckert: „Das Forschungsinstitut soll viel unmittelbarer der fortschreitenden Erkenntnis dienen. Es muß nach der sachlichen wie personellen Seite hin anders orientiert sein. Für den Forschungszweck ist schon die Sammlung des wissenschaftlichen Apparates anders anzulegen. Sie kann auf manches, was die Seminare bringen müssen, z.B. Lehrbücher in den neuesten Auflagen, verzichten. Dagegen muß sie die wissenschaftliche Fachliteratur bis zu den entlegensten Broschüren zusammenbringen. Sie soll neben den Büchern auch die Urmaterialien aufstapeln. Studenten können nur in Ausnahmefällen als Mitarbeiter in Frage kommen. Nur solche, die Begabung und Neigung zum künftigen Forscher in sich tragen, und auch sie nur gegen Ende oder nach Abschluß ihrer Studienzeit, sind als Hilfsarbeiter, später als Assistenten heranzuziehen. Lediglich der angehende, in der Einzelarbeit sich spezialisierende Gelehrte, nicht der künftige praktische Volkswirt, kann an einem Forschungsinstitut für Sozialwissenschaften mitarbeiten. Der größte Teil der Arbeiten kann nur durch Persönlichkeiten geleistet werden, die für ihre Untersuchungen ausdrücklich berufen und bestellt sind."[42]

Der eigentliche Initiator des Instituts war Konrad Adenauer, seit 1917 Oberbürgermeister in Köln. Er führte 1918 in einem Brief aus: „Ich messe, und zwar, wie ich glaube mit Recht, der ganzen Sache [der Institutsgründung] sehr große Bedeutung bei nicht nur für Cöln, sondern auch für das ganze soziale Leben in Deutschland. Es ist das erste Institut dieser Art, das überhaupt errichtet wird, und ich lege auch persönlich großen Wert deswegen auf das Zustandekommen, weil der Gedanke bei mir entstanden und zur Reife gekommen ist."[43]

Auf der Grundlage einer von Adenauer angeregten und von Christian Eckert, wie gesagt später Verwaltungsdirektor des Instituts, verfaßten Denkschrift wurde die Gründung des Instituts 1918 von der Stadtverordnetenversammlung Kölns beschlossen; 1919 konnte das Institut seine Arbeit aufnehmen.

Hinter der Institutsgründung standen sozialpolitische Intentionen: Die ‚soziale Frage' sollte wissenschaftlich untersucht werden, um die praktisch-politischen Kräfte fundierter beraten zu können.

Nochmals Adenauer in einer Rede vor der Stadtverordnetenversammlung: „Die Errichtung einer Anstalt, welche sich zur Aufgabe setzt, Umfang und Ursachen der sozialen Schäden in objektiver, wissenschaftlicher, tendenzloser Weise festzustellen, erscheint mir daher als eine zwar schwere, aber auch unbedingt notwendige, dankbare und segensreiche Aufgabe." Im Institut solle allerdings „vollständig frei und tendenzlos" und in Eigenverantwortung der Wissenschaft gearbeitet werden.[44]

Diese uns schon aus der Vorgeschichte der empirischen Sozialforschung bekannte Verschmelzung von Sozialpolitik und Forschung drückte auch der Binnenstruktur des Instituts ihren Stempel auf. Ziemlich mechanisch wurde die Verpflichtung des Institus auf Sozialpolitik in ein Organisationskonzept umgesetzt, das auf politischem Proporzgedanken beruhte. Man wollte das Institut in Abteilungen untergliedern; dadurch sollte die Möglichkeit gegeben werden, die wichtigsten parteipolitischen Strömungen im damaligen Rheinland im Institut zu verankern. Wie Adenauer in seiner Rede sagte, ging es dabei um drei politische Richtungen: „eine auf christlichem, eine auf sozialistischem Boden stehende und eine, die sich dem verfeinerten kapitalistischen Unternehmerstandpunkte nähert".[45] Gedacht war an eine soziologische, eine sozialpolitische und eine sozialrechtliche Abteilung.

Zunächst wurden nur die beiden ersten Abteilungen eingerichtet. Die sozialpolitische Abteilung war den Sozialisten zugedacht; die Rekrutierung eines Direktors mit sozialistischem Hintergrund machte aber einige Schwierigkeiten, bis man schließlich Hugo Lindemann gewann. Die soziologische Abteilung wurde Leopold von Wiese anvertraut, den man als bürgerlich-liberal kennzeichnen könnte; ihm zur Seite stand Max Scheler, anfangs ein Katholik, der sich allerdings zum Atheisten hin entwickelte und 1928 ausschied. Durch das Ausscheiden Schelers wurde die dritte Direktorenstelle frei. Dies gab dann die Möglichkeit zur Einrichtung der sozialrechtlichen Abteilung mit Theodor Brauer, einem Mann, der der katholischen Gewerkschaftsbewegung nahestand, an der Spitze. – Lindemann und Scheler waren hauptamtlich als Institutsdirektoren tätig, Wiese und der Verwaltungsdirektor Eckert nebenamtlich, mit einer pensionsfähigen Zulage.

Die Bezeichnung ‚Abteilung' und der Titel ‚Direktor' erwecken den Eindruck eines größeren Arbeitsstabes. In Wahrheit war die personelle Ausstattung des Institutes mehr als bescheiden. Pro Direktor gab es einen Assistenten, ferner einen nebenamtlichen Assistenten für die Bibliothek, schließlich für das ganze Institut eine ‚Hilfsschreiberin'. Der Jahresetat des Instituts belief sich bei der Gründung auf 120 000 RM; wie bescheiden dieser Betrag war, mag der Hinweis illustrieren, daß der Kaiser-Wilhelm-Gesellschaft und ihren Instituten bereits 1911 ein Vermögen von 6,25 Mill. RM und Spendenzusagen von 4,09 Mill. zur Verfügung standen.[46]

Bezieht man sich auf das Selbstverständnis der beteiligten Wissenschaftler, so zielte die Institutsarbeit auf die empirische Fundierung sozialwissenschaftlicher Aussagen. Es gehe, wie Eckert meinte, um die „Beherrschung der wichtigsten Materialien, die den festen Untergrund wissenschaftlicher Einordnung bieten".[47] Man dachte an Literatursammlung und Literaturaufbereitung; Zusammenstellung, Dokumentation und Aufbereitung von Urmaterialien; schließlich an eigene Primärerhebungen – also an empirische Sozialforschung.

Aus diesen Plänen ist letztlich allerdings nicht viel geworden. Dies lag zum Teil gewiß an der ganz und gar mangelhaften personellen und sachlichen Ausstattung des Instituts. Wiese klagte entsprechend, daß sich weitergehende Pläne aus finanziellen Gründen nicht realisieren ließen:

„Ich würde gern, wenn die finanziellen Mittel gegeben würden, ein ‚soziales Museum' schaffen, [...], das Experiment, die Umfrage und Enquete, ‚Social Research', Photographie und Einzeldarstellung würden darin ebenso Raum haben wie die synthetischen Tafeln und graphischen Veranschaulichungen abstrakter Zusammenhänge. Ich behaupte: Gibt man uns nur einen kleinen Teil der technischen Werkzeuge, des Raums, des Personals und vor allem der Geldmittel, die den Naturwissenschaften zur Verfügung stehen, so wird sich ihr Vorsprung vor den Sozialwissenschaften allmählich verkleinern."[48]

„Den Wienern [gemeint ist die später noch zu behandelnde Wirtschaftspsychologische Forschungsstelle von Lazarsfeld] war es möglich, aus dem Rockefeller-Fond zu schöpfen und geldliche Unterstützung der Wiener Arbeiterkammer zu erhalten. [...] Meine eigenen Versuche müssen vorläufig rein pädagogisch-didaktischer Natur bleiben [...]"[49]

Mindestens ebenso wichtig für den alles in allem mageren empirischen Ertrag des Instituts dürfte aber gewesen sein, daß es den Beteiligten an keiner Stelle gelang, eine tragfähige gemeinsame Forschungskonzeption zu entwikkeln. Die abteilungsmäßige Zergliederung unter parteipolitischen Gesichtspunkten erwies sich hier als entscheidendes Handikap; bei einer solchen Infrastruktur konnte nur schwerlich ein integriertes langfristiges Forschungsprogramm zustandekommen. Die ohnehin geringen Kapazitäten des Instituts ließen sich somit nicht gebündelt einsetzen.

Die Sitzungen des Direktorenkollegiums beschränkten sich weitgehend auf organisatorische Probleme sowie die Veröffentlichungspolitik des Institutes. Wiese hat später (1934) etwas idealisierend zu dieser Seite der Institutsarbeit gesagt: „Wie im Stadtparlament der Nachkriegsjahre mehr oder weniger auf dem Boden des Kompromisses Zentrum, Sozialdemokraten und Liberale zusammen arbeiteten, so hat man sich die Kollektivarbeit der Institutsdirektoren ähnlich als ein auf Ausgleich beruhendes, quasi-parteipolitisches ‚Gesellschaftsunternehmen' vorgestellt. Tatsächlich hat aber die Parteipolitik bei uns überhaupt keinen Widerhall gefunden [...] Es bestanden Unterschiede in scientifischen Methodenfragen und in den Kulturzielen; aber der von uns stets gesuchte und gefundene Zusammenhang von Forschung und Leben führte nicht über die politischen Parteien."[50]

Mag sein, daß die Parteipolitik tatsächlich keine Rolle gespielt hat. Überhaupt scheint aber die Kommunikation zwischen den Direktoren nicht sonderlich intensiv gewesen zu sein. Jedenfalls war es nicht möglich, die ohnehin geringe Arbeitskapazität des Gesamtinstituts koordiniert zu verwerten.

Schließlich haben auch die einzelnen Abteilungen ihre nun allerdings sehr bescheidenen Möglichkeiten für empirische Projekte kaum genutzt. Die einzige Ausnahme ist die sozialrechtliche Abteilung, bestehend aus Brauer und seinem Assistenten, die nach 1929 eine Reihe freilich einfacher empirischer Studien durchgeführt haben.[51] Bleibt man aber bei der uns hauptsächlich interessierenden soziologischen Abteilung, so kann von einem Schwerpunkt in der empirischen Arbeit überhaupt keine Rede sein. Scheler, an Fragen materialer Wertethik interessiert, war aus den genannten Proporzgründen ins Institut gekommen; er blieb ein Einzelarbeiter und ist vergleichsweise früh ausgeschieden. Und wo lag der Schwerpunkt der Aktivitäten Leopold von Wieses?

Wiese war in den zwanziger Jahren die zentrale Figur der Kölner Soziologie. Seine Soziologie drehte sich um den Begriff des Sozialen; das spezifisch Soziale im menschlichen Leben sollte erkannt, erklärt und in seinen Wirkungen beschrieben werden. Er entwickelte ein Begriffssystem für die Deskription und Klassifikation sozialer Zusammenhänge. Doch fehlte ihm ein zureichender Begriff von Gesellschaft und gesellschaftlicher Entwicklung; Gesellschaft war eher additiv und unhistorisch gefaßt.

Diesem Soziologieverständnis entsprach nun ein sehr enges Empirieverständnis. Tauchten die Grundsachverhalte und Tendenzen gesellschaftlichen Lebens in der Wieseschen Soziologie nur formalisiert und enthistorisiert auf, so konnte der Empirie auch kein besonderer Stellenwert bei der Erkenntnis gesellschaftlicher Phänomene zukommen. Es lag daher auf der Linie seiner Soziologiekonzeption, daß Wiese mit empirischer Arbeit nur in einem begrenzten Sinne etwas anzufangen wußte: Er verstand die Empirie als Mittel zur Sensibilisierung für das Soziale und als Stoff zur Illustration begrifflicher Differenzierungen. Empirie war für ihn weniger eine zentrale Methode der wissenschaftlichen Aneignung des Gegenstandes der Soziologie und als ein didaktisches Prinzip. Empirisch gearbeitet wurde bei Wiese hauptsächlich in einer Lehrveranstaltung, wo die Aufnahme sozialer Tatbestände der Sensibilisierung und begrifflichen Schulung von Studenten diente.

„Mir muß" – sagte Wiese – „in diesem Zweige des Hochschulunterrichtes vor allem an der Schulung in der soziologischen *Schauweise* und im Zusammenhange damit an den *Anwendungen* unserer Methode und Kategorien liegen. Als fruchtbar hat sich dabei die Anknüpfung an die persönlichen Erfahrungen und Erlebnisse oder (mehr subsidiär) an die Lektüre der Seminarteilnehmer selbst erwiesen. Es entspricht ja dem in die Zukunft weisenden Grundgedanken der Beziehungslehre weniger, im akademischen Unterricht einen aufgespeicherten Wissensstoff zur geistigen Aneignung zu übermitteln, als vielmehr, Möglichkeiten und Zugänge zu Beobachtungen, Analysen, Verallgemeinerungen und Vergleichen zu geben, deren sachliche Wissensergebnisse erst gefunden werden sollen. Ich sage nicht zu den Studenten: dies und das liegt wissenschaftlich fest; es soll hier vorgetragen und diskutiert werden, damit es auch von euch gewußt werde; sondern: wir wollen erst zu einer neuen Schau von zwischenmenschlichen Zusammenhängen vordringen, zu der wir uns mit Hilfe von besonders dafür geeigneten geistigen Werkzeugen Bahn brechen."[52]

Entsprechend machte Wiese mit seinen Studenten Exkursionen, die die Möglichkeit boten, einfache soziale Gebilde beziehungswissenschaftlich zu durchleuchten:

Dörfer im Hunsrück, niederrheinische Kleinstädte, die nordfriesischen Halligen, das Amsterdamer Ghetto.[53] Hier konnten die Studenten mit Hilfe eines Erhebungsbogens, den ihnen Wiese an die Hand gab, Beobachtungen treiben; die Ergebnisse wurden protokolliert und diskutiert.[54] Auch sonst regte Wiese seine Studenten an, mit offenen Augen durch die Welt zu gehen, Beobachtungen zu machen und diese in Seminararbeiten zu verarbeiten (z. B. über das Gruppenleben in einem Ferienlager).[55]

Das alles waren sicher wichtige Lehrprojekte, die zu einem lebendigen und lebensnahen akademischen Unterricht beigetragen haben. Das Prinzip des, wie man heute sagen würde, forschenden Lernens ist von Wiese schon früh sehr ernst genommen worden. Mit den Zielen, mit denen das Kölner Institut auf den Weg geschickt worden war, hat das alles aber nicht sonderlich viel zu tun. Hier ging es ja nicht um kontinuierliche Erweiterung der empirischen Grundlagen sozialwissenschaftlicher Aussagen durch systematische Erforschung des gesellschaftlichen Lebens, sondern um eine Verbesserung des akademischen Unterrichts im Fach Soziologie. Ganz gegen die Gründungsintentionen wurde die soziologische Abteilung des Forschungsinstituts in Köln faktisch zu einer Art Untereinheit des Soziologischen Seminars der Kölner Universität. Das Forschungsinstitut war eher eine Hilfseinrichtung im Lehrbetrieb, nicht eine Stätte kontinuierlicher empirischer Sozialforschung.

Nicht unerwähnt bleiben darf in diesem Zusammenhang, daß die soziologische Abteilung des Kölner Instituts in einer anderen Hinsicht eine Funktion von überlokaler Bedeutung wahrnahm: nämlich als Basis für die publizistischen Bemühungen von Leopold von Wiese. Wiese gelang es mit Hilfe der Möglichkeiten, die das Institut bot, die erste deutsche soziologische Fachzeitschrift – die ‚Kölner Vierteljahreshefte für Soziologie'[56]) – zu begründen und durch die ganze Weimarer Zeit hindurch herauszugeben. Die Zeitschrift wurde, wie er es sich gewünscht hatte,[57] zum „literarischen Sammelpunkt" der Soziologie in Deutschland, die nicht nur den Vertretern der Beziehungslehre eine Veröffentlichungsmöglichkeit bot und die insbesondere in ihrem Besprechungsteil die nationale und internationale soziologische Literatur transparent machen konnte. Die Zeitschrift mußte 1934 – nach zwölf Jahren ihres Erscheinens – eingestellt werden.

Vielleicht liegt in der Hilfestellung für dieses wichtige Kommunikationszentrum der deutschen Soziologie die bedeutendste Leistung der soziologischen Abteilung des Kölner Forschungsinstituts in den zwanziger Jahren. Doch bei aller Bedeutung: der Forschung selbst konnte das Institut keine neue, tragfähigere organisatorische Verankerung liefern.

b) Institut für Sozialforschung an der Universität Frankfurt/Main (1924–1933, Emigration)

Daß Politik ein Geburtshelfer der Sozialforschung gewesen ist, war schon mehrfach hervorzuheben. Dabei konnten wir vor allem die Politik im Sinne von bürgerlicher Sozialreform als eine Kraft benennen, welche neuen Ideen zur Erforschung gesellschaftlicher Phänomene zum Durchbruch verhalf und zugleich durch die soziale Verankerung, die sie vermittelte, dazu beitrug, daß diese neuen Forschungsansätze nicht allesamt wieder im Strudel der Wissenschaftsgeschichte untergingen. Auch das Frankfurter Institut, über das im folgenden zu berichten sein wird, war ein Politikum. Jedoch stand diese Neugründung in anderen, bisher noch nicht erörterten politischen Zusammenhängen. Auszugehen ist von der veränderten Lage, in der sich die sozialistische Intelligenz in Deutschland nach den Erschütterungen des Ersten Weltkrieges und nach dem Erfolg der russischen Revolution befand.

Früher, in der Zeit der zweiten Internationale, war die sozialistische Intelligenz immer mehr oder weniger integrierter Teil der Arbeiterbewegung selbst gewesen. Man denke an Rosa Luxemburg oder auch an Eduard Bernstein, die nicht aus einer professionell verfestigten Position heraus von außen in die Bewegung hineinwirkten, sondern als politische Praktiker wie auch theoretische Denker und intellektuelle Interpretatoren ganz im Leben der Partei standen. Der offizielle Wissenschaftsbetrieb, der ja Sozialdemokraten noch nicht zu tolerieren bereit war, dürfte diese lagerartige Einbindung befördert haben. Jedenfalls entwickelte die sozialistische Intelligenz dieser Zeit ihre Identität hauptsächlich über ihre politische Praxis als – sei es nun revolutionäre oder reformerische – Parteipraktiker und gerade nicht über wissenschaftliche Arbeit. Wissenschaft wurde eher instrumentell verstanden: als die eben einem Intellektuellen verfügbare Form der Erfahrungsgewinnung und -verarbeitung, auf deren Grundlage er dann in die Alltagsarbeit der Partei (Schulung, Propaganda, Leitung usw.) und vor allem in die Auseinandersetzungen um die grundsätzlichen Linien der Parteipolitik eingreifen konnte. Wissenschaftliche Arbeit war so voll in die Organisation der Arbeiterbewegung integriert.

Nach 1918 war diese Organisationsform nicht mehr ohne weiteres aufrecht zu erhalten. Für die Linksintellektuellen in Deutschland, auf die ich mich hier konzentriere, ergab sich eine ganz neue Konstellation. Eine wichtige Rolle spielte dabei die Entwicklung der russischen Revolution. Nach dem Ausbleiben paralleler Umwälzungen in den westlichen Industrieländern mündete der Versuch des Aufbaus einer sozialistischen Gesellschaft immer mehr in den ‚Sozialismus in einem Lande‘ ein. Die kommunistische Weltbewegung geriet dadurch verstärkt unter den Druck der nationalen Interessen der Sowjetunion – ein Zwang zur Unterordnung, der unter Stalin immer massiver wurde. Die Situation von Linksintellektuellen, die Mitglied einer Kommunistischen Partei waren, konnte dadurch höchst prekär werden. Disziplinierung des Gedankens und Verlust intellektueller Integrität waren Gefahren, die sehr konkret werden konnten; Lukacs, der nicht umhin konnte, sich von ‚Geschichte und Klassenbewußtsein‘ zu distanzieren, ist hierfür ein klassischer Fall. Man kann sich denken, daß viele nicht bereit waren, sich solchen Restriktionen auszusetzen. Doch worin lag die Alternative?

In Deutschland hatte keine sozialistische Revolution stattgefunden. Die Arbeiterbewegung hatte sich auf den Weimarer Kompromiß eingelassen, der auf den Aufbau einer bürgerlich-parlamentarischen Demokratie unter Beibehaltung der kapitalistischen Produktionsverhältnisse hinauslief. Die SPD wurde dadurch zur reinen Reformpartei, die die gesellschaftliche Umwälzung zwar noch auf ihrer Fahne stehen hatte, praktisch aber immer mehr eine Politik des systemimmanenten sozialpolitischen Fortschritts verfolgte. Für einen Linksintellektuellen mußte die Mitgliedschaft in dieser Partei auch ihre Probleme haben. Sie war mit dem Problem verknüpft, zu einem intellektuellen Wasserträger einer zwar sozialistisch verkleideten, letztlich aber recht kurzatmigen Reformpolitik zu werden – oder aber als neues Element der Staatsbürokratie, in der nun auch Sozialdemokraten mitwirken konnten, verschlissen zu werden. Die Entwicklung Rudolf Hilferdings vom Autor des ‚Finanzkapital' 1910 über den Ideologen des ‚organisierten Kapitalismus' 1927 zum Reichsfinanzminister 1928/29 liefert ein beredtes Beispiel.

Einige suchten nun einen dritten Weg zu gehen, der aus der Not eine Tugend machte. Die organisatorische und konzeptionelle Zerrissenheit des Marxismus, die schon im Krieg deutlich geworden war und die erst recht in der Zeit danach zum Ausdruck kam, wurde zum Ausgangspunkt des Bemühens, konsequent Bilanz zu ziehen. Das Marxverständnis der Parteien der Arbeiterbewegung war fragwürdig geworden. Man begann stärker über die Grundlagen der marxistischen Theorie nachzudenken, der Gedanke einer Überprüfung und Weiterentwicklung des Marxismus lag in der Luft, und damit verband sich die Hoffnung, Irrtümer der Vergangenheit zu erkennen und Orientierungen für praktisches Handeln in der Zukunft zu liefern. Solche Bemühungen um gesellschaftstheoretische Grundklärungen konnten in einem gewissen Umfang nun auch aus den Universitäten heraus betrieben werden. Der liberalere Charakter des neuen Staatswesens ließ es zu, daß sich der linken Intelligenz, freilich gegen viele Widerstände und in einem immer noch sehr schwachen Ausmaß, auch die eine oder andere Position im Wissenschaftsbetrieb öffnete. Jedenfalls war für einen marxistischen Wissenschaftler die Rolle eines professionellen Wissenschaftlers nun nicht mehr gänzlich undenkbar. Das Frankfurter Institut für Sozialforschung steht für diesen dritten Weg.[58]

Die Geschichte des Instituts für Sozialforschung in Frankfurt ist eng mit dem Namen von Felix Weil verknüpft. Weil, 1898 als Sohn des deutschstämmigen Getreidegroßkaufmanns Hermann Weil in Buenos Aires geboren, studierte nach dem Krieg in Tübingen und Frankfurt am Main Wirtschafts- und Sozialwissenschaften. Er war mit Karl Korsch bekannt und entwickelte, von diesem bestärkt, Sympathie für den Marxismus. Die Desorientierungen, die mit der theoretischen und organisatorischen Spaltung der Arbeiterbewegung verbunden waren, versuchte Weil produktiv aufzulösen. Er organisierte und finanzierte 1922 eine Arbeitstagung, die ‚Erste Marxistische Arbeitswoche' (EMA), an der unter anderem Lukacs, Korsch, Richard Sorge, Pollock, Wittfogel und Konstantin Zetkin teilnahmen und auf der auf der Grundlage von Teilnehmerreferaten über ‚Sozialisierung' debattiert wurde. Im Anschluß an diese Zusammenkunft hatte Weil die Idee, der Theoriearbeit des Kreises eine solidere Basis zu geben und dafür ein privat finanziertes Institut einzurichten.

Es entstand das Konzept eines selbstfinanzierten Instituts für Sozialforschung, das als ein Ort zur Untersuchung von Themen gedacht war, die in der traditionellen deutschen Universität immer noch stiefmütterlich behandelt wurden: Theorie und Geschichte der Arbeiterbewegung, Kritik der politischen Ökonomie usw. Weils Vater konnte für diesen Plan gewonnen werden; er stiftete die Anfangsfinanzierung (120 000 RM jährlich) und hat das Stiftungsvermögen später durch weitere Spenden vergrößert.

Später (am 12. 5. 42) schrieb Bertolt Brecht in sein ‚Arbeitsjournal': „mit eisler bei horkheimer zum lunch. danach schlägt eisler für den TUIROMAN als handlung vor: die geschichte des frankfurter soziologischen instituts. ein reicher alter mann (der weizenspekulant weil) stirbt, beunruhigt über das elend auf der welt. er stiftet in seinem testament eine große summe für die errichtung eines instituts, das die quelle des elends erforschen soll. das ist natürlich er selber."[59]

Doch Brechts ironisierende Bemerkung übersieht einen wichtigen Aspekt des Finanzierungsmodus des Frankfurter Instituts für Sozialforschung: daß nämlich das großzügige, an keine inhaltlichen Bedingungen geknüpfte Mäzenatentum dem Institut eine elementare Voraussetzung für kontinuierliche wissenschaftliche Arbeit und vor allem für produktives, undogmatisches Denken gesichert hat. Nur so erlangte es Selbständigkeit gegenüber der Alltagspraxis der Organisationen der Arbeiterbewegung wie auch gegenüber der Lehr- und Verwaltungsroutine der Hochschulen – beides wenig forschungsfreundliche Zusammenhänge. Wenn aus dem Institut heraus eine fundamentale Neubelebung der Gesellschaftstheorie und darin eingeschlossen der Sozialforschung erfolgt ist, die auch politisch neue Perspektiven einschloß, dann war dafür sicher auch der Umstand maßgebend, daß das Institut als finanziell und organisatorisch selbständige Arbeitseinheit entwickelt und – trotz der schwierigen Bedingungen, die am Ende der Weimarer Republik und in der Emigration bestanden – gehalten werden konnte. Zu Recht betont Martin Jay in seiner verdienstvollen Geschichte des Frankfurter Instituts und der Frankfurter Schule:

„Eine zentrale These dieses Buches wird denn auch sein, daß die relative Autonomie jener Wissenschaftler, die die sogenannte Frankfurter Schule des Instituts für Sozialforschung bildeten, zwar einige Nachteile mit sich brachte, daß sie aber eine der Grundbedingungen für die theoretischen Leistungen war, die aus ihrer Zusammenarbeit hervorgingen. Ohne großen Einfluß in der Weimarer Republik und fast bedeutungslos in der Folgezeit des Exils, sollte die Frankfurter Schule in der Nachkriegszeit zu einer ganz entscheidenden Kraft bei der Wiederbelebung des Marxismus in Europa werden."[60]

Trotz der Absicht, sich Selbständigkeit zu bewahren, erschien den Initiatoren eine lockere Anbindung des Instituts an die Universität Frankfurt wünschenswert. Der ursprünglich vorgesehene Name ‚Institut für Marxismus', der für ein universitätsnahes Institut wohl doch zu provokant war, wurde aufgegeben. Das Preußische Ministerium für Wissenschaft, Kunst und Volksbildung brachte den Namen ‚Felix-Weil-Institut für Sozialforschung' ins Spiel, der von Weil aber mit dem Argument abgelehnt wurde, nicht das Geld seines Gründers, sondern die Beiträge des Instituts zum wissenschaftlichen Sozialismus mögen das Institut zieren. Man gab der Einrichtung dann den Namen ‚Institut für Sozialforschung an der Universität Frankfurt'.

Die Vereinbarung mit dem Ministerium enthielt das Prinzip, daß der Leiter des Instituts hauptamtlicher Professor der Universität sein sollte. Zunächst hatten die Institutsgründer dafür den Staats- und Wirtschaftswissenschaftler Kurt Albert Gerlach ausersehen – ein Aachener Professor mit linken Anschauungen, der Weil bekannt war und der einen Ruf nach Frankfurt erhalten hatte. Gerlach starb noch während der Gründungsverhandlungen – ein Rückschlag, denn die Ausrichtung des Instituts machte es schwer, einen anderen geeigneten Hochschullehrer zu finden; der Marxismus war seinerzeit an den deutschen Universitäten alles andere als verankert. Hier half wieder Vater Weil aus, der einen neuen Lehrstuhl finanzierte, auf den nach einigem Hin und Her auf Initiative der Institutsgründer Carl Grünberg berufen wurde, der vorher Professor für politische Ökonomie in Wien gewesen war und als führender intellektueller Repräsentant des Austromarxismus großen Einfluß auf die sozialistische Bewegung in Österreich hatte nehmen können. Als Herausgeber des ‚Archivs für die Geschichte des Sozialismus und der Arbeiterbewegung', ‚Grünbergs Archiv' genannt, hat sich Grünberg bleibende Verdienste erworben. Grünberg wurde durch Übernahme der Professur in Frankfurt 1923 der erste erklärte Marxist auf einem Lehrstuhl an einer deutschen Universität.

1924, anläßlich der offiziellen Eröffnung des Instituts für Sozialforschung, hielt Grünberg als Institutsdirektor eine Festrede, in der er das Institut „als neuartigen Typus wissenschaftlicher Arbeitsorganisation"[61] beschrieb und in den Zusammenhang der Gründung anderer Forschungsinstitute, insbesondere in den Naturwissenschaften, stellte. Als besondere Merkmale des neuen Instituts für Sozialforschung hob Grünberg hervor:

– Eine stärkere Trennung von Forschung und Lehre. Im Unterschied zu den üblichen Universitätseinrichtungen, deren Betrieb infolge einer Vereinseitigung der Hochschule zur Ausbildungsanstalt durch die Lehrtätigkeit dominiert werde, solle das Institut Stätte der Forschung sein.

  Zur forschungsfeindlichen Tendenz der Universitätsentwicklung hieß es u. a.: „Die Universitäten sind [...], ihrer ursprünglichen, rein wissenschaftlichen Widmung entgegen, zu *Mandarinen-Ausbildungsanstalten* geworden [...]. Man unterschätze mir [...] nicht das Mandarinat und noch weniger die Anstalten zu dessen systematischer Heranziehung – erst recht aber nicht diejenigen, welche an diesen Anstalten wirken! Wer vermöchte aber zu leugnen, daß das Aufgehen in die Aufgabe, ihrer Pflicht bewußte und zu deren Erfüllung im Leben geeignete soziale Funktionäre heranzubilden, die Kraft der damit betrauten so sehr in Anspruch nimmt, daß vielfach, persönlich und sachlich, für eigene wissenschaftliche Arbeit nicht viel übrigbleibt? Wer kann ernsthaft bezweifeln, daß namentlich an stark besuchten Universitäten die Fülle der Lehr- und Prüfungslasten die Forschertätigkeit lähmt, ja nahezu ausschließt? Eigentliche Forschernaturen werden durch ihre Lehrtätigkeit, je länger sie dauert und je hingebungsvoller sie ausgeübt wird, geistig und seelisch förmlich zermürbt und zum Verdorren gebracht."[62] Umgekehrt dürfte allerdings ein mehr am Forschungsprozeß ausgerichtetes Institut den Kontakt zur Lehre nicht gänzlich aufgeben.

– Eine innere Struktur des Instituts, die auf dem Direktorialprinzip aufbaute (auch keine kollegiale Leitung wie in Köln). Dadurch solle der Gefahr der

Verzettelung entgegengewirkt und die Einheitlichkeit der Erkenntnisinteressen gesichert werden; auch war wohl beabsichtigt, durch eine starke Leitung Außeneinflüsse besser abwehren zu können.

„Hier ist sozusagen die Diktatur des Direktors festgelegt. [...] In der wissenschaftlichen Leitung selbst [...] ist der Direktor vollkommen und nach allen Seiten hin unabhängig: ebenso der Unterrichtsverwaltung, wie den Stiftern oder der Wirtschafts- und Gesellschaftswissenschaftlichen Fakultät gegenüber. Und gleiche sachliche wie persönliche Unabhängigkeit ist natürlich der wissenschaftlichen Betätigung auch aller Mitarbeiter des Direktors wie denjenigen gesichert, welche die Hilfsmittel des Instituts, ohne sich diesem einzugliedern und in ihren Arbeiten unmittelbar der Leitung des Direktors zu unterstellen, benützen wollen. Eine glückverheißende Voraussetzung für die Zukunft des Instituts und dessen Entwicklungsfähigkeit!"
Die Leitungsstruktur des Kölner Instituts wurde abgelehnt, weil sich „bei weltanschauungsmäßiger Differenziertheit der organisatorisch zu gemeinsamer Arbeit Zusammengefaßten" besondere Schwierigkeiten ergeben: „Sind sie [die Leiter] schwächlich-nachgiebige Kompromißnaturen, so wird die Gesamtleistung kaum eine erhebliche und jedenfalls keine gerade originale sein. Sind sie jedoch starke Persönlichkeiten, so wird aus dem Zusammen- oft ein Gegeneinanderarbeiten werden – wenn nicht von vornherein jeder einen Sektor des gemeinsamen Aufgabenkreises zur Alleinbeherrschung zugewiesen erhält oder sich erobert. Wo bleibt aber in solchem Fall die Gemeinsamkeit? Schrumpft sie dann nicht zu gelegentlichem unverbindlichem Gedankenaustausch ein? Ist nicht solche gegenseitige Anregung auch sonst möglich und leichter erreichbar? Wie dem nun aber immer sei: gerade an unserem Institut erschiene mir eine Teilung der Leitung überhaupt oder erst recht mit weltanschauungsmäßig und methodisch anders Gerichteten ganz ausgeschlossen. Denn in ihm wird von vornherein Einheitlichkeit in der Problemstellung und Problembewältigung beabsichtigt [...]".[63]

– Anwendung der marxistischen Forschungsmethode, so wie Grünberg sie verstand. Grünberg bekannte sich als Marxist und sah das Institut als Zentrum marxistischer Forschung. Grünbergs Marxismusverständnis war dabei relativ einfach. Marx' Verdienst liege in der Analyse der Gesetze der gesellschaftlichen Entwicklung, wobei er als Triebkraft der gesellschaftlichen Prozesse die materiellen Interessen, die Produktionsverhältnisse und die in ihnen angelegten Klassenkonflikte entdeckt habe. Zu den Aufgaben des Instituts für Sozialforschung sagte Grünberg in diesem Zusammenhang:

„War der Marxismus als ökonomisches und soziologisches System bisher – im starken Gegensatz zu anderen Ländern – an den deutschen Hochschulen stiefmütterlichst behandelt, ja praktisch höchstens widerwillig geduldet, so wird er im neuen Forschungsinstitut voran ebenso eine Heimat haben wie sonst an den Universitäten die theoretischen und volkswirtschaftspolitischen Lehrmeinungen des Liberalismus, der historischen Schule, des Staatssozialismus."[64]

Grünberg interpretierte den Marxismus dabei nicht als eine dogmatisch verfestigte Weltanschauungslehre; theoretische Aussagen seien immer durch die Tatsachen zu kontrollieren, die durch wissenschaftliche Einzelforschung erschlossen werden müßten. Die Induktion bezeichnete er als die dem Marxismus adäquate Forschungsmethode:

„[...] die materialistische Geschichtsauffassung ist eine Theorie organischer Entwicklung; ihre Forschungsmethode ist eminent induktiv; ihre Resultate beanspruchen keine Geltung in Zeit und Raum schlechthin, sondern nur relative, jeweils geschichtlich bedingte Bedeutung. Sie will denn auch zwar das wirtschaftliche Entwicklungsgesetz des Privateigentums und speziell der kapitalistischen Epoche erforschen, in der wir uns befinden, aber sie will weder, noch kann sie darüber hinausgehen. Demgemäß glaubt sie sich zwar fähig, den Sozialismus als das Ziel der menschheitlichen Entwicklung unter den konkreten historischen Verhältnissen zu erkennen und aufzuzeigen – aber auch nicht mehr." Die gebotene Forderung nach freier Wissenschaft solle sich „äußern in unablässiger Selbstkontrolle, in nie erlahmender, stets immer wieder aufzunehmender Prüfung, ob nicht etwa bei der Wahl von Ausgangspunkt und Ziel, sowie des Weges zwischen beiden, und der Art wie dieser beschritten wird, d. h. der Arbeitsmethode, Fehler unterlaufen seien. Das einzige Mittel hierzu ist die Induktion. Erschüttert sie ursprüngliche Annahmen, so müssen diese berichtigt werden. Festhalten an überkommenen oder liebgewordenen Anschauungen, auch wenn sich diese mit dem zeitlich und räumlich erfaßbaren Erfahrungsmaterial als unvereinbar herausstellen, Verzicht also auf eigenes Urteil, Scheu vor Zweifel und schwächliches Suchen nach Rechtfertigung dessen, was a priori als feststehend gegolten, ist im Widerspruch mit dem Wesen der Wissenschaft und schließt jeden Fortschritt aus."[65]

Im einzelnen nannte Grünberg für die Institutsarbeit folgende Forschungsthemen: Erforschung und Darstellung der Arbeiterbewegungen in allen ihren Erscheinungsformen, ferner ihrer Antipoden; Beschäftigung mit grundlegenden sozialpolitischen Fragen; Durchleuchtung der Genesis sozialer Theorien, und zwar der sozialistischen wie der nicht-sozialistischen – „all das unter Heranziehung und Verwertung alles irgendwie erreichbaren Materials".

Tatsächlich lag dann zu Grünbergs Zeiten das Schwergewicht der Institutsarbeit zunächst im Bereich der Geschichte der Arbeiterbewegung, ferner der Theorie der politischen Ökonomie; auch wurden editorische Vorarbeiten für die Marx-Engels-Gesamtausgabe (MEGA) erledigt.

Durchaus bezeichnend für die damalige Schwerpunktsetzung ist, daß als Band 1 der Schriften des Instituts für Sozialforschung Grossmanns ‚Akkumulations- und Zusammenbruchsgesetz des kapitalistischen Systems' (1929) veröffentlicht wurde, das auf Vorlesungen aufbaute, die Grossmann 1926/27 am Institut gehalten hatte.[66] Grossmann stellte die Entwicklungslogik des Kapitals, wie sie sich nach seiner Auffassung aus den allgemeinen Bedingungen des kapitalistischen Produktionsprozesses ergab, dar. Seine Schrift war eine theoretische Arbeit, die sich der Ableitungsmethode bediente und empirisches Material nur zur Illustration hinzufügte. Die Marxsche Theorie wurde als Akkumulations- und Zusammenbruchstheorie zugespitzt und dogmatisch vereinfacht.

Allerdings hat man politische Ökonomie damals im Institut auch anders betrieben.

Friedrich Pollock, der sich in der institutsinternen Diskussion gegenüber einigen Grundkategorien der Marxschen politischen Ökonomie (produktive/unproduktive Arbeit usw.) kritisch äußerte, hatte sich in seiner Forschungsarbeit zunächst einer aktuellen politischen Frage zugewandt: den konkreten Problemen der Wirtschaftspolitik in der Sowjetunion, wobei er die Bedeutung planwirtschaftlicher Ansätze zur Wirtschaftssteuerung im Sozialismus untersuchte. Pollocks Buch (1929) bildete den zweiten Band der Institutsschriften.[67]

Insgesamt gesehen geschah aber im Institut auf theoretischem Gebiete in den ersten Jahren wenig Neues. Vorherrschend war eher ein ziemlich phantasieloser ökonomischer Marxismus, für den Grossmanns Darstellung exemplarisch war. Manchen Beteiligten dürfte diese Art Institutsarbeit bald enttäuscht haben, jedenfalls schrieb ein Student 1927 in einem Brief über seine Studien am Institut:

„[...] mit stundenlangen, ärgerlichen Diskussionen in einem marxistischen Institut, an dem eine jüngere Generation sich einer orthodoxen Religion und der Anbetung einer ikonographischen Literatur verschreibt, gar nicht zu reden von den Tafeln, vollgekritzelt mit mathematischen Kunststücken wie 1 000 c + 400 v, soll heißen mit Marxschen Ausrechnungen von Kapitalfunktionen und dergleichen. Mein Gott! Wieviele Stunden habe ich damit zugebracht, Debatten in Seminaren und Studentenzirkeln zu lauschen, die sich um die Hegelsche Dialektik drehten, und keine einzige Stimme erhob sich, die darauf hingewiesen hätte, daß sich die Probleme nicht mehr durch ‚philosophische' Haarspalterein lösen lassen (wenn sie sich überhaupt jemals lösen ließen). Selbst der Leiter des Instituts ist, konfrontiert mit einem Auditorium von enthusiastischen jungen Leuten, die davon überzeugt sind, daß die Relativitätstheorie nur eine Fortführung der bürgerlichen Ideologie ist, ersetze sie doch Newtons absoluten Materialismus durch beständig sich ändernde Vorstellungen, ferner, daß der Freudianismus [sic] und der Bergsonismus heimtückische Attacken aus dem Hinterhalt sind, und schließlich, daß der Krieg geführt werden kann mit dem Schwert in der einen und der ‚Geschichte des Historiko-Materialismus' in der anderen Hand [...] selbst er ist konstant dazu gezwungen, gegen die inneren Widersprüche einer marxistischen MWA [materialistischen Weltanschauung] zu argumentieren, und muß Abwehrmittel gegen die logische Folgerung ersinnen, wir könnten ruhig die Arme unter der Brust kreuzen und auf das Paradies warten, das aus dem Kompost kapitalistischer Fäulnis erblühen werde. Tatsache ist, daß ökonomischer Determinismus weder kämpferische noch schöpferische Kräfte hervorbringt; es wird keinen Kommunismus geben, wenn wir uns auf Kälte, Hunger und niedrige Löhne als Schleifer unserer Rekruten verlassen müssen."[68] Zu dieser starken Marxismus-Orthodoxie am Institut paßte, daß einige Institutsangehörige damals Mitglieder der KPD waren: Wittfogel, Richard Sorge, Borkenau, Gumperz; auch Grossmann sympathisierte ziemlich unkritisch mit der Entwicklung in der Sowjetunion. Auch muß man darauf hinweisen, daß die formellen Beziehungen des Instituts zum Moskauer Marx-Engels-Institut damals sehr eng waren; David Rjasanoff, der Initiator der MEGA, hielt sich länger in Frankfurt auf, Pollock wurde 1929 nach Moskau zur Zehnjahresfeier der Oktoberrevolution eingeladen.

Im Institut entwickelte sich freilich auch die Potenz zur Problematisierung und produktiven Fortführung der materialistischen Gesellschaftsanalyse. Die Bemühungen um eine undogmatische Weiterentwicklung der marxistischen

Gesellschaftstheorie konnten sich im Institut zunehmend mehr Geltung verschaffen – ein Prozeß, der mit der Person Max Horkheimers unaufhörlich verknüpft ist.

Horkheimer, 1895 in Stuttgart als Sohn eines prominenten jüdischen Fabrikanten geboren, trat zunächst in die Fußstapfen seines Vaters. 1913/14 machte er ausgedehnte Bildungsreisen mit seinem Freund Friedrich Pollock ins Ausland. Er verlor mehr und mehr das Interesse am Geschäft, schrieb Romane und studierte schließlich Psychologie, Philosophie und Nationalökonomie, zuletzt auch in Frankfurt. Horkheimer war von Anfang an Mitglied des Instituts. Seit 1925 Privatdozent für Philosophie in Frankfurt, bestimmte er gegen Ende der 20er Jahre immer stärker die Diskussionen im Institut – in enger Kooperation mit Pollock. – Friedrich Pollock, 1894 als Sohn eines assimilierten jüdischen Kaufmanns in Freiburg geboren, lernte zunächst Kaufmann; nach dem Kriege studierte er Politik und Ökonomie, zuletzt ebenfalls in Frankfurt. Pollock hat bereits an der Ersten Marxistischen Arbeitswoche 1922 teilgenommen und konnte Felix Weil in seinen Gedanken, das Institut zu gründen, bestärken. – Zu Horkheimer und Pollock gesellten sich bald einige ‚Jung-Mitglieder': Erich Fromm (seit 1929 im Institut), Leo Löwenthal (seit 1930 volles Institutsmitglied), Herbert Marcuse (seit 1932 Mitglied); Adorno (seit 1931 Privatdozent in Frankfurt) stand über Horkheimer in Kontakt mit dem Institut, ohne seinerzeit reguläres Mitglied zu sein.

Zum sozialen Klima im damaligen Institut erfährt man einiges aus Interviews, die M. Greffrath mit Institutsmitgliedern geführt hat: mit Leo Löwenthal, der zu der Kerngruppe gehörte, die sich im Institut langsam herausbildete und durchsetzte; dann mit Karl August Wittfogel, dessen Einfluß im Institut immer marginaler wurde.

Löwenthal sagte zu seiner Einbindung ins Institut: „Ich bin durch die Vermittlung von Krakauer, einem meiner ältesten Freunde, bei Horkheimer eingeführt worden. Den Teddy Adorno kannte ich schon seit seiner späteren Schulzeit. Und wir haben uns sofort sehr gut verstanden. Damals war ja offiziell Grünberg Direktor des Instituts, aber in Wirklichkeit waren Horkheimer und Pollock die Dirigenten. Man hat mich dann eingeladen, in das Institut einzutreten. Aber sie hatten ja keinen großen Etat dafür. Ich war also viertel- oder halbzeitig da. [...] Es war ausgemacht, daß ich vollamtlich in das Institut eintreten würde, wenn Max Horkheimer einmal Direktor würde, was ziemlich sicher war [...] Ab 1930 habe ich voll im Institut gearbeitet. Da hatten wir zwei große Aufgaben. Das eine war die Gründung der Zeitschrift [gemeint ist die Zeitschrift für Sozialforschung], deren geschäftsführender Herausgeber ich war, und das andere war die Vorbereitung der Emigration, was wir ja seit 1931 sehr energisch betrieben haben [...]".[69]

Auf die Frage nach den Strömungen und Kräfteverhältnissen im Institut, insbesondere nach den Beziehungen der Horkheimer-Gruppe zu KPD-orientierten Institutsmitgliedern, bemerkte Löwenthal: „Die haben wir nicht gefragt. Wittfogel war kaum noch in Frankfurt damals. Er war meistens in Berlin. – Ich meine, das war im wesentlichen eine Angelegenheit der Kerngruppe: Horkheimer, Pollock, Fromm und ich selber, und Marcuse, der noch nicht ganz in der Kerngruppe war, der fing damals erst an. Und Adorno natürlich, der zunächst nicht weggehen wollte, er hat furchtbar lange gezögert. Diese Gruppe hat das Institut sozusagen dargestellt. Mandelbaum war ein Freund des Instituts und Assistent Friedrich Pollocks und Adolph Löwes. Diese Sachen sind nicht diskutiert worden in größeren Kreisen. Aber wir haben ja schließlich allen geholfen, wegzugehen."[70]

Wittfogel äußerte sich zu seinen Differenzen mit der nun im Institut vorherrschenden Gruppe: „Es waren methodologische und ontologische Unterschiede. Mit Grünberg hatte ich keine solche Differenzen. Grünberg war der erste, der das Institut leitete, nachdem das Gebäude fertig war, d.h. seit 1924. Nach Grünbergs Erkrankung 1928 gab es ein Interregnum, in dem Pollock provisorisch an der Spitze stand, und als dann Horkheimer 1931 das Institut übernahm, wurde dort die Sozialwissenschaft subjektiviert. Das machte ich nicht mit. Ich blieb, aber als Außenseiter. Es ist bezeichnend, daß ich meine Ästhetik-Artikel außerhalb des Instituts schrieb und daß Lukács und ich außerhalb arbeiteten. Man duldete mich. Es bestand aber ein grundsätzlicher Unterschied, der sich vergrößerte [...]".[71]

Wie sich hier schon andeutet, hing die Verschiebung der inhaltlichen Stoßrichtung der Institutsarbeit sehr eng mit Veränderungen in der Institutszusammensetzung und der Institutsleitung zusammen. Grünberg, seit 1927 schwer krank, gab 1929 das Direktoriat auf; Horkheimer sollte Institutsleiter werden, hatte aber keinen Lehrstuhl in Frankfurt. 1929 wurde dann mit Unterstützung von Paul Tillich der von Weil finanzierte Grünberg-Lehrstuhl in einen Lehrstuhl für Sozialphilosophie umgewandelt, den Horkheimer 1930 erhielt. Als Ersatz für die Wirtschaftswissenschaftliche Fakultät beteiligte sich Weil an der Finanzierung eines neuen Lehrstuhls für Nationalökonomie, den Adolph Löwe übernahm – ein Freund Horkheimers aus Stuttgarter Kindertagen, inzwischen Sozialdemokrat, seit 1926 Nachfolger von Tönnies in Kiel.

Insgesamt entstand durch diese Veränderungen Anfang der 30er Jahre in Frankfurt um das Institut herum ein außerordentlich anregendes intellektuelles Klima, in dem sich liberale und linke Positionen entwickeln und austauschen konnten. Zwei damalige Studenten beschrieben es wie folgt:

„Mannheim machte ein großes Liberalismus-Seminar mit Löwe, Bergsträsser und Tillich. Eine Riesenseminarmaschinerie, 80 Leute in einem Seminar. Das war zwar noch nicht so viel wie die 500, die bei Sombart saßen, aber der Sombart lag eben auch richtig. Die Herren Tillich, Löwe und Mannheim, bekannt als Sozialdemokraten, konnten keine solche Maschinerie aufziehen."[72]

„Das war 1931, in den allerletzten Jahren, zu einer Zeit, als die Frankfurter Universität außerordentlich gut war. Da waren Horkheimer, Mannheim, Tillich, Wiesengrund-Adorno, Max Wertheimer. Es war eine ganz außerordentliche Atmosphäre. Jeder ging von einem Seminar zum anderen. In einem Seminar wurden die Ideen des anderen besprochen. Horkheimer las über Bodin und Hobbes. Tillich hielt Vorlesungen über Hegel; er sagte, daß Hegel heute in einem Teil der Welt Wirklichkeit geworden sei. Das ist heute ein bißchen versteinert, leider. Das Tillich-Seminar war direkt ein politisches Seminar. An sich war die ganze Atmosphäre, man könnte sagen auf eine neue Gesellschaft hin gerichtet. Wir lasen in einem der letzten Seminare Horkheimers Freuds ‚Unbehagen in der Kultur'; es gab ja genug Anlaß, gesellschaftskritische Fragen zu behandeln."[73]

Das Jahr 1930, als Horkheimer den neuen Lehrstuhl für Sozialphilosophie erhielt und dic Leitung des Instituts formell übernahm, markiert den produktiven Umschwung in der Geschichte des Instituts für Sozialforschung. Anläßlich seiner Amtsübernahme hielt Horkheimer dann 1931 eine Antrittsvorlesung,[74] die man in vielerlei Hinsicht als einen Schlüsseltext in der Entwicklung jener Form von Gesellschaftswissenschaft bezeichnen kann, die später ‚Frankfurter Schule' genannt werden sollte. Auf diese wichtige Rede ist nun ausführlicher einzugehen.

Horkheimer umschrieb zunächst den Gegenstandsbereich der Sozialphilosophie, die sich um die Phänomene zu kümmern habe, „die nur im Zusammenhang mit dem gesellschaftlichen Leben der Menschen verstanden werden können: um Staat, Recht, Wirtschaft, Religion, kurz um die gesamte materielle und geistige Kultur der Menschheit überhaupt" (S.3). Nimmt man das Pathos weg, so besteht keine entscheidende Differenz zu dem, was man heute als Gegenstandsbereich der Soziologie bezeichnen würde. Auch Horkheimer selbst erschien die Grenze zwischen der „einzelwissenschaftlichen Fachsoziologie" und „Sozialphilosophie" einigermaßen willkürlich (S.10).

Sodann gab Horkheimer eine panoramahafte Übersicht über Ansätze und Trends in der zeitgenössischen Sozialphilosophie, um schließlich den Kritikpunkt hervorzuheben, an dem ihm offenkundig besonders lag. Der Mangel gegenwärtiger Sozialphilosophie, welcher Provenienz auch immer, sei, daß sie weltanschaulich, thesenhaft, bekenntnishaft bleibe, genauer: daß in den Gesellschaftswissenschaften, anders als z.B. in der Physik, die konkrete Forschungsarbeit am Gegenstand nicht als Korrektiv theoretischer Bemühung eingesetzt werde.

„Nun, eben in dieser Verlegenheit der Sozialphilosophie, von ihrem Gegenstand, dem Kulturleben der Menschen, bloß weltanschaulich, thesenhaft, bekenntnishaft zu reden und zwischen den Soziallehren von Auguste Comte, Karl Marx, Max Weber, Max Scheler eher den Unterschied von Glaubensakten als von wahren, falschen oder vorerst noch problematischen Theorien zu machen, in dieser Verlegenheit sehen wir den Mangel, der überwunden werden muß." (S.9)

Notwendig sei, so Horkheimers Forderung, die dialektische Durchdringung und Entwicklung von philosophischer Theorie (Gesellschaftstheorie) und einzelwissenschaftlicher Praxis – ein erkenntnistheoretischer Einstieg, der mit Grünbergs Induktionsverfahren nichts mehr zu tun hatte.

„Das Verhältnis zwischen philosophischen und entsprechenden einzelwissenschaftlichen Disziplinen darf nicht in dem Sinne gefaßt werden, als ob die Philosophie die entscheidenden Probleme behandle und dabei von Erfahrungswissenschaft unangreifbare Theorien, eigene Wirklichkeitsbegriffe, die Totalität umspannende Systeme konstruiere, während im Gegensatz dazu die Tatsachenforschung ihre langen, langweiligen, sich in tausend Teilfragen aufsplitternden Einzelerhebungen anstelle, um schließlich im Chaos des Spezialistentums zu enden. Diese Auffassung, nach welcher der Einzelforscher die Philosophie als eine vielleicht schöne, aber wissenschaftlich fruchtlose, weil unkontrollierbare Übung ansehen muß, der Philosoph dagegen sich von Einzelforscher emanzipiert, weil er auf ihn bei seinen weittragenden Entschlüssen nicht warten zu können meint, wird gegenwärtig durch den Gedanken einer fortwährenden dialektischen Druchdringung und Entwicklung von philosophischer Theorie und einzelwissenschaftlicher Praxis überwunden." Die chaotische Spezialisierung werde beseitigt, „indem die Philosophie als aufs Allgemeine, ‚Wesentliche' gerichtete theoretische Intention den besonderen Forschungen beseelenden Impulse zu geben vermag und zugleich weltoffen genug ist, um sich selbst von dem Fortgang der konkreten Studien beeindrucken und verändern zu lassen" (S. 10).

Wenn Horkheimer dabei von ‚einzelwissenschaftlicher Praxis' sprach, so war die forschende Aneignung des Forschungsgegenstandes unter unterschiedlichen Problemaspekten und mit den Mitteln der Einzelwissenschaften gemeint; ‚philosophische Theoriebildung' verstand er demgegenüber als Darstellung des Forschungsergebnisses im Gesamtzusammenhang. Das Verhältnis zwischen beiden müsse als dialektisches verstanden werden, wurde gesagt, und das meint: keine produktive einzelwissenschaftliche Forschung ohne theoretisch gewonnenes Vorverständnis; aber auch keine realitätsgerechte Theorieentwicklung ohne Abarbeitung am einzelwissenschaftlich gewonnenen Untersuchungsbefund. Einzelwissenschaftliche Forschung und Theorieentwicklung wurde als verschränkter Prozeß verstanden, wobei sich beide Seiten gegenseitig kontrollieren und vorantreiben sollten.

Einzelwissenschaftliche Praxis konkretisiert sich nach diesem Ansatz in der Untersuchungsarbeit der Philosophie, Ökonomie, Geschichte, Psychologie, Soziologie. Zu der Frage, inwieweit die Einzelwissenschaften auch anders als empirisch arbeiten können, äußerte sich Horkheimer nicht ausdrücklich, doch stellte er sich offenkundig einzelwissenschaftliche Forschung wesentlich auch als empirische Forschung vor. Der Einzelwissenschaftler – hieß es – solle tun, was alle echten Forscher vor ihm getan hätten:

„Nämlich ihre aufs Große zielenden philosophischen Fragen anhand der feinsten wissenschaftlichen Methoden zu verfolgen, die Fragen im Verlauf der Arbeit am Gegenstand umzuformen, zu präzisieren, neue Methoden zu ersinnen und doch das Allgemeine nicht aus den Augen zu verlieren. Auf solche Weise kommen keine Antworten wie ja und nein auf die philosophischen Fragen zustande, sondern diese selbst werden dialektisch einbezogen in den empirisch wissenschaftlichen Prozeß, d. h., die Antwort auf sie liegt in dem Fortschritt der sachlichen Erkenntnis, von dem ihre Gestalt selbst mit betroffen wird." (S. 11)

Empirische Soziologie bzw. empirische Sozialforschung war für Horkheimer demgemäß eine, aber eben auch nur eine Einzelwissenschaft, die zusammen mit anderen Einzelwissenschaften, die ihrerseits zum Teil auch empirisch, zum Teil aber auch anders – z. B. theoretisch-ideengeschichtlich – arbeiten, in einem Wechselverhältnis zur Sozialphilosophie (oder sagen wir: Gesellschaftstheorie) steht.

Dieses Ergebnis hatte nun für Horkheimer auch einen wichtigen arbeitsprozeßlich-organisatorischen Aspekt: Im Fall der Gesellschaftswissenschaften kann ein Einzelner unmöglich alle relevanten Einzelwissenschaften beherrschen und praktizieren. Daher, so Horkheimer, setze die gesellschaftswissenschaftliche Forschung die dauerhafte Arbeitsgemeinschaft der Einzelwissenschaftler voraus: gesellschaftswissenschaftliche Forschung habe notwendig arbeitsteilig-kooperativen Charakter.

„Vielmehr kommt es heute darauf an [...], aufgrund aktueller philosophischer Fragestellungen Untersuchungen zu organisieren, zu denen Philosophen, Soziologen, Nationalökonomen, Historiker, Psychologen in dauernder Arbeitsgemeinschaft sich vereinigen und das gemeinsam tun, was alle echten Forscher immer getan haben [...] In der Lehre von der Gesellschaft vermag eine solche Verhaltensweise nicht ein einzelner zu üben: sowohl wegen der Fülle des Stoffs als auch wegen der Verschiedenheit der unentbehrlichen Hilfswissenschaften." (S. 11)

Daraus ergab sich eine neuartige Begründung für das gesellschaftswissenschaftliche Forschungsinstitut als Organisationsprinzip, und daraus resultierte auch ein spezifisches Modell institutsinterner Arbeitsaufteilung und Kooperation. Das Institut wurde nicht technisch-zeitlich begründet, sondern vom Gegenstand und Verfahren her. Es sollte ein kooperativer Verband sein, in dem koordinierte einzelwissenschaftliche Forschung, auch empirische Forschung, unter gesellschaftstheoretischer Anleitung betrieben wird.[75] Horkheimer grenzte sich hier gegenüber Carl Grünberg ab, der nach seiner Auffassung ein bedeutender ‚Einzelwissenschaftler' war (Geschichte der Arbeiterbewegung). Ihm selbst stelle sich dagegen die „neuartige, schwierige und bedeutsame Aufgabe, einen großen empirischen Forschungsapparat in den Dienst sozialphilosophischer Probleme zu stellen" (S. 12).

Seine konkrete Einlösung fand dieser Gedanke im Institut in der Form eines überdisziplinären Forschungsteams, wie es die neue Kerngruppe des Instituts tatsächlich darstellte: der Psychologe Fromm, der sich mit Psychoanalyse beschäftigte; der Pädagoge Löwenthal, der sich zum Literatursoziologen hin entwickelte; der Fachphilosoph Marcuse, der Musikästhetiker Adorno, der politische Ökonom Pollock usw. – Die Führungs- und Koordinationsrolle fiel dem Sozialphilosophen Horkheimer zu, eine Rolle, zu der sich Horkheimer in der Antrittsrede offen und selbstbewußt bekannte. Er nahm Grünbergs Wort von der Diktatur des Direktors auf und sagte:

„Dadurch wird es mir möglich werden, das von ihm Geschaffene zu benützen, um wenigstens im engsten Rahmen gemeinsam mit meinen Mitarbeitern eine Diktatur der planvollen Arbeit über das Nebeneinander von philosophischer Konstruktion und Empirie in der Gesellschaftslehre zu errichten." (S. 12)

Die Rede mündete schließlich in die Skizze eines konkreten Forschungsprogrammes ein, in der das Konzept angewendet und verdeutlicht wurde. Als Leitfaden der folgenden Institutsarbeit war ein Forschungsprojekt gedacht, das dem Zusammenhang zwischen der ökonomischen Basis der Gesellschaft, der psychischen Entwicklung der Individuen und den Veränderungen in einzelnen Kulturgebieten (Wissenschaft, Kunst, arbeitsfreie Zeit) nachgehen sollte. Genannt wurde eine umfassende Untersuchung der qualifizierten Arbeiter und Angestellten in Deutschland. Gefragt werden sollte nach dem Zusammenhang zwischen der Lage und der Rolle dieser Gruppe im Produktionsprozeß und der psychischen Struktur (dem Bewußtsein) ihrer Mitglieder unter Berücksichtigung der Bedeutung gesellschaftlicher Vermittlungsinstanzen wie der Familie, Schule, Literatur usw. Eine ausführliche theoretische Begründung dieser Absichten gab Horkheimer 1931 noch nicht; sie wurde erst später in der Veröffentlichung ‚Autorität und Familie' (1936) geliefert, auf die noch ausführlich eingegangen werden soll.

Horkheimer konnte sich 1931 bei seinen Bemerkungen über die Forschungspläne des Instituts auf eine empirische Studie über die psychische Struktur von Arbeitern und Angestellten beziehen, die bereits 1929 unter der Leitung Fromms begonnen worden war.[76] Im Rahmen dieses Vorhabens wurde ein umfangreicher Fragebogen mit Unterstützung der freien und christlichen Gewerkschaften an 3000 qualifizierte Arbeiter, Angestellte und untere Beamte in einer Reihe von deutschen Städten verteilt. Bis Ende 1931 waren 1100 Fragebogen ausgefüllt ans Institut zurückgekommen. Die Lektüre der eingehenden Antworten hatte für das Institut und seine Mitglieder schicksalhafte Konsequenzen. Löwenthal sagte später:

„Und als wir die Resultate bekamen, das war wohl Anfang 1931, da ist uns das Herz in die Hosen gefallen. Denn auf der ideologischen Oberfläche waren diese guten Sozialdemokraten und linken Zentrumswähler alle sehr liberal und republikanisch, aber auf einer tieferen, psychologischen Stufe war der größte Teil ganz autoritär, mit Bewunderung für Bismarck und strenge Erziehung und ‚die Frau gehört ins Haus' usw. – was Sie wollen. Das war also ganz grauenvoll, was sich da alles gezeigt hat. Anstatt diese Studie damals weiter zu betreiben, hatten wir uns gesagt: Um Gottes Willen, was wird hier in Deutschland geschehen? Denn, wenn das schon das psychologische Make-up der fortgeschrittensten Kreise der deutschen Bevölkerung ist, wo doch dort der Widerstand verankert sein müßte gegen das offenbar unaufhaltsame Anrollen des Nationalsozialismus, dann gibt es hier kein Halten mehr. Und als dann, ich glaube es war am 14. September 1930, das erste Mal 107 Nazideputierte gewählt wurden, haben wir uns gesagt: in Deutschland kann man nicht bleiben. Da haben wir die Zweigstelle in Genf gegründet, als eine Auffangstelle sozusagen. Wir haben unser Geld transferiert, die Bibliothek der London School of Economics geschenkt usw. und sind öfters dorthin gefahren, haben Untersuchungen mit dem internationalen Arbeitsamt angefangen, haben den Marcuse engagiert, um ihn dahin zu schicken usw. Wir haben also ganz bewußt eine Politik der Emigration getrieben, einige Jahre bevor irgendein Mensch daran gedacht hat [...] Das Autoritätsthema war ja auch das Thema, das diese Studie in Deutschland diktierte, die uns das Leben gerettet hat – eines der wenigen Beispiele, wenn nicht das einzige in der Weltgeschichte, wo Sozialforschung den Sozialforschern selbst geholfen hat."[77]

Halten wir erst einmal fest: In methodologischer Hinsicht waren die Untersuchungsabsichten des Frankfurter Instituts entsprechend der von Horkheimer in seiner Antrittsrede ausgeführten Linie von dem Bemühen getragen, sich sowohl gegenüber ‚bloßer Tatsachenbeschreibung' wie gegenüber ‚empiriefremder Konstruktion' abzugrenzen. Stattdessen ging es um die dialektische Durchdringung und Entwicklung von Gesellschaftstheorie und einzelwissenschaftlicher Forschung, zu der auch die empirische Sozialforschung zählte. Zum Forschungsprozeß gehörte die Aneignung des Forschungsgegenstandes mit den Mitteln einzelwissenschaftlicher, auch empirischer Forschung, wobei die konkreten Erhebungen auf gesellschaftstheoretische Anleitung und zusammenfassende Begriffsbildung nicht verzichten sollten; zu ihm zählte aber ebenso die Darstellung des Forschungsergebnisses im gesamtgesellschaftlichen Zusammenhang, das heißt Kontrolle und Entwicklung der Gesellschaftstheorie unter Berücksichtigung der Resultate einzelwissenschaftlicher Forschung. Empirische Aneignung und theoretische Darstellung wurden dabei als ständiger Wechselprozeß verstanden.

Es ist nun an dieser Stelle unmöglich, en détail darzulegen, wie der Ansatz des Instituts für Sozialforschung in der Forschungsarbeit praktiziert und weiterentwickelt worden ist. Allein ein Blick in die vom Institut herausgegebene ‚Zeitschrift für Sozialforschung' (9 Bände, 1932–1941) zeigt, wie groß die Bandbreite der wissenschaftlichen Aktivitäten des Instituts war und wie schwierig es sein muß, auch nur die wichtigsten Etappen und Hauptlinien dieses Forschungsprozesses nachzuzeichnen.[78] Hier mag es genügen, wenn wir uns auf einige für die empirische Sozialforschung besonders wichtige Aspekte der Institutsarbeit aus dem Zeitraum der 30er und 40er Jahre beschränken. Einzugehen wäre vor allem auf die Untersuchungen zur psychischen Struktur wichtiger gesellschaftlicher Gruppen – Studien, die Horkheimer wie gesagt in seiner Antrittsrede 1931 als ersten Versuch der Einlösung seines Ansatzes skizziert hatte und die in die Veröffentlichung ‚Autorität und Familie' einmündeten.[79]

‚Autorität und Familie', 1936 – also schon in der Emigration – veröffentlicht, stellte kein glattes, abgerundetes und abgeschlossenes Forschungsergebnis dar. Der Text war vielmehr eine Dokumentation diverser theoretischer, empirischer und literaturaufbereitender Bemühungen – noch in der Form eines Steinbruches der Forschung, eher ein dickleibiger Zwischenbericht über die inzwischen mehrjährige Arbeit des gesamten Institutsstabes.

Der theoretische Teil der Veröffentlichung, insbesondere Horkheimers ‚Allgemeiner Teil' der ‚Theoretischen Entwürfe über Autorität und Familie', hatte – ganz auf der Linie der konzeptionellen Überlegungen, die in der Antrittsvorlesung vorgetragen worden waren – eine doppelte Funktion: Klärung der gesellschaftlichen Relevanz des Untersuchungsproblems sowie Entwicklung und Begründung der Untersuchungsperspektiven, das heißt der Fragestellungen, die in der Untersuchung angegangen werden sollten.

Die Wahl des Themas ‚Autorität und Familie' beruhte auf theoretischen Vorstellungen, die Horkheimer in mehreren Schritten offenlegte. Zunächst betonte er auf allgemeiner Ebene das besondere Interesse an der ‚subjektiven' Seite der Gesellschaft, an der psychischen Struktur der Menschen. Ohne der marxistischen Auffassung vom Produktionsprozeß als gesellschaftlichem Zentralprozeß zu widersprechen, versuchte Horkheimer die Einsicht zu vermitteln, daß zwischen der Organisation des Produktionsprozesses und anderen Lebensbereichen (wenn man es schematisch will: zwischen der Basis und dem Überbau) keine einseitige und harmonische Beziehung besteht, daß also der Überbau keine schlichte Funktion der Basis darstellt, sondern daß Wechselbeziehungen vorherrschen, die sehr komplex und in sich möglicherweise widersprüchlich sind. Es sei vorstellbar und lasse sich historisch nachweisen, daß Auffassungen, Einstellungen, Verhaltensmuster den Bedingungen des Produktionsprozesses nicht mehr adäquat seien, insoweit ihre objektive Berechtigung verloren hätten – und daß sie trotzdem fortexistierten, weil die Menschen subjektiv und emotional an sie gebunden seien. Diesen Zusammenhängen zwischen den verschiedenen Seiten der „materiellen und geistigen Kultur" sei nachzugehen, wobei die geistige Kultur nicht schlicht aus der materiellen abgeleitet werden dürfe.

Ein konkretisierender Schritt der Relevanzbestimmung lag nun in dem Argument, gerade gegenwärtig, unter den obwaltenden gesellschaftlichen Bedingungen, sei es ein wichtiges Problem, nach der Bedeutung der politischen, moralischen und religiösen Anschauungen der Gegenwart für die Gesellschaft zu fragen. Horkheimers Überlegungen sind hier von der Vorstellung geleitet, daß die gesellschaftlichen Verhältnisse objektiv reif seien für die sozialistische Revolution und daß es zugleich am Bewußtsein für diese historische Möglichkeit mangele. Angesichts des erreichten Niveaus der Produktivkraftentwicklung sei zwar die Überwindung der kapitalistischen Produktionsverhältnisse durch die Arbeiterklasse objektiv möglich, der Arbeiterklasse fehle aber sowohl das Bewußtsein der Entfremdung, der sie objektiv unterworfen ist, wie auch die Einsicht in die historische Chance der Aufhebung des Entfremdungszusammenhanges. Unschwer ist hinter dieser Einschätzung die Irritation zu erkennen, die das Verhalten der deutschen Arbeiterklasse und ihrer Organisationen im Zusammenhang mit den Ereignissen des Jahres 1933 ausgelöst hatte.

Horkheimer erläuterte diese Inadäquanz gegenwärtigen Bewußtseins auch und gerade der Arbeiterklasse an der historischen Entwicklung der Autorität in der bürgerlichen Welt. Autorität, d.h. der Glaube, „daß es immer ein Oben und Unten geben muß und Gehorsam notwendig ist" (S. VIII), sei ein entscheidendes Element bürgerlicher Kultur. Dabei wurde Autorität als historische Kategorie verstanden: ihre Ausprägung und ihre konkrete gesellschaftliche Funktion ergäbe sich immer nur im Zusammenhang zur „jeweiligen gesellschaftlichen Situation in ihrer Totalität" (S. 25).

Für das klassische Bürgertum, den kapitalistischen Marktteilnehmer, sei charakteristisch gewesen, daß die objektive Abhängigkeit vom anonymen Marktgeschehen mit dem Gefühl subjektiver Freiheit habe koexistieren können, und dieses Freiheitsbewußtsein sei keine reine Ideologie gewesen, weil der Kapitalist objektiv abhängig und frei zugleich gewesen sei. Dem bürgerlichen Freiheitsgefühl wurde dabei ein progressives Moment zuerkannt, das in der Ablehnung traditioneller Autorität liegt. Im Zusammenhang zunehmender Vermachtung der bürgerlichen Gesellschaft seien aber für große Teile der bürgerlichen Klasse Veränderungen eingetreten: Wegen der voranschreitenden Unterwerfung auch des bürgerlichen Individuums unter die Autorität anonymer gesellschaftlicher Kräfte werde das bürgerliche Freiheitsbewußtsein immer mehr seines materiellen Substrats beraubt und zur Ideologie umgebildet; die Idee aktiver Selbstbehauptung werde zu einer Formel, die die tatsächliche Bereitschaft zur Hinnahme der eigenen Abhängigkeit nur noch verhülle.

Was nun das Verhalten der Arbeiter, das Horkheimer im Versuch einer weiteren Differenzierung ansprach, anlangt, so werde es allem Anschein nach vom selben allgemeinen Mechanismus kontrolliert: Ein wichtiges Moment des modernen Arbeitsverhältnisses sah Horkheimer in der „Maskierung der Autorität", und zwar durch das Institut des freien Vertrages (S. 38). Anders als beim Bürgertum, wo das Bewußtsein der Freiheit wenigstens in einer bestimmten Phase ein objektives Korrelat gehabt habe, fehle diese Fundierung im Fall der Arbeiterklasse voll und ganz. Hier habe Autorität von vornherein und eindeutig den Charakter einer Unterwerfung unter fremde Mächte. Wird die Rolle reiner Abhängigkeit dennoch akzeptiert und mit der Gloriole der Freiheit umgeben, so sei dies nur möglich, weil sich der einzelne Arbeiter seine Abhängigkeit nicht als historisch-soziales Phänomen, sondern als natürliche und ewige Größe erkläre.

„Die in der Philosophie behauptete Freiheit ist eine Ideologie, d.h. ein durch die spezifische Form des gesellschaftlichen Lebensprozesses notwendig bedingter Schein. Die beiden kennzeichnenden gesellschaftlichen Gruppen konnten ihm deshalb anheim fallen, weil einer jeden von ihnen ihre eigene Unfreiheit ebenso wie die der anderen auf eine bestimmte, ihrer Stellung im Produktionsprozeß entsprechende Weise verschleiert war. Unfreiheit meint hier die nicht vernünftig begründete Abhängigkeit von den Gedanken, Entschlüssen, Handlungen anderer Menschen, also genau das, was die bürgerlichen Denker dem Mittelalter vorwarfen." (S. 41)

Diesen Veränderungen, ihren Ursachen und politischen Folgen, müsse nun genauer nachgegangen werden. Darin lag für Horkheimer die sachliche Rechtfertigung einer Untersuchung der aktuellen Formen der Autorität, ihrer Ursachen, gesellschaftlichen Wirkungen und auch ihrer Grenzen.

Die konkrete Fragestellung für die auf diese Weise gesellschaftstheoretisch verortete Untersuchung zur Autorität in der modernen Gesellschaft gewann Horkheimer, indem er die Funktion der Familie im Sozialisationsprozeß erörterte. Der Familie schrieb er eine herausragende Bedeutung bei der Erzeugung und Festigung des „autoritären Charaktertyps" (S. 49) zu.

Horkheimer faßte die Familie als Instanz, die die Anerkennung der in der Gesellschaft vorherrschenden Autorität trainiert. Die Familie wurde dabei nicht als gezielt eingesetzter Agent der gesellschaftlich herrschenden Kräfte (des Kapitals usw.) verstanden, ihre autoritätskonservierende Wirkung erschien vielmehr in den persönlichen Beziehungen innerhalb der Familie selbst angelegt: Sie hänge wesentlich mit der Binnenstruktur der modernen patriarchalischen Familie zusammen, in der der Vater als Garant des Unterhalts figuriert, wobei sich diese Struktur den Familienmitgliedern als naturgegeben und nicht historisch-sozial vermittelt darstelle. Unter solchen Bedingungen werde auf dem Wege der Identifikation und nicht der schlichten Anpassung die Anerkennung von Autorität erlernt:

„Doch trägt der autoritäre Charakter, den das bürgerliche Kind entwickelt, infolge dieser Widersprüche gegenüber dem antiken je nach seiner besonderen Klassenlage und seinem individuellen Schicksal einen mehr oder minder berechnenden, beflissenen, moralisierenden, d.h. rationalisierenden Zug. Sich den Wünschen des Vaters anpassen, weil er das Geld hat, ist ganz unabhängig von allen Gedanken über seine menschlichen Eigenschaften das einzig Vernünftige. Diese Gedanken erweisen sich ohnehin als fruchtlos, wenigstens in den späteren Perioden dieser Ordnung. Infolge der scheinbaren Natürlichkeit der väterlichen Macht, die aus der doppelten Wurzel seiner ökonomischen Position und seiner juristisch sekundierten physischen Stärke hervorgeht, bildet die Erziehung in der Kleinfamilie eine ausgezeichnete Schule für das kennzeichnende autoritäre Verhalten in dieser Gesellschaft." (S. 57)

Doch befinde sich die Familie zur Gesellschaft, zum „kulturellen Zusammenhang", wie Horkheimer auch sagte, „nicht bloß in einem fordernden, sondern auch in einem antagonistischen Verhältnis" (S. 63). Die Familie könne für das Individuum auch ein Schutzraum, eine Stätte lebendigen sozialen Verkehrs sein, in dem sich sonst abgedrängte Bedürfnisse halten und soziale Phantasien und Handlungsimpulse möglicherweise entfalten ließen. Insofern sprach Horkheimer von der Familie als einem Ort, „wo sich das Leid frei ausgesprochen und das verletzte Interesse der Individuen einen Hort des Widerstandes gefunden hat"; die Familienmitglieder hätten „stets auch die Möglichkeit besessen, nicht bloß als Funktion, sondern als Mensch zu wirken"; die Familie könne „zur Ahnung eines besseren menschlichen Zustands" führen (S. 63 f.).

Wiederum wurde auf eine klassenspezifische Differenz hingewiesen, die mit der Unterschiedlichkeit der ökonomischen Existenzbedingungen korrespondiere. (S. 71 f.) So sei die proletarische Familie zwar dem Muster der bürgerlichen Familie nachgebildet. Doch seien in der proletarischen Familie entsprechend ihrer Klassenlage auch spezifische Beziehungen angelegt: Angesichts der Enge der materiellen Reproduktionsbedingungen empfänden die Erwachsenen die Familie auf der einen Seite eher als Belastung; zugleich könne die Familie aber auch eine Zelle neuer Hoffnungen darstellen, weil sie dem Proletarier auch die Chance nicht entfremdeten sozialen Verkehrs biete. Allerdings trete unter dem Druck der ökonomischen Krise, angesichts der durch Arbeitslosigkeit gefährdeten materiellen Reproduktion vieler Arbeiterfamilien, die Last-Dimension der Familie stärker in den Vordergrund. Unter den vorherrschenden Bedingungen könne es dazu kommen, daß der objektiv widersprüchliche Charakter insbesondere der proletarischen Familie aufgelöst und die autoritätsstiftenden Wirkungen familialer Erfahrungen vorherrschend werden.

Solche Gewichtsverlagerungen, wie sie Horkheimer für seine Gegenwart vermutete, charakterisieren die spezifische Untersuchungsperspektive der Studie ‚Autorität und Familie'. Die stattfindenden Veränderungen in den Reproduktionsbedingungen moderner Familien und die mit ihnen verknüpften Veränderungen in der Familienstruktur sollten analysiert, die Rückwirkungen dieser Veränderungen auf die Tendenz der Familien, zur Erziehung autoritärer Charaktere beizutragen, sollten erörtert werden. Die aktuellen Probleme im Wechselverhältnis zwischen Gesellschaft und Familie bildeten also das Thema der Untersuchung – ein Untersuchungsthema, das zwar nicht unbedingt in den Mittelpunkt der Theorie der Gesellschaft gehört, das aber nach Horkheimers Überzeugung unter den konkreten historischen Bedingungen seiner Zeit besondere Aufmerksamkeit verdiente (S. XII).

Die Untersuchungstexte, die zusammen mit Horkheimers ‚Theoretischen Entwürden' in dem Buch ‚Autorität und Familie' veröffentlicht worden sind, waren kein geschlossenes Ganzes. Einige Beiträge zielten auf die Verfeinerung der theoretischen Überlegungen ab, so vor allem die theoretische Studie von Erich Fromm, in der mit psychoanalytischen Methoden die psychischen Impulse im einzelnen durchleuchtet wurden, die Menschen und Gruppen dazu bringen können, sich unter die Autorität zu stellen und diese Unterordnung häufig auch noch mit positiver Erlebnisqualität anzureichern. Theoretische Betrachtungen enthielten aber auch Literaturstudien diverser Art, in denen alle möglichen Einzelfragen bis hin zu den familienpolitischen Debatten der deutschen Nationalversammlung von 1919 oder der Autorität in der Jugendbewegung Österreichs behandelt wurden. Neben diesen theoretischen Arbeiten finden sich in ‚Autorität und Familie' eine Reihe empirischer Berichte.

Im Zusammenhang von ‚Autorität und Familie' sind empirische Erhebungen durchgeführt worden: Aufgenommen wurde die bereits 1929 begonnene, von Fromm geleitete Untersuchung zur psychischen Struktur qualifizierter Arbeiter und Angestellter in Deutschland – jene Umfrage, die nach Löwenthals schon zitierter Aussage so schicksalshafte Bedeutung für das Frankfurter Institut gewonnen hat –, über die ein Vorbericht erschien (S. 239ff.). Hinzu kamen Erhebungen zur Veränderung der Sexualmoral, in denen vor allem Expertenäußerungen aufgenommen worden sind; Untersuchungen zur Bedeutung der Arbeitslosigkeit für Familienstrukturen, zur Situation von Jugendlichen usw. – Erhebungen, die sich auf Frankreich, die Schweiz, Österreich, Belgien, Holland, England, später auch Amerika erstreckten.

All diese Erhebungen haben einen stark explorativen Charakter. In ‚Autorität und Familie' wurden erste Befunde präsentiert; doch haben die Materialien nicht den Charakter eines umfassenden empirischen Belegs, auf dessen Grundlage verallgemeinernde Schlüsse möglich gewesen wären. Die empirischen Arbeiten sollten – wie Horkheimer sagte – „uns mit den Tatsachen des täglichen Lebens in Verbindung halten; vor weltfremden Hypothesen bewahren", vor allem „fruchtbare Typenbildung [...] ermöglichen" (S. X) – mehr nicht. Die Materialien, die in ‚Autorität und Familie' präsentiert wurden, waren dementsprechend Vorstudien und Zwischenberichte; sie brachten keine Resultate, die in bezug auf den theoretischen Ansatz, wie ihn Horkheimer entfaltet hatte, systematisch dargestellt und interpretiert worden wären. Erkennbar wurden aber die *methodischen Konsequenzen,* die das Institut für Sozialforschung aus seinem theoretischen Ansatz für die Durchführung empirischer Untersuchungen gezogen hatte.

Ein Zentralproblem empirischer Studien von der Art, wie sie in ‚Autorität und Familie' intendiert waren, liegt ja in der Frage: Gelingt es, eine Froschungsstrategie zu entwickeln, die dem komplexen Untersuchungsgegenstand adäquat ist, oder finden bei der Operationalisierung entscheidende Problemverkürzungen statt? Wie – so könnte man das methodische Kernproblem formulieren – kommt man zu einem Untersuchungsdesign, das den Komplexitätsgrad des Gegenstandes möglichst weitgehend aufnimmt, statt ihn zu zerstören? Wie verhindert man, daß bei der Operationalisierung des Untersuchungsansatzes der Untersuchungsgegenstand fragmentiert und verkürzt wird? Mit welchen Erhebungstechniken wird man dem Untersuchungsgegenstand am ehesten gerecht?

Die verschiedenen Erhebungsverfahren, die uns in der empirischen Sozialforschung zu Gebote stehen, treffen – isoliert betrachtet – immer nur einen Ausschnitt der interessierenden sozialen Phänomene. Bei Beschränkung auf das eine oder andere Verfahren kommt es fast notwendig zu inhaltlichen Verkürzungen; dies muß den Realitätsgehalt und damit den Geltungsbereich der empirischen Befunde einschränken und kann im Fall komplexerer Fragestellungen dazu führen, daß der Untersuchungsgegenstand überhaupt nicht richtig getroffen wird.

In ‚Autorität und Familie' ist aus diesen Schwierigkeiten die an sich einfache, aber doch oft zu wenig befolgte Schlußfolgerung gezogen worden, daß schon sehr viel gewonnen ist, wenn man an die relevanten Variablen auf verschiedenen Wegen herangeht, d.h. wenn man in kontrollierter Weise verschiedene Ermittlungsverfahren einsetzt und miteinander verschränkt. Man muß sich dabei den jeweiligen Griffbereich der angewendeten Methoden klar machen, um den Realitätsgehalt der ermittelten empirischen Daten richtig abschätzen zu können. Durch die zielstrebige Kombination verschiedener Erhebungsmethoden läßt sich dann ein differenziertes empirisches Material gewinnen, das realistische und damit auch gesellschaftstheoretisch brauchbare empirische Aussagen trägt.

Ausgehend von solchen Überlegungen, wurde in ‚Autorität und Familie' mit folgendem Ensemble von Erhebungsverfahren gearbeitet:

- Befragung der untersuchten Gruppen (Arbeiter, Angestellte, Jugendliche usw.)
- Ermittlungen bei Sachverständigen
- Erhebung ‚objektiver' Daten zur sozialen Lage der Befragten auf sekundäranalytischem Wege.

In dem Bemühen um sorgfältige Klärung des Geltungsbereichs der auf diesen Wegen ermittelten Daten kamen die Autoren zu wichtigen Differenzierungen. So wurde hinsichtlich der Daten, die durch Befragung der untersuchten Gruppen gewonnen worden waren, entsprechend ihrem Geltungshorizont unterschieden zwischen:

- Angaben aus *Faktfragen* (z.B. über Einkommen, Wohnverhältnisse, Alter usw.)
- Angaben aus *Anschauungsfragen* (= Meinungsfragen) (z.B. die Frage: „Glauben Sie, daß der einzelne Mensch an seinem Schicksal selbst schuld ist? Warum (nicht)?")
- Angaben aus *Verhaltensfragen* (z.B. die Frage: „Verleihen Sie Geld oder Gegenstände an Ihre Freunde? Warum (nicht)?")
- Angaben aus *Befindlichkeitsfragen* (z.B. die Frage: „Ist Ihre Verdauung in Ordnung?").

Mit Hilfe theoretischer Überlegungen wurde zu klären versucht, welche empirische Daten für welche Aussagen herangezogen werden konnten – ein Schritt, den man arbeitstechnisch Indikatorenbildung nennt. Mit viel Problembewußtsein und theoretischer Kompetenz wurde erörtert und geprüft, inwieweit aus erfragten Anschauungen und Meinungen, aus beobachteten Verhaltensweisen und ermittelten Tatbeständen auf psychische Strukturen und deren jeweilige Bedingungskonstellationen geschlossen werden konnte.

Das Verfahren, das in ‚Autorität und Familie' angewendet wurde, entspricht dem schon verschiedentlich erwähnten Prinzip der ‚cross examination'. Statt sich auf einen ganz engen Ausschnitt von Daten zu verlassen, wird mit Informationen verschiedenster Reichweite gearbeitet. Die einzelnen Daten sollen sich dabei gegenseitig ergänzen und kontrollieren: Objektive Daten werden mit subjektiven Daten verknüpft; Befragungsdaten werden mit Sachverständigenurteilen kombiniert; mit Befragungsdaten unterschiedlichen Inhalts werden zusätzliche Differenzierungen angestrebt – alles gut durchdacht und gezielt eingesetzt, wie vor allem aus Erich Fromms und Paul Lazarsfelds Bemerkungen zum Prinzip der mehrstufigen Vorgehensweise deutlich wird (S.231ff.; 354ff.).

Das offenbar reichhaltige Erhebungsmaterial konnte in ‚Autorität und Familie' noch nicht umfassend aufbereitet, dargestellt und interpretiert werden – Ausdruck des noch sehr vorläufigen Charakters der Empirie in diesem Opus. Allerdings wurden Auswertungsansätze skizziert, mit deren Hilfe man das Material zum Sprechen bringen wollte.

Wichtig sind vor allem einige Prinzipien zur Auswertung der *Arbeiter- und Angestelltenbefragung,* die hauptsächlich in den Händen von Hilde Weiß lag (vgl. S. 239 ff.). Um die psychische Struktur der Befragten erfassen zu können, wurden drei Strukturtypen auf theoretischer Ebene entwickelt und mit empirischem Material exemplifiziert: der autoritäre, der revolutionäre und der ambivalente Charakter – letzterer dadurch definiert, daß auf der Bewußtseinsoberfläche optimistische und fortschrittliche Einstellungen vorkommen, während die tieferen Schichten des Bewußtseins einen Zug zur Unterordnung und damit zum autoritären Charakter aufweisen. Bei der Zuordnung der einzelnen Befragten zu diesen Typen versuchte man, Schematismen und Vereinfachungen zu vermeiden, indem man sich auf dem Wege einer Sinndeutung auf den Gesamtzusammenhang der Antworten bezog. Statt aus einzelnen Äußerungen wurde aus dem Gesamteindruck, den das Interview vermittelte, auf die Charakterstruktur des Befragten geschlossen. Dieses Verfahren der typenspezifischen Klassifikation der Befragten wurde in ‚Autorität und Familie' bereits beispielhaft demonstriert (vgl. S. 250 ff.). Zum Nachweis der zahlenmäßigen Bedeutung der einzelnen Bewußtseinstypen und insbesondere zu einer auf Ursachenklärung ausgerichteten Korrelationsanalyse (Verteilung der Strukturtypen nach beruflicher und sozialer Stellung der Befragten, nach ihren politischen Einstellungen usw.) ist es aber noch nicht gekommen.

Leider war es dem Institut für Sozialforschung nicht vergönnt, seine Untersuchungen über die in ‚Autorität und Familie' präsentierte Form hinaus fortzuführen und abzuschließen. Die Machtergreifung der Nazis 1933 war eine Zäsur. Das Institut in Frankfurt wurde sofort geschlossen. Die Institutsmitglieder waren gezwungen, in die Emigration zu gehen. Über oft verschlungene Wege landeten viele in den USA, wo das Institut 1934 an der Columbia University in New York hatte wieder errichtet werden können und wo jetzt unter Rückgriff auf das rechtzeitig transferierte Institutsvermögen versucht werden konnte, die alten Ideen fortzuführen. Doch schoben sich in der Emigration mit der Zeit neue Forschungsschwerpunkte in den Vordergrund, so daß das Interesse an einer direkten Fortführung der noch in Frankfurt begonnenen Arbeit abnahm. Im übrigen hat natürlich auch der Verlust eines Teils des empirischen Materials die Verknüpfung der neuen Studien mit den alten erschwert. So fehlt uns heute eine zusammenhängende Darstellung der Ergebnisse des wichtigen Untersuchungsvorhabens, mit dem die von Horkheimer in seiner Antrittsrede entwickelten Gedanken in praktische Forschung hatten umgesetzt werden sollen.

Aus der Arbeiter- und Angestelltenerhebung konnten etwa die Hälfte der beantworteten Fragebögen (584 Interviews) gerettet werden. Daß mit diesem Restmaterial keine größere Veröffentlichung als der Vorbericht in ‚Autorität und Familie' bestritten worden ist, hing allerdings nicht nur mit den durch die Emigration verursachten Unsicherheiten und Diskontinuitäten zusammen.

Erich Fromm hat zusammen mit Anna Hartoch, Herta Herzog, Ernst Schachtel, Hilde Weiß und Paul Lazarsfeld die übriggebliebenen Interviews in den USA weiterbearbeitet. Daraus entstand ein Manuskript mit dem Titel ‚German Workers 1929 – A Survey, its Methods and Results'. In diesem Text wurden – nach einer Übersicht über die sozialstrukturelle Gliederung der Reststichprobe – zunächst verschiedene Einstellungsdaten in ihrer Korrelation mit den Variablen „politische Orientierung" und „ökonomischer Status" dargestellt; sodann folgte die Einordnung der Befragten in eine psychoanalytische Strukturtypologie (eine Weiterentwicklung der in ‚Autorität und Familie' vorgestellten Typenbildung) und die Verteilung der Bewußtseinstypen („Syndromtypen" = typisierend gefaßte Syndrome politischer Haltungen) nach politischer Einstellung und ökonomischem Status.

Fazit: „Es darf [...] nicht vergessen werden, daß 20% der Anhänger der Arbeiterparteien in ihren Meinungen und Gefühlen eine eindeutig autoritäre Tendenz zum Ausdruck brachten. [...] 19% der Sozialdemokraten und Kommunisten tendierten darüber hinaus zum rebellisch-autoritären Typus mit klaren Widersprüchen zwischen R [radikalen] – und A [autoritären] – Antworten. Eine eindeutig kompromißorientierte Haltung war demgegenüber für 5% der Linken typisch, und 16% wiesen ein insgesamt indifferentes Syndrom auf." Alles in allem: „Als zweifellos wichtigstes Ergebnis ist [...] der geringe Prozentsatz von Linken festzuhalten, die mit der sozialistischen Linie sowohl im Denken als auch im Fühlen übereinstimmten. Nur von dieser mit insgesamt 15% recht kleinen Gruppe konnte in kritischen Zeiten erwartet werden, daß sie den Mut, die Opferbereitschaft und die Spontaneität aufbringen würde, die zur Führung der weniger aktiven Elemente und zur Besiegung des Gegners notwendig sind."[80]

Ein Versuch, diese interessanten und politisch brisanten Befunde soziologisch zu erklären, wurde allerdings nicht unternommen. Der Text blieb in der Datenpräsentation stecken. Der Gedanke einer dialektischen Verknüpfung von Gesellschaftstheorie und empirischer Sozialforschung wurde nicht eingelöst.

Um die Veröffentlichung dieses Manuskriptes gab es im Institut in den späten dreißiger Jahren einige Auseinandersetzungen,[81] über die uns verschiedene Versionen hinterlassen worden sind. Offenbar bildeten wissenschaftliche Kontroversen (unterschiedliche Auffassungen der Psychoanalyse), politische Konflikte (Folgen einer prononcierten Linksposition für das Institut in den USA) und auch persönliche Animositäten (insbesondere zwischen Adorno und Fromm) ein vertracktes Knäuel von Spannungen. Die Dinge spitzten sich so zu, daß Fromm 1939 aus dem Institut ausschied. Fromm nahm bei seinem Weggang sämtliche Unterlagen der Arbeiter- und Angestelltenerhebung mit und ließ sie für lange Zeit in der Schublade verschwinden. Erst 40 Jahre später ist dann eine Veröffentlichung des Fromm-Textes möglich gewesen.

Eine gewisse Unsicherheit gegenüber empirischer Sozialforschung überhaupt, mit der die Institutsmitglieder ja ein recht neues Terrain betraten, mag in die genannten Probleme hineingespielt haben. Jedenfalls versprachen sich Horkheimer und andere von der amerikanischen Sozialforschung, die sie durch ihren Zwangsaufenthalt in den USA genauer kennenlernen konnten, in empirischer Hinsicht erhebliche Anregungen. In Amerika, schrieb Horkheimer im Vorwort zu ‚Autorität und Familie', werde es darum gehen, die hier „geübten und mehr als in Europa entwickelten Methoden der Enquête an Ort und Stelle selbst kennen und anwenden zu lernen" (S. XI).

Der Kontakt mit dem social research verlief dann allerdings nicht ganz ohne Probleme. Die auf Seiten des Instituts anfangs recht großen Hoffnungen und Erwartungen schlugen bald in eine gewisse Skepsis um. Exemplarisch hierfür ist ein Konflikt zwischen Adorno und Lazarsfeld.

Adorno,[82] in Frankfurter Tagen dem Institut mehr über seine persönlichen Beziehungen zu Horkheimer assoziiert, war die Lehrerlaubnis an der Universität gleich zum Sommersemester 1933 entzogen worden. Mit dem Entschluß, Deutschland endgültig zu verlassen, hat er sich besonders schwer getan. Über Oxford (1935/36) siedelte aber auch Adorno nach New York über (1938). Seine Beziehungen zum Institut hatten sich inzwischen so weit verbessert, daß Horkheimer befriedigt an Löwenthal schreiben konnte: „Adorno gehört jetzt wirklich zu uns." Das Institut konnte Adorno jedoch nicht voll finanzieren. Deshalb nutzte dieser die Möglichkeit einer Halbtagsstelle im Radio Research Project – ein Angebot von Lazarsfeld, der damals mit dem Institut ziemlich eng verbunden war (mit Lazarsfeld werde ich mich im nächsten Abschnitt ausführlich beschäftigen). Neben Horkheimer wurde Adorno mit der Zeit der prägende Kopf der Frankfurter Schule.

Durch die Mitarbeit im Office of Radio Research verstärkten sich Adornos Zweifel, ob kulturelle Phänomene, z. B. Inhalte der Massenkommunikation, ihre Wirkungen beim Empfänger und ähnliches mit den Verfahren quantifizierender empirischer Sozialforschung adäquat erfaßt werden können. Sich rückerinnernd sagte er später:

„Ich war durchaus gesonnen, auf jene berühmte other side of the fence mich zu begeben, also Hörerreaktionen zu studieren, und weiß noch, wieviel Freude ich hatte, und wieviel ich lernte, als ich selbst, zu meiner Orientierung, eine Reihe von freilich recht wildwüchsigen, der Systematik entratenden Interviews durchführte."

Andererseits: „Mich irritierte insbesondere ein methodologischer Zirkel: daß man, um nach den geltenden Normen empirischer Soziologie das Phänomen kultureller Verdinglichung in den Griff zu bekommen, sich selbst verdinglichter Methoden bedienen müsse, wie sie mir in Gestalt jenes program analyzer so bedrohlich vor Augen standen. War ich etwa mit der Forderung konfrontiert, wie man wörtlich sagte, ‚Kultur zu messen', so besann ich demgegenüber mich darauf, daß Kultur eben jener Zustand sei, der eine Mentalität ausschließt, die ihn messen möchte. Insgesamt sträubte ich mich gegen die undifferenzierte Anwendung des damals auch in den Sozialwissenschaften noch wenig kritisierten Grundsatzes science is measurement. Das Gebot des Vorrangs quantitativer Erhebungsmethoden, denen gegenüber die Theorie ebenso wie die qualitativen Einzelstudien bestenfalls supplementären Charakter haben sollten, brachte es mit sich, daß man eben jenes Paradoxe unternehmen mußte. Die Aufgabe, meine Erwägungen in research terms umzusetzen, kam einer Quadratur des Zirkels gleich. Wieviel dabei zu Lasten meiner persönlichen Gleichung geht, bin sicherlich nicht ich die rechte Person zu beurteilen; tatsächlich jedoch sind die Schwierigkeiten gewiß auch objektiver Art. Sie gründen in der Inhomogenität des Wissenschaftsgebildes Soziologie. Kein Kontinuum besteht zwischen kritischen Theoremen und den naturwissenschaftlich empirischen Verfahrensarten. Beides hat divergente historische Ursprünge und ist nur mit äußerster Gewalttätigkeit zu integrieren."[83]

Adornos Mitarbeit am Radio Research Project scheiterte jedenfalls, denn angesichts so starker Bedenken gegenüber der Brauchbarkeit quantitativer Methoden konnte eine Zusammenarbeit mit Lazarsfeld, der – wie sich noch zeigen wird – quantitative Verfahren als unverzichtbaren Bestandteil empirischer Forschung sah, kaum produktiv werden. Lazarsfeld schrieb denn auch Adorno in einem längeren Brief, in dem er ihn wegen mangelnder Kooperationsbereitschaft und unzulänglicher Kenntnisse in der empirischen Sozialforschung kritisierte:

> „Sie gefallen sich darin," hielt er Adorno entgegen, „andere zu kritisieren, weil sie Neurotiker oder Fetischisten sind, aber es fällt Ihnen nicht auf, wieviel Vorschub Sie Ihrerseits solchen Angriffen leisten [...] Sehen Sie denn nicht, daß die Art, in der Sie lateinische Wörter über den gesamten Text verstreuen, der perfekte Fetischismus ist? [...] Ich habe Sie immer wieder gebeten, eine solidere Sprache zu benutzen, aber Sie waren psychisch offensichtlich nicht in der Lage, meinem Rat zu folgen [...] Ihre Mißachtung aller Möglichkeiten, die nicht Ihren eigenen Vorstellungen entsprechen, wird dann um so beunruhigender, wenn Ihr Text den Verdacht aufkommen läßt, daß Sie nicht einmal wissen, wie die empirische Überprüfung einer Hypothese vorzunehmen ist [...] Es war keine angenehme Aufgabe, diesen Brief zu schreiben, und ich hätte nicht zwei volle Arbeitstage darauf verwandt, wenn ich nicht der Meinung wäre, daß unser Projekt davon abhängt, daß auch Sie sich die ganze Situation durch den Kopf gehen lassen. Sie und ich, wir sind uns über die Vorzüglichkeit bestimmter Teile Ihrer geistigen Arbeit durchaus einig. Sie aber glauben, weil Sie in einigen Punkten Recht haben, hätten Sie überall Recht. Ich dagegen bin der Meinung, daß Sie, gerade weil Sie in einigen Dingen Recht haben, die Tatsache übersehen, daß Sie in anderen Punkten unmöglich sind; und der Leser wird Sie letztlich aufgrund der Dinge, die einfach empörend sind in Ihrer Arbeit, und an denen er Sie leicht packen kann, insgesamt für unmöglich halten. Deshalb glaube ich auch, daß, was ich hier geschrieben habe, Ihnen letztlich nützt [...] Ich versichere Sie noch einmal meines unerschütterlichen Respekts, meiner Freundschaft und Loyalität [...]".[84]

Daß in dieser Auseinandersetzung zwischen Adorno und Lazarsfeld grundverschiedene methodische Positionen aufeinander gestoßen sind, deutet sich in den zitierten Unmutsäußerungen nur an. Versucht man zusammenzufassen, wo sich das Empirieverständnis des Instituts für Sozialforschung, in dessen Sinne sich Adorno (freilich wohl in der ihm eigenen Exaltiertheit) verhalten hat, von dem des quantifizierenden social research absetzt, so wären folgende Punkte zu nennen:

- Jene Art empirischer Sozialforschung, die Adorno im Radio Research Project erfahren hat, ist als administrative Forschung (‚administrative research') direkt in die praktischen Zwecke sozialer Planungs- und Steuerungseinrichtungen eingekoppelt; so war das Lazarsfeld-Projekt auf den Informationsbedarf der den Betrieb der Massenmedien kontrollierenden Instanzen ausgerichtet. Sozialforschung im Sinn des Instituts für Sozialforschung versteht sich demgegenüber als Beitrag zu einer kritischen Theorie der Gesellschaft: zur Analyse der modernen Gesellschaft unter der Perspektive ihrer Veränderung, d.h. ihrer Umwälzung mit dem Ziel des Abbaues von Herrschaft und Ausbeutung.

- Administrative Sozialforschung beschränkt sich auf die Erarbeitung sozialer Tatbestände, auf die Ermittlung, Sichtung und Klassifikation von facts. Demgegenüber ist kritische Sozialforschung auf umfassende Ursachenforschung angelegt, auf die Interpretation sozialer Phänomene.
- Administrative Sozialforschung sucht ihre Belege in der quantitativen Absicherung, sie legt Wert auf statistische Zuverlässigkeit. Kritische Sozialforschung versucht dagegen, Aussagekraft durch umfassende mehrdimensionale Darstellung, durch die Suche nach profunden Ergebnissen zu gewinnen.

Es war insbesondere Adorno, der in diesem Zusammenhang immer wieder die Notwendigkeit hervorhob, den zwischen Gegenstand und Erhebungstechnik bestehenden Abhängigkeiten die gebotene Aufmerksamkeit zukommen zu lassen. Dabei charakterisierte er die gegenstandsimmanenten Voraussetzungen quantifizierender Meinungsforschung als verdinglichtes Bewußtsein. Die Methode der Quantifizierung auf der einen Seite und das standardisierte, fragmentierte, stereotype Denken und Verhalten auf der anderen Seite stünden zueinander in einem Komplementaritätsverhältnis. Quantifizierende Meinungsforschung sei im Fall von verdinglichtem Bewußtsein gegenstandsadäquat, weil die in der Methode liegenden Standardisierungen der realen Struktur des Gegenstands durchaus entsprächen. Umgekehrt müsse aber der Versuch einer quantifizierenden Erfassung sozialer Tatbestände scheitern, wo es an diesen gegenstandsimmanenten Voraussetzungen mangele. Wer dies mißachte, unterwerfe sich einem methodischen Zirkel: die verdinglichten Methoden produzierten verdinglichte, damit gegenstandsinadäquate Ergebnisse.

> Ein Gespräch Adornos mit einer „young charming lady", die wie er am Radio Research Programm arbeitete, als Verdeutlichung: „Nach ein paar Tagen faßte sie Vertrauen zu mir und fragte mit vollendeter Liebenswürdigkeit: ‚Dr. Adorno, would you mind a personal question?' Ich sagte: ‚It depends on the question, but just go a head', und sie fuhr fort: ‚Please tell me: are you an extrovert or an introvert?' Es war, als dächte sie bereits als lebendiges Wesen nach dem Modell der Cafeteria-Fragen aus Questionnaires. Sie mochte sich selbst unter derlei starre und vorgegebene Kategorien subsumieren [...]".[85]

Die wichtige Erkenntnis, daß es bei unreflektierter Anwendung der Methoden quantifizierender empirischer Sozialforschung zu einer Fragmentierung des Gegenstandes kommen kann, den es in seiner ganzen Breite und Kompliziertheit zu untersuchen gälte, daß damit die Methode über den Inhalt bestimmt und nicht umgekehrt der Inhalt über die Methode: dies hat Paul Lazarsfeld in seiner zitierten ärgerlichen ‚Abrechnung' mit Adorno nicht erwähnt. Diesen kritischen Punkt quantifizierender Empirie, den gerade Adorno unter Rückgriff auf seine Erfahrungen mit der amerikanischen

Sozialforschung immer wieder herausstellte, gilt es aber festzuhalten. Es verdient jedoch auch erwähnt zu werden, daß Lazarsfeld später Adornos Beitrag zur Methodologie empirischer Sozialforschung durchaus anerkannt hat und sein Bedauern darüber ausdrückte, daß er im Radio Research Project nicht imstande gewesen sei, die Produktivität und Kreativität Adornos besser einzusetzen.[86]

Im übrigen: Die einleuchtende Kritik am amerikanischen social research bedeutete für Adorno nicht Ablehnung empirischer Arbeit überhaupt. Auch nach Adornos Auffassung ist ohne Empirie keine Gesellschaftstheorie möglich, nur sollte eben empirische Sozialforschung der ganzen Bandbreite menschlicher Erfahrungen Rechnung tragen. Adornos Position war also keine pauschale Ablehnung empirischer Sozialforschung, sondern ein Plädoyer für einen gegenstandsadäquaten Ansatz empirischer Forschung:

„Erst in Amerika habe ich wahrhaft das Gewicht dessen erfahren, was Empirie heißt, sosehr im übrigen auch von früh auf das Bewußtsein mich leitete, daß fruchtbare theoretische Erkenntnis anders als in engster Fühlung mit ihren Materialien nicht möglich ist. Umgekehrt habe ich an der Gestalt des in wissenschaftliche Praxis umgesetzten Empirismus in Amerika einsehen müssen, daß die volle, unreglementierte Breite der Erfahrung durch die empiristischen Spielregeln beengter ist, als es im Begriff der Erfahrung selbst liegt. Nicht die falscheste Bezeichnung dessen, was mir nach all dem vorschwebt, wäre eine Art Restitution von Erfahrung gegen ihre empiristische Zurichtung. Das nicht zuletzt wird mich, neben der Möglichkeit, in Europa die eigenen Intentionen einstweilen ungehinderter verfolgen und zur politischen Aufklärung einiges helfen zu könne, zur Rückkehr bewogen haben."[87]

Das Interesse der Mitglieder des Instituts für Sozialforschung an der empirischen Seite gesellschaftswissenschaftlicher Forschung hat in Amerika noch zu einer interessanten Weiterentwicklung ihrer Untersuchungstätigkeit geführt. Nach einer mehrjährigen Pause (1941–1945, Adorno und Horkheimer schrieben in dieser Zeit die ‚Dialektik der Aufklärung') begannen die Arbeiten an den ‚Studies of Prejustice', in deren Rahmen unter anderem die wichtige Untersuchung zur autoritären Persönlichkeit (1950 veröffentlicht) zustande kam.[88] Man geht sicherlich nicht fehl, diese Studie als Bemühen um eine Versöhnung zwischen kritischer Theorie und quantifizierender Sozialforschung zu bezeichnen.

Im Mittelpunkt dieser neuen Untersuchung stand das „potentiell faschistische Individuum". Vor der an der eigenen Person erfahrenen Barbarei des Nationalsozialismus als Hintergrund und Bedrohung sollten die Charakterstrukturen und Ideologien des potentiellen Faschisten studiert werden. Aus der genaueren Kenntnis der den Faschismus begünstigenden psychologischen Kräfte erhoffte man sich Aufschluß über Ansatzpunkte einer effektiven Bekämpfung. Die Untersuchungsfragen im einzelnen: „Wenn es ein potentiell faschistisches Individuum gibt, wie sieht es, genau betrachtet, aus? Wie kommt antidemokratisches Denken zustande? Welche Kräfte im Individuum sind es, die sein Denken strukturieren? Wenn es solche Individuen gibt, sind sie in unserer Gesellschaft weit verbreitet? Und welches sind ihre Determinanten, wie der Gang ihrer Entwicklung?"[89]

Thematisch führte die ‚Authoritarian Personality' wie man sieht, gewisse Aspekte von ‚Autorität und Familie' fort; allerdings sind einige Differenzen unverkennbar:

- Den Gegenpol zum autoritären bildete der demokratische Charakter, nicht wie ehedem der revolutionäre.
- Das Praxisverständis der Studie zielte auf Erziehung zur Toleranz, nicht mehr auf revolutionäre Veränderung der Gesellschaft. An beiden Merkmalen erweist sich, daß eine liberal-aufklärerische Position an die Stelle der ursprünglich prononciert marxistischen getreten war.
- Erfaßt wurden hauptsächlich die Mittelschichten, die als die meinungsbestimmenden Gruppen galten, anstelle der Arbeiter.
- Stärker betont wurde die psychologische anstelle der soziologischen Erklärung. Zwar lautete die Eingangsfrage, inwieweit psychische und objektive Phänomene eine Offenheit gegenüber faschistischer Propaganda vermitteln; die Hauptdifferenzen wurden aber im Bereich der psychischen Determinanten, in den Unterschieden in den Charakterstrukturen, gesehen und weniger in den objektiven Konstellationen, die als ideologisches Gesamtschema bezeichnet wurden.
- In methodischer Hinsicht wurde wiederum mehrstufig operiert, vor allem durch die Verknüpfung von quantitativer Umfrage und qualitativer Einzelfallstudie; doch gewann die quantitative Befragungstechnik unter Rückgriff auf das Skalenverfahren (F-Skala) bestimmende Bedeutung.

c) Von der Österreichischen Wirtschaftspsychologischen Forschungsstelle (Wien 1927–1938) zum Bureau of Applied Social Research (New York 1939, 1944)

Die Weiterentwicklung empirischer Sozialforschung durch die österreichische ‚Wirtschaftspsychologische Forschungsstelle‘ in Wien war aufs engste mit Paul F. Lazarsfeld verknüpft, dem Initiator, Organisator und spiritus rector dieses folgenreichen Instituts. Eine Mischung politischer wie wissenschaftlicher Motive stand hinter der Gründung der Forschungsstelle.

Als aktives Mitglied der sozialistischen Studentenbewegung und der sozialdemokratischen Partei wollte Lazarsfeld dazu beitragen, den, wie er selbst einmal sagte, „Geist des Sozialismus zu verbreiten“, ein soziales Engagement, das er insbesondere in der pädagogischen Jugendarbeit und der Arbeiterbildung einzulösen beabsichtigte. In wissenschaftlicher Hinsicht wurde Lazarsfeld vor allem durch die Erkenntnistheorie des Physikers Ernst Mach und des ‚Wiener Kreises‘ beeinflußt, die das Wiener intellektuelle Klima jener Zeit mit prägten. Er studierte Mathematik und Physik und lehrte nach seiner Promotion in angewandter Mathematik diese Fächer zunächst an einem Wiener Gymnasium. Aus der Verknüpfung dieser Elemente resultierte Lazarsfelds Interesse an Soziologie und sein Zugang zur empirischen Forschung:

„Ich bin in Wien, Österreich geboren und erhielt dort meinen Doktorgrad (in Mathematik). Dies bedeutete, daß ich zu einer Zeit aufwuchs, in der spekulatives Denken sehr wichtig war. Gleichzeitig war ich aber auch sehr an empirischer Forschung interessiert, teilweise weil ich ausgebildeter Mathematiker war und teilweise weil die empirische Sozialforschung damals zur Zeit einer schnell an Einfluß gewinnenden Sozialdemokratischen Partei von beträchtlicher politischer Bedeutung war.“[90]

Empirische Forschung sah Lazarsfeld offenkundig auch als Mittel zur Fundierung und Unterstützung politischer Praxis an. In autobiographischen Notizen erinnerte er sich:

„Ich war aktives Mitglied der sozialistischen Studentenbewegung, die sich zu der Zeit immer mehr in der Defensive gegenüber der wachsenden Welle des Nationalismus fand. Wir zerbrachen uns den Kopf darüber, warum unsere Propaganda erfolglos blieb, und wollten psychologische Studien durchführen, um diesen Fehlschlag zu erklären."[91]

„Zu Anfang der zwanziger Jahre waren wir überzeugt, daß die Reformen der Gemeinde Wien auf sozial- und schulpolitischem Gebiet den Beginn der neuen Zeit bedeuteten. Doch am Ende dieses Jahrzehnts war es schon klar, daß die Entwicklung eine ganz andere und von unserem Standpunkt aus sehr bedenkliche Richtung genommen hatte. Auf viele von uns hatte das die Wirkung, daß wir uns für alles interessierten, was die Enttäuschung unserer Hoffnungen erklären konnte. Ich erinnere mich einer Bemerkung, daß die heraufziehende Revolution vor allem Nationalökonomen brauche (ein Hinweis auf die sozialistische Vorkriegs-Literatur); daß die siegreiche Revolution sich auf Ingenieure stütze (eine Anspielung auf Rußland); und daß die verlorene Revolution aus uns Sozialpsychologen gemacht habe. Unter Sozialpsychologie verstanden wir das quantitative Studium von Massenerscheinungen. Das war die Zeit, in der Otto Neurath sein Wirtschaftsmuseum gründete, in welcher der Kampf, das Diskussionsorgan der Sozialdemokratischen Partei, nach jeder Wahl Dannenbergs bahnbrechende statistische Wahlanalysen veröffentlichte und in der periodische Fragebogen-Untersuchungen über Mittelschüler und jugendliche Arbeiter gang und gäbe waren."[92]

Durch den Kontakt mit Charlotte und Karl Bühler, die damals in den Wiener Sozialwissenschaften einen empirischen Kontrapunkt gegen das spekulativ-romantizistische Denken Othmar Spanns bildeten, erhielt Lazarsfeld die Möglichkeit, sich im Rahmen des Psychologischen Instituts der Universität mit empirischer Sozialforschung zu beschäftigen. Anfangs noch nebenamtlich, dann als Assistent, führte er Vorlesungen und Seminare über sozialwissenschaftliche Statistik durch.

Die empirische Ausrichtung der Psychologie am Bühler-Institut, insbesondere das Bemühen, statistische Methoden auf komplexe psychologische Tatbestände anzuwenden, kam Lazarsfelds wissenschaftlichen Interessen sehr entgegen, und dieser Einfluß prägte die Art und Weise, wie er nun selber an die empirische Erforschung sozialer Probleme heranzugehen begann.[93] Es entstand ein Ansatz empirischer Sozialforschung, der sich dem Anspruch stellte, gesellschaftliche Probleme ohne Substanzverlust unter Anwendung der verschiedensten Erhebungstechniken – von der quantifizierenden Statistik bis zur qualitativen Beobachtung – zu studieren und zu begreifen.

„Wir konnten uns nicht damit begnügen, Verhaltens-Einheiten einfach zu ‚zählen'; unser Ehrgeiz war es, komplexe Erlebnisweisen empirisch zu erfassen. Der oft behauptete Widerspruch zwischen ‚Statistik' und phänomenologischer Reichhaltigkeit war sozusagen vom Angebinn unserer Arbeiten ‚aufgehoben', weil gerade die Synthese der beiden Ansatzpunkte uns als die eigentliche Aufgabe erschien."[94]

Wie sehr sich bei Lazarsfeld politische Einstellung, empirisches Denken und – unter dem Einfluß von Charlotte und Karl Bühler – (sozial-)psychologische Herangehensweise miteinander verschränkten, zeigte sich in seiner zuerst bekanntgewordenen Untersuchung über ‚Jugend und Beruf'[95], die

Anfang der dreißiger Jahre aus der Arbeit am psychologischen Institut hervorgegangen ist und die in der Jugendforschung bis heute ihresgleichen sucht. Politisch motiviert war die Auswahl der Untersuchungsgruppe: die proletarische Jugend – eine für einen Sozialisten wichtige politische Gruppe, die in der Jugend-Literatur vorher kaum berücksichtigt worden war. Empirisch orientiert war die Untersuchungsmethode, wobei das kombinierte Verfahren der ‚cross examination', die kontrollierte Verarbeitung verschiedenster Daten, ziemlich perfekt eingesetzt wurde. Sozialpsychologisch inspiriert war schließlich die Hypothesenbildung, bei der Lazarsfeld darauf abhob, daß die Arbeiterjugend durch ihre frühe Erwerbstätigkeit um die stimulierenden Erfahrungen der Adoleszenz betrogen werde; darunter leide ihre Fähigkeit zu wirksamer Lebensbeherrschung.

Man würde dem Forschungsansatz, wie er in dieser Studie zum Ausdruck kam, nicht gerecht werden, wollte man ihn als empiristisch und theorielos bezeichnen. Zu offenkundig ist, daß in die Analyse theoretische Vorstellungen hineinspielten, die sich auf die Struktur der Gesellschaft (soziale Schichtung, Bedeutung der Arbeiterschaft) und das Verhalten gesellschaftlicher Gruppen (reichhaltige Lebenserfahrungen als Voraussetzung autonomen Verhaltens, Bedeutung der Adoleszenz) bezogen. Im Unterschied zum Frankfurter Institut hatten diese theoretischen Vorstellungen aber nicht den Charakter einer umfassenden, wenigstens in Grundzügen ausformulierten Theorie der Gesellschaft, aus der sich die Empirie hätte speisen können und auf die sie systematisch rückvermittelt gewesen wäre. Der empirische Schritt der Analyse hatte für Lazarsfeld viel mehr Eigengewicht; Sozialforschung stellte er sich eher als „Ableitung einer ‚theoretischen Betrachtungsweise' aus spezifischen Forschungsdaten"[96] vor, denn als dialektische Verschränkung von Gesellschaftstheorie und Empirie.

Entsprechend legte er bei seinen methodologischen Überlegungen viel Wert auf differenzierte Datenaufnahme, wie es in vier als Zusammenfassung seiner Wiener Erfahrungen 1933 formulierten Regeln zum Ausdruck kam:

„a) Zu jeder Erscheinung sollten objektive Beobachtungen wie auch introspektive Berichte vorliegen,
b) statistisches Material und Fallstudien sollten in angemessener Weise miteinander verbunden werden,
c) Durchschnittsinformationen sollten durch entwicklungsgeschichtliche Informationen über den Forschungsgegenstand ergänzt werden,
d) ‚natürliche' Daten sollten mit ‚experimentellen' Daten kombiniert werden. Als experimentelle Daten betrachtete ich vor allen Dingen Antworten auf Fragebogen und Berichte, die auf Aufforderung zustande gekommen waren, während ich unter natürlichen Daten vor allem das verstand, was heute ‚indirekte Messung' genannt wird – Daten, die sich aus dem Ablauf des alltäglichen Lebens ergeben, ohne daß das Forschungspersonal in die Produktion der Daten eingreift."[97]

Die Möglichkeiten einer systematischen und unverkürzten empirischen Erfassung gesellschaftlichen Lebens faszinierten Lazarsfeld. Die theoretische

Analyse erschien ihm wohl eher als nachgeordneter Schritt: als Verdichtung des vielfältigen Materials zu theoretischen Leitformeln, als Zusammenfassung der „verschiedensten Ergebnisse zu einer kleinen Zahl ‚integrierter Konzepte'".[98] Kein Wunder, daß Lazarsfeld später eher Parallellen zwischen seinen Überlegungen und Tönnies' Versuch, die Soziographie mit der Soziologie zu verknüpfen, erkannte,[99] einen Bezug zu Horkheimers Neubestimmung des Verhältnisses von Gesellschaftstheorie und einzelwissenschaftlicher empirischer Forschung aber nicht herstellen wollte.

Eine Verbesserung ihrer Möglichkeiten, empirische Studien in der gewünschten Form zu realisieren, sahen Lazarsfeld und ein Kreis jüngerer Akademiker und Studenten, der sich mit der Zeit um ihn herum bildete, in der ‚Österreichischen Wirtschaftspsychologischen Forschungsstelle' – einem unabhängigen, aber universitätsnahen Forschungsinstitut in der Rechtsform eines Vereins, das empirisch-sozialwissenschaftliche Untersuchungen auf Auftragsbasis erledigte.

Die Forschungsstelle, um 1927 von Lazarsfeld gegründet,[100] war als Träger von Auftragsforschung gedacht. Lazarsfeld rechnete sich aus, mit einer universitätsunabhängigen wissenschaftlichen Einrichtung, als deren Präsident allerdings der Universitätsprofessor Bühler fungierte, leichter Forschungsmittel einwerben zu können; er selbst wollte damit auch erreichen, daß er sich vollberuflich auf die Untersuchungsarbeit konzentrieren konnte. Bald leitete Lazarsfeld dann auch die anwendungsorientierten Studien der Forschungsstelle. Dazu kam ein kleiner Mitarbeiterstab, zu dem Hans Zeisel, Marie Jahoda sowie weitere Jungwissenschaftler aus dem Psychologischen Institut gehörten. Die Verbindungen zur universitären Lehre blieben auch nach dem Aufbau der Forschungsstelle eng.

„Die Wirkungen dieser Untersuchungen von vielen neuen Problemen, mit so vielen neuen Methoden gingen über die bescheidenen, praktischen Zwecke der einzelnen Studien weit hinaus. Denn die praktische Arbeit in der Forschungsstelle war begleitet von der Weiterbildung der Theorie durch Lazarsfeld im Psychologischen Institut; aus den Schwierigkeiten und Aufgaben der Forschungsstelle wurden Seminarthemen und Doktordissertationen an der Universität."[101]

Obschon verschiedene Finanzierungsquellen erschlossen werden konnten, war die Lage der Institutsmitarbeiter alles andere als rosig. Manche mußten irgendwelchen Nebentätigkeiten nachgehen, um über die Runden zu kommen, so Zeisel, der nebenher Konzipient in der Anwaltskanzlei seines Vaters war, so Jahoda, die als Lehrerin Unterricht erteilte; andere waren formell arbeitslos und arbeiteten für die Forschungsstelle ohne nennenswertes Entgelt. „[...] die Forschungsstelle hat davon existiert, daß eine große Anzahl der jungen Intellektuellen arbeitslos war".[102] „Das einzige, was wir immer pünktlich bezahlten, war der Kaffee für diejenigen unserer Mitarbeiter, die in der Ecke eines Wiener Kaffeehauses an ihren Berichten arbeiteten. Ob wir ihnen je mehr bezahlt haben, bin ich nicht sicher [...]".[103]

Eine Arbeitsorganisation, wie sie für ein entwickeltes Forschungsinstitut heute typisch wäre, hatte die Wiener Forschungsstelle nicht. Von den formalen Strukturen institutionalisierter Sozialforschung: von wissenschaftlicher Professionalität, eindeutiger Arbeitsteilung, einem Anleitungs-, Koordinierungs- und Kontrollzentrum in der Form eines akademischen Managers, der sich möglicherweise auf eine ganze Hierarchie unterschiedlicher Arbeitspositionen stützt, konnte noch nicht die Rede sein. Die Forschungsstelle baute vielmehr auf einem breiten Konsens zwischen den Beteiligten auf, der wissenschaftliche und politische Fragen umschloß und auch in den persönlichen Bereich hineinreichte. Man verstand sich mehr als Arbeitsgruppe mit Lazarsfeld als Fixpunkt und Gruppenleiter – alles in allem ein Stil, der eher dem einer Basisgruppe in der Jugendbewegung oder der sozialistischen Partei entsprochen hätte, einem Erfahrungsfeld, das Lazarsfeld und viele seiner Mitarbeiter teilten.

„Diese Wirtschaftspsychologische Forschungsstelle war eine ganz einzigartige und ganz wienerische Erfindung. Es war weniger ein Forschungsinstitut als ein Lebensstil [...] Es war ein Freundeskreis, kein kommerzielles Unternehmen."[104]

„Praktisch hatten alle von ihnen Erfahrungen mit PFL's Führungsstil in der Jugendbewegung gemacht und teilten seine sozialen und politischen Interessen. In dieser Atmosphäre war jede formale Organisation mit straffer Budgetkontrolle oder strenger Arbeitsteilung so unnötig wie unvorstellbar. Sozialforschung wurde unter Lazarsfeld Einfluß eine Berufung im Sinne Max Webers, nicht eine Beschäftigung. Und tatsächlich wies dieses Merkmal der Sozialwissenschaft als Berufung wohl die bedeutsamste Kontinuität in PFL's Arbeitsstil auf."[105]

Gemessen am Idealtyp wissenschaftlicher Institute war die österreichische Forschungsstelle also ein recht merkwürdiges Gebilde: eine universitätsnahe Einrichtung für Auftragsforschung, halb professionell betrieben, mit einem geringen Formalisierungsgrad – zugleich ein Kristallisationspunkt für kontinuierliche empirische Sozialforschung, wobei kritische Wissenschaft unter Beachtung hoher wissenschaftlicher Standards betrieben werden sollte. War es möglich, all diese Fäden zusammenzuhalten?

Ein besonders kritischer Punkt war natürlich das Geld. Sozialforschung stellte damals in Österreich wie ja auch in Deutschland keine eingeführte und anerkannte Institution dar. „Man war" – sagte Lazarsfeld später – „von einigen wenigen Leuten abhängig und fand sich in einer andauernden finanziellen Krise".[106] Wohl auch mit dem Gedanken, einen Kreis von Förderern und potentiellen Geldgebern um die Forschungsstelle zu sammeln und die Arbeit dadurch finanziell besser abzusichern, wurde ein Beirat gebildet, der sich aus Vertretern wichtiger politischer Gruppen Wiens zusammensetzte.

„Da waren, in Vorahnung der politischen Einsicht der Zweiten Republik, die Präsidenten der Handels- und Gewerbekammer, der Kammer für Arbeiter und Angestellte und der N.-Ö. Landwirtschaftskammer. Da waren eine Reihe Universitätsprofessoren: die Nationalökonomen Ludwig von Mises, Oskar Morgenstern und der allzu früh verstorbene Richard Strigl; auch Otto Pätzl, der berühmte Psychiater; Industrielle, wie Hugo Gänsler, der Präsident von Bally, Ernst Geiringer, Paul Gerngross, Ludwig Klausner von Delka, Norbert Liebermann von der Städtischen Versicherungsanstalt, Kurt Schechner, der damalige Generaldirektor der Julius Meinl A.G. und, nicht zuletzt, Manfred Mautner Markthof aus der angesehenen österreichischen Industriellenfamilie."[107]

Entscheidend für den Bestand der Forschungsstelle dürfte gewesen sein, daß ein Produkt entwickelt werden konnte, das sich als leidlich verkaufsfähig erwies: die Market-Research-Studie, eine in Österreich noch ziemlich neue Sache.

„[...] begonnen hat die Forschungsstelle mit einer anderen Idee. Das Radio war damals noch relativ neu in Österreich. Und es war entweder der Hans Zeisel oder der Paul – ich kann mich nicht mehr genau erinnern –, der aus der generellen Diskussion über das, was Radio bedeutet, ob die Leute es hören oder nicht hören usw., die Idee konzipiert hat, ein Radio-Barometer zu machen, das auf einer Bevölkerungsumfrage begründet war. Heute ist das natürlich selbstverständlich, jede Radio- und Television-Station in der Welt macht das. Aber damals war es total neu, und Radio Wien hat dafür bezahlt. Das war die erste Market-Research-Studie, die wir übernommen haben. Für uns war damals die Idee der Methode – Umfrage und Fragebogen – so faszinierend, daß wir sofort überlegt haben, auf welche anderen Probleme es anwendbar wäre, und natürlich auch, wie man das möglicherweise finanzieren könnte. Wir haben dann eine ganze Reihe von Markt-Untersuchungen gemacht: über den Gebrauch von Wäschereien, über Herrenanzüge, über Familienausgaben für Essen, über Kaffee, über Tee, immer mit einem Hintergedanken: wieviel Geld kriegen wir für das, was wir noch lieber machen wollten?“[108]

„Der Anfang der Forschungsstelle war schwierig und mühevoll. Es mußte etwas an Kunden verkauft werden, die noch nie davon gehört hatten und keine Vorstellungen besaßen, was man damit beginnen konnte.

Statt Betriebskapital, das wir natürlich nicht hatten, mußten die Arbeiter ihre Arbeit investieren.

Späterhin freilich wurde das Leben in der Forschungsstelle einfacher. Als die ersten Studien fertig wurden, konnten wir zeigen, daß unsere Marktstudien in der Tat nicht nur Geld kosteten, sondern auch Geld einbrachten.

Als wir schließlich einen Brief von Herrn Mautner Markthof bekamen, in dem er schrieb, daß sich im Gefolge der Untersuchungen der Forschungsstelle der Umsatz für den betreffenden Artikel gegenüber dem Vorjahr um 27% erhöht hatte, war das Eis gebrochen.

Ein bißchen später konnten wir dann auf eine lange Liste von Produkten hinweisen, die wir untersucht hatten: Bier, Blumen, Butter, elektrische Geräte, Essig, Fett, Fremdenverkehr – in alphabetischer Reihenfolge – über Kaffee, Kleiderständer, Kölnischwasser, Kunstseide, Radio, Schokolade, Schuhe – bis zu Waschanstalt und Wolle. Der Ruf der Forschungsstelle drang dann auch ins Ausland. Wir machten Untersuchungen in der Schweiz und in Deutschland für Firmen und Industrieverbände.“[109]

Trotz dieser Erfolge schwamm die Forschungsstelle nicht im Geld. Man verstand sich wohlgemerkt nicht als Geschäftsbetrieb, der seine ganze Arbeitskapazität auf die Herstellung einträglicher Studien ausrichtete. Die Marktforschung hatte vielmehr den Sinn, so viel Geld einzubringen, daß man finanziell über die Runden kam und zugleich noch genug Zeit für Untersuchungen hatte, für die eine vernünftige Finanzierung einfach nicht zu bekommen war.

Der Finanzierungstrick des Lazarsfeldschen Instituts war also der einer mehrfachen Ausdeutung der Institutsarbeit: einerseits gegenüber den Finanziers, zu denen eine geschäftliche Beziehung bestand; andererseits gegenüber der wissenschaftlichen Öffentlichkeit, die für die Identitätsbildung der Gruppe immer wichtiger wurde; schließlich gegenüber der sozialistischen Bewegung, auf die man sich nach wie vor bezog, wenn auch mit der Zeit die politischen Aktivitäten zugunsten der Forschungsarbeit zurückgegangen sein dürften.[110] Diese dreifache Einbindung des Instituts bei einseitiger Finanzierung mußte immer wieder zu finanziellen Engpässen führen, und so kann man gut nachempfinden, daß Marie Jahoda später sagt:

> „Die Buchhaltung war schrecklich; wir hatten immer das Geld für eine Untersuchung schon lange ausgegeben, bevor die Untersuchung beendet war. Dann haben wir einen neuen Kontrakt gemacht, und das Geld für die alte Arbeit verwendet usw. Es war großartig und ganz unsystematisch in dieser Beziehung, mehr ein Ausdruck unserer Interessen an den Sozialwissenschaften und an der Politik."[111]

Doch wie auch immer im einzelnen: Läßt sich das Prinzip einer mehrfachen Ausrichtung der Forschungsarbeit, wie es in der Wiener Forschungsstelle angestrebt worden ist, auf Dauer überhaupt durchhalten? Kann man in einem Institut, das hauptsächlich von angewandter Forschung für das Kapital lebt, langfristig empirische Sozialforschung betreiben, die auch auf Grundlagenarbeit abzielt? Mehr noch: hat ein solches Institut eine echte Chance, in seine Arbeit auch gesellschaftskritische Absichten zu integrieren und seine Forschungen in den praktischen Zusammenhang der sozialistischen Arbeiterbewegung zu stellen? Kurz: ist das Prinzip der mehrfachen Ausdeutung in bezug auf tendenziell konfliktorische Interessen nicht eine Ideologie, mit der letztlich nur verschleiert wird, daß Forschung zu bloßem Kommerz sich umzubilden in der Gefahr ist?

Lazarsfeld, der sein Finanzierungsprinzip – wie wir noch sehen werden – später in den USA auf erweiterter Stufenleiter praktizierte, ist gelegentlich mit solchen Fragen konfrontiert worden. Morrison berichtet:

> „Lazarsfelds Verwicklung in kommerzielle Interessen scheint auf der Oberfläche insbesondere während seiner Wiener Zeit mit seiner sozialistischen Überzeugung zu konfligieren, betont werden muß jedoch die praktische Erfordernis kommerzieller Finanzierungsquellen in Amerika wie auch in Wien. Die Universitäten wollten die notwendigen Mittel für teure empirische Forschung nicht bereitstellen und waren dazu auch gar nicht in der Lage. Lazarsfeld, aufgewachsen in dem rauhen Klima der österreichischen politischen Wirklichkeit, hatte nicht jene Empfindsamkeit für Verstrikkungen im kommerziellen Bereich, die man bei einem liberalen Gelehrten erwarten könnte. Auf der persönlichen Ebene war seine Verteidigung ebenso einfach wie einnehmend. In einem Gespräch erwähnte Professor Paul Neurath, der unter Lazarsfeld in Amerika gearbeitet hatte, daß Lazarsfeld kritisiert worden war, weil er kommerzielle Verträge eingegangen war. Laut Neurath wurde Lazarsfeld zornig und sagte, auf Neurath deutend, ‚wenn er überhaupt etwas Lohnendes macht, so aufgrund des Geldes von Bisodol'. Diese Bemerkung offenbart viel über Lazarsfeld und seine Stellung als Wegbereiter von Forschungszentren."[112]

Wenn Lazarsfeld und seine Kollegen die Ausdeutung ihrer Untersuchungstätigkeit gegenüber Kapital, Wissenschaft und sozialistischer Bewegung nur begrenzt als Dilemma empfanden, so wohl aus folgenden Gründen:

- In ihren Marktstudien sahen sie zunächst die Möglichkeit, Erfahrungen mit verschiedenen Methoden der empirischen Sozialforschung zu sammeln, die ihren Forschungen allgemein zugute kommen sollten. „Uns war es" – schrieb Zeisel später – „beinahe gleichgültig, an welchen Fragen wir diese neuen Werkzeuge ausprobieren durften, wenn wir nur überhaupt einmal mit der Arbeit anfangen konnten."[113] Hinweise auf die in Marktuntersuchungen benutzten ‚Werkzeuge' sind spärlich: Jahoda spricht von „Umfrage und Fragebogen";[114] Lazarsfeld von „unstrukturierten Interviews, die wir in Wien ebenso wie statistisches Material als Unterlage benutzt hatten";[115] in einer Massenerhebung über „die Programmwünsche der österreichischen Radiohörer" wurden die durch standardisierte Fragebögen erhobenen Daten mit statistischen Verfahren ausgewertet.[116] Alles in allem dürfte das Repertoir an Erhebungsverfahren, das für die Marktstudien infrage kam, nicht allzu groß gewesen sein. Aber immerhin vermittelte die Marktforschung innerhalb dieser engen Grenzen Einsichten und Fertigkeiten, die für die Lösung methodologischer Grundsatzfragen hilfreich sein konnten und auf die man zweckmäßigerweise auch bei nichtkommerziellen Untersuchungen zurückgriff – jedenfalls bei solchen Studien, deren Gegenstand ähnliche Strukturen aufwies wie sie bei Marktstudien vorkamen. Interessanterweise demonstrierte Lazarsfeld die Möglichkeit eines methodologischen Erfahrungstransfers zwischen Marktstudien und wissenschaftlich-politischen Untersuchungen dann auch am Beispiel der methodologischen Parallelen zwischen der Erforschung von Konsumentenentscheidungen einerseits und der Analyse des politischen Wählerverhaltens andererseits: „Dies war, sagte er, der Ausgangspunkt für meine Wiener Marktstudien: die sich ergebende methodologische Äquivalenz von sozialistischen Wahlentscheidungen und dem Kauf von Seife".[117] In beiden Fällen ein Untersuchungsgegenstand, der hinsichtlich seines logischen Aufbaus und Komplexitätsgrades weitgehend übereinstimmt (klar definierte Entscheidungssituationen mit wenig Alternativen); somit ähnliche methodische Probleme bei der Durchführung der Untersuchungen; somit auch günstige Bedingungen für einen Transfer der Methoden.
- Man ging allerdings einen Schritt weiter und betonte immer wieder, daß Marktstudien, „‚triviale' Studien" (wie Lazarsfeld gelegentlich allgemeiner sagte), sogar in inhaltlicher Hinsicht etwas abwerfen könnten, das über ihren engen Rahmen hinausweist: dann nämlich, wenn man sie in einen größeren Zusammenhang stellt und ihre Ergebnisse richtig deutet und zusammenfaßt. Als Beispiel für die wissenschaftliche und politische Relevanz, die in der Tat auch in der Marktforschung stecken kann, sei auf Lazarsfelds Versuch verwiesen, eine Reihe von Studien aus seiner Verbraucherforschung dadurch zusammenzufassen, daß aus ihnen das Konzept

des ‚proletarischen Konsumenten' im Unterschied zum Mittelklassen-Konsumenten herausgelöst wurde[118] – eine sozialstrukturell und politisch belangvolle Differenzierung. Und auch wenn sich solche sinnvollen Neuinterpretationen nur bei bestimmten Fragestellungen angeboten haben dürften, weil sie thematische Schnittflächen zwischen den Trivialstudien und den wissenschaftlich-politisch bedeutsamen Analysen voraussetzen, so wird es doch wenigstens immer wieder möglich gewesen sein, in marktpsychologische Umfragen thematisch andere Fragenkomplexe einzukoppeln: verkaufsfähige Konsumentenumfrage und nicht-finanzierte wissenschaftlich-politisch orientierte Umfrage zu einer Mehr-Themen-Umfrage, einem sogenannten Omnibus, zusammenzuschließen und das eine mit dem anderen durchzuziehen. So konnten die Beteiligten immer wieder eine Reihe wirklich interessanter Studien nennen, die sie auf dem Umweg über die Marktforschung angegangen sind (Untersuchungen, die thematisch von der Haltung der Bevölkerung zum Abessinien-Krieg über den Lebensstil der Wiener Bettler bis zu den Lebens- und Kulturformen der österreichischen Arbeiterklasse reichten).[119]

Auch wenn man dies alles akzeptiert: Über die Grenzen, auf die die Wirtschaftspsychologische Forschungsstelle bei ihrem Bemühen, die Marktstudien methodisch und thematisch für ihre weiterreichenden Erkenntnisinteressen auszuschlachten, unweigerlich stoßen mußte, erfährt man aus den Selbstzeugnissen von Lazarsfeld, Jahoda, Zeisel usw. leider wenig. Wenn Marie Jahoda später hervorhob, sie seien „zugegebenermaßen" damals darauf aus gewesen, „mit schlechten Mitteln das Richtige zu tun",[120] so deutet sich aber an, daß es schon Probleme gebracht haben muß, die Rechnung ohne den Wirt zu machen. Man hat sich wohl aus solchen Gründen auch bemüht, die Forschungsstelle finanziell auf mehrere Beine zu stellen. Die sozialistische Partei, die Wiener Arbeiterkammer, die Gewerkschaften, auch das finanziell potentere Frankfurter Institut für Sozialforschung traten in Erscheinung; die amerikanische Rockefeller Foundation konnte einmal als Förderer gewonnen werden; ja selbst das Mittel einer Altkleidersammlung wurde eingesetzt, um Forschungsgelder zusammenzubringen.[121] Diese Alternativfinanzierungen erweiterten zwar den Spielraum für Forschungen, wie sie Lazarsfeld und Kollegen eigentlich machen wollten. Doch waren sie zu spärlich und zu unsicher, als daß sie eine wirkliche Unabhängigkeit gegenüber den Käufern der Marktstudien hätten begründen können.

So blieb die Wirtschaftspsychologische Forschungsstelle in Wien ein Institut, das von der Fähigkeit lebte, Geld durch Untersuchungen für die Industrie hereinzuholen, um *auch* Analysen durchführen zu können, die die Industrie nicht interessierten oder die sogar deren Interessen direkt zuwiderliefen – ein Stück Schwejkiade, eine Institutskonstruktion, die wohl nicht zufällig zuallererst in Österreich in Erscheinung getreten ist. In Wien jedenfalls war es für einen gewissen Zeitraum möglich, auf diese Weise eine Forschungseinrichtung zu unterhalten, die gerade ihrer problembewußten und sozialkritisch orientierten Analysen wegen Wissenschaftsgeschichte gemacht hat. Ob das Institut die dreißiger Jahre in Österreich selbst unter günstigeren Bedingungen, als sie dann eintraten, überlebt hätte, muß Spekulation bleiben. Daß der Forschungsstil, den Lazarsfeld und seine Kollegen in Wien hatten ausbilden können, später in den USA – unter viel härteren politischen Bedingungen, die sich nicht so leicht unterlaufen ließen – ziemlich vereinseitigt worden ist, wird uns freilich in einem kurzen Ausblick noch beschäftigen.

Das wichtigste Forschungsresultat des Wiener Instituts war ‚Die Arbeitslosen von Marienthal', eine erstmals 1933 veröffentliche, heute immer noch äußerst lehrreiche Studie über die psychischen Wirkungen langandauernder Arbeitslosigkeit.

Anfangs hatten Lazarsfeld und seine Freunde ein Projekt über das Verhalten der Arbeiter in der arbeitsfreien Zeit im Auge gehabt, sozusagen als wissenschaftlicher Beitrag zu der auch damals aktuellen Forderung der Gewerkschaften, den Arbeitstag zu verkürzen. Otto Bauer, der Führer der sozialdemokratischen Partei Österreichs und bedeutende theoretische Repräsentant des Austro-Marxismus, zu dessen intellektuellem Diskussionszirkel Lazarsfeld und Jahoda gehörten und dem sie ihre Ideen mitteilten, schlug bei diesem Thema irritiert die Hände über dem Kopf zusammen. „Über Freizeit?" – soll er gesagt haben – „Wenn das Problem ist, Arbeitszeit zu haben? Warum schaut ihr nicht auf die Arbeitslosigkeit?"[122] Bauer machte die Forscher auch auf ein Fabrikdorf in der Nähe Wiens aufmerksam, das von der Arbeitslosigkeit Ende der zwanziger Jahre besonders betroffen war und sich für eine Fallstudie geradezu anbot: Marienthal.

Wie in anderen Fällen standen auch für die Marienthal-Studie keine ausreichenden Finanzmittel zur Verfügung. Leopold von Wieses Vermutung in seiner Rezension der Studie, daß im Unterschied zu den Verhältnissen, wie er sie in Köln habe, die Wiener wohl ausreichend Geld hätten, und damit auch Zeit und Personal für gute Sozialforschung, übersah völlig die wackelige Grundlage, auf der die Wirtschaftspsychologische Forschungsstelle arbeitete.[123] Daß es eher Risikobereitschaft und Improvisationsvermögen vermischt mit wienerischer Lebenskunst waren, mit denen Lazarsfeld und Freunde ihre wichtige und erfolgreiche Arbeit angingen, lag wohl doch außerhalb des Vorstellungsvermögens eines deutschen Ordinarius, der seine preußische Biographie trotz beträchtlicher Distanz wohl nie ganz abgeschüttelt hat.

Die Marienthal-Studie griff ein damals höchst aktuelles (und heute abermals wichtiges) Thema auf: Wie verarbeiten Arbeiter subjektiv die Erfahrung von Arbeitslosigkeit? Begünstigt die Situation der Erwerbslosigkeit eher gesellschaftskritische, revolutionäre Haltungen, oder führt sie zu politischer Apathie? Zu dieser Kontroverse, welche seinerzeit schon die öffentliche Debatte über Arbeitslosigkeit und ökonomische Krise einschließlich der Diskussion in der Arbeiterbewegung bestimmt hatte, konnte aus wissenschaftlicher Sicht nichts Klärendes gesagt werden, denn die Dinge waren noch nicht systematisch untersucht worden. Die Marienthal-Studie gab nun eine Antwort: Apathie. Die Aufmerksamkeit, auf die die Untersuchung sofort stieß, lag gewiß daran, daß es ihr aufgrund sorgfältiger empirischer Recherchen möglich war, mit viel Überzeugungskraft zu dieser politisch bewegenden Problematik klar Position zu beziehen.

„Es gab damals in Österreich eine weitreichende Diskussion in der Sozialdemokratischen Partei über die möglichen Konsequenzen der Arbeitslosigkeit. Ein Teil der Diskutanten hat gesagt, es ruiniere die Arbeitslosen und mache sie apathisch; und der andere Teil hat gesagt, es führe zu einer Revolution. Es war die öffentliche Debatte über die Konsequenzen der Arbeitslosigkeit, die Marienthal zu einer so bemerkenswerten Studie gemacht hat. Denn diese Studie hat ganz klar gezeigt, daß das Elend nicht zu einer sozialistischen Revolution führt, daß Menschen, die nicht genug zu essen haben und keine Aussicht auf eine regelmäßige Arbeitsmöglichkeit, nicht die Menschen sein können, die zu einer sozialistischen Revolution beitragen. Das ist die Bedeutung von Marienthal [...]“[124]

Das Forscherteam bemühte sich, das Phänomen der Arbeitslosigkeit von allen Seiten zu erfassen. In engem Kontakt mit der Bevölkerung Marienthals, der man nicht als Beobachter, sondern als nützlicher Helfer entgegenzutreten sich bemühte, sollten die Probleme bis in die Details des Alltagslebens hinein genauestens erfaßt werden. Mitteilungen der Arbeitslosen selbst – seien es gelegentliche Äußerungen, seien es Antworten auf gezielte Fragen – wurden registriert; subjektiv bedeutsame schriftliche Äußerungen, wie Tagebuchnotizen und Briefe, wurden gesammelt, soweit man auf sie stieß; Auskünfte der Gemeindefunktionäre, also Einlassungen von ‚Experten‘, wurden festgehalten; Verhaltensdaten über Einkünfte und Ausgaben, Kaufgewohnheiten, Essen, Zeitverwendung, Vereinsaktivitäten, Wahlverhalten, Bibliotheksbenutzung usw. wurden beschafft und – sofern sie nicht an anderer Stelle schon vorlagen – auch speziell ermittelt. Alles in allem: phantasievoll angelegte und problembewußt ausgeführte Recherchen; die kombinierte Methode, cross-examination, in perfekter Ausführung.

„Drei Paare von Daten spielten in unserem Denken eine besondere Rolle. a) ‚Natürliche Quellen‘ wie die Buchhaltung des Konsumvereins, Bibliothekstatistiken, Wahlziffern wurden ebenso herangezogen wie Mahlzeitberichte und Zeitverwendungsblätter, die wir für unsere Zwecke speziell sammelten. b) Das andere Paar war entlang der Achse ‚subjektiv-objektiv‘ gedacht. Objektive Indikatoren waren Gesundheitsstatistiken, Messungen der Gehgeschwindigkeit; subjektiv waren die Äußerungen, die in persönlichen Interviews gesammelt wurden und z.B. die Grundlage für die Statistik der Haltungstypen bildeten, die in der Studie eine große Rolle spielen. c) Die dritte Dimension war: Statistik und einfühlende Beschreibung von Einzelfällen, die der Leser in jedem Kapitel der Studie finden wird. Es ist im Auge zu halten, daß objektives ebenso wie subjektives Material sowohl statistisch wie ‚klinisch‘ behandelt werden kann.“[125]

Gerade weil klar war, daß eine problemgerechte Datenaufnahme nur zustandekommen würde, wenn die Rechercheure mit ihrer ganzen Person ins Erhebungsfeld eintraten, wenn sie sich in die untersuchte Situation wirklich einlebten, lag den Autoren viel an einer objektivierenden Kontrolle des zusammengetragenen Materials. Der Forscher sollte seiner Arbeit mit innerem Engagement nachgehen, die Forschung selbst sollte aber objektiven Standards genügen. Dem zahlenmäßigen Beleg, der Quantifizierung wurde dabei besondere Bedeutung zugemessen. In der Möglichkeit, einen Sachverhalt auch in quantitativer Form darstellen und nachweisen zu können, sah man ein Kriterium für die Objektivität der getroffenen Feststellung. Subjektive Eindrücke sollten deshalb in quantifizierenden Darstellungen überprüft und relativiert werden. In dem Bericht hieß es: „[...] das subjektive Moment, das jeder Beschreibung eines sozialen Tatbestandes anhaftet, haben wir auf ein Minimum zu reduzieren gesucht, indem wir alle Impressionen wieder verwarfen, für die wir keine zahlenmäßigen Belege finden konnten".[126] Differenzierteste Datenaufnahme, die der Komplexität des Untersuchungsgegenstandes Rechnung trägt, *plus* quantitative Darstellung, die das Datenmaterial einem harten Objektivitätskriterium zu unterwerfen sucht, kurz: „Quantifizierung komplexer Sozialmuster" – das war das methodische Grundprinzip der Marienthal-Studien.[127]

Die analytische Verarbeitung dieses empirischen Materials folgte dem Lazarsfeldschen Konzept der Zusammenfassung und Verdichtung zu einer theoretischen Leitformel: hier der These vom zunehmenden Verfall der Persönlichkeit unter dem Druck der Arbeitslosigkeit – eine Einschätzung, die die Forscher nicht auf einer theoretischen Ebene entwickelten, sondern mit der sie den Grundeindruck wiedergaben, den sie durch ihren Aufenthalt in Marienthal gewonnen hatten und den sie nun in Form eines Evidenzarguments aus ihrem Datenmaterial heraus zu dokumentieren suchten.

> „So schälte sich zum Schluß unsere Formel von der Reduktion des Anspruchs- und Aktivitätsbereichs, vom Zeitzerfall und vom Hinabgleiten entlang der von uns dargestellten Haltungsreihe heraus; um diese Formel herum sind sowohl die charakteristischen Hauptergebnisse als auch die abweichenden Einzeldaten gruppiert."[128]

Aus der Rückschau hat Lazarsfeld selbst 1960 in einer Neuausgabe die methodische Seite der Marienthal-Studie besonders hervorgehoben.[129] Der Untersuchung gab er dadurch in erster Linie den Charakter eines gelungenen Tests für die Möglichkeit, daß komplexe soziale Sachverhalte auch quantitativ faßbar sind. Es dürfte deutlich geworden sein, daß man der Studie mit dieser Kennzeichnung nicht ganz gerecht wird. Sie war entscheidend auch als Aufklärungsarbeit sozialistisch orientierter Intellektueller gedacht gewesen, die durch ihre wissenschaftliche Arbeit dazu mithelfen wollten, daß ihre politische Bewegung realistisch Position bezog. Man darf annehmen, daß ohne diese starke praktisch-politische Komponente der persönliche Antrieb und die innere Bereitschaft, alles zu unternehmen, um den Dingen wirklich auf die Spur zu kommen, nicht so stark gewesen wären. Auch der methodische Gedankenreichtum und die Fähigkeit, sich auf eine Empirie einzulassen, die dem Team außergewöhnliches Engagement abverlangte, dürften von diesem ‚involvement' mit inspiriert worden sein. Das Problem war wichtiger als die

Methode, und aus dem Problembewußtsein der Forscher sproß auch die methodische Originalität ihrer Untersuchung. Marie Jahoda:

„Marienthal ist einzigartig. Und obwohl Paul Lazarsfeld für die neuen deutschen Ausgaben ein Vorwort geschrieben hat, in dem er sagt, daß es die erste Stufe seiner ganzen methodologischen Entwicklung war, ist das einfach nicht richtig. Marienthal konnte nur entstehen in einer Gruppe von Menschen, für die das Problem wichtiger war als die Methode. Und das ist es, was meiner Meinung nach diese statistisch naive Studie zu einer immer noch ausgezeichneten Studie macht.“[130]

Die Marienthal-Studie fand auch bei der Rockefeller-Stiftung Anerkennung. Lazarsfeld erhielt daraufhin ein Stipendium, das ihm 1933/34 einen Studienaufenthalt in den USA ermöglichte. Schon bei seiner Abreise stand es aus finanziellen Gründen ziemlich schlecht um die Forschungsstelle. Die Arbeitsbedingungen in Wien verschlechterten sich erst recht nach dem Putsch der Dollfuß-Regierung 1934, der zur Errichtung eines autoritär-klerikalen Übergangsregimes in Österreich führte. Das Institut wurde – berechtigterweise – als regimefeindliches Element verdächtigt und 1936 wegen Untergrundaktivitäten seiner Mitarbeiter von der Polizei geplündert. Marie Jahoda kam ins Gefängnis, bis sie 1937 auf ausländische Vermittlung hin – englische Leser der Marienthal-Studie hatten sich beim Dollfuß-Nachfolger Schuschnigg für sie verwendet – freikam und das Land verlassen mußte. Die Forschungsstelle selbst wurde nach der nationalsozialistischen Machtübernahme 1938 geschlossen.[131] Lazarsfeld, der sich nach einigem Hin und Her wegen der politischen Verhältnisse zu Hause entschlossen hatte, dauerhaft in den USA zu bleiben, fand in Amerika schnell Kontakt zur dortigen Sozialforschung, und zwar zur akademischen wie zur kommerziellen. Unter direktem Rückgriff auf seine Wiener Erfahrungen suchte er sich eine Position in der amerikanischen Sozialforschung zu schaffen. „Ich war mir sicher,“ schrieb er darüber, „daß ich, wenn ich für mich einen Platz in den Vereinigten Staaten finden wollte, etwas Ähnliches zu unternehmen haben würde wie die Gründung des Wiener Forschungsinstitutes.“[132] Und: „Das Prinzip der Wiener Forschungsstelle blieb bei allem, was ich seither gemacht habe, absolut erhalten.“[133]

Mit der Übernahme eines Forschungszentrums an der Universität Newark 1936 wurde es möglich, der Absicht einer Fortführung der Wiener Arbeit näherzutreten. Zum zweiten Mal in seinem Leben gelang es Lazarsfeld, eine Forschungsorganisation zu errichten, die mit der Universität enge Verbindungen unterhielt und dabei für Aufträge kommerzieller wie nicht-kommerzieller Dritter offen war (einige Aufträge kamen übrigens wieder vom Horkheimer-Institut, das inzwischen selbst nach Amerika emigriert war). 1937 trat Lazarsfeld dann in die Leitung des von der Rockefeller-Stiftung geförderten ‚radio resarch project‘ an der Universität Princeton ein (jenes Projektes, an dem auf Einladung Lazarsfeld auch Adorno eine zeitlang mitarbeiten konnte, bis es zu dem schon erwähnten Zerwürfnis kam[134]). Lazarsfeld verlagerte seine Aktivitäten mehr und mehr auf die Forschungsstelle für Rundfunkforschung in Princeton, während das Newarker Zentrum alsbald an Bedeutung verlor und die Arbeit einstellte. 1939 wurde die Forschungsstelle schließlich auf Betreiben Lazarsfeld an die Columbia-Universität überführt; Lazarsfeld erhielt dort 1940 eine Professur an der Fakultät für Soziologie. Die Forschungsstelle finanzierte sich aus Stiftungsmitteln und durch Einkünfte aus vielfältigen Auftragsuntersuchungen. Sie wurde 1944, nachdem ihre Untersuchungen weit über das Gebiet der Rundfunkforschung hinausgegangen waren, zum ‚Bureau of Applied Social Research' (Institut für Angewandte Sozialforschung).[135]

Young skizzierte 1949 den Status dieses wichtigen Zentrums für empirische Sozialforschung, seine innere Organisation und seine Aktivitäten wie folgt:

„Gegenwärtig ist das Bureau (1) die dem Graduate Sociology Department von Columbia beigeordnete empirische Betriebseinheit; (2) der organisatorische Rahmen für im wesentlichen empirische Großforschung, die von den Mitgliedern des Department durchgeführt wird; und (3) eine Dienstleistungs-Einrichtung für außeruniversitäre Interessenten (Regierungsstellen, Unternehmergruppen und Organisationen der Arbeiterschaft, Wohltätigkeitsorganisationen und andere).

Das Bureau schließt folgende Forschungsabteilungen ein: (1) Kommunikation und Meinung; (2) Stadtforschung; (3) Bevölkerungsforschung; (4) Werbung und Marketing; (5) Forschungsausbildung; (6) Arbeitsforschung.

Um die Arbeit in diesen Bereichen betreiben zu können, brachte das Bureau wesentliche Fortschritte in den folgenden Forschungstechniken hervor oder regte diese an:

(1) Die *Panel-Technik* der wiederholten Interviews, die darauf abzielt, Einstellungs- und Verhaltensänderungen herauszustellen und die Gründe für solche Veränderungen aufzudecken.

(2) Die *Programm-Analyse-Technik* wird angewendet, um laufend die Reaktionen des Radio- und Filmpublikums mit der Absicht zu messen, die Gründe für diese Reaktionen aufzudecken und Veränderungsvorschläge für eine verbesserte Präsentation zu machen.

(3) Die *Inhalts-Analyse-Technik* wird angewendet, um die Behandlung kontroverser Themen in Zeitungen zu untersuchen, vergleichende Studien über Zeitungs- und Radioberichterstattung zu bestimmten Ergebnissen durchzuführen; usw.

(4) Die *Technik des fokussierten Interviews* findet Anwendung bei der Untersuchung subjektiver Erfahrungen bestimmter befragter Personen, die eine konkrete Situation erlebt haben (sie haben ein Radioprogramm gehört, gewisse Texte gelesen, einen Film gesehen) [...]

(5) Die *Verbindung von qualitativer und quantitativer Forschung* zielt darauf ab, einen ergiebigeren Analyse-Typus bereitzustellen."[136]

In diesem Büro wurde Großforschung (‚large scale research') betrieben. Obwohl mit der Universität aufs engste verknüpft, war es ein Spezialinstitut für Forschung, das sich sein Geld weitgehend selbst besorgte und professionell betrieben wurde – also eine Art Wiener Forschungsstelle auf erweiterter Stufenleiter: größer, stabiler, eher auf Dauer eingerichtet – Sozialforschung als betriebsförmig organisierte Arbeit. Lazarsfeld sah in einer solchen Institutionalisierung der Sozialforschung einen wissenschaftsgeschichtlich notwendigen Prozeß, der sich aufgrund der Produktivitätsvorteile, die organisierte Forschung nun einmal aufweise, in der Soziologie trotz hier bestehender besonderer Hemmnisse ebenfalls durchsetzen müsse.

„[...] die zeitgenössischen Wissenschaften – die Natur- als auch Sozialwissenschaften – benötigten den Forschungsbetrieb. Es dauerte fünfzig Jahre, bis wir uns diesem Problem in der Soziologie stellten, und es wird einiger Forschungsanstrengungen bedürfen, um zu klären, was diese Entwicklung verzögerte und wodurch es schließlich zur Institutionalisierung der Sozialforschung und deren Eingliederung in die Universitätsstruktur kam. Auf die frühen Hemmnisse bezogen, kann man leicht an Gründe wie diese denken: zu wenig Hochschulabsolventen, um arbeitsteilige Forschungsteams bilden zu können; der Mangel an erfahrenen Forschern, die selbst die empirische Forschung von der Pike auf gelernt hatten; und natürlich der Mangel an finanziellen Mitteln."[137]

Für Lazarsfeld waren die organisatorische und die kognitive Seite des Forschungsprozesses unauflöslich miteinander verbunden. Die Idee des Forschungsinstituts – der Vereinigung einer Vielzahl spezialisierter Forschungsprofis in einer stabilen Organisation unter der Leitung des ‚gelehrten Managers' – rechtfertigte sich für ihn aus Gründen höherer wissenschaftlicher Effizienz: größere Akkumulation von Wissen, schnellerer Wissenstransfer, klarere Verantwortlichkeiten, weniger Leerlauf; alles Vorteile, die die traditionelle projektbezogene, eher diskontinuierliche Forschung in der Universität nicht bieten könne und die für eine stärkere Verbetrieblichung der Forschung sprächen. Exemplarisch für Lazarsfelds Gedankenführung ist folgende Überlegung:

„Eine institutionelle Konsequenz der Existenz von Forschungsinstituten ist, daß diese unvermeidlich Arbeitskräfte ausbilden, die fähig und bereit sind, intellektuelle und administrative Führungsaufgaben miteinander zu verbinden. Ein Institutsdirektor, auch wenn seine Einrichtung nur universitäre Forschung erleichtert, muß einen Mitarbeiterstab ausbilden, der in der Lage ist, sich über wichtige Forschungsaufgaben zu verständigen. Es ist nicht ausgeschlossen, daß bei speziellen Themen die kollektive Erfahrung der Institutsmitarbeiter über die Fähigkeiten des einzelnen Universitätslehrers hinausgeht. Wer mit einer Menge Fragebögen zu tun gehabt hat, kann helfen, einen besseren Fragebogen zu einem Themenbereich zu entwickeln, in dem er selbst eigentlich kein Experte ist. Hat jemand einmal daran mitgewirkt, Dokumente und Datenquellen zu einer Reihe von Gegenstandsbereichen auszugraben, so wird dadurch seine Leistungsfähigkeit auch auf Themengebieten erhöht, die er vorher noch nicht bearbeitet hat.

In einer universitätsunabhängigen Forschungsstätte ist dies sogar noch deutlicher. Hier führt der Mitarbeiterstab einen in sich abgeschlossenen Arbeitsplan aus. Eine Hierarchie ist notwendig, angefangen von Asistenten bis zu Projektüberwachern, zum Forschungsdirektor und schließlich zum Direktor selbst. Der letztere ist zumindest für die Berichte und Publikationen verantwortlich. Aber der Direktor befaßt sich auch mit der Aufrechterhaltung dessen, was manchmal als das ‚Image' seines Unternehmens bezeichnet wird. Das Prestige des Instituts, seine Anziehungskraft auf die Mitarbeiter und Studenten und seine Attraktivität für Unterstützungen sind Eigenleistungen des Forschungsbetriebs, nicht nur hergeleitet aus der Reputation der Lehreinheiten. Für die festangestellten Mitarbeiter ist ihre weitere Karriere eng mit dem Schicksal des Instituts verbunden, eine Tatsache, die manchmal zwischenmenschliche Probleme im Institut heraufbeschwört."[138]

Wenn Lazarsfeld zu einem der bedeutendsten und einflußreichsten Repräsentanten der empirischen Soziologie in den USA werden konnte, so sicher nicht nur als Pionier einer weiteren Institutionalisierung der Sozialforschung. Die Verbetrieblichung der Sozialforschung lag in den dreißiger und vierziger Jahren ohnehin auf der Entwicklungslinie der amerikanischen Sozialforschung – ein Trend, der sich vor allem im Aufbau eines Netzes kommerzieller Umfrageunternehmen, der ‚polling industry' ausdrückte.[139] Das Prinzip dieser Variante der Verbetrieblichung war das der privatwirtschaftlichen Verwertung: Entwickelt und gepflegt wurde, was Gewinn abwarf; ob die Möglichkeiten gesellschaftwissenschaftlicher Forschung verbessert und die wissenschaftlichen Erkenntnisse über die Gesellschaft erweitert wurden, war absolut nebensächlich, und wenn sich Erkenntnisfortschritte in diese Richtung einstellten, die natürlich auch bei kommerzieller Umfrageforschung auftreten können, so war dies eine nicht-intendierte Nebenerscheinung des Geschäfts.

Bei Lazarsfeld lagen die Akzente völlig anders. Er war an wissenschaftlichem Fortschritt interessiert, und er hat gerade auch in inhaltlicher und methodischer Hinsicht Entscheidendes geleistet. Insbesondere gehören seine Beiträge zur Methodologie empirischer Sozialforschung: zu den Voraussetzungen und Verfahren der quantifizierenden Sozialforschung, zu den Grenzen quantitativer und den Möglichkeiten qualitativer Empirie, inzwischen zum unverzichtbaren Wissensbestand des Faches. Deshalb wäre es viel zu eng, in Lazarsfeld nur den Protagonisten einer spezifischen Organisationsform empirischer Sozialforschung zu sehen. Das Forschungsinstitut war für Lazarsfeld Mittel im Dienste des höheren wissenschaftlichen Zwecks. Entsprechend legte er von Anfang an besonderen Wert darauf, daß die Verbindungen zur Universität nicht abrissen, daß das Forschungsinstitut nicht zum reinen Geschäftsunternehmen abrutschte, sondern anerkannter Teil der Universitätsorganisation wurde und in diesem Rahmen auch die wissenschaftliche Ausbildung als eigene Verpflichtung anerkannte. Wenn Lazarsfeld einmal selbst sagte, ein Großteil seines Erfolges sei wohl „auf die Betonung der Idee eines Forschungsinstituts zurückzuführen",[140] so muß man anfügen, daß seine besondere Leistung in dem Versuch lag, die Tendenz zur Verbetrieblichung empirischer Sozialforschung in den Dienst des gesellschaftswissenschaftlichen Fortschritts zu stellen und diesem Ansatz in praktischer Arbeit einen Platz an der amerikanischen Universität zu erobern.

Ob die um Lazarsfeld herum sich gruppierende Columbia-Schule der amerikanischen Soziologie, die sich anstelle der monographisch-qualitativ orientierten Chicago-Schule in den vierziger Jahren in den Vordergrund schob, tatsächlich einen eindeutigen wissenschaftlichen Fortschritt darstellte, kann freilich bezweifelt werden. Ihr Problem war, daß sie letztlich an dieselben gesellschaftlichen Interessen wie die kommerzielle Umfrageforschung appellierte und von diesen auch abhängig war. Die lokalspezifische Einbindung, die die amerikanische Sozialforschung in ihrer Frühphase geprägt hatte – und die im folgenden Exkurs über die Frühgeschichte der amerikanischen Soziologie noch genauer zu erörtern sein wird –, ging verloren. Die Probleme der kapitalistischen Massengesellschaft schoben sich in den Vordergrund, vorangetrieben durch die gesellschaftsprägenden modernen Großorganisationen: durch die industriellen Großunternehmen, die nach mehr Transparenz über ihre Absatzmärkte, aber auch über die den Produktionsprozeß beeinflussenden Größen (Arbeitsmarkt, Betriebsorganisation usw.) verlangten; durch die Parteien und gesellschaftlichen Verbände, die genauere Information über ihre Klientel brauchten; durch die Regierung und die Staatsverwaltung, die präzisere Übersicht über Voraussetzungen, Ansatzpunkte und Effekte ihrer Eingriffe benötigten; durch die Träger der Massenkommunikation, die wissen mußten, welche ‚message' wo ankam und welche Wirkung sie zeitigte. Daraus resultierte ein Wandel in den Abnehmern und Adressaten der Forschung: pointiert gesagt ein Wandel von einer Forschung, die sich auf sozial interessierte Philanthropen bezogen hatte, zu einer Forschung, die sich auf wohlorganisierte Interessenten mit möglicherweise nationalem Aktionsradius als Abnehmergruppen ausrichtete. Der Ansatz der quantifizierenden Umfrageforschung entsprach den nunmehr an die Sozialforschung herangetragenen Problemstellungen:

> „Zufallssamples, manchmal auch nationale Samples, Fragen die der Gesamtbevölkerung angepaßt waren und allgemeine analytische Bezüge, die darauf abzielten, die Bevölkerung als Ganze zu charakterisieren".[141]

Diese veränderte gesellschaftliche Konstellation bildete den Humus, auf dem die kommerzielle Umfrageforschung in den USA gedieh und ihren leistungsfähigen Betriebsapparat aufbauen konnte – und dies waren auch die Entwicklungen, die Lazarsfeld für seine ohne Zweifel wissenschaftlich weitergehenden Absichten ausnutzen konnte. Erst die Bereitschaft, die Probleme der mächtigen neuen Akteure aufzunehmen, verhalf Lazarsfeld zu den großen Finanzmitteln, die er für den Ausbau seines eigenen Forschungsbetriebs brauchte. Lazarsfelds Forschungsinstitut war gleichsam das wissenschaftlichere Pendant zur rein kommerziellen großbetrieblichen Sozialforschung.

Doch die ich rief, die Geister, werd' ich sie wieder los? Das gutgemeinte Sich-Einlassen auf die Auftragsforschung schuf Abhängigkeiten. Man hatte einen großen Forschungsbetrieb eingerichtet, nun mußte er, komme was wolle, auch unterhalten werden. Darunter litt der innovative Gehalt der Arbeit. Das Verhältnis zwischen wissenschaftlich aufregenden und gesellschaftspolitisch relevanten Projekten und rein administrativer Sozialforschung war keinesfalls befriedigend. Lazarsfelds Institut für Angewandte Sozialforschung geriet dadurch bald ins Schußfeld von Kritik.

> „Zum einen läßt sich die akademische Kritik durch Lynds Enttäuschung über Lazarsfelds intellektuelle Entwicklung illustrieren. Robert S. Lynd, der Vorsitzende des Sociology Department, der Lazarsfeld nach Columbia brachte, war von dessen österreichischer Untersuchung über Arbeitslosigkeit beeindruckt. Lynd glaubte, daß Lazarsfelds Interesse an Marktforschung ihm durch ökonomische Erfordernisse aufge-

zwungen worden sei, und er erwartete von ihm, daß er sich wieder politisch relevanten Themen zuwenden würde, sobald er auf einer Professorenstelle säße. Dies geschah nicht. Zum anderen stieß die Politik des Bureaus auf Kritik. Vielen Wissenschaftlern und Studenten, die hofften, daß die Sozialwissenschaften zu sozialer Reform beitragen würden, wie auch C. Wright Mills, der damals an das Columbia College berufen wurde und zwei Jahre an Projekten des Bureaus mitarbeitete, erschien die vom Bureau durchgeführte Marktforschung wie ein Verrat, wie ein ‚Fressen an der Futterkrippe des Kapitalismus'."[142]

Lazarsfeld ironisierte sich selbst einmal als „Marxist auf Urlaub" und antwortete auf Robert Lynds kritische Frage nach seinem Gewissen: „Von 9 bis 17 Uhr organisiere ich empirische Sozialforschung und nach 17 Uhr politisiere ich."[143] Hinter diesem Wandel vom kritischen Gesellschaftsanalytiker in Wien, der wesentliche Impulse gerade aus seiner praktisch-politischen Arbeit erhielt, zum neutralen Sozialforscher in New York, der sein politisches Gewissen in die Privatsphäre sperrte, verbirgt sich ohne Zweifel auch der besondere Anpassungsdruck, der auf einem Emigrantenschicksal lastet. Lazarsfeld wollte in Amerika bleiben, und er mußte dies, jedenfalls bis 1945, auch tun – in einer Gesellschaft, in der es kein politisches Klima (Fehlen einer sozialistischen Arbeiterbewegung) und keine intellektuelle Atmosphäre (stärkere Demarkationen zwischen den Einzelwissenschaften) gab, die den Wiener Verhältnissen vor 1933 entsprochen hätten. Er betonte und entfaltete deshalb in den USA den Teil seiner Persönlichkeit, der ihm den Einstieg in diese neue Gesellschaft sicherte: seine Fähigkeit als Organisator von Forschung und als Methodologe. „Ich bezeichne mich", sagte er in dem schon vielfach zitierten Interview, „manchmal als einen frustrierten Politiker, und da ich nie eine Parteiorganisation leiten konnte, habe ich in Amerika immer nur Forschungsinstitute geleitet. Ich habe das Gefühl, daß meine politischen Instinkte in den USA vollkommen verkümmerten, daß sie niemals neu belebt wurden."[144]

Doch spielte in die Vereinseitigung Lazarsfeld nicht auch ein strukturelles Problem der Sozialforschung hinein? Ist die Erfahrung, die uns Lazarsfelds Rolle in der empirischen Sozialforschung vermittelt, nicht auch die, daß die institutionalisierte Sozialforschung ein in sich widersprüchliches Gebilde darstellt? Ist das sozialwissenschaftliche Forschungsinstitut nicht gerade durch den Doppelcharakter gekennzeichnet, einerseits neue Erkenntnismöglichkeiten durch eine den modernen Erfahrungswissenschaften angemessene Forschungsorganisation zu eröffnen und andererseits vorhandene Erkenntnischancen durch die Abhängigkeit von Großabnehmern administrativer Forschung einzubüßen? Liegt Lazarsfelds Problematik vielleicht darin, daß er in den USA, zumal als Fremder, keinen guten Ausgleich zwischen diesen widerstreitenden Momenten gefunden hat? Sind bessere Lösungen machbar? Fragen, die hier nur angetippt werden können und die später noch aufzugreifen sind.

4. Exkurs zur Entwicklung des Social Research in den USA: Wissenschaftliche Erfahrungen, die auf die deutschsprachigen Emigranten einwirkten

In den letzten Abschnitten sahen wir, daß in den dreißiger Jahren über die Emigration aus Deutschland und Österreich deutschsprachige Sozialwissenschaftler verstärkt mit dem Social Research in Berührung kamen, der sich in den USA bereits entwickelt hatte bzw. weiter zu entwickeln im Begriff war. Der Kontakt mündete, wie die Fälle Horkheimer/Adorno und Lazarsfeld zeigten, in durchaus unterschiedliche Prozesse der Abarbeitung ein. Die folgenden Skizzen zur Entwicklung der empirischen Sozialforschung in den USA sollen einerseits das Verständnis dieser schon behandelten Vorgänge verbessern helfen. Sie könnten andererseits dazu beitragen, einige Voraussetzungen klarzustellen, die für die deutsche Soziologie nach 1945 wichtig werden sollten – eine Zeit, in der die amerikanische Soziologie, teilweise über zurückkehrende Emigranten, einen beträchtlichen Einfluß auf die deutschen Gesellschaftswissenschaften ausübte.

Am Beginn der amerikanischen empirischen Sozialforschung stoßen wir erneut auf die Verknüpfung von kapitalistischer Entwicklung, Reformbedarf der Gesellschaft und empirischer Untersuchungstätigkeit, eine Verknüpfung, die in der Geschichte des Fachs von großer Bedeutung gewesen ist und die uns schon an anderer Stelle aufgefallen war (insbesondere bei den englischen ‚reformer-investigators' und bei der Jüngeren historischen Schule in Deutschland). Die Vereinigten Staaten hatten in der zweiten Hälfte des 19. Jahrhunderts eine stürmische Expansion zu verzeichnen (‚Eisenbahnkapitalismus'), wobei sich in den 1880er und frühen neunziger Jahren erste Stagnationserscheinungen zeigten, die das neue Problem der Absicherung der ökonomischen Entwicklung andeuteten. Mit der ökonomischen Expansion verknüpft war die Erschließung der riesigen Siedlungsgebiete im Westen. Diese trat zur selben Zeit in ihre letzte Phase und mündete mehr und mehr in das Bedürfnis ein, die bislang anarchische Entwicklung dieser Räume stärker zu kontrollieren und zu stabilisieren. Hinzu kam schließlich als gleichsam personale Fundierung des ganzen Ablaufs eine gewaltige Bevölkerungsvermehrung, die nur mit dem Mittel einer starken Einwanderung bewerkstelligt werden konnte – eine Rekrutierung mit massiven Problemen der Integration unterschiedlicher Nationalitäten. Kontrolle, Stabilisierung, Integration: das waren politische Ziele, die gerade in den USA Ende des 19. Jahrhunderts Zugkraft erhielten.

Diese Interessenlage bildete den Hintergrund einer außergewöhnlichen Ausweitung von sozialwissenschaftlichen Forschungsaktivitäten. Die empirische Sozialforschung als Methode des fact-finding kam aus der Überzeugung heraus in Mode, daß mit Hilfe sozialer Daten die gesellschaftlichen Probleme genauer definiert, öffentliches Interesse schneller erweckt und

Mittel für Problemlösungen effektiver mobilisiert werden könnten. Es entstand der ‚social survey' als spezifisch amerikanische Variante der sozialreformerisch orientierten Erhebung.[145]

Der *amerikanische Survey* war eine Übersichtsstudie, die meist räumlich begrenzte Phänomene mit pädagogisch-karitativer Zielsetzung behandelte. Sie verknüpfte Tatsachenforschung, Reformprogramm-Entwicklung und public relations. Rice unterscheidet entsprechend drei Funktionen des Surveys: die ‚scientific function' (Sozialforschung zur Fundierung neuer Reformprogramme); die ‚educational function' (Sozialforschung zur Begründung bereits bestehender Reformprogramme); schließlich die ‚magical function' (Sozialforschung als Zeremonie bei der Propagierung von Reformprogrammen).[146]

Diese social surveys[147] gehen eigentlich auf reißerisch aufgemachte journalistische Berichte über problematische Lebensbedingungen in den planlos gewachsenen städtischen Agglomerationen zurück, die sogenannten ‚muckrakers'. Systematische Methoden zur Untersuchung einer Gemeinde wurden erstmals von Paul Kellogg u. a. im Pittsburgh Survey (begonnen 1909, veröffentlicht 1914) angewendet, in dem es um die Untersuchung der Effekte der Urbanisierung ging. Breiter als der Pittsburgh Survey setzte der Springfield Survey an, der unter der Leitung von Shelby Harrison 1914 durchgeführt worden war und über den eine zusammenfassende Veröffentlichung aus dem Jahre 1920 vorliegt.[148] Als Exempel für die frühen amerikanischen Surveys soll im folgenden der Springfield Survey etwas ausführlicher dargestellt werden.

Der Springfield Survey kam auf Initiative und mit Unterstützung einer Gruppe angesehener Bürger der Stadt zustande. Das Ziel der Erhebungen lag in der Identifikation und genaueren Beschreibung von Problemzonen der kommunalen Infrastruktur. In dieser Bestandsaufnahme (‚Springfield facts'), die statistisch-beschreibend angelegt war, wurden daher die städtischen Lebensbedingungen abgeklopft und unter besonderer Berücksichtigung von Mängeln dargestellt: die öffentlichen Schulen; die Versorgungseinrichtungen für geistige und psychische Kranke; die Erholungsmöglichkeiten; die Wohnverhältnisse; die Wohlfahrtseinrichtungen; die Arbeitsbedingungen in der Industrie; das öffentliche Gesundheitssystem; die Strafanstalten; endlich die lokale und regionale Verwaltung. Diese Bestandsaufnahme mündete jeweils in recht praktische Vorschläge über Verbesserungsmöglichkeiten ein.

Die Vorschläge standen den zuständigen politischen Institutionen zur Verfügung, wendeten sich vor allem aber an die Einwohnerschaft, deren Reformbewußtsein gestärkt werden sollte. Der Survey verstand sich auch als eine intensive und breit gefächerte Erziehungskampagne – ein Ziel, das in Springfield vor allem durch eine Ausstellung erreicht werden sollte, in der die Ergebnisse in einer oft penetrant pädagogischen Form präsentiert wurden. Die Ziele des Surveys wurden angerissen; problematisch erscheinende Verhältnisse wurden mit den ermittelten Daten angezeigt; um Kooperation wurde geworben.

Shelby Harrison, der nicht nur den Springfield Survey anleitete, sondern als Direktor des Department of Survey and Exhibits in einer wichtigen Förderungseinrichtung – der Russell Sage Foundation – ein Initiator und Förderer solcher Erhebungen war, charakterisierte den amerikanischen Survey durch folgende Merkmale: Es sei eine kooperative Veranstaltung, in der wissenschaftliche Methoden zur Untersuchung und Behandlung aktueller sozialer Probleme eines räumlich begrenzten Bereichs Anwendung fänden. Zum Survey gehörten notwendig die Verbreitung von Fakten und Empfehlungen innerhalb der untersuchten Gemeinde, durch die eine vernünftige und koordinierte Problemlösung eingeleitet werden solle. Der Survey verknüpfe wissenschaftliche mit journalistisch-praktischen Aktivitäten.[149]

Man muß dabei allerdings beachten, daß es für die ‚social surveys' keine festen Konventionen gab. Die Surveys entstanden aus konkreten, meist lokal oder regional gebundenen Problemkonstellationen heraus und hingen bei ihrer Durchführung sehr stark von den besonderen örtlichen Verhältnissen ab. Dementsprechend konnten sie sehr unterschiedliche Inhalte und Organisationsformen aufweisen. Manche bezogen sich, wie der Springfield Survey, auf die gesamte Kommune (‚general surveys'); andere – in späteren Zeiten die meisten – behandelten nur einzelne Problembereiche des Gemeindelebens (‚specialized surveys'). Auch konnten Surveys von den unterschiedlichsten Institutionen getragen werden: von speziellen Komitees, Universitäts- und Colleggeeinrichtungen, Wohlfahrtsverbänden, kommunalen oder staatlichen Behörden. ‚Social survey' ist also ein allgemeiner Oberbegriff, unter den sich recht unterschiedliche Projekte subsummieren lassen. Eines hatten die Surveys allerdings gemeinsam: ihr Wissenschaftsverständnis, in dem soziales fact-findung und pädagogisch-karitative Initiative zur Verbesserung einer konkreten Sozialstruktur zu einer Einheit verknüpft waren.

In der Zeit von 1910 bis 1930 sind in den USA zahlreiche Erhebungen durchgeführt worden, die in diesem Punkt übereinstimmten. Eine Bibliographie mit dem Stichtag des 1. Januar 1928 berichtet von insgesamt 2775 abgeschlossenen Surveys. Im einzelnen werden unter anderem folgende Angaben gemacht:[150]

allgemeine Surveys	154	
städtisches Leben		82
ländliches Leben		72
spezielle Surveys	2621	
Schulen und Ausbildung		625
Gesundheit und Hygiene		469
Arbeitsbedingungen und industrielle Beziehungen		296
Stadt- und Regionalplanung		155
Verbrechen und Rechtspflege		152
Wohnen		112

Die Sache nahm zeitweilig so große Dimensionen an, daß man geradezu von einem „survey movement" (Pauline Young) gesprochen hat.

Mit der Zeit zeigten sich gewisse Tendenzen zur Institutionalisierung: Bei verschiedenen gesellschaftlichen Organisationen wurden mehr oder weniger stabile Forschungs-Büros, ‚survey and research agencies', eingerichtet. Eine wichtige Rolle spielten in diesem Zusammenhang die großen privaten Stiftungen, eine Art philanthropischer Ableger der amerikanischen Industriekonzerne, denen ein großer Einfluß auf die Entwicklung der amerikanischen Sozialforschung zuzuschreiben ist. In den amerikanischen Stiftungen verbreitete sich gerade in den zwanziger Jahren eine enorme Wissenschaftsgläubigkeit bis hin zu der Hoffnung, durch Wissenschaft könnten soziale Nöte gelindert und gesellschaftliche Probleme gelöst werden. „In allen wichtigen Handlungsbereichen" – hieß es z. B. in einem Memorandum der Rockefeller Foundation 1923 – „von der Aufzucht von Bienen bis zur Verwaltung eines Reiches wird Verständnis für den Geist und die Technik der modernen Wissenschaft verlangt [...] Die Kenntnis dieses Geistes und dieser Techniken gestaltet ferner die geistige Haltung der Menschen, beeinflußt das ganze Erziehungssystem und gibt der Zivilisation ihre Gestalt."[151] Diese Idee mündete in eine zielstrebige Unterstützung der Wissenschaften ein, und zwar nicht nur der Forschung im engeren Sinne, sondern auch von Demonstrationsobjekten, in denen die Anwendungsmöglichkeiten wissenschaftlicher Ergebnisse aufgezeigt werden sollten. Die Stiftungen deckten dabei vor allem Innovationsrisiken ab, während risikofreiere Projekte, die einem bereits bewährten Schema folgten, dann durch lokale oder staatliche Einrichtungen übernommen wurden. Dieser Ansatz wurde in den USA für fast alle Bereiche der Wissenschaftsentwicklung wichtig, auch für die empirische Sozialforschung. Es versteht sich, daß Projekte von der Art der social surveys recht gut in dieses Förderungskonzept hineinpaßten. Deshalb nahmen sich einzelne Stiftungen auch der Surveys an, vor allem die Russell Sage Foundation,[152] die schon 1912 ein Department für Surveys und Ausstellungen gründete. Diese Abteilung wurde unter der Leitung von Shelby Harrison zu einer Kommunikations- und Organisationszentrale, die von survey-interessierten Einrichtungen in Anspruch genommen werden konnte. Damit war ein relativ effektives Instrument zur Verbreitung der Survey-Idee und zur Entwicklung der Survey-Technik entstanden.

Die social surveys stellen somit eine Frühphase der amerikanischen Sozialforschung dar, in der – durch soziale Mißstände und Disparitäten angestoßen – der Gedanke an Raum gewann, soziale Sachverhalte mit den Mitteln empirischer Untersuchungen zu erfassen und zu durchleuchten. Neue Verfahren der Analyse sozialer Strukturen und Prozesse kamen dadurch in Gebrauch und konnten sich ausbreiten. Im Laufe dieser Ausweitung löste sich die amerikanische Sozialforschung aber immer stärker von den spezifischen Erkenntnisinteressen, die für die social surveys kennzeichnend gewesen waren; so weist eine Dokumentation der Russell Sage Foundation für die Zeit von 1940 bis 1946 – Jahre, in denen an sich rege geforscht wurde – nur noch ganze 120 surveys aus.[153] Der Übergang zur modernen empirischen Sozialforschung – zum ‚social research', dessen thematische Horizonte weiter und dessen theoretisch-methodische Interessen alles in allem stärker sind als dies beim social survey der Fall war – fand dabei in gleitender Form statt.

Zwei wichtige Knotenpunkte der Herausbildung der modernen empirischen Sozialforschung in den USA sollen uns im folgenden beschäftigen: (1) die Untersuchung von Thomas und Znaniecki über die ‚Polnischen Bauern' als Beispiel für qualitative Analysen; (2) die Entwicklung der Skalentechnik und die Anwendung der Stichprobenverfahren als Exempel für die quantitative Meinungs- und Einstellungsforschung.

Übergänge zum modernen ‚social research' (1): Qualitative Analysen in der amerikanischen Soziologie (Thomas/Znaniecki 1919/21)

Die Untersuchung von Thomas/Znaniecki über die ‚Polnischen Bauern' (1919/21) ist ein Monumentalwerk empirischer Sozialforschung, das nicht nur seines Umfangs wegen, sondern vor allem auch durch sein Bemühen um theoretische Begründung und methodisch differenziertes Vorgehen immer wieder auf Anerkennung gestoßen ist.[154] Ob Zeisel dabei recht hat, wenn er der Studie für die Entwicklung der amerikanischen empirischen Soziologie eine ähnliche Rolle zuerkennt wie der Enquete über ‚Auslese und Anpassung der Arbeiterschaft' von Max Weber u. a. für die deutsche,[155] kann hier offenbleiben. Auf jeden Fall stellt die Untersuchung über die ‚Polnischen Bauern' ein Werk dar, das im Prozeß der Loslösung der amerikanischen empirischen Sozialforschung von den Verengungen der social surveys als Eisbrecher gewirkt hat und dessen methodischer Ertrag immer noch höchst aktuell ist. Die Studie stand am Anfang einer langen Reihe großer empirischer Untersuchungen, die den besonderen Stellenwert der Empirie in der amerikanischen Soziologie begründeten. Sie war zugleich charakteristisch für die Chicago-Schule: eines bis in die späten zwanziger Jahre hinein die amerikanische Soziologie bestimmenden Konzepts, in dem sich Interesse für soziologische Theoriebildung mit einer Neigung für empirische Detailforschung verbunden hatte.

Der kritische Bezug zu den social surveys ist bei Thomas/Znaniecki[156] unverkennbar, auch wenn sie den Begriff nicht benutzten, sondern von ‚practical sociology' (S.7) sprachen. Bereits im Vorwort wurde in unverkennbarer Anspielung auf die Survey-Bewegung gesagt, daß sich Fragen wie Einwanderung, Vorurteile, kulturelle Assimilationen, sozialpathologische Erscheinungen (Kriminalität, Alkohol, Vagabundiererei), Nationalismus, Demokratie, Klassenstruktur usw. nur richtig behandeln ließen, wenn man die Gesellschaft in der „Totalität ihrer objektiven Komplexität" (S. VII) studiere und vergleiche; die eigene Studie sei eine Explikation dieser Position. Diese Kritik der praktischen (Survey-)Soziologie wird im Verlauf der ‚methodischen Bemerkung', die Thomas/Znaniecki ihrer eigenen Untersuchung voranstellten, noch deutlicher. Der praktischen Soziologie wurden neben einem verkürzten Praxis-Verständnis (= blindes Akzeptieren vorgegebener sozialer Normen) unzulässige Problemreduktionen (= Verzicht auf Analyse der sozialen Erscheinungen in ihrer Ganzheit und Verankerung) sowie eine primitive Handlungstheorie (= Übersehen der Verhaltensrelevanz lebensgeschichtlicher Erfahrungen und immaterieller Interessen) attestiert. Aus dieser Absetzbewegung gegenüber den social surveys heraus gelangten die Verfasser zu einer Untersuchung, die das soziale Verhalten von Personen in seiner Ganzheit und Verankerung, also ohne künstliche Isolierung, sowie unter Berücksichtigung differierender Erfahrungen, insbesondere lebensgeschichtlicher Differenzen, erfassen wollte.

Diese Absicht theoretisch einzulösen, ist Thomas und Znaniecki freilich nicht richtig gelungen. Ihre theoretischen Bemühungen liefen zu sehr auf ein formales Gesellschaftsverständnis hinaus, das mit seinen ahistorisch angelegten Begriffen und Mechanismen die Dynamik gesellschaftlicher Entwicklung nicht richtig greifen konnte. Die Zentralbegriffe des theoretischen Konzepts, das im ‚Polnischen Bauern' entwickelt wurde, sind der Begriff des sozialen Werts (verstanden als Verhaltenserwartungen und Normen, die eine soziale Organisation an ihre Mitglieder richtet) und der Begriff der Attitüde (verstanden als Verhaltensorientierung der Mitglieder einer Organisation unter Berücksichtigung der vorgegebenen sozialen Werte). Phasen des sozialen Umbruchs und gesellschaftlicher Weiterentwicklung charakterisierten die Autoren unter Verwendung dieser Begriffe als Situationen, in denen die überkommenen sozialen Werte nicht mehr voll die Attitüden der Gesellschaftsmitglieder steuern können. Solche Aussagen müssen nun aber theoretische Plattitüden bleiben, solange die gesellschaftlichen Bedingungen und Folgen solcher Erscheinungen sozialer Desorganisation nicht entfaltet werden können. Insoweit stößt die Untersuchung theoretisch ins Leere. Doch machen die Begriffe, mit denen die Verfasser operierten, immerhin deutlich, daß sie einen theoretischen Zugang zum Problem der subjektiven Dimensionen sozialer Prozesse anstrebten.

Die Verfasser gingen ihrer Problemstellung wie gesagt an einem Beispiel nach: der Situation und dem Verhalten der polnischen Bauern, und zwar Ende des 19. und zu Beginn des 20. Jahrhunderts. Sie erfaßten damit eine Gruppe, die in einem traditionell-agrarischen Milieu verankert war, in deren Leben die neuen gesellschaftlichen Bedingungen des Industriekapitalismus aber über die Emigration vieler Polen nach Deutschland und Amerika hineinragte. Die Studie von Thomas/Znaniecki behandelte die Situation dieser Gruppe entsprechend ihrem theoretischen Konzept unter folgenden Gesichtspunkten: der traditionellen Organisation der polnischen Bauernschaft; der Erosion der sozialen Normen und der Verunsicherung der Verhaltensorientierung unter dem Einfluß von Industrialisierung und Emigration; der desorganisierenden Folgen neuer gesellschaftlicher Handlungsbedingungen am Beispiel der Lage polnischer Emigranten in Amerika.

Aufgrund der Mängel im theoretischen Ansatz konnten diese Probleme im Hinblick auf ihre Verursachungsseite und im Hinblick auf ihre gesamtgesellschaftliche Bedeutung nicht richtig erfaßt werden. Gleichwohl bemühten sich Thomas/Znaniecki – ihrer Einsicht entsprechend, daß das soziale Verhalten in seiner ganzen Komplexität und inneren Differenziertheit aufzunehmen ist – um eine sehr genaue Beschreibung der Orientierungen und Verhaltensweisen ihrer Untersuchungsgruppe. Dieses Bemühen um eine offene, sensible Situationsdarstellung zeigte sich vor allem in den verwendeten Erhebungsmethoden, die dem Typus qualitativer Sozialforschung zuzurechnen sind. Die wissenschaftsgeschichtliche Bedeutung der Untersuchung liegt, überspitzt formuliert, gerade in ihrer methodeninnovatorischen Leistung. Zu den verwendeten Methoden gehörten:

(a) Auswertung von Briefmaterial. Die Verfasser haben insgesamt etwa 15 000 Briefe gesammelt und ausgewertet, wobei es sich insbesondere um familieninterne Korre-

spondenz aus dem Kreis der polnischen Bauernbevölkerung handelte. In dieser Bevölkerungsgruppe sind offenkundig aufgrund ihrer besonderen Situation viele und lange Briefe geschrieben worden (S. 303). Familientrennung war ein Lebensschicksal der polnischen Unterschicht, teils aus politischen Gründen (Aufteilung des Landes nach dem Wiener Kongreß), teils aus ökonomischen Gründen (durch Armut erzwungene Emigration). Der Brief von einem Familienmitglied in der Ferne an die Familie zu Hause oder umgekehrt an ein abwesendes Familienmitglied von der zurückgebliebenen Familie wurde in dieser Situation der Trennung ein wichtiges Mittel zur Erhaltung und Stabilisierung familialer Beziehungen unter äußerst ungünstigen Umständen. Er hatte die Funktion, unter den Bedingungen der Trennung Integration und Solidarität zu sichern. Thomas/Znaniecki sprachen deshalb vom „bowing letter“ (S. 303). In Briefform wurden die Familiengefühle zum Ausdruck gebracht und reaktiviert, sei es zu festlichen Anlässen (etwa an Feiertagen, an denen sich sonst die Familie getroffen hätte), sei es aus speziellen individuellen Anlässen heraus. Über den Brief wurden Erfahrungen ausgetauscht, die man unter anderen Umständen mündlich hätte vermitteln können. Über den Brief wurden schließlich Empfindungen ausgedrückt, die sonst über Gedichte, Lieder, Verse, welche man sich gegenseitig erzählte und vorsang, herausgekommen wären (vgl. S. 305). Da diese Briefe insbesondere die tradierten Orientierungen der sozialen Gruppe der polnischen Bauern ansprachen und wiedergaben, wurden sie von den Verfassern insbesondere zur Beschreibung der Konsensformen und Konsensbedingungen ihrer Untersuchungsgruppe herangezogen.

(b) Auswertung von Dokumenten zu Spezialfragen. Unter dem Einfluß der industriekapitalistischen Entwicklung, mit der die polnischen Bauern in dieser Zeit vor allem über die massenhafte Emigration in Kontakt geraten sind, wurden die tradierten Normen und Verhaltensformen ausgelaugt und erschüttert. Erscheinungen sozialer Desorganisation traten auf: Alte Familienbeziehungen brachen zusammen, überkommene Normen verloren ihre bindende Wirkung, Erscheinungen der Demoralisierung, aber auch der privaten und politischen Neuorganisation waren zu beobachten. Zur Darstellung dieser Prozesse griffen die Verfasser auf Dokumente zurück, die Erscheinungen, in denen sich soziale Erschütterungen ausdrücken, direkt behandelten: Beschwerdebriefe an Zeitungen, Gerichtsakten, Akten privater Wohlfahrtseinrichtungen und Rechtshilfe-Organisationen, aber auch wissenschaftliche Untersuchungen wurden herangezogen; Statuten und Selbstdarstellungen von Organisationen (z. B. Immigranten-Organisationen oder polnische Kirchengemeinden in den Vereinigten Staaten) wurden ausgewertet; Zeitungsberichte berücksichtigt. Schließlich trifft man im Untersuchungsbericht gelegentlich auch auf schriftliche Äußerungen von ‚Experten‘, die von Thomas/Znaniecki zur Darstellung ihrer Erfahrungen angeregt worden waren. Exemplarisch hierfür ist der Bericht eines polnischen Priesters (S. 1229 ff.), der (natürlich anonymisiert) über seine Erfahrungen im Beichtstuhl berichtete und dabei auch Kenntnisse über abweichendes Sexualverhalten preisgab. Mit solchem Material gelang eine höchst differenzierte Beschreibung von Konfliktbereichen, auch in solchen Gebieten, die mit gängigen empirischen Verfahren praktisch nur schwer oder gar nicht zu erfassen sind.

(c) Auswertung von biographischem Material. Thomas/Znaniecki erkannten die Bedeutung biographischer Materialien („personal life-records“) für die empirische Analyse subjektiver Probleme (vgl. S. 1831 ff.). Für soziologische Analysen, sagten sie, seien Biographien jedem anderen Material überlegen. Die Biographie, die möglichst vollständig sein solle, stelle ein perfektes soziologisches Material dar. Anderes Mate-

rial solle man in den Sozialwissenschaften nur dann benutzen, wenn es schwierig sei, Biographien zu bekommen, welche die Gesamtheit der soziologischen Probleme abdecken. Statistisches Material sei jedenfalls für Verhaltensanalysen unzureichend. „Sofern wir gezwungen sind, Massenphänomene oder andere gegebene Ereignisse ohne Bezug zu den Lebensgeschichten der Individuen, die an ihnen teilhaben, als Material zu benutzen, dann ist dies ein Mangel und nicht ein Vorzug der gegenwärtigen soziologischen Methoden." (S. 1833).

Die besondere Wertschätzung, die die Autoren der Biographie zukommen ließen, erklärt sich zu einem Gutteil aus der inhaltlichen Schwerpunktsetzung ihrer Untersuchung. Wo es um die Rekonstruktion von sozialen Werten und Attitüden, also insgesamt um Untersuchungen zur subjektiven Seite sozialer Prozesse geht, ist biographisches Material von großem Wert und hoher Aussagekraft. Die Autoren erkannten ganz richtig: in einer biographischen Darstellung wird deutlich, wie das aktuelle Verhalten einer Person durch die lebensgeschichtlichen Erfahrungen beeinflußt wird; in ihr tauchen die sozialen Institutionen, mit denen eine Person in ihrer Lebensgeschichte zu tun hatte, nicht als abstrakt-formale Konstrukte auf, sondern als meinungsbeeinflussende und verhaltenswirksame Gegebenheiten der sozialen Lebensverhältnisse (S. 1833). Mit biographischem Material wird es daher möglich, aktuelle Erscheinungen des sozialen Verhaltens von unten her zu fassen und aus ihren Entstehungsbedingungen heraus zu beschreiben. Man kann den Verfassern auch heute noch zustimmen, wenn sie sagten, die Soziologie müsse an die menschlichen Erfahrungen und ihre subjektive Verarbeitung herankommen, also an Bereiche, die durch Beschreibung formaler Merkmale sozialer Organisationen oder statistische Darstellung von Massenphänomenen nicht erfaßt werden könnten. Letztere seien „nichts anderes [...] als Symptome für unbekannte kausale Prozesse und [...] deshalb nur als vorläufige Basis soziologischer Hypothesen" brauchbar (S. 1834). Freilich wird man gut daran tun, solche Bemerkungen nur als methodische Überlegung, das heißt als Hinweis auf adäquate Verfahren der Erfassung subjektiver Dimensionen zu verstehen. Dem Irrtum von Thomas/Znaniecki, die die Behandlung subjektiver Probleme mit Soziologie überhaupt verwechselten, sollte man nicht verfallen.

In ihrer Untersuchung selbst brachten die Verfasser eine konkrete Biographie. Es handelte sich um den Lebenslauf eines polnischen Immigranten bäuerlicher Abstammung, der in den USA lebte und, geht man von seiner neuen Arbeit aus, nun zur unteren städtischen Bevölkerungsschicht gehörte. Mit dieser Biographie wurde das Verhalten von Personen dokumentiert, die aus traditionellen sozialen Zusammenhängen kommen und plötzlich mit den Verhaltenszumutungen einer industriekapitalistischen Gesellschaft konfrontiert werden. Der Autor dieser Biographie – ein gewisser Wladek Wiszniewski – wurde von Thomas/Znaniecki animiert, seine Lebensgeschichte aufzuschreiben. Er tat dies zunächst für Geld, bald aber wohl auch aus Interesse. Die umfängliche Beschreibung (auf die Hälfte gekürzt umfaßt sie immer noch 300 enge Druckseiten) wurde von Wladek in drei Monaten verfaßt.

Thomas/Znaniecki haben sich bemüht, die Aussagen ihres Autors durch Familienbriefe zu überprüfen. Sie präsentierten die Biographie in ihrer Untersuchung mit erläuternden Fußnoten, in denen sie auf Verzerrungen und Lücken in den Eigendarstellungen von Wladek hinwiesen. Dieses cross-checking war wichtig, weil nur dadurch die Lebensverhältnisse von Wladek umfassend ins Spiel gebracht werden konnten und weil gerade in den Verzerrungen und Auslassungen die subjektive Verarbeitung dieser Lebensbedingungen besonders klar zum Ausdruck kam.

Das Auswahlproblem, das sich bei der Analyse von biographischem Material besonders nachdrücklich stellt, wurde deutlich gesehen. In der Tat muß man ja die Frage stellen, welche der zahllosen denkbaren individuellen Dokumente zur Klärung bestimmter Fragen wissenschaftlich besonders wertvoll und welche belanglos sind. Flächendeckend kann man Lebensgeschichten schlechterdings nicht erfassen und auswerten. Die Verfasser betonten aufgrund solcher Erwägungen die Notwendigkeit einer gezielten Auswahl und plädierten zu Recht für die Beschränkung biographischer Untersuchungen auf „repräsentative Fälle" (S. 1834).

Unzulänglich freilich blieben die Gesichtspunkte, die sie zu den Kriterien der Auswahl repräsentativer Biographien vortrugen. Die Relevanzkriterien, die man bei einer solchen Auswahl braucht, lassen sich nur aus einer Theorie entwickeln, die den gesellschaftlichen Verhältnissen, in denen der Biograph steht, gerecht wird. Formale Konstrukte zum Verhältnis zwischen sozialen Strukturen und menschlichem Verhalten, wie sie Thomas/Znaniecki in ihren theoretischen Fingerübungen zusammengetragen hatten, halfen hier nicht weiter. Die allgemeinen Gesichtspunkte der Autoren zur Auswahl von biographischem Material blieben daher äußerst abstrakt (S. 1835 ff.). Die Rechtfertigung für die Auswahl von Wladek stützte sich letztlich auf nicht mehr als ein paar ad-hoc-Argumente, die sich auf einer ganz vorläufigen Plausibilitätsebene bewegten. Wladek wurde ohne weitere Begründung als typischer Repräsentant der unterprivilegierten (in der Sprache von Thomas/Znaniecki: der kulturell passiven) Bevölkerungsmehrheit dargestellt, an dem sich eben diese Bevölkerungsmehrheit exemplarisch fassen lasse: „common place man" zum Studium der „common place men" (S. 1908). Seine persönlichen Eigenschaften galten als „perfectly normal" (S. 2277 ff.): körperlich und sexuell sei Wladek Durchschnitt, sein Alkoholkonsum sei normal, seine Intelligenz liege über dem Durchschnittsniveau. Alles dürftige Argumente zum Beleg der Repräsentativität des konkreten Falls.

Diese mangelhafte Relevanzbestimmung gab den biographischen Passagen der Untersuchung eine gewisse Zufälligkeit. Thomas/Znaniecki wollten zeigen, welche Entwicklung damals in den unteren Schichten der polnischen Bevölkerung abgelaufen ist; sie wollten an einer Biographie die Effekte einer Umbruchsituation studieren, die für größere Bevölkerungsgruppen galt; die Lebensgeschichte erschien für sie nicht nur als Produkt gesellschaftlicher Verhältnisse, sondern auch als Exempel. Die Exemplarität der herangezogenen Biographie wurde jedoch nicht nachgewiesen und konnte allenfalls vom Leser selbst durch Rückgriff auf das sonstige Material der Untersuchung und seine eigenen Kenntnisse rekonstruiert werden.

Versucht man zu einer Gesamtwürdigung zu kommen, so ist die fachgeschichtliche Bedeutung der Studie von Thomas/Znaniecki zu betonen. In der Entwicklung der empirischen Sozialforschung stellt sie ein frühes Beispiel für Bemühungen dar, Empirie und soziologische Theorie aufeinander zu beziehen und in der empirischen Analyse selbst die Begrenzungen statistischer Übersichtsstudien durch eine groß angelegte Auswertung von biographischem Material zu überwinden. Thomas/Znaniecki erkannten, daß zur Erfassung sozialer Werte und Attitüden quantitative Verfahrensweisen, so nützlich sie sein mögen, nicht ausreichen. Sie versuchten deshalb, der Analyse subjektiver Probleme neue Materialien zu erschließen, insbesondere auch durch Berücksichtigung der Autobiographie. In theoretischer Hinsicht blieb die Untersuchung allerdings ganz formal und allgemein, was zu theoretisch nicht vermittelten ad-hoc-Interpretationen führte, die auch den Sinn der getroffenen Materialauswahl nicht so recht ausweisen konnten.

Die ‚Polnischen Bauern' sind kein Einzelfall geblieben. Die Studie war gleichsam die empirische Ouvertüre der einflußreichen Chicagoer Schule der Soziologie, die von A. Small begründet worden war und zu der neben Thomas unter anderem R. E. Park, E. W. Burgess und L. Wirth gehörten. Ihr Anliegen war empirisch begründete soziologische Theoriebildung, wobei Empirie mehr als konkrete Detailforschung verstanden wurde. In der Chicago-Soziologie der zwanziger Jahre ist deshalb häufig qualitativ gearbeitet worden: Man bemühte sich, differenziertere Erhebungsverfahren, wie sie vorher in Amerika überwiegend nur in der Ethnologie bekannt gewesen waren, auf die Untersuchung moderner Lebensverhältnisse zu übertragen. Vom Gegenstand her waren diese Untersuchungen oft anders orientiert als die von Thomas und Znaniecki. Unter dem Einfluß von Park gewann bald die Thematik der Gemeinde Vorrang. Man wollte versuchen, die moderne Gesellschaft am Exempel der städtischen Lebensbedingungen zu fassen – eine Schwerpunktsetzung, die sich aus der Überlegung erklärte, daß die Stadt den spezifischen Lebensraum des modernen Menschen darstelle.[157]

Neben die empirischen Analysen der Chicago-Schule traten bald einige andere große Untersuchungen, so daß man die zwanziger Jahre in der Entwicklung der amerikanischen Soziologie als „Siegeszug der Empirie" bezeichnen konnte.[158] Auf vielfältige Weise wurden dabei Verknüpfungen zu den Analysen der Chicago-Gruppe hergestellt, wenn sich auch neue theoretische Bezüge Geltung verschaffen konnten. Zu nennen wären für die späten zwanziger und die dreißiger Jahre die Hawthorne-Studien (E. Mayo, F. J. Roethlisberger/W. J. Dickson,[159] durchgeführt an der Harvard University), die Middletown-Studien (R. und H. Lynd,[160] durchgeführt an der University of Columbia), schließlich die ‚Yankee City Series' (W. Lloyd Warner u. a.,[161] ebenfalls aus der Harvard University hervorgegangen), die allesamt methodisch vielfältig angelegt waren und zu den Meilensteinen empirischer Sozialforschung zu zählen sind.

Die enormen Anstrengungen, die in den amerikanischen Sozialwissenschaften gemacht wurden, die interessierenden Themen empirisch zu durchleuchten, regten auch zu methodischen Innovationen an. Dabei muß von der Idee der Quantifizierung, von der Umwandlung qualitativer Daten in quantitative, eine ungeheure Faszination ausgegangen sein. Quantifizierung versprach Meßbarkeit, und das verstanden viele als größere Objektivität. Quantifizierung verhieß darüber hinaus Verbesserungen bei der Datenaufnahme und -aufbereitung durch mehr Möglichkeiten zur Anwendung mathematischer Verfahren. In der quantitativen Meinungs- und Einstellungsforschung konnten sich diese Ideen in zugespitzter Form Geltung verschaffen. Mehr über zwei wichtige Schritte in der Herausbildung dieses Forschungstyps, der zwar nicht als amerikanische Sozialforschung ‚an sich' verstanden werden darf, gewiß aber zu einer prägenden Größe im Forschungsbetrieb der USA geworden ist, im folgenden.

Übergänge zum modernen ,social research' (2): Anfänge der quantitativen Meinungs- und Einstellungsforschung in der amerikanischen Soziologie (Bogardus 1926, Thurstone 1928; Polls der zwanziger und dreißiger Jahre)

Die Denkrichtung der quantifizierenden Meinungs- und Einstellungsforschung, die sich in den zwanziger und dreißiger Jahren als wichtiger Ansatz der amerikanischen empirischen Soziologie herausbildete und auf die deutschen Emigranten in den USA einwirkte, um nach dem Zweiten Weltkrieg auch bei uns Fuß zu fassen, möchte ich an zwei Beispielen verdeutlichen: (a) der Entwicklung von Skalen zur Attitüden-Messung (hier wird vor allem über die Arbeiten von Bogardus und Thurstone zu sprechen sein), (b) der Perfektionierung der Sampling-Technik in der Demoskopie (hier konzentriere ich mich auf die public opinion polls bei Wahlen). Die Rationalität quantifizierender Verfahren ist in den beiden Beispielen durchaus unterschiedlich zu beurteilen, so daß sich in der Fallauswahl die ganze Widersprüchlichkeit der Quantifizierung sozialer Sachverhalte andeuten mag. Vernunft und Unfug liegen hier nah beieinander.

(a) Das Konzept der Meßbarkeit am Beispiel der Skalen zur Attitüdenmessung. Daß sich die amerikanische Soziologie (und Sozialpsychologie, sofern man beides trennen will) früh den subjektiven Problemen – den Meinungen, Bewertungen, Einstellungen – zuwendete, hat sicher andere Gründe als diejenigen, die beim Verein für Sozialpolitik im Spiel waren, der sich in seiner Enquete über ,Auslese und Anpassung' ebenfalls für subjektive Fragen interessiert hatte. Durch das Nationalitäten- und Rassengemisch der amerikanischen Bevölkerung und die damit verbundenen Konflikte und Integrationsprobleme drängte sich in den USA die Frage, wie sich die verschiedenen sozialen Gruppen gegensetitig wahrnehmen und bewerten, geradezu auf. Kein Wunder, daß solche Probleme besonders in der amerikanischen empirischen Sozialforschung ins Zentrum rückten. Die ,Attitüde', die Einstellung oder Verhaltensdisposition, wurde zum Schlüsselbegriff dieser Forschung (ein Sachverhalt, der ja schon bei Thomas/Znaniecki zu bemerken war).

Diese Fokussierung im Problem der Attitüde hatte methodische wie theoretische Gründe. Unter methodischen Gesichtspunkten ist hier auf die Schwierigkeit zu verweisen, das tatsächliche Verhalten von Personen und Gruppen direkt zu beobachten (Unzugänglichkeit des Beobachtungsobjekts aus zeitlichen oder sozialen Gründen). Solche Erfassungsprobleme begünstigten den Versuch, das Realverhalten der Untersuchten indirekt – über die Art und Weise, wie sie sich zu ihrem Verhalten äußern – zu beschreiben. Es lag nahe, das Interview als Ersatz für die schwierige direkte Beobachtung heranzuziehen und im Interview zeitlich gerafft verhaltensrelevante Einstellungen (Attitüden) zu ‚erfragen'. Inwieweit bei der Einengung auf die Attitüden-Forschung neben diesen methodische aber auch theoretische Gründe eine Rolle gespielt haben, wird deutlich, wenn man den Anspruch vieler Studien bedenkt, Verhalten nicht nur zu beschreiben, sondern auch zu verstehen und zu erklären. Daraus ergab sich der Gedanke, über die Rekonstruktion der Verhaltensdispositionen einen Erklärungsansatz zu finden: Die Gruppe A verhält sich zum Problem X in der Form Y', weil in der Gruppe die Einstellungsmuster Y" verbreitet sind. Dieser Erklärungsversuch geht in die Richtung einer Motivationsanalyse, die freilich letztlich nichts klärt, sondern nur auf neue Probleme verweist: Warum ist in der Gruppe A das Muster Y" verbreitet? Unter welchen Umständen und in welchem Umfang schlägt die Verhaltensdisposition Y" tatsächlich in reales Verhalten Y' um? usw.

Solange man diese schwierigen Zusammenhänge weder theoretisch noch empirisch im Griff hat, kann die Attitüdenforschung leicht in die Irre führen. Die erbärmlichen Voraussageleistungen vieler Studien mit entsprechenden Ansätzen lehren dies. In einer solchen Situation könnte es sinnvoller sein, bei empirischen Studien beim realen sozialen Verhalten anzusetzen, dieses typisierend zu beschreiben und aus den objektiven Handlungsbedingungen heraus zu erklären. Dabei kann man dann auf Einstellungsmuster zurückgreifen, soweit sich dies vom Gegenstand und Material her anbietet. In der Geschichte der Sozialforschung ist man jedoch sehr oft einen anderen Weg gegangen: Einstellungsuntersuchungen kamen, zunächst vor allem in der amerikanischen Soziologie, in Mode. Mit diesem Prozeß werde ich mich nun unter methodischen Gesichtspunkten etwas genauer befassen.

Thomas/Znaniecki wollten Attitüden, wie wir sahen, mit einem Set qualitativer Methoden erfassen. Ein vernünftiger, aber sehr dornenreicher Weg, wenn man die Anwendungsprobleme qualitativer Verfahren mitbedenkt (etwa das Zeitproblem = Materialbeschaffung und Materialaufbereitung; das Verdichtungsproblem = Bündelung und Bilanzierung des komplexen empirischen Materials). Angesichts dieser Schwierigkeiten, wie sie qualitative Techniken nun einmal machen, suchte man nach neuen Verfahren der Attitüden-Ermittlung, die rascher zu übersichtlichen Ergebnissen führen sollten. Speziell das Interesse der praktisch orientierten Soziologie an ‚quickies' – kleinen, schnell durchführbaren Studien – förderte diese Entwicklung. Hinzu kam der Mythos der Objektivität: im zahlenmäßigen Ausdruck sah man vielfach ein besonderes Gütekriterium, während qualitative Aussagen eher als unpräzis und schlecht überprüfbar galten. Eine Lösung dieser Probleme schien die Technik der Einstellungs-Skala zu bieten, mit deren Hilfe die Attitüde einer bestimmten Gruppe zu einem bestimmten Problem letztlich in einer einzigen Zahl zusammengezogen werden wird.

Der erste systematische Ansatz zur Konstruktion einer Einstellungs-Skala wurde von Emory Bogardus vorgelegt, der denn auch mit dem Titel ‚Champion of Social Research on the Pacific Coast' (Young) geehrt worden war.[162]

Bei Bogardus ist noch keine schroffe Abgrenzung gegenüber den qualitativen Verfahren ersichtlich, wie sie an der Universität von Chicago eine wichtige Rolle spielten. Bogardus stand in engem Kontakt mit Robert Park, dem Nestor der Chicagoer Schule. Beide waren ab 1923 an dem Pacific Coast Race Relation Survey beteiligt – Park als ‚director of research', Bogardus als ‚regional director' einer von fünf Forschungskommissionen vor Ort. In diesem Survey – den Park übrigens von den eigentlichen ‚social surveys' explizit mit dem Begriff ‚research' und dem Hinweis abgrenzte, es gehe nicht einfach um die Definition sozialer Probleme, sondern um die Prüfung von Hypothesen[163] – wurden Prozesse der Einschmelzung von Immigraten in die amerikanische Kultur sowie interethnische Konflikte untersucht. Die ‚human attitudes' bildeten wieder den Schlüsselbegriff.

Wie viele Studien aus dem Umfeld der Chicagoer Schule war der Race Relation Survey noch methodisch vielfältig angelegt: Einzelinterviews einschließlich qualitativer Gespräche (z. B. zur Ermittlung der Lebensgeschichte) und Gruppen-Interviews (mit explorativer Absicht) wurden durchgeführt, Tagebücher und Briefmaterialien gesammelt und ausgewertet (letzteres allerdings mit unklarer Zielsetzung). Darüber hinaus fand aber erstmals eine Einstellungs-Skala – die sogenannte ‚soziale Distanz-Skala' – Anwendung, eine Idee von Emory Bogardus, die dann als Methode einer quantifizierenden Erfassung subjektiver Sachverhalte freudige Aufnahme gefunden hat.

‚Soziale Distanz' galt dabei als Indikator für die Einstellung einer Person zu einer bestimmten Gruppe (z. B. einer nationalen Minorität). „Alle zwischenmenschlichen Beziehungen" – sagte Bogardus – „kann man sich in der Dimension der sozialen Distanz vorstellen. [...] Im Race Relations Survey wurde herausgefunden, daß die Menschen im allgemeinen ein größeres Maß an Mißverständnissen und Vorurteilen zum Ausdruck brachten, sobald die soziale Distanz zunahm." (S. 200 f.) – Wie also kann ‚soziale Distanz' gemessen werden? Das Kontaktverhältnis, das eine Person mit Angehörigen einer bestimmten Gruppe einzugehen bereit ist, galt Bogardus als Maßstab, mit dessen Hilfe die soziale Distanz zu dieser Gruppe und über diese die Einstellung zu ihr erfaßt werden kann. „Je größer die Intimität der Verbindung, desto kleiner wird die soziale Distanz sein." (S. 209) Also: Die Variable V ‚Attitüde gegenüber einer Gruppe' wurde mit dem Indikator I' ‚Soziale Distanz' ausgedrückt, der seinerseits über den Indikator I" ‚Kontaktdichte' gemessen wurde.

Bei der Messung der Kontaktdichte unterschied Bogardus sieben Intimitätsgrade, die von einem sehr engen Kontaktverhältnis bis zu gänzlich fehlenden Kontakten reichen: Bereitschaft zur Einheirat, zur gemeinsamen Club-Zugehörigkeit, zur Wohnungsnachbarschaft, zur Berufsnachbarschaft, zur Zulassung zur USA-Staatsbürgerschaft; nur Zulassung als befristeter Besucher in den USA; gänzlicher Ausschluß von den USA. Diese Intimitätsgrade wurden nun einer Gruppe von 110 Amerikanern mit der Bitte vorgelegt, mit Hilfe dieser ‚Skala' jeweils ihr Verhältnis zu anderen Nationalitäten auszudrücken.

In einer späteren Veröffentlichung berechnete Bogardus aus den Antworten für jede Nationalität einen Skalenwert, der das Verhältnis der Befragten zu dieser Nationalität angeben sollte.[164] Dabei galt:

$$SW = \frac{\sum (g_i \cdot p_i)}{\sum g_i}$$

SW = Skalenwert
p_i = Anteil, mit dem die Befragten den jeweiligen Intimitätsgrad akzeptieren
g_i = Gewichtszahlen

Diese Vorgehensweise war allein schon unter technischen Gesichtspunkten schwach. Gehören die sieben Intimitätsgrade tatsächlich ein und derselben Einstellungsdimension an? Was spricht eigentlich dafür, daß die Abstände zwischen den Graden gleich groß sind? Trotz dieser Mängel übte der Gedanke der Skala bei Einstellungsforschern große Anziehungskraft aus, suggerierte er den Forschern doch die Möglichkeit, bei der Darstellung von Attitüden an Stelle umständlicher Beschreibungen mit einer blanken Zahl auskommen zu können.

Beim Bemühen um eine technische Verbesserung der Skalen haben sich vor allem amerikanische Sozialpsychologen Meriten erworben: an erster Stelle Lewis Leo Thurstone, zusammen mit Chave der ‚Erfinder' der sogenannten ‚Thurstone-Skala'. Beim ersten Versuch, eine solche Skala zu entwickeln (1929),[165] ging es um ‚Attitude toward the Church'. Religiöse Erziehung schien den Verfassern eine wichtige Einflußgröße für die Ausbildung und Modifikation von Attitüden überhaupt zu sein. Der tatsächliche Effekt religiöser Erziehung war aber noch immer nicht richtig abzuschätzen: Inwieweit sind religiöse Ideen in die Verhaltensgewohnheiten eingegangen? Inwieweit sind religiöse Attitüden und Werte gesellschaftlich wirksam? Die Studie sollte hier mehr Klarheit bringen. Die Probleme wollte man dabei durch „akkurates Messen des Prozesses religiöser Erziehung" genauer klären.

Den Begriff der Attitüde, der wiederum im Zentrum stand, faßten Thurstone/Chave im üblichen Sinne als Verhaltensdisposition. Attitüden werden, so die Verfasser, in Meinungen verbal ausgedrückt und können deshalb über verbalisierte Meinungen empirisch gefaßt werden.

„Der Begriff ‚Meinung' bedeutet hier den sprachlichen Ausdruck einer Attitüde. Wenn jemand sagt, daß es ein Fehler war, in den Krieg gegen Deutschland einzutreten, so könnte man diese Äußerung als seine Meinung bezeichnen. Der Terminus ‚Meinung' wird auf den sprachlichen Ausdruck beschränkt. Aber was drückt er aus? Er ist vermutlich Ausdruck einer Attitüde. Es dürfte keine Schwierigkeiten bereiten, diese Verwendung der beiden Begriff zu verstehen. Der sprachliche Ausdruck ist die Meinung. Wir würden solch eine geäußerte Meinung als pro-deutsche Haltung dieses Mannes interpretieren. Eine Meinung symbolisiert eine Attitüde.

Als nächstes befassen wir uns mit der Frage, was wir messen wollen. Wenn jemand sagt, daß es ein Fehler war, in den Krieg mit Deutschland einzutreten, so interessiert uns eigentlich nicht die Wortkette als solche, auch nicht die unmittelbare Bedeutung des Satzes, einfach so, wie er dasteht, sondern vielmehr die Attitüde des Sprechers, die Gedanken und Gefühle des Mannes in bezug auf die Vereinigten Staaten, den Krieg und Deutschland. Unser eigentliches Interesse gilt der Attitüde. Die Meinung ist für uns nur insofern von Interesse, als wir sie als Symbol einer Attitüde interpretieren. Sie sagt also etwas über Attitüden, die wir messen wollen. Wir werden Meinungen als Mittel zum Messen von Attitüden benutzen." (S.7).

Die Idee war nun, die Attitüde einer Gruppe gegenüber bestimmten Sachverhalten (z.B. gegenüber der Kirche) in Form einer Häufigkeitsverteilung darzustellen, etwa in der Weise, daß die Abszisse als Rangreihe von Einstellungen zum interessierenden Problem – z.B. von proklerikalen über neutrale zu antiklerikalen Meinungen – definiert ist und auf der Ordinate die Häufigkeiten der Zustimmung zu den einzelnen Meinungen abgetragen werden. Die Form der Häufigkeitsverteilung galt als brauchbarer Indikator für die Attitüde der befragten Gruppe gegenüber der Kirche. Das Problem, das sich bei einer solchen Vorgehensweise offenkundig zunächst stellt, ist die Definition des Inhalts und der Maßeinheit auf der Abszisse: Welche Meinungen sind wie in Form eines linearen Kontinuums anzuordnen, so daß sie als Maßstab dienen könnten? Die Skala sollte hier eine Antwort geben. Unter einer Skala wurde somit eine Abfolge von ‚statements' (Meinungen) verstanden, von denen jedes an einem bestimmten Punkt in einer eindimensionalen Rangreihe plaziert ist und durch seine Plazierung ein fest definiertes Verhältnis in bezug auf die zu messende Attitüde indiziert.

Zum Verfahren der Skalenkonstruktion:

1. Ermittlung von Statements, auf denen die Skala aufbauen soll:

– Zunächst wurden durch Gespräche, Literaturstudium usw. 130 Statements gesammelt, die irgendwelche Meinungen über die Kirche enthielten. Die Statements sollten folgende Merkmale aufweisen: kurz und bündig, zustimmungs- oder ablehnungsfähig (dafür oder dagegen?); Meinungs-, nicht Aussagecharakter; eindeutig, nicht doppelsinnig; relevant für die zu messende Attitüde. (Um die Wirksamkeit bestimmter Selektionsverfahren zu testen, wurden allerdings einige Statements mitgeschleppt, die die beiden letzten Kriterien nicht erfüllten; dazu später.) – Beispiele: Statement Nr. 8 „Ich glaube, daß die Kirche einen guten Einfluß auf die unteren, wenig gebildeten Klassen ausübt; aber für die höheren, gebildeten Klassen, hat sie keinen Wert." Nr. 39: „Ich glaube, die Kirche ist absolut notwendig, um mit der Tendenz zum Individualismus und zur Selbstsucht fertig zu werden. Sie stärkt das Gesetz der goldenen Mitte ziemlich gut." Nr. 51: „Ich fühle, daß ich Gott eher außerhalb der Kirchentüren huldigen kann und daß ich dort mehr Inspiration erhalte." Nr. 113: „Ich glaube, daß die Kirche die Werte stabilisiert, welche den Menschen in seiner Lebensphilosophie am höchsten stellen."

– Sortierung der Statements: Die Statements wurden an insgesamt 341 Personen (offenkundig Universitätsangehörige, keine genaueren Angaben) zur Beurteilung ausgeteilt. Jeder Beurteiler sollte jedes Statement unter dem Gesichtspunkt einschätzen und graduieren, inwieweit es eine eher pro- oder antiklerikale Einstellung zum Ausdruck bringt; das Verhältnis der Schätzer persönlich zum jeweiligen Statement interessierte nicht. Die Beurteiler wurden dabei dazu angehalten, die Statements auf 11 Skalen-Stufen aufzuteilen (A–K genannt; nur A – „am stärksten proklerikal" –, K – „am stärksten antiklerikal" – und F – „eindeutig neutral" – waren vordefiniert).

– Selektion der Schätzer: Wer dreißig oder mehr Statements einer einzigen Stufe zuordnete, galt als sorglos oder wenig differenzierungsfähig. Die Voten dieser Schätzer (insgesamt 41 Personen) wurden ausgeklammert, so daß die endgültige Skalenkonstruktion auf der Graduierung von 300 Personen beruhte.

2. Aufbereitung der Graduierungen der Schätzergruppe:
Für jedes der 130 Statements, für die von insgesamt 300 Personen eine Eingruppierung in die Skalenstufen A (0–1) bis K (10–11) vorlag, wurden folgende Werte ermittelt:

- Die Verteilung der Nennungen auf die Stufen A (0–1) bis K (10–12) (Angaben in kumulierten Häufigkeiten).
- Der Skalenwert (definiert als Zentralwert der jeweiligen Häufigkeitsverteilung; d. h. der Skalenwert eines Statements ist der Wert, der in der Häufigkeitsverteilung dieses Statements exakt in der Mitte liegt – gleich kumulierte Häufigkeit von 50%).
  Aussage: Je größer der so berechnete Skalenwert, desto stärker liegt eine antiklerikale Attitüde vor und umgekehrt.
- Die Streuung der Häufigkeitsverteilung um den Skalenwert (ermittelt durch Berechnung des unteren und oberen Quartilwerts (Q_1, Q_3) und ausgedrückt im Quartilmaß $Q = Q_3 - Q_1$).
  Aussage: Je größer das Quartilmaß, desto weniger eindeutig läßt sich das Statement dem Skalenwert zuordnen. Die Skalenwerte und Quartilmaße wurden dabei graphisch ermittelt (‚psychometrische Grafik').

3. Ermittlung der Skala ‚Kirchen-Attitüde':
Unter Berücksichtigung der Ergebnisse von 2. wurde eine Auswahl von 45 Statements in einer Skala zusammengefaßt. Dabei fanden folgende Selektionskriterien Anwendung:

- Kriterium der Zweideutigkeit: Alle Statements mit geringer Eindeutigkeit – d. h. großer Streubreite der Einschätzungen (= Q) – wurden aussortiert. Beispiel: Statement 8.
- Kriterium der Irrelevanz: Statements, die von einer besonderen Testgruppe mit Statements unterschiedlichster Skalenwerte kombiniert worden waren, wurden aussortiert. Beispiel Statement 23, weil es von Pro- und Antiklerikern gewählt werden kann, also in bezug auf die Kirchen-Attitüde irrelevant ist.
- Kriterium der Streuung über die Skala: Aus den übriggebliebenen Statements wurde eine Endauswahl getroffen, die sicherstellte, daß möglichst der ganze Skalenbereich voll abgedeckt war; dabei fanden jeweils vier Statements pro Skaleneinheit A bis K Berücksichtigung (= 44 Statements + ein Extremwert).

4. Zusammenstellung des Fragebogens

Der Fragebogen mit der endgültigen Skala bildete das Erhebungsinstrument einer Befragung von einigen hundert Studenten der Universität von Chicago. Jeder Befragte sollte jedes ausgewählte Statement mit seiner eigenen Meinung vergleichen und diejenigen Statements ankreuzen, denen er zustimmt. Für die einzelnen Befragten konnte nun der persönliche mittlere Skalenwert ermittelt werden (= arithmethisches Mittel aus den Skalenwerten der angekreuzten Statements), der von Thurstone/Chave als Indikator für die subjektive Nähe oder Ferne des Befragten zur Kirche angesehen wurde (nahe 0 = stark proklerikal; nahe 11 = stark antiklerikal). Auf der Grundlage dieser persönlich ermittelten Skalenwerte konnte durch Gruppenbildung und Vergleich der Frage möglicher Einflüsse auf die Attitüde gegenüber der Kirche nachgegangen werden.

Dabei ergab sich, daß das Studienalter kaum Einfluß auf die Religiosität hatte; daß Theologiestudenten der Kirche näher standen als sonstige Studenten; daß Katholiken im Schnitt stärker proklerikal waren als Protestanten; daß Kirchenbesucher und aktive Kirchenmitglieder der Kirche näher waren als andere usw. – alles keine Überraschungen. Wenn man dies heute nachliest, kann man sich des Eindrucks kaum erwehren, daß es den Forschern ähnlich gegangen sein muß wie einst Herrn K. in Brechts Kalendergeschichten, der von einem Gärtner den Auftrag erhalten hatte, einen Lorbeerbaum in Kugelform zu beschneiden: „Ich begann sogleich mit dem Abschneiden der wilden Triebe, aber wie sehr ich mich auch mühte, die Kugelform zu erreichen, es wollte mir lange nicht gelingen. Ein Mal hatte ich auf der einen, ein Mal auf der anderen Seite zuviel weggestutzt. Als es endlich eine Kugel geworden war, war die Kugel sehr klein. Der Gärtner sagte enttäuscht: Gut, das ist die Kugel, aber wo ist der Lorbeer?"

Die Thurstone-Skala ist offenkundig technisch aufwendiger und perfekter als die Distanz-Skala von Bogardus. Allerdings gibt es nach wie vor leicht erkennbare Konstruktionsprobleme: Wie steht es um die Kompetenz der Einschätzer? Ist der Maßstab auf der Skala einheitlich? usw. Grundlegender freilich sind Mängel, die der Idee der Attitüden-Skala insgesamt anhaften und die auf eine kaum vertretbare Vereinfachung von Bewußtseins-Phänomenen hinauslaufen. In der Attitüden-Forschung geht es meist um recht komplexe subjektive Sachverhalte wie z. B. Vorurteile gegenüber Minoritäten oder Religiosität. Sollen solche Bewußtseinsphänomene mit einer Skala aufgenommen werden, so müssen sie zunächst so weit vereinfacht werden, bis sie zum abstrakten Maßstab der einlinearen Skala passen. Doch was nach dieser Reduktion gemessen wird, ist nicht mehr das reale Bewußtsein der erfaßten Gruppen, sondern eine Fiktion, die durch die Untersuchung selbst erst geschaffen wird:

– Ambivalenz-Strukturen im Bewußtsein können nicht aufgenommen werden. Die Skala unterstellt, daß sich die Einstellungen der Befragten eindeutig erfassen lassen. Oft sind aber die Lebenserfahrungen der Menschen so heterogen und widersprüchlich, daß die Zuspitzung auf ein eindeutiges Statement eine Synthese verlangt, die angesichts der Widerspruchserfahrungen schlechterdings nicht möglich ist. Das Bewußtseins-Korrelat solcher Widerspruchserfahrungen ist die Ambivalenz, d. h. eine Bewußtseinsform, die je nach der Erfahrungsperspektive, die das Subjekt gerade zugrundelegt, unterschiedliche Züge annimmt. Auf die Kenntnis solcher Ambivalenzstrukturen im Bewußtsein kann vor allem deshalb nicht verzichtet werden, weil auf der Basis ein und desselben ambivalenten Bewußtseins sehr unterschiedliche Verhaltensweisen möglich sind – je nach der Bewußtseinsschicht, die in der konkreten Handlungssituation angesprochen wird: ein für eine verhaltensorientierte Soziologie offenkundig elementarer Sachverhalt. Bei der Verwendung einer Skala wird dieses wichtige Problem der Ambivalenz-Strukturen allenfalls als Frage nach einer

möglichen Mehrdimensionalität der Skala anzugehen sein (Faktoren-Analyse), doch ist dies eine rein technische Lösung, die die theoretisch-inhaltliche Begründung und den Versuch einer problemadäquaten praktischen Einlösung nicht ersetzen kann.
– Urteile und Begründungen der Befragten erscheinen als irrelevant. Die Skalentechnik hat einen antirationalen Zug. Im Ansatz geht sie von der Unterstellung aus, daß ein Befragter über eigene Meinungen, Einschätzungen, Verhaltensweisen nicht selbst reflektieren kann, zumindest daß solche Reflexionen wissenschaftlich wertlos seien. Die Befragten figurieren als bewußtlose, unmündige Probanden (wodurch auch das böse Wort von der ‚nigger-research' aufkam). Doch ist diese Unterstellung selbst ein Vorurteil, durch das viel verspielt wird. Denn selbst als bloße Ideologie wären Selbstreflexionen der Befragten, ihre Urteile und Begründungen für die Analyse subjektiver Sachverhalte bedeutsam. Allerdings enthält die Selbstreflexion des Befragten zu einem Gutteil auch Richtiges und Wahres, das wichtige Aufschlüsse über die tatsächlichen Ursachen seiner Einstellungen vermitteln kann. Urteile und Begründungen der Befragten bilden daher einen unverzichtbaren Bestandteil der Motivations- und Ursachen-Analyse.

Die Attitüden-Skala ist aus diesen Gründen ein fragwürdiges Instrument der empirischen Sozialforschung – kompliziert und aufwendig in der Erarbeitung und mager im Ertrag. Gleichwohl fand sie als vermeintlich ‚sauberes' Meßinstrument viel Verwendung – und man kann sich lebhaft vorstellen, daß einem Mann wie Adorno erhebliche Zweifel kamen, als er in den USA mit solchen Praktiken konfrontiert wurde. Aber selbst Adorno konnte sich bekanntlich dem Anwendungsdruck, der von der scheinbar so perfekten Technik ausging, nicht ganz entziehen, so daß in der ‚Authoritarian Personality' ebenfalls mit einer Skala gearbeitet wurde, die man hier allerdings durch eine Reihe qualitativer Analysen abstützte (vgl. Kap. IV, 3b).

(b) Nutzung der Wahrscheinlichkeitstheorie durch Perfektionierung der Sampling-Technik in der Demoskopie. Die Meinungsumfragen (public opinion polls) – ein originärer amerikanischer Beitrag zur empirischen Sozialforschung – gehen auf Probeabstimmungen (‚straw votes') zurück, mit deren Hilfe Journalisten (inquiring reporters) den Ausgang von Wahlen vorhersagen wollten.[166]

Diese Art von Journalismus, in der sich das Interesse an der öffentlichen Meinung wirkungsvoll mit dem an sensationellen Aufmachern und höheren Auflagen verband, geht bis aufs Jahr 1824 zurück. Sie fand in den USA in den ersten drei Jahrzehnten des 20. Jahrhunderts starke Verbreitung. Oft war die Anlage der polls wissenschaftlich ziemlich naiv: Wahlzettel wurden in der Zeitung abgedruckt; man konnte sie ausschneiden und einschicken. Trotzdem besaß diese primitive ‚Prognose' wichtiger öffentlicher Ereignisse hohe Attraktivität, so daß allein zwischen 1916 und 1926 über 60 spezielle Umfrage-Organisationen gegründet wurden. Allmählich verbesserten sich dadurch auch die Erhebungstechniken.

Besonderes Interesse fanden vor allem die polls, die die Zeitschrift ‚Literary Digest' seit 1916 durchführte. Die Wahlprognosen dieser Zeitschrift galten als besonders zuverlässig. Zunächst machte man reine Wahlforschung, später ging es aber auch um die Ermittlung von Meinungen zu anderen Fragen von öffentlichem Interesse: z. B. Steuern oder Prohibition; seit den dreißiger Jahren wurden auch Fragen gestellt wie: „In finanzieller Hinsicht: stehen Sie sich da besser oder schlechter als im letzten Jahr?", „Haben Sie in diesem Winter irgendeine Erkältung gehabt?", „Was sind nach Ihrer Meinung die Hauptgründe dafür, daß die Familien heute so wenig Kinder haben?" – Bei jeder Umfrageaktion wurden Millionen Stimmzettel postalisch verschickt, gewöhnlich an Personen, die im Telefonbuch oder in der Liste der Autobesitzer standen. Die Rücklaufquoten sollen um die 25% gelegen haben, so daß die rücklaufenden Stimmzettel immer noch in die Millionen gingen.

Diese polls des Literary Digest liefen gut, bis es 1936 zu einem riesigen Desaster kam. Während der Wahlkampagne zu den Präsidentschaftswahlen 1936 waren um 10 Millionen Stimmzettel verschickt worden, 2376523 kamen zurück. Trotz dieser großen Stimmenzahl ging die Wahlvoraussage daneben: Nicht nur wurde entgegen der Vorhersage des Literary Digest Franklin D. Roosevelt wiedergewählt (und nicht – wie behauptet – durch Landon abgelöst), vor allem lag die für Roosevelt prognostizierte Stimmenzahl um immerhin 20% neben dem tatsächlichen Ergebnis. Nach diesem Fiasko mußte der Literary Digest seine Tätigkeit einstellen.

Die Ursache des Fehlgriffs bestand offenkundig in einer mangelhaften Stichprobe, die trotz der großen Zahl ausgefüllter Stimmzettel einen erheblichen ‚bias' aufwies: In den Verzeichnissen der Telefone und Autos standen nur Personen mit relativ hohem ökonomischen Status, auch dürften bei einer Verlustquote von 75% die Rückläufer eine besondere Gruppe gebildet haben (politisch in irgendeiner Weise Interessierte). Der Rückschluß von einer solch nicht-repräsentativen Stichprobe auf die Grundgesamtheit mußte zu Fehleinschätzungen führen. Der Mißerfolg des Literary Digest verwies insofern auf die Notwendigkeit, bessere Erhebungstechniken bei Umfragen anzuwenden.

Hier begann nun ein neuer Stern zu strahlen: George Gallup und das American Institute of Public Opinion:[167] Gallup, der seit 1933 mit polls experimentiert hatte, zog im Unterschied zum Literary Digest relativ kleine Samples. Zur 1936er Wahl prognostizierte Gallup einen Roosevelt-Sieg – wobei seine Vorhersage (gerade weil sie sich vom ehrwürdigen und großen poll von Literary Digest absetzte) viel Aufmerksamkeit fand. Gallup lag insgesamt recht gut. Die methodischen Prinzipien seiner polls, die im Lauf der Zeit immer weiter verbessert wurden, setzten sich durch. Das gilt insbesondere für die Perfektion der Stichprobentechnik, die aus der quantitativen empirischen Sozialforschung nicht mehr wegzudenken ist.

Das Sampling, das Bemühen von einer Auswahl aufs Ganze zu schließen, ist an sich jedermann bekannt: Wasser-, Milch-, Blutproben, Geschmackstests usw. Die Alltagserfahrung legt dabei schon den Schluß nahe, daß die Probe, die – gemessen an der Gesamtheit – durchaus klein sein kann, nur dann eine Beurteilung der Gesamtmenge zuläßt, wenn sie einen repräsentativen Teil davon darstellt. An dieser schlichten Erfahrung war der Literary-Digest-poll gescheitert.

Gallup war hier vorsichtiger. Er versuchte, die Repräsentativität seiner Samples durch entsprechende Vorkehrungen bei ihrer Zusammensetzung sicherzustellen: Anfangs wählte er seine Befragten-Gruppen nach dem Quoten-Verfahren aus. Die Grundgesamtheit wurde nach statistischen Merkmalen (z.B. Alter, Geschlecht, Schulbildung) gegliedert, die relativ leicht ermittelt werden konnten und die vermutlich mit dem Untersuchungsproblem in Zusammenhang standen (= Feststellung der Quoten in der Grundgesamtheit); die Auswahl der Untersuchungseinheiten erfolgte dann so, daß die Stichprobe die gleiche Quotengliederung aufwies wie die Grundgesamtheit (z.B. ähnliche Altersgliederung, Geschlechtsverteilung, Gliederung nach Schulbildung).

„In erster Linie muß die Stichprobe oder der nationale Querschnitt das richtige Verhältnis der Bürger jeder sozialen Stellung erfassen. Deshalb muß die Bevölkerungsstruktur sorgfältig erforscht werden. Im großen und ganzen sind die wichtigsten Faktoren, die berücksichtigt werden müssen, Berufsgruppen, Einkommenshöhe, politische Einstellung, Alter, Bildung, Rassen- und Religionszugehörigkeit. Diese Hauptgruppen müssen richtig repräsentiert sein durch Städte unterschiedlicher Größe und ländliche Regionen. Gelegentlich können auch andere Faktoren als bedeutend angesehen werden. So dürfte es beispielsweise bei Untersuchungsthemen, die die Gewerkschaften betreffen, wichtig sein, die Stichprobe daraufhin zu prüfen, ob sie die richtige Anzahl Gewerkschaftsmitglieder enthält.

Wenn ein Querschnitt die wichtigsten Berufs- und Einkommensgruppen repräsentiert und streng entsprechend der Bevölkerung verteilt ist, so sind darin typischerweise die anderen Faktoren, wie die Mitgliedschaft in Gewerkschaften, in der Regel im angemessenen Verhältnis enthalten.

Bei der Untersuchung von Regierungsdaten und Wahlziffern sind Informationen über diese wichtigen ‚Kontrollfaktoren' leicht zu erhalten. Bei anderen Fragestellungen kann es für die die Umfrage durchführende Einrichtung unerläßlich sein, ihre Informationen selbst zusammenzutragen. Sind sämtliche Fakten hinsichtlich der grundlegenden Bevölkerungsstruktur einer Stadt oder einer Nation bekannt, so ist das Ziehen einer Stichprobe nicht schwer. Wenn z.B. 20% der Erwachsenen einer Nation in der Landwirtschaft tätig sind, dann müssen offensichtlich Farmer mit 20% in der gesamten Stichprobe einer Nation vertreten sein. Wenn 20% aller Erwachsenen des Landes zwischen 21 und 29 Jahre alt sind, dann müssen 20% der gesamten Stichprobe aus dieser Gruppe kommen. Folgt man dieser Vorgehensweise, dann kann jede Gruppe und jede Region des Landes in der Stichprobe angemessen repräsentiert werden."[168]

Die gewissenhafte Anwendung dieser Sampling-Technik erlaubte, sofern die Untersuchungsthemen für quantitative Interviews geeignet waren, relativ brauchbare Aussagen auf der Grundlage relativ kleiner Samples. In seinen Wähleruntersuchungen machte Gallup meist schon Panel-Befragungen (d.h. mehrmalige Befragungen, die zeitlich versetzt wurden und mit denen Meinungsumschwünge festgestellt werden können). Trotz dieser zeitlich gestreckten Umfragen erfaßte er nur 25000 bis 40000 Befragte (1948, nach einer zweimonatigen Befragung, 60000) – im Vergleich zu dem Sample des Literary Digest sehr kleine Stichproben. Dabei kam er bereits zur Schätzung von Fehlergrenzen (Stichproben-Fehler). Gallup sagte, daß „bei normal verteilten Meinungen die praktische Fehlergrenze in Abhängigkeit zur Größe der Stichprobe von 2,7% für Stichproben mit 3000 Befragten bis zu 0,7% für Stichproben mit 50000 Befragten geht, und daß die Fehlergrenze weiter reduziert wird, wenn die Meinungsverteilung einseitiger wird".[169]

Die Nachteile des Quotenverfahrens (allgemein gilt hier: die Relevanz der Variablen, mit denen die Quoten definiert werden, ist für die konkrete Fragestellung keineswegs gesichert; zudem kann es einen Interviewer-Bias bei der Auffüllung der Quoten geben) führten zu einer Verbesserung der Sampling-Technik: 1944 machte Gallup Experimente mit der Technik der Zufallsstichprobe, vor allem in der Form der Flächenstichprobe. Seit 1949 wurden die Samples dann als Flächenstichprobe gezogen. Hier wurde dann die Grundgesamtheit in räumlich-territoriale Untereinheiten (z.B. Häuserblocks) mit annähernd gleicher quantitativer Besetzung aufgeteilt (= Bildung von Klumpen); die Auswahl der Klumpen, die in der Untersuchung berücksichtigt werden sollten, erfolgte dann nach dem Zufallsprinzip: jede Untereinheit hatte die gleiche Chance, in die Untersuchung aufgenommen zu werden.

Mit Gallup setzten sich neben einer perfekteren Sampling-Technik eine Reihe anderer technischer Maßnahmen durch, die heute in der Meinungsforschung ziemlich selbstverständlich sind. Dazu gehört das schon genannte Panel-Verfahren, das bei der Erforschung von Meinungen ‚im Fluß' angewendet werden kann. Besonders wichtig war auch der Übergang von der schriftlichen zur mündlichen Befragung. Nach 1936 arbeitete Gallup kombiniert mit schriftlichen und mündlichen Befragungen: ‚mailed ballots' für mittlere und höhere Einkommensgruppen, persönliche Interviews in ländlichen Gebieten und bei niedrigen Einkommensstufen. Genauere Analyse der Rückläufe bei den schriftlichen Befragungen verwiesen jedoch auf eine zu hohe Verzerrung, so daß bald nur noch persönliche Interviews durchgeführt wurden. Diese Entscheidung machte den Aufbau einer Interviewer-Organisation notwendig. So beschäftigte Gallup 1948 für Interviewzwecke 1300 Frauen und Männer, die selbst gezielt nach bestimmten Quoten zusammengesetzt wurden, um einseitige Interviewereinflüsse zu vermeiden (Alter, Geschlecht, politische Orientierung, Beruf, Herkunft usw.). Empirische Sozialforschung nahm die Organisationsform eines Großbetriebs an.

Das Gallup-Institut war von 1936 bis 1948 in der amerikanischen Wahlprognose führend. Mit relativ kleinen Samples wurden relativ gute Resultate erzielt. Gelegentlich kam es durchaus zu einem Fehlgriff; bekannt ist vor allem die Fehlprognose zur 1948er Präsidentschaftswahl, wo Gallup auf Dewey setzte, Truman aber (infolge eines sehr späten Meinungsumschwungs übrigens, der im Panel nicht mehr herauskam) gewann. Doch ist zu beachten, daß der Sieg Trumans haarscharf ausfiel; an sich war die Voraussagegenauigkeit – gemessen an sonstigen Fehlerquoten – nicht schlecht, besser sogar als bei der Wahl von 1936, auf der sich Gallups hohes Ansehen aufbaute (Unterschätzung der Stimmen der Demokratischen Partei 1936 6,9%, 1948 5,0%).

Die insgesamt großen Erfolge dieser Art empirischer Forschung lösten in den USA einen Prozeß der Vermarktung der Meinungsforschung aus. Eine regelrechte ‚polling industry' entstand – Hunderte von kommerziellen Umfrageunternehmern, die sich heute längst nicht mehr nur oder auch nur vorwiegend mit Wählerumfragen beschäftigen, sondern mit kommerziell und administrativ nutzbaren demoskopischen Erhebungen aller Art: Aufträge von Firmen und staatlichen Einrichtungen, die genug Geld bringen, um einen großen Befragungsapparat aufrecht zu erhalten, und immer noch genug Gewinn abwerfen. Wir haben gesehen, daß Lazarsfeld unter den Emigranten derjenige war, der mit dieser Entwicklung am meisten anzufangen wußte. Er war nicht nur von seiner Biographie her einer Mathematisierung der Sozialforschung gegenüber besonders offen. Der Trend zur Verbetrieblichung der Sozialforschung entsprach auch seinen wissenschaftsorganisatorischen Vorstellungen. Lazarsfeld hat deshalb in den USA mit der kommerziellen Umfrageforschung engen Kontakt gehalten und die in ihr liegenden Möglichkeiten für seine eigenen Zwecke auszunutzen versucht (vgl. Kap. IV, 3 c).

In ihrem Metier liefert empirische Sozialforschung in der Variante der Umfrageforschung Ergebnisse mit beachtlicher Voraussage-Genauigkeit, wie das Beispiel der Wahlprognosen zeigt, deren Leistungsfähigkeit inzwischen auch bei uns jedermann in Presse und Fernsehen verfolgen kann. Die in diesem Fall relativ große Zuverlässigkeit verweist noch einmal auf die wichtige Bedingung der Strukturübereinstimmung zwischen Gegenstand und Methode.

Gewiß sind es auch die elaborierten Verfahrensregeln, insbesondere die perfekte Sampling-Technik, die der Demoskopie zu brauchbaren Ergebnissen verhilft. Neben diesen technischen Verfahren spielen aber auch Besonderheiten der Untersuchungsthemen eine Rolle: Subjektive Sachverhalte interessieren in der Meinungsforschung meist nur in ganz begrenzten Ausschnitten; nicht die komplexe Gesamtheit der Meinungen, Wertungen und Orientierungen von sozialen Gruppen soll erfaßt werden, sondern nur das potentielle Verhalten in einer sehr eingeengten Entscheidungssituation: ob der Kandidat X gewählt wird, ob das Waschmittel Y gekauft wird, ob die Maßnahme Z ankommt usw.

Es werden also Variablen niedrigster Komplexität erfaßt, die ohne Substanzverlust operationalisiert werden können. Anders gesagt: der Komplexitätsgrad der Variablen, die in der Demoskopie untersucht werden und der Komplexitätsgrad des Indikators, über den die Untersuchungsvariable von den Demoskopen gemessen wird, entsprechen sich im großen und ganzen. In solchen Fällen gibt es kein Reduktionsproblem. Ein real schon fragmentierter Sachverhalt wird mit einer Erhebungstechnik erfaßt, die zu diesem Gegenstand paßt wie der Deckel auf den Kochtopf. Die quantifizierende Meinungsforschung greift Realabstraktionen auf – darin liegt das Geheimnis ihrer Genauigkeit. Der Abstraktionsgrad der quantifizierenden Befragung entspricht hier dem realen Abstraktionsgrad des Untersuchungsobjekts.

Daraus ergibt sich eine verallgemeinernde Schlußfolgerung, die sich schon an anderen Stellen angedeutet hatte. Soweit real abstrakte Sachverhalte untersucht werden und dabei die technischen Verfahrensregeln der Samplebildung, der Fragebogenkonstruktion, der Interviewerauswahl usw. beachtet werden, führt die quantifizierende empirische Meinungsforschung durchaus zu brauchbaren Ergebnissen. Das Reduktionsproblem, das bei den Attitüden-Untersuchungen beträchtlich war, taucht hier nicht mehr auf. Nur stellt eben die demoskopisch erfaßbare Meinung bloß einen kleinen Ausschnitt aus dem Gesamtkomplex der subjektiven Sachverhalte dar.

5. Warum die empirische Sozialforschung in Deutschland erst spät institutionalisiert wurde

Wie wir in Kap. IV/3 sahen, war das Forschungsinstitut eine spezifische Form der Vergesellschaftung wissenschaftlicher Arbeit – eine Betriebsweise, die erst relativ spät, nämlich Ende des 19. Jahrhunderts, in der Wissenschaftsgeschichte auftauchte, dann aber immer mehr an Bedeutung gewann. Wurde in der Phase der akademischen Wissenschaft, um in Clarks schon erwähntem Entwicklungsschema zu bleiben, der Arbeitsprozeß des Forschers noch individuell abgewickelt, während Kontakt und Auseinandersetzung mit Fachkollegen auf die Einrichtungen der wissenschaftlichen Öffentlichkeit beschränkt blieben, so brachte die Organisationsform des Forschungsinstitutes die Vergesellschaft der Forschungsarbeit selbst, die nunmehr in Betriebsform, arbeitsteilig und kooperativ erledigt wurde.

Die Ursachen für die Herausbildung von Forschungsinstituten waren vielfältig. Den Hintergrund bildete die Verwissenschaftlichung der Gesellschaft, die auf verschiedenen Ebenen stattfand: Von eher empirischen Verfahrensweisen in der Produktion zur systematischen Entwicklung von Produkten und Produktionsverfahren; von der erfahrungsgeprägten und stark personengebundenen Unternehmensführung zur formalisierten und durchbürokratisierten modernen Unternehmensleitung; von der noch traditionell geprägten landesherrlichen Verwaltung zur bürokratisch durchorganisierten modernen Staatsverwaltung. All dies gab der Wissenschaftsentwicklung entscheidende Impulse, wobei der stark wachsende Wissenschaftsbereich nicht nur durch neue Forschungsergebnisse den Anstoß zur weiteren Verwissenschaftlichung der Gesellschaft gab, sondern zugleich auch die auf die Verwertung wissenschaftlicher Erkenntnisse ausgerichtete Arbeitsweise in vielen gesellschaftlichen Bereichen den Bedarf an wissenschaftlichen produzierter Erkenntnis sprunghaft ansteigen ließ. Die Verwissenschaftlichung der Gesellschaft war so auch eine wichtige Triebkraft für die Expansion und Ausdifferenzierung des Wissenschaftssystems.

Nun ist wichtig, daß der Wissenschaftsbereich in Deutschland auf der Grundlage der überkommenen Organisationsform akademischer Wissenschaft, wie er in der Humboldtschen Universitätskonzeption zum Ausdruck kam, den an ihn gerichteten neuartigen und wachsenden Anforderungen nicht richtig Rechnung tragen konnte. Die Absorption durch die notwendig polyvalente Lehre hinderte viele Universitätslehrer daran, den Bedürfnissen moderner Forschung Rechnung zu tragen, die vollen Arbeitseinsatz und stärkere Spezialisierung verlangte. Im übrigen konnte die seminaristisch organisierte Universität auch nur in begrenztem Umfang die infrastrukturellen Voraussetzungen moderner Forschung, vor allem den professionalisierten Forschungsstab und die gebotene forschungstechnische Ausstattung, bereit halten. Das Forschungsinstitut stellte eine Antwort auf diese neue Konstellation in der Wissenschaftsentwicklung dar.

Was die Soziologie anlangt, so mangelte es allerdings in Deutschland – ganz im Unterschied zu den Vereinigten Staaten – lange Zeit an den entsprechenden Triebkräften. Vergleicht man in dieser Hinsicht die Entwicklung bei uns mit der in Amerika, so ist natürlich wichtig, daß die amerikanische Gesellschaft mit ihrer gewaltigen Ausdehnung, ihrer großen Dynamik und ihren immensen sozialen Integrationsproblemen ohnehin ein Feld bildete, in dem sozialwissenschaftliche Forschung eher als bei uns als Produzent möglicher Problemlösungen attraktiv war. Hinzu kam aber, daß in Deutschland oft auch der Informations- und Forschungsbedarf, der in den USA von der neuen Disziplin der Soziologie abgedeckt werden konnte, sich auf Forschungsprozesse richtete, die außer-soziologisch institutionalisiert waren. Nur begrenzt, nämlich hauptsächlich als gelegentliche Beratung der Staatsverwaltung vor allem in sozialpolitischen Fragen, konnten sich die deutschen Sozialwissenschaften vor 1933 (soweit sie Soziologie oder ähnliches trieben) als administrativ verwertbare Wissenschaft profilieren. Die neuen Forschungsfragen aber, die sich aus dem ständigen Bemühen der Privatwirtschaft um neue Formen der Rationalisierung und effizientere Ansätze der Betriebsorganisation ergaben, gingen in Deutschland zunächst an der Soziologie weitgehend vorbei. Sie wurden hier stärker von der naturwissenschaftlich geprägten Medizin, der Psychologie usw. aufgenommen, während sie in Amerika in den zwanziger Jahren auch einen entscheidenden Anstoß zur Weiterentwicklung der empirischen Soziologie gaben. Um es überspitzt zu sagen: Die Funktion, die in Amerika die Hawthorne-Studien erfüllten, nahmen in Deutschland die Arbeitsphysiologie und die naturwissenschaftlich ausgerichtete Arbeitswissenschaft wahr – was zu anderen Ergebnissen führen mußte.

Susanne Petra Schad betont in ihrer Studie über ‚Empirische Sozialforschung in Weimar-Deutschland', daß es eine Menge sozialer Probleme (Armut, Kriminalität, Delinquenz usw.) gegeben habe, die man hier wie in anderen westlichen Ländern unter Rückgriff auf Daten zu lösen hätte versuchen können, die auf quantitativer empirischer Sozialforschung aufbauten. Trotzdem habe es in Deutschland 1930 keine einzige autoritative empirische Studie eines Soziologen gegeben, der sich mit irgendeinem dieser zentralen Probleme beschäftigt hätte. Ihre These: Es lasse sich zeigen, daß andere Fächer, nämlich „Psychologie, Pädagogik, Medizin und Psychiatrie, zusammen mit Statistik, Ökonomie und Strafrecht begonnen hatten, solche Problembereiche, die

Gegenstand der Soziologie hätten werden können, systematisch zu erforschen, *bevor* sich die Soziologie selbst als autonome akademische Disziplin konstituiert hatte und daß – ehe sich die Soziologie mit ihren philosophischen und metatheoretischen Problemen auseinandergesetzt hatte und bemüht war, Anerkennung als legitimes und etabliertes Fach zu erringen – die oben genannten Disziplinen mit Erfolg einen soliden und beträchtlichen Grundstock empirischer Forschungsdaten über die Themengebiete Bevölkerung, Schichtung, Bevölkerungswanderung, Konjunkturschwankungen, Kriminalität, Selbstmord, Prostitution, soziale Bedingungen psychischer und physischer Gesundheit, Wirkung von Armut auf das Lernen, Schulleistung, Intelligenz, familialer Zusammenhalt etc. ansammeln konnten."[170] Die Entwicklung eines Teils dieser ‚nichtsoziologischen Sozialforschung' wird von Schad ausführlich dargestellt.[171] In der Tatsache, daß Themen, die heute zweifelsfrei den Gegenstandsbereich der empirischen Soziologie ausmachen, vor 1933 systematisch außerhalb und nicht in der Soziologie erforscht worden sind, erkennt sie eine wichtige Sperre für die Entwicklung der empirischen Sozialforschung in Deutschland.

Mit diesem Argument trifft Schad einen für die hiesige Entwicklung der empirischen Sozialforschung entscheidenden Punkt, wenn sie auch nicht deutlich genug hervorhebt, daß diese nicht-soziologischen Fächer die gesellschaftlichen Funktionen, die anderwärts die Soziologie erfüllte, nicht notwendigerweise dadurch erledigten, daß sie selber empirisch-soziologisch arbeiteten. Auch das kam vor, doch ebenso war es möglich, daß sie die Funktion der Soziologie gerade durch nicht-soziologische, vor allem naturwissenschaftliche Arbeitsweise wahrnahmen. Ein gutes Beispiel naturwissenschaftlichen Funktionsersatzes liefert die deutsche Arbeitsphysiologie der 20er Jahre, die bei uns eine Rolle gespielt hat, die in den USA der Betriebssoziologie zufiel. Dazu einige Details, da Schad diese charakteristische Episode überhaupt nicht erwähnt.

In den USA markierten die Hawthorne-Studies (1924–1932) den Beginn der Soziologie bzw. Sozialpsychologie des Industriebetriebs. Eine gewaltige Untersuchung (getragen vom Department of Industrial Research der Harvard Business School und der Western Electric Company; acht Jahre Laufzeit; diverse Experimente und Beobachtungen im Betrieb; 40000 Interviews mit Beschäftigten), die zu den großen empirischen Projekten der Frühphase amerikanischer Sozialforschung gehört. Die Entstehung der Hawthorne-Studien und insbesondere die bereitwillige Aufnahme ihrer betriebspraktischen Implikationen in der Human-Relations-Bewegung sind Ausdruck der Tatsache, daß in der amerikanischen Industrie bereits die Grenzen tayloristischer (und wenn man hier überhaupt einen Unterschied machen will: fordistischer) Rationalisierung spürbar geworden waren. Die rein tayloristischen Instrumente der Personalsteuerung – Arbeitsvereinfachung, individueller Leistungslohn, Entlassungsdruck usw., allgemeiner: die Kontrolle der Arbeitsleistung durch alternative Verwendung von Zuckerbrot und Peitsche – verloren angesichts ökonomischer (wirtschaftlicher Aufschwung in den 20er Jahren) und politischer Bedingungen (zunehmende gewerkschaftliche Aktivitäten im selben Zeitraum) ihre Zugkraft. Dies ließ auch bei betrieblichen Praktikern das Interesse an andersartigen Konzepten der Personalpolitik wachsen. Die Hawthorne-Studien bauten auf diesem veränderten Problembewußtsein auf. Sie zeigten, daß, anders als es der Taylorismus mit dem ihm zugrundeliegenden Handlungsmodell des ‚homo oeconomicus' annahm, auch soziale Faktoren die Arbeitenden bei ihrer Leistungsabgabe beeinflußten und daß diese Einsicht im Betrieb effizienzsteigernd genutzt werden kann: Absicherung der tayloristischen Arbeitsgestaltung durch individualtherapeutische und betriebsklimatische Vorkehrungen, die die

Beschäftigten mit den Bedingungen der durchrationalisierten Produktion aussöhnten, diese aber selbst nicht entscheidend entschärften.[172] Insoweit kennzeichnen die Hawthorne-Studien, die in den USA wie gesagt ein Monumentalwerk der frühen empirischen Soziologie darstellen, eine Taylor modifizierende bzw. flankierende Stoßrichtung.

In Deutschland gab es nach 1918 ebenfalls eine Problemlage, in der Konzepte ‚entschärfter' tayloristischer Rationalisierung auf viel Interesse stoßen mußten. Entsprechend trafen Forschungen, die solche Entwicklungen zu fördern geeignet waren, auf einen guten Resonanzboden. Wies die deutsche Industrie in manchen Sektoren (z. B. Teile der Metallindustrie, insbesondere der Automobilindustrie) im Vergleich zur amerikanischen ohnehin ein strukturelles Rationalisierungsdefizit auf, so wurde ihre Stellung auf dem Weltmarkt durch den Kriegsausgang (Reparationen, Verlust von Märkten, Erosion des Arbeitskräftepotentials usw.) erst recht kritisch. Modernitätsrückstand und Kriegsfolgelasten begründeten einen besonderen Druck zur forcierten Rationalisierung der Produktion unter Ausnutzung aller erdenklichen Rationalisierungsmethoden.

Die Voraussetzung für die Anwendung bzw. weitere Vervollkommnung der modernsten Rationalisierungsverfahren der industriellen Massenfertigung, wie sie im Taylorismus bzw. in dessen großindustrieller Variante, dem Fordismus, in Amerika durchexerziert worden waren, lagen aber alles andere als günstig. Für technisch aufwendige Lösungen mangelte es ohnehin an Kapitalkraft, und für Veränderungen der Arbeitsorganisation, die sich in der damaligen Situation an sich angeboten hätten, weil sie weniger Kapital erforderten, fehlten die für ihre Durchsetzung notwendigen Machtmittel.

Das Taylorsystem lief als Organisationskonzept letztlich darauf hinaus, dem einzelnen Arbeiter durch Arbeitsvereinfachung, straffere Arbeitsorganisation und massiven Druck ein größeres Produktenquantum abzuringen – eine ‚barbarische' Form der Rationalisierung, die ihren Produktivitätseffekt durch höhere physisch-psychische Arbeitsleistung, somit eindeutig auf dem Rücken der betroffenen Arbeiter erzielte. Ohne Modifikationen war ein solcher Rationalisierungsansatz in Deutschland Anfang der zwanziger Jahre einfach nicht durchzuziehen: Der im Vergleich zu den USA viel höhere gewerkschaftliche Organisationsgrad, die fertigungsbedingt stärkere Stellung der selbstbewußten Facharbeiter, insbesondere auch die durch die Novemberrevolution verbesserten Einflußmöglichkeiten der Arbeiter und ihrer Organisationen standen der Einführung des Taylorismus in kruder Form entgegen.[173] Gefragt waren Rationalisierungsverfahren, die möglichst hohe Produktivitätszuwächse sicherten, zugleich aber gegenüber den Beschäftigten und den Gewerkschaften besser vertretbar erschienen: eine Problematik, die zu der in den USA bestehenden offenkundige Parallelen aufwies.

Anders als in Amerika verlief in Deutschland jedoch die Hauptstoßrichtung der Problemlösung. War die Frage nach humaneren Ansatzpunkten betrieblicher Rationalisierung in den USA ein Impuls, der auch von der Soziologie aufgegriffen werden konnte und in empirisch-sozialwissenschaftliche Großforschung einmündete, so ging die Entwicklung in Deutschland weitgehend an der Soziologie vorbei.[174] Stattdessen kam es bei uns zur Belebung und Weiterentwicklung einer spezifischen naturwissenschaftlichen Forschungsrichtung: der Arbeitsphysiologie, die vor allem im Kaiser-Wilhelm-Institut für Arbeitsphysiologie eine institutionelle Verankerung fand. Eine Problemlage, die in den USA auch sozialwissenschaftlich verarbeitet wurde und zur

Erweiterung der Rationalisierungsmethoden in Form des Human-Relations-Konzepts führte, wurde in Deutschland also hauptsächlich von einer naturwissenschaftlichen Disziplin belegt, die einen Rationalisierungsansatz begründen half, den Otto Bauer treffend „biotechnische Rationalisierung" genannt hat[175] – zwei Wege, aber ein Ziel: Entschärfung des Taylorismus.

Das Institut für Arbeitsphysiologie gehörte zu jenem Typus von Forschungseinrichtungen der Kaiser-Wilhelm-Gesellschaft, die sich einer Formulierung Friedrich Glums, des Generaldirektors der Gesellschaft, entsprechend „mit den wissenschaftlichen Grundlagen der [...] Produktionszweige befassen" sollten: angewandte Wissenschaft bewußt im Dienste der Wirtschaft.[176] Das Institut wurde 1913 auf Anregung des Unternehmers Wilhelm Merton (Frankfurter Metallgesellschaft und Metallbank) wesentlich auf der Grundlage von Industriespenden (neben Merton war Richard Fleischer, ein Repräsentant des Bergbau- und Hüttenkapitals, beteiligt) als ‚Institut für Physiologie, Pathologie und Hygiene der körperlichen und geistigen Arbeit'[177] gegründet und sollte sich der Erforschung arbeitsphysiologischer Probleme in Bereichen annehmen, die den Arbeitskräften besondere Belastungen auferlegten (Bergbau, Schwerindustrie, Verkehrswesen usw.).[178] Während des Krieges zunächst mit ernährungsphysiologischen Studien beschäftigt, wurde das Institut in den zwanziger Jahren unter der Leitung Edgar Atzlers zu *dem* Zentrum für arbeitsphysiologische Forschung, das wesentlich zur Blüte dieses Faches beigetragen hat.

Das Institut stellte seine Arbeit explizit in den Dienst des Bemühens, das Rationalisierungsdefizit der deutschen Wirtschaft auszugleichen, und verstand seine Forschungen als praktisch verwertbaren Beitrag zu rationeller Arbeitsgestaltung.[179] Es ging dabei von einem Rationalisierungs-Verständnis aus, das ausdrücklich gegen Taylor (und auch gegen Ford, von dem Atzler zu Recht sagte, daß er in gewisser Weise auf dem Taylorsystem fuße) gerichtet war. Taylor betreibe die Intensivierung der Arbeit; seine „Raubbaumethoden" seien keine echte Rationalisierung.[180] Taylors Maximalleistungs-Konzept führe zur Überlastung des Normalarbeiters, sein Prinzip des kürzesten Weges vernachlässige die „Eigenart des menschlichen Motors"; richtig sei die Arbeitsgestaltung nur, wenn „nicht auf dem ‚kürzesten', sondern auf dem ‚bequemsten' Wege Maximal-Leistungen erreicht werden".[181] Auf der Basis umfangreicher empirischer Studien, die sich der Methoden der Energieverbrauchsmessung bedienten, wurden die Gefahren einseitiger Muskelbelastungen und statischer Arbeit ebenso erkannt wie die entlastenden Wirkungen der Habitualisierung von Arbeitsabläufen.[182] Die Überlegungen mündeten in das allgemeine Prinzip ein, „die Bedingungen zu erkennen, unter denen eine Höchstleistung mit geringsten Energieverbrauch von seiten des Arbeiters vollbracht wird".[183] Im einzelnen wurden dazu Regeln entwickelt,[184] die heute noch als Grundgedanken ergonomischer Arbeitsgestaltung aktuell sind.

Die bleibende Bedeutung dieser Forschung liegt in ihrem Bemühen, Formen der Rationalisierung zu finden, die die produktiven Potenzen der Menschen ausschöpfen und weiterentwickeln, ohne die physisch-psychische Beanspruchung zu erhöhen – im Unterschied zum Taylorsystem ein arbeitskräfteschonender, vernünftiger Ansatz. Die ‚biotechnische', ‚physiologische' Rationalisierung kam damit dem Bedürfnis entgegen, Rationalisierungsverfahren zu entwickeln, die in Deutschland auf weniger Widerstand seitens der Beschäftigten und ihrer Organisationen stießen als die schlichte Arbeitsintensivierung nach Taylor. Als ein solches Konzept ist die biotechnische Rationalisierung dann auch von Vertretern der Arbeiterbewegung durchaus mit einem gewissen Wohlwollen aufgenommen worden,[185] wobei nicht verkannt werden sollte, daß die arbeitsphysiologische Arbeitsgestaltung oft nur zur Modifizierung einer Rationalisierungspraxis herangezogen worden ist, die ihre tayloristische Grundorientierung nie ganz verloren hat. Darauf hat schon Arnold Durig, ein Wiener Physiologe, der an Atzlers Handbuch der Arbeitsphysiologie beteiligt war, am Beispiel der betrieblichen Anwendung der frühen arbeitsphysiologischen Ermüdungsforschung aufmerksam gemacht: „All das", schrieb er, „ist schön und vermöchte entschieden zur Minderung der Ermüdung beizutragen, wenn die Erleichterung nicht sofort wieder durch die Vergrößerung der Arbeitseile oder dadurch, daß nun statt einer Maschine deren mehrere zu bedienen sind, wieder aufgezehrt würde."[186]

Im übrigen haftet der rein arbeitsphysiologischen Arbeitsgestaltung wiederum eine spezifische Einseitigkeit an, nämlich die, rein naturwissenschaftlich-medizinisch begründete Arbeitsgestaltung zu sein. Indem die arbeitsphysiologische Forschung die Arbeitsbedingungen der Physiologie des Menschen anpassen will und dabei nur die Eigenschaften des ‚menschlichen Motors' berücksichtigt, wird der Mensch ohne seine psychischen und sozialen Bezüge verstanden. Man verliert damit „das ganzheitliche Bild des Menschen aus den Augen".[187] Erst in der Zusammenschau der Arbeitsphysiologie, Psychologie und Soziologie – wenn man so will: in der Vermittlung zwischen den Schwerpunkten der amerikanischen und der deutschen Entwicklung – wäre ein Ansatz umfassender Arbeitsgestaltung zu gewinnen gewesen.

Es zeigte sich schon früher: Der deutsche Wissenschaftsbetrieb war zwar seit Beginn des Jahrhunderts die Stelle, an der sich die neue Vergesellschaftsform des Forschungsinstitutes ausbilden konnte, doch spielte sich dieser Prozeß hauptsächlich im naturwissenschaftlich-technischen Bereich ab, während die Sozialwissenschaften, vor allem die Soziologie, kaum erfaßt waren. Einige Gründe sind durch den vorigen Exkurs nochmals beleuchtet worden. Daraus ergab sich ein relativ geringer Grad der Institutionalisierung der Soziologie wie auch der empirischen Sozialforschung in Deutschland – ein Tatbestand, der über die ganze Weimarer Zeit hinweg erhalten blieb.

Den wenigen gelungenen Beispielen einer stärkeren Verbetrieblichung sozialwissenschaftlicher Forschung – hier ist vor allem auf das Frankfurter Institut für Sozialforschung und die Wiener Wirtschaftspsychologische Forschungsstelle zu verweisen – ging es interessanterweise um eine Untersuchungstätigkeit, die explizit gesellschaftskritisch ausgerichtet oder doch wenigstens mit gesellschaftskritischen Intentionen durchsetzt war. Der Gedanke liegt auf der Hand, daß diese frühe Verbetrieblichung gesellschaftskritischer Forschungen nicht nur technisch-organisatorische Gründe hatte, sondern mit methodologischen Grundfragen zusammenhing. In Horkheimers Konzept der notwendigen institutionellen Zusammenfassung arbeitsteiliger Einzelforschung in den Gesellschaftswissenschaften kam dies prägnant zum Ausdruck. Je komplexer die Gesellschaft, um so weniger könne man sie sich, so sein Grundgedanke, als einzelner forschend aneignen, um so mehr bedürfe gerade die auf Gesamtinterpretation ausgerichtete Gesellschaftstheorie der Fundierung durch arbeitsteilig-kooperative Forschung. Lazarsfeld argumentierte anders, doch liefen die organisationspraktischen Schlußfolgerungen, die er aus seiner Idee einer systematischen und unverkürzten empirischen Erfassung gesellschaftlicher Realität und der Interpretation des empirisch Ermittelten in theoretischen Leitformeln zog, ebenfalls auf ein Plädoyer für stabilere Forschungsinstitutionen hinaus. Im Institut im Sinn eines stabilen Trägers von Sozialforschung sah er die Voraussetzung zur Verwirklichung seiner inhaltlichen Pläne, die anfangs stark mit seinen sozialistischen Ideen zusammenhingen.

Solche Wissenschaftskonzeptionen legten Institutsgründungen nahe, wobei das Institut als Stätte der Verschmelzung einzelwissenschaftlicher Forschungsprozesse unter der koordinierenden Anleitung der Gesellschaftstheorie verstanden wurde (so bei Horkheimer) oder aber als institutioneller Träger methodischer Perfektion, akkumulierten empirischen Wissens und problembewußter Verarbeitungskapazität (so bei Lazarsfeld). Es waren also nicht allein technisch-organisatorische, sondern auch methodologische Erwägungen, die die Organisationsform des reinen Forschungsinstitut hervorbrachten.

Die Institutionalisierung gesellschaftskritischer Forschung wirft aber, wie bereits mehrfach angedeutet, eine Reihe neuer Probleme auf. Verbetrieblichung der Forschung bedeutet immer auch Absonderung vom realen Lebensprozeß der Menschen. Bei so hochgradig komplexen Gesellschaften wie den unseren, deren Erforschung nicht mehr bloß eine Frage des guten Einfalls, des angemessenen Problemhorizonts und der individuellen Durchhaltefähigkeit ist, sondern den langfristigen Einsatz differenzierter Forschungsverfahren umschließen muß, stellt der Übergang zur professionell betriebenen Sozialforschung einen irreversiblen Prozeß dar – eine Konsequenz, der sich auch die kritische Theorie nicht entziehen konnte und die Lazarsfeld wohl am schärfsten gezogen hat. Professionalisierte Forschung ist aber immer auch mit der Gefahr verknüpft, daß die notwendigen Vermittlungen zwischen dem Forschungsprozeß und dem gesellschaftlichen Leben schwieriger werden, möglicherweise gar nicht mehr gelingen. In einer solchen Konstellation wird die Sozialforschung ihre praktisch politische Relevanz einbüßen. Sozialforschung in kritischer Absicht, die ihren Praxisbezug nicht mehr sicherstellen kann, droht zur intellektuellen Spielerei zu verkommen und verstellt den kritischen Impuls, von dem sie ursprünglich getragen war. Es kann dann ein Relevanzverlust eintreten, auf den Lujo Brentanos Verdikt über die Modell-Ökonomie übertragbar wäre: reiner jeu d'esprit, als Geistesgymnastik ganz interessant, aber unfähig, auf die vorhandenen gesellschaftlichen Probleme vernünftige Antworten zu geben.

Wir werden an späterer Stelle dieses Problem des Verlustes praktischer Bedeutung unter den Bedingungen institutionalisierter Sozialforschung wieder aufgreifen, und zwar in der Weise, daß wir Konzepte darstellen, die in jüngster Zeit mit dem Ziel eines stärkeren Praxisbezugs der empirischen Sozialforschung in die Diskussion eingebracht worden sind.

6. Wirkungen der Nazizeit

Es wird die Auffassung vertreten, nach 1933 habe es in Deutschland überhaupt keine Soziologie im Fachsinne und entsprechend auch keine empirische Forschung mehr gegeben, die man als soziologisch bezeichnen könne. „Eine nationalsozialistische Soziologie", schrieb Lepsius unlängst, „ist nicht entstanden, und sie konnte schon deswegen nicht entstehen, weil der rassistische Determinismus der nationalsozialistischen Weltanschauung das Gegenprogramm einer soziologischen Analyse darstellte."[188] Stimmt diese These, so wäre mit dem Jahr 1933 das (vorläufige) Ende jedweder empirischer Sozialforschung in Deutschland eingeläutet worden.

Nun steht in der Tat außer Frage, daß die Übernahme der politischen Macht durch die Nationalsozialisten für viele Soziologen in Deutschland eine unmittelbare Existenzbedrohung darstellte. Wer aus politischen, weltanschaulich-ideologischen, rassischen Gründen ins Feindbild der neuen Machthaber paßte, war hochgradig gefährdet. An die Fortführung der wissenschaftlichen Arbeit in Deutschland war vielfach nicht mehr zu denken. Viele verloren ihre Stellung. Häufig konnte dem starken Druck, der von der Verfolgung über die Kaltstellung bis zur Schikanierung viele Formen hatte und bis an den Lebensnerv gehen konnte, nur durch Emigration ausgewichen werden. Viele emigrierten unmittelbar im Zusammenhang der Machtergreifung (so auch die meisten Mitglieder des Frankfurter Institutes). Angesichts der spürbaren Bedrohung räumte mancher auch später noch seine Stellung und ging ins Ausland. Wer auf seinem Posten verbleiben wollte, der konnte – wenn er, aus welchen Gründen auch immer, nicht auf Linie lag – unter Verweis auf schnell geänderte Gesetze (Gesetz zur Wiederherstellung des Berufsbeamtentums vom 7. April 1933, dann Deutsches Beamtengesetz vom 26. Januar 1937)[189] entlassen oder zwangspensioniert werden.

Manche wählten auch den Weg der inneren Emigration: sich nicht vereinnahmen zu lassen, persönlich den alten Auffassungen treu zu bleiben und so gut es eben ging, oft eher verdeckt und in privater Form, die eigenen wissenschaftlichen Vorhaben weiterzutreiben, ohne anzuecken und Flagge zeigen zu müssen.

Zu den respektablen Gestalten, die diesen Weg gingen, zählte Ferdinand Tönnies, ursprünglich Ordinarius für Nationalökonomie in Kiel, nach seiner Emeritierung 1920 im Lehrauftrag Soziologie vertretend, der ab 1933 keine Lehrveranstaltungen mehr abhielt. Tönnies hat als einer der wenigen deutschen Hochschullehrer gegen die antisemitischen Ausschreitungen, in denen er die Gefahr „eines Rückfalls in die Barbarei"[190] sah, öffentlich protestiert. Es gelang ihm noch, 1935 sein Spätwerk ‚Geist der Neuzeit' in Leipzig zu veröffentlichen, eine Schrift ohne Kompromiß, in der gerade zu einer Zeit, in der die materialistische Geschichtsauffassung zum Weltanschauungsfeind Numero eins hochstilisiert worden war, einige differenzierend angelegte und mit offenkundiger Sympathie geschriebene Bemerkungen zu Marx und Engels zu lesen waren.[191] Solche Worte wurden nicht gern gehört, und so hatte Tönnies – obschon er durch das hohe Ansehen, das er im Auslande genoß, leidlich geschützt war – bis zu seinem Tode 1936 kaum Möglichkeit, weiter in Deutschland zu veröffentlichen. Es spricht für sich, daß Tönnies an die inzwischen in Paris erscheinende Zeitschrift für Sozialforschung mit dem Wunsch herantrat, einen Text über ‚Das Recht auf Arbeit' zu veröffentlichen, und daß die Zeitschrift trotz erkennbarer inhaltlicher Differenzen diesem Wunsch entsprach.[192]

Ebenfalls in den Kreis der inneren Emigranten gehörte Alfred Weber, der als Rektor der Universität Heidelberg 1933 die Hakenkreuzfahne vom Dach der Universität herunterholen ließ. Alfred Weber wurde sofort zwangsemeritiert. Er konnte bis 1945 in Deutschland kaum noch veröffentlichen; so erschien seine wichtige ‚Kulturgeschichte als Kultursoziologie' zuerst 1935 in Holland.[193]

Der Schritt in die innere Emigration bot sich freilich nur bestimmten Persönlichkeiten an. Sich aus dem öffentlichen Leben mehr oder weniger zurückzuziehen, um nunmehr auf privater Grundlage die alten Gedanken möglichst kompromißlos weiterzuverfolgen, setzte eine gewisse materielle Unabhängigkeit voraus (die bei Tönnies und Alfred Weber wohl durch die Emeritus-Bezüge gegeben war). Auch dürfte das ehrwürdige Alter und vor allem das Ansehen, das beide Gelehrte an deutschen und außerdeutschen Universitäten genossen, einen Schutzmantel dargestellt haben, den auch die Gestapo nicht einfach durchstoßen konnte. Schließlich: Die kritischen Akzente, die Tönnies und Weber setzten, blieben ihrer ganzen Art entsprechend zurückhaltend und vorsichtig. Sie ließen sich nicht einkaufen und auch nicht wirklich einschüchtern, sie konnten ihrem Wesen treubleiben, zu dem die demonstrativ vorgetragene Kritik allerdings nie gehört hatte.

Die Zahl der im Nationalsozialismus besonders gefährdeten Wissenschaftler ist nicht genau festzustellen. Pross berichtet von einer Schätzung, nach der bis 1938 ein Drittel aller Lehrkräfte an Hochschulen entlassen, zwangspensioniert oder versetzt worden waren.[194] Lepsius gibt an, daß zwei Drittel der haupt- und nebenamtlichen Lehrer der Soziologie von den Hochschulen vertrieben wurden.[195] Eine von Lepsius zusammengetragene Übersicht über das Schicksal derjenigen, die zu Ende der Weimarer Zeit Soziologie an deutschen Hochschulen gelehrt hatten, führt einem plastisch vor Augen, wie groß die Gruppe der Soziologen war, die nicht mehr an deutschen Universitäten arbeiten konnten, und welche illustren Namen sie umfaßt.[196] Eine von Ferber zusammengestellte Emigrationsstatistik deutet an, daß die Zwänge, die der Nationalsozialismus mit sich brachte, in unserem Fach besonders stark gewesen sind: Während im Durchschnitt der Universitäten ‚nur' 39% des Lehrpersonals bis 1938 in die Emigration gezwungen worden ist, waren es in den Wirtschafts- und Sozialwissenschaften immerhin 47% (die Soziologie wird nicht gesondert ausgewiesen).[197]

Zu den massiven Verlusten, die die Soziologie und in ihr eingeschlossen die empirische Sozialforschung in der Nazizeit erfahren mußte, gehörte nicht nur die Vertreibung vieler Menschen, die das Bild der Soziologie vorher mitgeprägt hatten. Zugleich gingen viele der ohnehin schwachen institutionellen Verankerungen, die die Soziologie in der Weimarer Zeit hatte erreichen können, verloren. Lehrstühle wurden aufgelöst; Institute wurden geschlossen (das Frankfurter Institut für Sozialforschung gleich 1933, das Forschungsinstitut für Sozialwissenschaften in Köln 1934; selbst das lammfromme Institut für Betriebssoziologie und soziale Betriebslehre an der TH Berlin mußte 1938 seinen Betrieb einstellen; die Wiener Wirtschaftspsychologische Forschungsstelle hörte nach dem deutschen Einmarsch 1938 endgültig auf zu existieren); wichtige Zeitschriften gingen ein (so die ‚Kölner Vierteljahreshefte für Soziologie' 1934) oder konnten nur noch im Ausland fortgeführt werden (so die ‚Zeitschrift für Sozialforschung'); schließlich: der Standesverband der Soziologen, die Deutsche Gesellschaft für Soziologie, wurde stillgelegt. All dies bedeutete, daß der Prozeß der Institutionalisierung der Soziologie in Deutschland aufgehalten und zurückgedreht wurde; die ohnehin alles in allem recht spärlichen Ansätze aus der Zeit vor 1933 blieben in einem erheblichen Umfang auf der Strecke.

Trotz dieser ‚Säuberungen' steckt aber in Lepsius' eingangs zitierter These von der „faktischen Auflösung der Soziologie" eine Vereinfachung, die die Sache nicht ganz trifft. Auch wenn Gefolgsleute des Regimes die Soziologie als „Kampfmittel der westeuropäischen Überfremdung gegen das deutsche Volk", als „eine den Juden [...] willkommene Waffe", als „Tummelplatz für Schwärmer und Schwätzer",[198] auch maßvoller als „Luxusfach", das immer wieder aufs nutzlose Theoretisieren verfalle,[199] kennzeichneten, galt doch der Angriff auffälligen und besonders mißliebigen geistigen Positionen und nicht so sehr dem Fach in seiner ganzen Breite. Das nationalsozialistische Wissenschaftssystem war kein wasserdicht abgeschottetes Gebilde, in dem nur noch in absolut linientreuer Manier argumentiert werden konnte. Auch wenn diese Denkungsart jetzt Konjunktur hatte, so wurden doch immer noch soziologische Forschungsarbeiten durchgeführt und auch Schriften verfaßt, die sich ideologischer Formeln enthalten konnten und die man auch heute noch mit Gewinn liest. Man nannte dies nicht mehr unbedingt Soziologie, sondern segelte mit einem anderen Stander – ein Manöver, dem die „fachliche Unkonturiertheit" (Schelsky) der Soziologie vor 1933 sehr entgegenkam. Was vor allem in Grenzgebieten der Soziologie – der Siedlungs- und Bevölkerungswissenschaft, der Volkskunde, der Raumforschung, der Agrargeschichte usw. – zwischen 1933 und 1945 auch an echten, unvoreingenommenen Forschungsleistungen erbracht worden ist, wäre in einer genaueren Aufarbeitung erst einmal zu ermitteln. Ferner kann man keineswegs davon ausgehen, daß z. B. alle Dissertationen, mit denen seinerzeit in der Soziologie oder in angrenzenden Gebieten an deutschen Universitäten promoviert worden ist, schlichte Weltanschauungsschriften im Sinne des Nationalsozialismus waren;[200] auch hier müßte erst noch bilanziert werden. Wissenschaftlich wertvolle Arbeiten konnten sich in den Nischen immer noch entwickeln, in die die inhumane Gedankenwelt des Nationalsozialismus und die Machtmittel des Regimes nicht vollständig hineinreichten. Wenn man vom neuen Regime nicht von vornherein als erklärter und ganz und gar unbelehrbarer

Feind angesehen wurde, wie dies vor allem bei den marxistisch orientierten Soziologen der Fall gewesen ist, und wenn man auch nicht der geächteten Minorität der Juden angehörte, so hatte man bei geschicktem Lavieren durchaus eine Chance, nach 1933 auch innerhalb der Universitäten und Institute über die Runden zu kommen.[201] Hilfreich konnte allerdings wie gesagt eine formelle Verlagerung der Arbeitsschwerpunkte sein: weg von der Soziologie – hin zur Volkswirtschaftslehre, Volkskunde, Raumforschung, allesamt weniger verdächtige Themengebiete; ein Umstand, der heute den Versuch erschwert, fachliche Kontinuitätslinien aufzuspüren.

Zu der Gruppe von Soziologen, die auf solche Weise das ‚Dritte Reich' durchzustehen suchten, darf man Leopold von Wiese zählen, der sich alles in allem als standhaft erwies. Es war z. B. schon mehr als honorig, daß Wiese im zweitletzten Heft der Kölner Vierteljahreshefte unter eigenem Namen auf die Fortführung der Zeitschrift für Sozialforschung in der Emigration hinwies und für alle „Sendungen redaktioneller Art" die Pariser Adresse bekanntgab.[202] Wiese war bestrebt, sich durch die neuen politischen Verhältnisse nicht beirren zu lassen und sein Verständnis von Soziologie ohne wesentliche Veränderung weiter zu vertreten. Er zeigte sich allerdings auch bemüht, die Nützlichkeit seiner Art von Soziologie auch im Hinblick auf die neuen politischen Umstände zu betonen, ohne dabei freilich die Beziehungslehre selbst zu verändern.[203]

Gerade weil die Wiesesche Soziologie in ihrer ganzen Formalität geschichtslos war, mehr auf Klassifikation und Beschreibung sozialer Sachverhalte abzielte, nicht aber die historische Entwicklung am Maßstab ihrer Humanität oder Inhumanität analysierte und kritisierte, stieß sie mit den inhumanen Bedingungen der ‚neuen Zeit' nicht frontal zusammen; von ‚rechts' ist ihr geschichtsferner, zeitloser Zug eher in der für damalige Verhältnisse moderaten Weise kritisiert worden, daß das Allgemeine der sozialen Prozesse zu sehr betont werde und das Völkisch-Besondere der geschichtlichen Entwicklung verloren gehe.[204] Doch allein schon die Tatsache, daß die Soziologie Wieses gegenüber den nun beliebteren biologistischen Gedanken die Bedeutung sozialer Umstände betonte und daß sie an dem Anliegen, die sozialen Prozesse klassifizierend und beschreibend darzulegen, unbeirrt festhielt, machte sie zu einem Ansatz, dem das System immer wieder mit einem Schuß Mißtrauen begegnete. Zwar konnte Wiese bis 1944/45 in Köln soziologische, genauer: beziehungswissenschaftliche Lehrveranstaltungen durchführen, doch war auch er einer gewissen Unsicherheit und Gefährdung ausgesetzt.[205]

Schließlich gab es auch eine Reihe von Soziologen, die die Ereignisse des Jahres 1933 als geschichtliche Wandlung erlebt haben, mit der sie sich identifizierten und der sie ihre fachliche Arbeit unterordnen wollten. Interessanterweise wurde aus solchen Haltungen heraus verschiedentlich das Programm einer Soziologie skizziert, die den nunmehr herrschenden politischen Interessen mit dem Mittel empirischer Forschung dienen wollte.[206]

Man kann nicht umhin, an dieser Stelle auf Hans Freyer zu sprechen zu kommen, dessen bleibender wissenschaftlicher Rang ganz außer Frage steht[207] und der, seinem ganzen Denken nach skeptischer Intellektueller, der Entwicklung des ‚Dritten Reiches' gegenüber letztlich distanziert genug blieb, um sich nicht in ideologische Scharfmacherei hineinreißen zu lassen. Wie kompliziert sein Verhältnis zum Nationalsozialismus letztlich gewesen sein dürfte, deutet sich in dem Umstand an, daß Freyer 1938 seinen Leipziger Lehrstuhl für Kulturgeschichte verließ und bis 1945 in eine Art innere Emigration als Gastprofessor nach Budapest ging.[208] Freyer, eigentlich ein sensibler und zurückhaltender Gesellschaftsanalytiker mit kulturkritischem Einschlag, hatte sich jedoch durch die Ende der zwanziger Jahre um sich greifende konservativ-antiindustrielle Stimmung einfangen lassen und eine Haltung eingenommen, die ihn das Jahr 1933 als positive geschichtliche Wende verstehen ließ. Diese ‚Einstimmung' dokumentiert seine 1931 veröffentlichte Schrift ‚Revolution von rechts'.

Die industrielle Gesellschaft, geprägt durch die kapitalistische Produktion und den Antagonismus zwischen Arbeiterklasse und Kapital, habe sich – sagte Freyer – als inhumane Gesellschaft erwiesen, als Sackgasse auf dem Wege zur Emanzipation. Dadurch hätten die Spannungen nicht ausgetragen werden können, die das industriekapitalistische Zeitalter in seiner klassischen Phase im 19. Jahrhundert bestimmt hatten. Neu am 20. Jahrhundert sei aber, daß das Proletariat – also jene gesellschaftliche Klasse, die im 19. Jahrhundert im Namen der Emanzipation gegen die industrielle Gesellschaft gekämpft habe – nunmehr selbst Bestandteil des industriellen Systems geworden sei. Die Integration der revolutionären Energien der Arbeiterklasse bei gleichzeitiger Aufrechterhaltung des durch die Inhumanität der industriellen Gesellschaft fortbestehenden Problemdrucks schaffe Raum für ein neues revolutionäres Potential: das ‚Volk', das in einer Revolution von rechts die Industriegesellschaft überwinden werde. Das Volk als Ausdruck einer neuen Dialektik, als Gegenspieler der industriellen Gesellschaft, entstehe dort, wo die destruktiven Momente der industriellen Gesellschaft besonders hervorträten oder, wie Freyer sagte, wo das Wort industrielle Gesellschaft „zur Reife gebracht wird": „wo Mittelstand zersetzt, Bauerntum bedroht, inselhafte Selbständigkeit vernichtet, Betrieb bürokratisiert" wird. Mehr Humanität, durch die Revolution von rechts vorangetrieben, bedeutete für Freyer daher notwendig Restabilisierung tradierter Werte, die in der industriellen Gesellschaft tatsächlich einer Erosion unterworfen sind, nicht Emanzipation von den Beschränkungen des Industriekapitalismus auf der Grundlage industriell vervollkommneter Produktivkräfte. Revolution hieß für Freyer die Überwindung des Klassenantagonismus durch die letztlich nur methaphysisch faßbare Kraft des ‚Volkes', dessen materielles Substrat unklar bleiben mußte und das allenfalls als Sammelsurium jener gesellschaftlichen Gruppen zu verstehen war, die durch die Entwicklung der industriellen Gesellschaft entwurzelt oder doch wenigstens bedroht worden waren, ohne eine neue, historisch nach vorn weisende Identität ausbilden zu können.[209]

Auf diesem Hintergrund sah Freyer im Jahr 1933 eine grundlegende „geschichtliche Wandlung", die über die unmittelbaren Ereignisse und Daten hinausweise und „nur mythologisch" aufgefaßt werden könne: „nicht nur als eine existentielle Angelegenheit des deutschen Volkes, sondern als Durchbruch seines Wesens in die Zeit" (S. 3).[210] Da er die Soziologie als geschichtliches Phänomen – „aus einer bestimmten geschichtlichen Lage der gesellschaftlichen Entwicklung entsprungen und in ihrer gesamten Begriffsbildung auf diese bezogen" (S. 3) – verstand, mußte sich Freyer fragen, inwieweit die so interpretierten politischen Ereignisse die Existenzberechtigung der Soziologie, deren Ansatz und Wirkungsweise berührten, wörtlich: „was der völkische und politische Umbruch der Gegenwart für die Soziologie bedeutet" (S. 4).

Der Auftrag der Soziologie hatte sich nach Freyers Auffassung trotz der ‚nationalsozialistischen Revolution' nicht erledigt. Der Sinn des Geschehens liege in der ‚Volkwerdung', nur von daher könne die geschichtliche Entwicklung begriffen und gedeutet werden. Die Volkwerdung, die den geschichtlichen Inhalt der Zeit ausmache, sei aber noch nicht abgeschlossen, sondern „kräftig im Lauf" (S. 5). Die dabei auftretenden politischen Probleme machten für Freyer „die Fragestellung der Soziologie [...] nicht nur möglich, sondern notwendig". „Die Aufgabe der Soziologie verlängert sich in die Epoche der Volkwerdung hinein." (S. 6)

Aus dieser Grundeinschätzung heraus skizzierte Freyer sein Verständnis einer ‚realistischen', der vermeintlich neuen Zeit politisch verpflichteten Soziologie, der die Frage gestellt sei: „Wie wird aus industrieller Gesellschaft Volk, auf welchen Wegen vollzieht sich das Wunder der Geschichte?" (S. 6) Dieser Soziologie wies Freyer hauptsächlich zwei praktisch bedeutsame Arbeitsgebiete zu: Studium der „volkhaften Schichten, die auch im System der bürgerlichen Gesellschaft erhalten geblieben sind" im Hinblick auf „ihre Festigkeit, ihre Tiefe, ihre Tragfähigkeit, ihre Zukunftskraft" (S. 7); ferner Untersuchung der „geschichtlichen Bildungen aus der Vergangenheit, [...] die in die Gegenwart hineinragen", der Beschaffenheit des „ungeheuer vielschichtigen Material(s) [...], aus dem die Volksgemeinschaft gebaut werden muß" hinsichtlich der „Möglichkeiten und Ansätze", die es mit sich bringt, der „Handhaben", die es bietet und des „Widerstands", den es leistet (S. 7 f.). Solche Aufgaben erfordern, so Freyer ausdrücklich, empirische Forschungen; es handle sich um „eine echt soziologische Fragestellung, die auf lauter empirische Aufgaben hinführt" (S. 8). Seine Gedanken über Stellung und Aufgaben der Soziologie nach 1933 mündeten also ein in einen Aufriß der Themengebiete einer in die Zeit passenden empirischen Sozialforschung.

Bezweifelt wurde dabei, daß die soziologische Wissenschaft „die tieferen Antriebskräfte und den inneren Rhythmus" (S. 7) des geschichtlichen Geschehens wirklich fassen könne – eine Einschränkung, die im Hinblick auf das „Führertum", die „stärkste, aber in ihrer Wirkungsweise auch geheimnisvollste" volksbildende Kraft konkretisiert wurde (S. 6 f.). Doch seien die Einsichten, die die Soziologie gewinnen könne „für die politische Praxis nicht gleichgültig" (S. 8). Indem die Soziologie die ihr im Umbruch gestellten Aufgaben aufnehme, diene sie „nicht nur einem antiquarischen, sondern einem politischen Interesse" (S. 7).

Solche Überlegungen waren kein Einzelfall. In ähnlicher Weise äußerten sich auch andere Soziologen, die zum Teil mit Freyer wenigstens zeitweilig in engerem Kontakt gestanden hatten; so Gunther Ipsen (bis 1933 außerplanmäßiger Professor in Leipzig, dann Ordinarius in Königsberg und Wien, nach dem Krieg entlassen und ab 1951 in der Sozialforschungsstelle Dortmund untergeschlüpft), ein damals wissenschaftspolitisch einflußreicher Mann, der in einer vergleichbaren Argumentationsführung für die „Wiederaufnahme der Soziologie des Volkstums" eintrat.[211] Ausdrücklich wurde auch der Gedanke der Soziographie aktualisiert, weil aus solchen Forschungen gerade der Nationalsozialismus, dessen Weltanschauung „im sozialen Bereich ihren Mittelpunkt und Richtpunkt" habe, Nutzen ziehen könne.[212] Unverkennbar waren die Bemühungen, einer angepaßten Sozialforschung eine sozialtechnische Profilierung zu geben und auf das Erfordernis entsprechender wissenschaftsorganisatorischer Voraussetzungen hinzuweisen.

Dabei spielten sich Positionen in den Vordergrund, die im Unterschied zu Freyers Vorstellungen jedes Maß vermissen ließen. Besonders tat sich Karl Heinz Pfeffer hervor, dessen Karriere dadurch gefördert wurde (1934 Habilitation für Soziologie in Leipzig, 1940 außerordentlicher und ordentlicher Professor an der Universität Berlin; ab 1946 dann Professor zur Wiederverwendung, schließlich wieder Professor für Soziologie in Münster). Pfeffer bemühte sich in seiner gleichnamigen Schrift, ‚eine deutsche Schule der Soziologie' zu umreißen, zu deren Programm neben der Begründung einer imperialistischen Aggression durch die Formel der „volksgemäßen Nahrung", die jedem „Volksgenossen" zustehe, die Begründung einer auf Rassenreinheit abzielenden Sozialorganisation gehörte.[213] Zu erwähnen wäre auch Karl Valentin Müller (1936 Habilitation für Soziologie und Bevölkerungswissenschaft in Leipzig, 1938 außerordentlicher Professor in Dresden, 1941 ordentlicher Professor in Prag, nach einigen Zwischenschritten dann wieder 1955 ordentlicher Professor in Nürnberg). Müller tat sich durch ein Buch über den ‚Aufstieg des Arbeiters zur Rasse und Meisterschaft' (1935) hervor, das er dem antisemitischen Verleger Lehmann, dem „Vorkämpfer eines starken Reiches", widmete, und in dem er in einer Form, die jeder vernünftige Mensch als unerträglich empfinden mußte, die Bedeutung der „Erbwerte" für die Erziehung des Volkes betonte.[214]

Es waren also finstere Gedanken, in die oft einmündete, was sich unter dem Nationalsozialismus offen als Soziologie betätigen und entfalten durfte. Auch wenn es innerhalb der vom Regime geförderten Ansätze eine gewisse Bandbreite von Aktivitäten gab, die auch sozialtechnisch nützliche Tatsachenermittlung umfaßte und zu der nicht nur die zitierten Formen schlichter Ideologieproduktion und politischer Hetze gehörten: Wenn man es als Aufgabe empirischer Sozialforschung betrachtet, die Objektivität gesellschaftlicher Verhältnisse herauszustellen, dann waren die Möglichkeiten hierfür unter den terroristischen Bedingungen des Naziregimes außerordentlich schlecht. Vielversprechende Forschungsansätze aus der Zeit vor 1933 wurden abgetötet – interessante Entwicklungen im Ausland mußten unbeachtet bleiben. Es gab keine faktische Auflösung der Soziologie, aber eine sehr weitgehende Formierung und Unterdrückung.

Versteht man die skizzierten Verhältnisse auch als Ausgangslage für die Entwicklung der empirischen Sozialforschung nach 1945, so wird klar, daß die Geschichte dem Fach manche Hypothek mit auf den Weg gegeben hat. Waren Soziologie und empirische Sozialforschung schon vor 1933 eine recht heterogene Disziplin gewesen, die sich nicht als Einheit entfaltet hatte, so waren die Bedingungen, die durch den Nationalsozialismus geschaffen worden waren, noch ungleich komplizierter. Nach 1945 galt es, eine Disziplin zu aktivieren und auszubauen, die im Lande selbst vereinseitigt und aufs äußerste beengt worden war. Eine breite Generation jüngerer Sozialforscher, die über die Spannung kontroverser Ansätze hinweg einen gemeinsamen fachlichen Identifikationspunkt hätten entwickeln können, hatte sich zwischen 1933 und 1945 in Deutschland nicht entfalten können, und die Älteren, die sich auf ihre wissenschaftlichen Arbeiten in der Weimarer Zeit zurückbeziehen konnten, hatten in den zwölf Jahren Nationalsozialismus ganz unterschiedliche Schicksale mit verschiedenartigsten Erfahrungen durchlaufen. Konnte aus einer Gruppe, die sich aus in Deutschland Zurückgebliebenen und ins Ausland Emigrierten zusammensetzte, die in der Gruppe der Zurückgebliebenen in nationalsozialistische Propagandisten, Kompromißler und ‚innere Emigranten' zerfiel und die in der Gruppe der Exilierten ganz unterschiedliche Emigrationsschicksale umschloß, konnte auf dieser Grundlage in absehbarer Zeit fachlicher Zusammenhang erwachsen? Welche Positionen und Ansätze, die die deutsche Soziologie ausgebildet oder übernommen hatte, ließen sich nach 1945 verankern? Wie wirkte sich dies alles nach dem Kriege auf den Betrieb der empirischen Sozialforschung aus?

V. Empirische Sozialforschung als Betrieb und Beruf: Etablierung des Fachs in Westdeutschland nach 1945

1. Verankerung der Soziologie an der Universität und der Streit um den Stellenwert der Empirie im Erkenntnisprozeß

Nach 1945 boten sich der Soziologie einschließlich der empirischen Sozialforschung in Westdeutschland günstige Entwicklungsbedingungen. Das allgemeine politische Klima war einem Fach wie der Soziologie förderlich. Die Kräfte, die nach Kriegsende die Kultur- und Wissenschaftspolitik bestimmten, verfolgten antinazistische Positionen oder gaben doch wenigstens Strömungen, die im nationalsozialistischen Regime gegängelt und unterdrückt worden waren, Raum. Ihnen gegenüber konnten sich viele Soziologen, von denen sich ja nur vergleichsweise wenige durch ihre Haltung während der Nazizeit kompromittiert hatten, als unbelastete Wissenschaftler ausweisen, wenn sie nicht sogar selbst Verfolgte des Nationalsozialismus waren. Die Bereitschaft zur Förderung des relativ unbelasteten Fachs war entsprechend vorhanden – sowohl bei den Landesregierungen wie auch bei den Besatzungsmächten und hier insbesondere bei den Amerikanern, für die die Soziologie auch als Hilfsmittel im Rahmen der ‚Reeducation' in Betracht kam. Es ist sicher kein Zufall, daß die relativ rasche Reaktivierung der Deutschen Gesellschaft für Soziologie im Frühjahr 1946 mit Unterstützung eines amerikanischen Universitätsoffiziers (Edward Y. Hartshorne) zustandekam.[1]

Doch selbst unter solch freundlichen politischen Rahmenbedingungen gelingt es einem neuen Fach nicht, sich in kurzer Zeit als wissenschaftliche Disziplin festzusetzen, wenn es nicht in breiteren, oder sagen wir besser: in den hochschulbestimmenden Kreisen, das Image hat, nützliche Arbeit zu leisten. Gerade in dieser Hinsicht traf die Soziologie in Deutschland Ende der vierziger, Anfang der fünfziger Jahre auf eine veränderte Konstellation. Das Interesse an soziologisch gewonnener Erkenntnis war nämlich spürbar gewachsen, und zwar aus ganz verschiedenen Quellen heraus.

Auf der einen Seite gab es eine ganze Reihe von Entwicklungen, durch die Fragen aufgeworfen wurden, die jedenfalls einer sich planungs- und verwaltungswissenschaftlich verstehenden Soziologie wichtige Impulse geben mußten. Zunächst ist hier an die ganz massiven Integrationsprobleme der westdeutschen Gesellschaft nach 1945 zu erinnern, deren Infrastruktur infolge des Krieges nicht mehr intakt war, in die nun aber massenhaft Heimkehrer und Flüchtlinge strömten, die irgendwie aufgefangen werden mußten.

Daraus resultierten immense Planungs- und Verwaltungsprobleme, und natürlich bestand unter diesen Umständen ein beträchtliches Interesse an wissenschaftlichen Daten, die einer vernünftigen Steuerung dieses Integrationsprozesses nützlich sein konnten. Daß sich die Sozialforschung bald der Flüchtlings- und Vertriebenenprobleme annahm, sei es im Rahmen gemeindesoziologischer Untersuchungen (Darmstadt-Studie des damaligen Instituts für sozialwissenschaftliche Forschung, Gemeindestudie des damaligen UNESCO-Instituts für Sozialwissenschaften in Köln), sei es in anderen Zusammenhängen wie etwa der Familiensoziologie,[2] hat sicher mit solchen administrativen Bedürfnissen zu tun.

Ein anderes praktisch-politisches Problem war die Neuordnung der Wirtschaft, die angesichts der engen Verschmelzung, die zwischen Kapital und Nationalsozialismus bestanden hatte, im Rahmen der antinazistischen Grundstimmung der ersten Nachkriegsjahre auf der Tagesordnung stand. Nachdem sich die kapitalistischen Kräfte wieder hatten stabilisieren können, stellte sich das Neuordnungsproblem nur noch in abgeschwächter Form: als Problem der Mitbestimmung der Arbeiter und Angestellten und damit als Problem der Einfügung einiger demokratischer Spielregeln in die bisher rein autoritäre Betriebsverfassung. Die Mitbestimmung, durch entsprechende Gesetze bald rechtlich verankert (Montanmitbestimmungsgesetz 1951, Betriebsverfassungsgesetz 1952), lenkte nun die Aufmerksamkeit der unmittelbar betroffenen Verbände, der Unternehmensleitungen, der Sozialpolitiker und -administratoren, auch der allgemeinen politischen Öffentlichkeit auf die Interessenlage, das Bewußtsein und das Verhalten der Beschäftigten, insbesondere auch hinsichtlich ihrer Bereitschaft zur Kooperation im Rahmen der veränderten Betriebsverfassung. Solche Probleme wurden in einer Reihe von Untersuchungen zum Betriebsklima, zur Einstellung der Arbeiter zur Arbeit, zum Betrieb, zur Mitbestimmung usw. aufgenommen.[3]

Schließlich warf der veränderte politische Aufbau der Gesellschaft neue Fragen auf. Die Parteien und Verbände erhielten in der politischen Ordnung der Bundesrepublik, die – formal gesehen – am Prinzip des Pluralismus orientiert worden war, eine sehr starke Stellung. Doch mußten die Verbände nicht nur ihren Platz innerhalb des tatsächlichen Kräftespiels der Gesellschaft erst noch finden, es war auch nach den historischen Erfahrungen der damaligen Generation (1918, 1933, 1945) ziemlich unklar, inwieweit die Parteien, Gewerkschaften usw. von der Bevölkerung tatsächlich als Transmissionsriemen zur Durchsetzung ihrer Interessen in Anspruch genommen wurden. Solche Unklarheiten konnten von der Verbandssoziologie aufgegriffen werden, die sich bald recht rege entwickelte.[4]

Liefen all diese Entwicklungen eher auf eine praktisch-politisch nützliche, auch administrativ verwertbare Soziologie hinaus, so gab es daneben auch Tendenzen, die die Soziologie von einer anderen Seite her beanspruchten: als, um einen Begriff von Schelsky aufzunehmen, Deutungsschema.[5]

Die Zeit nach 1945 wurde stark durch die ‚Kriegsgeneration' bestimmt, jene Gruppe der damals 25 bis 50jährigen, von denen viele die Versprechungen vom Anfang der Nazizeit noch im Ohr hatten und die am eigenen Leibe hatten spüren müssen, wie das Regime in Terror und Krieg unterging; viele hatten auch Erinnerungen an die Endphase der Weimarer Republik, an eine Zeit, in der die in sich selbst noch zersplitterten Kräfte des bürgerlich-liberalen und des linken Lagers so unversöhnlich gegeneinander standen, daß sie nicht die Kraft hatten, die Machtergreifung der Nazis zu verhindern. Die desillusionierenden Erfahrungen, die diese Generation mit sich herumschleppte, ließen eine tiefe Abneigung gegen die Ordnungs- und Weltanschauungsideologien alter Art aufkommen: man war nicht selten antinazistisch, antikommunistisch und antiklerikal zugleich. Die Lebens- und Weltdeutungen, die die alten Ideologien vermittelt hatten, galten einem verbreiteten Empfinden entsprechend als verbraucht, unglaubwürdig, weil sie die Leidenserfahrungen, die diese Generation hinnehmen mußte, nicht hatten aufhalten können, ja möglicherweise heraufbeschworen hatten.

Der verbreitete Widerwillen gegenüber den überkommenen Weltanschauungen hinterließ aber ein Orientierungsdefizit. Das Bedürfnis nach universalen Sinndeutungen, denen die alten Ideologien auf ihre Weise hatten entsprechen können, hatte sich ja mit ihrer starken Problematisierung nicht von selbst erledigt, sondern stand nun ungebunden da, frei für neue Interpretationsangebote. Diese mußten nur, um von der Kriegsgeneration tatsächlich in größerem Maße aufgenommen werden zu können, rationalistisch angelegt sein, ohne den Zwang, sich in die Front eines Bekenntnisses einreihen und Glaubenskriege mitmachen zu müssen. Welt- und Gesellschaftsinterpretationen, die sich am tatsächlichen Leben zu orientieren bemühten, die von der Wirklichkeit auszugehen versuchten, entsprachen diesem Interesse.

In diesem Zusammenhang konnte die Soziologie eine neue Rolle gewinnen. Soweit sie sich empirisch verstand, und die Empirie spielte in der Soziologie nach 1945 eine wachsende Rolle, trug sie dem „Wirklichkeitshunger“[6] der Kriegsgeneration Rechnung. Als Gesellschaftsanalyse, die sie, wenn sie sich der Gefahr bloßer Faktenhuberei entziehen wollte, immer auch sein mußte, konnte sie zugleich Ansätze für jene Universalerklärung der Welt- und Sozialzusammenhänge beisteuern, für die in der damaligen Zeit ein neues Bedürfnis entstanden war. Welt- und Gesellschaftsinterpretation mit wissenschaftlicher, auch empirischer Fundierung: dies war nun eine Rolle, in die die Soziologie hineinwachsen konnte und die dem Fach Entfaltungsmöglichkeiten bot. Daß die Soziologie auch als Deutungsschema in Anspruch genommen wurde, verdeutlicht die Tatsache, daß soziologische Analyse und Zeitkritik (wie sie z.B. in den ‚Frankfurter Heften‘, in den ‚Gewerkschaftlichen Monatsheften‘, im ‚Merkur‘ oder im ‚atomzeitalter‘ veröffentlicht wurde) bei vielen Intellektuellen der Kriegsgeneration, aber auch bei gesellschaftlich interessierten Laien, soweit diesen die wissenschaftliche Diskussion zugänglich war, auf viel Aufmerksamkeit stieß.

In diesem Aufwind gelang es in den fünfziger Jahren, die westdeutsche Soziologie als vollwertiges akademisches Fach einzuführen, das mittlerweile über alle Weihen einer etablierten Disziplin verfügt: eigenständige Studienabschlüsse und Prüfungen (Diplom-Soziologe, Diplom-Sozialwirt, Diplom-Volkswirt mit sozialwissenschaftlicher Ausrichtung, Fakultas Sozialkunde im Staatsexamen für Lehrer usw.); Lehrbetrieb mit regelmäßigen und, jedenfalls innerhalb der einzelnen Universitäten, untereinander (leidlich) abgestimmten Lehrveranstaltungen; Seminare und Institute an den Universitäten mit einem gewissen Forschungspotential. Mit einer fünfzigjährigen Verspätung gegenüber der amerikanischen Soziologie, die bereits nach der Jahrhundertwende solche Institutionalisierungsmerkmale aufwies, konnte sich die deutsche Soziologie endlich als volle akademische Disziplin entfalten. Um es in nackten Zahlen zu sagen: In der Zeit von 1947 bis 1970 wurden an den wissenschaftlichen Hochschulen 69 Lehrstühle für Soziologie eingerichtet (bis 1960 25, bis 1970 die restlichen 44).[7] Die Zahl der soziologischen Lehrveranstaltungen stieg von 148 im Jahr 1950 auf 997 im Jahr 1970 (1960 waren es 302 gewesen);[8] die Zahl der Soziologiestudenten schließlich stieg von 141 im Jahr 1951/52 auf 6083 im Jahr 1970/71 (1960/61: 828).[9] Die Verankerung der Soziologie an der Universität war vollzogen.

Die Blüte des Fachs entfaltete sich freilich auf einem dünnen und brüchigen Stengel. Die akademisch nunmehr einigermaßen anerkannte, jedenfalls expandierende Soziologie ruhte auf keiner soliden Grundlage. Der Integrationsgrad des Fachs war ausgesprochen gering; die auseinandertreibenden Kräfte schienen zeitweilig fast stärker als die verbindenden, so daß es selbst im Hinblick auf allgemeinste Kriterien recht problematisch ist, die westdeutsche Soziologie Ende der 50er Jahre als Einheit zu kennzeichnen. Man konnte – um ein Bonmot Schelskys aufzugreifen – den Eindruck gewinnen, daß „bald jeder Soziologe jeden anderen Soziologen für keinen ‚richtigen Soziologen' hält".[10]

Eine, ja vielleicht die zentrale Konfliktlinie des Faches bezog sich auf die Stellung der empirischen Sozialforschung im soziologischen Erkenntnisprozeß: das Theorie-Empirie-Verhältnis in der Soziologie und auf das damit zusammenhängende Verständnis von soziologischer Theorie und Methode. Vergröbernd kann man hinsichtlich dieser Differenzen von drei stilprägenden Strömungen in der Soziologie sprechen.

Eine der drei, wenn man so will, ‚Schulen' kristallisierte sich um das 1950 wiedereröffnete Frankfurter Institut für Sozialforschung. Ihre Köpfe waren Horkheimer und jetzt immer stärker Adorno, der in zahlreichen ebenso scharfsinnigen wie scharfzüngigen Beiträgen die Frankfurter Position profilierte.[11] Der Ansatz, den Adorno unter prononcierter Kritik an der sich herausbildenden Praxis empirischer Forschung präsentierte, ruhte auf den sozialphilosophischen Grundlagen des ‚alten' Instituts für Sozialforschung, verarbeitete zugleich aber die in der Emigration gewonnenen Erfahrungen mit dem Empirical Social Research. Da die Gedankenführung der Frankfurter Schule einschließlich ihrer Differenz zur amerikanischen Sozialforschung schon früher dargestellt werden konnte (vgl. Kap. IV, 3b und 4), mag hier eine knappe Erläuterung genügen.

Adorno betonte den Theoriebedarf der empirischen Sozialforschung in gleicher Weise wie den Empiriebedarf der Theorie der Gesellschaft. So wie System (= gesamtgesellschaftlicher Zusammenhang) und Einzelheit (= soziales Einzelphänomen) reziproke Größen darstellten und nur in ihrer Reziprozität zu erkennen seien, so seien die empirische Einzelforschung auf den problemerschließenden und interpretationsleitenden gesellschaftstheoretischen Vorgriff und die Theorie der Gesellschaft auf die realitätsgesättigte empirische Bestandsaufnahme angewiesen. Empirische Aneignung gesellschaftlicher Sachverhalte und gesellschaftstheoretische Darstellung der Gedanken und Forschungsergebnisse wurden als dialektischer Prozeß begriffen. In dieser Position lag eine doppelte Frontstellung: einerseits gegen den kruden Empirismus – gegen die ‚Überamerikanisierung der Amerikaner', wie Adorno einmal sagte –, durch den Soziologie zur vorwissenschaftlichen Beschreibung der gesellschaftlichen Wirklichkeit denaturiere und ihren kritischen Sinn verfehle; andererseits gegen die geisteswissenschaftliche Spekulation, gegen den phraseologischen Zug speziell der deutschen Gesellschaftswissenschaften, durch den die Soziologie – als prätentiöse Verkleidung gesellschaftlicher Phänomene – ihre aufklärerische Funktion verfehle. Gesellschaftstheorie konnte sich Adorno dabei nur unter Einschluß sowohl der politischen Ökonomie (Berücksichtigung der Produktionsverhältnisse) wie auch der Psychoanalyse (Berücksichtigung der Subjektivität) vorstellen. Empirische Sozialforschung verstand er als umfassende Aufnahme einer komplizierten, in sich widersprüchlichen gesellschaftlichen Realität ohne Dogmatisierung einzelner Zugangsweisen: als quantitative wie auch qualitative, als subjektive wie auch objektive Analyse. Eingebettet sein müsse empirische Sozialforschung in ein Praxisverständnis, das sich nicht am Gesichtspunkt des besseren Funktionierens der sozialen Maschinerie orientiere, sondern an der historischen Aufgabe eines realen Humanismus, der gesellschaftlichen Emanzipation.

Eine Gegenposition formulierte René König, der die Kölner Schule der Soziologie formte und auf vielfältige Weise repräsentierte. König – ein intellektueller Weltbürger, der nach umfangreichen Studien (Promotion 1931 bei Max Dessoir in Berlin) und zahlreichen Auslandsaufenthalten (u. a. Paris, Kontakt mit der Durkheim-Schule) vor den Nazis in die Schweizer Emigration hatte ausweichen müssen (Habilitation 1938 in Zürich) – war 1950 auf den Wiese-Lehrstuhl in Köln berufen worden und hat sich dann als der große Vermittler in die Fachgeschichte eingeschrieben.[12] Zu seinen Leistungen gehört der Brückenschlag zur amerikanischen Soziologie.

König[13] hat dem Frankfurter Institut durchaus seine „Vorzüglichkeit" attestiert und war sich über die Untrennbarkeit theoretischer und empirischer

Erkenntnis im klaren. Dahinter steckte aber bei ihm ein gänzlich anderes Theorie- und Methodenverständnis als bei den Frankfurtern. Gegen die Soziologie im Sinne einer sozialphilosophisch gebundenen Deutungswissenschaft setzte er die Soziologie im Sinn einer empirischen Einzelwissenschaft – einer Soziologie, „die nichts als Soziologie ist". Die Sozialphilosophie – und dementsprechend auch die Theorie der Gesellschaft, wie Horkheimer und Adorno sie verstanden – wurde unter radikalen Ideologieverdacht gestellt. Sie bezöge sich zwar auf die gesellschaftliche Wirklichkeit, doch seien ihre empirischen Bestandteile „ungeprüft", „unkontrolliert", „in kritikloser Weise benutzt und verallgemeinert"; statt die Wirklichkeit selbst aufzuschließen, könnten „solche Gedankensysteme [...] höchstens als Symptome bestimmter Wirklichkeitsverfassungen angesehen werden, die sie hervorgetrieben haben". Wirklich stichfest, objektiv erschienen König nur empirisch überprüfte, ‚verifizierte' theoretische Aussagen, so daß die empirische Sozialforschung gegenüber der soziologischen Theorie die Inspektionsstelle einer „verifizierenden Beobachtung und Experimentation" zugewiesen bekam; je präziser die Methoden, desto engmaschiger und leistungsfähiger das System der Kontrollmaßnahmen und desto wirklichkeitsgenauer schließlich auch die soziologische Theorie. Dies war offenkundig keine dialektische Sichtweise des Verhältnisses von Gesellschaftstheorie und empirischer Sozialforschung, sondern ein einliniges Zug-um-Zug-Denken: zuerst gesellschaftstheoretisch unvermittelte Hypothesenbildung, dann empirische Verifikation, dann empirisch überprüfte Teiltheorie, dann (sofern es je dazu kommt) Zusammenfassung solcher Teiltheorien zu soziologischen Theorien größerer Reichweite. Die empirische Sozialforschung stand praktisch am Anfang einer Erkenntniskette, statt in ein ständiges Wechselspiel mit der Gesellschaftstheorie eingebunden zu sein. Theoretischer Vorgriff aufs Ganze der Gesellschaft – empirische Einzelforschung als Realitätsprüfung – Darstellung der Forschungsergebnisse im gesellschaftstheoretischen Zusammenhang – Vorgriff auf neuer gesellschaftstheoretischer Grundlage usw.: davon setzte König sich ab.

Dem ungemein großen Stellenwert, der somit der empirischen Sozialforschung im soziologischen Erkenntnisprozeß zuerkannt wurde, entsprach ein gesteigertes Interesse an forschungsmethodischer Perfektionierung; König ist deshalb auch als Verfasser und Herausgeber methodischer Schriften zur empirischen Sozialforschung[14] in Erscheinung getreten, und diese sind zu Recht als bahnbrechend für die soziologische Empirie in Deutschland empfunden worden. Doch der Verzicht darauf, die empirische Einzelforschung von allem Anfang an und immer wieder mit einer Theorie rückzukoppeln, die den gesamtgesellschaftlichen Zusammenhang aufzuschließen sich bemüht, hat den Arbeiten der König-Schule unausweichlich den Vorwurf gesellschaftstheoretischer Kurzatmigkeit und methodischer Überperfektion eingetragen. „Zuviel Fliegenbeine wurden gezählt, und oft die falschen."[15]

Eine dritte Position repräsentierte Helmut Schelsky, der zu den während der Nazizeit in Deutschland verbliebenen Soziologen gehörte und nach 1945 wie wohl kein anderer die „innerdeutschen Voraussetzungen" (ein Wort von Schelsky selbst) für die Entwicklung der westdeutschen Soziologie ins Spiel bringen konnte.

Schelsky – 1935 in Leipzig mit den Fächern Philosophie (Gehlen), Pädagogik (Litt) und Soziologie (Freyer) promoviert, 1936 bis 1941 Assistent von Gehlen und Freyer – ist seinem eigenen Verständnis entsprechend in soziologietheoretischer Hinsicht mehr von Gehlen (Institutionenlehre) und in methodischer Hinsicht mehr von Freyer (Verhältnis zur Geschichte, Empirie, Politik) beeinflußt worden. Er habilitierte sich 1939 in Königsberg, wurde 1943 außerordentlicher Professor in Straßburg, 1948 ordentlicher Professor an der Akademie für Gemeinwirtschaft Hamburg, dann Universitätsprofessor in Hamburg, Münster (zugleich wissenschaftlicher Direktor der Sozialforschungsstelle in Dortmund), Bielefeld und wiederum Münster.[16]

Schelsky entwickelte und verfocht ein Konzept, in dem er von völlig anderen Prämissen als Horkheimer und Adorno ausging, das gleichwohl aber in einem gesellschaftstheoretischen Problemhorizont angelegt war, der der Griffhöhe der Frankfurter entsprach. Lag Schelskys Ansatz insoweit auf derselben Wellenlänge wie der von Horkheimer und Adorno, so wies er andererseits durch ein emphatisches Verhältnis zur empirischen Sozialforschung Berührungspunkte mit Königs analytisch-empirischer Soziologie auf (wenn Schelsky auch vor einer Fetischisierung der Methodenfrage warnte, die „zur Exaktheit eines Wissens von Banalitäten" führen könne, und die historischen Schranken der amerikanischen Soziologie erkannte, die eine blinde Übernahme ihrer Methoden unsinnig werden lasse). Schelsky veröffentlichte 1959 eine ‚Ortsbestimmung der deutschen Soziologie', die ein spezifisches Theorie-Empirie-Verständnis ausdrückte, durch das sie vom Zugriffshorizont her beurteilt als echter Kontrapunkt zur Frankfurter Schule verstanden werden muß. Seiner Originalität sowie wissenschaftlichen, publizistischen und praktisch-politischen Wirksamkeit wegen sei dieses Konzept etwas ausführlicher behandelt.[17]

Schelskys Position gewann dort Kontur, wo er sich mit den gesellschaftlichen Wirkungen empirischer Sozialforschung auseinandersetzte. Adornos These vom restaurativen Charakter der Empirie (die Adorno eigentlich nur auf die administrative Sozialforschung bezogen hatte) wurde mit dem Hinweis, daß man historisch differenzieren müsse, kritisiert. Wie der Blick in die Geschichte zeige, sei der Versuch empirischer Erfassung sozialer Tatbestände oft in das Bemühen um gesellschaftliche Reform – und insoweit gesellschaftliche Veränderung – eingekoppelt gewesen. Schelskys Hinweis, daß empirische Sozialforschung historisch auch als Medium sozialer Veränderungsbestrebungen habe dienen können und nicht immer als bloße Legitimation der festgestellten sozialen Tatsachen fungierte, ist sicher zutreffend. Es kommt eben auf die Umstände an. Nicht empirische Sozialforschung an sich ist restaurativ, sondern restaurativ sind die gesellschaftlichen Konstellationen, in denen die empirische Sozialforschung steht (S. 59f.). Von dieser an sich richtigen Feststellung ausgehend, der im Ernst auch kein Anhänger der Frankfurter Schule widersprechen würde (die freilich um Adornos methodenkritischen Gedanken zu erweitern wäre, daß bestimmte empirische Methoden, einmal aus spezifischen gesellschaftlichen Konstellationen heraus entstanden, selbst einen konservativen Bias aufweisen können, der dann durchschlägt, wenn man sie unter anderen Anwendungsvoraussetzungen praktiziert), lenkte Schelsky zu der aktuellen Frage über, wie die grundsätzlich ebenso restaurative wie verändernde empirische Sozialforschung in der konkreten Situation der westdeutschen Gesellschaft wirke. Antwort: „Daß [...] die empirischen sozialwissenschaftlichen Forschungen in der gegenwärtigen westdeutschen Konstellation ‚restaurativ' wirken können, soll als Tatsache nicht bestritten werden, wohl aber die Schuld der Soziologie daran."(S. 64)

Was heißt hier Schuldlosigkeit der Soziologie? Schelskys Argumentation war von dem Gedanken getragen, daß in der modernen Gesellschaft eine Tendenz zur Entpolitisierung der sozialen Verhältnisse, zu einer Versachlichung vorherrsche, die sich auch darin ihren Ausdruck verschaffe, daß die Gesellschaft das Merkmal der Gestaltbarkeit durch soziales Handeln verlöre. So sei z. B. von einer „Ohmacht der Sozialgesetzgebung gegenüber den Tatsachen unseres gesellschaftlichen Zustandes" auszugehen (S. 60). Wenn aber das Bemühen um gesellschaftsverändernde Sozialgestaltung sich tatsächlich an der Macht der objektiven Verhältnisse bricht, dann ist es naheliegend, zu unterstellen, daß auch die empirisch gewonnene Kenntnis über soziale Dinge nicht mehr gesellschaftsverändernd verarbeitet werden kann: für Gesellschaftsveränderung im Sinne einer politischen Zielsetzung wäre in der modernen Welt einfach kein Platz mehr. Schelsky unterstellte wohl solche Bedingungen, wenn er sagte: „Offenbar wirken heute die sozialen Tatsachen der Empirie nicht mehr in dem Maße unmittelbar einleuchtend und richtungseindeutig zu Gunsten geplanter sozialer Veränderungen wie früher. Daher könnte man die Gegenthese, daß sich hier eine Ohnmacht der Sozialgestaltung gegenüber den Tatsachen unseres gesellschaftlichen Zustandes in einen Vorwurf gegen die Wissenschaft umlegt, die diese Tatsachen feststellt, weitgehend verifizieren." (S. 60)

Bei seiner These vom Verlust an politischer Gestaltbarkeit ging Schelsky von der Vorstellung einer weitgehend verwissenschaftlichen Gesellschaft aus, die auf einem technischen Produktionsapparat beruht, der selbst schon ein Produkt der Anwendung wissenschaftlicher Erkenntnis darstellt und der sich nach wissenschaftlich gewonnenen Sachgesetzlichkeiten fortentwickelt. Die „wissenschaftliche Erkenntnis" wäre diesem Verständnis entsprechend zur „Grundlage unserer gesellschaftlichen Organisation" geworden, und eben darin läge die Ursache dafür, daß die Gesellschaft dem gestaltenden Zugriff durch soziale Kräfte (Klassen, Parteien, Verbände usw.) mehr und mehr entzogen ist. Schelsky berief sich hier auf Gehlen, den er mit dem Satz zitierte: „Der Zusammenhang von Wissenschaft, technischer Anwendung und industrieller Auswertung bildet längst auch eine Superstruktur, die selbst automatisiert und ethisch indifferent ist."[18] Die Gesellschaft wurde somit als automatisierte Superstruktur und die Wissenschaft als Ausgangspunkt, Grundlage und Element dieses Systems verstanden: Wissenschaft als Erkenntnis von Sachgesetzlichkeiten, die dann – einmal zu gesellschaftlicher Anwendung gekommen – unabhängig von den Intentionen der Forscher wie unabhängig von Individuen und sozialen Gruppen überhaupt den Gang der weiteren Entwicklung durch immer mehr und neu entstehende Sachgesetzlichkeiten bestimmen. Schelskys Argument lag die ‚Technokratie'-These zugrunde: Gesellschaft als wissenschaftlich-technische Zivilisation.

Von daher ist nur logisch, daß die Wissenschaft, die ja ‚definitionsgemäß' ein wesensbestimmendes Element der modernen Gesellschaft bilden sollte, nicht mehr gesellschaftskritisch und gesellschaftsverändernd wirksam werden könne. Kritik an der Gesellschaft, deren Grundlage die Wissenschaft selbst sein soll – das wäre eine contradictio in adjecto. Schelsky betonte natürlich, daß das Konzept einer wissenschaftlich-technischen Zivilisation hauptsächlich auf die Verbindung von entfalteter Naturwissenschaft, moderner Produktionstechnik und fortgeschrittenster industrieller Produktion rekurriert. Er sah aber auch die empirische Sozialforschung zunehmend in diese Superstruktur eingebaut und begründete damit dann auch seine These von der notwendig restaurativen Wirkung *moderner* empirischer Sozialforschung.

„Daß diese Einsicht noch nicht voll für das Verhältnis von empirischer Sozialforschung zu ihrer praktischen Auswertung zutrifft, liegt bei uns sowohl an der Unentwickeltheit und Unbedeutsamkeit dieser Wissenschaft als auch an ihrer geringen ‚Verwertung' durch die Praxis. Daß dieses Problem in den Sozialwissenschaften aber heranwächst, zeigen die Diskussionen über die Auswirkungen der Meinungsforschung und über die Verwendung der Tiefenpsychologie zur Manipulierung des Menschen in Konsum und Politik [...] Hierin wird deutlich, daß die Erkenntnisse der Tiefenpsychologie, die einmal unter der Konzeption der Befreiung des Menschen von der Last der sozialen Konventionen entwickelt wurden, inzwischen sich selbst wiederum dazu eignen und dazu benutzt werden, ihn in noch drückendere soziale Konventionen eines anderen sozialen Zustandes zu verstricken. Gegen diese Ausbeutung ihrer Ergebnisse zu beliebigen praktischen Zielen kann sich keine analytische Erfahrungswissenschaft, die publiziert, schützen, und zwar gerade dann nicht, wenn sie den wissenschaftlichen Verbindlichkeiten ihrer Forschung treubleiben will. Die Impulse des Gelehrten, die ihn zur Forschung führen, sind relativ belanglos gegenüber seinen Ergebnissen, jedenfalls lassen sich diese von jenen ablösen, und es bestehen keine in der Wissenschaft und in der Person des Forschers liegenden Möglichkeiten, die moralischen Verpflichtungen des forschenden Erkennens auf die Impulse des Handelnden zu übertragen, der die Ergebnisse einer analytischen Wissenschaft aufnimmt."(S. 65)

Die Scheidelinie zwischen Schelsky und den Frankfurtern zeichnet sich hier ab. Es sind grundlegende Unterschiede in der Theorie der modernen Gesellschaft. Auf die Frage, was die Gesellschaft zusammenhält, was ihre Entwicklung vorantreibt und blockiert, welche Stellung die Wissenschaften, auch die Gesellschaftswissenschaften einschließlich der empirischen Sozialforschung, in diesem System einnehmen, gab Schelsky ganz und gar andere Antworten. Statt die moderne Gesellschaft als politisch gestaltbares Produktionsverhältnis zu begreifen, verstand er sie als automative technisch-wissenschaftliche Zivilisation. Diese verschiedenartigen gesellschaftstheoretischen ‚Einstiege' prägten natürlich die Sichtweisen des Verhältnisses zwischen empirischer Sozialforschung und gesellschaftlicher Wirklichkeit bis in alle Einzelheiten hinein.

Auch hinsichtlich des Problems des Realitätsgehalts empirischer Sozialforschung – der Art von Wirklichkeit, die durch empirische Sozialforschung erfaßt wird –, grenzte sich Schlelsky von der Frankfurter Schule (oder dem, was er dafür hielt) ab. Während Horkheimer und Adorno immer den Gedanken eines Wechselverhältnisses zwischen Gesellschaftstheorie und Empirie betont hatten, meinte Schelsky (hier in Übereinstimmung mit König), der dabei notwendige Vorgriff auf das Ganze der Gesellschaft rutsche zwangsläufig ins Gesinnungs- und Glaubenhafte ab; er sei insoweit ideologisch. Deshalb bestehe eine unauflösliche Spannung zwischen der empirischen Sozialforschung und einer Gesellschaftstheorie, die sich auf den gesellschaftlichen Gesamtzusammenhang bezieht. Empirisch erfaßbar sei immer nur das konkrete gesellschaftliche Phänomen; empirische Sozialforschung stoße daher allenfalls in die „Schicht der ‚mittleren Allgemeinheit"' vor, zu Theorien mittlerer Reichweite, nicht aber zur Gesellschaft als ganzer.

So richtig es nun war, sich der Reduktionen bewußt zu sein, die empirische Sozialforschung immer kennzeichnen, so wenig vermag man freilich einzusehen, warum diese notwendige Spannung zwischen Theorie und Empirie nicht in einem dialektischen Wechselverhältnis aufgelöst werden kann. Statt sich diesem Gedanken der Frankfurter Schule wirklich zu öffnen, ging Schelsky schnell zu dem über, was ihn letztlich entscheidend von Horkheimer und Adorno trennte; dies war nicht so sehr der Rückbezug auf das Ganze der Gesellschaft (den ja auch er mit seinem Konzept der technisch-wissenschaftlichen Zivilisation herzustellen suchte), sondern eine rigorose empirische Kritk der geschichtsphilosophischen Perspektive, in die die Gesellschaftsanalyse der Frankfurter eingebettet war: Sozialwissenschaftliche Empirie, sagte er, „entzieht der sozialen Praxis in der Tat bestimmte ‚Voraussetzungen für die Offenheit zur Veränderung', nämlich den Glauben, die moderne Gesellschaft, wie sie ist, aus abstrakten, generalisierten Grundsätzen heraus planmäßig noch einer totalen Veränderung unterwerfen zu können, d.h. sie verneint ihrem Wesen nach jede ideologisch-gesinnungshafte totale soziale Revolution." (S. 67) Versucht man diesen Worten einen Sinn zu geben, so liegt wieder das Postulat einer Verschmelzung von sozialwissenschaftlicher Empirie und technisch-wissenschaftlicher Zivilisation und der daraus folgenden antirevolutionären Charakter der empirischen Sozialforschung nahe.

Eine weitere Abgrenzung erschien Schelsky wichtig: Die Frankfurter hatten immer wieder betont, daß es in gesellschaftswissenschaftlichen Analysen darauf ankomme, die gesellschaftliche Realität voll ins Spiel zu bringen: Verteidigung der Vielfalt und Lebendigkeit der sozialen Erfahrungen gegenüber der Einseitigkeit der sozialwissenschaftlich ermittelten facts, wie Adorno gesagt hatte. Hier nun hakte Schelsky ein, indem er ausführte: „Die zweite Frontstellung der empirisch-sozialwissenschaftlichen Wirklichkeitserfassung ist gegen die primäre Erfahrung der handelnden und erlebenden Einzelperson gerichtet. In dem Versuch, eine entsubjektivierte, sich in einem experimentierenden Denken wissenschaftlich begründende und kontrollierende Beschreibung der Wirklichkeit zu geben, schafft die sozialwissenschaftliche Empirie eine sekundäre Wirklichkeit, die den unmittelbaren Erfahrungsumfang des Einzelnen grundsätzlich überschreitet [...] . Diese ‚zweite' Wirklichkeit, nämlich die wissenschaftlich bearbeitete und erfahrene, stellt in den wissenschaftlich-technischen Zivilisationen die soziale Wirklichkeit dar, mit der wir es entscheidend zu tun haben; erst die in ihr lokalisierten Erfahrungen sind als ‚Fakten' anzusehen." (S. 68 f.)

Empirische Sozialforschung schaffe, so also Schelskys Überlegung, eine sekundäre Wirklichkeit, die die Primärerfahrungen grundsätzlich überschreite; diese wissenschaftlich produzierte Wirklichkeit sei in der gesellschaftlichen Entwicklungsphase der wissenschaftlich-technischen Zivilisation identisch gesellschaftlicher Realität, weil hier Wissenschaft selbst die Bedingungen ihrer eigenen Anwendung schaffe. Demgegenüber verstand Adorno Sozialwissenschaft als denkende Verarbeitung der gesellschaftlichen Realität, als Realitätserkenntnis, die dann durch das Wissen und die Orientierungen, die sie den Menschen vermittelt, über menschliches Handeln praktisch werden kann. Schelsky konnte von einem „naiven Realismus der Primärerfahrung" sprechen, während Adorno wohl eher gesagt hätte, daß die empirische Sozialforschung auf den Primärerfahrungen aufbaue, die sie möglichst umfassend, nicht fragmentiert aufzunehmen habe, um sie im Hinblick auf die hinter ihnen liegenden allgemeineren Bestimmungen zu entschlüsseln. Schelsky sah demgegenüber einen echten Gegensatz zwischen Primärerfahrungen und wissenschaftlichem Faktum. „Die Aufgabe der empirischen Sozialforschung besteht darin, die ‚Fakten' zu enthüllen, sie, wenn man so will, für das Bewußtsein überhaupt erst zu schaffen. Sie tut dies in der Form eines methodischen Experimentierens mit der Primärerfahrung." (S. 70)

Diese Aussagen standen wiederum in engem Zusammenhang mit Schelskys Gesellschaftskonzeption. Die moderne Gesellschaft baue auf wissenschaftlichen, nicht auf primären Fakten auf; ergo: Primärerfahrung ist gesellschaftlich obsolet geworden. „Eine solche wissenschaftliche Dekomposition wird aber auch in unserer Zivilisation zu einem unabweisbaren Anspruch, weil diese auf solchen der Primärerfahrung entzogenen wissenschaftlichen Tatbestände aufgebaut ist. Um wirklich in einer wissenschaftlichen, großorganisatorischen Zivilisation sozial handeln zu können, ist eine wissenschaftliche experimentelle Dekomposition der primären Erfahrungstatbestände unerläßlich; soziale Handlungen aufgrund der Primärerfahrung treffen keine belangvollen Gegenstände mehr und verfehlen im sozialen Leben eben das, worauf es der sozialen und politischen Wirkabsicht ankommt [...]. Die Denaturierung der unmittelbar erfahrenen sozialen Wirklichkeit durch die empirische Sozialwissenschaft etwa zur Statistik oder zu anderen wissenschaftlichen ‚Fakten' ist eine der Grundlagen des sozialen Handelns in einer modernen Industriegesellschaft." (S. 71)

Überall wird deutlich: So sehr Schelsky auch den auf das gesellschaftliche Ganze sich beziehenden Zugriff als unwissenschaftlich geißelte, er selbst argumentierte ebenfalls von einem Konzept aus, das man als eine Art Theorie von der Gesellschaft bezeichnen kann; seine Einwände gegenüber den Frankfurtern waren also nicht ohne eigenen gesellschaftstheoretischen Bezug, nicht rein empiristisch (selbst wenn sie manchmal so auftraten), sondern speisten sich aus einer ganz grundlegenden gesellschaftstheoretischen Differenz. Leider hat Schelsky selbst diesen Differenzpunkt, von dem aus er faktisch operierte, in der ‚Ortsbestimmung der deutschen Soziologie' nicht so klar beim Namen genannt, wie man es sich gewünscht hätte; doch ist die Chiffre seiner Argumentation leicht zu entschlüsseln – als eine Sichtweise des Verhältnisses von Gesellschaftstheorie und empirischer Sozialforschung und damit des Stellenwerts der Empirie im soziologischen Erkenntnisprozeß, die unauflöslich in ein Theoriekonzept eingebaut ist, nach dem die moderne Gesellschaft als wissenschaftlich-technische Zivilisation verstanden wird. Schelskys Position steht oder fällt daher auch mit diesem Gesellschaftsverständnis.[19]

Die konzeptionellen Unterschiede, die in der westdeutschen Soziologie in den fünfziger Jahren aufbrachen, beschränkten sich – dies muß einschränkend gesagt werden – keineswegs auf die hier hervorgehobenen drei Schulen. Die Unterscheidung zwischen der Frankfurter, der Kölner und der Münsteraner Soziologie enthält natürlich eine Stilisierung, die in ihrer Grobheit Wichtiges vernachlässigt: Helmuth Plessners philosophische Anthropologie ebenso wie Gerhard Mackenroths Bevölkerungslehre; Oskar Nell-Breunings der katholischen Soziallehre verpflichtete Sozialwissenschaft ebenso wie Gerhard Weissers stark praxisbezogene Sozialpolitik; unberücksichtigt bleibt auch Theodor Geiger, der von Aarhus aus mit empirisch-ideologiekritisch gefaßten Argumenten auf die westdeutsche Soziologie beträchtlichen Einfluß nahm. Die zugegebenermaßen stark vereinfachende Skizze der drei Schulen dürfte aber deutlich machen, daß in der damaligen westdeutschen Soziologie harte Kontroversen über Grundsatzfragen geführt wurden und daß diese Auseinandersetzungen immer wieder um die Frage kreisten, welche Bedeutungen der empirischen Sozialforschung im soziologischen Erkenntnisprozeß zufalle. In diesen Auseinandersetzungen steckte, das sollte sich ebenfalls wenigstens angedeutet haben, beträchtlicher politischer Sprengstoff. Die Debatten waren nicht l'art pour l'art – keine rein akademischen Abgrenzungsgefechte, die um des wissenschaftlichen Purismus willen angezettelt und gepflegt worden wären. Hinter ihnen stand letztlich die Frage, wie sich die Soziologie in ihrem empirischen Forschungsbetrieb auf die eingangs erwähnten Fragen einlassen solle, die entsprechend der nach 1945 veränderten politischen Lage an sie gerichtet wurden: eher kontemplativ oder mit politischem Gestaltungswillen, und wenn in politischer Absicht: eher konservativ oder reformerisch-verändernd? Im Vergleich zu dem durch Parzellenbildung und Heckenschutz gekennzeichneten Klima heutiger Soziologentage war das also eine wissenschaftlich recht lebendige und auch politisch gehaltvolle Kontroverse.

Doch mündeten die Auseinandersetzungen, die im sogenannten Positivismus-Streit der sechziger Jahre noch eine variierte Fortsetzung erlebten,[20] weder in eine Klärung noch in eine deutlichere Konturierung der aufgeworfenen Probleme ein. Angesichts des zu kleinen Vorrats an Gemeinsamkeiten, den die westdeutsche Soziologie aus ihrer Vorgeschichte hatte beziehen können, wäre viel guter Wille und sehr viel Zeit nötig gewesen, um durch die Kontroversen hindurch zu einem gewissen Konsens und stärkerer fachlicher Integration zu gelangen. An beidem hat es letztlich dann aber doch gemangelt. Die Gründergeneration hatte vor allem das Handikap ganz und gar unterschiedlicher Lebensschicksale, die untereinander eine persönliche Distanz mit gegenseitigem Mißtrauen und Vorurteilen schufen, so daß man oft schier unausweichlich aneinander vorbeiredete. Und die nachfolgenden Generationen sind, in ein Fach ohne stabile Identifikationspunkte ‚hineinsozialisiert', ziemlich schnell durch einen boomartigen Ausbau der Soziologie, der hauptsächlich die universitäre Lehre, teilweise aber auch die praktische Sozialforschung betraf, überrollt worden. Vielfach hatte man unter dem nun wachsenden Druck der ‚Alltagsgeschäfte' nicht mehr den Atem, um die durch die Älteren auferlegten Grundsatzfragen tatsächlich durchzufechten. Wie immer man sich ‚schulenmäßig' verortete: überall wurde jetzt rege gelehrt und mancherlei geforscht. In der Lehre wurden die an sich ungelösten alten Kontroversen allenfalls unter der Rubrik Ideengeschichte in den Lehrkanon eingeordnet und aus der Perspektive, der sich der Lehrende selbst verpflichtet fühlte, zurechtgestutzt an die Studenten weitergereicht. Im Alltagsbetrieb der Sozialforschung griff demgegenüber im Laufe der Jahre eine Haltung des Vergessens und Verdrängens um sich, welche die Grundsatzprobleme im Interesse eines störungsfreien und effizienten Forschungsbetriebs hintan stellte und theoretische Reflexion ebenso wie methodologische Selbstverständigung als zeitraubenden Umweg empfand, den man sich nicht mehr als innovativ vorzustellen vermochte oder der doch wenigstens für das vom Forschungsmarkt geforderte Arbeitsergebnis nicht viel einzutragen schien. Durch dieses Stillhalten, das letztenendes dazu führte, daß die in der Fachgeschichte mitgeschleppten theoretischen und methodischen Möglichkeiten kaum noch im Bewußtsein blieben, geschweige denn voll ausgeschöpft wurden, war es möglich, daß sich in der Praxis der empirischen Sozialforschung trotz ganz unterschiedlicher Schulabkunft der einzelnen Forscher die Arbeitsweisen in vielen Punkten erheblich aufeinander zubewegten – doch waren dies Annäherungen auf dem kleinsten gemeinsamen Nenner. Durch die Studentenbewegung und die Neue Linke ist das alles dann allerdings noch einmal kräftig durcheinandergewirbelt worden.

2. Expansion und Institutionalisierung der empirischen Sozialforschung (unter besonderer Berücksichtigung der Industriesoziologie)

Einführung und Ausbau des akademischen Fachs Soziologie mußten auch die Voraussetzungen für empirische Sozialforschung beeinflussen. Betrachten wir im folgenden also die Entwicklung der westdeutschen Soziologie nach 1945 unter dem Gesichtspunkt der Organisation von Sozialforschung. Welche Chancen, möglicherweise aber auch welche Risiken brachte die Brise, die die Soziologie damals erfaßte, für die empirische Sozialforschung mit sich? Insbesondere: inwieweit gelang es in diesem Zusammenhang, für die empirische Sozialforschung Organisationsformen zu erreichen, die sie absicherten und ihr die Chance kontinuierlicher Entfaltung vermittelten?

Innerhalb der wissenschaftlichen Hochschulen fand das expandierende Fach eine Organisationsstruktur vor, in die es sich zunächst ohne große Umstände weitgehend eingefügte: die seminarmäßige Organisation, die in den geistenwissenschaftlichen Bereichen der deutschen Universität seit altersher vorherrschte. Entsprechend wurden an den wissenschaftlichen Hochschulen eine Reihe von soziologischen Seminaren errichtet, die, auch wenn sie verschiedentlich als ‚Institute' firmierten, meist ganz den traditionellen Strukturen der geisteswissenschaftlichen Fächer angepaßt waren: Arbeitsgemeinschaften von Professoren und Studenten, Forschung vorzugsweise als Beiprodukt der Lehrfunktion des Professors, kleinstbetriebliche Verhältnisse (zur Unterstützung des Professors wenige Assistenten, eine Sekretärin).

1960 bestanden an den westdeutschen wissenschaftlichen Hochschulen (18 Universitäten, drei Spezialhochschulen für Wirtschafts- und Sozialwissenschaften, acht Technische Hochschulen) 18 solche Seminare. Das normale soziologische Universitätsseminar war um einen Professor – den ‚Fachvertreter', ‚Seminardirektor' – herumgebaut und verfügte im Schnitt über folgende etatmäßige Ausstattung: ein wissenschaftlicher Assistent, eine Sekretärin, eine wissenschaftliche Hilfskraft, kleiner Sachetat (2000–6000 DM im Jahr). Spezielle Forschungsmittel enthielt der Etat nicht, so daß der Professor – wenn er wollte, daß an seinem Seminar über die eigene ‚Schreibtischforschung' und die Qualifikationsforschung im Rahmen von Habilitationsschriften, Dissertationen, Diplomarbeiten hinaus geforscht wurde – bei der Deutschen Forschungsgemeinschaft (DFG), anderen Förderorganisationen oder öffentlichen bzw. privaten Auftraggebern projektbezogene Forschungsmittel (‚Drittmittel') einwerben mußte.[21] – Anders waren allerdings die Verhältnisse in Köln, wo verbunden mit dem Soziologischen Seminar 1947 das Forschungsinstitut für Sozial- und Verwaltungswissenschaften, Nachfolger des 1934 geschlossenen Forschungsinstituts für Sozialwissenschaften, eröffnet werden konnte, in dem wieder eine soziologische Abteilung bestand; diese Abteilung wurde in ein Forschungsinstitut der Universität Köln umgewandelt, das einen eigenen Personal- und Sachmitteletat hatte. Verzwickt war auch die Lage später in Frankfurt: Hier nahm das 1950 als selbständige Einrichtung wiedergegründete Institut für Sozialforschung, der Universität als ‚Institut *an* der Universität' assoziiert, bis 1966 die Funktion des Soziologischen Seminars der Philosophischen Fakultät wahr. Die 1946 gegründete Sozialforschungsstelle Dortmund hatte ebenfalls den Status eines ‚Instituts an der Universität', nämlich der Universität Münster, war dabei aber eine rechtlich unabhängige Einrichtung ohne Lehraufgaben.[22]

Gut zehn Jahre später bestanden trotz der inzwischen verstärkten staatlichen Förderung der Sozialforschung (die mit den politischen Umschichtungen in den 60er Jahren zusammenhing und über die noch ausführlicher zu sprechen sein wird) immer noch ähnliche Grundstrukturen; im wesentlichen hatten sich eigentlich nur die Größenordnungen verschoben. 1973 erfaßte eine Forschungs-Enquete der Deutschen Gesellschaft für Soziologie[23] 42 Hochschul-Einrichtungen „mit Aufgaben der Forschung und Lehre" und 17 „überwiegend mit Forschungsaufgaben" (Totalerhebung).[24] In einer durchschnittlichen Einrichtung des ersten Typs arbeiteten vier Professoren (jeweils zu weniger als 25% ihrer Arbeitszeit in der Forschung tätig), sieben bis acht wissenschaftliche Assistenten (teils kaum, teils mit ihrer halben Arbeitskraft an Forschung beteiligt), zwei bis drei Forschungsassistenten (Nachwuchskräfte auf projektgebundenen reinen Forschungsstellen). Umgerechnet belief sich die Forschungskapazität einer solchen Einrichtung also auf sechs Vollarbeitskräfte – eine Aggregation aus einer viel größeren Zahl von Einzelpersonen, die oft teilweise oder überwiegend mit Lehre, Prüfungen, Verwaltung usw. beschäftigt waren, wobei gerade die Erfahrensten und Qualifiziertesten durch forschungsferne Aufgaben gebunden wurden, während die Dauerbeschäftigung in der Forschung dem unerfahrenen sowie materiell und arbeitsrechtlich schlecht gesicherten Nachwuchs überlassen blieb (Projektstellen) (S. 47 ff.). Die Personalstruktur der Hochschuleinrichtungen des zweiten Typs, derjenigen mit freilich bloß formal ‚überwiegenden Forschungsaufgaben', war faktisch im

Schnitt nicht viel besser (S. 48). – Die Etats der Hochschul-Einrichtungen enthielten immer noch keine speziellen Titel für Forschung, Drittmittel für Forschung konnten im Seminardurchschnitt in einer Größenordnung von 0,2 Mill. DM pro Jahr besorgt werden, der größte Brocken bei der allgemeinen Forschungsförderung (DFG und Stiftungen), der Rest bei öffentlichen Auftraggebern, während Privataufträge kaum ins Gewicht fielen (S. 20).

Als Träger empirischer Sozialforschung waren und sind solche Seminare nur begrenzt geeignet. Forschung hat hier gegenüber den Verpflichtungen in Lehre, Prüfungen und Verwaltung mehr den Charakter eines Residuums. Ein Großteil der Untersuchungsarbeit wird über einzelne ‚Aufträge', Projekte finanziert und von Nachwuchskräften erledigt, die auf ziemlich kurzfristigen Zeitstellen sitzen. Die erfahreneren, durch eigene frühere Forschung geschulten Wissenschaftler beschränken sich hauptsächlich auf anregende, kontrollierende und disziplinierende Aufgaben, müssen aber die empirische ‚Beinarbeit' ihren jungen ‚Mitarbeitern' überlassen – eine Tätigkeit, die doch in der Soziologie für jeden Empiriker als inspirierender Erfahrungsstoff wichtig ist und in der sich oft erst der Gesamteindruck herauskristallisiert, um den herum dann das erhobene Material zu einem innovativen Gesamtbefund organisiert werden kann. Die Anfänger werden tendenziell überfordert, weil von ihnen verlangt wird, daß sie über den gegebenen Forschungsstand hinauskommen, durch den sie eigentlich erst voll hindurch müßten, um selbst wirklich produktiv arbeiten zu können – und die Qualifizierten bleiben allzu leicht unter ihren Möglichkeiten, weil sie sich auf das Forschungsmanagement beschränken müssen und damit möglicherweise der lebendigen Erfahrungsquellen verlustig gehen, ohne die auch der qualifizierteste empirische Soziologe in repetitives Denken abzurutschen droht. Hinzu kommt, daß die strukturellen Schwächen der seminaristischen Forschung infolge des geringen Gesamtvolumens der jeweiligen Forschungskapazität und der bei projektgebundener Finanzierung immer vorhandenen Instabilität des Betriebs kaum abzufangen sind: Längerfristige Forscherkarrieren, in die Anfänger einrücken könnten, um Zug um Zug Forschungserfahrungen zu akkumulieren, kann das Universitätsseminar ebensowenig garantieren wie stabile projektübergreifende Kooperationsbeziehungen, ohne die eine sozialwissenschaftliche Forschung, die sich unterschiedliche Zugangsweisen präsent halten will, einfach nicht auskommt. Oft mangelt es sogar an den elementarsten infrastrukturellen Voraussetzungen für zeitgemäße empirische Sozialforschung (Spezialbibliothek, technische Hilfsmittel, elastische Verwaltung), die sich eine nebenher auch forschende Mikroorganisation einfach nicht leisten kann.

Dies alles bedeutet nicht, daß im soziologischen Universitätsseminar überhaupt keine vernünftige empirische Forschung betrieben werden kann, heißt aber doch, daß das Seminar eine Organisationsform darstellt, die (jedenfalls für unser Fach) forschungsfremde Elemente enthält und in der sich daher empirische Sozialforschung allenfalls beschränkt entfalten kann – ein Umstand, der wie wir an der Entwicklung in den zwanziger und dreißiger Jahren gesehen hatten, schon früher aufgefallen war und der erst recht nach 1945 den Tenor vieler Stellungnahmen zur Frage der Institutionalisierung empirischer Sozialforschung bestimmte: von einer von der DFG 1961 herausgegebenen Denkschrift zur Lage der Soziologie und Politischen Wissenschaft[25] über die Enquete der DGS aus dem Jahr 1975[26] bis hin zu brandneuen Empfehlungen des Wissenschaftsrats zur Förderung empirischer Sozialforschung.[27] Kein Wunder also, daß immer wieder Bemühungen zu beobachten waren, den Gedanken des reinen Forschungsinstituts auch für die empirische Sozialforschung in Westdeutschland fruchtbar zu machen.

Besonders schnell schossen nach 1945, am amerikanischen Vorbild orientiert, die kommerziellen Markt- und Meinungsforschungsinstitute ins Kraut. Der Vermarktung der Meinungsforschung stand nun auch bei uns nicht mehr viel im Wege, zumal die amerikanische Militärregierung bzw. Hohe Kommission die Entwicklung massiv unterstützte. Man darf nicht übersehen, daß die Amerikaner gleich nach 1945 einen eigenen Befragungsapparat aufzogen, der politisch relevante Attitüden der deutschen Bevölkerung mit den Methoden der Umfrageforschung unter die Lupe nahm und über den in den zehn Jahren seines Bestehens über 400 Meinungsumfragen liefen.[28] Ein Teil dieser Umfragen wurde durch das unter amerikanischem Einfluß gegründete Deutsche Institut für Volksumfragen (DIVO), Institut für Wirtschaftsforschung, Sozialforschung und Angewandte Mathematik Frankfurt Main (gegründet 1951), abgewickelt. Andere bekannte Meinungsforschungsinstitute, die fast alle bald nach dem Kriege gegründet worden waren, sind die Emnid-Institute GmbH & Co., Bielefeld (gegründet 1945), das Institut für Demoskopie Allensbach (1947), Infratest-Marktforschung, Wirtschaftsforschung, Sozialforschung GmbH & Co, München (1947). Diese kommerziellen Einrichtungen haben durch ihre vielfach als nützlich empfundene Untersuchungstätigkeit sowie durch ihre weitverbreitete Publizistik entscheidend dazu beigetragen, die ausgefeilten Techniken der quantitativen Umfrageforschung auch bei uns durchzusetzen.[29] Im Interesse, die Marktgängigkeit der eigenen Ware keinesfalls zu schmälern, kam dabei allerdings die methodenkritische Reflexion entschieden zu kurz. Eine wissenschaftlich bedeutsame Rolle spielten die kommerziellen Institute auch als Produzenten empirischen Forschungsmaterials, das in einigen Bereichen interessante Aufschlüsse ermöglichte (Konsum-, Wahlforschung usw.). Schließlich wuchs im Apparat der Markt-und Meinungsforschungsinstitute ein Service-Bereich heran, der für durchstandardisierte Repräsentativumfragen von anderen Forschungseinrichtungen angemietet werden konnte. – Der Umfang, den die Umfrageindustrie in Westdeutschland bald erreichte, ist beachtlich. Eine Übersicht weist für 1963 an die 20 Institute mit insgesamt 2000 festen Mitarbeitern und einem in die Tausende gehenden Stamm von Interviewern aus.[30] Allerdings läßt sich die Tätigkeit dieser riesigen Organisation nur ganz begrenzt als empirisch-soziologische Forschung bezeichnen.

Doch nicht nur für merkantile Zwecke wurden Forschungsinstitute gegründet. Nennt man ‚wissenschaftlich verfaßt' (im Unterschied zu kommerziell) solche Einrichtungen, die ihre Arbeit den Beurteilungs- und Bewertungskriterien der scientific community (und nicht dem Kriterium der Rentabilität) unterwerfen und die primär auf Erkenntniszugewinn (und nicht auf marktgängige Nützlichkeit) ausgerichtet sind,[31] so traten nach dem Krieg sofort auch wissenschaftliche Institute in Erscheinung. Hinsichtlich Zweckbestimmung, Trägerschaft, Finanzierungsmodus, Nähe zur Universität usw. kam es dabei zu ganz unterschiedlichen Kombinationen. Die im Anhang beigefügte Übersicht[32] über ‚Wichtige sozialwissenschaftliche Forschungseinrichtungen aus dem Gründungszeitraum 1946–1951' bringt Detailangaben, so daß ich mich hier darauf beschränken kann, die Bedingungen für empirische Sozialforschung in „wissenschaftlich verfaßten" Instituten außerhalb der Hochschulen – zunächst für die Forschung in den ersten beiden Jahrzehnten nach Kriegsende – unter einigen übergeordneten Gesichtspunkten zu kommentieren:

- Alle Institute machten empirische Sozialforschung, doch verstanden sie ihre Arbeit durchweg nicht als ‚reine Soziologie' im Sinne einer Einzelwissenschaft Königscher Prägung. Der Zug zu einer multidisziplinären Anlage der Institute, zur Verflechtung der empirischen Soziologie mit anderen sozialwissenschaftlichen Disziplinen war unverkennbar. Hinter diesem ‚Nichtprofessionalismus', der je nach Arbeitsprogramm und Forschungsstil unterschiedliche Formen annahm (vgl. z.B. Sozialforschungsstelle Dortmund, Frankfurter Institut, WWI), insgesamt aber auf das Bemühen hinauslief, empirische Soziologie nicht in der Sackgasse der Überspezialisierung enden zu lassen, steckte wohl auch eine Notwendigkeit: Ohne diese fachliche Breite hätten sich die praktischen Probleme überhaupt nicht angemessen aufnehmen lassen, die zu bearbeiten den Instituten von ihren Trägern hätte abverlangt werden können, sofern die Sozialforscher es aus eigener Überzeugung nicht ohnehin hätten tun wollen. Diese Verknüpfung unterschiedlicher sozialwissenschaftlicher Zugangsweisen vermittelte jedenfalls die Chance unorthodoxer Problemdarstellungen und produktiver Problemlösungen.
- Auffällig ist somit der direkte Bezug zum praktischen Handeln politisch relevanter Kräfte. Durch ihre Initiatoren, Träger und Abnehmer waren die Institute aufs engste in die Sphäre praktischer Politik einbezogen – eine Bindung, die dem Selbstverständnis der Wissenschaftler entsprechen konnte, aber nicht unbedingt mußte. Wie auch immer die beruflichen Idealvorstellungen der Mitarbeiter aussahen: Wenn die in den Instituten vorherrschende Mentalität gegenüber der sozialen Praxis Berührungsangst gewesen wäre, hätten sich die Einrichtungen kaum finanzieren lassen. Offenbar waren es zwei politische ‚Bezugsgruppen', die besonders in Erscheinung traten: Vertreter der *amerikanischen Besatzungsmacht,* die nicht nur die deutschen Sozialwissenschaften am amerikanischen Vorbild formen wollten, sondern sich von einzelnen Studien auch direkt politisch gewünschte Impulse versprachen. (Wie stark diese Interessen waren, deutet sich übrigens auch an dem Umstand an, daß die Library of Congress 1950 bzw. 1952 von ihren ‚ausländischen Beratern' Dolf Sternberger und

Max Horkheimer ganz genaue Reports über den Stand der Sozialwissenschaften in Westdeutschland anfertigen ließ.[33]) Die Amerikaner bauten nicht nur einen eigenen Apparat zur Durchführung von Meinungsumfragen – der sogenannten OMGUS bzw. HICOG Surveys (vgl. Anm. 28) – auf, sie waren auch direkt an der Gründung und Entwicklung einzelner Forschungsinstitute beteiligt. Wichtig waren ferner die *Gewerkschaften,* die sich von Sozialforschung gewisse Hilfen bei der Klärung der Voraussetzungen, Möglichkeiten und Durchsetzungsbedingungen gewerkschaftlicher Politik versprachen (wobei bemerkenswerte Interessenverflechtungen vorkommen konnten; so war der für die Entwicklung der empirischen Sozialforschung in Deutschland wichtige Nels Anderson amerikanischer Sozialforscher, Regierungsbeauftragter und gewerkschaftlicher Vertrauensmann in einer Person[34]). Es mag dahingestellt sein, ob sich die praktisch-politischen Erwartungen, die an die Sozialforschung gerichtet waren, tatsächlich weitgehend erfüllen ließen. Jedenfalls war die empirische Sozialforschung in den ersten eineinhalb Jahrzehnten der westdeutschen Gesellschaft zu einem Gutteil eine ‚politische' Wissenschaft: eine Symbiose, in der auch die Träger und Förderer empirischer Sozialforschung leidlich auf ihre Kosten gekommen sein müssen.[35]

- Verschiedene Forschungsinstitute waren, insbesondere in Form eines Instituts an der Universität, einer Hochschule assoziiert. Man versprach sich davon vielleicht mehr Chancen bei der Projektakquisition und einen gewissen Schutz gegenüber möglichen Pressionen einzelner Finanziers. Auch konnte die Verbindung zur Universität manch anderen Vorteil bieten: Gegengewicht gegen forschungsbedingte Überspezialisierung durch gelegentliche Beteiligung an akademischer Lehre; attraktivere Berufsangebote für besonders qualifizierte Personen durch Offenhalten einer akademischen Karriere usw. Doch waren diese Vorzüge offenbar alles in allem nicht entscheidend, zumal die Gefahr nicht von der Hand zu weisen war, zu sehr in den akademischen Routinebetrieb integriert zu werden. (Daß dies dazu führen konnte, daß selbst besonders fruchtbare Forschungsansätze *empirisch* relativ wenig austrugen, zeigte die anfängliche Entwicklung des Frankfurter Instituts, das in den fünfziger Jahren seiner Forschungstradition nicht gerecht werden konnte.) Jedenfalls waren die Institute mit Universitätsbindung keineswegs eindeutig stabiler als die ohne. Auch kann man unter Berücksichtigung des tatsächlichen weiteren Berufswegs der Institutsmitarbeiter wohl kaum sagen, daß die Karrierechancen in universitätsfernen Instituten eindeutig schlechter waren.
- Schließlich: Wie stand es überhaupt um die Überlebenschancen und die Stabilität der Forschungsinstitute, um die Kontinuität, die man zu Recht als ihr ‚Schlüsselproblem' bezeichnet hat (Lutz)? Einige Institute waren um eines einzigen, zeitlich begrenzten Zweckes willen errichtet worden; sobald dieser Zweck wenigstens leidlich erfüllt war oder dem Träger die Luft ausging, waren diese Einrichtungen hinfällig (Darmstadt-Institut, UNES-

CO-Institut). Andere Forschungseinrichtungen verfügten aber Dank einer gewissen Grundfinanzierung, aus der die Kosten für eine personelle und sächliche Infrastruktur (Räume und Ausstattung, Verwaltung, einige Stellen für Dauerpersonal usw.) bestritten werden konnten, ferner durch die Größenordnung ihres Gesamtbetriebs, die die Möglichkeit bot, gute und schlechte Risiken (satt und mager finanzierte Projekte, gute und schwache Mitarbeiter, routinisierbare und waghalsige Projekte usw.) gegeneinander zu verrechnen, über einige Stabilität. Der Betrieb war dann leidlich gegen die Wechselfälle der Forschung abgesichert; Forschungserfahrungen konnten akkumuliert und zum Nutzen weiterer Forschung aktiviert werden. Doch darf man diese Stabilitätsmomente auch in den günstigsten Fällen nicht überschätzen. Alle Institute waren im beträchtlichen Umfang von Projektfinanzierung abhängig, ein Umstand, der mit erheblichen Problemen und Gefahren verbunden sein mußte: starker Effizienz- und Abschlußdruck, der auf Kosten der Qualität gehen kann und die Mitarbeiter einem möglicherweise zu starken Streß unterwirft; unsichere Anschlußfinanzierung, dadurch hohe Fluktuation und schlechte Möglichkeiten, einen Stamm qualifizierten Personals aufzubauen; starke Abhängigkeit von marktgängigen ‚Produkten', die dazu führen kann, auch Projekte ins Institut zu nehmen, die unter wissenschaftlichen Gesichtspunkten nichts bringen; möglicherweise sogar alternativloses Angewiesensein auf einzelne Finanziers, die dem Institut ihren Willen oktroyieren können. Daß es durchaus vorkam, daß Geldgeber ihre Muskeln spielen ließen, wenn die Institutsarbeit Resultate zeitigte, die ihnen nicht ins Konzept paßten, zeigte sich bei der Disziplinierung des WWI im Zusammenhang mit der Ausschaltung radikalerer gewerkschaftlicher Positionen (Agartz-Affäre, Rückwirkungen auf die industriesoziologische Forschung der Pirker-Gruppe).[36] Man sieht also: Auch die Lage der reinen Forschungsinstitute war nicht gerade rosig. Auch sie hatten ihre Strukturprobleme, so daß die Voraussetzungen für kontinuierliche empirische Sozialforschung auch außerhalb der Universität nur begrenzt gegeben waren.

Seitens der Sozialforschung wurden früh Bemühungen unternommen, die institutionellen Rahmenbedingungen ihrer eigenen Arbeit zu verbessern. Exemplarisch hierfür sind die Anstrengungen der ‚Arbeitsgemeinschaft Sozialwissenschaftlicher Institute', der sich viele Institute anschlossen. Hier ging es darum, „das Ansehen und die Geltung der Sozialwissenschaften [...] in der Öffentlichkeit, im besonderen bei Regierungsstellen" zu fördern.[37] Die Arbeitsgemeinschaft suchte sich eine „straffere Form" zu geben, „schon um bei Regierungsstellen, Behörden und den Förderergesellschaften der deutschen Wissenschaft mit größerem Gewicht für die deutsche Sozialforschung eintreten zu können. Im Zusammenhang damit wurde auch beschlossen, durch Verbindungsleute Beziehungen zu den Bonnern Ministerien und Ämtern aufzunehmen."[38] In ihrer Zeitschrift, der ‚Sozialen Welt – Zeitschrift für sozialwissenschaftliche Forschung und Praxis' wurden die unzureichenden Voraussetzungen für Sozialforschung hervorgehoben: „Ebensowenig wie die Sozialwissenschaft an den deutschen Hochschulen vertreten ist, besteht für die Sozialforschung schon jetzt ein ausreichender Rahmen, um die großen Aufgaben zu erfüllen [...] Nicht der zehnte Teil von dem, was für Wirtschaftsforschung in Deutschland an öffentlichen und privaten Mitteln ausgegeben wird, steht heute den Instituten der Sozialforschung zur Verfügung, ganz zu schweigen von der naturwissenschaftlichen Grundlagenforschung, die mehr als das Hundertfache der Sozialforschung in Anspruch nimmt."[39] Gefordert wurde: „Die Anerkennung der Sozialforschung als öffentliche Angelegenheit durch einen entsprechenden Ausbau der vorhandenen Institute mit überwiegend öffentlichen Mitteln, und zwar der Länder durch ausreichende etatmäßige Zuschüsse und der Bundesregierung vorwiegend durch große, ausreichend finanzierte Forschungsaufträge."[40] Sozialforschung wurde also als emminent praktische Angelegenheit verstanden, die gerade ihrer praktischen Bedeutung wegen öffentliche Förderung verdiene. So gab Schelsky auch der Überzeugung Ausdruck, daß „sozialwissenschaftliche Tatbestandsaufnahmen" einen bedeutenden Beitrag zum „Neubau unserer Gesellschaft" leisten würden.[41] Und schon im Vorwort des ersten Heftes der ‚Sozialen Welt' (1949) schrieben die Herausgeber: „Das Zusammenleben der Menschen in Familie und Betrieb, Volk und Staat, ist in den letzten Jahrzehnten in so neuartige Verwicklungen getreten, daß es der vereinten Bemühungen von Wissenschaftlern und Praktikern im weitesten Umfange des Soziallebens bedarf, um den Weg zu einer neuen Ordnung zu finden."[42] Doch blieb die Lage der Sozialforschung (trotz ihrer gesellschaftlich-praktischen Orientierung und auch Leistungen) wie gesagt in den ersten anderthalb Jahrzehnten der westdeutschen Entwicklung durchaus prekär.

Obschon immer wieder in Schwierigkeiten, konnten die frühen Forschungsinstitute manchem Wissenschaftler wenigstens zeitweilig eine ordentliche Arbeitsbasis bieten. Und es ist gewiß kein Zufall, daß es gerade Mitarbeiter dieser Institute waren, die in den fünfziger Jahren als Verfasser großer empirischer Analysen in Erscheinung traten, denen man inzwischen vielfach ganz zu Recht das Attribut ‚klassisch' verliehen hat. Nehmen wir nur das Exempel der Industriesoziologie – ein Bereich, in dem sich wichtige Vertreter der westdeutschen Soziologie nach 1945 ihre ersten Lorbeeren verdienen konnten. Die Industriesoziologie der Nachkriegszeit erlebte in den fünfziger Jahren eine Blüte, die unauflöslich mit der Arbeit von drei Forschergruppen verknüpft ist: der Gruppe Heinrich Popitz, Hans-Paul Bahrdt, Ernst August Jüres, Hanno Kesting, die in ihren Studien über ‚Technik und Industriearbeit' und ‚Das Gesellschaftsbild des Arbeiters' (beide 1957)[43] den Wandel durchleuchtete, den Industriearbeit im Zuge ihrer Technisierung erfährt, und der Frage nachging, ob die Arbeiter ihre veränderte soziale Realität noch über ein Kollektivbewußtsein im Sinn des traditionellen Klassenbewußtseins wahrnehmen und interpretieren; der Gruppe Theo Pirker, Siefried Braun, Burkart Lutz, die in ihrer Untersuchung über ‚Arbeiter, Management, Mitbestimmung' (1955)[44] die Rückwirkungen der Rationalisierung auf die Sozialstruktur des Betriebes verfolgte und das Problem zu klären versuchte, inwieweit im modernen Betrieb sachliche Voraussetzungen und soziale Träger für eine demokratische Betriebsverfassung bestehen; die ‚Betriebsklima'-Gruppe schließlich, zu der Ludwig von Friedeburg, Manfred Teschner, Friedrich Weltz gehörten (1955/1963),[45] die nach den objektiven Bedingungen und Funktionen der Erwartungen und Einstellungen fragte, die die Arbeiter an den Betrieb herantragen. Alle drei Gruppen betraten in inhaltlicher wie methodischer Hinsicht Neuland, wobei jede ein für sie charakteristisches Forschungsdesign entwickelte (Popitz/Bahrdt: Bezug zur Phänomenologie, qualitative Empirie durch differenzierte Beobachtung und offene Befragung; Pirker u. a.: Bezug auf Max Webers Konzept der säkularen Rationalisierung, praktische Orientierung im Sinn der wissenschaftlichen Begründung gewerkschaftlicher Betriebspolitik, in der Empirie Rückgriff auf betriebliche Sozialstatistik und Daten aus quantitativen Massenbefragungen; Friedeburg u. a.: zunächst Orientierung an der amerikanischen Meinungs- und Einstellungsforschung, später kritische Auseinandersetzung mit rein subjektivistisch gerichteten Ansätzen,[46] in der Empirie Anwendung der Verfahren des standardisierten Interviews und der Gruppendiskussion). Durch alle Unterschiede hindurch waren allerdings auch einige Gemeinsamkeiten erkennbar: nämlich „ein durchgängig doppelter Anspruch auf historisch verstehende und damit in eine verallgemeinernde Theorie einzubringende Deutung der beobachteten Phänomene einerseits und deren exakte empirische Erfassung andererseits".[47] Zu den Gemeinsamkeiten der drei Untersuchungsgruppen gehörte schließlich auch, das ist hier besonders zu betonen, die Art ihrer institutionellen Einbindung in den Forschungsbetrieb. Alle drei Gruppen fanden in einem der frühen sozialwissenschaftlichen Forschungsinstitute ihre institutionelle Verankerung: Popitz/Bahrdt in der Sozialforschungsstelle Dortmund, Pirker/Braun/Lutz im Wirtschaftswissenschaftlichen Institut der Gewerkschaften, Friedeburg/Teschner/Weltz im Frankfurter Institut für Sozialforschung. Die Institute waren also, wie das Beispiel der Industriesoziologie verdeutlicht, in den 50er Jahren der Platz, an dem sich beachtenswerte Forschungsleistungen entfalten konnten.

Freilich gelang es den Instituten nicht, mit diesen Pfunden zu wuchern. Statt zu einer Konsolidierung der erfolgreich begonnenen Forschung zu kommen, erwies sich die Lage der Forschungsinstitute bald als ziemlich problematisch. Die spezifischen institutionellen Defizite, die – wie wir sahen – die Forschungsinstitute kennzeichneten, verlangten ihren Preis. Sie mußten vor allem deshalb schnell zu Buche schlagen, weil durch den Ausbau der Universitäts-Soziologie attraktive Positionsangebote an die erste Forschergeneration in den Instituten herangetragen wurden, denen die Forschungsinstitute selbst wenig entgegenzusetzen hatten. Gegenüber einer Universitätsprofessur im Fach der Soziologie, einer sozial angesehenen Lebenszeitstellung mit einem hohen individuellen Autonomieradius, die gerade für die Erfolgreicheren unter den Institutsforschern angesichts der Expansion der Soziologie an den wissenschaftlichen Hochschulen ohne weiteres erreichbar war, nahmen sich die Arbeitsplätze in den reinen Forschungseinrichtungen mager aus: Durch die Finanzierungsprobleme der Institute (Projektabhängigkeit, Einfluß der Hauptfinanziers usw.) blieben letztere instabil und boten nur vage Karrierechancen. Daraus resultierte ein charakteristischer Sog aus den recht forschungsstarken Forschungsinstituten heraus und in die eher forschungsschwachen Universitätsseminare hinein – eine Bewegung, die viele Sozialforscher der ersten Nachkriegsgeneration mitmachten (z.B. Popitz: 1957 Habilitation in Freiburg, 1959 Professor in Basel, seit 1964 Professor in Freiburg; Bahrdt: 1958 Habilitation in Mainz, 1959 Professor in Hannover, seit 1962 in Göttingen; Kesting: 1966 Habilitation in Aachen, 1967 bis 1975 Professor in Bochum; von Friedeburg: 1960 Habilitation in Frankfurt, 1962 Professor in Berlin, seit 1966 in Frankfurt; Teschner: seit 1967 Professor in Darmstadt; Mayntz: 1958 Habilitation in Berlin, 1965 Professor in Berlin, 1971 in Speyer, jetzt in Köln) und der sich auf Dauer wohl nur Personen mit einem besonderen Faible für die reine Forschung und erheblichen persönlichen Vorbehalten gegenüber manchen Details der Universitätsarbeit entziehen konnten. (Von den bedeutenden Vertretern der ersten Generation der Institutsforscher sind meines Wissens bis zum heutigen Tage nur Burkart Lutz und Friedrich Weltz gegenüber der Universität abstinent geblieben.)

Betrachtet man es unter dem Blickwinkel kontinuierlicher inhaltlicher und methodischer Fortschritte in der empirischen Sozialforschung, so befand sich die westdeutsche Soziologie in den ersten fünfzehn Jahren ihrer Entwicklung in einer zwiespältigen Lage. Die günstigen Rahmenbedingungen, auf die das Fach nach dem Kriege gestoßen war, erlaubten die Etablierung der Soziologie als Universitätsdisziplin; auch die Sozialforschung kam voran. Mit der Zeit zeigten sich aber Ungleichzeitigkeiten in der Entfaltung von Lehre und Forschung. Die Universitäten, die mit ihrer seminaristischen Organisationsform schlechte Voraussetzungen für kontinuierliche empirische Sozialforschung boten, verfügten über die attraktiveren Positionen, so daß sich viele der qualifizierteren Kräfte auf eine Universitätskarriere einrichteten. Die universitätsunabhängigen Forschungsinstitute, unter deren Dach sich zunächst vielversprechende Forschungsaktivitäten hatten entfalten können, besaßen wenig Möglichkeiten, um ihr erfahrenes und erfolgreiches Forschungspersonal in Konkurrenz zur Universität zu halten. Daraus ergab sich ein typisches Karrieremuster: Man machte sich, oft im Rahmen eines Forschungsinstituts, durch herausragende Forschungsleistungen einen Namen und erwarb dadurch die Chance, eine der attraktiven Universitätsprofessuren zu erlangen. Nach der Berufung verlagerte sich dann der Tätigkeitsschwerpunkt: die Forschung verlor an Bedeutung; Lehre, Prüfung, Administration absorbierten einen großen Teil der Arbeitskraft. Erst einmal auf Lehrstühle berufen, mußten qualifizierte Sozialforscher unter ihren Forschungsmöglichkeiten bleiben, und die sozialwissenschaftlichen Forschungsinstitute, in denen sie ihre Gesellenzeit verbracht hatten, mußten einen beträchtlichen Aderlaß hinnehmen, von dem sie sich nicht so leicht erholen konnten – auf Dauer keine besonders forschungsfreundliche Struktur.

Kein Wunder, daß die empirische Sozialforschung in Westdeutschland bald in die Gefahr geriet, das Qualitätsniveau zu unterschreiten, das innovative Forschungen in der ersten Hälfte der fünfziger Jahre gesetzt hatten. Die empirische Sozialforschung in Westdeutschland trat in eine ‚Zwischenphase' ein, in der sich auch ihr gesellschaftlicher Wert zu vermindern drohte.

Ab Mitte der sechziger Jahre entwickelte sich dann eine neue Konstellation, die die empirisch-soziologische Untersuchungstätigkeit in Westdeutschland spürbar anregte – eine Veränderung, die mit innerwissenschaftlichen Prozessen weniger zu tun hatte als mit Umgruppierungen in der gesellschaftlich-politischen Lage, die den Stellenwert, den man empirischer Forschung beizumessen bereit war, wieder eindeutig anschwellen ließ. Setzte bereits Ende der fünfziger Jahre eine Verstärkung der staatlichen Forschungsförderung ein, die sich zunächst aber hauptsächlich auf die naturwissenschaftlich-technischen Disziplinen und die Industrieforschung erstreckte, so verbesserten sich dann schon in der Zeit der ‚großen Koalition' (1966 bis 1969) und erst recht schließlich mit der sozialliberalen Koalition die materiellen und politischen Voraussetzungen für sozialwissenschaftliche Forschung. Ich werde diese Entwicklung im folgenden kurz umreißen, und zwar wiederum unter gelegentlicher Zuspitzung auf die industriesoziologische Forschung, die wie kaum ein anderer soziologischer Forschungszweig von dieser Entwicklung betroffen war.[48]

Den politischen Hintergrund der nunmehr besseren Bedingungen für Sozialforschung bildete die sozialdemokratisch-gewerkschaftliche Reformpolitik, die jetzt zum Zuge kommen konnte. Sie lief erklärtermaßen auf die Absicht hinaus, die langfristigen Folgen des technisch-ökonomischen Wandels zu erfassen und die darin enthaltenen Beeinträchtigungen der Lebensinteressen der Arbeitnehmer aufzufangen, zu kompensieren oder doch wenigstens zu entschärfen, ohne dabei freilich die Funktionsvoraussetzungen des kapitalistischen Systems zu gefährden.

Die problematischen gesellschaftlichen Prozesse, auf die diese Politik eine zeitgerechte Antwort zu geben suchte, lassen sich hier nur antippen. Entscheidend war die ökonomische Entwicklung in der BRD in den sechziger und siebziger Jahren (Rezession 1967/68, stärkere Krisenanfälligkeit im weiteren Verlauf), die eine Reihe gravierender struktureller Probleme und Defizite der westdeutschen Gesellschaft zutage förderte bzw. in den Vordergrund schob. In diesem neuen Lichte erschienen Struktur und Entwicklung der westdeutschen Gesellschaft plötzlich viel fragwürdiger als in der Zeit der fünfziger Jahre, wo der ökonomische Wiederaufschwung und die politische Konsolidierung die Urteile vieler Menschen dominiert und stark positiv eingefärbt hatten. Die gelegentlich verwendete Formel einer Legitimationskrise trifft durchaus einen zentralen Punkt dieser Entwicklung. Zwischen dem Umfang der gesellschaftlichen Ressourcen und der Realität der Lebens- und Arbeitsverhältnisse vieler Menschen wurde eine Lücke sichtbar. Man lebte in einem reichen Industrieland, trotzdem waren die Arbeitsplätze nun wieder unsicher; man arbeitete in Betrieben, die lange Jahre gute Gewinne gemacht hatten, dennoch bestanden drängende Probleme im Arbeitsbereich (schlechter Arbeitsschutz, Schichtarbeit, hoher Anteil unqualifizierter und belastender Arbeit usw.). Auch machte sich bis ins Bürgertum hinein das Empfinden eines Modernitätsrückstandes breit, der Eindruck, daß die westdeutsche Wirtschaft insbesondere infolge veralteter Strukturen in Wissenschaft und Bildung in der Gefahr stand, vor allem von der amerikanischen Konkurrenz auf dem Weltmarkt abgehängt zu werden. Schließlich schwoll das innergesellschaftliche Protestpotential (Studentenbewegung, ‚wilde Streiks' usw.) merklich an.

All dies war günstig für die Wiederbelebung, Aktualisierung, vielleicht auch partielle Verwirklichung politischer Zielsetzungen, die in Deutschland zur Gedankenwelt der reformistischen Arbeiterbewegung gehörten und in der Sozialdemokratie und den Gewerkschaften immer noch präsent waren. Man denke nur an die Vorstellung einer durch politische Veränderung herzustellenden Gleichläufigkeit zwischen der Rationalisierung im Betrieb und der Entwicklung der Lebenschancen der Arbeiter, die in der Rationalisierungsdiskussion der deutschen Arbeiterbewegung in den zwanziger Jahren eine große Rolle gespielt hatte und die damals in Formeln wie der vom Kampf um die ‚richtige Rationalisierung' im Betrieb und um die ‚Wirtschaftsdemokratie' als Mittel gesellschaftlicher Steuerung eingemündet war. Solche Ideen konnten in den sechziger Jahren in inzwischen freilich verwässerter Form – ‚Rationalisierungsschutz', ‚Mitbestimmung' – aufgegriffen werden. Sie versprachen, die veränderten gesellschaftlichen Verhältnisse zu interpretieren, und sie schienen auch einen Weg zu weisen, um die aufkommenden Strukturprobleme und Spannungen aktiv anzugehen und aus der Welt zu schaffen.

In diesen Bezügen entwickelte sich nun sozialdemokratische und gewerkschaftliche Reformpolitik als Versuch einer Verschränkung von präventiver Steuerung und Gestaltung des technisch-organisatorischen Wandels und Weiterentwicklung und Ausbau des Netzes sozialer Sicherung. Es ist hier nicht von Belang, ob dieser Ansatz wirklich ins Schwarze traf. Jedenfalls ließen sich mit einer solchen Politik in den sechziger und siebziger Jahren durchaus Stimmen gewinnen bzw. halten. Auch war dies eine Politik, auf die sich die Gewerkschaften als Massenorganisationen der Arbeiter und Angestellten einlassen konnten, so daß sie zu einer entscheidenden Stütze des Versuchs der Verankerung des Konzepts im staatlichen Bereich wurden und ihm auch durch ihre eigene Tarifpolitik Flankenschutz gaben.

Aus diesen politischen Entwicklungen, die letztlich auf den Gedanken hinausliefen, mögliche Problemzonen und Konflikte in der gesellschaftlichen Entwicklung, vor allem im Rahmen des technisch-organisatorischen Wandels, antizipierend zu erkennen, einzugrenzen und frühzeitig abzuarbeiten, resultierte nun ein erheblicher Bedarf an zusätzlicher Information, den man mit Joachim Bergmann wie folgt zusammenfassen kann:

„– Wissenschaftliche Bestandsaufnahmen und laufende Beobachtung (Sozialberichterstattung) der technisch-organisatorischen und ökonomischen Entwicklung in Industrie und Verwaltung,

- Analysen der praktischen Wirksamkeit und tatsächlichen Wirkungen von sozialpolitischen Gesetzen und Reformmaßnahmen
- Analysen von Entwicklungstrends und möglichen Problemzonen und nicht zuletzt
- Prognosen der sozio-ökonomischen Entwicklung."[49]

Ohne empirische Sozialwissenschaft waren solche Informationen schlechterdings nicht zu erhalten. Die sozialwissenschaftliche Forschung erfuhr deshalb im Rahmen der veränderten politischen Verhältnisse wieder eine Aufwertung, die sich insbesondere in einer stärkeren Förderung der empirischen Sozialforschung, vor allem im Bereich der Industriesoziologie, niederschlug.

Bergmann, der dies für die ‚Organisation und Finanzierung der industriesoziologischen Forschung in der Bundesrepublik' sorgfältig aufgearbeitet hat, macht folgende Angaben:[50]

a) Bei der DFG, der zentralen Einrichtung der allgemeinen Forschungsförderung in der BRD (zu 97% aus Mitteln des Bundes und der Länder finanziert), erhöhte sich die Summe aller im Bereich Gesellschaftswissenschaften bewilligten Forschungsanträge von 17,2 Mill. DM (1970) auf 40,0 Mill. (1978), der Anteil der Gesellschaftswissenschaften am gesamten Förderungsvolumen der DFG stieg dabei von 4,9% auf 6,1%. Die Industrie-, Betriebs- und Organisationssoziologie erfuhr dabei über ein Schwerpunktprogramm (1970/71 initiiert, 1975 verlängert, inzwischen ausgelaufen) eine besondere Unterstützung in Höhe von insgesamt 9,3 Mill. (= knapp 2000 Mann-Monate). Insgesamt wurden von der DFG von 1971 bis 1979 55 industriesoziologische Forschungsprojekte insbesondere in den Themenbereichen „technisch-organisatorischer Wandel/Arbeitssituation/Bewußtsein" (21 Projekte), „industrielle Beziehungen" (20) und „betriebliche Strategien" (8) gefördert; 13 Anträge wurden abgelehnt, 6 zurückgestellt, 5 ergebnislos abgebrochen.

b) Durch den Projektträger ‚Humanisierung des Arbeitslebens' (HdA), der für das Bundesministerium für Forschung und Technologie das ‚Humanisierungsprogramm' der Bundesregierung (begonnen 1974) abwickelt, erhielt die empirische Industriesoziologie ebenfalls erhebliche Mittel. Unterschieden wird hier zwischen Untersuchungen, die auf eine sozialwissenschaftliche Begleitforschung ebenfalls geförderter praktischer ‚Humanisierungsprojekte' hinauslaufen (Bestandsaufnahme, Modellentwicklung und Beratung, Evaluation, Dokumentation) und Studien im Rahmen der sozialwissenschaftlichen Grundlagenforschung, in der projektübergreifende Voraussetzungen und Ergebnisse des HdA-Programms ermittelt werden sollen. Insgesamt erhielt die empirische Industriesoziologie aus dem Programm von 1975 bis 1979 28,4 Mill. DM. Dadurch wurden 36 Projekte gefördert, davon 21 Begleitforschungen im Zusammenhang mit „neuen Formen der Arbeitsorganisation und Arbeitsplatzgestaltung", 6 Begleitforschungen im Zusammenhang mit „neuen Technologien, Arbeitssicherheit, Arbeitsmedizin" und 9 Studien im Rahmen der Grundlagenforschung.

c) Neben diesen beiden Hauptquellen gab es für die empirische Industriesoziologie eine Reihe anderer Möglichkeiten, Forschungsprojekte unterzubringen. In geringerem Umfang spielten dabei andere Einrichtungen der allgemeinen Forschungsförderung (insbesondere Stiftung Volkswagen-Werk) eine Rolle, größere Bedeutungen hatten aber wohl Forschungsaufträge verschiedener ‚öffentlicher Hände' (insbesondere Bundesministerien, indirekt: Rationalisierungs-Kuratorium der Deutschen Wirtschaft (RKW), Kommission für wirtschaftlichen und sozialen Wandel).

Insgesamt (a + b + c) errechnet Bergmann für die 70er Jahre ein Volumen an Forschungsmitteln für Industriesoziologie von 54,2 Mill. DM, dem für die sechziger Jahre eine Summe von 3,9 Mill. gegenübersteht: unter Berücksichtigung der Kostensteigerungen eine Erhöhung um das Sechs- bis Siebenfache von einem Jahrzehnt auf das andere!

Fragen wir, ob diese Verhältnisse, die sich fast wie ein warmer Regen für die Träger empirischer Sozialforschung ausnehmen, dazu führten, daß diese kräftig sprießen konnten. Von Interesse sind insbesondere die Forschungsinstitute, der organisatorische Kernbereich empirischer Sozialforschung.

Die Enquete der DGS zur Lage der soziologischen Forschung in der BRD, deren Material sich auf das Jahr 1973 bezieht, berichtete von einer stattlichen Expansion der wissenschaftlich verfaßten Institute außerhalb der Universitäten zu Beginn der 70er Jahre und prognostizierte für den Verlauf des Jahrzehnts gewisse Stagnationserscheinungen.[51] Tatsächlich kam es dann wohl doch noch zu Kapazitätsausweitungen, aber sicher richtig ist, daß der durch die neuen Finanzierungsbedingungen ausgelöste Hauptschub schon Anfang der 70er Jahre erfolgte. Was in unserem Zusammenhang noch wichtiger ist: Die Struktur des Bereichs hochschulunabhängiger sozialwissenschaftlicher Forschungsinstitute ist seither nicht mehr verändert worden. Wir können daher das Bild der 73er Enquete cum grano salis als aktuelle Zustandbeschreibung nehmen.

Die Studie unterscheidet bei den hochschulunabhängigen Instituten mit überwiegend sozialwissenschaftlicher Orientierung (die sie übrigens praktisch vollständig erfaßt hat)[52] a) 18 Einrichtungen mit etatmäßiger Finanzierung und multidisziplinärer Arbeitsweise (von der Art des Max-Planck-Instituts für Bildungsforschung Berlin und des Max-Planck-Instituts zur Erforschung der Lebensbedingungen der wissenschaftlich-technischen Welt Starnberg), b) 8 Einrichtungen mit überwiegender Projektfinanzierung (das sind vor allem die vorzugsweise industriesoziologisch orientierten Forschungsinstitute, z. B. das Institut für Sozialforschung in Frankfurt, das Institut für sozialwissenschaftliche Forschung in München und das Soziologische Forschungsinstitut Göttingen SOFI) und c) 2 Einrichtungen mit Servicefunktionen (von der Art des Zentrums für Umfragen, Methoden und Analysen ZUMA, Mannheim).[53] Innerhalb dieses Gesamtbereichs (a + b + c) arbeiteten 1973 rund 400 Wissenschaftler, von denen 60% auf Dauerstellen saßen; fast alle waren Vollforscher, die Gruppe der Berufsanfänger belief sich auf 40%. Die Forschungsmittel, die dieser Bereich aufwendete, lagen bei 30 Mill. DM, wobei gut die Hälfte der Gelder aus den Grundhaushalten der Institute kam und je knapp ein Viertel aus der allgemeinen Forschungsförderung und aus öffentlichen Aufträgen.

Beschränken wir uns auf die b-Gruppe, die man als Zentrum institutionell abgesicherter soziologischer Forschung im fachspezifischen Sinn bezeichnen kann,[54] so sind folgende Feststellungen zu treffen: In diesen Instituten hatten wir 1973 rund 100 Wissenschaftler, die ganz überwiegend mit ihrer vollen Arbeitszeit empirische Forschung betrieben. Meist handelte es sich um Soziologen, doch wurden gelegentlich auch Psychologen, Ökonomen, Juristen, Ingenieure beschäftigt. Die Mehrheit verfügte über mehrjährige Erfahrungen in der empirischen Sozialforschung. Im Schnitt gab jedes der Institute über 1,2 Mill. DM im Jahr aus, wovon wiederum im Durchschnitt ein Viertel durch die Sockelhaushalte, je ein Drittel durch die allgemeine Forschungsförderung und öffentliche Aufträge und ein kleiner Rest über private Aufträge aufgebracht wurden. Viele dieser rechtlich selbständigen Institute kooperierten mehr oder weniger stark mit den soziologischen Seminaren bzw. sozialwissenschaftlichen Fachbereichen der Universitäten an ihrem Standort. Der thematische Schwerpunkt der Institutsarbeit lag in der Industriesoziologie; wie gesagt war diese Institutsgruppe weitgehend mit den Forschungsinstituten mit überwiegend industriesoziologischer Orientierung identisch, über die eine im Anhang enthaltene Übersicht genauer informiert.[55]

Im Vergleich mit den fünfziger und frühen sechziger Jahren, also mit der Zeit vor dem großen Förderungsboom, hat sich also die Lage im Bereich der reinen Forschungsinstitute verbessert. Es standen mehr Gelder für Sozialforschung zur Verfügung, die zum Aufbau leistungsfähiger Institute genutzt werden konnten. Eine Reihe von Institutsneugründungen (Institut für sozialwissenschaftliche Forschung München 1965, Soziologisches Forschungsinstitut Göttingen SOFI 1968 u.a.) sowie Institutsbelebungen (Sozialforschungsstelle Dortmund, 1972 als Landesinstitut wiedererrichtet; Institut für Sozialforschung Frankfurt, seit Anfang der 70er Jahre stärker als reines Forschungsinstitut genutzt) sind Beispiele für erfolgreiche Bemühungen, die institutionellen Defizite empirischer Sozialforschung auszugleichen. Die empirisch-soziologische Forschung kann somit auf das vergangene Jahrzehnt als eine Zeit beträchtlicher institutioneller Fortschritte zurückblicken.

Doch enthält auch die Gegenwart ihre speziellen Risiken. Die Expansion der Sozialforschung fand ja nicht im luftleeren Raum statt, sondern unter gesellschaftlichen Bedingungen, die sich auf die Forschung in durchaus widersprüchlicher Weise auswirken konnten:

- Moderne empirische Sozialforschung ist, wie wir sahen, in starkem Umfang in gesellschaftliche Reforminteressen eingebunden, genauer: in einen spezifischen Typus gesellschaftlicher Reforminteressen: die sozialdemokratische Regierungspolitik und die mit ihr verflochtene Politik der westdeutschen Gewerkschaften. Daraus resultiert eine bestimmte thematische Ausrichtung empirischer Sozialforschung. Fragestellungen, die sich nicht im Rahmen dieser Reformpolitik halten, sind schwer finanzierbar. Noch schwerer wiegt, daß diese politische Einbindung bei einem Wechsel im politischen Kräfteverhältnis und dem Hervortreten restaurativer Tendenzen in Gefährdungen für den Forschungsbetrieb umschlagen kann – eine Bedrohung, die inzwischen mehr darstellt als eine abstrakte Möglichkeit.
- Empirische Sozialforschung wird bei uns hauptsächlich über den Apparat staatlicher oder halbstaatlicher Forschungsförderung und Forschungsfinanzierung unterhalten. Wenn gesagt worden ist, daß sozialdemokratisch-gewerkschaftliche Politik das Wachstum empirischer Sozialforschung begünstigt hat, so wäre zu präzisieren: Sozialforschung hat es genau genommen nicht mit der Gesamtheit der gesellschaftlichen Interessen zu tun, auf die sich sozialdemokratische Politik beziehen kann; sie ist vielmehr nur in jenen Ausschnitt der gesellschaftlichen Reforminteressen eingebunden, der von den Funktionsträgern sozialdemokratischer Politik im

staatlichen Bereich – Beamten, Politikern, Verbandsfunktionären – vertreten wird. Diese Funktionsträger verwalten die Töpfe, aus denen Forschung finanziert wird; sie sitzen in den Gremien, die die Forschungsfinanzierung steuern und kontrollieren usw. Nun sind zwar diese Funktionsträger in einem gewissen Umfang an das gesellschaftliche Mobilisierungspotential, auf dem die Reformpolitik ruht, gebunden. Doch werden die Interessen dieses ‚sozialdemokratischen' Potentials von ihnen nur gefiltert verarbeitet und weitergegeben. Mögliche Friktionen zwischen Reformbasis und Funktionsträgern lassen sich unter diesen Umständen umfassend und kritisch nur untersuchen, wenn man riskiert, daß das Wohlwollen der mächtigen ‚Funktionäre' verlorengeht.

– Schließlich ist Sozialforschung in einen Praxiszwang eingekoppelt, und zwar hauptsächlich in den der staatlich organisierten Reformpolitik. So sehr es nun der Sozialforschung einerseits gut tun kann, in eine Ernstsituation gestellt zu sein, in der die harte Schule des praktisch-politischen Lebens die unverbindliche Orchideenfach-Atmosphäre verdrängt hat, so wenig läßt sich andererseits leugnen, daß sich hieraus auch weniger wünschenswerte Folgen ergeben haben. Staatliche Reformpolitik wurde bei uns immer mehr als Versuch der möglichst raschen Einflußnahme auf soziale Verhältnisse mit den Mitteln der Gesetzgebung und/oder der Praxis gezielter Subventionen verstanden. Sozialforschung kann dabei als Hilfsmittel zur verbesserten Einsichtnahme in die Voraussetzungen, Möglichkeiten und Wirkungen konkreter Gestaltungsversuche eine gewisse Wertschätzung erfahren. Sie wird bei einem solchen Funktionsverständnis aber leicht unter das einschnürende Diktat *unmittelbarer* praktischer Nützlichkeit gestellt: Möglichst schnell und billig soll umsetzbares Wissen erzeugt werden. Solchen Nützlichkeitsansprüchen kann man aber allenfalls auf der Basis eines breiten und ständig aktualisierten Grundwissens gerecht werden. Mangelt es an dieser Grundlage, so führt die vorschnelle Unterordnung unter engste Verwertungsgesichtspunkte unter Umständen dazu, daß die Orientierung verfehlt wird, die man sich von der Sozialforschung verspricht. Trotz der vielen Fortschritte der letzten Jahrzehnte kann von wirklich gesicherten, kurzfristig abrufbaren sozialwissenschaftlichen Erkenntnissen nur in wenigen Bereichen die Rede sein, und gerade deshalb ist oft ohne die Möglichkeit der ‚Umwegproduktion' einfach nicht weiterzukommen. Werden diese Umstände nicht bedacht und akzeptiert, so sind Enttäuschungen seitens der Forschungsabnehmer unausweichlich – eine Empfindung, die sich in verschiedenen Abwehrreaktionen niederschlagen kann: indem der Forschung die Unterstützung entzogen wird oder aber indem man sie überhaupt nicht mehr ernst nimmt und allenfalls noch als Alibiveranstaltung gelten läßt, die je nach Opportunität herausgestellt oder links liegengelassen wird.

All dies zwingt empirischer Sozialforschung heute eine gewisse Labilität auf, die sich zwar noch nicht als echte Bestandsgefährdung auswirkt, die aber in dem Maße in Destruktion umschlagen dürfte, in dem die Reforminteressen, die die Sozialforschung in den 70er Jahren getragen haben, technokratisch verflacht und verformt werden oder gar in einer Phase des konservativen Backlash ganz von der Tagesordnung abgesetzt werden müssen.

Sicher nicht *die*, aber doch eine Schwachstelle des modernen Forschungsbetriebs ist dabei seine immer noch enorme Projektabhängigkeit. Selbst die reinen Forschungsinstitute – von den eher nebenbei forschenden Universitätsseminaren ganz zu schweigen – müssen, wie sich zeigte, einen erheblichen Teil ihres Forschungsbetriebs über Einzelaufträge finanzieren. Sie sind heute zwar stabiler als es ihre Vorläufer noch vor 20 Jahren waren, und sie verfügen erst recht über einige Vorteile gegenüber den Universitätsseminaren, die sich – auch davon war die Rede – als Träger kontinuierlicher empirischer Sozialforschung eigentlich nicht richtig eignen. Doch was helfen die relativ günstigen Betriebsgrößen, der hohe Anteil an Vollforschern, das inzwischen ziemlich hohe Erfahrungs- und Qualifikationspotential, wenn die Daumenschrauben angezogen werden? Das projektabhängige Institut ist immer relativ leicht zu kippen. Das bedeutet nicht, daß nicht auch Institute mit einem ordentlichen festen Forschungsetat gegenüber Pressionen ihrer Finanziers anfällig sind; auch solche Einrichtungen können geschlossen werden, wenn man sie nicht mehr haben will. Nur stellt eben die Etatisierung eine Sperre dar, die forschungsfeindlichen Strömungen entgegenwirkt. Bei Projektfinanzierung verlaufen Einschränkung und Stillegung um ein Vielfaches glatter und geräuschloser. Hier bedarf es nicht einmal ausdrücklicher Handlungen, um einem Institut das Wasser abzugraben; es bleiben einfach die erforderlichen Anschlußprojekte aus, so daß das dann noch vorhandene Projektvolumen die Infrastruktur des Instituts nicht mehr trägt; folglich muß abgespeckt werden, dies wird unweigerlich zu Qualitätsverlusten führen, die ihrerseits als Begründung dafür herangezogen werden können, dem Institut künftig noch weniger Aufträge zu geben – eine Spirale, die im Nichts enden wird.

Angesichts solcher Gefahren, die man gerade heute wieder deutlicher sehen und betonen muß, ist die Forderung zu unterstreichen, die empirische Sozialforschung durch strukturelle Verbesserungen zu unterstützen.[56] Ohne unmittelbar stabilisierende Maßnahmen im Bereich der ‚wissenschaftlich verfaßten' Sozialforschung sind die Probleme, über die hier gesprochen wurde, nun einmal nicht aus der Welt zu schaffen. Allerdings scheint heute bei staatlichen Stellen wenig Bereitschaft zu bestehen, diesen Gesichtspunkten Rechnung zu tragen. Selbst dort, wo man auf sozialwissenschaftlich fundierte Information angewiesen ist, wird verschiedentlich die Tendenz befördert, von der wissenschaftlich verfaßten Sozialforschung ganz und gar wegzukommen. Ihre Funktionen will man eher durch unmittelbar nutzungsorientierte Forschung erfüllen lassen, für die spezielle verwaltungseigene Forschungs- und Planungsinstitute eingerichtet worden sind oder die man schlicht von kommerziellen Instituten erledigen läßt.[57] Dies erscheint aus der Sicht der Administration im Vergleich zur Einschaltung der vielleicht widerspenstigeren wissenschaftlichen Institute als der einfachere Weg. Ob es angesichts der Innovationsarmut der nutzungsorientierten Forschung langfristig der bessere und ob es in Anbetracht ihrer spezifischen Schwächen – Bürokratisierung bei verwaltungseigenen Institutionen, Profitstreben bei kommerziellen – immer auch der billigere ist, darf man bezweifeln. Echte Leistungsvorteile sind es nicht unbedingt und eindeutig, die die Entwertung des ‚wissenschaftlich verfaßten' Forschungsbereichs rechtfertigen würden.

Freilich kommt es in all diesen Fragen auch auf die wissenschaftlichen Einrichtungen und ihr Personal selbst an. Durchaus sind Zweifel daran anzumelden, ob die empirische Soziologie die Möglichkeiten, die sich ihr trotz mancher Restriktionen und Gefährdungen in den siebziger Jahren doch geboten haben, voll ausgeschöpft hat. Die westdeutsche Soziologie war inhaltlich und methodisch noch nicht so erfahren und gefestigt, daß sie wirklich gut vorbereitet in die recht stürmische und nicht ungefährliche Expansionsphase der siebziger Jahre hineinging. Und selbst die bei genauerer Betrachtung nicht einmal so geringen Möglichkeiten, die in den fachlichen Erfahrungen der früheren Generationen schlummerten, waren oft nicht hinreichend bekannt oder wurden als Orientierungshilfe nicht geschätzt. Die bisherigen Betrachtungen erweiternd, die sich hauptsächlich auf die äußeren Bedingungen der Forschung bezogen haben, wird somit im folgenden zu erörtern sein, was die westdeutsche Sozialforschung im letzten Jahrzehnt selber aus sich gemacht hat. Immerhin haben wir es hier mit einem Bereich zu tun, der keine marginale Größe des Wissenschaftssystems mehr darstellt, sondern an dem mehr als 2000 Menschen beteiligt sein dürften, zu deren Unterhaltung vielleicht 100 Mill. DM im Jahr nötig sind: Kapazitäten, von denen man schon einiges erwarten darf.[58]

3. Institutionalisierung als Voraussetzung und Grenze gesellschaftlich relevanter Empirie (unter besonderer Berücksichtigung des Konzepts der Aktionsforschung)

Gerade die jüngste Entwicklung empirischer Sozialforschung in Westdeutschland, in der beträchtliche Forschungspotentiale eingerichtet und der Institutionalisierungsgrad der Forschung erhöht werden konnten, muß uns Anlaß sein, eine Prämisse unter die Lupe zu nehmen, an der sich viele Stellungnahmen zur Organisation der Sozialforschung orientiert haben und deren Richtigkeit auch im vorliegenden Text bisher mehr oder weniger stillschweigend unterstellt worden ist: die Idee eines notwendigen Zusammenhangs zwischen stärkerer Institutionalisierung und kognitiven Fortschritten der Forschungsarbeit – ein Gedanke, den, wie wir sahen, Paul Lazarsfeld mit besonderer Verve verfolgt hat, der aber auch das forschungspraktische Handeln anderer Fachgrößen beeinflußte. Sind die Vorteile der Institutionalisierung tatsächlich so eindeutig und offenkundig? Drehen wir den Spieß vorläufig einmal um und fragen, ob der Verbetrieblichung und Professionalisierung der Sozialforschung nicht auch ein negatives Element innewohnt, ob der institutionalisierte Betrieb nicht möglicherweise Verhaltensweisen nahelegt oder gar erzwingt, die die Kreativität der Erkenntnisarbeit hemmen und die Kritikfunktion empirischer Sozialforschung einschränken.

Wer die Resultate empirischer Sozialforschung in den letzten Jahren zu verfolgen sich bemüht hat – angesichts der Masse und Streubreite der Veröffentlichungen auch für einen Profi kein leichtes Geschäft mehr – wird immer wieder an Punkte gestoßen sein, die ihn zweifeln ließen, ob mit der Ausweitung und stärkeren Institutionalisierung der Sozialforschung tatsächlich so große Erkenntnisfortschritte korrespondierten, daß letztlich von einer vernünftigen Relation zur Entwicklung der Forschungskapazität geredet werden kann. Sind wir, so ließe sich durchaus auch selbstkritisch in bezug auf meinen eigenen Arbeitszusammenhang fragen, in unserer Empirie inzwischen nicht in eine Phase geraten, in der an der wissenschaftlichen und politischen Relevanz unserer Forschungsergebnisse viele Zweifel angemeldet werden können, weil sich der kognitive Grenznutzen unserer Forschung mit ihrer quantitativen Ausweitung nur noch degressiv erhöht? Das Unbehagen, das hinter diesen Zweifeln steckt, hängt mit den durch Wachstum und Institutionalisierung vergrößerten Legitimationszwängen und -bedürfnissen des modernen Forschungsbetriebes zusammen (die natürlich – das ist hier immer mitzudenken – durch die im letzten Abschnitt dargestellten mangelhaften Formen der Institutionalisierung wesentlich verstärkt werden). Ich möchte meine Eindrücke, die ich als Mitproduzent und Leser der industriesoziologischen Forschung gewonnen habe, in drei *Thesen* zuspitzen:

– Unverkennbar ist heute in der praktischen Sozialforschung ein problematischer Zug zum Methodenperfektionismus, der sich durchaus im Widerspruch zu methodischen Beteuerungen der Autoren einschleichen kann. Statt sich mutig und mit einer gewissen Großzügigkeit den in unserem Fach immer noch beträchtlichen weißen Felder zuzuwenden, wird Erkenntniszugewinn vielfach in der genaueren Erforschung von im Grundsatz bereits bekannten Sachverhalten gesucht. Man schlägt weniger Schneisen als früher und bewegt sich lieber auf schon gebahnten Strecken. Das Bedürfnis, weder in inhaltlicher noch in formaler Hinsicht anzuecken, dominiert viele Studien. Aussagegenauigkeit (und nicht problemerschließende Kapazität) wird zum wichtigsten Erfolgskriterium des durchprofessionalisierten Forschungsbetriebes. Eine solche Grundorientierung zieht schier notwendig besondere Anstrengungen zur Methodenperfektionierung und glatten Selbstdarstellung nach sich, während riskantere forschungsstrategische Fragen in den Hintergrund treten. Oft hat man den Eindruck, daß Beweiskraft und Relevanz der Studien eher in einer absoluten Detailtreue gesehen werden, welche die empirischen Daten bis ins einzelne spezifiziert, weniger aber in ihrem materiell-innovatorischen Gehalt. Dies verleitet zur wiederholten Beackerung von Untersuchungsfeldern, deren Grobstruktur bereits bekannt ist, zur fortschreitenden analytischen

Zergliederung der Forschungsgegenstände mit dem Ziel, fein ausdifferenzierte Forschungsinstrumentarien zum Einsatz gelangen zu lassen. Immer aufwendigere und schwerfälligere Instrumente, inhaltliche Fixierung auf leidlich bekannte Sachverhalte, wasserdichte Untersuchungspräsentationen, kurz: brave und langweilige Forschung, die als dicke Akte abgelegt werden kann – das sind mögliche Gefahren. Neue Problemlagen insbesondere komplexerer Art, zu denen sich im ersten Zugriff nur Vorläufiges, vielleicht aber Entscheidendes ausmachen ließe, drohen auf der Strecke zu bleiben.

– Mit diesem Forschungsverständnis kann besonders gut ein Praxisverständnis koexistieren, das die Soziologie in die Richtung einer Verwaltungs- und Planungswissenschaft rückt. Mehr oder weniger explizit zielt die Sozialforschung heute häufig auf die Produktion von Befunden, die die Entscheidungen und Handlungen gesellschaftlicher Institutionen abstützen sollen. Ob die Ergebnisse im wissenschaftlichen Rahmen wirklich etwas Neues bringen, tritt gegenüber dem Kriterium unmittelbarer praktischer Nützlichkeit in den Hintergrund; gesellschaftsanalytische Relevanz wird sekundär. Teils wird dieser enge Praxisbegriff durch die Finanziers und Förderer des Forschungsbetriebes erzwungen oder doch wenigstens nahegelegt – einem Druck, dem sich eine größere Forschungsorganisation, auf die sich viele Menschen langfristig beruflich eingerichtet haben, nicht so leicht entziehen kann; häufig sind aber auch übertriebene Vorsicht und Ängstlichkeit, eine Art vorweggenommener, gar nicht nötiger ‚Gehorsam' mit im Spiel. Letzteres scheint mir bei der heutigen Industriesoziologie, die sich vielfach gern als arbeitnehmeroffene Wissenschaft geschätzt wissen möchte, Gewerkschaftsfunktionären und Betriebsräten (den ‚Kollegen') gegenüber der Fall zu sein, denen unmittelbar zuzuarbeiten vielfach als Garantie für praktische Bedeutsamkeit mißverstanden wird. Solchen Praxisbezug in den Vordergrund zu stellen heißt, sich auf die Erarbeitung von Informationen zu konzentrieren, die zur Begründung bzw. Rechtfertigung von Konzepten geeignet erscheinen, über die politisch längst entschieden ist. Dies bedeutet die faktische Übernahme des Frageansatzes der Institutionen (bzw. ihrer Repräsentanten), ein planungswissenschaftliches Forschungskonzept, in dem für die Entfaltung kritischer Kompetenz kaum Platz ist.

Gelegentlich scheint es um die Sache sogar noch schlechter bestellt zu sein. Man muß sich ab und zu fragen, ob überhaupt der schmale Erkenntniszugewinn zustandekommt, auf den ja auch die planungsbezogene angewandte Forschung noch abstellt. Darf man wirklich immer unterstellen, daß die präsentierten Ergebnisse mehr darstellen als wissenschaftlich verkleidetes Alltagswissen bzw. Alltagsscheinwissen, das den Abnehmern der Forschung an sich wenig Neues sagt und von ihnen nur deshalb leidlich goutiert wird, weil es zu bestätigen scheint, was sie ohnehin schon wissen oder zu wissen glauben? Der perfektionierte Forschungsbetrieb könnte auf diese Weise zu einer seiner historischen Wurzeln zurückkehren: empirische Sozialforschung als – jetzt allerdings massenhaft produzierte – Argumentationshilfe und Propaganda für politische Zwecke, die jenseits des Forschungsprozesses liegen. Gewöhnliches auf ungewöhnliche Weise zu sagen wäre das heimliche Prinzip solcher Bemühungen. Solche Mängel werden von manchem Praktiker ziemlich klar gesehen und raffiniert für die eigenen Zwecke ausgespielt. Sozialforschung kann so zur reinen Alibiveranstaltung abfallen.

– Schließlich: Keinesfalls braucht es im Widerspruch zu den genannten Entwicklungen zu stehen, wenn sich mancher Soziologe heute marxistischer Ansätze oder wenigstens eines von Marx entlehnten Vokabulars bedient. Adressat der Forschung sind ja nicht nur administrative und praktisch-politische Instanzen, deren handlungsorientierte Interessen durch die Umstilisierung von Forschung in Planungswissenschaft befriedigt werden. Als Forscher bezieht man sich immer auch auf die eigene Zunft, und das theoretische und methodische Selbstverständnis vieler Fachkollegen, speziell vieler jüngerer Vertreter heutiger Soziologie, ist nun einmal entscheidend durch die Wiederentdeckung und breite Rezeption von Marx geprägt worden, die in den westdeutschen Sozialwissenschaften seit Ende der 60er Jahre stattfand und an der sich viele Soziologen engagiert beteiligten. Freilich trägt auch die wortgewaltigste Bezugnahme auf ein im Fach inzwischen verbreitetes theoretisch-methodisches Grundverständnis überhaupt nichts aus, wenn marxistische Gesellschaftstheorie und konkrete empirische Sozialforschung in der Untersuchungspraxis als zwei im Prinzip voneinander getrennte Erkenntnisweisen behandelt werden, die ohne den Versuch eines beständigen gegenseitigen Rückbezugs nebeneinander herlaufen. Dieser Fehler eines Zwei-Ebenen-Schematismus ist in einer Reihe empirischer Untersuchungen gemacht worden, wo sich unterhalb eines ebenso abstrakten wie für die Empirie unverbindlichen marxistisch gefärbten Theoriegebäudes ein theoretisch nicht zurückvermittelter Empirismus ausbreiten konnte.

In einer solchen Konstellation scheinen selbst ein marxistisch präsentierter Grundansatz und eine eher planifikatorische Ausrichtung konkreter Untersuchungsarbeit miteinander auszukommen – jedes als vergleichsweise selbständiges Segment eines gegliederten Arbeitsprozesses, der sich doppelt legitimiert: gegenüber der Zunft als wissenschaftlich anerkennenswerter Beitrag, der nachhaltig den theoretischen Diskussionsstand des Fachs aufzugreifen vorgibt (ohne ihn allerdings auf die Ebene konkreter Forschungshypothesen herunterzuziehen), gegenüber externen Interessenten als praktisch nützliche Informationsbeschaffung, die zielstrebig auf den Bedarf administrativer bzw. praktisch-politischer Instanzen ausgerichtet ist (ohne die ermittelten Daten systematisch in theoretische Zusammenhänge zu stellen). Feingestrickte gesellschaftstheoretische Bemühung, die auf empirische Daten hauptsächlich zu illustrativen Zwecken zurückgreift einerseits, ausgefeilte empirische Einzeluntersuchungen, die theoretisch von der Hand in den Mund leben andererseits – das können zwei Seiten ein und derselben Medaille sein.

Es wäre übertrieben zu sagen, daß die angedeuteten Entwicklungen inzwischen den ganzen Forschungsbetrieb der empirischen Soziologie überformt hätten. Gewiß darf nicht von einer glatten Tendenz ohne Gegenkräfte gesprochen werden. Jedoch handelt es sich um Gefahren, die in der Institutionalisierung der Sozialforschung angelegt sind und die gerade durch die bei uns praktizierte (halbherzige) Form der Institutionalisierung sicherlich noch begünstigt werden: Verbetrieblichung und Professionalisierung als Achillesferse moderner Sozialforschung. Die Frage nach wirksamen Gegenmaßnahmen wird deshalb zu einem drängenden Problem. Wir halten also abschließend nach möglichen Gegenkräften Ausschau: Worin könnten Maßnahmen bestehen, wie lassen sie sich aktivieren und was bewirken sie? Konkreter und bescheidener: Welche Ideen und Konzepte sind in den letzten Jahren mit der Absicht ins Spiel gebracht worden, die angedeuteten Gefahren abzuwenden? Welche Schlußfolgerungen wären aus Versuchen ihrer Anwendung zu ziehen?

Angestoßen durch die enorme Ausweitung der praktischen Untersuchungstätigkeit in den letzten Jahrzehnten, durch die sich die Erfahrungen mit empirischer Sozialforschung vervielfachten und immer wieder die Grenzen und Mängel des sich einspielenden Forschungsbetriebs zu spüren waren, haben sich seit einiger Zeit forschungsmethodologische und -praktische Probleme in den Vordergrund der Diskussion geschoben. Auch im Kreis der empirischen Sozialforscher selbst haben sich Zweifel am Sinn ihres eigenen Tuns festgesetzt, die in verschiedenen Kontroversen zum Ausdruck kamen und kommen: Was bringen qualitative im Unterschied zu quantitativen Verfahren? Inwieweit muß sich die empirische Soziologie historischen Ansätzen gegenüber öffnen? Worin liegt der Wert monographischer im Unterschied zu flächendeckenden Verfahren? Last not least: Inwieweit muß und kann eine Sozialforschung, die auf praktische Relevanz abzielt, die institutionelle Verselbständigung der Forschung rückgängig machen und sich in den bisher bloß objekthaft betrachteten sozialen Lebensprozeß eingliedern? Alles Fragen, die sich nicht nur auf die Ebene erhebungstechnischer Erörterungen begrenzen lassen, sondern grundlegende wissenschaftstheoretische und wissenschaftssoziologische Probleme umschließen.

Der Haupteffekt dieser Kontroversen besteht bisher darin, die Bandbreite fachintern tolerierter Ansätze empirischer Sozialforschung ausgeweitet zu haben, so daß das Fachverständnis inzwischen ein relativ breites, allerdings noch wenig integriertes Feld unterschiedlicher wissenschaftstheoretischer Positionen und Methoden umschließt. Unter dem Blickwinkel der gebotenen Entdogmatisierung methodologischer Fragen und der wünschenswerten Ausweitung der Handlungsmöglichkeiten in der praktischen Empirie ein vernünftiger Prozeß, an dem kaum mehr zu kritisieren wäre als die immer noch mangelhafte Wiederentdeckung von Erfahrungen, die in der Geschichte unseres Fachs bereits beschlossen liegen.

In der aktuellen Methodendiskussion wird vieles nur reaktiviert, was in der Entwicklung der empirischen Sozialforschung schon einmal Problem war, freilich ohne daß dies den heutigen Diskutanten immer präsent wäre. Ein schlagendes Beispiel bietet die als Reaktion auf die häufig allzu offensichtliche Trivialität der Ergebnisse quantitativer Markt- und Meinungsforschung präsentierte Idee einer qualitativen Sozialforschung, die durch mehr Rückbesinnung auf die Anfänge von Sozialforschung nur gewinnen könnte. Wir hatten ja gesehen, daß der Begriff der Empirie in den früheren Phasen der empirischen Sozialforschung oft noch sehr viel mit direkter Anschauung und sinnlicher Erfahrung von sozialer Realität als Entgegensetzung zu reiner Spekulation zu tun hatte und methodisch auch qualitative Verfahren (Selbstzeugnisse, Erfahrungsberichte, literarische Quellen unterschiedlicher Art und anderes) umschloß und daß nur unter spezifischen historischen Konstellationen eine in ihrer Rigidität höchst zweifelhafte Einschnürung des wissenschaftlichen Erfahrungsbegriffes auf die quantitativ darstellbaren sozialen Sachverhalte hatte stattfinden können. Wenn heute wieder mehr Verständnis für die qualitativen Verfahren sowie das Bemühen, diese weiter zu entwikkeln, zu beobachten ist, so ist dies ein zwar vernünftiger, gewiß aber kein neuer Ansatz, mehr ein Bemühen um Rücknahme einer verlustreichen Verengung, die gerade durch Rückbesinnung auf die fachgeschichtlichen Erfahrungen erleichtert werden könnte.

Da diese methodologischen Reaktivierungen in der jüngsten Vergangenheit, so wichtig sie auch für die Verbesserung des modernen Forschungsbetriebes sein mögen, für unseren historischen Problemaufriß nur begrenzt *Neues* bringen, kann ich mich hier beschränken. Ich konzentriere mich auf jene Aspekte der aktuellen Diskussion, in denen sich *in besonderer Weise* die bisher letzte Phase der Entwicklung der empirischen Soziologie ausdrückt: die Phase der Institutionalisierung empirischer Sozialforschung. In dieser Phase gewinnt eine Frage besondere Aktualität, die zwar auch früher schon gelegentlich angeklungen ist, die aber erst unter den neuen Bedingungen der weitgehenden organisatorischen Herauslösung der Sozialforschung aus dem gesellschaftlichen Alltag und ihrer Verselbständigung als Forschungsbetrieb ihren vollen Sinn entfaltet: die Frage nämlich, ob mit dieser Besonderung nicht langfristig vorprogrammiert ist, daß der Forschungsprozeß zu einer zirkulären, hauptsächlich sich selbst bedienenden Veranstaltung wird, die der gesellschaftlichen Praxis gerade nicht die Orientierung vermitteln kann, um deretwillen sie in die Wege geleitet worden ist. Unter den Bedingungen geringerer Arbeitsteilung zwischen Sozialforschung und gesellschaftlichem Leben hätte in einer solchen Problematisierung wenig Logik gelegen. Heute, unter den Voraussetzungen einer arbeitsteiligen Entkopplung von Sozialforschung und gesellschaftlicher Praxis liegt dagegen der Gedanke sehr viel näher, daß das Mangelempfinden gegenüber der modernen Sozialforschung, daß die Zweifel an ihrer realitätserschließenden Kapazität und ihrer praktischen Bedeutung mit einem Zuviel an organisatorischer Absonderung zu tun haben könnten. Erst jetzt konnte die Idee für viele Beteiligte programmatisch werden, um des Ziels einer gesellschaftlich relevanteren Empirie willen das Rad der Wissenschaftsgeschichte wieder zurückzudrehen und zu versuchen, durch Reintegration der Sozialforschung in den alltäglichen sozialen Lebensprozeß mehr Praxisrelevanz zu sichern.

Diese Überlegung hat unter verschiedenen Benennungen – vor allem ‚Aktionsforschung', auch ‚Begleitforschung', ‚conricerca', ‚dynamische Soziologie' usw. – in den Debatten der letzten Jahre konzepthafte Konkretisierungen erfahren. Über diesen vergleichsweise neuen Aspekt der Fachentwicklung wird im folgenden zu sprechen sein.

Aktionsforschung – ein Mittel gegen das Relevanzdefizit moderner empirischer Sozialforschung?

Aktionsforschung, als ‚Praxisformel' ein Fokus aktueller Fachdiskussionen in der westdeutschen Sozialforschung, hat eine *Vorgeschichte,* aus der man einiges lernen kann. Versteht man darunter einen Typus professionell betriebener Forschung, bei dem die Erkenntnisarbeit bewußt und direkt auf die Lösung eines praktischen sozialen Problems ausgerichtet ist und der Forscher selbst sich zeitweilig dem sozialen Feld eingliedert, dem das thematisierte Problem entstammt, so waren wohl die Hawthorne-Studien 1924–1932 der erste große Fall von Aktionsforschung in der Soziologie bzw. Sozialpsychologie.[59]

Der Begriff selbst stammt von Kurt Lewin, dem die Verbesserung der Intergruppenbeziehungen am Herzen lag und der seine Sozialpsychologie mit diesem praktischen Engagement zu verknüpfen suchte. Lewin sagte 1946 in einem Aufsatz: „Die für die soziale Praxis erforderliche Forschung läßt sich am besten als eine Forschung im Dienste sozialer Unternehmungen oder sozialer Technik kennzeichnen. Sie ist eine Art Tat-Forschung (‚action research'), eine vergleichende Erforschung der Bedingungen und Wirkungen verschiedener Formen des sozialen Handelns und eine zu sozialem Handeln führende Forschung. Eine Forschung, die nichts anderes als Bücher hervorbringt, genügt nicht. Das bedeutet keinesfalls, daß die hier verlangte Forschung in irgendeiner Hinsicht weniger wissenschaftlich oder ‚niedriger' sei als die für die reine Wissenschaft auf dem Gebiete der sozialen Erscheinungen nötige. Ich bin geneigt, das Gegenteil für wahr zu halten."[60]

Zunächst konnte man bei uns mit solchen Auffassungen nicht viel anfangen. Sogar Max Horkheimer, der ein Vorwort zur deutschen Ausgabe von Lewins Buch über ‚Die Lösung sozialer Konflikte' geschrieben hatte, in welchem auch der zitierte Text enthalten war, zog sich aus der Affäre, indem er das wissenschaftliche Herangehen an sozial drängende Probleme schlicht mit praktischem Handeln und sozialer Wirksamkeit gleichsetzte: „‚Action research' – das ist unsere Überzeugung – liegt bereits im Vollzug der Forschung selbst, und nicht bloß dort, wo Untersuchungen unmittelbar auf späteres Handeln gerichtet sind. Die Inangriffnahme solcher Themen wie die, mit denen sich dies Buch beschäftigt, wirkt sich als solche unmittelbar wohltätig aus: schon das Angehen der Probleme ist ‚action'. Liegt doch die breiteste Wirkung mancher Forscher nicht so sehr in dem spezifischen Inhalt dessen, was sie als Praxis vorschlagen, als vielmehr in der Substanz der von ihnen angestellten Untersuchung selbst."[61]

Mit solchen Unverbindlichkeiten war freilich die Frage, wie sich die moderne Sozialforschung wirkungsvoll auf soziale Praxis einlassen könne, nicht ernsthaft aufgenommen, geschweige denn plausibel beantwortet. Der schwach präsentierte Gedanke der Aktionsforschung mobilisierte – jedenfalls in der westdeutschen Soziologie – zunächst wenig Interesse. Er ging aber auch nicht endgültig verloren, sondern ist auf Umwegen wieder an uns herangetragen worden.

Lewins Nachfolger setzten in Amerika dessen Weg fort. Im Michigan Research Center for Group Dynamics wurden vielfältige Untersuchungen über Machtstrukturen, Führungsstile, Rollenkonflikte usf. durchgeführt, die sich weiter dem praktischen Zweck lebendiger und aufgeklärter Gruppenbeziehungen verpflichtet fühlten.[62] Dieses gruppendynamische Forschungszentrum unterhielt enge Beziehungen mit dem Londoner *Tavistock-Institut,* in dem bereits während des Krieges und in der Nachkriegszeit auf sozialpsychiatrischer Grundlage Aktionsprogramme zur Integration und Rehabilitation von kriegsgeschädigten Personen erarbeitet worden waren. Das Tavistock-Institut weitete in den fünfziger Jahren seine anwendungsorientierte, oft ganz direkt klientenbezogene Forschung und Beratung auf andere Sozialbereiche aus: Familien, Kliniken, Sozialarbeit, mehr und mehr auch Industriebetriebe, die inzwischen das wichtigste Arbeitsfeld darstellen. Ihr Forschungskonzept bezeichneten viele der Vertreter des Tavistock-Instituts selbst als Aktionsforschung – eine Kennzeichnung, die angesichts der inhaltlichen Übereinstimmungen und praktischen Verbindung zu den amerikanischen Gruppendynamikern der Lewin-Schule auf der Hand lag.[63]

Die Industrie-Forschung des Tavistock-Instituts hat nun die Ende der sechziger Jahre in verschiedenen westlichen Industrieländern aufkommende Debatte über die Qualität des Arbeitslebens, über Mängel der Arbeitsgestaltung sowie Ansatzpunkte und Möglichkeiten zur Verbesserung der Arbeitsbedingungen erheblich beeinflußt. Von ihrer Klientel, oft privatwirtschaftliche Betriebe, mit konkreten Problemen des Personaleinsatzes und der Personalführung – hoher Absentismus, häufige Unfälle, mangelnde Beteiligung, schwache Leistung usw. – konfrontiert, waren die Tavistock-Forscher bei ihrer Suche nach Lösungsideen auf die Notwendigkeit gestoßen, tayloristisch gestaltete Formen betrieblicher Arbeit aufzuheben. Charakteristisch für diesen Problemzugriff war die 1951 veröffentlichte Untersuchung von Trist/Bamforth über die Vorzüge ganzheitlicherer Formen der Arbeit im Steinkohlebergbau; präzisiert wurde er im Konzept des ‚soziotechnischen Systems', wie es vor allem von F. Emery und E. Trist entwickelt und von E. Thorsrud u. a. im Zusammenhang mit dem norwegischen Forschungsprojekt ‚Industrielle Demokratie' fortgeführt worden ist.[64] Vom Forschungstyp her gesehen waren diese Arbeiten ‚Aktionsforschung' – ein Ausdruck, den die Forscher auch verwendeten und dem sie in gelegentlichen methodologischen Bemerkungen eine konkrete Gestalt zu geben suchten.

Aber sind die Interessen, für die geforscht und gehandelt wird, überhaupt akzeptabel? Darf man sich ihnen als Sozialwissenschaftler ohne weiteres unterordnen? Diesen Fragen konnten sich die Protagonisten der Aktionsforschung entziehen, solange es um soziale Problemlagen ging, die eine breite gesellschaftliche Anerkennung genossen: Hilfe für kriegsgeschädigte Personen, bessere Therapie im Krankheitsfall, auch Verbesserung der Beziehungen in Kleingruppen. Sie mußten aber zu einem echten Problem werden, als die Forschung vor den Karren von Partialinteressen gespannt wurde, die im Gegensatz zu anderen standen. Kein Wunder also, daß die Wünsche ihrer Klienten den Tavistock-Aktionsforschern in dem Maße Schwierigkeiten bereiteten, in dem sich ihr Aktionsradius auf den Industriebetrieb ausweitete – ein hochgradig konfliktbestimmter Bereich, in dem die Interessen der Leitungen einerseits und der Arbeiter und Angestellten andererseits in un- oder nur schwer vermittelbarer Weise aufeinanderstoßen und in dem Wissenschaftler, die einer Partei zuarbeiten, leicht in die Schußlinie der anderen geraten können. Wenn sich das Tavistock-Institut hier verschiedentlich mit dem Argument aus der Affäre zu ziehen suchte, daß der Betrieb als eine „herrschende Institution unserer Gesellschaft genügend soziale Billigung besitzt, um im öffentlichen Interesse zu verdienen, daß man ihm hilft",[65] so war dies nicht gerade überzeugend; wer sich, wie die Tavistock-Forscher, an Aktionen der Betriebsleitungen beteiligt, muß damit rechnen, auf Gegenaktionen der Belegschaften zu stoßen.

Doch wie fiktiv auch immer: das Zitat deutet die Wendung an, die dem Problem gegeben wurde. Die Interessenneutralität der Untersuchungen wurde betont (‚im öffentlichen Interesse' will man helfen) – eine angesichts der widersprüchlichen Interessenlagen im Betrieb extrem ideologieverdächtige Stilisierung, der man nur dann etwas abgewinnen könnte, wenn die Schnittmengen der Interessen der Betriebsparteien *konkret* nachgewiesen werden würden. In den methodologischen Bemerkungen derjenigen, die aus dem Tavistock-Institut oder seinem Umfeld heraus betriebsbezogene Aktionsforschung zu treiben versuchten, mündete dieses Neutralitätskonzept stattdessen aber bloß in unverbindliche Ratschläge wie den ein, sich in einem konkreten Projekt ja der Kooperationsbereitschaft aller Beteiligten – „Manager, Verwalter, Gewerkschaftsvertreter, technischer Spezialist und politischer Führer"[66] – zu versichern; oder den, die ersten Schritte im Projekt als vertrauensbildende Phase anzulegen, in der sich „die gemeinsame Wertgrundlage und das Sanktionssystem" herausbilden und bewähren müßten, die man für einen kooperativen Ansatz nun einmal brauche;[67] weiter den Ratschlag, sich als Forscher auch nicht für die Aufgabe der Entwicklung und Propagierung neuer Werte (‚value promotion') zu schade zu sein, soweit noch keine allseits anerkannten sozialen Werte vorhanden sind, an denen sich ein um die Qualität des Arbeitslebens bemühtes Team orientieren könnte.[68] Wegen der im Hinblick auf die Arbeitsgestaltung oft konträren Interessen von Management und Belegschaften konnten dies keine realistischen und erfolgversprechenden Rezepte sein.[69] Der Verdacht liegt deshalb nahe, daß die neutralistische Wendung managementinitiierter Aktionsforschung – ganz unabhängig von den persönlichen Intentionen der beteiligten Wissenschaftler, denen man den freilich naiven Glauben an eine bessere Gesellschaft[70] durchaus abnehmen möchte – hauptsächlich auf den Effekt hinauslief, die Rückendeckung der Gewerkschaften und vielleicht auch amtlicher Stellen für Untersuchungen zu bekommen, die durch Produktion von Herrschaftswissen einen Beitrag zur Lösung von Managementproblemen lieferten: Sozialforscher als verkappte ‚servants of power' (Baritz).

Trotz dieser Ungereimtheiten konnte das Tavistock-Konzept einer betriebsbezogenen Aktionsforschung zeitweilig geradezu den Charakter eines Modells für Forschungen im Dienste der ‚quality of working-life' gewinnen – und als solches strahlte es auch auf das 1974 von der Bundesregierung eingerichtete Forschungsprogramm über ‚Humanisierung des Arbeitlebens' aus. Eine Brücke zwischen der westdeutschen Sozialforschung und dem Konzept des action research war damit geschlagen – der an sich ältere Gedanke gewann nun doch Einfluß auf die Fachdiskussion hierzulande.

Das Programm der Bundesregierung zur ‚Humanisierung des Arbeitslebens' gewährt konkreten, meistens betrieblichen Vorhaben finanzielle Förderung, soweit diese geeignet erscheinen, Behinderungen, Schädigungen, Belästigung und Benachteiligungen von Arbeitnehmern im Arbeitsbereich zu mindern bzw. abzubauen. Diese Projekte sind jeweils mit einer ‚Begleitforschung' ausgestattet. Als praxisorientierte Wissenschaft konzipiert, stellt Begleitforschung eine Arbeitsweise dar, in der wissenschaftliche Bestandsaufnahme, Entwicklung und Erprobung praktischer Lösungsmodelle und allgemeine Umsetzung der Projektergebnisse eng miteinander verkoppelt sind. „Bei allen Forschungs- und Entwicklungsarbeiten muß die Praxisnähe sichergestellt werden. Es ist jeweils zu prüfen, inwieweit die Anwender (z. B. Betriebsingenieure, Konstrukteure, Fertigungsplaner) und insbesondere die betroffenen Arbeitnehmer bei der Festlegung von Forschungszielen und Forschungsinhalten zu beteiligen sind, um die besonderen Betriebserfahrungen zu nutzen."[71]

Der Hauptunterschied zur ‚normalen' Forschung liegt also in einem bewußt verschärften Anwendungsbezug, der sich besonders in den Merkmalen der Fallorientierung (Begleitung eines konkreten betrieblichen Projekts) und der Gestaltungsaufgabe (ständige Rückkoppelung der Arbeitsergebnisse zum Projekt) ausdrückt.

Nach den vorliegenden Erfahrungen stellt das Begleitforschungs-Konzept, wie mir scheint, ein recht problematisches Forschungsmodell dar.[72] Zunächst einmal hat sich gezeigt, daß die Projekte der Begleitforschung mit einem sehr hohen Arbeitsaufwand verknüpft sind, der oft in keinem vernünftigen Verhältnis zum praktischen wie auch wissenschaftlichen Ertrag steht. Für die praktische Projektarbeit wäre häufig eine wissenschaftlich fundierte Projektberatung ausreichend, die auf zeitraubende eigene Forschungen verzichten könnte. Hinsichtlich der wissenschaftlichen Entwicklung aber führt der strenge Projektbezug zu höchst fragwürdigen Schwerpunktsetzungen und Einengungen – Nachteile, die bei jedweder Form von Aktionsforschung auftreten und auf die später noch ausführlich einzugehen sein wird.

Hinzu kommt, daß sich die Begleitforscher mit schier unlösbaren Rollenerwartungen konfrontiert sehen. Die Ideologie des Tavistock-Modells ist gleichsam zur konkreten Anforderung geronnen: Erwartet wird Aktionsforschung mit neutralem Vorzeichen – ein Ansatz, der dem Neutralitätsverständnis sozialstaatlich geförderter Intervention entspricht und aus dem sich die Forderung an die beteiligten Forschergruppen ableitet, praktisch wirksam zu werden, ohne sich dabei einem der beiden betrieblichen Machtblöcke klar zuzuordnen. Damit wird aber unterstellt, daß es bei den Arbeitsgestaltungsprojekten immer auch Lösungen gibt, die für beide Betriebsparteien akzeptabel sind. „Humanisierung des Arbeitslebens und Produktivität", heißt es entsprechend im Programm, „brauchen nicht in einem Gegensatz zu stehen."[73] Begleitforschung erscheint geradezu als Sachverwalter solcher neutraler Lösungen, als wissenschaftlicher Promoter konfliktfreier Veränderungen, auf die die interessengeleiteten Betriebsparteien womöglich von selbst nicht kämen. Doch ist gerade dies nach allen vorliegenden Erfahrungen eine wenig realistische Unterstellung. Die Begleitforscher werden im Gegenteil in den Strudel projektbezogener Konflikte zwischen den Betriebsparteien hineingezogen, und dies um so mehr, je stärker tatsächlich im Projekt praktisch relevante Forschungsergebnisse anfallen.

Inzwischen sind auf Seiten der Wissenschaftler charakteristische Reaktionsmuster gegenüber solchen Konfliktkonstellationen zu beobachten. Teils kommt es zum Zurückstellen der Aktionsdimension; die Wissenschaftler verzichten dann auf eine eigene Position und bieten sich als gesichtsloser ‚change agent' allen Kräften an, die irgend etwas ändern wollen, entschlagen sich aber aller eigenen Initiativen. Verbreiteter freilich dürfte die verschwiegene Zuordnung zu einer der beiden Betriebsparteien sein. Dies führt – wie die Dinge nun einmal liegen – leicht zu einer Instrumentalisierung der Forschung durch die Unternehmensleitungen, weil eine solche Koalition eher dem tradierten Bündnis zwischen Wissenschaft und betrieblicher Praxis entspricht und weil beim Management oft auch die größeren Druckmöglichkeiten liegen. Bei einer interessenbewußten durchsetzungsfähigen Belegschaft und einem entsprechenden Betriebsrat könnten aber auch andere Zuordnungen vorkommen.

Wie die Rollenwidersprüche der Begleitforscher konkret auch aufgelöst werden mögen: das Organisationsmodell der Humanisierungs-Forschung bleibt problematisch, weil es auf eine verdeckte Funktionalisierung einer nur dem Schein nach neutralen Forschung durch praktische Interessen hinausläuft. Besser wäre eine klare, allseits transparente Zuordnung von Anfang an; eine wissenschaftliche Beratung beider Betriebsparteien durch unterschiedliche Forschergruppen. Die Verpflichtung zu allseitiger Kollaboration wäre auf jene Bereiche zu begrenzen, in denen sich die Interessen der Beteiligten klar nachweisbar decken.

Der Gedanke der Aktionsforschung, wie er nach 1970 innerhalb der westdeutschen Soziologie diskutiert wurde, speiste sich allerdings auch aus ganz anderen als den bisher skizzierten Quellen. Ich denke hier insbesondere an das Konzept der conricerca, der ‚mitmachenden' Forschung – ein Arbeitsansatz, der für die Arbeiten der politischen Gruppe um die Turiner Zeitschrift ‚*Quaderni Rossi*' charakteristisch gewesen ist und der in den sechziger Jahren die Entwicklung der italienischen Arbeiterbewegung beeinflussen konnte.[74]

Nach einer Zeit der politischen Schwächung, in der die Kader der Parteien der italienischen Arbeiterbewegung, der Sozialistischen Partei (PSI) und der Kommunistischen Partei (PCI), in den Fabriken sowie die betriebliche Basis der sozialistisch-kommunistischen Gewerkschaften (CGIL) zurückgedrängt und eingeschnürt worden waren, regte sich zu Beginn der 60er Jahre in einigen Betrieben, vor allem in der norditalienischen Metallindustrie (Fiat, Olivetti usw.), stärkerer Widerstand; ein erster Höhepunkt lag in einem Konflikt um einen neuen Metall-Tarifvertrag 1962/63. Es entwickelten sich Arbeitskämpfe, mit denen nun aber die traditionellen Arbeiterorganisationen, die nach der Niederwerfung des Faschismus ihre historische Mission in einem Beitrag zum Aufbau des parlamentarisch-demokratischen Systems, in der ‚großen Politik' also, gesehen hatten und die sich durch diese Schwerpunktsetzung selbst vom Betrieb etwas abgenabelt hatten, nicht viel anzufangen vermochten.

Die ‚Quaderni Rossi' setzten hier an. Sie kritisierten die Politik der Arbeiterparteien und Gewerkschaften als unbeweglich und steril und wendeten sich gegen eine Funktionalisierung der Arbeiterkämpfe für eine diesen Kämpfen äußerliche parlamentarische Arbeit. Die Politisierung der betrieblichen Auseinandersetzungen wurde gefordert – eine Politisierung, die an der Situation der Arbeiter in der Fabrik ansetzen und die die aufkeimende Kritik der Arbeiter an der Fabrikarbeit aufgreifen, stabilisieren und antikapitalistisch wenden sollte. Die Leute um die Zeitschrift, oft Intellektuelle, die häufig schon in den in Italien stark intellektuell durchformten Arbeiterparteien politisch gearbeitet hatten, verstanden sich dabei selbst nicht als außerhalb der Arbeiterbewegung stehend. Sie vertraten keinesfalls eine strikt gegen die vorhandenen Organisationen gerichtete Position, sondern bewegten sich in diesen oder doch wenigstens an deren Rand, versuchten dabei aber die politische Hauptlinie der Organisationen zu korrigieren. Die Idee der ‚Quaderni Rossi' war, eine Politik zu fördern, welche die konkrete betriebliche Situation der Arbeiter und die darin enthaltenen konkreten Bedürfnisse anerkannte und als wesentliche Bestimmungsmomente einer Politik der Arbeiterbewegung verstand, die über den Kapitalismus hinausweisen sollte: Formierung der Arbeiterklasse zum Subjekt der Geschichte, zur revolutionären Kraft, und zwar durch die radikale Politisierung der betrieblich-arbeitsprozeßlichen Interessen der Arbeiter.

Die wichtigsten Anknüpfungspunkte für ihre Art sozialistischer Politik sahen die ‚Quaderni Rossi' im entwickelten Fabrikbetrieb, wo durch die modernen Rationalisierungsverfahren der herkömmliche Facharbeiter entwertet und der unqualifizierte Massenarbeiter hervorgetreten sei – eine ‚neue Arbeiterschaft', die unter dem Druck ihres Leidens den Mythos der Fabrikarbeit zerstöre und gegen ihre Unterwerfung durch die kapitalistische Produktionslogik rebelliere. Man nahm an, daß sich diese politischen Umwälzungen in den damals auflebenden Arbeiterkämpfen in den norditalienischen Großbetrieben ankündigten, und man warf den in den Arbeiterparteien und Gewerkschaften vorherrschenden Strömungen vor, sie könnten mit diesem neuen politischen Potential in der Fabrik wenig anfangen, weil sie sich hauptsächlich an der Facharbeitergruppe, dem traditionellen sozialen Kern der italienischen Arbeiterbewegung, orientierten, deren Gefährdung sie, fehlgeleitet durch ein affirmatives Verständnis der kapitalistischen Produktivitätsentwicklung, noch gar nicht begriffen hätten. Sozialistische Politik, die den im Italien der sechziger Jahre bestehenden Bedingungen gerecht werden wolle, müsse aber auf dem Widerstand der ‚neuen Arbeiterschaft' aufbauen, den sie durch eine Politik der ‚Arbeiterkontrolle' – durch den Versuch einer schrittweisen Herstellung der Herrschaft der Arbeiter über den Produktionsprozeß – in einen Hebel revolutionärer Veränderung verwandeln könne.

Dieses Konzept versuchten die ‚Quaderni Rossi' in einer spezifischen Untersuchungsarbeit zu begründen, zu präzisieren und praktisch anzuwenden. Notwendig erschien der Gruppe die genauere Untersuchung der konkreten Situation der Arbeiter in der kapitalistischen Fabrik. Dabei wurde die Untersuchungstätigkeit nicht als abgehobene wissenschaftliche Forschung, sondern als integraler Bestandteil der politischen Arbeit verstanden: als *conricerca*, auch eine Art Aktionsforschung, freilich eine linke Variante, die auf das Bemühen abstellte, Sozialforschung und sozialistische politische Aktion miteinander zu verschmelzen. Der politische Ansatz, in den die Sozialforschung dabei eingebettet war, wurde als Versuch der Integration der ‚neuen Kräfte' im Betrieb, des als tendenziell revolutionär verstandenen Massenarbeiters in die Organisationen der Arbeiterbewegung und damit als Versuch der Revolutionierung dieser Organisation selbst verstanden.

Romano Alquati, neben Raniero Panzieri, dem Gründer der ‚Quaderni Rossi', ein wichtiger Repräsentant der Gruppe, der das Konzept der Arbeiteruntersuchung stark beeinflußt hat, hat folgerichtig die conricerca von der herkömmlichen Soziologie scharf abgegrenzt. In einem Bericht über eine kleine Studie zum ‚Klassenkampf bei Fiat', eine Art programmatischer Auftakt für die 1961 erstmals herausgegebenen ‚Quaderni Rossi', hieß es u. a.:

Es „ist [...] durchaus kein Byzantinismus, zwischen Soziologie und conricerca einen Unterschied zu machen, wie das in unserem Beitrag implizit geschieht. Die conricerca ist hier das, was die (politischen) Kader selbst mit diesem Wort bezeichneten: eine Methode der politischen Aktion an der Basis. Und gerade aus diesem Grund haben die, die dieses Wort und diese Methode wieder aufgenommen und verbreitet haben, nicht in Konkurrenz zur Soziologie treten wollen, einem Komplex von Techniken, die im allgemeinen anderen Zwecken dienen, keinem aber weniger als dem, in gemeinsamer Arbeit mit den Protagonisten des Kampfes der arbeitenden Klassen selbst nach den Zielen und Formen zu suchen, mit denen der gegenwärtig geführte Kampf selbst die Richtung auf die bewußte Verwirklichung eines sozialistischen Systems nehmen kann. Unser Ziel ist die Umwandlung der objektiven Kräfte in subjektive, politisch bewußte Kräfte in einer Perspektive der Überwindung des bestehenden Systems [...]".[75]

Von einigen kleineren Arbeiten abgesehen, die eher journalistischen Charakter tragen und den Ansprüchen an eine differenziertere Enquete nicht gerecht werden können, liegen von der ‚Quaderni Rossi'-Gruppe keine Untersuchungsberichte vor. Nach den Anregungen, die Alquati mit seinem Bericht über Fiat geben konnte, sind zwar einige Versuche unternommen worden, die conricerca politica zu praktizieren: bei Fiat und Lancia in Turin, bei Olivetti in Ivrea. Die ‚interventi', die Eingriffe der ‚Forscher' in das Verhalten der Arbeiter, bescherten der Gruppe aber bald beträchtliche Konflikte, die sie nicht durchstehen konnte. Obwohl als Untersuchungen innerhalb der Gewerkschaft angelegt, gerieten die Aktivisten sofort unter den Druck einflußreicher gewerkschaftlicher Kräfte, die mit der Konfliktstrategie der Gruppe nichts im Sinn hatten; so mußte die selbst zum linken Flügel gehörige Turiner Sektion der Metallarbeitergewerkschaft FIOM, die ihre damaligen Erfolge durchaus auch ihrer Zusammenarbeit mit den ‚Quaderni Rossi' zu danken hatte, unter dem Druck der nationalen politischen Spitzen bereits im September 1961 die Kooperation abbrechen. Über die Frage der Haltung zu diesen gewerkschaftsinternen Widerständen und Abgrenzungen – sollte man sich eher durch gewerkschaftsfreundliches Verhalten die Kooperationsfähigkeit mit der Organisation erhalten oder sollte man die Organisation lieber rechts liegen lassen und ganz auf die autonome Organisationskraft der Arbeiterklasse setzen? – zerfiel die Gruppe um die ‚Quaderni Rossi' alsbald selbst in verschiedene Flügel, die noch das eine oder andere intervento anzettelten, ohne daß sich freilich nennenswerte Resultate einstellten. Konsequenterweise gaben die ‚Quaderni Rossi' dann 1965 ganz auf.

Klopft man die als Untersuchungsansatz offenbar wenig erfolgreichen ‚Quaderni Rossi'-Aktivitäten unter dem Blickwinkel naheliegender Konsequenzen für die Methode der Aktionsforschung ab, so ist von dem Zweck auszugehen, den die conricerca wohl letztlich hauptsächlich erfüllen sollte: den der Herstellung von Kontakten zwischen linken politischen Kräften außerhalb der Fabrik, insbesondere Intellektuellen, und den Arbeitern im Betrieb. „Wir knüpfen", sagte Panzieri einmal ganz offen, „sehr große Erwartungen an die Umfrage, da sie eine korrekte, wirksame und politisch fruchtbare Methode darstellt, um mit einzelnen Arbeitern und Gruppen von Arbeitern in Kontakt zu kommen."[76] Die conricerca sollte den Außenstehenden genauere Kenntnisse über den Betrieb sowie über Interessenlage und Verhalten der im Betrieb tätigen Arbeiter vermitteln; dadurch konnten die betriebsexternen ‚Kader' ihre Chancen verbessern, auf die politischen Auseinandersetzungen im Betrieb Einfluß zu nehmen und in den innerhalb der Organisationen der Arbeiterbewegung geführten Debatten um die richtige Linie mitzumischen. Überspitzt gesagt: Als politische Aktivität war die conricerca eine Veranstaltung von betriebsfremden Intellektuellen. Sie trug der Situation einer linken Gruppe Rechnung, die *nicht* Teil der Arbeiterklasse und auch nicht originärer Teil ihrer traditionellen Organisationen war, die aber in der Arbeiterklasse und ihren Organisationen die entscheidenden Kräfte gesellschaftlicher Veränderungen sah, auf die sie sich beziehen und auf die sie einwirken wollte.

Ihre ersten praktischen Schritte führten nun die Mitarbeiter der ‚Quaderni Rossi' zur ‚Entdeckung' des kollektiven Arbeiters, der ‚autonomen' Organisationskraft des Arbeiters in der Fabrik. Man erkannte die Bedeutung der informellen, verdeckten Vertretungsstrukturen der Arbeiter im Betrieb und die Fähigkeit zur Selbstorganisation, die besonders dort Bedeutung hat, wo die formellen Organisationen nicht hinreichen. In den norditalienischen Großbetrieben, in denen die traditionellen Organisationen der Arbeiterbewegung in den fünfziger Jahren viel Boden verloren hatten, müssen diese Kräfte zur Zeit der ‚Quaderni Rossi' eine beträchtliche Rolle gespielt haben, jedenfalls konnten sie die aufflammenden Fabrikkämpfe von innen her abstützen. Allerdings standen diese informellen Gruppierungen im Betrieb, die wohl das Skelett der betrieblichen Kämpfe bildeten, keineswegs in einem schroffen Gegensatz zu den formellen Arbeiterorganisationen. Bei ihren interventi stellten die ‚Quaderni Rossi' bald fest, daß die ‚autonomen Avantgarden' der Arbeiter, wie Alquati die informellen Gruppen genannt hatte, und die historischen Großorganisationen der Arbeiterklasse einen engeren Zusammenhang bildeten, als man vermutet hatte.

„[...] sehr schnell verstanden wir," sagte Alquati, „daß diese [Avantgarden] auch Kommunisten sein konnten, oder ehemalige Kommunisten, aber eben solche, die sich in der Fabrik bewegten und nicht mehr nur Repräsentanten des PCI waren. Es ist klar, daß unsere Unterstützung der neuen autonomen Arbeiterorganisation auch aus diesem Grund sich verlängerte zu einem Kampf in den historischen Organisationen."[77]

Für die Turiner Intellektuellen, die sich mit ihrem Politisierungs-Konzept innerhalb der historischen Organisationen der italienischen Arbeiterbewegung – wie sich wie gesagt schnell herausstellte – nicht durchsetzen konnten, muß diese Verbindung zwischen ‚Avantgarden' und historischen Organisationen eine durchaus schmerzhafte Seite gehabt haben: Bei den zwischen den ‚Quaderni Rossi' und den Gewerkschaften bald auftretenden Spannungen standen die ‚Avantgarden' den Großorganisationen näher als den Intellektuellen. Die vom Konzept her arbeiterbezogene Aktionsforschung, der in der Praxis das Medium der Gewerkschaften verschlossen blieb, konnte das Interesse ihrer Adressaten nicht binden. Ohne Unterstützung der historischen Arbeiter-Organisationen gab es offenkundig selbst unter den besonderen Bedingungen der norditalienischen Metallbetriebe Anfang der sechziger Jahre – Arbeiterkämpfe, die in starkem Maße auf informellen betrieblichen Strukturen fußten – wenig Chancen für eine intellektuelle Veranstaltung wie die der Aktionsforschung.

Man darf annehmen, daß sich in solchen Erfahrungen, wie sie die ‚Quaderni Rossi' machen mußten, ‚klassenspezifische' Differenzen zwischen Intellektuellen und Arbeitern niederschlagen, die ein realistischer Ansatz arbeiterbezogener Aktionsforschung eigentlich von vornherein hätte einkalkulieren müssen. Wichtig erscheint mir hier vor allem die existenziell begründete Diskrepanz zwischen dem Zeithorizont und der Mobilität der Arbeiter einerseits und der Intellektuellen andererseits – eine Differenz, die im intervento der ‚Quaderni Rossi' besonders scharf hervortrat. Die Intellektuellen mobilisierten in einer gezielten Aktion, gleichsam punktuell, verließen dann aber wieder das durch ihre Aktion veränderte soziale Feld. Die Arbeiter, auf die sich die Intervention bezogen hatte, verfügten aber nicht über diese Flexibilität; was immer passierte, ihre Chancen zum Wechseln waren gering. Gerade auch die Lasten, die das intervento möglicherweise zeitigte, wurden so nicht von denjenigen getragen, die von außen interveniert hatten, sondern von den Arbeitergruppen im Betrieb. Sie und nicht die Intellektuellen waren in jeder Hinsicht das stabile Element des Prozesses. Um nochmals Alquati zu zitieren, der später einige kritische Punkte der conricerca selbst hervorgehoben hat:

„Wir sind es gewesen, als Individuen, die häufig gewechselt und sich zerstreut haben, nicht aber die von uns kontaktierten Arbeiterkader. Diese haben sich nur zu einem kleinen Teil zerstreut [...], der größte Teil aber ist heute noch präsent, im Kampf in der Fabrik wie auch im Kampf innerhalb der historischen Organisationen, und jetzt vor allem innerhalb der Gewerkschaft. In der Tat sind so heute die erfahrensten Arbeiterkader [...] gerade diejenigen Genossen, die wir ‚entdeckt' und mit unserer Arbeit der Arbeiteruntersuchung vor allem ‚informiert' haben: wir Intellektuelle sind es, die im allgemeinen die Kontakte verloren haben [...]."[78]

Ziehen wir ein allgemeineres Fazit: Die interventi, die in wessen Namen auch immer erfolgenden Eingriffe von Intellektuellen, die existenziell – beruflich, persönlich, hinsichtlich ihrer Lebensperspektive – Geistesarbeiter bleiben und von daher ihre Identität beziehen, in die Lebenssphäre von Arbeitern, die bloß zeitweilige, punktuelle, hauptsächlich vom Vorurteil des Besserwissens legitimierte Intervention intellektueller Kader, dieses intellektuelle Missionarstum kann, das lehren die Erfahrungen der conricerca, kein vernünftiges Modell für die Beziehungen zwischen Arbeitern und politisierenden Sozialforschern sein. Das Scheitern ist hier bereits vorprogrammiert. Die Absicht mag so gut sein wie sie will, man darf gerade dann, wenn man sich als kritischer Sozialforscher der Emanzipation verpflichtet sieht, nicht in den Lebensverhältnissen anderer Gruppen herumrühren, um sich dann wieder aus dem Staube zu machen. Entweder gibt man die Besonderung intellektueller Tätigkeit auf und tritt mit Haut und Haaren ins politische Handlungsfeld ein – oder aber man respektiert die relative Autonomie der Lebensbereiche von Arbeitern und Intellektuellen. Letzteres braucht nicht gegenseitige Abschottung, Verzicht auf Kooperation zu bedeuten, nur muß man für die Beziehungen eben eine Form finden, die dem Unterschiedlichen in der Einheit Rechnung trägt.

Der politische Ansatz, in den das Konzept der conricerca eingebettet war, ist Ende der sechziger Jahre in Italien ziemlich populär geworden. Es war dies ja eine Zeit des Aufbruchs der italienischen Linken, zu dem die studentische Revolte ebenso gehörte wie die militante Kampfbewegung der Arbeiter in den industriellen Ballungszentren. In der Zuspitzung des Ansatzes der Arbeiterkontrolle fand die Formel der ‚Arbeiterautonomie', mit der die Selbständigkeit der Arbeiterkämpfe gegenüber den traditionellen Organisationen der Arbeiterbewegung ausgedrückt werden sollte, viele Anhänger – eine Parole, die überschätzte, wie sehr die Entwicklung der Militanz in den Betrieben auch von der Bereitschaft der Organisationen abhing, sie zu fördern, und wie stark die Prozesse, die auf diese Militanz folgten, von den Organisationen integriert werden konnten.[79] – Doch bleiben wir bei unserem Thema: dieser Gedanke der Arbeiterautonomie und der politische Ansatz der ‚Quaderni Rossi' hatten viele Berührungspunkte, so daß die Überlegungen, für die sich die Zeitschrift verwendet hatte, beträchtliche Aktualität gewannen. Das Untersuchungskonzept der Zeitschrift spielte allerdings in dieser Neubelebung keine entscheidende Rolle mehr. Vom Gedanken, soziologische Forschung und politische Mobilisierung miteinander zu verknüpfen, ging jetzt in Italien nicht mehr viel Anziehungskraft aus.

Bei uns sind die Überlegungen der Gruppe um die ‚Quaderni Rossi' einschließlich der Idee der conricerca im Zusammenhang mit der Studentenbewegung und dem Aufbruch der Neuen Linken Anfang der siebziger Jahre bekannt geworden. Innerhalb der westdeutschen Studentenbewegung machte sich seinerzeit ein ouvrieristischer Zug breit: die Überzeugung, daß die erhoffte gesellschaftliche Emanzipation ohne Selbstbefreiung der Arbeiterklasse nicht gelingen könne. Aus der Absicht heraus, diesen

Prozeß anzuregen bzw. zu unterstützen, war daher in einer Reihe linksintellektueller Gruppen eine Hinwendung zum Betrieb zu beobachten, die ganz verschiedene Formen annahm. Teilweise handelte es sich um ziemlich bescheidene und realistische Versuche, politische Überzeugungsarbeit mit dem Bemühen zu verknüpfen, die eigenen Kenntnisse und Fähigkeiten in den Dienst der gewerkschaftlichen Bildung und Agitation zu stellen. Dies konnte z. B. die Form einer aktiven Mitarbeit an gewerkschaftlichen Bildungsveranstaltungen auf lokaler Ebene annehmen. Es gab aber auch anspruchsvollere Vorhaben, die faktisch darauf hinausliefen, Ansätze wie den der conricerca auf Deutschland zu übertragen. An verschiedenen Orten entstanden ‚Betriebsprojektgruppen', die freilich bald erfahren mußten, daß der wohlmeinende Intellektuelle im Blaumann Arbeitern wenig Vertrauen abgewinnen kann. „Altruismus", hatte ein Aktivist zu lernen, „ist den Arbeitern verdächtig. Altruistisch tarnt sich, wer seine Interessen verbergen muß, um andere zu beluren."[80]

Die politische Entwicklung, die Italien Ende der sechziger, Anfang der siebziger Jahre genommen hatte, faszinierte viele deutsche Intellektuelle in ihrer ouvrieristischen Wendung; die italienische Arbeiterklasse, die mit dem ‚heißen Herbst' 1969 eine Serie militanter Massenkämpfe eröffnet hatte, galt als ein Vorbild für perspektivische Reichweite und Radikalität des politischen Handelns, als Beweis für die mögliche Breite und Stoßkraft sozialistischer Massenbewegungen in westlichen Industrieländern. Es lag auf der Linie dieser Italophilie, daß man sich stärker mit den Organisationsformen und Wirkungen der Arbeitskämpfe in Italien beschäftigte – ein Trend, durch den bei uns auch die ‚Quaderni Rossi' eine gewisse Popularität gewannen. Auf diesem Weg hat die Idee der conricerca schließlich Eingang in die Fachdiskussionen über Aktionsforschung gefunden – jedenfalls beim ‚linken Teil' des Fachspektrums, deren Vertreter durch Lebensgeschichte und politische Überzeugungen mit der Neuen Linken eng verflochten waren.

Von ihrer Entstehungsgeschichte her betrachtet, stellt die Aktionsforschung also eine recht zwielichtige Angelegenheit dar. Forschungskonzeptionen unterschiedlichster Art – von der Tavistock-Aktionsforschung, die eine praxisnahe Erzeugung verwertbaren Herrschaftswissens darstellte, bis zur conricerca politica, bei der die Forschung dem Ziel linksintellektueller Arbeiteragitation untergeordnet war – trafen im Ansatz der Aktionsforschung aufeinander, wobei es die verbindende Grundidee war, die Ausdifferenzierung der Sozialforschung aus der sozialen Praxis zurückzunehmen und soziologische Forschung mit der Lösung praktischer sozialer Probleme zu einem einzigen Akt zu verschmelzen. Hervorzuheben ist, daß die skizzierten Ursprungskonzeptionen durch die westdeutsche Sozialforschung der siebziger Jahre nicht in ihrer ganzen Bandbreite aufgenommen worden sind, sondern daß eine gewisse Nivellierung zur Mitte hin stattgefunden hat, die der zeitgeschichtlichen Lage der Bundesrepublik – Phase sozialliberaler Reform-Euphorie – und der unter Soziologen wohl vorherrschenden politischen Einstellung – Interesse an der Stärkung, vielleicht auch Radikalisierung der Reformideen – entsprach: Aktionsforschung verstand sich weder im Sinn der Managementforschung noch im Sinn revolutionärer Aktionspraxis, sondern als wissenschaftliche Hilfeleistung für die progressiven Momente, die viele

Sozialwissenschaftler in der westdeutschen Gesellschaft der frühen siebziger Jahre sahen und stützen wollten. Auch wenn dieser moderiert sozialkritische Problemzugriff nicht von allen Verfechtern der Aktionsforschung verfolgt worden ist (und wenn auch innerhalb dieses Ansatzes je nach konkreter sozialer Verortung sowie spezifischem Erkenntnisinteresse und Rollenverständnis der Forscher unterschiedliche Akzentuierungen vorkamen), so mag es im folgenden doch ausreichen, die Behandlung der *Aktionsforschung in der empirischen Soziologie der siebziger Jahre* am vorherrschenden Grundtypus darzustellen.

Die Diskussion über Aktionsforschung ist in der westdeutschen Sozialforschung durch einen Sammelband von Fritz Haag u. a. 1972[81] eingeleitet worden – ein Text, der noch kein geschlossenes und einheitliches Konzept der Aktionsforschung aufwies. Im Laufe der Jahre sind eine Reihe anderer Beiträge hinzugekommen, darunter ein von Klaus Horn herausgegebenes Buch, das eine Übersicht über die aktuelle, thematisch weit gespannte Debatte vermittelt.[82] Diese neuere Literatur, die sich mit wissenschaftstheoretischen, wissenschaftspolitischen, methodologischen, (sozial-, gruppen-) psychologischen und – in geringerem Maße – auch mit organisatorisch-praktischen Problemen kritisch-emanzipatorischer Aktionsforschungskonzeptionen befaßt, konnte allerdings die Unschärfen im Konzept der Aktionsforschung keineswegs aus der Welt schaffen. Versucht man trotzdem, in den zum Teil recht unterschiedlich angelegten Arbeiten einen gemeinsamen Nenner zu finden, so wäre auf folgende ‚Grundprinzipien' hinzuweisen, auf die sich wohl die meisten Vertreter der Aktionsforschung einigen könnten:

- Aktionsforschung reagiert auf konkrete soziale Bedürfnisse; Problemauswahl und Problemdefinition werden als wissenschaftsübergreifender Vorgang verstanden und vom Zwang zur fachimmanenten Legitimation befreit.
- Zielgruppen der Aktionsforschung sind sozial Benachteiligte und Unterdrückte. Die Forschung soll einen Betrag dazu leisten, daß diese Gruppen ihre Lage verbessern können.
- Aktionsforschung stellt somit nicht nur auf Erkenntnis ab, vielmehr wird die Erkenntnis als Mittel zum Zweck der Veränderung verstanden. Aktionsforschung bedeutet Versuch des Eingriffs in soziale Prozesse mit dem Ziel des Abbaus von Unterprivilegierung.
- In der Aktionsforschung werden die ermittelten Daten in einer Weise bearbeitet, daß sie als Veränderungsimpuls wirksam werden können. Die systematische Rückkopplung der Forschung auf die forschungsauslösenden sozialen Bedürfnisse unterprivilegierter Gruppen gilt als konstitutives Moment des Forschungsprozesses selbst.
- Aktionsforschung verändert das Verhältnis zwischen dem Forscher und der Zielgruppe. Die Arbeitsteilung zwischen beiden wird aufgehoben, Forschung wird immer auch als Selbsterforschung aller Beteiligten verstanden. Die Untersuchten – herkömmlicherweise nur Datenträger – und die Forschenden – herkömmlicherweise nur Datenermittler und -verwerter – sollen in einen gemeinsamen Lern- und Handlungszusammenhang eingebunden werden.

Diese Prinzipien widersprechen geheiligten Imperativen positivistischer Untersuchungsarbeit, und wegen ihrer Unvereinbarkeit mit diesem verbreiteten Wissenschaftsverständnis ist Aktionsforschung denn auch verschiedentlich auf Ablehnung gestoßen. Zwei Kritikpunkte spielten und spielen dabei eine wichtige Rolle: 1. der Vorwurf politischer Einseitigkeit und 2. der Vorwurf mangelhafter Beweiskraft – beides Einwände, die auf das Verdikt zu geringer Objektivität hinauslaufen.

Der erstgenannte Kritikpunkt kann allerdings kaum überzeugen, weil er von der Illusion einer wertfreien Sozialforschung getragen wird – einem Ansatz, der gerade in einer Wissenschaft wie der unsrigen, die ja in ihren besten Varianten immer wieder auch vom Bezug auf Politik gelebt hat, besonders wenig Plausibilität besitzt. Nicht auf ohnehin scheinhafte Enthaltsamkeit gegenüber Politik überhaupt, sondern auf Ausschaltung *unkontrollierter* und *unkontrollierbarer* Sympathien und Antipathien durch Offenlegen des politischen Bezugsrahmens, in dem die Forschung steht, käme es entsprechend einem alten Gedanken Max Webers in unserem Fach zuallererst an. Folgt man dieser Überlegung, so steht die offene und insoweit kalkulierbare Parteinahme (zumal für die Interessen sozial benachteiligter Gruppen) einer aufgeklärten Sozialforschung besser zu Gesicht als die verdeckte, oft ganz und gar unreflektierte Funktionalisierung durch anonym bleibende Interessen (zumal Herrschaftsinteressen). Nicht an fiktiver Interessenneutralität, sondern an Transparenz und Reflektiertheit des notwendigen Interessenbezugs wäre die Objektivität sozialwissenschaftlicher Erkenntnis zunächst einmal festzumachen. Stoßen insoweit die Bedenken gegen Aktionsforschung, für die – vom verwaschenen Tavistock-Konzept abgesehen – wie gesagt Aufklärung über den politischen Kern ihrer Aussagen programmatisch ist, ins Leere, so verlagert sich die Frage nach der Objektivität von Aktionsforschung auf das Problem der Solidität der ermittelten Daten bzw. Datenzusammenhänge.

Der zweite Kritikpunkt problematisiert Aktionsforschung gerade unter diesem Blickwinkel. Anstoß erregt hauptsächlich die erklärte Absicht, den Prozeß der Datenerhebung direkt mit politischer Intervention zu verbinden. Statt alles zu tun, um das Erhebungsfeld bei der Datenaufnahme gegenüber Veränderungen abzuschotten, also ‚konstant' zu halten, würden Feldveränderungen zur Maxime erhoben – mit der negativen Konsequenz, daß die ermittelten Variablen nun nicht mehr auf klar definierte Feldgrößen bezogen und damit in kontrollierbarer Weise miteinander verknüpft werden könnten. Dieser Einwand mutet etwas beckmesserisch an. Sozialwissenschaftliche Forschung, die sich in ihrem technischen Repertoire nicht auf rigide Experimente und ausschnitthafte Beobachtungen beschränkt, sondern mit ihrem Untersuchungsdesign der Komplexität lebendiger sozialer Prozesse folgen will, muß sich bekanntermaßen auch dann auf Veränderungen im Erhebungsfeld einstellen, wenn es ihr nur ums Recherchieren und nicht auch ums Agieren geht; die Datenaufnahme selbst kann ja schon einen beträchtlichen Feldeingriff ausmachen (Hawthorne-Effekt). So gesehen unterscheidet sich die Aktionsforschung von ‚normaler' Empirie hauptsächlich in der Bewertung des forschungsbedingten Feldeingriffs: Versteht diese das Faktum einer Veränderung des Untersuchungsfeldes im Prozeß der Datenaufnahme als negative Größe, der es entgegenzuwirken gilt, so erscheint die Feldveränderung jener als Chance, die offensiv genutzt werden soll. Ob eine der beiden Sichtweisen der anderen hinsichtlich der wünschenswerten Kontrollierbarkeit der Variablen *prinzipiell* überlegen ist, stellt keine besonders sinnvolle Frage dar; beide haben ihre je spezifischen Gefahren (‚normale' Empirie: im Gefühl, die Dinge im Griff zu haben, erlahmt möglicherweise die Sensibilität für die nicht intendierten Feldbeeinflussungen; Aktionsforschung: unter dem Druck der Aktion wird unter Umständen die zeitraubende Arbeit hieb- und stichfester Recherchen vernachlässigt). Klar ist nur, daß Aktionsforschung durch die selbst provozierte Dynamik ihres Gegenstands immer mit einem recht komplizierten Satz von Variablen zu tun haben wird und dadurch notwendig zu den komplexen Forschungsansätzen in der Sozialforschung zählt, die *alle* vor dem Problem stehen, sicherzustellen, daß in der Komplexität des Untersuchungsfeldes die erhebungsrelevanten Strukturen und Zusammenhänge nicht verschwimmen und verlorengehen. Diese Schwierigkeit teilt Aktionsforschung mit anderen komplex angelegten Untersuchungen, die es ja auch im Bereich der ‚normalen' Empirie gibt, so daß im Hinblick auf die Kontrollierbarkeit der Variablen die Front gar nicht zwischen Aktions- und ‚normaler', sondern zwischen komplexer und relativ einliniger Forschung verläuft.

Beide Einwände treffen also nicht die charakteristischen Probleme und Schwierigkeiten der Aktionsforschung. Sie sollen deshalb nicht weiter verfolgt werden. Thematisiert werden stattdessen zunächst die sozialen Schranken, die einer generellen Anwendung des Aktionsforschungs-Konzepts entgegenstehen.

Aktionsforschung zielt, wie dargestellt, nicht einfach auf Erkenntnis ab, sondern beabsichtigt uno actu Aufklärungs-und Veränderungsprozesse in den sozialen Einheiten, mit denen sie es zu tun hat. Dabei stellen die Personengesamtheiten, auf die sie sich bezieht, keine künstlichen Gebilde dar, die für die Untersuchungszwecke speziell zusammengestellt worden sind, wie dies bei experimentellen Gruppen oder bei einer nach statistischen Prüfkriterien zusammengesetzten Personenvielzahl häufig der Fall ist. Vielmehr handelt es sich um ‚natürliche', d. h. im gesellschaftlichen Leben real existierende soziale Größen.

Die ohnehin recht kleine Zahl von Projekten, in denen bislang das Konzept der Aktionsforschung tatsächlich erprobt worden ist, umschließt jedoch im wesentlichen nur bestimmte Personenkreise und ihre soziale Umwelt: Studenten und Schüler, Gefängnisinsassen, ausländische Arbeiter, Bewohner städtischer Problemquartiere, Suchtkranke und ähnliches mehr. Und selbst die in dieser begrenzten Auswahl erfaßten Gruppen sind nicht über einen Leisten zu schlagen. Offenbar differieren je nach sozialer Lage der Bezugsgruppen die Probleme, die sich bei der Aktionsforschung stellen. Versuchen wir, diesen bereichsspezifischen Problemen der Praktizierung von Aktionsforschung typisierend nachzugehen.

In der Pädagogik – in der Bildungsforschung wie auch im praktischen Umgang zwischen Lehrenden und Lernenden – haben die Gedanken der Aktionsforschung noch am ehesten Spuren hinterlassen. Im Zentrum der durch die Studentenbewegung forcierten Kritik an der Praxis herkömmlicher Sozialforschung hatte das Subjekt-Objekt-Verhältnis zwischen Forschern und Erforschten gestanden, dessen entmündigende und passivierende Momente betont wurden. Positiv gewendet lief dies auf ein Plädoyer für eine Forschung hinaus, die die bisher als ‚Objekte' behandelten Personen und Gruppen über Ziele, Methoden und Ergebnisse der Untersuchungen aufklärt, um sie zu befähigen, sich als ‚Subjekte' zu verhalten, die ihre Situation erkennen und selbstbewußt handeln: Kommunikation zwischen den am Forschungsprozeß Beteiligten als Beitrag zur Vermittlung von Wissenschaft und Praxis. Es lag nahe, diesen Gedanken auch auf die Lernprozesse in den Hochschulen, die ja durch ein eigenes Subjekt-Objekt-Problem gekennzeichnet sind, anzuwenden.

„[...] im Bereich der Sozial-, und hier besonders der Erziehungswissenschaft [entstand] das Bemühen, an die Stelle einer *Untersuchungsstrategie* eine *Kooperations- und Aufklärungsstrategie* zu setzen. Statt des Subjekt-Objekt-Verhältnisses von Wissenschaftlern und Erforschten (Lehrer, Sozialarbeiter etc.), welches durch das herkömmliche Forschungsinstrumentarium hergestellt wird, sollte eine Beziehung gleichberechtigter Subjekte treten. Statt technologischer Lösungen sollten praktische Veränderungen erreicht werden, über deren inhaltliche Bestimmung die sonst nur Betroffenen mit zu entscheiden hätten. An die Stelle von Technik und (Sach-)Zwang sollten Aufklärung und Emanzipation treten. Diese Träume von einer Sozialforschung im Dienste der sonst vom gesellschaftlichen Prozeß nur Betroffenen nahmen zuerst Gestalt an in spontanen Initiativ- und Aktionsgruppen [...].“[83]

Solche Initiativen und Vorhaben wurden vor allem von reformoffeneren Teilen des Hochschulsystems bald absorbiert und in der *Hochschuldidaktik*, einem neuen Zweig der Pädagogik, verankert. So entstanden Projektstudiengänge, inzwischen vielfach eingeschnürte oder zurückgenommene Modellversuche, die der Forderung nach Praxisbezug der Sozialwissenschaften entgegenkommen sollten. Mit dem sie prägenden hochschuldidaktischen Prinzip des ‚forschenden Lernens‘ wurden in diese Projektstudiengänge Aktionsforschungskonzepte und -projekte als Bestandteil der wissenschaftlichen Ausbildung integriert. In dem „als bildungspolitischer ‚roll-back‘ gekennzeichneten Prozeß der zunehmenden Reduzierung der Spielräume ‚kritischer‘ sozialwissenschaftlicher Theoriebildung, Ausbildung und Forschung im universitären Rahmen“ nahmen freilich „realisierte Aktionsforschungs-Projekte mit ‚emanzipativem‘ Anspruch“ ab, bei „gleichzeitiger Zunahme aktionsforschungs-theoretischer Arbeiten von zumeist an Hochschulen wissenschaftlich tätigen Autoren“.[84]

Im Bereich der *Schulpädagogik*, einem schon schwierigeren Anwendungsfeld, wurde Aktionsforschung gelegentlich als Ansatz begrüßt, der der „Forderung nach Praxisrelevanz der Wissenschaft“ und der „pädagogischen Qualifizierung des Lehrers zu situationsangemessenem Handeln“ entgegenzukommen versprach.[85] Kann man sich die pädagogische Begleitforschung noch ganz gut als eine Tätigkeit vorstellen, die nach dem Konzept der Aktionsforschung gestaltet wird, so erscheint das Konzept als Prinzip zur Umgestaltung der Schulalltagspraxis nur begrenzt geeignet. Wenn der Hoffnung Ausdruck gegeben wird, die ‚Handlungsforschung‘ sei eine „geeignete Strategie einer Gegenorientierung an den sozialen und psychischen Voraussetzungen der Kinder und an den zu ihrer pädagogischen Wahrnehmung erforderten Konzepten und Kompetenzen des Lehrers“[86] und über ‚aktivierende Sozialforschung‘ könne „die pädagogische Kommunikation [...] über Formen und Inhalte von Unterricht und schulischen Lernprozessen“[87] sowie innerhalb der Lehrerschaft wiedereröffnet werden, so kann der Verdacht aufkommen, daß Aktionsforschung nur als Chiffre für den auch anders benennbaren Versuch figuriert, das Paradoxon zu lösen, dem sich ‚aufgeklärte‘ Pädagogen allemal konfrontiert sehen: den Zielgruppen ihres Bemühens zur Möglichkeit größerer Selbstbestimmung zu verhelfen, ohne ihnen einseitig vorzuschreiben, was das ist und wie sie dahin kommen. Aktionsforschung wäre dann nur eine neue Formel für den pädagogischen Diskurs, in dem durch gemeinsame Diskussion Perspektiven (Situationsdefinitionen) neu erschlossen werden, die „als Grundlage der Veränderung pädagogischer Praxis dienen“.[88] Mit Forschung hätte dies allerdings wenig zu tun. Anders lägen die Dinge nur bei schulischen Bildungsprozessen, die nach dem Prinzip des ‚forschenden Lernens' gestaltet werden – ein Verfahren, das nicht nur im tertiären Bildungsbereich, sondern auch schon in der Sekundarstufe II seinen Sinn haben könnte.

Jedenfalls konnte Aktionsforschung in der Pädagogik bald ihr Plätzchen finden. Die Lernsituation weist in den oberen Bereichen (Hochschule, eventuell auch Sekundarstufe II) in der Tat Merkmale auf, die dem Konzept der Aktionsforschung entgegenkommen. Soweit Lernen nicht als bloß rezeptiver Vorgang verstanden wird, sondern das aktive Sich-Erschließen neuer Problemfelder umgreift, bestehen zwischen Lern- und Forschungsprozessen Verknüpfungsmöglichkeiten. Das Konzept des forschenden Lernens, das Lernen durch Erarbeitung neuer Erkenntnis, nutzt diese Chancen; produktives Lernen und Forschen werden miteinander verschränkt. Im übrigen kommt die arbeitsprozeßliche Seite pädagogischer Prozesse der Absicht der Aktionsforschung entgegen, die Rollentrennung zwischen Forschenden (= Lehrenden) und Forschungsobjekt (= Lernenden) aufzuheben: Pädagogische Arbeit ist Vermittlung von Wissen, d.h. Intervention des Lehrenden in die Situation des Lernenden mit dem Ziel der Aufhebung dieser Differenz. Geglückte Vermittlungsarbeit weist sich gerade dadurch aus, daß der Wissensunterschied, der zwischen Lernendem und Lehrendem eingangs bestanden hatte, der Tendenz nach zusammenschmilzt. Trotz alledem: auch in der Pädagogik sind der Aktionsforschung allein schon durch den Umstand Grenzen gesetzt, daß Forschung im Sinn einer systematischen Suche nach Erkenntniszugewinn nur in solche Ausbildungsprozesse zu integrieren ist, in denen es um mehr geht als um die Aufarbeitung bereits bekannter Wissensbestände.

Aus Versuchen auch *außerhalb des Ausbildungsbereichs* entsprechend den Prinzipien der Aktionsforschung zu arbeiten, lassen sich weitere Einsichten in die Anwendungsvoraussetzungen des Konzepts gewinnen. Berichtet wird von Aktionsforschung bei Gefängnisinsassen, ausländischen Arbeitern, Bewohnern von Problemquartieren, Suchtkranken. Das gemeinsame Merkmal dieser Gruppen liegt in einer freilich sehr unterschiedlich ausgeprägten Unterprivilegierung. Durchweg handelt es sich um Minderheiten in prekärer, nach Veränderung drängender sozialer Lage. Dabei werden die Veränderungsinteressen, die die soziale Situation der Gruppen hervorbringt, nicht von leistungsfähigen Interessenorganisationen aufgenommen, geschweige denn gibt es eine Tradition kollektiver Interessenwahrnehmung. Oft handelt es sich um Zielgruppen der privaten Wohlfahrt; sich dieser Gruppen anzunehmen, erscheint als Handlung, die mit Zustimmung oder doch wenigstens mit Duldung rechnen kann. Das Fehlen originärer Interessenorganisationen der Betroffenen selbst bedeutet im übrigen, daß diejenigen, die helfen wollen, eigene Organisationsstrukturen schaffen müssen und auch können (keine Organisationskonkurrenz). Schließlich ist auch der Erfolgszwang vergleichsweise gering; selbst zeitlich begrenzte und punktuelle Hilfe ist besser als gar nichts. Dies alles scheinen günstige Voraussetzungen für eine Arbeit zu sein, welche die Prinzipien der Aktionsforschung praktizieren möchte.

Bleibt die Frage, ob soziale Bereiche, die ganz anders strukturiert sind, ähnliche Anknüpfungspunkte für den Ansatz der Aktionsforschung bieten. Meine These ist, daß Aktionsforschung eine ganz bestimmt soziale Beschaffenheit des Untersuchungsfeldes voraussetzt und daß dort, wo diese Merkmale fehlen, der Ansatz wenig hergibt. Man kann sich dies durch die Überlegung verdeutlichen, ob und inwieweit der Industriebetrieb als Betätigungsfeld für Aktionsforschung geeignet ist.

Der *Industriebetrieb* unterscheidet sich von den bisher genannten Gruppen und sozialen Feldern zunächst einmal durch seine größere Organisationsdichte. Die Arbeiter und Angestellten verfügen über ein differenziertes Geflecht von Interessenorganisationen, das von den Vertretungsstrukturen am Arbeitsplatz bis zu durchgebildeten Großverbänden in der Form von Gewerkschaften reicht. Die Unternehmungsleitungen sind ihrerseits als Machtblock organisiert: als betriebliches Entscheidungszentrum, das sich auf ein differenziertes System betrieblicher Bürokratie stützen kann; hinzu kommen überbetriebliche Organisationen in der Form von Interessenverbänden. Die Aktionen dieser beiden Machtblöcke bestimmen das betriebliche Geschehen. Als Wissenschaftler steht man außerhalb dieses Organisationszusammenhangs; Eingriffe werden sich in aller Regel nur wirksam entfalten können, wenn sie von beiden Machtblöcken toleriert werden (ein Weg, der – wie die Bemerkungen zur HdA-Begleitforschung zeigten – angesichts der zwischen ihnen bestehenden Interessenspannungen jedenfalls bei praktisch relevanter Forschung schwer durchzuhalten ist) oder wenn sie sich in den Dienst eines der beiden Blöcke stellen, ohne daß der ausgeschlossene Teil dies verhindern will oder kann (Wissenschaft im Dienst des Kapitals versus arbeitnehmerorientierte Forschung). Der Tatbestand der starken Organisiertheit der Interessen im Betrieb und der Kontrollmacht der Interessenvertreter beschränkt von vornherein die Möglichkeiten intervenierender Forschung; Ohne mächtige Bündnispartner im Betrieb selbst dürfte meist nichts laufen – eine ganz andere Lage als im Fall der Gefängnis-, Ausländer-, Stadtteil-, Kranken-, ja auch der Schulforschung, wo zwar immer auch von den bestehenden Organisationsstrukturen auszugehen ist, diese aber zum Teil weniger ausgeprägt, zum Teil weniger eindeutig durchgreifend und abschließend sind.

Damit hängt die weitere Komplikation zusammen, daß die Bezugsgruppen, mit denen sich Sozialforschung im Betrieb in irgendeiner Weise arrangieren muß, an die Wissenschaft besonders harte Nützlichkeitserwartungen stellen dürften. Ihre Bereitschaft zur Zusammenarbeit wird streng an die Kautel praktischer Nützlichkeit der Forschung für die Durchsetzung der Interessen des Kooperationspartners geknüpft sein. Forschung, die den betrieblichen Gruppen nichts Neues zu sagen vermag, sondern die nur darauf hinausläuft, die im Betrieb vorhandenen Erkenntnisse zu sammeln, ohne qualitativ neues Wissen zu erzeugen, das die betrieblichen Kräfte selbst als

Erkenntnisgewinn empfinden können, Forschung also, die hauptsächlich der Befriedigung der Informationsbedürfnisse der Forschenden dient und insoweit zirkulär angelegt ist, wird im Betrieb aufgrund der starken Organisiertheit der Interessen und deren Kontrollwirkung schnell entlarvt und mit Kooperationsentzug sanktioniert. Dies ist ein Faktor, der dem Konzept der Aktionsforschung gerade im Betrieb entgegensteht. Im Wissensfundus des betrieblichen Alltags ist die Aufklärung, den sich die beteiligten betrieblichen Kräfte von den Forschern erhoffen, nicht direkt enthalten, denn sonst wäre die Hinzuziehung der Wissenschaftler aus der Perspektive des Betriebes sinnlos. Neue Erkenntnisse können den betrieblichen Kräften aber nur auf zwei Wegen vermittelt werden: Entweder in der Weise, daß die Forscher anderwärts – und das heißt übrigens wieder in arbeitsteiliger Abspaltung – gewonnene Erkenntnis in den Betrieb hineintragen; dann reduziert sich Aktions‚forschung' auf Vermittlung und büßt ihr forschendes Element ein; oder aber in der Weise, daß neue Erkenntnis durch Erforschung der betrieblichen Verhältnisse selbst erzeugt wird. Dies bedeutet aber unausweichlich eine gewisse Arbeitsteilung und Verselbständigung der Forschung: die Anwendung von Erkenntnisverfahren, die dem betrieblichen Alltag nicht eigen sind. Auf diese Weise behält ‚Aktions'forschung das Element des Erforschens, doch ist dies nur möglich, weil eine Rollentrennung zwischen betrieblichem Alltag und Forschungsprozeß hingenommen wird. Zugespitzt formuliert: Aktionsforschung steht in dem Dilemma, zur Weitergabe wissenschaftlich bereits verfügbarer Erkenntnisse zu werden (dann ist der Erkenntniszugewinn minimal) oder aber tatsächlich forschend neues Wissen zu erschließen (dann kann es mit der Verschmelzung von Subjekt und Objekt im Forschungsfeld nicht weit her sein). Ob man beide Dimensionen – Wissenvermittlung und Wissensproduktion – überhaupt und erst recht in Bereichen, in denen Aktionsforschung einem hohen Erwartungsdruck durch ihre Kooperationspartner ausgesetzt ist, in der Balance halten kann, ist zu bezweifeln. Über die Betrachtung des Industriebetriebs kommen wir hier auf eine im Erkenntnisbegriff der Aktionsforschung liegende *allgemeine* Problematik, die noch zu vertiefen sein wird.

Interessanterweise hat denn auch Aktionsforschung in der Diskussion um industriesoziologisch-empirische Forschung bisher keine wirklich wichtige Rolle spielen können – obwohl Merkmale und Ziele der Aktionsforschung ja wesentliche Fragen der aktuellen industriesoziologischen Diskussion um Methodeninnovation, praktische Relevanz der Forschung, interessenorientierte Sozialforschung etc. berühren. Zu verweisen ist hier nur auf die alles in allem wie gesagt fragwürdigen Versuche, Aktionsforschungs-Konzeptionen in industriesoziologischen Begleitprojekten zum Programm ‚Humanisierung des Arbeitslebens' anzuwenden.

Für eine gestaltungsorientierte Industriesoziologie hat sich insbesondere Werner Fricke verwendet, der zusammen mit Kollegen im Rahmen des HdA-Programms die Untersuchung ‚Beteiligung und Qualifikation'[89] durchgeführt hat, in der ein Konzept der „autonomie-orientierten Gestaltung von Arbeitssystemen" verfolgt wurde.

„Autonomie-orientierte Gestaltung von Arbeitssystemen zielt auf die Realisierung beruflicher Autonomie (W. Lempert) im Arbeitsprozeß, d. h. auf die selbstbestimmte Gestaltung der Bedingungen industrieller Arbeit durch die Arbeitenden als Fernziel."[90] „Darunter verstehen und praktizieren wir ein Verfahren, das den Arbeitenden Handlungsspielräume im Arbeitsprozeß erschließt, die sie zur Einflußnahme auf die Gestaltung ihrer Arbeitsbedingungen sowie zur Anwendung und Entfaltung fachlicher und innovatorischer Qualifikationen im Arbeitsprozeß nutzen können."[91] „Innovatorische Qualifikationen bezeichnen ein Handlungspotential, das sich im Unterschied zu fachlichen Qualifikationen nicht auf die Bewältigung gegebener Arbeitsaufgaben bezieht, sondern dessen Gegenstand die Gestaltung von Arbeitsbedingungen durch die Arbeitenden nach ihren Interessen und in Zusammenarbeit mit ihren Interessenvertretern ist. Anders formuliert: Innovatorische Qualifikationen sind Qualifikationen zur Durchsetzung und Wahrnehmung von Interessen bei der Gestaltung von Arbeitsbedingungen durch die Arbeitenden."[92]

In ihrem HdA-geförderten Projekt (selbstgewählte Kennzeichnung: ‚Peiner Modell') wollten W. Fricke u. a. klären, unter welchen Bedingungen und mit welchen Wirkungen es zur Vermittlung, Anwendung und Entfaltung innovatorischer Qualifikationen kommen kann. Zugleich sollte den Beschäftigten dabei geholfen werden, ihre innovatorischen Qualifikationen zu stärken und praktisch anzuwenden. Das Projekt lief somit auf den Versuch hinaus, Organisationsformen zu entwickeln, zu testen und zu implementieren, die den Arbeitenden mehr Chancen eröffneten, Vorschläge zur Verbesserung der Arbeitsbedingungen auszuarbeiten und durchzusetzen (‚Beteiligungsverfahren').

Dem Team stellte sich dabei die Aufgabe, „einen Prozeß der Beteiligung zu planen, zu initiieren, zu begleiten und auszuwerten [...]. Wissenschaftliches Vorgehen muß in diesem Falle auch ein aktives Eingreifen in die Bedingungsfaktoren des Untersuchungsfeldes einbeziehen und kann sich mit der analytischen Betrachtung allein nicht zufriedengeben."[93] Als Forschungsmodell, das der „Fragestellung entsprechend auch die aktive Einflußnahme der Wissenschaftler auf das Feld und die Planung und Realisierung konkreter Veränderungen umfaßt"[94] und das es erlaubt, die sich in Handlungsprozessen realisierenden Qualifikationen zu erfassen, bot sich die Handlungsforschung an. Die Anwendung des ‚Modells der Handlungsforschung' auf die Fragestellung des Projekts verstand Fricke dabei als „Beitrag zur Entwicklung einer arbeitnehmerorientierten, angewandten Sozialwissenschaft".[95]

Das in dem Projekt entwickelte Verfahren, das man als einen der wenigen ernstzunehmenden Versuche von Aktionsforschung in der neueren Industriesoziologie bezeichnen kann, beinhaltete folgende Stufen:

- Bestandsaufnahme der betrieblichen Ausgangssituation und der vorhandenen Veränderungsmöglichkeiten;
- Zielfindung, Formulierung von Problemen, Lösungskonzeptionen und Handlungsentwürfen (in Seminaren mit den Arbeitern);
- Umsetzungsreife Ausarbeitung von Innovationen (in Arbeitsgruppen mit den Arbeitern und betrieblichen wie externen Experten);
- Entscheidung über die Realisierung (Betriebsrat, Unternehmensleitung);
- Organisation und Kontrolle des Umsetzungsprozesses (beobachtet von den Arbeitern).[96]

Zum Ergebnis stellte das Team eine erhebliche „Resistenz des innovatorischen Handlungspotentials auch unter extremen Arbeitsbelastungen" fest. „Solange die Bedingungen, unter denen sie [die Arbeiter] arbeiten müssen, [...] ihre Vorstellung von menschlicher Arbeit verletzen, solange werden die Arbeitenden auch bereit sein, ihr innovatorisches Potential zur Veränderung dieser Arbeitsbedingungen einzusetzen, wenn sie eine Chance zur Verwirklichung ihrer Ideen und zur Einflußnahme auf die betriebliche Verwendung ihrer Vorstellungen sehen."[97] Im Projekt war es möglich, diese Vorstellungen durch entsprechende Verfahrensweisen (Weiterbildungsmaßnahmen, Einrichtung von Projektgruppen, Verbesserung der Kooperation zwischen Belegschaft und Betriebsrat usw.) zu schaffen. Dadurch konnten – so das Untersuchungsteam – arbeitsorganisatorische und technische Veränderungen eingeleitet werden, die dem Interesse der Beschäftigten entsprachen: Verbesserung der Arbeitsumgebung und des Arbeitsschutzes (Lärmsenkung, Pausenräume, Schutzvorrichtungen); Verbesserung der ergonomischen Gestaltung der Maschinen (Sitzhilfen, Wegfall ungünstiger Arbeitshaltungen); Mechanisierung stark belastender Arbeitsverrichtungen (Transport, Bedienung); Anreicherung unqualifizierter Arbeit (Übertragung von Werkzeugwechsel an Maschinenarbeiter).[98] Alles in allem war es nach Fricke u. a. möglich, die Ziele des Projekts weitestgehend zu erreichen: das innovatorische Handlungspotential der Arbeitenden sei freigesetzt und zur Verbesserung der Arbeitsbedingungen aktiviert worden.

Tatsächlich scheint der Umfang, in dem im Rahmen des Projekts Lern- und Handlungsprozesse initiiert werden konnten, beachtlich. Als Akt der *Umsetzung* bereits bekannter arbeitswissenschaftlicher Erkenntnisse war das Projekt allem Anschein nach ein Erfolg. Doch worin bestand der spezifische Fortschritt im Wissen, der das Projekt erst als Forschungsleistung ausweisen würde? Und weiter: wie steht es um das Verhältnis zwischen diesem Erkenntnisgewinn und dem ziemlich großen *Projektaufwand?* Leider lassen sich diese Fragen abschließend nicht beantworten. In kognitiver Hinsicht bringt das Projekt hauptsächlich zum Thema der Voraussetzungen und der Reichweite von Beteiligungsverfahren wertvolle Aufschlüsse. Zur zentralen Erkenntnisabsicht des Vorhabens – Entstehungsbedingungen und Anwendungsfolgen ‚innovatorischer Qualifikationen' – liefert das Projekt aber nicht mehr als praktisches Anschauungsmaterial, das noch nicht systematisch in eine umfassende Antwort auf die eingangs gestellte Forschungsfrage überführt werden konnte. „Wer wann welche Prozesse tatsächlich steuert" – bemerkte der Projektgutachter Pornschlegel zu Recht[99] – läßt sich aus der Studie nicht mit der gebotenen Genauigkeit entnehmen. Man hat den Eindruck, daß die Untersuchung von Fricke u. a. – und dies dürfte immerhin die am weitesten gehende Praktizierung von Aktionsforschungsgedanken in der neueren Industriesoziologie sein – das erwähnte Dilemma der Aktionsforschung eher zur praktischen Seite hin aufgelöst hat. Möglicherweise hat sich gerade dieser Lösungsweg angeboten, weil die Bedingungen für praktische Arbeit im vorliegenden Fall (Veränderungsvorschläge, die sich im Rahmen der in modernen Betrieben durchaus üblichen arbeitswissenschaftlich fundierten Arbeitsgestaltung hielten; ein Betrieb, der der Montanmitbestimmung unterliegt und für ‚sozialpolitische' Initiativen deshalb relativ offen war) recht günstig gewesen sind – eine für die Einschätzung der Übertragungsbedingungen des Ansatzes interessante Frage, die Fricke u. a. allerdings nicht klären.

Aus den Schwierigkeiten, die sich der Aktionsforschung im Industriebetrieb stellen und die dazu geführt haben, daß es bisher praktisch keine gelungenen Versuche industriesoziologischer Aktionsforschung gibt (auch das Projekt von Fricke u. a. stellt, wie sich zeigte, keine modellhafte Einlösung dar), läßt sich bezüglich der Anwendungsbedingungen der Aktionsforschung folgendes Fazit ziehen: In konfliktgeprägten Bereichen mit hohem Organisationsgrad – Beispiel Industriebetrieb – setzt Aktionsforschung ein Arrangement mit den sozial bestimmenden Kraftblöcken voraus. Soweit interessenneutrale Forschung nicht möglich ist (und dies wird in den Sozialwissenschaften bei praktisch relevanter Forschung oft der Fall sein), ist dabei eine Koalition mit einem der konkurrierenden Machtblöcke notwendig. Sozialforschung kann hier nicht vom Podest einer selbständigen Außenposition herunter ‚intervenieren', sondern sie wird nur durch die vorhandenen Organisationsstrukturen hindurch praktisch wirksam sein können. Selbst wenn aber diese Voraussetzung gewährleistet ist, löst sich noch nicht automatisch das aufgezeigte Dilemma zwischen Anwendung und Produktion von Wissen. Wenden wir uns abschließend nochmals dieser Frage zu, die man als Generalproblem der Aktionsforschung bezeichnen kann, und untersuchen den *Erkenntnisbegriff*, der dem Konzept unterlegt ist.

Bei Aktionsforschung sollen Problemauswahl und Problemdefinition aus konkreten sozialen Bedürfnissen heraus erfolgen; auch wird angestrebt, Problemklärungen durch eine enge Verzahnung von Forschung und praktischem Leben zu erreichen. Dies muß in den Versuch einmünden, im Forschungsprozeß Anschluß an die Alltagserfahrungen zu gewinnen, die die Menschen in den untersuchten Bereichen machen; denn allein die Alltagserfahrungen können für die Beobachteten und Befragten die Quelle eigenständiger Problemfindung und Problemklärung sein, die sie aus ihrem Objektstatus zu aktiver Teilnahme am Forschungsprozeß führen kann. Alltagserfahrung – das ist das, was von den Untersuchten in den Forschungsprozeß eingebracht werden kann.

Nun ist es sicher wichtig, daß man in der Sozialforschung stärker die Lebenserfahrungen der untersuchten Personen und Gruppen in ihrer ganzen Breite, Komplexität und inneren Widersprüchlichkeit aufnimmt. In der Tat muß man der durchprofessionalisierten Empirie ja entgegenhalten, daß vielen ihrer Studien durch die zu wenig problematisierte Anwendung der Methoden hochspezialisierter instrumenteller Erfahrungswissenschaft leicht ein Zug zur analytischen Zergliederung der komplexen Lebenssituation der erfaßten Personen und Gruppen anhaftet. Die Dimension der Zumutbarkeit der objektiven Bedingungen, unter denen die ‚Untersuchungsobjekte' stehen, deren Begründung, Wahrnehmung und Verarbeitung durch die Betroffenen, wurde zu selten methodisch adäquat verfolgt. Diese Einsicht sollte aber nicht zu der illusionären Vorstellung führen, als stelle sich empirische Sozialforschung dieser bisher unzureichend gelösten Aufgabe, wenn sie sich zur vorinstrumentellen unmittelbaren Erfahrung des sozialen Lebens zurückentwickelt. Wenn es allein auf die vorliegenden Alltagserfahrungen ankäme, was brächte dann die Forschung als spezifisch eigenen Beitrag in den Erkenntnisprozeß ein?

Der in Anbetracht der Schwächen professionalisierter Sozialforschung zunächst recht reizvolle Gedanke einer innigeren Verschmelzung von Forschung und Leben und die daraus folgende Absicht, die Absonderung wissenschaftlicher Arbeit abzubauen und die Forschung – wie es so schön heißt – in den Lebensprozeß der Menschen zu integrieren, enthält die Gefahr eines wissenschaftlichen ‚overkill' und kann in Selbstaufgabe umschlagen. Wir sahen bereits am Beispiel der Aktionsforschung im Industriebetrieb, daß Sozialforschung, die im betrieblichen Alltag aufgeht, in Gefahr gerät, ihr forschendes Element zu verlieren. Forschung stellt nun einmal in einem gewissen Umfang immer einen spezifisch organisierten und bewußt kontrollierten Prozeß der Erfahrungsgewinnung und -verarbeitung dar, und gerade mit dem Kompliziertheitsgrad gesellschaftlicher Verhältnisse im entwickelten Kapitalismus korrespondiert die Entwicklung und Verwendung differenzierter Forschungstechniken. Unter den Bedingungen einer hochentwickelten arbeitsteiligen Gesellschaft ist ohne Erfahrungswissenschaften als realitätserschließenden Hilfsmitteln schwerlich auszukommen. Nicht die Erfahrungen im sozialen Alltag an sich, sondern die umfassende Aufnahme *und* wissenschaftliche Verarbeitung dieser Erfahrungen verspricht die geforderte Aufklärung. Durch die wissenschaftliche Reflexion, die auch in der Soziologie auf Dauer vom wissenschaftlichen Laien nicht als ‚Eigenproduktion' erwartet werden kann, kommt etwas Entscheidendes und Unverzichtbares hinzu: die Erkenntnis des gesellschaftlichen Ganzen, der Bezug der einzelnen Erfahrungsfelder untereinander; die Einsicht in den Unterschied zwischen sozial Relevantem und Irrelevantem; die Erkenntnis der unter der Oberfläche der Alltagserfahrungen liegenden gesellschaftlichen Ursachen, Triebkräfte und Entwicklungsmechanismen. Diese Erkenntnisleistungen um des Ziels willen preiszugeben, den Mängeln moderner Sozialforschung zu begegnen, heißt das Kind mit dem Bade ausschütten. Die berechtigte Kritik am verengten Erfahrungsbegriff der instrumentellen Erfahrungswissenschaften darf nicht zur Entwissenschaftlichung der Erfahrungsverarbeitung in dem Sinne führen, daß der Erkenntniszugewinn auf der Strecke bleibt. Insoweit ist der Schritt zur instrumentellen Erfahrungswissenschaft nicht rückgängig zu machen; nicht diese Formbestimmtheit selbst, sondern nur ihre konkrete Ausprägung steht zur Disposition.

Gedanken zur Verbesserung empirischer Sozialforschung

Gibt Aktionsforschung also wegen oft fehlender sozialer Anwendungsvoraussetzungen und vor allem wegen ihres problematischen Erkenntnisbegriffs kein Modell zur Reorganisation empirischer Sozialforschung ab, so lassen sich doch einige Gedanken, die auch und besonders im Zusammenhang des Konzepts der Aktionsforschung hervorgehoben worden sind, für den Versuch fruchtbar machen, den eingangs genannten Defiziten empirischer Sozialforschung entgegenzuwirken:

- Zunächst sollte der Erfahrungsbegriff, mit dem in empirischen Studien operiert wird, möglichst breit angelegt sein. In forschungstechnischer Hinsicht bedeutet dies, daß die Erhebungsinstrumente, in denen sich nur fragmentierte Erfahrungen ausdrücken können, in ihrer Begrenztheit erkannt werden müssen. Im Rahmen von Fragestellungen, wie sie in der Soziologie oft verfolgt werden, hat sich besonders die standardisierte Form des Einzelinterviews als ungeeignete Vorgehensweise erwiesen, weil dieses Verfahren auf einem allzu simplen Reiz-Reaktions-Modell aufbaut und den Befragten keine Chance gibt, die Komplexität ihrer Wahrnehmungen und Begründungen zum Ausdruck zu bringen. Brauchbar erscheint aber das qualitative, thematisch strukturierte Interview, solange es so gehandhabt wird, daß der Einzelne Argumentationszusammenhänge differenziert entfalten kann. Dennoch darf nicht übersehen werden, daß das Einzelinterview wegen der ihm eigenen Einseitigkeit der Kommunikation immer passivierende Wirkung hat und einen Bias zugunsten herrschender Meinung bewirkt. Korrigierend kann hier auf die Methode der Gruppendiskussion zurückgegriffen werden. Sofern durch die Zusammensetzung der Gruppen und die thematische Ausrichtung der Diskussion eine Situation geschaffen wird, die den alltäglichen Kommunikations- und Handlungsstrukturen entspricht, werden in der Gruppendiskussion Handlungsmöglichkeiten und Veränderungsperspektiven, die an die Kollektivsituation gebunden sind, sichtbar. Eine Alternative zum Interview stellt die Gruppendiskussion jedoch nicht dar. Bei diesem Verfahren besteht nämlich eine Tendenz, sich nur innerhalb des Gruppenkonsenses zu äußern; dadurch können Kontroversen abgeschwächt werden, und die Individualität der Erfahrungen und Urteile geht leicht verloren. Es bietet sich also an, mit einer Kombination von Einzelinterview und Gruppendiskussionsverfahren zu arbeiten.
- Darüber hinaus muß der Bezug zwischen Forscher und Untersuchten dynamisiert werden. Die Untersuchten sind oft tatsächlich nur als Informanten behandelt worden – als ‚Untersuchungsobjekte'. Die Präsentation der Forschungsergebnisse erfolgte im Rahmen der wissenschaftlichen Öffentlichkeit, die den Untersuchten meist kaum zugänglich ist. Damit darf sich eine Sozialforschung, die ihre Kritikfunktion ernst nimmt, in der Tat nicht zufrieden geben. Vielmehr müssen praktikable Lösungen gefunden werden, die den untersuchten Personen und Gruppen eine aktivere Rolle im Untersuchungsprozeß einräumen und die die Rückkopplung der Untersuchungsergebnisse in ihre konkrete Lebenswelt zulassen. Möglichkeiten dazu wären z. B. Veranstaltungen von Seminaren vor Aufnahme der Untersuchungstätigkeit, die den Betroffenen die Chance eröffnen, ihre Probleme einzubringen und sich aufgrund ihrer Erfahrungen kritisch an der Festlegung der Untersuchungsziele und Instrumente zu beteiligen; auch wäre an die Bildung von Arbeitsgruppen zu denken, die den Fortgang der Untersuchung verfolgen und die dadurch auch im Untersuchungsprozeß

Transparenz zu schaffen helfen; schließlich sollte man die Möglichkeiten zur Diskussion der Untersuchungsergebnisse mit den Beteiligten im Hinblick auf ihre sachliche Richtigkeit und praktische Nützlichkeit verbessern. Dies alles würde die Relevanz wissenschaftlicher Anstrengung sicher erhöhen. In praktischen Versuchen, die gelegentlich unternommen worden sind,[100] ist allerdings deutlich geworden, daß solche Schritte schwieriger sind, als man vielleicht vermutet. Tradierte soziale Barrieren sind nicht voluntaristisch zu überspringen. Doch sind die Versuche der Mühe wert, die sie machen.

– Schließlich wäre Sozialforschung in ihrer eigenen sozialen Prozessualität transparent zu machen. Herkömmlicherweise besteht eine gewisse Tendenz zur ex-post-Stilisierung: Die Ecken und Kanten, die fast jede Untersuchung aufweist, werden so weit wie möglich abgeschliffen, auf daß die Studien als wohl durchdachte, planmäßig abgewickelte und gekonnt abgeschlossene Veranstaltungen präsentiert werden können; Schwierigkeiten und Schwächen werden allzu oft unter den Teppich gekehrt. Mit solchen kosmetischen Operationen verleihen sich die Forscher selbst die Weihen absolut sachkundiger Planer und konsequenter Vollstrecker ‚theoretischer' Vorüberlegungen. Der Sinn dieses Bluffs besteht vor allem in einer Immunisierung gegen Kritik. Man klettert auf das Podest scheinbarer Allwissenheit und macht sich dadurch möglichst unangreifbar. Versteckt werden die Lücken, Irrtümer und Einseitigkeiten, die auch die beste empirische Studie aufweist und die zu kennen für ihre kritische und problembewußte Rezeption wichtig wäre. Die empirische Reichweite der Resultate bleibt dadurch eher verhüllt, statt daß sie offenbar würde; der Leser wird eben nicht aufgeklärt, sondern im Hinblick auf Schwächen, die die Autoren selbst schon erkannt haben, fehlgeleitet: Sozialforschung als disciplina arcani, in deren Geheimnisse allenfalls der Eingeweihte vordringt. Inzwischen ist die Problematik dieser nachträglichen Flurbereinigungen mehr und mehr erkannt worden – eine Entwicklung, die es im Interesse der Urteilsfähigkeit der Benutzer empirischer Sozialforschung nachhaltig zu unterstützen gälte. In jedem Untersuchungsbericht wären die Ausgangslage der Studie, die ‚Lernprozesse' des Forschungsteams während der Untersuchungszeit einschließlich möglicher Irrtümer und deren Konsequenzen, schließlich auch die Handlungszwänge im Untersuchungsfeld in Form einer ‚Projektbiographie' so genau zu dokumentieren, daß den Lesern Startpunkt, Verlauf und endgültige Gestalt der Studie klar werden: Kenntnisse, die für eine unabhängige Einschätzung der Studie unerläßlich sind und deren Vorhandensein den kritischen und realistischen Umgang mit ihren Ergebnissen fördert.[101]

Doch dürften solche Innovationen, die ja durchweg auf die Ebene forschungspraktischer Maßnahmen beschränkt bleiben, nicht viel austragen, wenn sie nicht in ein verändertes Grundverständnis von Sozialforschung eingebettet sind.[102] Schelsky hat unlängst unsere heutige Soziologie mit dem

Vorwurf der Ideenlosigkeit gebrandmarkt,[103] und er traf damit ein Problem, das man in der Tat als den neuralgischen Punkt der institutionalisierten und durchprofessionalisierten Forschungspraxis bezeichnen kann: die mangelhafte Rückkopplung der konkreten Untersuchungsarbeit mit umfassenderen ideengeschichtlichen und wissenschaftstheoretischen Zusammenhängen, die Selbstkasteiung empirischer Sozialforschung durch ein ganz enges Verständnis vom ‚empirisch Machbaren'.

Gegen solche falsche Bescheidenheit, die einer tödlichen Ausdünnung gleichkommen kann, gälte es zu allererst der alten Weisheit wieder zu mehr Recht zu verhelfen, daß die Möglichkeit der empirischen Soziologie gerade nicht in der Detaillierung und Ausdifferenzierung der Beschreibung sozialer Sachverhalte liegen, sondern im Aufweis von strukturellen und historischen Zusammenhängen. Analytische Zergliederung und methodisch begründetes ‚Griffigmachen' zerschlägt bereits im Ansatz jene Verknüpfungen in der Sache, die zu ermitteln wären, und der Verzicht auf theoretisch entwickelte empirische Hypothesen und – vice versa – empirisch offene Theorie schließt immer das Risiko ein, letztlich kaum mehr zu liefern als eine Systematisierung von Bekanntem oder Unwichtigem. Unseren Lehrmeistern, den profilierteren Köpfen der ‚Gründergeneration' der westdeutschen Soziologie, war – wie sich in einem früheren Abschnitt zeigte – dieses ganzheitliche Problemverständnis noch ein selbstverständlicher Ansteuerungspunkt. Ihre großen Kontroversen beinhalteten Auseinandersetzungen um den richtigen Kurs hin zum hehren Ziel umfassender Gesellschaftsanalyse, nicht aber Streitigkeiten um kleinste Wegstrecken dazwischen. Die heutige Soziologengeneration wäre nicht schlecht beraten, wenn sie aus dieser großen Stärke ihrer Altvorderen mehr zu machen versuchte; statt ihren Blick auf genau überschaubare Fahrbereiche zu beschränken und sich übergreifender Orientierungen zu entschlagen, müßte der Problemhorizont der alten Kontroversen in der Weise wieder angepeilt werden, daß die heute an sich viel umfassenderen Möglichkeiten empirischer Einzelforschung konsequent in den Dienst der Klärung drängender gesellschaftlicher Grundsatzfragen gestellt und damit auf die große Aufgabe gesamtgesellschaftlicher Analyse verpflichtet würden.

Eine empirische Sozialforschung, die in dieser Weise nicht auf die Produktion von Detailwissen fixiert ist, sondern auf besseres Erkennen gesellschaftlicher Gesamtzusammenhänge abzielt, muß sich keinesfalls die Kritik fruchtloser Abstraktionen und praktischer Bedeutungslosigkeit machen lassen. Es ist ein Trugschluß, vor dem man nicht oft genug warnen kann, daß wissenschaftliche Arbeit am sichersten dadurch Praxisrelevanz erreicht, daß sich Wissenschaftler *unmittelbar* auf die Praxisbedürfnisse politischer oder administrativer Instanzen einlassen und deren Handlungsrahmen als Bezugspunkt ihrer eigenen Fragen und Analysen übernehmen. Dies gilt auch dort, wo man sich in grundsätzlichen Zielvorstellungen mit politischen Organisationen einig weiß (wie es z. B. bei der heutigen Industriesoziologie häufig mit gewerkschaftlichen Zielvorstellungen der Fall zu sein scheint). Sozialwissenschaftliche Forschung wird mit konkret nützlichen Einzelinformationen nie wirklich praktisch bedeutsam; durch ‚sperrige' Befunde, in denen gerade jene Zusammenhänge hergestellt werden, die in der Sphäre von Politik und Administration bisher nicht gesehen werden konnten oder gesehen werden sollten, kann sie aber soziale Brisanz gewinnen.

Man muß sich nur das Beispiel der Industriesoziologie vergegenwärtigen. Nicht mit detailliertesten Aufschlüsselungen haben Industriesoziologen in den letzten 30 Jahren gelegentlich Denkprozesse von größerer praktischer Bedeutung ausgelöst oder doch wenigstens beeinflußt, sondern mit dem Versuch von gesellschaftstheoretisch inspirierten Sinndeutungen, mit denen sie die Gesamttendenz ihrer Einzelbefunde zum Ausdruck zu bringen versuchen. Hier steht nicht zur Debatte, ob diese ‚Existentialurteile' letztlich empirisch richtig oder falsch gewesen sind. Es waren jedenfalls Leitformeln wie die der fortbestehenden ‚Dichotomie des Bewußtseins' moderner Fabrikarbeiter trotz des Verschwindens von Klassenbewußtsein (Popitz/Bahrdt), der ‚sozialen Rationalisierung' im entwickelten Industriebetrieb (Pirker/Lutz/Braun) und des durch Technik erzeugten Abbaus ‚hierarchischer Ordnung' (Bahrdt, Weltz); es waren Formeln wie die ‚Polarisierung' der Industriearbeiterschaft im Zuge des technischen Wandels (Kern/Schumann) oder der ‚Intensivierung' der betrieblichen Arbeit bei moderner organisatorischer Rationalisierung (Zeitschrift ‚Probleme des Klassenkampfs'), die eher etwas bewirkt haben als dickleibige Einzelaufrechnungen und Tabellenbände. Handlungsorientierung gewinnen unsere empirischen Ergebnisse also offenkundig vor allem dann, wenn sie – um einen Begriff Horkheimers aufzunehmen – in ‚Existentialurteile' einmünden, d. h. wenn sie auf den Existenzproblemen unserer ‚Adressaten' aufbauen und neue Problemlagen so prononciert und zutreffend ins Bewußtsein heben, daß Reaktion und Auseinandersetzung unabweisbar sind und Handlungsmöglichkeiten deutlich werden. Konsequente Ausrichtung an den aktuellen Lebensproblemen der für uns wichtigen sozialen Gruppen und Bereitschaft zur Interpretation empirischer Befunde im Zusammenhang aufklärerischer Existentialurteile – dies und nicht unmittelbar praktisch verwendbare Detailkenntnisse sind die Gesichtspunkte, auf die empirische Sozialforschung abstellen muß, wenn es ihr tatsächlich um gesellschaftliche Wirksamkeit geht.

Man kann sich gewiß bessere Forschungsbedingungen vorstellen als die gegenwärtigen. Aber ebenso gewiß besitzt der moderene Betrieb empirischer Sozialforschung die technischen Möglichkeiten, solchen umfassenden Sinndeutungen eine verläßliche empirische Unterfütterung zu geben. In dieser Chance liegt letztlich der gesellschaftliche Grund seines Entstehens und die Begründbarkeit seines Fortbestehens. Empirische Sozialforschung wird am ehesten dann Bestand haben, wenn es ihr gelingt, diese Chance zu nutzen. Verfehlt die institutionalisierte Sozialforschung aber ihren Zweck, verzichtet sie zu sehr auf die Aussageform des empirisch begründeten Existentialurteils, weil sie in kleinlicher Datenproduktion stecken bleibt, profiliert sich der professionelle Sozialforscher eher als kleinmütiger Datensammler denn als empirischer Träger theoretisch verankerter übergreifender gesellschaftlicher Orientierung, so verfiele heute der geschichtliche Grund für die Existenz des modernen Forschungsapparats. Der Prozeß der Institutionalisierung der Sozialforschung wäre an seine Grenzen gestoßen: Die Logik, kognitive Fortschritte durch die Vertrieblichung der Forschung abzusichern, wäre dann wirklich in Unlogik umgekippt.

Anmerkungen

Fremdsprachige Texte, die nicht in deutscher Sprache veröffentlicht worden sind, werden grundsätzlich in einer von R. Würdemann und/oder mir angefertigten Übersetzung zitiert. Auf Einzelhinweise in den folgenden Anmerkungen habe ich der Einfachheit halber verzichtet. H. K.

I. Der Blickwinkel, aus dem die empirische Sozialforschung hier gesehen wird

1. *A. Meitzen* – ein wichtiger Vertreter der amtlichen Statistik in Deutschland (1868 Regierungsrat im preußischen statistischen Büro, später führendes Mitglied des kaiserlichen statistischen Amts des Deutschen Reichs und Professor in Berlin) – veröffentlichte ein früher viel gelesenes Buch über ‚Geschichte, Theorie und Technik der Statistik' (Berlin 1886); vgl. dort S. 2.
2. *Th. Kuhn,* Die Struktur wissenschaftlicher Revolutionen, Frankfurt 1973, S. 16.
3. *F. Tönnies,* Moralstatistik, in: Handwörterbuch der Staatswissenschaften, Bd. 6, 4. Aufl. Jena 1925, S. 637 (= Soziologische Studien und Kritiken, 3. Sammlung, Jena 1929).
4. *P. F. Lazarsfeld,* Notes on the History of Quantification in Sociology – Trends, Sources and Problems, in: *H. Woolf (Hg.),* Quantification, A History of the Meaning of Measurement in the Natural and Social Sciences, Indianapolis/New York 1961, S. 147, 149. – Gerade Lazarsfeld hat gezeigt, wie fruchtbar der Versuch sein kann, als empirischer Soziologe an die Geschichte seines Fachs heranzugehen. Bereits die von Lazarsfeld geleitete Marienthal-Studie (*M. Jahoda u. a.,* Die Arbeitslosen von Marienthal (1933), Frankfurt 1975) enthielt einen von H. Zeisel verfaßten Anhang ‚Zur Geschichte der Soziographie' (in der zitierten Auflage S. 113–148), der immer noch sehr lesenswert ist. Später hat Lazarsfeld dann eine Reihe seiner Schüler (A. Oberschall, S. P. Schad u. a.) zu wissenschaftshistorischen Studien angeregt, auf deren Ergebnisse im vorliegenden Text oft zurückzugreifen sein wird.
5. Allerdings erreichte mich die von *W. Lepenies* herausgegebene Textsammlung ‚Geschichte der Soziologie', Frankfurt 1981, erst nach Fertigstellung des Manuskripts, so daß sie leider nicht mehr berücksichtigt werden konnte.

II. Grundlegung der empirischen Sozialforschung in der Statistik

1. *F. Tönnies,* Moralstatistik in: Handwörterbuch der Staatswissenschaften, Bd. 6, 4. Aufl. Jena 1925, S. 637.
2. *V. John,* Geschichte der Statistik, 1. Teil, Stuttgart 1884, S. 52 ff., auf den sich auch *Lazarsfeld,* Notes on the History of Quantification in Sociology (in: *H. Woolf (Hg.),* Quantification, A History of the Meaning of Measurement in the Natural

and Social Sciences, Indianapolis/New York 1961), S. 156 ff., nachdrücklich bezieht.

3. Ebel im Vorwort zu: *A. L. Schlözer,* Vorlesungen über Land- und Seereisen (Reise-Colleg), hrsg. von *W. Ebel,* Göttingen usw. 1962, S. 6.
4. Nach *John,* Geschichte der Statistik, a. a. O., S. 74; dort finden sich auch weitere biographische Angaben.
5. Dies ist allerdings umstritten. Manche gehen auf Conring zurück und sehen in Achenwall nur einen Popularisator des Begriffs. Auf jeden Fall bildete sich der englische Begriff ‚statistics' Anfang des 19. Jhs. unter Aufnahme des Begriffs der deutschen Universitätsstatistiker. (Vgl. *M. J. Cullen,* The Statistical Movement in Early Victorian Britain, The Foundations of Empirical Social Research, The Havester Press Limited 1975, S. 10) – Vgl. im übrigen zur Begriffsgeschichte des Wortes ‚Statistik': *C. G. A. Knies,* Die Statistik als selbständige Wissenschaft, zur Lösung des Wirrsals in der Theorie und Praxis dieser Wissenschaft, zugleich ein Beitrag zu einer kritischen Geschichte der Statistik seit Achenwall, Kassel 1850, S. 9 ff.
6. *G. Achenwall,* Staatsverfassung der europäischen Reiche (1749), 7. Aufl. Göttingen 1790; ich zitiere aus der 1. Aufl. von 1749, die unter dem Titel ‚Abriß der neuesten Staatswissenschaft der vornehmsten Europäischen Reiche und Republicken, zum Gebrauch in seinen Academischen Vorlesungen' veröffentlicht wurde.
7. Auf diese – soll man sagen – ‚theoretische' Darlegung des Konzepts der Universitätsstatistik folgt dann bei Achenwall die Ausführung des Ansatzes für die wichtigsten Reiche seiner Zeit: Spanien, Portugal, Frankreich, Großbritannien, Vereinigte Niederlande, Rußland, Dänemark, Schweden. Auf diesen ausführenden, empirischen Teil kann ich nicht im einzelnen eingehen.
8. Zitiert nach *John,* Geschichte der Statistik, a. a. O., S. 85.
9. Ebel im Vorwort zum Schlözerschen Reise-Colleg, a. a. O., S. 8.
10. *A. L. Schlözer,* Theorie der Statistik, nebst Ideen über das Studium der Politik überhaupt, Göttingen 1804. – Die folgenden Schlözer-Zitate entstammen dieser Ausgabe; Seitenangaben werden jeweils im Text gemacht.
11. Vgl. *A. F. Lueder,* Kritische Geschichte der Statistik, Göttingen 1817, S. 198 ff. – Lueder – ein ehemaliger Paulus der Statistik, der zum Saulus geworden war – bezeichnete in dieser Schrift die Statistik als „Traumgebilde", als „vermeintliche Wissenschaft, ohne Inhalt, ohne Wirklichkeit, ohne Wahrheit", der Astrologie vergleichbar, „eine höchst ergiebige Quelle politischer Übel der mannigfaltigsten und verderblichsten Art", und rief zu ihrer Vernichtung auf. Seinen Hauptgegner sah er in Schlözer, den er unter allen möglichen Gesichtspunkten aufs heftigste kritisierte (ebd., S. IX, V).
12. *John,* Geschichte der Statistik, a. a. O., S. 100, Fußnote 1.
13. Ebd., S. 128 f. – Vgl. auch Lueder (Kritische Geschichte der Statistik, a. a. O., S. VI, VIII), der interessanterweise einen Zusammenhang zwischen dem von ihm gegeißelten Einfluß der Statistik und der napoleonischen Expansion sah.
14. Göttingische gelehrte Anzeigen, unter der Aufsicht der königl. Gesellschaft der Wissenschaften, Der zweyte Band auf das Jahr 1807, S. 1300–1303; vgl. im selben Jg. S. 131 sowie im Jg. 1806 S. 84, 833 ff.
15. *W. Petty,* The Political Anatomy of Ireland (1691), in: *C. H. Hull (Hg.),* The Economic Writings of Sir William Petty (1899), New York 1963, Vol. I, S. 121–231; ders., Political Arithmetick (1690), ebd., S. 233–313.
16. *C. H. Hull,* Introduction, zu: Economic Writings of Sir William Petty (1899),

a. a. O., Vol. I, S. XXX; auch die übrigen Angaben sind überwiegend Hulls Darstellung über Pettys Leben (ebd., S. XIII ff.) entnommen.

17. *Petty*, The Political Anatomy of Ireland, a. a. O., S. 129.
18. *Petty*, Political Arithmetick, a. a. O., S. 244, in der überprüften Übersetzung von *John*, Geschichte der Statistik, a. a. O., S. 185 f.
19. *J. Graunt*, Natural and Political Observations upon the Bills of Mortality (1662), in: *Hull (Hg.)*, Economic Writings, a. a. O., Vol. II, S. 314–435.
20. Eine Übersicht über diese Kontroverse mit zahlreichen Literaturangaben gibt *Cullen*, Statistical Movement, a. a. O., S. 2 f. Im übrigen beziehe ich mich bei biographischen Angaben zu Graunt überwiegend auf *Hull*, Economic Writings, a. a. O., S. XXXIV ff.
21. Die Angaben über ‚Bills of Mortality' entnehme ich *Hull*, ebd., S. LXXX ff. und *G. Clark*, Science and Social Welfare in the Age of Newton, (1949), 2. Aufl. Oxford 1970, S. 133 f.
22. *Graunt*, Natural and Political Observations, a. a. O., S. 374–378.
23. Ebd., S. 349–386.
24. Ebd., S. 391 f.
25. *Hull*, Economic Writings, a. a. O., S. LXXVI.
26. Ein Beispiel für Graunts Rechenkünste (Natural and Political Observations, a. a. O., S. 349), das sich auf die in Anmerkung 23 bereits erwähnten Schätzungen zu den altersspezifischen Lebenswahrscheinlichkeiten bezieht:
    Aus seinen Unterlagen weiß Graunt, daß in 20 Jahren (1629–1636, 1647–1658) insgesamt 229 250 Personen gestorben sind. Davon zieht er die 16 384 Personen ab, die durch die Pest zu Tode gekommen sind, und erhält dadurch eine Zahl von 212 866 Normal-Gestorbenen (1). Die Altersgleichung der Todesfälle kann Graunt aus seinen Daten nicht unmittelbar entnehmen; er macht eine Schätzung, wobei er sich an den aus den Unterlagen bekannten Todesursachen orientiert: Die Zahl der Personen, die im Alter bis zu 6 Jahren gestorben sind, ermittelt er durch Addition von zwei Gruppen: 71 124 Personen, die an eindeutigen Kinderkrankheiten gestorben sind, sowie 6 105 Personen, die an Krankheiten gestorben sind, die häufig bei Kindern vorkommen (die Gesamtgruppe der letztgenannten Todesfälle beläuft sich auf 12 210, da diese Todesfälle auch bei Älteren vorkommen, berücksichtigt Graunt sie nur zur Hälfte). Daraus ergibt sich eine Gesamtzahl von Todesfällen bei Personen im Alter bis zu 6 Jahren von 77 229 (2).
    (2) wird in Prozent von (1) ausgedrückt, das ergibt annähernd 36% (genauer 35,32%). Nicht ganz konsequent schließt Graunt aus dieser Zahl, „daß ungefähr 36% aller Lebendgeborenen starben, ehe sie das Alter von 6 Jahren erreicht hatten" (ebd., S. 349).
27. Auch hierfür ein Beispiel: Graunt berechnet die jährlichen Mortalitätsquoten Londons und vergleicht sie mit den entsprechenden Quoten in einem Landort. Dabei stellt er fest, daß die Todesrate, die er für die ländliche Gegend ermittelt, von Jahr zu Jahr stärker schwankt als die Londoner Rate, woraus er folgende Schlußfolgerung zieht: „Die Proportion zwischen der größten und der niedrigsten Mortalität ist auf dem Lande viel größer als in London [...] so ist z. B. die Zahl der Bestattungen in London in keiner Dekade in einem Jahr doppelt so groß wie in einem anderen, während dies auf dem Lande sehr selten der Fall ist [...] Das zeigt, daß die offenere und frischere Luft die wichtigste Ursache guter und schlechter Einflüsse darstellt." (ebd., S. 391 f.) In Wahrheit dürften die größeren Schwankungen, die

Graunt für das Land erhält, hauptsächlich auf die geringe Größe seiner Land-Stichprobe zurückzuführen sein (vgl. *Hull,* Economic Writings, a. a. O., S. LXXVI).

28. *Graunt,* Natural and Political Observations, a. a. O., S. 323.
29. Ebd., S. 395 f., in Anlehnung an die Übersetzung von *John,* Geschichte der Statistik, a. a. O., S. 167.
30. *Clark,* Science and Social Welfare, a. a. O., S. 131 f.; auch in der sehr lesenswerten Darlegung Clarks ist dies nur ein Erklärungsmoment neben anderen.
31. *Graunt,* Natural and Political Observations, a. a. O., S. 323.
32. *Clark,* Science and Social Welfare, a. a. O., S. 131.
33. Ebd., S. 124 ff.
34. *Cullen,* Statistical Movement, a. a. O., S. 6.
35. Die Feststellung *J. J. Spenglers* (On the Progress of Quantification in Economics, in: *Woolf (Hg.),* Quantification, a. a. O., S. 130), daß das Werk Smith' stark leiden würde, wollte man es seines quantitativen Inhalts berauben, ist mir unverständlich, wenn damit nicht mehr gesagt werden soll, als daß es auch bei Smith wichtige empirische Passagen gibt.
36. Vgl. *F. Hoffmann,* Zur Geschichte der Stellung der Arbeitsteilung im volkswirtschaftlichen Lehrsystem, in: Weltwirtschaftliches Archiv, Bd. 60, S. 36 ff.
37. *A. Smith,* Eine Untersuchung über Natur und Ursachen des Volkswohlstandes, Bd. 2, 2. Aufl. Jena 1923, S. 345.
38. Vgl. zum Entstehen der Moralstatistik *M. Böhme,* Die Moralstatistik – Ein Beitrag zur Geschichte der Quantifizierung in der Soziologie, dargestellt an den Werken Adolphe Quetelets und Alexander von Oettingens, Köln/Wien 1971, S. 9 ff.
39. *G. Schnapper-Arndt,* Sozialstatistik, Leipzig 1908, S. 1.
40. Biographische Hinweise finden sich in verschiedenen Texten. Ich beziehe mich hauptsächlich auf die biographische Skizze von *H. Waentig* in der deutschen Übersetzung des Hauptwerks von *A. Quetelet:* Soziale Physik – Abhandlung über die Entwicklung der Fähigkeiten des Menschen (1835), Bd. 1, Jena 1914, Bd. 2, Jena 1921 (im 1. Bd., S. III ff.); ferner auf Angaben bei *Böhme,* Die Moralstatistik, a. a. O., insbesondere Seite 26 ff.; hinsichtlich der Verbindungen zu den englischen Statistikern vgl. *Cullen,* Statistical Movement, a. a. O., S. 78 f. und passim; ausführliche biographische Angaben finden sich auch bei *Lazarsfeld,* Notes on the History of Quantification, a. a. O., S. 164–181.
41. Ich zitiere hier immer die deutsche Übersetzung 1914 bzw. 1921. Sie bezieht sich auf die letzte von Quetelet selbst besorgte Ausgabe.
42. Und auch gebildete Laien fanden Interesse. 1837 wurde Quetelet von „König Leopold I. beauftragt, für die Prinzen Ernst und Albert von Sachsen-Coburg und Gotha während ihres Aufenthaltes in Brüssel eine Reihe Vorlesungen allgemeinen Charakters zu halten [...]" (*Waentig,* in: *Quetelet,* Soziale Physik, a. a. O., S. 5 f.). Die Vorlesungen sind später in erweiterter Form veröffentlicht worden: A. Quetelet à S. A. R. le duc réguant de Sace-Coburg et Gotha, sur la theorie des probabilités appliquée aux sciences morales et politiques, Bruxelles 1846.
43. Bei Quetelet bezog sich der Begriff des ‚mittleren Menschen' eigentlich nicht nur auf sozialtypische Erscheinungen einer bestimmten Gesellschaftsformation. Er war weitergefaßt und meinte insgesamt die gattungstypischen Merkmalsausprägungen in einer bestimmten Zeit, wobei diese sowohl von natürlichen Bedingungen (Klima usw.) wie auch von sozialen Faktoren („der pertubierenden Kraft des

Menschen", „säkularen Störungen") abhängen könnten (I., S. 162 f.). Ich gehe hier auf den Queteletschen ‚mittleren Menschen' allerdings nur in seiner gesellschaftlichen Bedingtheit ein.

44. Dies spielte vor allem in einem damals viel gelesenen Buch von Alexander von Oettingen über ‚Moralstatistik' eine Rolle, in dem heftig gegen die mechanistische Weltanschauung protestiert wurde, die Oettingen bei Quetelet erkennen zu können glaubte. Das Ganze beruht natürlich auf einem Mißverständnis, über das sich Rümelin mit dem Bonmot mokierte: „Wenn die Statistik sagt, daß ich im nächsten Jahre mit einer Wahrscheinlichkeit von 1 : 49 sterben werde, so neige ich in Demut mein Haupt; wenn sie mir aber sagen wollte, daß ich mit einer Wahrscheinlichkeit von 1 : 49 ein Verbrechen begehen werde, so bestreite ich das und rufe: ‚Ne sutor ultra crepidam!'" (zitiert nach *Schnapper-Arndt,* Sozialstatistik, a. a. O., S. 416). Es dauerte seine Zeit, bis dies allgemein klar war.

45. Das Beispiel ließe sich unschwer zum Problem der Überprüfung der Signifikanz von Unterschieden in Stichprobenergebnissen erweitern: Für eine bestimmte Variable wird aus der Grundgesamtheit N_1 die Stichprobe n_1 gezogen; im Hinblick auf diese Variable liefert diese Stichprobe den Mittelwert $\bar{x}_1$. In bezug auf dieselbe Variable wird dann aus der Grundgesamtheit N_2 ebenfalls eine Stichprobe n_2 gezogen; durch Beobachtung der Variablen ergibt sich in bezug auf diese Stichprobe der durchschnittliche Merkmalswert $\bar{x}_2$. Ist der Unterschied zwischen $\bar{x}_1$ und $\bar{x}_2$ signifikant oder sind hier Zufälle im Spiel?

46. *A. Comte,* Cours de philosophie positive, 6 Bde. (1830–1842) (deutsch: Soziologie, 2 Bde., 2. Aufl. Jena 1923 = die letzten drei Bände der von Littré herausgegebenen 3. Aufl. des Originals; Die Soziologie. Die Positive Philosophie im Auszug, Leipzig 1933 bzw. Stuttgart 1974, Kröner Verlag = die von E. Ricolage 1881/82 zusammengefaßte Ausgabe des Originals). Soweit ich weitere Literaturverweise mache, zitiere ich aus dem 1. Band der Jenaer Ausgabe; die Seitenverweise finden sich in diesen Fällen direkt im Text. Andere Quellen werden gesondert ausgewiesen.

47. Hier zitiere ich Comte aus der Kröner-Ausgabe, Stuttgart 1974, S. 3 f.

48. *H. Maus,* Zur Vorgeschichte der empirischen Sozialforschung, in: *R. König (Hg.),* Handbuch der empirischen Sozialforschung, Bd. 1, 3. Aufl. Stuttgart 1973, S. 22.

49. Ich beziehe mich hier hauptsächlich auf: *A. Meitzen,* Geschichte, Theorie und Technik der Statistik, Berlin 1886, insb. S. 20–74; *G. v. Mayr,* Statistik und Gesellschaftslehre, Bd. 1: Theoretische Statistik (1895), 2. Aufl. Tübingen 1914, insb. S. 211–279, 331–341. Hinweisen muß ich auch an dieser Stelle auf die sehr informative Studie von *U. Schäfer,* Historische Nationalökonomie und Sozialstatistik als Gesellschaftswissenschaften, Köln 1971, S. 132 ff.

50. *Meitzen,* Geschichte, Theorie und Technik der Statistik, a. a. O., S. 28.

51. *Mayr,* Statistik und Gesellschaftslehre, a. a. O., S. 135.

52. *E. Engel,* Das statistische Seminar und das Studium der Statistik überhaupt, in: Zeitschrift des Königlich Preußischen Statistischen Bureaus, III–IV/1871, S. 181–210, insb. S. 188–210. Im folgenden wird nur aus dieser Schrift zitiert. Ich verzichte auf weitere Quellenhinweise.

53. Die biographischen Angaben entnehme ich vor allem folgenden Texten: *M. Z. Brooke,* Le Play, Engineer and Social Scientist, London 1970, S. 1–23; *W. L. Goldfrank,* Reappraising Le Play, in: *A. Oberschall (Hg.),* The Establishment of Empirical Sociology, New York usw. 1972, S. 130–133; *A. Reuß,* Frédéric le Play in seiner

Bedeutung für die Entwicklung der sozialwissenschaftlichen Methode, Phil. Diss. Rostock 1913, S. 8–23. Interessante Darstellungen, die auch die Le Play-Schule mit einbeziehen, sind: *Lazarsfeld,* Notes on the History of Quantification, a. a. O., S. 181–191; *P. Sorokin,* Contemporary Sociological Theories, New York/London 1928, S. 63–98.

54. Zitiert in der Übersetzung von *Reuß* (Frédéric Le Play, a. a. O., S. 25), der sich auf Le Play, 1. Aufl., S. 10, beruft; das Zitat läßt sich aber nicht nachweisen.
55. Zitiert nach *Brooke,* Le Play, a. a. O., S. 8.
56. Zitiert nach *Brooke,* ebd.
57. *F. Le Play,* Les ouvriers européen – Etudes sur les traveaux, la vie domestique et la condition morale des populations ouvrières de l'Europe, Paris 1855. Das Buch hat eine 2. Aufl. in 6 Bänden erfahren, Tours 1877–1879. Soweit ich keine anderen Angaben mache, zitiere ich immer aus der 1. Aufl.; die Seitenverweise finden sich dann direkt im Text.
58. *Périer* im Vorwort zu dem Buch von *Brooke,* Le Play, a. a. O., S. VII.
59. *Sorokin,* Sociological Theories, a. a. O., S. 63.
60. Auf S. 18 spricht Le Play eigentlich von vier sozialen Systemen: „das System der Nomaden und das der festen Verbindlichkeiten [engagements forcés], welche sich [aber] überall in Europa mit einer mächtigen Familienverfassung verbinden; in den beiden anderen sozialen Systemen verringert sich der Kreis der Familie und die Autorität seines Oberhauptes im allgemeinen in dem Maße, in dem die Individuen mehr und mehr ihren freien Willen ausspielen". Ich halte mich der Einfachheit halber an die Zuspitzung, die *Goldfrank,* Reappraising Le Play, a. a. O., S. 135, der Sache gegeben hat.
61. Die hier zitierten Begriffe werden erst in der 2. Auflage der ‚Ouvriers européen' in dieser Form verwendet; die Sache ist jedoch schon in der 1. Auflage (S. 18) angelegt. Vgl. *Brooke,* Le Play, a. a. O., S. 80 f.; *Goldfrank,* Reappraising Le Play, a. a. O., S. 137 f.
62. Da bürgerliche Familien weniger zahlreich sind als Arbeiterfamilien, ergab sich daraus übrigens, daß Le Play nur ‚Arbeiter' und ihre Familien berücksichtigte – ‚Arbeiter' freilich ganz allgemein im Sinn des jeweils zahlenmäßig vorherrschenden Typs von Produzenten.
63. *H. Zeisel,* Zur Geschichte der Soziographie, in: *M. Jahoda* u. a., Die Arbeitslosen von Marienthal (1933), Frankfurt 1975, S. 123.
64. Zitiert in der Übersetzung von *Reuß,* Frédéric Le Play, a. a. O., S. 113 f.
65. Ebd., S. 55 f. Daß es methodisch höchst fragwürdig ist, in den Budgets von solchen zeitlich begrenzten Beobachtungen auf Jahreswerte zu extrapolieren, sei nur angemerkt.
66. Ebd., S. 86 f.
67. Zitiert nach *Reuß,* ebd., S. 115.
68. Zitiert nach *Reuß,* ebd., S. 83.
69. Biographische Angaben nach *I. Seger,* Vorwort zu: *G. Schnapper-Arndt,* Fünf Dorfgemeinden auf dem Hohen Taunus – Eine sozialstatistische Untersuchung über Kleinbauerntum, Hausindustrie und Volksleben (1883); 3. Aufl. unter dem Titel: Hoher Taunus – Eine sozialstatistische Untersuchung in fünf Dorfgemeinden, Allensbach/Bonn 1975, S. XXI ff.
70. *Schnapper-Arndt,* Fünf Dorfgemeinden, a. a. O., S. XXX.
71. Neben den ‚Fünf Dorfgemeinden' beziehe ich mich vor allem auf folgende Schrift:

Zur Methodologie sozialer Enqueten, mit besonderem Hinblick auf die neuerlichen Erhebungen über den Wucher auf dem Lande (1888), in: *L. Zeitlin (Hg.),* Dr. Gottlieb Schnapper-Arndt – Vorträge und Aufsätze, Tübingen 1906, S. 60–99 (gekürzte Fassung, in: Hoher Taunus, 2. Aufl., S. 195–223); Zur Theorie und Geschichte der Privatwirtschaftsstatistik (1903), ebd., S. 16–59.

72. *Schnapper-Arndt,* Zur Theorie, a. a. O., S. 20 f.
73. Vgl. *Schnapper-Arndt,* „Nährikele", Ein sozialstatistisches Kleingemälde aus dem schwäbischen Volksleben, in: *Zeitlin (Hg.),* Dr. Gottlieb Schnapper-Arndt, a. a. O., S. 225.
74. *Schnapper-Arndt,* Fünf Dorfgemeinden, a. a. O., S. XXXV f.
75. Auf die Rolle, die die Politik im Leben der Dörfer spielte, ist Schnapper-Arndt allerdings merkwürdigerweise nur in einer ganz knappen Bemerkung (ebd., S. 135 f.) eingegangen.
76. Für seine Lernfähigkeit spricht folgende Episode:
„Vor mehreren Jahren hatte ich mit einem allerdings nicht sehr intelligenten jungen Menschen von achtzehn Jahren aus einem der Feldbergdörfer, welcher sich seit zwei Jahren als Lehrling in Frankfurt befand, in Betreff seines Ausgabe-Budgets ein längeres Gespräch. Im Verlaufe desselben fragte ich ihn, was er nach Einnahme des Abendessens noch tue und ob er sich alsdann gleich zu Bette lege. Er erwiderte: ‚Nein, ich bleibe noch ein wenig auf und lese.' ‚Was lesen Sie denn?' ‚Ich habe so ein Buch vom ‚Blutweib', ich sah es auf dem ... Platze in einem Schaufenster liegen und kaufte es. Es erscheint in Lieferungen, jede Woche eine zu fünfzig Pfennigen. Ich habe bereits zwölf Lieferungen erhalten und bekomme noch die dreizehnte. Ich dachte, das spürst du nicht viel, und du brauchst dann nicht mehr so lange im Wirtshaus zu bleiben, weil du etwas zu lesen hast. Wenn das Buch fertig ist, kriege ich eine Prämie darauf, eine Uhr oder einen Kochapparat.' ‚Erhält denn jedermann eine solche Prämie?' ‚Nein, man kann auch nur ein neues Buch gewinnen.' ‚Es gibt aber auch wohl manche, die ganz leer ausgehen?' (Zögern) ‚Manche wohl.' ‚Da gibt es aber doch Bücher, die schöner und zugleich billiger sind ... haben Sie schon etwas vom Schiller gelesen?' ‚Nein.' ‚Sie erinnern sich aber doch wohl, schon einmal etwas von Schiller gehört zu haben?' ‚Auch nicht.' ‚Also ist Ihnen dieser Mann ganz unbekannt?' ‚Ja.' ‚Haben Sie denn das Denkmal hinter der Hauptwache noch nicht gesehen?' ‚Doch.' ‚Sie wußten aber nicht, daß dieser Mann Bücher geschrieben hat?' ‚Nein.' Durch andere Fragen erfuhr ich von ihm, daß es ihm völlig unbekannt war, in welchen Ländern Wien und London gelegen sind. Von Karl dem Großen wußte er gar nichts, von Friedrich dem Großen nur auszusagen, ‚daß sie ein Lied von ihm gehabt hätten'.
Das geschilderte Verhör hatte damals, und wie ich gestehe (wennschon ich jetzt meine Naivität fast belächeln muß), einen lebhaften Eindruck auf mich hervorgebracht [...]" (ebd., S. 137–139).
Beispielhaft sind auch seine Beschreibungen des ‚Freizeitverhaltens', die sich besonders wohltuend von den oberlehrerhaften Darlegungen Le Plays zum selben Thema abheben; vgl. ebd., S. 151 ff.
77. *E. Engel,* Die Productions- und Consumtionsverhältnisse des Königreichs Sachsen (1857), abgedruckt in: *Engel,* Die Lebenskosten belgischer Arbeiter-Familien früher und jetzt, ermittelt aus Familienhaushaltsrechnungen und vergleichend zusammengestellt, Dresden 1895, Anlage 1.
78. *Engel,* Die Productions- und Consumtionsverhältnisse, a. a. O., S. 28 f.

79. E_N = Steigerung der Nachfrage nach Nahrungsmitteln (in %)
b: Steigerung des Haushaltsein kommen (in %) < 1
80. 1. Aufl. 1887, 8. Aufl. 1935.
81. Die soziographische Seite der Tönniesschen Arbeit wird neuerdings wieder stärker beachtet; vgl. die allerdings recht trockene Untersuchung von *A. Bellebaum*, Das soziologische System von Ferdinand Tönnies unter besonderer Berücksichtigung seiner soziographischen Untersuchungen, Meisenheim 1966, insb. S. 3–60, 144–158.
82. *Tönnies,* Die Statistik als Wissenschaft, in: Soziologische Studien und Kritiken, 3. Sammlung, Jena 1929, S. 97.
83. Ebd., S. 99 f. – Es ist klar, daß solche Stellungnahmen Tönnies den Zorn der Statistiker eingetragen haben; vgl. *Mayr,* Statistik und Gesellschaftslehre, a. a. O., S. 339, der Tönnies einen fanatischen Gegner der Statistik nannte.
84. *Tönnies,* Statistik als Wissenschaft, a. a. O., S. 105.
85. Ebd., S. 107, 112 ff.
86. Ebd., S. 109 f.
87. Ebd., S. 113.
88. *Tönnies,* Sozialwissenschaftliche Forschungsinstitute, in: *L. Brauer (Hg.),* Forschungsinstitute – ihre Geschichte, Organisation und Ziele, Bd. 1, Hamburg 1930, insb. S. 433 ff.
89. Als Beispiele für Tönnies' monographische Studien verweise ich auf: Hafenarbeiter und Seeleute in Hamburg vor dem Strike 1896/97, in: Archiv für soziale Gesetzgebung und Statistik, 10/1897, S. 173–238; Der Hamburger Strike von 1896/97, in: Archiv für soziale Gesetzgebung und Statistik, 10/1897, S. 673–720; Die Ostseehäfen Flensburg, Kiel, Lübeck, in: Schriften des Vereins für Socialpolitik, Bd. 104, Leipzig 1903, S. 511 ff.

III. Bürgerliche Sozialreform und Sozialforschung

1. Die Kenntnis dieser Vorläufer verdanken wir vor allem *G. Schnapper-Arndt,* Sozialstatistik, Leipzig 1908, S. 375 ff.
2. Kennzeichnungen, wie sie Cullen im Titel bzw. Untertitel seiner wichtigen Untersuchung verwendet: *M. J. Cullen,* The Statistical Movement in Early Victorian Britain, The Foundations of Empirical Social Research, The Havester Press Limited 1975.
3. Ebd., S. 11.
4. Zitiert nach: *S. Cole,* Continuity and Institutionalization in Science: A Case Study of Failure, in: *Oberschall (Hg.),* The Establishment of Empirical Sociology, New York 1972, S. 75; vgl. auch *Cullen,* Statistical Movement, a. a. O., S. 148.
5. Vgl. *K. Marx,* Das Kapital, Bd. 1, MEW 23, Berlin (DDR) 1969, S. 253.
6. *Cullen,* Statistical Movement, a. a. O., S. 137.
7. Zitiert nach *Cullen,* ebd., S. 108.
8. Vgl. auch *Cullen,* ebd., S. 99.
9. Vgl. *T. S. Ashton,* Economic and Social Investigations in Manchester, 1833–1933, London 1934, S. 13–18.
10. Der Factory Act von 1833 stand am Beginn einer effektiven gesetzlichen Beschränkung des Arbeitstages. Seine Regelungen, die im übrigen nur für die Textilindustrie galten, waren noch sehr bescheiden: Während des normalen Arbeits-

tages, der auf die Zeit von 5.30 Uhr bis 20.30 Uhr festgelegt wurde, durften junge Personen (Personen im Alter zwischen 13 und 18 Jahren) nur bis zu 12 Stunden beschäftigt werden; dabei mußten mindestens 1½ Stunden für Mahlzeiten gegeben werden. Kinder von 9–13 Jahren durften nur 8 Stunden täglich beschäftigt werden. Nachtarbeit (Arbeit in der Zeit zwischen 20.30 Uhr und 5.30 Uhr) war für alle 9 bis 18jährigen verboten. Wichtig war auch die Einführung der staatlichen Fabrikinspektoren.

11. *D. Elesh,* The Manchester Statistical Society: A Case Study of Discontinuity in the History of Empirical Social Research, in: *Oberschall (Hg.):* The Establishment of Empirical Sociology, a. a. O., S. 45.
12. Zitiert nach *Cullen,* Statistical Movement, a. a. O., S. 93.
13. Vgl. *Ashton,* Economic and Social Investigations, a. a. O., S. 33. – Beispiele für Berichte sind: Report of a Committee of the Manchester Statistical Society, on the State of Education in the Borrough of Bury, Lancashire in July, 1835, London 1835; First Report of a Committee of the Statistical Society of London on the State of Education in Westminster 1837, London 1838.
14. Zitiert nach *Cullen,* Statistical Movement, a. a. O., S. 93.
15. Vgl. etwa ebd., S. 136.
16. Ebd., S. 111.
17. Ebd.
18. Über die Arbeitsbedingungen der frühen professionellen Sozialforscher ist nichts genaues bekannt. Ein fähiger Rechercheur namens Wood verlangte 1839 ein Jahresgehalt von 200 Pfund plus 1 Pfund Reisespesen für jede Erhebungswoche (ebd., S. 116).
19. *W. Neild,* Comparative Statement of the Income and Expenditure of certain Families of the Working Class in Manchester and Dukinfield, in the Years 1836 and 1841, in: Journal of the Statistical Society of London, Vol. IV, London 1841, S. 322.
20. *Cole,* Continuity and Institutionalization, a. a. O., S. 84–86.
21. Zitiert nach *Cole,* ebd., S. 87.
22. Vgl. dazu *Cullen,* Statistical Movement, a. a. O., S. 19 ff.
23. *H. Zeisel,* Zur Geschichte der Soziographie, in: *M. Jahoda u. a.,* Die Arbeitslosen von Marienthal (1933), Frankfurt 1975, S. 116.
24. *J. Fallati,* Einige Mitteilungen über die Einrichtung statistischer Enqueten in England, Frankreich und Belgien, mit einer Schlußanwendung auf den deutschen Zollverein, in: Zeitschrift für die Gesamte Staatswissenschaft, Jg. 1846, S. 725–727.
25. Vgl. die Bestellungsurkunde der Factories Inquiry Commission, 1832 von Wilhelm IV. eingesetzt (siehe: First Report of the Central Board of His Majesty's Commissioners appointed to collect Information in the Manufacturing Districts, as to the Employment of Children in Factories, and as to the Propriety and Means of Curtailing the Hours of their Labour: with Minutes of Evidence and Reports by the District Commissioners, 1833, Reprint New York 1968). – Vgl. auch *Fallati,* Mitteilungen, a. a. O., S. 731, der die Bestellung der berühmten Children's Employment Commission 1840 durch Königin Victoria referiert.
26. *Marx,* Das Kapital, a. a. O., S. 254.
27. First Report of the Central Board of His Majesty's Commissioners, a. a. O., S. 75.
28. *G. Cohn,* Über Untersuchung von Thatsachen auf socialem Gebiete, in: Schriften

des Vereins für Socialpolitik, Bd. 13, Leipzig 1877, S. 19. – Wie reichhaltig dieses Material ist, zeigt schon ein Blick auf die Auflistung der Titel, die Marx im 1. Band des Kapitels ausgewertet hat (vgl. ebd., S. 884–890).

29. Die Zehn-Stunden-Bill brachte eine Erweiterung der Factory Acts von 1833 (vgl. Anmerkung 10) und 1844; konkret wurde der Schutz der Jugendlichen (13 bis 18jährige) und der Frauen verbessert, deren Arbeitszeit ab 1. Mai 1848 zehn Stunden täglich nicht mehr überschreiten sollte.
30. *Marx,* Das Kapital, a. a. O., S. 305. Marx zitiert hier die Reports of the inspectors of factories to Her Majesty's Principal Secretary of State for the Home Department for the half year ending 31 st October 1848. Presented to both Houses of Parliament by command of Her Majesty, London 1849.
31. *Cohn,* Über Unterschung von Thatsachen, a. a. O., S. 20.
32. Vgl. auch die Instruktionen und Erhebungsinstrumente der Factories Inquiry Commission 1833: First Report of the Central Board of His Majesty's Commissioners, a. a. O., S. 75 ff., S. 84, S. 87 ff.; First Report of the Central Board of His Majesty's Commissioners, Examinations by District Commissioners and by the Central Board: Western District, B. 2, a. a. O., S. 1 ff.
33. *Cohn,* Über Untersuchung von Thatsachen, a. a. O., S. 22 f.
34. *Marx,* Das Kapital, a. a. O., S. 301.
35. Ebd. (Fußnote) – Die Bereitschaft, mit den betroffenen Arbeitern selbst zu sprechen und die Gespräche zu dokumentieren, führt notwendig dazu, daß die Materialien nicht nur soziographische und technische Daten enthalten, sondern auch ein genaues Bild über den moralischen und intellektuellen Zustand der damaligen englischen Arbeiterklasse vermitteln. Z. T. wurden diese ‚subjektiven' Sachverhalte auch gezielt recherchiert, um die Wirkungen des Fabriksystems umfassend darstellen zu können. Ein Beispiel ist die Factories Inquiry Commission, die zur Kinderarbeit Mütter, Arbeiter, Arbeiterinnen und Kinder selbst befragte (vgl. First Report of the Central Board of His Majesty's Commissioners, Examinations by District Commissioners and by the Central Board: Western District, B. 2., a. a. O., S. 6 ff., S. 22 ff., S. 64 ff.).
36. *Cohn,* Über Untersuchung von Thatsachen, a. a. O., S. 23 f.
37. Ebd., S. 24 (einschließlich Anmerkung 1).
38. Ein Beispiel gibt *Marx,* Das Kapital, a. a. O., S. 262.
39. *Elesh,* The Manchaster Statistical Society, a. a. O., S. 64.
40. Nach Angaben bei *Cullen,* Statistical Movement, a. a. O., S. 93 f. und passim, sowie *F. W. Hirst,* Vorwort zu *G. R. Porter,* The Progress of the Nation (1836), London 1912, S. V.
41. *Cullen,* Statistical Movement, a. a. O., insbesondere S. 105 ff.; *Elesh,* The Manchaster Statistical Society, a. a. O., S. 54.
42. *C. Booth (Hg.),* Labour and Life of the People, Vol. I: East London, London/Edinburgh 1889, Vol. II: London Continued, London/Edinburgh 1891.
43. *F. Engels,* Die Lage der arbeitenden Klasse in England, MEW 2, Berlin (DDR) 1957 ff., S. 406 f., Fußnote.
44. Ebd., S. 347 f.
45. Ebd., S. 282 Fußnote.
46. Ebd., S. 242 Anmerkung.
47. Die Materialbasis der Engelsschen Studie ist übrigens oft als unzulänglich bezeichnet worden, so schon von B. Hildebrand, der Engels „durchgreifende Män-

gel" in empirischer Hinsicht vorwarf (*Hildebrand,* Die Nationalökonomie der Gegenwart und Zukunft und andere gesammelte Schriften (1848), Bd. 1, Jena 1922). Doch hält Engels' Studie wohl auch heute noch einer genaueren historischen Überprüfung stand (vgl. *E. Hobsbawm,* History and ‚The Dark Satanic Mills', in: Marxism Today, May 1958, S. 132 ff.).

48. Adorno fährt fort: „Diese objektive, in der Sache gelegene Beziehung zur Auflösung blinder, dogmatischer und willkürlicher Thesen ist es, die mich als Philosophen der empirischen Sozialforschung verbindet." (*Th. W. Adorno,* Zur gegenwärtigen Stellung der empirischen Sozialforschung, in: Gesammelte Schriften, Bd. 8, Frankfurt 1972, S. 482 f.).
49. *H. Weiss,* Die ‚Enquête Ouvrière' von Karl Marx, in: Zeitschrift für Sozialforschung 1936, S. 76–98 (abgedruckt in: *F. Fürstenberg (Hg.),* Industriesoziologie, Neuwied 1959, S. 81–101).
50. Nach *Weiss,* ebd., S. 91.
51. Nach *Weiss,* ebd.
52. Nach *Weiss,* ebd.
53. Nach *Weiss,* ebd.
54. Vgl. *U. Schäfer,* Historische Nationalökonomie und Sozialstatistik als Gesellschaftswissenschaften, Köln 1971, S. 13 ff. – Eine beachtenswerte Studie, in der das Aufkeimen der deutschen Soziologie in der zweiten Hälfte des 19. Jahrhunderts sorgfältig behandelt wird.
55. Roscher, Knies, Hildebrand – Zwei Jahrzehnte früher.
56. *L. Brentano,* Mein Leben im Kampf um die soziale Entwicklung Deutschlands, Jena 1931, S. 74.
57. Ebd., S. 75.
58. Zitiert nach *Brentano,* ebd., S. 98.
59. Zitiert nach: Zeitschrift des Königlich Preußischen Statistischen Bureaus, III–IV/ 1871, S. 383.
60. *L. Brentano,* Abstrakte und realistische Volkswirte, in: Zeitschrift des Königlich Preußischen Statistischen Bureaus, III–IV/1871, S. 384.
61. *Brentano,* Mein Leben, a. a. O., S. 75.
62. Ebd.
63. *G. Schmoller,* Volkswirtschaft, Volkswirtschaftslehre und -methode, in: Handwörterbuch der Staatswissenschaften, Bd. 8, 3. Auflage, Jena 1911, S. 461.
64. Ebd., S. 463.
65. Ebd., S. 447.
66. *F. Boese,* Geschichte des Vereins für Socialpolitik 1872–1932, Berlin 1939, S. 241.
67. Ebd., S. 248.
68. Vgl. *I. Gorges,* Sozialforschung in Deutschland 1872–1914, Gesellschaftliche Einflüsse auf Themen- und Methodenwahl des Vereins für Socialpolitik, Königstein 1980, S. 63 und passim.
69. *Schäfer,* Historische Nationalökonomie, a. a. O., S. 196.
70. Ebd., S. 193.
71. Entsprechende Gutachten von Vereinsmitgliedern sind in den Schriften des Vereins für Socialpolitik veröffentlich worden: Band 13: Das Verfahren bei Enqueten über soziale Verhältnisse, Drei Gutachten von G. Embden, G. Cohn, W. Stieda, Leipzig 1877. (Vgl. in diesem Zusammenhang: *Schäfer,* Historische Nationalökonomie, a. a. O., S. 193 ff.).

72. *G. Embden,* Wie sind Enquêten zu organisieren?, in: Schriften des Vereins für Socialpolitik, Band 13, a. a. O., S. 12.
73. *Schäfer,* Historische Nationalökonomie, a. a. O., S. 197.
74. *Schnapper-Arndt,* Zur Methodologie sozialer Enqueten (1888), in: *L. Zeitlin (Hg.),* Dr. Gottlieb Schnapper-Arndt – Vorträge und Aufsätze, Tübingen 1906, S. 60 ff.
75. *Schäfer,* Historische Nationalökonomie, a. a. O., S. 346 ff., insbesondere S. 348.
76. Schmollers Eröffnungsrede zum 25jährigen Bestehen des Vereins auf der Kölner Tagung von 1897, in: *Boese,* Geschichte des Vereins für Socialpolitik, a. a. O., S. 256 f.
77. Vgl. das Vorwort von *H. Herkner, G. Schmoller, A. Weber,* in: Schriften des Vereins für Socialpolitik, Band 133, 1. Bd., Leipzig 1910, S. VII ff.; *Oberschall,* Empirical Social Research in Germany 1848–1914, Paris/The Hague 1965, S. 113 ff. hat den ganzen Prozeß dargestellt. – Vgl. auch *Gorges,* Sozialforschung in Deutschland, a. a. O., S. 457 ff.
78. *M. Weber,* Methodologische Einleitung für die Erhebungen des Vereins für Socialpolitik über Auslese und Anpassung (Berufswahl und Berufsschicksal) der Arbeiterschaft in der geschlossenen Großindustrie (1908), in: *Weber,* Gesammelte Aufsätze zur Soziologie und Sozialpolitik, Tübingen 1924, S. 1–60.
79. *M. Weber,* Zur Psychophysik der industriellen Arbeit (1908/09), in: *Weber,* Gesammelte Aufsätze, a. a. O., S. 61–255.
80. Quelle: Schriften des Vereins für Socialpolitik, Untersuchungen über Auslese und Anpassung (Berufswahl und Berufsschicksal) der Arbeiter in den verschiedenen Zweigen der Großindustrie, Band 133, 1. Bd., Leipzig 1910, S. VIII–XIV. (= *M. Bernays,* Auslese und Anpassung der Arbeiterschaft der geschlossenen Großindustrie, dargestellt an den Verhältnissen der ‚Gladbacher Spinnerei und Weberei' A.-G. zu Mönchen-Gladbach im Rheinland.).
81. *A. Weber,* in: Schriften des Vereins für Socialpolitik, Band 138: Verhandlungen des Vereins für Socialpolitik in Nürnberg 1911, Leipzig 1912, S. 148 f.
82. *A. Weber,* Das Berufsschicksal der Industriearbeiter, in: Archiv für Sozialwissenschaft und Sozialpolitik, 1912, S. 377 f.
83. Ebd., S. 378.
84. *M. Weber,* Methodologische Einleitung, a. a. O., S. 1.
85. A. Weber in: Schriften des Vereins für Socialpolitik, Bd. 138, a. a. O., S. 148.
86. *M. Weber,* Der Nationalstaat und die Volkswirtschaftspolitik, Akademische Antrittsrede (1895), in: *Weber,* Gesammelte politische Schriften, Tübingen 1971, S. 20.
87. Ebd., S. 18.
88. Genauer: „Das *Drohende* unserer Situation aber ist: daß die bürgerlichen Klassen als Träger der *Macht*interessen der Nation zu verwelken scheinen und noch keine Anzeichen dafür vorhanden sind, daß die Arbeiterschaft reif zu werden beginnt, an ihre Stelle zu treten.

    Nicht – wie diejenigen glauben, welche hypnotisiert in die Tiefen der Gesellschaft starren – bei den *Massen* liegt die Gefahr. Nicht eine Frage nach der *ökonomischen* Lage der *Beherrschten,* sondern die vielmehr nach der *politischen* Qualifikation der *herrschenden und aufsteigenden* Klassen ist auch der letzte Inhalt des *sozial*politischen Problems. Nicht Weltbeglückung ist der Zweck unserer sozialpolitischen Arbeit, sondern die *soziale Einigung* der Nation, welche die moderne öko-

nomische Entwicklung sprengte, für die schweren Kämpfe der Zukunft. Gelänge es in der Tat, eine ‚Arbeiteraristokratie' zu schaffen, welche Trägerin des politischen Sinnes wäre, den wir heute an der Arbeiterbewegung vermissen, dann erst möge der Speer, für welchen der Arm des Bürgertums noch immer nicht stark genug zu werden scheint, auf jene breiteren Schultern abgelegt werden. Bis dahin scheint es noch ein weiter Weg.
Für jetzt aber sehen wir eines: eine ungeheure *politische* Erziehungsarbeit ist zu leisten, und keine ernstere Pflicht besteht für uns alle, als, ein jeder in einem kleine Kreise, uns eben *dieser* Aufgabe bewußt zu sein: an der *politischen* Erziehung unserer Nation mitzuarbeiten, welche das letzte Ziel und gerade unserer Wissenschaft bleiben muß." (*M. Weber,* ebd., S. 23 f.).

89. Ebd., S. 18.
90. Vgl. *G. Schmidt,* Max Webers Beitrag zur empirischen Sozialforschung, in: Kölner Zeitschrift für Soziologie und Sozialpsychologie, 32. Jg. 1980, S. 81.
91. *M. Weber,* Diskussionsbeitrag auf der Tagung des Vereins für Socialpolitik in Wien 1909, in: *Weber,* Gesammelte Aufsätze, a. a. O., S. 420 f.
92. Ebd., S. 419.
93. *Herkner u. a.* im Vorwort zu Band 133 der Schriften des Vereins für Socialpolitik, a. a. O., S. XV.
94. Ebd., S. XIV.
95. *C. Heiß,* Auslese und Anpassung der Arbeiter in der Berliner Feinmechanik, in: Schriften des Vereins für Socialpolitik, Band 133, 2. Bd., Leipzig 1910, S. 112 f.
96. *Herkner* in seinem Bericht zur Einleitung der Debatte über ‚Probleme der Arbeiterpsychologie unter besonderer Rücksichtnahme auf Methode und Ergebnisse der Vereinserhebungen', in: Schriften des Vereins für Socialpolitik, Band 138, Leipzig 1912, S. 121.
97. *M. Bernays,* Auslese und Anpassung der Arbeiterschaft der geschlossenen Großindustrie, a. a. O., S. XVI f.
98. *Oberschall,* Empirical Social Research, a. a. O., S. 127.
99. Schriften des Vereins für Socialpolitik, a. a. O., Band 133: Untersuchungen über Auslese und Anpassung (Berufswahl und Berufsschicksal) der Arbeiter in den verschiedenen Zweigen der Großindustrie; 1. Bd.: *M. Bernays,* Auslese und Anpassung der Arbeiterschaft der geschlossenen Großindustrie, dargestellt an den Verhältnissen der ‚Gladbacher Spinnerei und Weberei' A.-G. zu Mönchen-Gladbach im Rheinland, Leipzig 1910; 2. Bd.: ... in der Elektroindustrie, Buchdruckerei, Feinmechanik und Maschinenindustrie, mit Beiträgen von *V. Bienkowski, H. Hinke, C. Heiß, J. Deutsch, D. Landé,* Leipzig 1910; 3. Bd., 1. Teil: ... in der Automobilindustrie und einer Wiener Maschinenfabrik, mit Beiträgen von *F. Schumann* und *R. Sorer,* Leipzig 1911; 3. Bd., 2. Teil: *R. Kempf,* Das Leben der jungen Fabrikmädchen in München, Leipzig 1911; 3. Bd., 3. Teil: ... in der Lederwaren-, Steinzeug- und Textilindustrie, mit Beiträgen von *M. Morgenstern, K. Keck* und *M. Bernays,* Leipzig 1912; 3. Bd., 4. Teil: *E. Herrmann,* ... der geschlossenen Großindustrie, dargestellt an den Verhältnissen einer Luckenwaldner Wollhutfabrik, München/Leipzig 1912.
100. Vgl. das Wortprotokoll der Diskussion in: Schriften des Vereins für Socialpolitik, Bd. 138, a. a. O., S. 117–203.
101. *Boese,* Geschichte des Vereins für Socialpolitik, a. a. O., S. 143.
102. Vgl. Schriften, Bd. 138, a. a. O., S. 168 ff.

103. Vgl. ebd., S. 117 ff.; 139 ff.; 147 ff.
104. Ebd., S. 190 f.
105. Vgl. das Mitgliederverzeichnis von 1911, ebd., S. 205 ff.
106. Vgl. auch *Oberschall*, Empirical Social Research, a. a. O., insbesondere S. 139.
107. Vgl. die brauchbare Übersicht in: *A. Koch*, Arbeitermemoiren als sozialwissenschaftliche Erkenntnisquelle, in: Archiv für Sozialwissenschaft und Sozialpolitik, 1929, S. 128–167.
108. *P. Göhre*, Drei Monate Fabrikarbeiter und Handwerksbursche, Leipzig 1891, S. 2 f.
109. Göhre in: *K. Fischer*, Denkwürdigkeiten und Erinnerungen eines Arbeiters, Leipzig 1903, S. XI; der 2. Band der Memoiren von Fischer: Neue Folge, Leipzig 1904.
110. Göhre in: *M. Bromme*, Lebensgeschichte eines modernen Fabrikarbeiters, Jena/Leipzig 1905, S. X.
111. *A. Weber*, Berufsschicksal, a. a. O., S. 378.
112. *E. Rosenstock*, Werkstattaussiedlung, Untersuchungen über den Lebensraum des Industriearbeiters, Berlin 1922.
113. „Deshalb also schien die ausdrückliche Sicherung durch die Mitarbeiterschaft des Herrn May unerläßlich, da sie dem Verfasser und dem Leser die volle geistige Mitanwesenheit und Mitgegenwart des Objekts, von dem die Rede ist, des Arbeiters, aufzwingt.
Dabei kommt es gar nicht darauf an, ob alle oder die meisten Arbeiter so denken wie Herr May. Es kann auch nicht darauf ankommen, viele oder doch mehrere Arbeitererzählungen hier zu vereinigen (was den Leser nur ermüden würde). Nicht die eigenen Urteile und Standpunkte des Herrn May an sich sind wichtig, die könnten auch entgegengesetzt lauten; sondern der Leser hat eine Kontrolle dafür, ob in den zahlreichen Tatsachen seiner Erzählung als Erzählung dieselben Fragen und Antworten drinstecken, die meine Untersuchung aufwirft. Soweit sich seine Biographie und mein Problem nicht decken, bleibt die Lebenswichtigkeit meines Problems zweifelhaft. Denn dann ist eben nicht nachgewiesen, ob die von mir erteilten Fragen wirklich die Arbeiterschaft in ihrer Lebenserfahrung treffen. Es kann auch dann noch alles wahr sein, was ich sage." (ebd., S. 14).
114. Vgl. *Oberschall*, Empirical Social Research, a. a. O., S. 33 f.
115. Die biographischen Angaben habe ich hauptsächlich aus den einleitenden Abschnitten der späteren Veröffentlichung von Levenstein entnommen; ferner aus *M. Weber*, Zur Methodik sozialpsychologischer Enqueten und ihrer Bearbeitung, in: Archiv für Sozialwissenschaft und Sozialpolitik, 1909, S. 949–959. Die Details der Lebensgeschichte sind mir nicht bekannt.
116. *A. Levenstein*, Die Arbeiterfrage, mit besonderer Berücksichtigung der sozialpsychologischen Seite des modernen Großbetriebs und der psycho-physischen Einwirkungen auf die Arbeiter, München 1912, S. 3 f.
117. Zitiert nach *Levenstein*, ebd., S. 8. Das Zitat muß im Original schlimmer gewesen sein; Levenstein hat „die gar zu unschönen Kraftausdrücke [...], des Harmoniebedürfnisses wegen, fortgelassen".
118. *M. Weber*, Zur Methodik sozialpsychologischer Enqueten, a. a. O., S. 958.
119. Vgl. *Levenstein*, Arbeiterfrage, a. a. O., S. 11 ff.
120. Ebd., S. 406.
121. Ebd., S. 5.

122. *W. Hellpach*, Levenstein, Adolf, Die Arbeiterfrage, in: Archiv für Sozialwissenschaft und Sozialpolitik, 1913, S. 938.
123. *Oberschall*, Empirical Social Research, a. a. O., S. 80.
124. *T. Leipart*, Die Lage der Arbeiter in der Holzindustrie, nach statistischen Erhebungen des Deutschen Holzarbeiterverbandes für das Jahr 1902, Stuttgart 1904, S. 96.
125. Ebd., S. 96.

IV. Ringen um Gestalt und Standort: Ansätze institutionalisierter Sozialforschung zur Zeit der Weimarer Republik

1. *L. v. Wiese*, Erinnerungen, Köln/Opladen 1957, S. 53.
2. *G. v. Below*, Was ist „Soziologie"?, in: Hochland, 16. Jg., H. 5, 1918/19, S. 553. Das Wort „Wortmaskenverleihinstitut" stammt nach v. Below übrigens von dem Historiker und Essayisten Alfred Dove.
3. *G. v. Below*, Soziologie als Lehrfach, München/Leipzig 1920, S. 52.
4. *L. v. Wiese*, System der allgemeinen Soziologie (1924), 3. Aufl. Berlin 1955; *F. Oppenheimer*, System der Soziologie, 4 Bände, Jena 1922 ff., 1964; *E. Troeltsch*, Der Historismus und seine Probleme, Tübingen 1922. – Vgl. als Übersicht und zur Einordnung: *F. Jonas*, Geschichte der Soziologie IV, Hamburg 1969, Kap. VIII.
5. Vgl. die gute Darstellung bei *J. Matthes*, Einführung in das Studium der Soziologie, Reinbek 1973, Kap. 1.2/1.3.
6. Nachrichten über den Stand der Soziologie als Lehrfach an Deutschen Hochschulen im WS 1924/25, in: Kölner Vierteljahreshefte für Soziologie, 4. Jg. 1924/25, S. 316 ff.
7. *Matthes*, Einführung in das Studium der Soziologie, a. a. O., S. 37 f.
8. Eingabe der reichsdeutschen Dozenten der Soziologie, in: Kölner Vierteljahreshefte für Soziologie, 11. Jg. 1932/33, S. 130 ff.
9. Vgl. Verhandlungen des 1. Deutschen Soziologentages 1910, Tübingen 1911, S. 61; Verhandlungen des 2. Deutschen Soziologentages 1912, Tübingen 1913, S. 76.
10. Statut der Deutschen Gesellschaft für Soziologie, in: Verhandlungen des 1. Deutschen Soziologentages, a. a. O., S. V.
11. *M. Weber*, Geschäftsbericht, in: Verhandlungen des 1. Deutschen Soziologentages, a. a. O., S. 39. f.
12. *M. Weber*, Rechenschaftsbericht, in: Verhandlungen des 2. Deutschen Soziologentages, a. a. O., S. 78.
13. *Marianne Weber*, Max Weber – Ein Lebensbild, Heidelberg 1950, S. 463.
14. *F. Tönnies*, Wege und Ziele der Soziologie, in: Verhandlungen des 1. Deutschen Soziologentages, a. a. O., S. 36 f.
15. *M. Weber*, Geschäftsbericht, 1. Soziologentag, a. a. O., S. 52.
16. Ebd., S. 59 f.
17. Ebd., S. 60.
18. Ebd., S. 60 f.
19. *M. Weber*, Rechenschaftsbericht, 2. Soziologentag, a. a. O., S. 76.
20. *Marianne Weber*, Lebensbild, a. a. O., S. 465.

21. Ebd., S. 467.
22. Vgl. ebd., S. 475 ff.
23. Ebd., S. 467.
24. Vgl. Verhandlungen des 3. Deutschen Soziologentages 1922, Tübingen 1923, S. 2 f.
25. Vgl. M. Webers Diskussionsbeitrag auf dem 2. Soziologentag, a. a. O., S. 75.
26. *L. v. Wiese,* Die Deutsche Gesellschaft für Soziologie, Persönliche Eindrücke in den ersten 50 Jahren (1909–1959), in: Kölner Zeitschrift für Soziologie und Sozialpsychologie, 11. Jg. 1959, S. 12 f.
27. Max Weber nach *Marianne Weber,* Lebensbild, a. a. O., S. 468 f.
28. Vgl. *L. v. Wiese,* Die Problematik einer Soziologie der Revolution, in: Verhandlungen des 3. Deutschen Soziologentages, a. a. O., S. 6 ff.
29. *M. Adler,* Diskussionsbeitrag zum Vortrag von Leopold von Wiese, in: Verhandlungen des 3. Deutschen Soziologentages, a. a. O., insbesondere S. 44.
30. *F. Tönnies,* Ansprache zur Eröffnung, in: Verhandlungen des 3. Deutschen Soziologentages, a. a. O., S. 4.
31. *S. R. Steinmetz,* Das Verhältnis von Soziographie und Soziologie, in: Verhandlungen des 5. Deutschen Soziologentages 1926, Tübingen 1927, S. 222.
32. Ebd., S. 222–225.
33. Vgl. *F. Tönnies,* Soziographie, in: Verhandlungen des 7. Deutschen Soziologentages 1930, Tübingen 1931, S. 176 ff.
34. *R. Häberle,* Diskussionsbeitrag zum Vortrag von Tönnies über Soziographie, in: Verhandlungen des 7. Deutschen Soziologentages 1930, a. a. O., S. 225.
35. Zitiert nach *P. Honigsheim,* Die Gründung der Deutschen Gesellschaft für Soziologie in ihren geistesgeschichtlichen Zusammenhängen, in: Kölner Zeitschrift für Soziologie und Sozialpsychologie, 11. Jg. 1959, S. 10.
36. Ebd., S. 10.
37. *Wiese,* Die Deutsche Gesellschaft für Soziologie, a. a. O., S. 17.
38. *H. Lorenz Stoltenberg,* Das Treffen deutscher Soziologen in Jena vom 5.–7. Januar 1934, in: Kölner Vierteljahreshefte für Soziologie, 12. Jg. 1933/34, S. 424.
39. Vgl. dazu die Freyer rechtfertigende, in ihrer Offenheit beeindruckende Darstellung der Ereignisse durch *H. Schelsky,* Zur Entstehungsgeschichte der bundesdeutschen Soziologie, in: Kölner Zeitschrift für Soziologie und Sozialpsychologie, 32. Jg. 1980, S. 425 f.
40. Vgl. *T. N. Clark,* The Stages of Scientific Institutionalization, in: International Social Science Journal, Bd. 24, 1972, S. 658 ff.
41. Es mag erstaunen, daß in der folgenden Darstellung das Institut für Betriebssoziologie und soziale Betriebslehre der TH Berlin (1928 bis 1938) fehlt. Das Institut – Leiter: Götz Briefs; Assistenten: L. H. A. Geck, W. Jost, R. Schwenger – hat mit seinem Konzept einer Betriebssoziologie als historischer und systematischer Analyse der Institution des Betriebs einen interessanten, wenn auch durch die Gefahr einer isolierenden Betrachtung betrieblicher Verhältnisse problematischen Beitrag zum Selbstverständnis der Industrie- und Betriebssoziologie geleistet. (Vgl. *G. Briefs,* Betriebssoziologie, in: *A. Vierkandt (Hg.),* Handwörterbuch der Soziologie, Stuttgart 1931, S. 31 ff.; *L. H. A. Geck,* Die sozialen Arbeitsverhältnisse im Wandel der Zeit, Berlin 1931; *W. Jost,* Das Sozialleben des industriellen Betriebes, Berlin 1932 – die beiden letzten Arbeiten von Assistenten Briefs'). Obschon Briefs sagte: „Die strengste Bescheidung auf empirische Darstellung

scheint der beste Weg auf diesem Gebiete zu sein" (Vorwort zu *R. Schwenger,* Die betriebliche Sozialpolitik im Ruhrkohlenbergbau, München/Leipzig 1932, S. VI), hat die Institutsarbeit – sieht man von einigen überwiegend deskriptiven Fallstudien Schwengers ab (s. o. sowie: *ders.,* Die betriebliche Sozialpolitik in der westdeutschen Großeisenindustrie, München/Leipzig 1936; *ders.,* Die deutschen Betriebskrankenkassen, München/Leipzig 1936) – empirisch nichts ausgetragen. Die Lehraufgaben des Instituts im Rahmen der Ingenieurausbildung, um derentwillen das Institut hauptsächlich gegründet worden war, standen zunächst wohl zu sehr im Vordergrund. Nach 1933 ließ sich der Berliner Ansatz, der enge Berührungen mit dem Konzept der Werksgemeinschaft aufwies, ziemlich bruchlos mit der nationalsozialistischen Arbeits- und Betriebspolitik verknüpfen (vgl. *L. H. A. Geck,* Soziale Betriebsführung, München/Berlin 1938, S. III, S. 35 und passim). Da die arbeitsbezogene Forschung nunmehr im Arbeitswissenschaftlichen Institut der Deutschen Arbeitsfront konzentriert wurde, verlor das Berliner Institut nach 1933 an Boden. 1938 wurde es schließlich eingestellt. – Für eine Geschichte der empirischen Sozialforschung in Deutschland hat das Berliner Institut keine große Bedeutung.

42. *Ch. Eckert,* Aufriß und Aufgaben des Forschungsinstituts für Sozialwissenschaften, in: Kölner Vierteljahreshefte für Sozialwissenschaften, Soziologische Hefte, 1921, Heft 1, S. 19.
43. Konrad Adenauer, zitiert nach *H. v. Alemann,* Geschichte und Arbeitsweise des Forschungsinstituts für Sozialwissenschaften in Köln 1919–1934, in: *E. K. Scheuch/H. v. Alemann (Hg.),* Das Forschungsinstitut, Erlangen 1978, S. 121.
44. *Alemann,* ebd., S. 123 f.
45. Ebd., S. 121.
46. Vgl. *L. Burchardt,* Wissenschaftspolitik im Wilhelminischen Deutschland, Göttingen 1975, S. 66 ff.
47. *Eckert,* Aufriß und Aufgaben, a. a. O., S. 13.
48. *L. v. Wiese,* Johann Plenge und sein Institut, in: Kölner Vierteljahreshefte für Soziologie, 7. Jg. 1928, S. 207.
49. *L. v. Wiese,* Rezension ‚Die Arbeitslosen von Marienthal', in: Kölner Vierteljahreshefte für Soziologie, 12. Jg. 1933/34, S. 96 ff.
50. *L. v. Wiese,* Nach 12 Jahren, in: Kölner Vierteljahreshefte für Soziologie, 12. Jg. 1933/34, S. 225 ff. – Über Gründung und Arbeitsweise des Kölner Instituts erfährt man sehr viel bei *Alemann,* Geschichte und Arbeitsweise, a. a. O.
51. Auf folgende Veröffentlichungen ist zu verweisen: *F. Müller,* Das soziale Schicksal des alternden Arbeitnehmers, Vorbericht über Ergebnisse einer Umfrage, in: Sozialrechtliches Jahrbuch, Bd. I, Mannheim usw. 1930, S. 3 ff.; *Th. Brauer,* Der Gewerkschaftssekretär, Materialien zur sozialrechtlichen Stellung des Gewerkschaftssekretärs, in: Sozialrechtliches Jahrbuch, Bd. II, Mannheim usw. 1931, S. 67 ff.; *H. Felten,* Die Stellung der Laienrichter bei den Arbeitsgerichtsbehörden und die sozialrechtliche Bedeutung des Arbeitsgerichtswesens, in: Sozialrechtliches Jahrbuch, Bd. III, Mannheim usw. 1932, S. 3 ff.; *Th. Brauer,* Der Gewerkschaftssekretär, in: Sozialrechtliches Jahrbuch, Bd. III, a. a. O., S. 32 ff.
52. *L. v. Wiese,* Aus der Arbeit meines soziologischen Oberseminars im WS 1931/32, in: Kölner Vierteljahreshefte für Soziologie, 11. Jg. 1932/33, S. 65.
53. Vgl. *L. v. Wiese (Hg.),* Das Dorf als soziales Gebilde, Ergänzungshefte zu den Kölner Vierteljahresheften für Soziologie, Bd. I, München/Leipzig 1928;

W. Latten, Die niederrheinische Kleinstadt, in: Kölner Vierteljahreshefte für Soziologie, 8. Jg. 1929/30, S. 312 ff.; *W. Latten,* Die Halligen, in: Kölner Vierteljahreshefte für Soziologie, 8. Jg. 1929/30, S. 384 ff.; *W. Gierlichs,* Zwischenmenschliche Probleme des Ghettos, in: Kölner Vierteljahreshefte für Soziologie, 10. Jg. 1931/32, S. 364 ff.; *W. Bär,* Das Winzerdorf an der Ahr als Siedlungsgebilde, in: Kölner Vierteljahreshefte für Soziologie, 12. Jg. 1933/34, S. 115 ff.

54. Vgl. den Erhebungsbogen in *Wiese (Hg.),* Das Dorf als soziales Gebilde, a. a. O., S. 7–9.
55. Vgl. *W. Latten,* Gruppenleben in einem Ferienlager, in: Kölner Vierteljahreshefte für Soziologie, 11. Jg. 1932/33, S. 194 ff.
56. Die Zeitschrift erschien zunächst unter dem Titel: Kölner Vierteljahreshefte für Sozialwissenschaften, Reihe A: Soziologische Hefte; bald dann aber unter dem bekannten Titel: Kölner Vierteljahreshefte für Soziologie.
57. So *L. v. Wiese* in seinem Eröffnungsartikel: Die gegenwärtigen Aufgaben einer deutschen Zeitschrift für Soziologie, in: Kölner Viereljahreshefte für Sozialwissenschaften, Soziologische Hefte, 1921, Heft 1, S. 6. – Vgl. auch Wieses Einleitung zum letzten Heft der Kölner Vierteljahreshefte: Nach 12 Jahren, a. a. O., S. 225 ff.
58. Genauere Angaben zur Gründungsgeschichte des Instituts für Sozialforschung bringen vor allem *M. Jay,* Dialektische Phantasie. Die Geschichte der Frankfurter Schule und des Instituts für Sozialforschung 1923–1950, Frankfurt 1976, S. 21 ff., ferner *U. Migdal,* Die Frühgeschichte des Frankfurter Instituts für Sozialforschung, Frankfurt/New York 1981, S. 30 ff.; ich stütze mich im folgenden weitgehend auf diese Texte.
59. *B. Brecht,* Arbeitsjournal, Bd. 1, Frankfurt 1973, S. 443.
60. *Jay,* Dialektische Phantasie, a. a. O., S. 22 ff.
61. *C. Grünberg,* Festrede, gehalten zur Einweihung des Instituts für Sozialforschung an der Universität Frankfurt/M. am 22. Juni 1924, Frankfurter Universitätsreden XX, Frankfurt 1924.
62. Ebd., S. 4 f.
63. Ebd., S. 7 f.
64. Ebd., S. 11.
65. Ebd., S. 11, 12 f.
66. *H. Grossmann,* Das Akkumulations- und Zusammenbruchsgesetz des kapitalistischen Systems, Leipzig 1929.
67. *F. Pollock,* Die planwirtschaftlichen Versuche der Sowjetunion 1917–1927, Leipzig 1929.
68. *Jay,* Dialektische Phantasie, a. a. O., S. 30.
69. L. Löwenthal in: Die Zerstörung einer Zukunft – Gespräche mit emigrierten Sozialwissenschaftlern, aufgezeichnet von *M. Greffrath,* Reinbek 1979, S. 203.
70. Ebd., S. 208 f.
71. K. A. Wittfogel im Interview mit *Greffrath;* ebd., S. 312 f.
72. H. Gerth im Interview mit *Greffrath;* ebd., S. 63 f.
73. T. Oelsner im Interview mit *Greffrath,* ebd., S. 224.
74. *M. Horkheimer,* Die gegenwärtige Lage der Sozialphilosophie und die Aufgaben eines Instituts für Sozialforschung, Öffentliche Antrittsvorlesung bei Übernahme des Lehrstuhls für Sozialphilosophie und der Leitung des Instituts für Sozialforschung am 24. Januar 1931, Frankfurter Universitätsreden XXXVII, Frankfurt

1931 (= Sozialphilosophische Studien, Frankfurt 1972, S. 33 ff.). – Ich zitiere hier und im folgenden die Originalausgabe; die Seitenverweise finden sich im laufenden Text.
Vgl. auch folgende Schriften von *Horkheimer:* Vorwort zu: Zeitschrift für Sozialforschung, 1. Jg. 1932, S. I ff. – Zum Problem der Voraussage in den Sozialwissenschaften, in: Zeitschrift für Sozialforschung, 2. Jg. 1933, S. 407 ff. (= Kritische Theorie, Bd. 1, Frankfurt 1968, S. 110 ff.) – Traditionelle und kritische Theorie, in: Zeitschrift für Sozialforschung, 6. Jg. 1937, S. 245 ff. (= Kritische Theorie, Bd. 2, Frankfurt 1968, S. 137 ff.).

75. Auf diese organisatorischen Implikationen des Horkheimerschen Konzepts hat Dubiel aufmerksam gemacht. *H. Dubiel,* Dialektische Wissenschaftskritik und interdisziplinäre Sozialforschung, Theorie- und Organisationsstruktur des Frankfurter Instituts für Sozialforschung (1930 ff.), in: Kölner Zeitschrift für Soziologie und Sozialpsychologie, 26. Jg. 1974, S. 237 ff.
76. Vgl. *W. Bonß,* Kritische Theorie und empirische Sozialforschung. Anmerkungen zu einem Fallbeispiel, in: *E. Fromm,* Arbeiter und Angestellte am Vorabend des Dritten Reiches. Eine sozialpsychologische Untersuchung, Stuttgart 1980, S. 7 ff.
77. Löwenthal im Interview mit *Greffrath,* Gespräche, a. a. O., S. 208, 210.
78. Vgl. hier die Studie von *Jay,* Dialektische Phantasie, a. a. O., die einen wichtigen Beitrag zu einer umfassenden Geschichte der Frankfurter Schule leistet.
79. *M. Horkheimer u. a.,* Studien über Autorität und Familie, Forschungsberichte aus dem Institut für Sozialforschung, Paris 1936; ich zitiere mit Seitenangaben im laufenden Text.
80. In der von Wolfgang Bonß 1980 herausgegebenen Buchfassung (*Fromm,* Arbeiter u. Angestellte, a. a. O.), S. 252, 250.
81. Zu diesen Konflikten vgl. *Jay,* Dialektische Phantasie, a. a. O., insb. S. 130–142; *Bonß,* Kritische Theorie, a. a. O., S. 8; aufschlußreich zur Persönlichkeit Adornos: *P. v. Haselberg,* Wiesengrund-Adorno, in: Text und Kritik, Sonderband Theodor W. Adorno, München 1977, S. 7 ff.
82. Biographisches zu Adorno entnehme ich: *Jay,* Dialektische Phantasie, a. a. O., S. 40–42, 224; *Haselberg,* Wiesengrund-Adorno, a. a. O.
83. *Th. W. Adorno,* Scientific Experiences of a European Scholar in America, in: *D. Fleming/B. Bailyn (Hg.),* The Intellectual Migration, Europe and America, 1930–1960, Cambridge/Mass. 1969, S. 347 f. (= zitiert in der deutschen Übersetzung im Sammelband: *Adorno,* Stichworte, Kritische Modelle 2, Frankfurt 1969, edition suhrkamp 347, S. 118, 123).
84. P. F. Lazarsfeld zitiert bei *Jay,* Dialektische Phantasie, a. a. O., S. 265 f.
85. *Adorno,* Wissenschaftliche Erfahrungen, a. a. O., S. 122.
86. *P. F. Lazarsfeld,* Eine Episode in der Geschichte der empirischen Sozialforschung: Erinnerungen, in: *T. Parsons u. a.,* Soziologie – autobiographisch, Stuttgart 1975, S. 203.
87. *Adorno,* Wissenschaftliche Erfahrungen, a. a. O., S. 148.
88. *Th. W. Adorno u. a.,* The Authoritarian Personality, New York 1950 (= *M. Horkheimer/S. H. Flowerman (Hg.),* Studies in Prejudice, Bd. 1; = *Adorno,* Gesammelte Schriften 9.1, Soziologische Schriften II, 1. Hälfte, Frankfurt 1975; = *Adorno,* Studien zum autoritären Charakter, Frankfurt 1973).
89. *Adorno,* Studien zum autoritären Charakter, a. a. O., S. 1 f.
90. Ein Gespräch mit Paul F. Lazarsfeld. Herausgegeben und übersetzt von *Nico*

Stehr, in: Kölner Zeitschrift für Soziologie und Sozialpsychologie, 28.Jg. 1976, S.797.

91. *Lazarsfeld,* Eine Episode, a.a.O., S.149.
92. *M.Jahoda u.a.,* Die Arbeitslosen von Marienthal (1933), Frankfurt 1975, S.13f., (Vorspruch zur neuen Auflage von Lazarsfeld); zuerst als Band 5 der von Karl Bühler herausgegebenen ,Psychologischen Monographien' 1933 veröffentlicht.
93. Vgl. zum Ansatz Bühlers und seinem Einfluß auf Lazarsfeld: *Zeisel,* The Vienna Years, in: *R.K.Merton u.a. (Hg.),* Qualitative and Quantitative Social Research, New York 1979, S.11f.; *ders.,* Der Anfang moderner Sozialforschung in Österreich, in: *L.Rosenmayr, S.Höllinger (Hg.),* Soziologie. Forschung in Österreich, Wien/Köln/Graz 1969, S.43f.; *ders.,* Zur Geschichte der Soziographie, Anhang in: *Jahoda u.a.,* Die Arbeitslosen von Marienthal, a.a.O., S.138–141.
94. *Jahoda u.a.,* Die Arbeitslosen von Marienthal, a.a.O., S.14.
95. *Lazarsfeld,* Jugend und Beruf, Jena 1931.
96. *Lazarsfeld,* Eine Episode, a.a.O., S.158.
97. Ebd. – Die vier Regeln entstammen aus einem Text, der unter dem Titel ,Principles of Sociography' veröffentlicht werden sollte, aber tatsächlich nie erschienen ist. Lazarsfeld griff ihn in der zitierten Quelle wieder auf.
98. Ebd.
99. Ebd., S.159.
100. Zur Gründungsgeschichte vgl.: *D.E.Morrison,* P.F.Lazarsfeld 1901–1976: A Tribute, in: Österreichische Zeitschrift für Soziologie, Heft 2/3, 1976, S.8; *Lazarsfeld,* Eine Episode, a.a.O., S.151; *M.Pollak,* P.F.Lazarsfeld: A Sociointellectual Biography, in: The Political Realization of Social Science Knowledge and Research, Conference held in memoriam of Paul F.Lazarsfeld, Institut für Höhere Studien, Wien, June 18–20, 1980 (Manuskript); *Zeisel,* Der Anfang moderner Sozialforschung in Österreich, a.a.O., S.46.
101. *Zeisel,* Der Anfang moderner Sozialforschung, a.a.O., S.46.
102. Jahoda im Interview mit *Greffrath,* Gespräche, a.a.O., S.118.
103. *Zeisel,* Der Anfang moderner Sozialforschung, a.a.O., S.44f.
104. Jahoda-Interview, a.a.O., S.118.
105. *Jahoda,* PFL: Hedgehog or Fox? in: *Merton u.a. (Hg.),* Qualitative and Quantitative Social Research, a.a.O., S.5.
106. *Lazarsfeld,* Eine Episode, a.a.O., S.162.
107. *Zeisel,* Der Anfang moderner Sozialforschung, a.a.O., S.44.
108. Jahoda-Interview, a.a.O., S.119.
109. *Zeisel,* Der Anfang moderner Sozialforschung, a.a.O., S.44, 45.
110. Vgl. *Pollak,* P.F.Lazarsfeld: A Socio-intellectual Biography, a.a.O., S.6.
111. Jahoda-Interview, a.a.O., S.118.
112. *Morrison,* P.F.Lazarsfeld 1901–1976: A Tribute, a.a.O., S.7.
113. *Zeisel,* Der Anfang moderner Sozialforschung, a.a.O., S.44.
114. Jahoda-Interview, a.a.O., S.119.
115. *Lazarsfeld,* Eine Episode, a.a.O., S.172.
116. Vgl. *G.Wagner,* Die Programmwünsche der österreichischen Radiohörer, in: Archiv für die gesamte Psychologie, Bd.90, 1934, S.157ff.
117. *Lazarsfeld,* Eine Episode, a.a.O., S.155.
118. Jahoda-Interview, a.a.O., S.119f.; vgl. *Lazarsfeld,* Eine Episode, a.a.O., S.156, Lazarsfeld führt dies auf den folgenden Seiten aus.

119. Jahoda-Interview, a.a.O., S.118f.; vgl. *Zeisel,* Der Anfang moderner Sozialforschung, a.a.O., S.45.
120. Jahoda-Interview, a.a.O., S.119.
121. Vgl. *Pollak,* A Socio-intellectual Biography, a.a.O., S.7; *Lazarsfeld,* Eine Episode, a.a.O., S.163; *Jahoda u.a.,* Die Arbeitslosen, a.a.O., S.10. – Zur Arbeit für das Frankfurter Institut vgl. *P.F. Lazarsfeld/K. Leichter,* Erhebung bei Jugendlichen über Autorität und Familie. Die Jugendlichenerhebung in der Schweiz, in: *Horkheimer u.a.,* Studien über Autorität und Familie, a.a.O., 2.Abteilung, S.353ff.; *Jahoda-Lazarsfeld,* Autorität und Erziehung in der Familie, Schule und Jugendbewegung Österreichs, in: *Horkheimer u.a.,* Studien, a.a.O., 3.Abtlg., S.706ff.
122. Jahoda-Interview, a.a.O., S.122; vgl. auch *Zeisel,* The Vienna Years, a.a.O., S.13.
123. Vgl. S.134 im Text.
124. Jahoda-Interview, a.a.O., S.121f.; vgl. auch *Jahoda,* PFL: Hedgehog or Fox?, a.a.O., S.5.
125. Vgl. *Jahoda u.a.,* Die Arbeitslosen, a.a.O., S.15.
126. Ebd., S.25.
127. Vgl. auch ebd., S.142.
128. Ebd., S.24f.
129. Ebd., S.20.
130. Jahoda-Interview, a.a.O., S.120f.
131. Vgl. *Morrison,* P.F. Lazarsfeld, a.a.O., S.8; *Lazarsfeld,* Eine Episode, a.a.O., S.152; S.170ff.; besonders informativ: Jahoda-Interview, a.a.O., S.124ff.
132. *Lazarsfeld,* Eine Episode, a.a.O., S.177.
133. Lazarsfeld, zitiert nach *Morrison,* P.F. Lazarsfeld, a.a.O., S.8.
134. Vgl. oben S.158f.
135. Vgl. *Lazarsfeld,* Eine Episode, a.a.O., S.164ff.
136. *P.V. Young,* Scientific Social Surveys and Research, New York 1949 (Second edition), S.97–99.
137. *Lazarsfeld,* The Sociology of Empirical Social Research, in: *ders.,* Qualitative Analysis, Boston 1972, S.332.
138. Ebd., S.334f. und passim; ferner: Ein Gespräch mit Paul F. Lazarsfeld, a.a.O., S.801f.
139. Vgl. unten S.197ff.
140. *Lazarsfeld,* Eine Episode, a.a.O., S.175.
141. Vgl. *J.S. Coleman,* The Structure of Society and the Nature of Social Research, in: The Political Realization of Social Science Knowledge and Research, a.a.O., S.5–11; Zitat auf S.5.
142. *Pollak,* P.F. Lazarsfeld, a.a.O., S.20f.
143. Ein Gespräch mit Paul F. Lazarsfeld, a.a.O., S.799.
144. Ebd., S.798; vgl. *Jahoda,* PFL: Hegdehog or Fox? a.a.O., S.6.
145. Vgl. *Young,* Surveys and Research, a.a.O., S.20.
146. *S.A. Rice,* Vorwort zu *Young,* ebd., S.XVff. – Rice ist auch der Herausgeber eines frühen Lehrbuchs zu den Methoden empirischer Forschung. Vgl. *Rice (Hg.),* Methods in Social Science – A Case Book, compiled under the direction of the Committee in Scientific Method in the Social Sciences of the Social Science Research Council, Chicago 1931.

147. Vgl. zur Entwicklung die übersichtliche Darstellung bei *Young,* Surveys and Research, a. a. O., S. 21 ff. – Informativ auch: *M. Parten,* Surveys, Polls, and Samples: Practical Procedures, New York 1950, S. 9 ff.
148. *S. M. Harrison,* Social Conditions in an American City – A Summary of the Findings of the Springfield Survey, New York 1920.
149. *Harrison* in: *A. Eaton/S. M. Harrison,* A Bibliography of Social Surveys, New York 1930, S. XXV f.
150. Ebd., S. XXIX ff.
151. Zitiert nach *D. K. Price,* The Scientific Estate, Cambridge/Mass. 1965, S. 94.
152. Vgl. in diesem Zusammenhang *Harrison,* Bibliography, a. a. O., S. 37 ff.; *Young,* Surveys and Research, a. a. O., S. 27; *Parten,* Surveys, Polls and Samples, a. a. O., S. 9.
153. *Young,* Surveys and Research, a. a. O., S. 50.
154. Vgl. ebd., S. 88 f.
155. *Zeisel,* Zur Geschichte der Soziographie, a. a. O., S. 135.
156. *W. I. Thomas/F. Znaniecki,* The Polish Peasant in Europe and America (1919/21), 2. Aufl. New York 1959. – Wenn im folgenden aus dieser Untersuchung zitiert wird, gebe ich nur noch Seitenangaben im Text, die sich auf die zweite Auflage beziehen.
157. *R. E. Park,* The City: Suggestions for the Investigation of Human Behaviour in the Urban Environment (1916), in: *Park u. a.,* The City (1925), 7. Aufl. Chicago/London 1974, S. 2.
158. So *R. Dahrendorf,* Die angewandte Aufklärung, München 1963, S. 126.
159. *E. Mayo,* The Human Problems of an Industrial Civilization (1933), New York 1960; *ders.,* The Social Problems of an Industrial Civilization (1945), London 1975 (deutsche Ausgabe unter dem Titel ‚Probleme industrieller Arbeitsbedingungen', Frankfurt 1949); *F. J. Roethlisberger/W. J. Dickson,* Management and the Worker, Cambridge/Mass. 1939.
160. *R. und H. Lynd,* Middletown, New York 1929; *dies.,* Middletown in Transition, New York 1937.
161. Vgl. als Gesamtdarstellung *W. L. Warner/P. S. Lunt,* The Social Life of a Modern Community, New Haven 1941.
162. *E. S. Bogardus,* The New Social Research, Los Angeles 1926. – Sofern ich im folgenden diesen Text zitiere, gebe ich nur noch Seitenangaben.
163. *Park,* Vorwort zu *Bogardus,* ebd., S. 14.
164. *E. S. Bogardus,* Immigration and Race Attitudes, Boston 1928 (zitiert nach *P. R. Hofstätter,* Sozialpsychologie, Berlin 1956, S. 58).
165. *L. L. Thurstone/E. J. Chave,* The Measurement of Attitude – A Psychophysical Method and Some Experiments with a Scale for Measuring Attitude toward the Church, Chicago 1929. – Auch hier zitiere ich nur noch unter Angabe der Seitenangaben im Text. – Vgl. auch *Thurstone,* The Measurement of Values, Chicago 1959, Part III: Attitude Measurement (= Aufsätze 1928 bis 1931).
166. Vgl. hier und folgenden insbesondere *Parten,* Surveys, Polls and Samples, a. a. O., S. 23 ff.
167. Ebd., S. 29 ff.; *L. Rogers,* The Pollsters – Public Opinion, Politics, and Democratic Leadership, New York 1949, S. 7 ff., 99 ff.
168. Gallup, zitiert nach *Rogers,* ebd., S. 101 f.
169. Gallup, ebd., S. 103.

170. *S. P. Schad,* Empirical Social Research in Weimar-Germany, Paris/The Hague 1972, S. 8.
171. Ebd., S. 97 ff.
172. Der offizielle Untersuchungsbericht ist: *Roethlisberger/Dickson,* Management, a. a. O. – Zum Verständnis der Zusammenhänge: *R. Bendix,* Herrschaft und Industriearbeit (1956), Frankfurt 1960. Informativ und knapp: *B. Kern,* Arbeitsgruppen im Industriebetrieb, in: *B. Schäfers (Hg.),* Einführung in die Gruppensoziologie, Heidelberg 1980, S. 190 ff.
173. Vgl. *H. Spitzley,* Wissenschaftliche Betriebsführung, Refa-Methodenlehre und Neuorientierung der Arbeitswissenschaft, Köln 1980, S. 63; *R. Schmiede/E. Schudlich,* Die Entwicklung der Leistungsentlohnung in Deutschland, Frankfurt 1976, S. 247, 268–271.
174. Das Berliner Institut für Betriebssoziologie und soziale Betriebslehre (1928–1938) um Götz Briefs, das man als den Beginn der deutschen Betriebssoziologie ansehen kann, gehört nicht in diesen Zusammenhang. Es diente hauptsächlich der Ingenieurausbildung. Die praktisch-politische Stoßrichtung seiner Arbeiten lag in der Betonung der Bedeutung, die betrieblicher Sozialpolitik beim Versuch zukommt, die Organisation industrieller Arbeit und die Person des Arbeiters miteinander zu versöhnen. In analytischer Hinsicht führte dieser Ansatz zu einer Betriebssoziologie, die historische und systematische Studien zur Institution des Industriebetriebes ins Zentrum rückte (vgl. Anmerkung 41).
175. *O. Bauer,* Kapitalismus und Sozialismus nach dem Weltkrieg. Erster Band: Rationalisierung – Fehlrationalisierung, Berlin 1931, S. 81.
176. *F. Glum,* Die Kaiser-Wilhelm-Gesellschaft zur Förderung der Wissenschaften. Ihre Forschungsaufgaben, ihre Institute und ihre Organisation, in: *L. Brauer u. a. (Hg.),* Forschungsinstitute. Ihre Geschichte, Organisation und Ziele, Band I, Hamburg 1930, S. 364.
177. Erster Jahresbericht der Kaiser-Wilhelm-Gesellschaft zur Förderung der Wissenschaften, Berlin 1912, S. 19.
178. Zur Gründung und Entwicklung des Instituts vgl.: Erster Jahresbericht der Kaiser-Wilhelm-Gesellschaft, a. a. O., S. 19 ff.; *G. Wendel,* Die Kaiser-Wilhelm-Gesellschaft 1911–1914, Berlin (DDR) 1975, S. 94, 342–345; *Burchardt,* Wissenschaftspolitik, a. a. O., S. 11; *G. Lehmann,* Max-Planck-Institut für Arbeitsphysiologie, in: Jahrbuch der Max-Planck-Gesellschaft zur Förderung der Wissenschaften e. V. 1961, Teil II, Göttingen 1962, S. 46 ff.; *ders.,* 50 Jahre Arbeitsphysiologie (Festvortrag) in: 50 Jahre Max-Planck-Institut für Arbeitsphysiologie, Dortmund, o. J., S. 29 ff.
179. Vgl. dazu besonders: *E. Atzler,* Physiologische Rationalisierung, in: *ders. (Hg.),* Körper und Arbeit, Leipzig 1927, S. 409 ff.; ferner: Handbuch der Kaiser-Wilhelm-Gesellschaft zur Förderung der Wissenschaften, herausgegeben vom Präsidenten *Adolf von Harnack,* Berlin 1928, S. 135 f.; *Lehmann,* 50 Jahre Arbeitsphysiologie, a. a. O., S. 36 f.
180. *Atzler,* Physiologische Rationalisierung, a. a. O., S. 409.
181. Ebd., S. 416–419.
182. Ebd., S. 424–428.
183. Ebd., S. 427.
184. Ebd., S. 486.
185. *Bauer,* Kapitalismus und Sozialismus, a. a. O., S. 80 ff.

186. *A. Durig,* Die Ermüdung im praktischen Betrieb, in: *Atzler (Hg.),* Körper und Arbeit, a. a. O., S. 618.
187. Ansprache von Wilfried Schaefer, DGB, in: 50 Jahre MPI für Arbeitsphysiologie, a. a. O., S. 26 ff.
188. *M. R. Lepsius,* Die Entwicklung der Soziologie nach dem Zweiten Weltkrieg, 1945–1967, in: Kölner Zeitschrift für Soziologie und Sozialpsychologie, Sonderheft 21/1979, *G. Lüschen (Hg.),* Deutsche Soziologie seit 1945, S. 28.
189. Vgl. *H. Pross,* Die deutsche Emigration nach den Vereinigten Staaten 1933–1941, Berlin 1955, S. 11 ff.
190. Vgl. die Informationen bei *R. König,* Die Situation der emigrierten deutschen Soziologen in Europa, in: Kölner Zeitschrift für Soziologie und Sozialpsychologie, 11. Jg. 1959, S. 116.
191. *F. Tönnies,* Geist der Neuzeit, Leipzig 1935; die erwähnte Stelle findet sich auf S. 207.
192. *F. Tönnies,* Das Recht auf Arbeit, in: Zeitschrift für Sozialforschung, 4. Jg. 1935, S. 66 ff.
193. *A. Weber,* Kulturgeschichte als Kultursoziologie (1935), Nachdruck München 1950. Zum Verhalten während der Nazizeit beziehe ich mich auf die Informationen bei *König,* Die Situation, a. a. O., S. 116.
194. *Pross,* Die deutsche Emigration, a. a. O., S. 12.
195. *Lepsius,* Die Entwicklung der Soziologie, a. a. O., S. 26.
196. Vgl. die Zusammenstellung bei *Lepsius,* ebd., S. 62 f.
197. *Ch. v. Ferber,* Die Entwicklung des Lehrkörpers der deutschen Universitäten und Hochschulen 1864–1954, Göttingen 1956, S. 145/146.
198. So *K. H. Pfeffer,* Die Soziologie in Deutschland, in: Archiv für Bevölkerungswissenschaft, 9. Jg. 1939, S. 413, vgl. ausführlich S. 422 f.
199. So *A. Walther,* Die neuen Aufgaben der Sozialwissenschaften, Hamburg 1939, S. 31.
200. Als Beispiel wäre auf die Dissertation von Max Ernst Graf zu Solms-Roedelheim zu verweisen, der 1939 in Heidelberg bei Carl Brinkmann mit der Arbeit: ‚Die Einflüsse der Industrialisierung auf 14 Landgemeinden bei Karlsruhe' promovierte. Diese Dissertation enthält auch nicht nur einen Satz, der dem Verfasser später hätte peinlich sein müssen.
201. Insoweit führt Schelsky m. E. zu Recht gegen Lepsius an: „Gerade eine ‚faktische Auflösung der Soziologie' hat es [...] gar nicht [...] gegeben, sondern eine nominale und formale; die Maßnahmen und der terroristische Druck der nationalsozialistischen Machthaber richteten sich primär gar nicht gegen ein ‚Fach', sondern erfolgten aus politischen, weltanschaulich-ideologischen und nicht zuletzt rassistischen Motiven gegen geistige Positionen von Personen, mit deren Vertreibung, Verfolgung, Kaltstellung und Schikanierung man eine ‚Richtung', aber keine ‚wissenschaftliche Disziplin' treffen wollte." (*Schelsky,* Zur Entstehungsgeschichte der bundesdeutschen Soziologie, a. a. O., S. 422).
202. Kölner Vierteljahreshefte für Soziologie, 12. Jg. 1933/34, S. 223.
203. Beispiele für diesen werbenden Zungenschlag, den einige Wiese-Texte nach 1933 schon mal enthielten: *Wiese,* Nach zwölf Jahren, a. a. O., S. 228; *ders.,* Der gegenwärtige internationale Entwicklungsstand der Allgemeinen Soziologie, in: Reine und angewandte Soziologie, Eine Festgabe für Ferdinand Tönnies zu seinem 80. Geburtstage, Leipzig 1936, S. 16 f. – Wiese hat sich wohl später nicht mehr mit

jedem dieser Sätze identifizieren wollen. 1946 fand der 8. Deutsche Soziologentag in Frankfurt statt. Als Präsident der wiedergegründeten Deutschen Gesellschaft für Soziologie schrieb Wiese ein Vorwort zum Protokoll, in dem er sich auf seine Aussagen in der Festschrift zu Tönnies 80. Geburtstag bezieht. In einem Zitat aus der Veröffentlichung von 1936 läßt er interessanterweise, übrigens ohne jede Kennzeichnung, den folgenden Satz aus: „Der revolutionäre Eifer ergab sich aus einer Begeisterung für die Wiedergeburt des deutschen Volkes, die wir Älteren so respektieren, daß die damit verknüpften Bitternisse persönlicher Art nebensächlich werden." (Vgl. Verhandlungen des 8. Deutschen Soziologentages, 1946 in Frankfurt/Main, Tübingen 1948, S. 3).

204. So explizit unter Bezugnahme auf Wiese: *Pfeffer,* Soziologie in Deutschland, a. a. O., S. 422 f.

205. Vgl. *Wiese,* Erinnerungen, a. a. O., S. 73. – Seinen Konflikt in der Frage, ob er emigrieren solle, stellt Wiese auf S. 71 dar.

206. Dieser Teil der deutschen Soziologie-Geschichte ist sicher noch nicht umfassend aufgearbeitet worden. Viele Informationen verdanke ich Michael Neumann, unter dessen Leitung auch der verdienstvolle Band entstanden ist: *W. Bergmann u. a.,* Soziologie im Faschismus, Köln 1981.

207. Vgl. *H. Freyers* bedeutendste Veröffentlichungen: Soziologie als Wirklichkeitswissenschaft, Berlin 1930; Einführung in die Soziologie, Leipzig 1931; Theorie des gegenwärtigen Zeitalters, Stuttgart 1955.

208. Zu Person und Bedeutung Freyers vgl. *Schelsky,* Zur Entstehungsgeschichte der bundesdeutschen Soziologie, a. a. O., S. 425 ff. – Zu Freyers Verhalten bei der Stillegung der DGS siehe auch S. 184 ff.

209. *H. Freyer,* Revolution von rechts, Jena 1931. – Ich folge hier der Darstellung insbesondere auf den Seiten 39–54; die wörtlichen Zitate finden sich auf S. 52.

210. Ich zitiere hier und im folgenden *Freyers* Aufsatz: Volkwerdung, Gedanken über den Standort und die Aufgaben der Soziologie, in: Völksspiegel, 1. Jg. 1934, S. 3 ff. Seitenangaben der Zitate im Text.

211. *G. Ipsen,* Programm einer Soziologie des deutschen Volkstums, Berlin 1933.

212. So *Walther,* Aufgaben der Sozialwissenschaften, a. a. O., S. 33, 45; ähnlich *Pfeffer,* Soziologie in Deutschland, a. a. O., S. 425.

213. *Pfeffer,* Die deutsche Soziologie, Leipzig 1939; vgl. insbesondere S. 8 und 125.

214. *K. V. Müller,* Der Aufstieg des Arbeiters durch Rasse und Meisterschaft, München 1935; entsprechende Zitate befinden sich auf den Seiten 36, 31 f., 121 f.

V. Empirische Sozialforschung als Betrieb und Beruf: Etablierung des Fachs in Westdeutschland nach 1945

1. *L. v. Wiese,* Die Deutsche Gesellschaft für Soziologie, Persönliche Eindrücke in den ersten 50 Jahren (1909–1959), in: Kölner Zeitschrift für Soziologie und Sozialpsychologie, 11. Jg. 1959, S. 17.

2. Hier wäre auf das Sonderheft 1 der Kölner Zeitschrift für Soziologie und Sozialpsychologie: Soziologie der Gemeinde, 1. Aufl. 1956, hinzuweisen, insbesondere auf die Berichte von *Anderson, Ferber* und *König;* ferner auf *Schelsky,* Wandlungen der deutschen Familie in der Gegenwart, Dortmund 1953.

3. Zu verweisen ist hier auf Untersuchungen ganz unterschiedlicher Provinienz:

H. Popitz u. a., Das Gesellschaftsbild des Arbeiters, Tübingen 1957; *T. Pirker u. a.*, Arbeiter, Management, Mitbestimmung, Stuttgart/Düsseldorf 1955; *Institut für Sozialforschung*, Betriebsklima, Frankfurter Beiträge zur Soziologie, Bd. 3, Frankfurt 1955; *O. Neuloh*, Die deutsche Betriebsverfassung und ihre Sozialformen bis zur Mitbestimmung, Tübingen 1955; *ders.*, Der neue Betriebsstil, Tübingen 1960; *E. Potthoff/O. Blume/H. Duvernell*, Zwischenbilanz der Mitbestimmung, Tübingen 1962.

4. Vgl. v. a. *O. Stammer u. a.*, Verbände und Gesetzgebung, Die Einflußnahme der Verbände auf die Gestaltung des Personalvertretungsgesetzes, Köln/Opladen 1965; ferner: *R. Ebbighausen*, Die Krise der Parteidemokratie und die Parteisoziologie, Berlin 1969; *R. Leckebusch*, Entstehung und Wandlungen der Zielsetzungen, der Struktur und der Wirkungen von Arbeitgeberverbänden, Berlin 1966; *K. O. Hondrich*, Die Ideologie von Interessenverbänden, Berlin 1963.
5. Daß seinerzeit an die Soziologie ein starkes Bedürfnis herangetragen wurde, Orientierungshilfe zu sein, hat vor allem Schelsky (Ortsbestimmung der deutschen Soziologie, Düsseldorf/Köln 1959, S. 21 ff., 56) betont. – Auch Horkheimer bezog sich auf solche Bedürfnisse, wenn er die Soziologie in die Tradition der Aufklärung einordnete. In einem Vortrag auf dem 14. Deutschen Soziologentag sagte er u. a.:
   „Indem Kenntnis der Methode und der soziologischen Forschungsergebnisse auch für den Nichtsoziologen die Fähigkeit zu differenzierter Erfahrung stärken kann, indem sie das Verständnis für Menschen erweitert und der Anfälligkeit für Fanatismus entgegenwirkt, setzt Soziologie die vielgehaßte Aufklärung fort. Sie ist sich selbst zuwider, wenn sie der Realität, die sie entzaubern sollte, allzu kundig sich anzupassen weiß. Das öffentliche Bewußtsein, besonders in Deutschland, hat ihr kritisches Wesen, die Nähe ihres Gedankens zum Widerstand gegen die je vorherrschende Tendenz zur Gesellschaft, wohl in Erinnerung. Es bringt sie mit der Philosophie in Zusammenhang. Was früher Bildung geheißen hat, die geistige Widerstandskraft gegen die aufs Bewußtsein einstürmenden Tagesmächte, ist nicht mehr denkbar ohne das Wissen von Gesellschaft und die Prozesse in ihr." (*M. Horkheimer*, Soziologie und Philosophie, in: Verhandlungen des 14. Deutschen Soziologentages 1959, Stuttgart 1959, S. 37).
6. *H. P. Bahrdt* in seiner Rezension des 21. Sonderhefts der Kölner Zeitschrift für Soziologie und Sozialpsychologie *(G. Lüschen (Hg.)*, Deutsche Soziologie seit 1945, Opladen 1979) in: Soziologische Revue, 3. Jg. 1980, S. 265.
7. *M. R. Lepsius*, Die Entwicklung der Soziologie nach dem 2. Weltkrieg, 1945 bis 1967, in: Sonderheft 21 der Kölner Zeitschrift für Soziologie und Sozialpsychologie, S. 65 f.
8. *R. Klima*, Die Entwicklung der soziologischen Lehre an westdeutschen Universitäten 1950 bis 1975, in: Sonderheft 21 der Kölner Zeitschrift für Soziologie und Sozialpsychologie, S. 230.
9. *G. Lüschen*, Anmerkungen zur Entwicklung und zum Praxisbezug der deutschen Soziologie, in: Sonderheft 21 der Kölner Zeitschrift, S. 5.
10. *Schelsky*, Ortsbestimmung, a. a. O., S. 24 f.
11. Eine erste Fixierung erhielt die Frankfurter Position zur empirischen Sozialforschung in dem von Adorno und Mitarbeitern verfaßten Artikel ‚Empirische Sozialforschung', in: Handwörterbuch der Sozialwissenschaften, 6. Lieferung, Stuttgart u. a. 1954, S. 419 ff., insbesondere im Abschnitt ‚Soziologie und empiri-

sche Sozialforschung'; vgl. dazu etwas ausführlicher: *Institut für Sozialforschung*, Soziologie und empirische Sozialforschung, in: Soziologische Exkurse, Frankfurt 1956, S. 106 ff. – Ferner seien hervorgehoben: *Th. W. Adorno*, Soziologie und empirische Forschung, in: *Horkheimer/Adorno*, Soziologica II, Frankfurt 1962, S. 205 ff.; *ders.*, Zum gegenwärtigen Stand der deutschen Soziologie, in: Kölner Zeitschrift für Soziologie und Sozialpsychologie, 11. Jg. 1959, S. 257 ff.; *ders.*; Zur Logik der Sozialwissenschaften, in: Kölner Zeitschrift für Soziologie und Sozialpsychologie, 14. Jg. 1962, S. 249 ff. – Fast alle der genannten Schriften sind in Adornos Gesammelten Schriften, Bd. 8 und Bd. 9.2 enthalten.

12. Vgl. die als Lebenserfahrung beeindruckende, in ihrem demonstrativen Ich-Bezug manchmal allerdings etwas aufdringliche Autobiographie: *R. König*, Leben im Widerspruch – Versuch einer intellektuellen Autobiographie, München/Wien 1980, die freilich bedauerlicherweise in die ‚Niederungen' der hier interessierenden Kontroverse um das Profil der westdeutschen Soziologie nach 1945 kaum noch hinabsteigt.
13. Vgl. insbesondere *R. König (Hg.)*, Praktische Sozialforschung I, (1952), 2. Aufl. Köln 1957 (insbesondere die Einleitung Königs über Praktische Sozialforschung); *ders. (Hg.)*, Fischer-Lexikon Soziologie (1958), zit. in der Erstauflage (insbesondere die Einleitung von König). – Die im Text enthaltenen Zitate stammen durchweg aus der Einleitung zum Fischer-Lexikon, a. a. O., S. 7–11, ferner aus der Einleitung der Praktischen Sozialforschung I, insbesondere S. 13 f. sowie S. 24–26. – Auf Einzelnachweise zu den im Text gebrachten Zitaten wird der Einfachheit halber verzichtet.
14. Hier ist insbesondere auf das monumentale Handbuch der empirischen Sozialforschung, 2 Bände, Stuttgart 1962, Neuauflage in 14 Bänden, München 1973–1979 hinzuweisen.
15. So in bezug auf das hauptsächlich durch die König-Schule geprägte Sonderheft 21 der Kölner Zeitschrift für Soziologie und Sozialpsychologie über ‚Deutsche Soziologie seit 1945' *Bahrdt* in einer Rezension in der Soziologischen Revue, a. a. O., S. 265.
16. Vgl. *Schelsky*, Zur Entstehungsgeschichte der bundesdeutschen Soziologie, a. a. O., S. 417 ff. Ein Text, der durch die Bereitschaft, die Karten auf den Tisch zu legen und sich offen ins Getümmel von Kritik und Gegenkritik zu stürzen, vieles klärt. Soziologiegeschichtlich ist dieser Brief Schelskys viel wertvoller als die in lebensgeschichtlicher Hinsicht spärlichen Einlassungen der Frankfurter bzw. die altersabgeklärte autobiographische Darstellung Königs.
17. *Schelsky*, Ortsbestimmung, a. a. O. – Ursprünglich war der Text als Vortrag auf dem 14. Deutschen Soziologentag in Berlin geplant, konnte dann dort aber aus mir nicht ganz durchsichtigen Gründen nicht gehalten werden. – Ich zitiere die Buchfassung mit Seitenverweisen im laufenden Text.
18. *A. Gehlen*, Die Seele im technischen Zeitalter – Sozialpsychologische Probleme in der industriellen Gesellschaft, Hamburg 1957, rde Bd. 52, S. 54.
19. An dieser Stelle braucht nicht diskutiert zu werden, inwieweit dieser gesellschaftstheoretische Ansatz ein zentrales Problem der modernen Gesellschaft trifft. Jedenfalls hat er in der Soziologie der späten 50er und frühen 60er Jahre eine ‚Technokratie'-Debatte ausgelöst, der vor allem die Zeitschrift ‚atomzeitalter' ihre Spalten öffnete. Was mir selbst aus empirischer Sicht an der Technokratie-These besonders fragwürdig erschien, habe ich 1970 in einem kleinen Aufsatz

zusammengefaßt; vgl. *H. Kern,* Kampf um Arbeitsbedingungen – Materialien zur ‚Humanisierung der Arbeit', Frankfurt 1979, Edition Suhrkamp Bd. 966, insbesondere S. 15 ff.

20. Dieser Positivismusstreit begann mit einer internen Arbeitstagung der Deutschen Gesellschaft für Soziologie 1961, die im 2. Heft des 14. Jahrgangs der Kölner Zeitschrift für Soziologie und Sozialpsychologie (1962) dokumentiert ist. Eine Zusammenstellung der wichtigsten Beiträge im Rahmen des Positivismusstreites bringen die Soziologischen Texte, Bd. 58, die unter dem Titel ‚Der Positivismusstreit in der Deutschen Soziologie' 1969 im Luchterhand-Verlag (Neuwied/Berlin) veröffentlicht worden sind.
21. Vgl. Denkschrift zur Lage der Soziologie und Politischen Wissenschaft, im Auftrage der Deutschen Forschungsgemeinschaft verfaßt von M. Rainer Lepsius, Wiesbaden 1961 (künftig zitiert als *Lepsius,* Denkschrift), S. 43 f., 47 f.
22. Vgl. die Übersicht ‚Wichtige sozialwissenschaftliche Forschungsinstitute aus dem Gründungszeitraum 1946–1951' im Anhang (Tabelle 1).
23. Zur Lage der soziologischen Forschung in der Bundesrepublik, Ergebnisse einer Enquete der Deutschen Gesellschaft für Soziologie, Bericht von B. Lutz, in: Soziologie, Mitteilungsblatt der Deutschen Gesellschaft für Soziologie, 1/75, S. 4 ff. (künftig zitiert als *Lutz,* Bericht). – Wenn die Enquete im Folgenden zitiert wird, so finden sich die Seitenangaben gleich im Text.
24. An sich erstreckte sich die Enquete auf „alle Einrichtungen, die mit ausreichender Permanenz und Institutionalisierung sozialwissenschaftliche Forschung betreiben" (S. 8), nur bei einigen Einrichtungs-Typen gelang aber tatsächlich eine Vollerhebung (so bei den hier angesprochenen, vgl. S. 14).
25. *Lepsius,* Denkschrift, a. a. O., S. 45.
26. *Lutz,* Bericht, a. a. O., zusammenfassend S. 54.
27. *Wissenschaftsrat,* Empfehlung zur Förderung empirischer Sozialforschung, Drs. 5160/81, Berlin 23. 1. 1981, S. 11 f.
28. Ab Oktober 1945 gab es eine Opinion Survey Section in der Information Control Division des Office of Military Government (U. S.), die die 191 sog. OMGUS Surveys durchführten. Mit dem formellen Ende der militärischen Besetzung trat 1949 an die Stelle der Militärregierung die U. S. High Commission for Germany (HICOG); die Opinion Survey Section wurde in das HICOG Office of Public Affairs umgewandelt, das in den fünfeinhalb Jahren seines Bestehens mehr als 200 HICOG Surveys veranstaltete. Vgl. die von *A. J.* und *R. L. Merrit* herausgegebenen Übersichten: Public Opinion in Occupied Germany: The OMGUS Surveys, 1945–1949, Urbana 1970; Public Opinion in Semisovereign Germany. The HICOG Surveys, 1949–1955, Urbana usw. 1980.
29. Besondere Bedeutung gewann *Elisabeth Noelle-Neumann,* die 1940 mit einer Dissertation über ‚Meinungs- und Massenforschung in USA. Umfragen über Politik und Presse' bei Dovifat in Berlin promoviert hatte. Wichtig Noelle-Neumanns Buch über ‚Umfragen in der Massengesellschaft, Einführung in die Methoden der Demoskopie', Reinbek 1963, rde Bd. 177/178.
30. Vgl. *E. Bornemann/R. Nave-Herz,* Verzeichnis von Einrichtungen der Sozialwissenschaften und ihrer Grenzgebiete in Westdeutschland und West-Berlin, in: Soziale Welt, 15. Jg. 1964, S. 180–182.
31. In Anlehnung an eine Begriffsverwendung bei *Lutz,* Bericht, a. a. O., S. 8 f.
32. Die Übersicht stützt sich vor allem auf folgende Quellen: Allgemeine Quellen:

M. Horkheimer, Survey of the Social Sciences in Western Germany, A Report on Recent Developments, Library of Congress Washington 1952; *Lepsius,* Denkschrift, a.a.O. – Spezielle Quellen: Sozialforschungsstelle an der Universität Münster, Dortmund, 1946 bis 1956, Dortmund o.J.; *Schelsky,* Zur Entstehungsgeschichte der bundesdeutschen Soziologie, a.a.O., insbesondere S. 441 ff.; *L. v. Wiese,* Nach abermals 12 Jahren, in: Kölner Zeitschrift für Soziologie, 1. Jg. 1948/49, S. 1 ff.; *D. Sternberger,* Der Stand der sozialwissenschaftlichen Forschung und Lehre in der Bundesrepublik Deutschland, Library of Congress 1950, S. 31; *N. Anderson,* Die Darmstadt-Studie, ein informeller Rückblick, in: Soziologie der Gemeinde, Sonderheft 1 der Kölner Zeitschrift für Soziologie und Soziapsychologie, S. 144 ff.; *C. v. Ferber,* Die Gemeindestudie des Instituts für sozialwissenschaftliche Forschung, Darmstadt, in: Sonderheft 1 der Kölner Zeitschrift für Soziologie und Sozialpsychologie, S. 152 ff.; Entstehung und Entwicklung des Instituts für sozialwissenschaftliche Forschung, Darmstadt, in: *I. Kuhr,* Schule und Jugend in einer ausgebombten Stadt / *G. Koepnick,* Mädchen einer Oberprima, Darmstadt 1952, S. XIII ff.; *Adorno,* Einführung zu Kuhr/Koepnick, ebd., S. V ff.; Tätigkeitsberichte des Wirtschaftswissenschaftlichen Instituts der Gewerkschaften 1946 bis 1949, 1950 bis 1951, 1952 bis 1953, 1954 bis 1955, 1959 bis 1962, alle Bund-Verlag, Köln.

33. Vgl. *Sternberger,* Stand der sozialwissenschaftlichen Forschung, a.a.O.; *Horkheimer,* Survey of the Social Sciences, a.a.O.
34. Vgl. *Schelsky,* Zur Entstehungsgeschichte der bundesdeutschen Soziologie, a.a.O., S. 447.
35. Deshalb hat Schelsky m.E. recht, wenn er gegen Lepsius (im Sonderheft 21/1979 der Kölner Zeitschrift für Soziologie und Sozialpsychologie, S. 54) ausführt, „das Einwirkungsverhältnis von Soziologie und Sozialwissenschaft auf die Gestaltung der Bundesrepublik in mehr als eineinhalb Jahrzehnten" dürfe nicht unterschlagen werden (Zur Entstehungsgeschichte der bundesdeutschen Soziologie, a.a.O., S. 436).
36. Vgl. *Th. Pirker,* Die blinde Macht, die Gewerkschaftsbewegung in Westdeutschland, 2. Teil 1953 bis 1960, Weg und Rolle der Gewerkschaften im neuen Kapitalismus, München 1960, S. 138–154.
37. *K. G. Specht,* Arbeitsgemeinschaft sozialwissenschaftlicher Institute, in: Soziale Welt, 3. Jg. 1951/52, S. 208.
38. Ebd., S. 208.
39. *O. Neuloh,* Sozialforschung – eine öffentliche Angelegenheit, in: Soziale Welt: 1. Jg. 1949/50, S. 12.
40. Ebd., S. 13.
41. *H. Schelsky,* Lage und Aufgaben der angewandten Soziologie in Deutschland, in: Soziale Welt, 2. Jg. 1950/51, S. 12.
42. Soziale Welt, 1. Jg. 1949/50, ‚Zum Beginn'.
43. Beide Tübingen 1957.
44. Stuttgart/Düsseldorf 1955.
45. *Institut für Sozialforschung,* Betriebsklima, a.a.O., *L. v. Friedeburg,* Soziologie des Betriebsklimas, Frankfurt 1963.
46. Die Betriebsklima-Studie war zunächst eher eine nicht sonderlich einfallsreiche Übertragung der Verfahren der amerikanischen Meinungs- und Einstellungsforschung auf eine Untersuchung über deutsche industriebetriebliche Probleme.

Man verbeugte sich zwar verbal vor den hehren methodologischen Ansprüchen der Altvorderen des Instituts für Sozialforschung, doch konnte deren Ansatz für die eigentliche Untersuchung kaum fruchtbar gemacht werden. Man darf annehmen, daß dies mit desorientierenden Momenten in der damaligen Entwicklung des Frankfurter Instituts, vielleicht auch mit einem zu geringen Engagement von Adorno und Horkheimer in der praktischen Untersuchungsarbeit zu tun gehabt hat. Die Mitglieder der Gruppe, die die Betriebsklima-Studie 1955 zu einem vorläufigen Abschluß bringen konnte, haben aber in ihren weiteren Arbeiten diese Scharte ausgewetzt. Insbesondere konnte Ludwig von Friedeburg in seiner ‚Soziologie des Betriebsklimas' (a. a. O.) zeigen, was in den Untersuchungen steckte. Man darf hier deshalb nicht nur auf den Untersuchungsbericht aus dem Jahre 1955 schauen.

47. *B. Lutz/G. Schmidt,* Industriesoziologie, in: *R. König (Hg.),* Handbuch der empirischen Sozialforschung, Bd. 8, 2. Aufl. Stuttgart 1977, S. 158.
48. Sehr hilfreich in diesem Zusammenhang die informative Darstellung von *J. Bergmann,* Organisation und Finanzierung der industriesoziologischen Forschung in der Bundesrepublik, Darmstadt 1979, Manuskript.
49. Ebd., S. 13 f.
50. Ich beziehe mich hier und im folgenden immer auf *Bergmann,* ebd.
51. *Lutz,* Bericht, a. a. O., S. 27.
52. Ebd., S. 14.
53. Unstetige kleine Forschungsgruppen, die die Enqueten nur in Ausnahmefällen berücksichtigen konnte, sind hier vernachlässigt. – Vgl. zu den genannten Zahlen *Lutz,* ebd., S. 16 ff.
54. Vgl. hier und im folgenden ebd., S. 72 ff.
55. Quellen sind neben der schon zitierten Empfehlung des Wissenschaftsrates zur Förderung empirischer Sozialforschung diverse Institutsdarstellungen (Institut für sozialwissenschaftliche Forschung München, Arbeiten 1965–1979; Landesinstitut Sozialforschungsstelle Dortmund, Institutsprospekt; Soziologisches Forschungsinstitut Göttingen SOFI, Forschungsarbeiten 1969–1979) sowie direkte Mitteilungen der Institute.
56. So *Lutz,* Bericht, a. a. O., S. 89 f. Sehr erfreulich auch der Tenor der gerade verabschiedeten Empfehlung des Wissenschaftsrats, a. a. O., S. 35 ff.
57. Interessanterweise stellte bereits die DGS-Enquete fest: „Einrichtungen dieser Art absorbieren die Mehrheit der in öffentlichen Haushalten zweckgebundenen (also außerhalb der allgemeinen Forschungshaushalte) angesetzten Mittel für sozialwissenschaftliche Forschung, und existieren überwiegend durch sie. Auch privatwirtschaftlich betriebene Einrichtungen werden heute überwiegend durch Forschungsaufträge aus öffentlichen Mitteln finanziert." (*Lutz,* Bericht, a. a. O., S. 86).
58. Die Schätzung von *Lutz,* ebd., S. 83, ist für heute zu niedrig. Lutz nennt 1 200 Wissenschaftler und 50 Mill. Forschungsmittel; bei den Forschungsmitteln bestand schon in der Veröffentlichung von Lutz eine Unklarheit, weil sie einmal als die in den Hochschulhaushalten verborgenen Forschungsmitteln ein- (S. 83) und einmal als eben diese Beträge ausschließend (S. 20) deklariert waren.
59. Vgl. zur Organisationsform der Hawthorne-Studien: *B. Kern,* Arbeitsgruppen im Industriebetrieb, in: *B. Schäfers (Hg.),* Einführung in die Gruppensoziologie, Heidelberg 1980, S. 194 f.

60. Lewins zitierter Aufsatz ist abgedruckt in: *K. Lewin,* Die Lösung sozialer Konflikte, Bad Nauheim 1953, S. 280.
61. Max Horkheimer im Vorwort zu *Lewin,* ebd., S. 7 f.
62. Vgl. als repräsentative Übersicht: *D. Cartwright/A. Zander (Hg.),* Group Dynamics, Research and Theory, 2. Aufl. New York usw. 1960. – Die Herausgeber, Repräsentanten des Gruppendynamischen Forschungszentrums der Universität von Michigan, bezeichnen das praktische Ziel ihrer Arbeit wie folgt: „Eine demokratische Gesellschaft bezieht ihre Stärke aus dem effektiven Funktionieren der Vielzahl der Gruppen, aus denen sie sich zusammensetzt. Ihre kostbarsten Quellen sind die Gruppen von Menschen wie man sie in ihren Wohnhäusern, Gemeinden, Schulen, Kirchen, Geschäftsunternehmungen, Gewerkschaftsversammlungen und den verschiedenen Zweigen der Regierung antrifft. Heute wird mehr denn je anerkannt, daß diese Einheiten ihre Funktionen gut erfüllen müssen, wenn das ganze System erfolgreich arbeiten soll." (S. IX) Zur wissenschaftlichen Methode, die auf diese „wichtigen Phänomene" angewendet werden soll, heißt es: „Erst nachdem Sozialwissenschaftler in der Entwicklung von Forschungstechniken einige Fortschritte gemacht hatten, die auf das Gruppenleben anwendbar waren, konnte Unterstützung für systematische und empirische Einflußnahme auf das Funktionieren von Gruppen mobilisiert werden. Von entscheidender Wichtigkeit war die Entwicklung von Beobachtungstechniken, die sich für die Beschreibung und Klassifizierung des Verhaltens heranziehen ließen, und von Interviewmethoden, welche Motivationen und Attitüden aufzudecken halfen; der Beweis dafür, daß Gruppenphänomene im Laboratorium experimentell geschaffen werden können und schließlich die Intervention im Rahmen der Aktionsforschung mit ihrer Betonung der Möglichkeit, echte Experimente in natürlichen Gruppen durchzuführen." (S. IX f.).
63. Vgl. die Darstellung der Tavistock-Entwicklung bei *R. N. Rapoport,* Drei Probleme der Aktionsforschung. Unter besonderer Berücksichtigung der Erfahrungen am Tavistock-Institut, in: Gruppendynamik, Heft 1, 3. Jg. 1972, S. 45 ff.
64. Vgl. *E. Trist/K. W. Bamforth,* Some Social and Psychological Consequences of the Longwall Method of Coal-getting (1951), abgedruckt in: *D. S. Pugh (Hg.),* Organization Theory, Penguin, S. 345 ff.; *F. E. Emery,* Characteristics of Socio-Technical Systems, in: *L. E. Davis/J. C. Taylor (Hg.),* Design of Jobs, Penguin, S. 177 ff.; *F. E. Emery/E. L. Trist,* Socio-Technical Systems, in: *Emery (Hg.),* Systems Thinking, Penguin, S. 281 ff.; *F. E. Emery/E. Thorsrud,* Form and Content in Industrial Democracy, London 1969.
65. *Rapoport,* Probleme der Aktionsforschung, a. a. O., S. 50 (das Original ist im Plural abgefaßt).
66. So *A. B. Cherns/L. E. Davis,* Goals for Enhancing the Quality of Working Life, in: *dies. (Hg.),* The Quality of Working Life, Vol. 1, New York/London 1975, S. 59. – Cherns ist Mitglied des Beirats des Tavistock-Instituts; Davis war Gastmitglied des Instituts.
67. *E. Thorsrud,* Collaborative Action Research to Enhance the Quality of Working Life, in: *Davis/Cherns (Hg.),* The Quality of Working Life, Vol. 1, a. a. O., S. 199.
68. *A. B. Cherns,* Action Research, in: *Davis/Cherns (Hg.),* The Quality of Working Life, a. a. O., Vol. 2, New York/London 1975, S. 31.
69. Ich kann hier nicht im einzelnen auf diese Interessendiskrepanzen eingehen; vgl. den Aufsatz ‚Elastischere Produktionsorganisation oder humane Arbeitsbedin-

gungen' in meinem Buch: Kampf um Arbeitsbedingungen, Materialien zur ,Humanisierung der Arbeit', a. a. O., insbesondere S. 193 ff.

70. *Cherns/Davis*, The Quality of Working Life, a. a. O., S. 57: „Das Ziel ist nicht einfach eine besser funktionierende Arbeitsorganisation [...]. Das Ziel ist eine bessere Gesellschaft."
71. Forschungsprogramm Humanisierung des Arbeitslebens, Bundesminister für Forschung und Technologie, S. 21.
72. Ich beziehe mich hier nicht nur auf meine Literaturkenntnis. Manches weiß ich aus meiner praktischen Arbeit als langjähriges Mitglied des vom Bundesminister für Forschung und Technologie eingesetzten Fachausschusses ,Humanisierung des Arbeitslebens'. Wichtige Quellen sind auch meine Tätigkeit als Projektbegleiter (eine Art Gutachterrolle) in dem aus dem Programm geförderten Großprojekt ,Untersuchung von Arbeitsstrukturen im Bereich der Aggregatefertigung der Volkswagen AG Salzgitter' (Kurzfassung des Endberichts der Projektnehmer: Gruppenarbeit in der Motorenmontage, ein Vergleich von Arbeitsstrukturen, Frankfurt/New York 1980) sowie eine eigene – inzwischen abgebrochene – Begleitforschung (*H. Kern/G. Weiberg*, Endbericht über die sozialwissenschaftliche Begleitforschung zu dem Vorhaben der Continental-Gummiwerke AG ,Altersadäquate Arbeitsanforderungen für PKW- und LKW-Reifen-Konfektionsplätze', Sozialwissenschaftliches Seminar der Universität Hannover, Manuskript 1980).
73. Forschungsprogramm Humanisierung des Arbeitslebens, a. a. O., S. 5.
74. Was ich über die ,Quaderni Rossi' weiß, verdanke ich hauptsächlich zwei Dissertationen, die zu betreuen ich die Aufgabe hatte: *W. Rieland*, Die Konstitutions-Geschichte der Quaderni Rossi, Diss. phil. Universität Hannover, 1976; *H. Heine*, Am Beispiel Olivetti: Das Konzept der ,Anreicherung' der Arbeit in der italienischen Gewerkschaftsbewegung der 70er Jahre, Diss. phil. Universität Hannover, 1981. – Die Dissertation von Wolfgang Rieland ist inzwischen als Buch unter dem Titel ,Organisation und Autonomie – Die Erneuerung der italienischen Arbeiterbewegung' (Frankfurt 1977) veröffentlicht worden. – Weitere herangezogene Quellen: *R. Alquati*, Klassenanalyse als Klassenkampf, Arbeiteruntersuchungen bei Fiat und Olivetti, herausgegeben und eingeleitet von *W. Rieland*, Frankfurt 1974; Spätkapitalismus und Klassenkampf, eine Auswahl aus den ,Quaderni Rossi', herausgegeben und eingeleitet von *Claudio Pozzoli*, Frankfurt 1972; *Quaderni Rossi*, Arbeiteruntersuchung und kapitalistische Organisation der Produktion, München 1972.
75. *Alquati*, Klassenanalyse als Klassenkampf, a. a. O., S. 40.
76. *R. Panzieri*, Sozialistischer Gebrauch des Arbeiterfragebogens, in: Spätkapitalismus und Klassenkampf, a. a. O., S. 112.
77. Alquati 1971 in einem Brief an W. Rieland, zitiert in Rielands Einleitung zu *Alquati*, Klassenanalyse als Klassenkampf, a. a. O., S. 34.
78. Ebd.
79. Vgl. *Kern*, Kampf um Arbeitsbedingungen, a. a. O., S. 84 ff., S. 176 ff.
80. Ich zitiere hier aus einem internen Arbeitspapier der Gruppe ,Revolutionärer Kampf', die Anfang der 70er Jahre ein Intervento bei Opel in Rüsselsheim durchzuführen versuchte. Das Programm der Gruppe ist unter dem Titel ,Betriebsprojektgruppe: Untersuchung-Aktion-Organisation' in der ,Sozialistischen Correspondenz' Nr. 58 vom 30. 11. 1970 veröffentlicht worden.

81. *F. Haag u. a. (Hg.),* Aktionsforschung – Forschungsstrategien, Forschungsfelder und Forschungspläne, München 1972.
82. *K. Horn (Hg.),* Aktionsforschung: Balanceakt ohne Netz? Frankfurt 1979. – Weitere beachtenswerte Übersichten: *Th. Heinze u. a.,* Handlungsforschung im pädagogischen Feld, München 1975; *A. Hron (Hg.),* Aktionsforschung in der Ökonomie, Frankfurt/New York 1979.
83. *F.-O. Radtke,* Zum Stand der Aktionsforschungsdebatte, Erläuterungen anhand der Kooperation von Lehrern und Wissenschaftlern, in: *Horn (Hg.),* Aktionsforschung, a. a. O., S. 74 f.
84. *W. Heineken,* Zur Integration der Aktionsforschung in den natürlichen gesellschaftlichen Fortschritt – Handeln, forschen, erziehen – und kritisieren?, in: *Horn (Hg.),* ebd., S. 218.
85. *Radtke,* Aktionsforschungsdebatte, a. a. O., S. 92.
86. Ebd.
87. *Heinze,* Handlungsforschung, a. a. O., S. 144.
88. Ebd., S. 145.
89. *E. Fricke/W. Fricke u. a.,* Beteiligung und Qualifikation – Das Peiner Modell zur Humanisierung der Arbeit, Bd. I: Kurzfassung; Bd. II, 1 und II, 2: Forschungsbericht; Bd. III: Anhang, Forschungsinstitut der Friedrich-Ebert-Stiftung, Abtlg. Arbeitskräfteforschung, Bonn, Mai 1980.
90. *W. Fricke,* Zum Verhältnis von Produktionstechnik, Arbeitsorganisation und Qualifikationsstruktur – Überblick über den Forschungs- und Diskussionsstand, in: Materialien aus der soziologischen Forschung, Verhandlungen des 18. Deutschen Soziologientages, München 1978, S. 870.
91. *E. Fricke/W. Fricke,* Industriesoziologie und Humanisierung der Arbeit, in: Soziale Welt, 28. Jg. 1977, S. 91.
92. *E. Fricke u. a.,* Beteiligung und Qualifikation, Kurzfassung, a. a. O., S. 12; vgl. auch: *W. Fricke,* Arbeitsorganisation und Qualifikation, Bonn/Bad Godesberg 1975, S. 38.
93. *E. Fricke u. a.,* Beteiligung und Qualifikation, Forschungsbericht (II,1), a. a. O., S. 20.
94. Ebd., S. 21.
95. *W. Fricke,* Aktionsforschung – Ein Instrument zur Entwicklung beteiligungsintensiver Formen der Mitbestimmung. Thesenpapier für die Tagung der Sektion Industriesoziologie der Deutschen Gesellschaft für Soziologie am 2./3. Dezember 1977, Manuskript, S. 7.
96. Vgl. ebd., S. 4 ff.
97. *E. Fricke u. a.,* Bedingungen der Vermittlung und Anwendung innovatorischer Qualifikationen im Industriebetrieb, in: *U. Beck u. a. (Hg.),* Bildungsexpansion und betriebliche Beschäftigungspolitik, Frankfurt/New York 1980, S. 213 f.
98. *E. Fricke u. a.,* Beteiligung und Qualifikation, Kurzfassung, a. a. O., S. 96 f.
99. Schlußbericht des Projektbegleiters Hans Pornschlegel, Sozialakademie Dortmund, in: *E. Fricke u. a.,* Beteiligung und Qualifikation, Forschungsbericht (II,2), a. a. O., S. 1043.
100. Erfreuliche Versuche in dieser Richtung waren z. B.: *H. Schauer u. a.,* Tarifvertragliche Regelungen zur Verbesserung industrieller Arbeitsbedingungen, SOFI Göttingen, Januar 1981 (bisher ist für die interessierte Öffentlichkeit leider nur ein zusammenfassender Ergebnisbericht verfügbar, in dem sich das Zusammen-

wirken zwischen Forschungsteam und Vertretern der IG Metall nur andeutet); *M. Schumann u. a.*, Rationalisierung, Krise und Arbeiter – eine empirische Untersuchung der Industrialisierung auf der Werft, 2 Bde., Universität Bremen, zentrale wissenschaftliche Einrichtung ‚Arbeit und Betrieb', 1981, Buchfassung Frankfurt 1982 (vgl. vor allem die Darstellung der Projektentwicklung, Buchf. S. 15 ff., sowie die Bemerkungen zur Methode und Durchführung der Untersuchung S. 39 ff.).

101. Vorbildlich gerade auch im Hinblick auf die Darstellung der prozessualen Seite ihrer Forschungsarbeit sind: *N. Altmann u. a.*, Betrieb, Technik, Arbeit – Elemente einer soziologischen Analytik technisch-organisatorischer Veränderungen, Frankfurt 1978, S. 5 ff., sowie: *Schumann u. a.*, Rationalisierung, a. a. O., S. 1 ff.

102. Mit einem veränderten Grundverständnis von Sozialforschung meine ich nicht, was heute verschiedentlich als ‚Wissenschaft im Arbeitnehmerinteresse' präsentiert wird (vgl. Zu einer arbeitnehmerorientierten Hochschul-, Wissenschafts- und Forschungspolitik, in: WSI-Mitteilungen 12/1978; *S. Katterle/K. Krahn (Hg.)*, Wissenschaft und Arbeitnehmerinteressen, Köln 1980). Die Protagonisten einer ‚arbeitnehmerorientierten Wissenschaft' gehen mehr oder weniger explizit von einer Art Disparitätenvorstellung aus. Sie unterstellen die einseitige Ausrichtung der Hochschulforschung und der staatlichen Forschungsförderung am Kapitalinteresse. Der Einfluß der Gewerkschaften sei gering; die Zugriffsmöglichkeit der Unternehmensseite sei traditionell stärker. Diese Problemsicht berührt wichtige Punkte, wenn sie auch für unser Fach die Intensität der Verknüpfungen unterschätzt, die in den 50er und 60er Jahren gerade zwischen der Sozialforschung und den westdeutschen Gewerkschaften bestanden haben (Zusammenhänge, die nunmehr auch von der Forschung aufgegriffen werden: vgl. das SOFI-Projekt ‚Industriesoziologie in der IG Metall 1945–1967', gefördert von der Deutschen Forschungsgemeinschaft im Rahmen des Schwerpunktprogramms ‚Verwendungszusammenhang sozialwissenschaftlicher Ergebnisse', bearbeitet von H. Schauer, Projektantrag November 1980). Aus dieser Einschätzung wird nun die Forderung abgeleitet, die Zugriffsmöglichkeiten der Gewerkschaften müßten verbessert werden, und zwar durch Ausweitung der gewerkschaftlichen Mitbestimmungsmöglichkeiten im Wissenschaftssystem. Die Formel ‚Wissenschaft im Arbeitnehmerinteresse' läuft in dieser Variante auf einen Kampf um Steuerungspositionen im Wissenschaftssystem hinaus. Die bisher insgesamt sicher ungleichgewichtigen Einflußchancen der beiden Arbeitsmarktparteien sollen durch stärkere gewerkschaftliche Beteiligung ins Lot gebracht werden. Die Forschung wird somit unter das Postulat des Pluralismus gestellt. – Nun ist das Bemühen der Gewerkschaften um eine verstärkte Einflußnahme im Wissenschaftsbereich angesichts der oft einseitigen Verflechtung zwischen Kapital und Forschung insbesondere im Bereich der Natur- und Ingenieurwissenschaften durchaus verständlich und akzeptabel. Doch darf dieses Anliegen nicht zur schlichten Funktionalisierung von Forschung für gewerkschaftliche Zwecke führen. Aus einer Einseitigkeit eine Zweiseitigkeit zu machen, bedeutet nicht notwendig qualitative Verbesserung. Verstärkter Praxisbezug der Forschung kann nicht einfach Unterordnung unter praktische Interessen der gewerkschaftlichen Alltagspraxis heißen. Forschung, die sich wem auch immer unterordnet, riskiert ihren aufklärerischen Sinn. Diesen Satz möchte man heute zuweilen einigen Industriesoziologen ins Stammbuch schreiben, die sich als kritisch verstehen, sich

praktisch aber unterwürfig und anbiedernd verhalten (so signalisiert die beliebte Rede von den ‚Kollegen', denen man als Forscher dienen möchte, Bereitschaft zur Anpassung oder ist eben Anbiederung).

103. *Schelsky,* Zur Entstehungsgeschichte der bundesdeutschen Soziologie, a.a..O., S. 454 f.

Tabellen

1. Wichtige sozialwissenschaftliche Forschungseinrichtungen aus dem Gründungszeitraum 1946–1951 ohne kommerzielle Markt- und Meinungsforschungsinstitute sowie verwaltungseigene Forschungs- und Planungsinstitute (*Quellen:* vgl. Anm. 32 zu Kap. V)

Name	Gründung	Träger	Verhältnis zur Uni.	Finanzierung	Leitung	Themenschwerpunkte	Forschungstyp	Mittel[1]	Personal[2]	Entwicklung
Sozialforschungsstelle Dortmund	1946 Initiator: O. Neuloh u. a.	Verein unter Beteiligung des Landes NRW, DGB, Landsch.-verband Westf.-Lippe, Stadt Dtmd., IHK Dtmd., Unternehmen, Banken, Einzelpersönlichkeiten	selbständig, Institut an der Uni. Münster	Landeszuschüsse (bis zu 50%), Mitgliederbeiträge, Forschungsaufträge	der für Sozialwissenschaft zuständige Ordinarius der Uni. Münster: H. Weber, W. G. Hoffmann, 1960–69 H. Schelsky	In den 50er Jahren: Industriesoziologie (O. Neuloh, H. Popitz, H. P. Bahrdt u. a., H. Wiedemann); Ökologie und Soziographie (G. Ipsen), Soziologie der Arbeitskraft, Soziale Volkskunde (W. Brehpohl), industrielles Sozialrecht, Sozialpolitik, Sozialpsychologie (O. Graf). In den 60er Jahren unter Schelskys Einfluß: soziologische Theorie u. Methodologie, Wirtschafts- und Verwaltungs-, Wissenschafts-, Entwicklungsländersoziologie	empirisch, multidisziplinär; Zusammenarbeit mit staatlicher Verwaltung, wirtschafts- u. sozialpol. Verbänden; unter Schelsky: soziologisches Forschungsinstitut mit Praxisbezug	um 1948: 0,2 bis 0,6 jährlich, 1960: 0,6, 1969: 1,8	1946: 10/6, um 1955: 25/25, um 1960: 15–20/20, 1960–1969: 25–35/20, hohe Fluktuation (mit Ausnahme der Abt. Leiter)	1969 eingestellt; Leiter (Schelsky) u. wiss. führende Mitarbeiter übernehmen Professorenstellen an der neuen Uni. Bielefeld (Xaver Kaufmann, Joachim Matthes, Niklas Luhmann)
Forschungsinstitut	1947 Nachfolger des	Universität Köln	gemeins. Institut der Wiso-	Landesetat, Zusatzmittel	bis WS 1954/55 geschäftsf. Direktor des	Soziologie, Sozialpolitik und Sozialrecht, Kom-	Soziol. Abt. u. a.: Herausgabe der Köl-	?	1950: 5 wiss. Ass. (dav. 2 i. d. soziol.	1960/61: Überführung der Abteilun-

für Sozial- und Verwaltungswissenschaften Köln	1934 geschlossenen Fo-Instituts für Sozialwissenschaften		Fak. u. Rechtsw. Fak. der Uni. Köln		Ges.instituts: Wiese; Dir. d. soz. Abt.: Wiese, ab WS 53/54 König; der sozialpol. Abt.: Weisser; der sozialrechtl. Abt.: Nipperdey; der kommunal- u. verw. wiss. Abt.: Peters (alle zugleich Ordinarien)	munal- und Verwaltungswissenschaften	ner Zeitschrift für Soziologie		Abt.); 1960: ebenso	gen in Forschungsinstitute und deren Aufteilung auf einzelne Fakultäten, z. B. Forschungsinstitut für Soziologie d. Wiso-Fak. Uni. Köln (Dir.: König)
Institut für Sozialforschung Frankfurt	1950 Nachfolger des 1933 geschlossenen Instituts	Stiftung unter Beteiligung des Landes Hessen, der Stadt Frankfurt, der Universität	selbständig, Institut an der Universität Frankfurt, enge Verbindung mit der Phil. Fakultät	Zuschüsse des Landes und der Stadt, Forschungsaufträge, Stiftungseigentum	M. Horkheimer, T. W. Adorno (Ordinarien Soziologie und Phil.), R. Gunzert	Gesellschaftstheorie u. soziologische Methodologie; politisches Bewußtsein und Verhalten; Industriesoziologie (außer der Institutsleitung und F. Pollock: L. v. Friedeburg, J. Habermas, H. Pross, M. Teschner, F. Weltz u. a.); nahm von 1951 bis 1966 die Funktion eines Soziologischen Seminars der Uni. wahr, dadurch Beeinträchtigung der empirischen Forschungsarbeiten	Versuch der Vermittlung von kritischer Theorie und Soziologie	um 1960: 0,5, um 1970: 1,0	um 1960: 5–8/8, um 1970: ca. 15/9	in den 70er Jahren stärkere Konzentration auf empirische Forschung, insbesondere in der Industriesoziologie

Name	Gründung	Träger	Verhältnis zur Uni.	Finanzierung	Leitung	Themenschwerpunkte	Forschungstyp	Mittel[1]	Personal[2]	Entwicklung
Institut für Sozialwissenschaftliche Forschung Darmstadt	1949 Initiator: Nels Anderson (amerik. Militärregierung, dann Office of Labor Affairs der US High Commission)	?	selbständig, verwaltungsmäßige Abwicklung über die Akademie für Arbeit in der Universität Frankfurt	Projektmittel der amerikanischen Militärregierung bzw. der US High Commission	wechselnd, später u. a. T. W. Adorno als „Berater“	Gemeindestudie Darmstadt (orientiert an den amerikanischen „community-surveys“, insbesondere „Middletown“)	empirisch, interdisziplinäre Bezüge; sollte politische Entwicklung, insbesondere Wiederaufbau der Gewerkschaften fördern; ferner Ausbildung vieler Personen in den Methoden der amerikanischen Sozialforschung	insgesamt: 0,4 Mill. DM plus unentgeltliche sachliche Ausstattung sowie 56 Mannmonate amerikanische Beratungshilfe	schwankend, anfangs 10/4; während der Feldphase bis zu 65 Personen; Bericht nennt insgesamt 36 Institutsmitarbeiter sowie 3 amerikanische Berater	Einstellung nach 4 Jahren, Darmstadt-Studie war der einzige Zweck des Instituts
UNESCO-Institut für Sozialwissenschaften Köln	1951	United Nations Educational, Scientific and Cultural Organization, Paris; Institutskuratorium mit europ. u. amerik. Wissenschaftlern	selbständig	UNESCO	J. J. Schokking (Prof. f. Politik an der Uni Köln), dann N. Anderson (vgl. Darmstadt Projekt); Forschungsdirektor C. M. Arensberg (Prof. an der Columbia-Universität New York)	Gemeinde- und Schichtungssoziologie (G. Wurzbacher, R. Mayntz, E. Reigrotzki)	empirisch; Berücksichtigung internationaler Dimensionen in der soziologischen Forschung; insbesondere Verbreitung der Kenntnisse über Stand der amerikanischen Forschung	?	insgesamt: 10–15	1958 eingestellt

Wirtschaftswissenschaftliches Institut der Gewerkschaften WWI Köln	1946	Gewerkschaften der britischen Zone, seit 1949 DGB; seit 1954 hat das Institut die Rechtsform einer GmbH	selbständig	DGB	E. Potthoff; V. Agartz, nach politischen Differenzen 1954/1955 durch B. Gleitze ersetzt	breit gestreut mit gewissem Schwerpunkt im Bereich der Wirtschaftswissenschaften, in den 50er Jahren zeitweilig auch viel Industriesoziologie (insbesondere Th. Pirker, S. Braun, B. Lutz)	empirisch, multidisziplinär; direkter Bezug zur gewerkschaftlichen Praxis (wiss. Klärung der Voraussetzungen, Möglichkeiten und Durchsetzung gewerkschaftlicher Politik)	?	1946: insg. 4, 1949: 14/21, 1953: 21/27	seit 1967 Standort Düsseldorf; 1971 Umbenennung in Wirtschafts- und Sozialwissenschaftliches Institut des DGB WSI

1. in Mill. DM
2. sofern keine sonstigen Angaben: Wissenschaftliche Mitarbeiter/sonstige Mitarbeiter

2. Forschungsinstitute mit überwiegend industriesoziologischer Orientierung Ende der 70er Jahre
(*Quellen:* vgl. Anm. 55 zu Kap. V)

Name	Gründung	Träger	Verhältnis zur Universität	Finanzierung	Leitung	Themenschwerpunkte	Mittel[1]	Personal[2]
Institut für Sozialforschung Frankfurt	1950 (1923)	Stiftung	selbständig, Inst. an der Uni.; Uni. im Stiftungsrat vertreten	Zuschüsse des Landes und der Stadt (ca. 40%), Forschungsbeihilfen	Institutsrat (3 Dir.: G. Brandt, L. v. Friedeburg; R. Gunzert; 3 Mitarb.-vertreter)	techn. Entw., Arbeitsbed. u. Arbeitsorg.; Gewerkschaften und ind. Beziehungen; Bildungsinstitutionen	2,4	24 (ohne Direktoren)/ 10
Institut für Sozialforschung und Sozialwirtschaft Saarbrücken	1969	e. V., gemeinnützig	selbständig	Projektmittel	R. Peter	techn.-org. Wandel u. Arbeitsbed./Humanisierung d. Arb.; sozialw. Aspekte d. Arbeitswiss.; Mitbestimmung; soz. Randgruppen a. Arb.-markt	1,2	11/11
Institut für sozialwissenschaftliche Forschung München	1965	e. V., gemeinnützig; Mitglieder teilw. Mitarb. d. Instituts	selbständig; Mitglied d. SFB 101 d. Uni.	überwiegend Projektmittel (v. a. Ressortforschung der Bundesministerien, teilweise allg. Forschungsförderung)	Dir.: N. Altmann, B. Lutz	Betrieb, techn.-org. Entw., soz. Folgen; Betrieb, Arbeitskraft, öffentl. Interventionen; Beruf, Bildung, Arbeit; Arbeitsmarkt, A.politik, betr. Besch.-politik	2,4	20/10 (dav. 7 halbtags)

Institut zur Erforschung sozialer Chancen (Berufsforschungsinstitut) Köln	1969	e. V., gemeinnützig	selbständig; Uni ist Mitglied d. Vereins	Ländermittel	Dir.: K. Krahn Geschf.: J. Frerichs	Arbeitsbed., Ausbildung, Beschäftigung; ind. Konflikt u. Interessenvertretung; Jugend	1,5	12/10
Sozialforschungsstelle Dortmund	1972 (1946)	Land	selbständig; Verbindungen durch Direktor u. Beirat	überwiegend Projektmittel (Ressortforschung v. Bund.- u. Landesmin.) Sockelfinanz. durch Land (33%)	Forschungsrat (Dir.: G. Schmidt[3]; 4 Mitarb.-vertreter)	Ind. Konflikt u. Partizipation; Qualifikation, Arbeitsmarkt, Beschäftigung; techn.-org. Veränd. im Betrieb	2,5	24/13
Soziologisches Forschungsinstitut Göttingen SOFI	1968	e. V., gemeinnützig; alle Mitarbeiter sind Mitglieder	selbständig; enge personelle und Arbeitsbeziehungen zur Uni.	überwiegend Projektmittel (v. a. Ressortforschung der Bundesministerien, teilw. allg. Forschungsförderung), Sockelfinanzierung durch das Land (20%)	Direktorium (M. Baethge O. Mickler, M. Schumann), Vollversammlung der Vereinsmitglieder	Qual. entw. u. Bildungssystem; ök.-techn. Wandel u. Veränderung der Arbeits- u. Lebensbed.; Humanisierung der Arbeit	2,0	22/6

1. in Mill. DM
2. wissenschaftliche Mitarbeiter/sonstige Mitarbeiter; Hilfskräfte nicht berücksichtigt
3. vorher W. Pöhler, inzwischen U. Schumm-Garling

Personenregister

Sachregister